经以济世

执德而弘

贺教育部

重大攻关项目

成果出版

李君如
二〇一八

教育部哲学社会科学研究重大课题攻关项目

边疆多民族地区构建
社会主义和谐社会研究
——以新疆为例

STUDY ON THE CONSTRUCTION
OF SOCIALISM HARMONIOUS SOCIETY
IN THE BORDER MULTI-NATIONAL REGIONS
—TAKING XINJIANG FOR EXAMPLE

张先亮 等著

经济科学出版社
Economic Science Press

图书在版编目（CIP）数据

边疆多民族地区构建社会主义和谐社会研究：以新疆为例/张先亮等著. —北京：经济科学出版社，2012.5

（教育部哲学社会科学研究重大课题攻关项目）

ISBN 978-7-5141-1906-0

Ⅰ.①边… Ⅱ.①张… Ⅲ.①社会主义建设模式-研究-新疆 Ⅳ.①D674.5

中国版本图书馆 CIP 数据核字（2012）第 092281 号

责任编辑：卢元孝
责任校对：徐领柱
版式设计：代小卫
责任印制：邱 天

边疆多民族地区构建社会主义和谐社会研究
——以新疆为例
张先亮 等著
经济科学出版社出版、发行 新华书店经销
社址：北京市海淀区阜成路甲 28 号 邮编：100142
总编部电话：88191217 发行部电话：88191537
网址：www.esp.com.cn
电子邮件：esp@esp.com.cn
北京季蜂印刷有限公司印装
787×1092 16 开 32 印张 610000 字
2013 年 9 月第 1 版 2013 年 9 月第 1 次印刷
ISBN 978-7-5141-1906-0 定价：80.00 元
（图书出现印装问题，本社负责调换。电话：88191502）
（版权所有 翻印必究）

课题组主要成员

（按姓氏笔画为序）

冯怀信　孟　楠　张先亮
沈君立　姜　勇　祖力亚提·司马依
韩　隽　戢广南　德全英

编审委员会成员

主　任　孔和平　罗志荣
委　员　郭兆旭　吕　萍　唐俊南　安　远
　　　　　文远怀　张　虹　谢　锐　解　丹
　　　　　刘　茜

总　序

哲学社会科学是人们认识世界、改造世界的重要工具，是推动历史发展和社会进步的重要力量。哲学社会科学的研究能力和成果，是综合国力的重要组成部分，哲学社会科学的发展水平，体现着一个国家和民族的思维能力、精神状态和文明素质。一个民族要屹立于世界民族之林，不能没有哲学社会科学的熏陶和滋养；一个国家要在国际综合国力竞争中赢得优势，不能没有包括哲学社会科学在内的"软实力"的强大和支撑。

近年来，党和国家高度重视哲学社会科学的繁荣发展。江泽民同志多次强调哲学社会科学在建设中国特色社会主义事业中的重要作用，提出哲学社会科学与自然科学"四个同样重要"、"五个高度重视"、"两个不可替代"等重要思想论断。党的十六大以来，以胡锦涛同志为总书记的党中央始终坚持把哲学社会科学放在十分重要的战略位置，就繁荣发展哲学社会科学作出了一系列重大部署，采取了一系列重大举措。2004年，中共中央下发《关于进一步繁荣发展哲学社会科学的意见》，明确了新世纪繁荣发展哲学社会科学的指导方针、总体目标和主要任务。党的十七大报告明确指出："繁荣发展哲学社会科学，推进学科体系、学术观点、科研方法创新，鼓励哲学社会科学界为党和人民事业发挥思想库作用，推动我国哲学社会科学优秀成果和优秀人才走向世界。"这是党中央在新的历史时期、新的历史阶段为全面建设小康社会，加快推进社会主义现代化建设，实现中华民族伟大复兴提出的重大战略目标和任务，为进一步繁荣发展哲学社会科学指明了方向，提供了根本保证和强大动力。

高校是我国哲学社会科学事业的主力军。改革开放以来，在党中央的坚强领导下，高校哲学社会科学抓住前所未有的发展机遇，紧紧围绕党和国家工作大局，坚持正确的政治方向，贯彻"双百"方针，以发展为主题，以改革为动力，以理论创新为主导，以方法创新为突破口，发扬理论联系实际学风，弘扬求真务实精神，立足创新、提高质量，高校哲学社会科学事业实现了跨越式发展，呈现空前繁荣的发展局面。广大高校哲学社会科学工作者以饱满的热情积极参与马克思主义理论研究和建设工程，大力推进具有中国特色、中国风格、中国气派的哲学社会科学学科体系和教材体系建设，为推进马克思主义中国化，推动理论创新，服务党和国家的政策决策，为弘扬优秀传统文化，培育民族精神，为培养社会主义合格建设者和可靠接班人，作出了不可磨灭的重要贡献。

自 2003 年始，教育部正式启动了哲学社会科学研究重大课题攻关项目计划。这是教育部促进高校哲学社会科学繁荣发展的一项重大举措，也是教育部实施"高校哲学社会科学繁荣计划"的一项重要内容。重大攻关项目采取招投标的组织方式，按照"公平竞争，择优立项，严格管理，铸造精品"的要求进行，每年评审立项约 40 个项目，每个项目资助 30 万～80 万元。项目研究实行首席专家负责制，鼓励跨学科、跨学校、跨地区的联合研究，鼓励吸收国内外专家共同参加课题组研究工作。几年来，重大攻关项目以解决国家经济建设和社会发展过程中具有前瞻性、战略性、全局性的重大理论和实际问题为主攻方向，以提升为党和政府咨询决策服务能力和推动哲学社会科学发展为战略目标，集合高校优秀研究团队和顶尖人才，团结协作，联合攻关，产出了一批标志性研究成果，壮大了科研人才队伍，有效提升了高校哲学社会科学整体实力。国务委员刘延东同志为此作出重要批示，指出重大攻关项目有效调动各方面的积极性，产生了一批重要成果，影响广泛，成效显著；要总结经验，再接再厉，紧密服务国家需求，更好地优化资源，突出重点，多出精品，多出人才，为经济社会发展作出新的贡献。这个重要批示，既充分肯定了重大攻关项目取得的优异成绩，又对重大攻关项目提出了明确的指导意见和殷切希望。

作为教育部社科研究项目的重中之重，我们始终秉持以管理创新服务学术创新的理念，坚持科学管理、民主管理、依法管理，切实增强服务意识，不断创新管理模式，健全管理制度，加强对重大攻关项目的选题遴选、评审立项、组织开题、中期检查到最终成果鉴定的全过程管理，逐渐探索并形成一套成熟的、符合学术研究规律的管理办法，努力将重大攻关项目打造成学术精品工程。我们将项目最终成果汇编成"教育部哲学社会科学研究重大课题攻关项目成果文库"统一组织出版。经济科学出版社倾全社之力，精心组织编辑力量，努力铸造出版精品。国学大师季羡林先生欣然题词："经时济世　继往开来——贺教育部重大攻关项目成果出版"；欧阳中石先生题写了"教育部哲学社会科学研究重大课题攻关项目"的书名，充分体现了他们对繁荣发展高校哲学社会科学的深切勉励和由衷期望。

创新是哲学社会科学研究的灵魂，是推动高校哲学社会科学研究不断深化的不竭动力。我们正处在一个伟大的时代，建设有中国特色的哲学社会科学是历史的呼唤，时代的强音，是推进中国特色社会主义事业的迫切要求。我们要不断增强使命感和责任感，立足新实践，适应新要求，始终坚持以马克思主义为指导，深入贯彻落实科学发展观，以构建具有中国特色社会主义哲学社会科学为己任，振奋精神，开拓进取，以改革创新精神，大力推进高校哲学社会科学繁荣发展，为全面建设小康社会，构建社会主义和谐社会，促进社会主义文化大发展大繁荣贡献更大的力量。

教育部社会科学司

前　言

　　《边疆多民族地区构建社会主义和谐社会研究——以新疆为例》课题自2005年12月批准立项以来，经过了近4年的时间形成现在的课题报告。同时，课题研究中期形成一些阶段性论文成果和专题研究报告。课题自立项到完成课题报告历时5年，对"和谐新疆"的建设进行了深入的研究和探讨，包括了"和谐新疆"建设的许多方面。因此，内容较为详细，篇幅较为宏大。

　　和谐社会是当代中国发展中诞生的重要的政治概念，反映着我们党对深化社会主义市场经济体制过程中对社会总矛盾问题的深刻认识。和谐社会建设涉及诸多方面的问题，从全国的工作大局到一个小的乡村地方都存在和谐社会的特定主题和问题。在深化改革开放的发展过程中，新疆的和谐社会建设也必有自身特定的问题，其中，既有与全国各省市区共同的普遍性问题，也有作为边疆地区特有的特殊性问题。如何在课题研究过程中解决好普遍性和特殊性的关系，抓住地区性和谐社会构建的主要矛盾问题，展开深入研究，这始终是贯彻在本课题研究过程中一个基本指导理念。

　　新疆是多民族聚居的边疆地区。民族关系多元、丰富，由于周边相邻8个国家，民族问题的地缘关系复杂。多民族、多宗教、多文化和跨界民族现象，使得新疆研究具有独特的历史和现代特色。本课题尽管限定在以新疆为专门的区域范围，但是，就一个区域范围而言，课题涉及的研究内容仍然涉及很多方面的问题。经济、政治、文化、社会建设最基础领域的多方面的研究对本课题而言仍然显得过于庞杂，不能突出重点，也就很难具有创新研究的可能。如何突出重点，找到课题研究的突破口是课题研究过程中一度困扰课题组的问题。经过反复研究思考，在课题具体设计过程中，课题组遵循教育部评审专家提出的建议，以新疆的民族与民族关系、文化发展和宗教问题、政治与法制建设问题，以及公共安全问题作为本课题研究的重点领域，意图在此方面获得创新和突破。因此，本课题各部分的研究都集中在民族、文化、政治、法制、公共安全等领域，从不同学科的视角研究和谐新疆的建设。因此，我们的基本认识是，民族因素、宗教因素和国际因素，是我们分析新疆社会发展与稳定时不可回避并且必须重视的三个基本点，新中国成立60年来是这样，改革开放30年来是这样，今后也仍将是这样。

本课题原计划在2009年年底为完成提交研究报告的时间。但2009年7月5日，乌鲁木齐发生了震惊全国的"7·5"事件，本课题的研究工作也随该事件的影响而暂时中止。一方面，由于该事件所造成的极其恶劣的影响，使得课题组同志与全疆各族人民群众一样参与到恢复新疆社会稳定、修复受损的民族关系的紧迫工作中去；另一方面，课题研究也随着新疆社会中出现的新情况、新形势，及时调整研究计划。2010年5月，新疆各族人民迎来了最激动人心的时刻，党中央召开新疆工作座谈会，专门研究新疆工作，提出了新疆实现跨越式发展、长治久安的一系列重大举措。全国19个省市开始了空前的支援新疆、建设边疆的工作。这极大地鼓舞着本课题组同志们的信心，课题研究在进程和思路方面都有了新的心得，新的思路。本课题基本完成以后，提交教育部审查，2010年12月教育部有关专家又对课题提出了许多意见和建议，既肯定了成绩，也提出了不足。课题组按照教育部的要求，从2011年1月至5月，对课题成果再次进行修改、补充，现在提交的就是本课题的最终修改稿。

张先亮

摘　要

"**和**谐社会"作为新时期中国社会的重要发展目标，对我国经济和社会发展具有重要的指导意义。新疆国土面积占全国陆地面积的六分之一，作为一个边疆多民族聚居区，其经济社会的发展，不仅与内地有共性的问题，而且有历史的、民族的、宗教的等复杂的特殊性问题。研究新疆"和谐社会"的建设，不仅有助于促进新疆各项事业的繁荣发展，而且对维护中国边疆地区的稳定、国家的安全有重要现实意义。

《边疆多民族地区构建社会主义和谐社会研究——以新疆为例》作为教育部哲学社会科学研究重大课题攻关项目，主要围绕着新疆的民族区域自治制度、民族关系、宗教、文化以及公共安全等5个问题进行深入分析研究。

在新疆，坚持和完善民族区域自治制度、构建新疆和谐社会的政治基础和制度保障、和谐的民族关系、宗教的和谐以及和谐的文化，都是新疆和谐社会建设的重要内容，而安全稳定则是构建新疆社会主义和谐社会的前提和根本保证。新疆这一边疆多民族地区，和谐社会的政治与法制建设必须坚持贯彻发展是第一要义的科学发展观理念。和谐社会下的民族关系要求各民族在社会发展的总前提下，相互带动、相互学习、相互发展，实现共同团结奋斗、共同繁荣发展的目标。在新疆，各宗教内部、各宗教之间、宗教与社会、政教关系的和谐与否，直接关系到新疆社会和谐的大局。文化上的多元一体既是新疆区域文化历史上形成的特点，也是和谐新疆区域文化存在发展的现实形态。新疆社会稳定对整个中国的政治稳定具有重大意义，关系到中国全面建设社会主义和谐社会的全局战略。

Abstract

As an important goal of Chinese society in the new period, harmonious society has very important guiding significance on the country's economic and social development. Xinjiang has the land area of one-sixth of China. As a multi-ethnic border region, economic and social development of Xinjiang has not only same problems with other province, but also particularity of the complex problem like history, ethnical, religion problems. Study on construction of harmonious society in Xinjiang can not only help to promote the prosperity and development of society but also maintain the stability of China's border areas and the safety of the whole country.

As a major research projects subject of philosophy and social science of Ministry of Education, to construct a socialist harmonious society in multi-ethnic border area—taking Xinjiang as an example, has deep research and analysis in five aspects such as Xinjiang's ethnic regional autonomy, ethnic relations, religion, culture and public security.

Adhering policy of regional national autonomy, constructing the political basis and system security of harmonious society in Xinjiang, harmonious ethnic relations, culture and religions are all the important contents of harmonious society construction. After all, social stability is the ultimate premise and basic guarantee of harmonious society construction in Xinjiang. Xinjiang as a frontier region where a number of ethnic groups live together has to adhere the scientific development concept in construction of politics and legal system. The ethnic relationship in harmonious society requires each ethnic group helping and learning from each other to achieve common prosperity and development goals. In Xinjiang, whether it is harmonious in or between religions, society and politics directly related to the overall situation of the social stability and harmoniousness. Diversification and unity is the characteristic of culture formed in Xinjiang's history. Also, it is reality state of regional culture's being and development. Social stability in Xinjiang is significant to the whole country's political stabilization, thus, it related to the whole strategy of building a socialist harmonious society.

目 录

序言　1

第一章 民族区域自治是和谐民族关系的政治基础和制度保障　18

　　第一节　新疆多民族地区民主政治建设　18
　　第二节　现代多民族国家的边疆政治建设　25
　　第三节　发展政治学：西部城市发展战略　37
　　第四节　发展政治学：促进民族贸易繁荣的政策与法　51
　　第五节　发展政治学：统一多民族国家的认同政治建设　61

第二章 新疆地区民族关系与构建和谐社会　78

　　第一节　新疆构建和谐社会中的民族关系　78
　　第二节　新疆民族关系的主要影响因素与测量指标　96
　　第三节　历史上新疆民族关系的启示　114
　　第四节　当前新疆的民族关系与构建和谐社会的思考　151
　　第五节　新疆地区民族关系与构建和谐社会的建议与对策　167

第三章 宗教和谐——新疆和谐社会建设的重要内容　207

　　第一节　新疆宗教的历史、现状及其对社会的影响　207
　　第二节　宗教和谐是新疆和谐社会建设的主要组成部分　226
　　第三节　影响新疆社会和谐发展的宗教问题　244

第四章 构建具有边疆特色的社会主义和谐文化　265

　　第一节　新疆区域文化的地位及其特点　265
　　第二节　新疆区域文化的发展现状及走向　314

第三节　构建和谐新疆区域文化的条件　332
第四节　构建和谐新疆区域文化的点与面　349

第五章 ▶ 构建新疆社会主义和谐社会与新疆公共安全的关系　366

第一节　新疆在中国安全稳定和社会发展中的战略地位　367
第二节　"三股势力"是新疆安全稳定的主要威胁　381
第三节　意识形态领域反分裂斗争是维护新疆安全稳定的重要保证　418
第四节　创建和谐的周边关系是维护新疆安全稳定的重要保障　433
第五节　新疆社会安全稳定预警机制与指标体系建设　443

结语　461

参考文献　473

后记　489

Contents

Preface   1

Chapter 1   Regional Autonomy for Ethnic Minorities is the Political Basis and System Guarantee of the Harmonious National Relationship   18

    Section 1   The democratic political construction of Xinjiang   18

    Section 2   The political construction of border areas in modern multinational country   25

    Section 3   Politics of development—the development strategy of western cities   37

    Section 4   Politics of development—the policies and regulation for promoting ethnic trade   51

    Section 5   Politics of development—the construction of identity politics in unified multi-ethnic country   61

Chapter 2   Ethnic relationship and building a harmonious society in Xinjiang   78

    Section 1   Building a harmonious ethnic relationship in Xinjiang   78

    Section 2   The main influencing factors and measurement index of ethnic relationship   96

    Section 3   Enlightenment of Xinjiang ethnic relationship in history   114

    Section 4   Reflection on current ethnic relations and the building a harmonious society in Xinjiang   151

    Section 5   Suggestions and countermeasures about ethnic relationship and constructing the harmonious social in Xinjiang region   167

Chapter 3   Religious harmony—the important content of the harmonious society   207

    Section 1   Religious history, present situation and its influence on the society in Xinjiang   207

    Section 2   Religious harmony is main component in the construction of harmonious society in Xinjiang   226

    Section 3   The influence of social religious problem on social harmonious development in Xinjiang   244

Chapter 4   Constructing a socialist harmonious culture of border area   265

    Section 1   The position and characteristics of Xinjiang regional culture   265

    Section 2   The present situation and trends of Xinjiang region culture   314

    Section 3   The condition of constructing the harmonious Xinjiang regional culture   332

    Section 4   Constructing harmonious Xinjiang regional culture's point and surface   349

Chapter 5   The relationship between socialist harmonious society and public security in Xinjiang   366

    Section 1   The strategic position of Xinjiang in security, stability and social development of China   367

    Section 2   "Three forces" is the main threat to the security and stability of Xinjiang   381

    Section 3   The anti-secession struggle in ideological area is the important guarantee to maintain the safety and stability of Xinjiang   418

    Section 4   Building harmonious peripheral relations is the important guarantee for maintenance safety and stability of Xinjiang   433

    Section 5   The early warning mechanism and index system construction of social security and stability of Xinjiang   443

Epilogue   461

References   473

Postscript   489

序　言

《边疆多民族地区构建社会主义和谐社会研究——以新疆为例》课题自2005年12月批准立项以来，经过了近4年的时间形成现在的课题报告。同时，课题研究中期形成一些阶段性论文成果和专题研究报告。课题自立项到完成课题报告历时5年，对"和谐新疆"的建设进行了深入的研究和探讨，包括了"和谐新疆"建设的许多方面。因此，内容较为详细，篇幅较为宏大。为了将本课题研究的基本内容和所提出的观点跃然纸上，特对课题各部分的核心内容作一个概要的介绍，并将课题研究的基本过程作一说明。

一、关于课题研究过程基本说明

和谐社会是当代中国发展中诞生的重要的政治概念，反映着我们党对深化社会主义市场经济体制过程中对社会总矛盾问题的深刻认识。和谐社会建设涉及诸多方面的问题，从全国的工作大局到一个小的乡村地方都存在和谐社会的特定主题和问题。在深化改革开放的发展过程中，新疆的和谐社会建设也必有自身特定的问题，其中，既有与全国各省市区共同的普遍性问题，也有作为边疆地区特有的特殊性问题。如何在课题研究过程中解决好普遍性和特殊性的关系，抓住地区性和谐社会构建的主要矛盾问题，展开深入研究，这始终是贯彻在本课题研究过程中一个基本指导理念。

新疆是多民族聚居的边疆地区。民族关系多元、丰富，由于周边相邻8个国家，民族问题的地缘关系复杂。多民族、多宗教、多文化和跨界民族现象，使得新疆研究具有独特的历史和现代特色。本课题尽管限定在新疆区域，但是，研究内容仍然涉及很多方面，经济、政治、文化、社会建设……仍然显得庞杂。不能突出重点，也就很难具有创新研究的可能。如何突出重点，找到课题研究的突破口是课题研究过程中一度困扰课题组的问题。经过反复研究思考，在课题具体设计过程中，课题组遵循教育部评审专家提出的建议，以新疆的民族与民族关系、文化发展和宗教问题、政治与法制建设问题，以及公共安全问题作为本课题研究的重点领域，意图在此方面获得创新和突破。因此，本课题各部分的研究都集中在民族、文化、政治、法制、公共安全等领域，从不同学科的视角研究和谐新疆的建设。因此，我们的基本认识是，民族因素、宗教因素和国际因素，是我们分析新疆社会发展与稳定时不可回避并且必须重视的三个基本点，新中国成立60年来是这样，改革开放30年来是这样，今后也仍将是这样。

本课题原计划在2009年年底为完成提交研究报告的时间。但是，2009年7月5日，乌鲁木齐发生震惊全国的"7·5"事件，本课题的研究工作也随该事件的影响而暂时中止。一方面，由于该事件所造成的极其恶劣的影响，使得课题组同志与全疆各族人民群众一样参与到恢复新疆社会稳定、修复受损的民族关系的紧迫工作中去；另一方面，课题研究也随着新疆社会中出现的新情况、新形势，及时调整研究计划。2010年5月，新疆各族人民迎来了最激动人心的时刻，党中央召开新疆工作座谈会，专门研究新疆工作，提出了新疆实现跨越式发展、长治久安的一系列重大举措。全国19个省市开始了空前的支援新疆、建设边疆的工作。这极大地鼓舞着本课题组同志们的信心，课题研究在进程和思路方面都有了新的心得，新的思路。

二、关于本课题研究主要内容和观点

本课题研究工作分为四个专题，分别是构建新疆和谐民族关系民族理论专题研究、构建新疆和谐社会建设的政治学理论专题研究、构建边疆特色的社会主义和谐文化的理论专题研究、边疆和谐社会的公共安全理论专题研究。

（一）课题第一部分

对新疆多民族地区和谐民族关系问题的专门研究。具体研究内容涉及：新疆多民族关系的历史和现实状况的基本考察分析，历史上新疆民族关系对当今协调民族关系的启示；民族关系在构建新疆和谐社会中的作用，新疆民族关系的主要影响因素与测量指标（包括国外影响族群关系的变量研究、国内关于影响民族关系的变量研究）；现阶段影响新疆民族关系的主要因素、新疆民族关系的现状及分析；构建和谐新疆民族关系需进一步深化的内容，"7·5事件"和新疆民族关系的反思；新疆多民族地区民族关系与构建和谐社会的建议与对策，新疆民族关系预警系统的建立等。

提出的观点。从基本矛盾理论看，民族问题虽然表现复杂多样，但是，从根本上说是少数民族和民族地区迫切要求加快经济文化发展与自我发展能力不足的矛盾，这是我国民族问题的主题。这一主题，决定了我国民族工作的主题，即各民族共同团结奋斗、共同繁荣发展。牢牢把握这一工作主题，不仅是全面建设小康社会的基本要求，而且也是构建社会主义和谐社会的基本条件。

1. 市场经济关系条件下新疆民族关系问题

计划经济体制下，民族关系主要体现在政治关系上。在向市场经济的过渡中，民族关系的内容转化为经济关系，汉族与少数民族间经济发展程度的差异、经济利益关系成为影响民族关系的重要的因素。新疆还存在着汉族与少数民族之间经济、文化、社会等方面事实上的差距，并且，这一差距还有日益拉大的趋势。具体呈现在以下几个方面的发展差距问题：（1）新疆南疆与北疆地区之间经济发展差距拉大；（2）新疆不同区域间居民收入差距在拉大，在不同民族之间的表现更为明显；（3）新疆居民收入水平与全国的差距持续拉大；（4）新疆汉族集中地区和少数民族集中的地区差距也在进一步拉大；（5）新疆城市与农牧区之间的差距也持续拉大。这些经济发展不平衡的现状，容易在各民族群体间形成隔阂，不利于各民族之间的相互认同，甚至引起发展程度较低的民族的失落感和相对剥夺感，不利于和谐民族关系的构建。汉族与少数民族以及各少数民族之间在经济社会发展方面的不同的发展程度，决定了各民族在市场经济条件下的不同的发展机遇和发展地位，因此也导致了市场竞争中的利益差别和利益冲突。同时，不同民族聚居区之间由于区位优势和区域自然禀赋不同，因此容易导致汉族地区与少数民族地区之间的不平等交换和利益转移，比如少数民族地区一般来说资源较为丰富，但工业生产能力较弱，在原材料、初级产品和工业制成品的交换中，由于工业制成品的较高的附加值，往往存在着利益的转移，在平等交换的背后实际上存在着不平等。这种民族地区之间的利益关系往往容易被看成是民族之间的利益关系，从而影响民族关系，特别是汉族和少数民族之间的关系。市场经济的推进，为民族地区缩小与发达地区的差距，深化对社会主义新型民族关系的理解以及为逐步消除各民族间事实上的差距提供了新的契机，创造了良好的外在环境和整体效应，同时，也给社会主义民族关系带来了一些新的矛盾和问题。

2. 从政治体制变革及政策实施看民族关系

改革开放以来，新疆政治体制的改革使新疆民族区域制度更加完善，少数民族群众积极参与国家和地方事务的管理。政治体制的变革一方面促进了新疆民族关系的发展和巩固，同时改革中的弊端也日益显现出来，也给现阶段和谐民族关系的建立带来了一些新的问题。主要体现在：（1）新疆少数民族地区干部队伍建设方面：干部队伍的年轻化特征明显，少数民族干部队伍的总量和少数民族人口的比例并不协调，少数民族干部队伍总量不足，少数民族干部队伍的结构不合理，专业技术干部比例过低。事业单位少数民族干部所占比例过高，干部队伍素质偏低。少数民族干部队伍的素质不容乐观，高学历干部数量很少。少数民族队伍的建设是新疆政治体制改革中非常重要的一个方面，是关系到新疆各少数民族在科教文卫事业发展和建设的关键步骤。如果这个方面的问题长期存在，并得不到及时的解决，不仅会影响到少数民族地区的政治建设，还会对和谐的民族关系的构建起到阻碍的作用。（2）政治体制的变革也给和谐民族关系的建立带来了一些新的问题，主要体现在：第一，现阶段民族关系的调整以政策为主，法律为辅，不利于民族矛盾公平合理、迅速果断的解决。第二，从中央到地方的各级政府、部门颁布的各类行政经济法规，有一些违背《民族区域自治法》的条文尚未得到清理，影响了新疆民族自治权利的行使。第三，国家部门在新疆建厂办矿，在征用土地、草场返还利税、招工、保护环境等问题上，还有损害地方和少数民族群众利益的现象发生。第四，民族自治地方在财政、税收、信贷、价格、外贸、固定资产投资、交通能源基金等问题上，受到有关部门"一刀切"政策的影响。第五，在治理整顿中，民族自治地方受各种因素制约，对上级部门出台的各项政策措施不能根据自己的承受能力自主地变通，因地制宜地执行。总的来说，就是自治法规定的民族自治地方应当享有的自治权利和经济利益没有得到很好的落实。如不妥善解决，会影响新疆民族区域自治制度的优越性，减弱民族凝聚力，影响和谐民族关系的建立。

3. 从社会发展变化看民族关系

（1）以民族为单位的社会分层形成。从社会整体来看，由于历史上形成的经济文化类型的制约，以及对社会发展的不适应。使得少数民族在新疆的建设发展中，往往无法介入某些行业，最终形成以民族为单位的社会分层。从人口分布上来看，汉族主要居住在南北疆的经济较为发达的区域或城镇，而少数民族则大多数聚居在经济较为落后地区或乡村，从整体上形成一种相对隔离局面。（2）少数民族人口增长，农村出现剩余劳动力。近些年来，少数民族人口增长速度不断加快。由于受其居住环境制约，许多年轻成员成为失业的农民。在一些地区由政府出面组织这些人前往外省区打工，这不失是一个好的办法，但无法从根本上解决这一问题。从新疆整体经济发展角度，以及可持续发展角度来讲，进行劳务输出时应当注意两个方面：一方面应当根据实际需要和具体情况进行劳务输出，并且加强对劳务输出人员的技能培训、法律和相关政策培训以及文化适应培训等。另一方面，应当注重新疆内部的劳动力转移。因为在新疆许多地方，劳动力也是稀缺的，这些剩余劳动力也可以在疆内自我消化。（3）少数民族大学生就业问题。大学毕业生就业问题对于南疆少数民族的生活影响十分显著，常常是引发民族间不满情绪的重要变量。大学生群体虽然有相对较高的受教育水平，但是就业难问题仍然是每一个毕业生将面临的严峻考验，其中少数民族大学生就业更加困难。大学生就业问题不是一个独立的社会问题，它与一系列的社会问题相互交织。其中对社会秩序影响最大的一个方面，就是为社会治安埋下了隐患。

4. 影响新疆民族关系的外部因素

（1）防范"三股势力"危害新疆和谐民族关系；（2）国际社会和周边环境的共同作用对新疆的民族关系产生着比较大的影响。

5. 思考与建议

第一，在严格执行民族政策的同时，还要进行大量的研究与验证，探讨影响新疆民族关系的各种因素，并适时地补充或调整现行的民族政策和民族制度。这直接关系到党在少数民族群众中的威信和形象，直接影响到党的民族工作的成败，直接决定着各民族之间的信任和团结。历史经验证明，民族关系和民族团结，只有在全面贯彻执行党和国家民族政策的前提下，才能得以真正搞好和切实加强。党和国家的民族政策体现在经济、政治、文化、社会等各个方面，社会各行各业都要严格执行党和国家的民族政策。对各民族一律平等、一视同仁，不得生产经营含有歧视、侮辱少数民族的产品，不得拒载、拒住、拒餐、拒售，不得针对少数民族学生增加录取条件、提高录取标准，不得歧视少数民族群众，防止出现伤害民族感情、损害民族团结的情况。

第二，转变新疆区域经济可能导致的依赖性结构，这是必须杜绝的。目前，新疆经济的发展主要还是以汉族群众为主，以北疆拉动南疆为主要模式，这往往会形成依赖性经济。改变依赖性经济结构就需要，一方面，加快新疆的基础设施建设。包括硬件建设和软件建设，社会保障制度的完善、双语教育的开展、基层社区的建设；另一方面，扶持适合当地特点的特色产业发展。在南疆，不能够单纯依靠农业生产，应当加快南疆的工业化建设。进一步加强少数民族聚居地区的开放程度，扩大南疆地区的招商引资力度，创造各种优惠条件吸引国内外客商前来投资，这样才可能解决当地富余劳动力的就业安置问题，同时促进少数民族群众思想的进一步解放，使大家的主要精力投身于经济建设大潮，这对于抵御"三股势力"的分裂破坏具有十分重要的作用。

第三，完善基层社区建设，打破隔离的聚居形式。政府要通过政策的调控避免不同民族隔离居住现象的产生，提供各民族间交往的平台。近些年来，一些房地产开发公司为了便于管理，将销售楼层分为民族楼、汉族楼，这很明显是一种隐形的民族隔离。打破按民族划分居住区这一格局，以社区归属感来淡化人们的民族意识。提高社区人员的整体素质和服务理念，相应地提高社区人员的福利，选拔优秀高校毕业生到社区工作。

（二）课题第二部分

政治与法制建设是构建新疆和谐社会的重要保障。边疆多民族地区和谐社会政治与法制建设需要贯彻"发展是第一要义"的科学发展观理念。政治与法制建设以发展理念为指导，以发展政治学的视角认识边疆多民族地区构建和谐社会的问题。研究具体涉及：现代国家的边疆政治的兴起，现代国家的边疆问题，现代多民族国家及其统一知识；当代民族问题与民主理论，中国的少数民族权利保护，新疆多民族地区政治体制与民主建设；现代发展理论述评，"发展"概念中的经济与政治，多民族和谐发展中的平等权利与平等发展；发展与社会主义实践，中国边疆与和谐发展的政治与法理；和谐边疆政治建设的实践与经验等。提出的观点：

1. 从发展政治学视野看边疆民族问题

发展理论充满在学术文献中。但是，值得我们注意的是，"什么是发展"的主题研究已经超出西方发展经济学的主流领域，成为发展中国家的改革发展过程中需要重新审视的重要社会政治问题。对于进行了改革开放30多年发展历程的中国而言，这个问题也同样具有现实意义。它更多地体现出对发展的公平与正义问题的政治学视野。本课题引入"发展政治学"概念作为研究的一种视角。我们认为，"什么是发展的公平与正义"的发展政治学的重要主题，在西方研究发展中国家的主流的"政治发展研究"中被丢弃了。相当多的发展实践表明着，在西方发展经济学主流理论的影响下，相当一些发展中国家的多数大众不但未能在发展中受益，相反，成为发展的受损者，并质疑国家的发展政策，提出分享发展成果的要求，部分区域出现要求社会财富再分配的冲突。这个时候国家发展面临危机并极有可能处于停滞状态。这是发展中国家发展政治学得以萌生的基本背景。这应当是发展政治学真正关注的主题。

中国的发展政治学关注经济发展与政治建设间的相互关系，注意到经济发展主要取决于国家的政治稳定。事实上，发展政治学关怀的发展的公平与正义等问题自然地萌生在发展的实践中，并成为当代中国特色社会主义发展理论的一个核心理念。这就是我们党提出的共同发展理论。对于统一的多民族国家来说，国家的经济发展与政治建设都离不开民族问题。中共中央明确指出，"在现实生活中，民族问题往往表现为经济问题与政治问题交织在一起，现实问题与历史问题交织在一起，民族问题与宗教问题交织在一起，国内问题与国际问题交织在一起。正确处理民族问题，涉及我国经济建设、政治建设、文化建设与和谐社会建设各个方面。"① 共同发展理念是中国统一多民族国家的发展政治学的基本主题，共同发展表达着发展的正义和发展的平等。应当包含着下列两个方面的重要理念：第一，发展的正义需要关注国家人口大众中处于少数的少数民族群体的发展状况，需要改善和提高少数民族的经济生活水平，将其作为发展政策中的重要的问题予以关注。从发展政策上，实施帮助少数民族发展的政策，对少数民族地区给予专门发展政策的指导。第二，发展的平等应当关注偏远地区农村社会的发展状况。正是在农村社会居住着国家人口大众的大多数，也正是农村聚居着贫困人口的大多数。如何使农村社会获得与城市同等的发展机会和国家政策的扶持，是发展政治学的又一个重要的主题。在中国，少数民族的发展问题和农村社会的发展问题都相对地集中在边疆地区。边疆地区少数民族人口中的贫困人口也都大多是居住在农村的人口。因此，边疆发展研究成为中国当代发展政治学的重要使命。

2. 以发展理念开展边疆基层政治建设

从1998年起，村民自治在新疆各级组织的指导下通过试点逐步推进，1998年全区统一实行村委会制度、直接选举村委会。各级、各类有关村民自治的地方性制度、法规、条例相继出台，为新疆村民自治实践提供了制度保证。农民民主意识不断增强，政治参与主动性和积极性不断提高，农村政治日趋民主化。在近几年的新疆村民自治实践中，村民政治参与活动大量涌现，参与形式途径多样化，政治参与意识不断提高。同时，"三股势力"的渗透破坏是影响乡村基层社会稳定、基层民主政治建设的重要威胁，破坏了村民自治的正常运行。它往往以民族宗教为掩护，打着维护民族和宗教利益的旗号进行活动，破坏性极强，且具有隐蔽性，不易被广大农牧民辨识，往往被蒙蔽和利用。在新疆要形成真正的较高层次的基层民主参与的意识，完善村民自治的制度建设，需要从以下几个方面努力。（1）加大对农村社会的投入，尤其提高南疆地区农村的生活水平，从解决基本医疗、基本住房、饮用水等基本民生问题起点，为基层广大群众政治参与提供基本的物质保障。（2）加强基层社会文化建设，开展公民教育，提升农民的文化素质和主体意识，为农民政治参与增强能力保证。（3）完善村民自治制度，拓宽农民参与渠道。如果不能进一步扩大基层民主的渠道和途径，加强基层民主政治建设，就难以满足广大各族农民群众对基层事务管理的参与愿望，难以调动起人民当家做主的积极性，这就会给民族分裂分子等各类敌对势力提供破坏活动的把柄，边疆乡村稳定发展的好局面就会受到考验和挑战。（4）基层党组

---

① 中共中央文献研究室：《十六大以来重要文献选编》（中），中央文献出版社2006年版，第900～901页。

织建设是新疆乡村民主建设的核心和政治保证。夯实党在农村执政的物质基础。建设社会主义新农村，必须大力发展农村集体经济。没有集体经济的支撑，农村干部就说话不灵、办事不成，服务职能就会受到严重制约，党组织就缺乏向心力和凝聚力。强化农村乡村干部政治素质，建立政治过硬、适应新疆农村稳定和发展需要的干部队伍。在宗教氛围较浓的社会环境下，一些农村基层干部在信仰问题上存在十分严重的失范行为，有些乡村干部公开信教，参与宗教活动。少数乡村党员干部对非法宗教活动危害性认识不足，依法管理宗教的制度措施不能完全落实到位，对"三股势力"和非法宗教活动，态度暧昧、行动动摇，这是极为严重的政治倾向和错误。在新疆，农村干部在重大原则问题上必须旗帜鲜明、立场坚定，这是检验政治上是否合格的基本要求。加强农村基层干部的培训教育工作，增强政治敏锐感和责任感，提高其执政水平和执政能力，有利于在新疆乡村正确执行党的农村政策和国家法律，依法加强对宗教事务的管理，维护农村稳定，促进农村政治经济各项事业的发展。（5）充分发挥宗教界人士通过合法渠道参与乡村建设。坚决打击"三股势力"，严防其在农村基层的破坏活动，并教育广大农民善于识别分裂分子的破坏行为和言论，维护农村稳定和团结，创造一个宽松的政治参与的社会环境。

（三）课题第三部分

构建具有边疆特色的社会主义和谐文化专题研究。具体涉及：新疆区域文化的历史多元特性和现代特征，多元宗教在新疆区域文化中的影响和作用，新疆传统文化转型的基础和蓬勃发展的文化事业，构建和谐新疆区域文化的条件，围绕构建和谐新疆区域文化做好宗教工作，以社会主义先进文化引领各民族传统文化实现繁荣进步，强化中华文化认同，推动边疆多民族地区和谐发展。

提出的观点：文化上的多元一体是新疆区域文化历史形成的特点，新疆从历史上就是一个多宗教并存的地区，宗教在新疆区域文化中具有重要的影响，伊斯兰教是新疆多元文化的一个重要渊源和组成部分。伊斯兰教的深厚影响是新疆区域文化最显著的特征之一。现代新疆多民族文化的共存发展要求我们必须要注重协调统一与多元、宗教与社会主义文化建设之间的关系。在社会主义和谐文化建设事业中需要关注几个方面的敏感问题。

1. "非法宗教活动"问题

非法宗教活动之所以在新疆屡禁不止，并逐渐成为影响新疆稳定的主要危险，主要原因是：（1）西方国家以宗教问题为突破口的"西化"和"分化"策略。（2）国际社会伊斯兰复兴运动的影响，使得"三股势力"把非法宗教活动作为隐藏和培养后备力量、分裂国家的重要途径。其中，"双泛"思想的渗透及

"东突"势力的危害特别注意。"东突"分裂分子全盘接受了"泛伊斯兰主义"和"泛突厥主义"的理论,形成了以"东突厥斯坦"独立论为核心的现代民族分裂思想,在新疆不断进行分裂和破坏活动,严重影响了新疆地区的社会政治经济稳定和国家安全。

2. 妥善处理目前新疆宗教方面存在的一些突出问题

(1)毫不动摇地取缔私办和地下教经点。私办教经点,一般是指未经政府批准,擅自开办的长时间内以系统传授宗教知识为目的的讲经点。不能把偶尔地为穆斯林讲授一点宗教知识的行为统统视为私办讲经点,这样容易导致打击面过宽,伤害信教群众的感情。地下教经点,是指"三股势力"以讲经为名向学经人员灌输分裂思想的活动点。对此,应在证据确凿、查明真相情况下,对骨干分子严加打击,对不明真相上当受骗的学员和群众,应讲明真相,揭露坏人,加强教育。(2)制止跨省区举办或参与私办教经点和地下教经点活动。对此应采取两项措施:一是尽快建立全国性的协调机构和联合行动工作机制,做到全国一盘棋,哪里发现,哪里查处;二是加强全国性的综合性情报网络建设,做到及时掌握动态,及时查处。(3)严格管理零散朝觐活动。近年来,新疆零散朝觐人员急剧增加,管理难度加大,导致许多负面影响,"三股势力"从中作祟。(4)慎重稳妥地处理哲合林耶[①]穆斯林中的"放口唤"[②]和跨地区朝拜拱北[③]问题。要加强对该派教职人员和信众的教育和引导工作,讲清该派的历史、宗教特权的实质和危害,让群众明了,民族的振兴和希望在于发展教育,提高素质、发展经济。重点加强对头面人物和骨干分子的管理和监控。(5)高度警觉依禅派的新动向。近年来,依禅派相对活跃,不可小视。总的原则是:心中有数,高度重视,低调处理。"心中有数",是指对新疆特别是和田、喀什地区依禅派信众的数量应有个基本估计,对其代表人物支配的信众、历史传承以及各代表人物之间是否存在相互串联等情况应十分明了。"高度重视",意指对该派的能量和可能对新疆稳定带来的不利影响不可低估。"低调处理"是指对外不单独宣传和不能炒作。(6)依法加强对天主教、基督教的管理。要解决目前新疆"两教"无序发展的问题,首先必须解决管理干部思想中普遍存在的两种错误认识:一是

---

① "哲合林耶",阿拉伯语 Jahariyah 的音译,也译作"哲合忍也"、"哲赫林耶",原意为"公开的"、"响亮的"。是中国伊斯兰教四大门宦之一,因主张高声念诵赞词,故也被称作"高声派"或"高念派"。

② "口唤"为伊斯兰教用语,阿拉伯文 Izn 或 Idhn 的音译,原意为"同意"、"允许"。中国伊斯兰教的门宦和教派中,指教主的口头命令和指示等,教徒必须无条件服从和执行。

③ "拱北",阿拉伯语 Kubba 的音译,原意为"圆屋顶建筑",在中国主要指门宦"教主"墓地或"教主"的修道处所修建的建筑物。有时也用以指某些传教"先贤"的坟墓,专指"麻扎"(阿拉伯文 Mazār 的音译,意为"圣地"、"圣徒墓")。

"发展"说。认为"两教"宣扬的"博爱"思想有益无害，在我国社会转型时期，现代化、城市化步伐加快，社会矛盾累积凸显，又为其发展提供了丰厚的土壤，过多人为干预只能是自讨苦吃。不如"顺其自然"，甚至提出借"两教"发展，特别是在少数民族中的发展来改变目前新疆伊斯兰教影响甚大的局面。二是"限制"说。认为，新疆是伊斯兰教地区，其他宗教的发展使新疆宗教问题更趋复杂化，因而必须限制"两教"发展。前者的实质是放任甚至助长"两教"的发展，后者的实质是取缔。今天，在境内外各种政治势力正日益加大利用宗教来实现自己政治目的的复杂背景下，任何放任宗教坐大成势的做法都会贻害无穷，至于企图想借一种宗教的发展来限制另一种宗教的影响的做法，更是一相情愿的幼稚之举，难免会自食其果。根据宗教发展的规律与多年来的成功经验，今后对基督教的发展应加强三方面的工作：一是通过全面调查摸清情况，在全疆范围进行一次清理整顿；二是合理实行"三定"，慎重确定家庭聚会点，健全民主管理组织，加强对临时教务负责人和民主管理组织的教育管理，把基督教纳入依法管理的轨道，坚决取缔非法聚会活动，遏制其无序发展，有效抵御利用宗教进行的渗透；三是尽快建立自治区基督教爱国组织，发挥其积极作用，协助政府管理基督教事务。加强对天主教地下势力的转化工作，重在加强对该教教职人员的政治教育。通过专门举办民主管理组织和教职人员的培训班，对其进行政策法规、坚持独立自主自办原则的教育，提高其爱国主义觉悟。及时发现并培养可转化的执教人员，以遏制新疆天主教地下势力不断蔓延的势头。

3. 围绕构建新疆和谐文化做好宗教工作

（1）更新观念，克服认识误区，坚定不移地贯彻宗教信仰自由政策。宗教问题中出现的矛盾大多属于人民内部矛盾，敌对势力利用宗教进行民族分裂活动和其他违法破坏活动，要依法惩治，但不能扩大化。充分认识宗教的群众性、民族性、国际性、长期性和复杂性，正确认识宗教多方面的社会功能以及社会作用的两重性，尤其作为文化资源、文化力量的价值。新疆信教群众为数众多。宗教信仰关系信教群众的精神生活和切身利益。我们在任何情况下都要毫不动摇地贯彻党的宗教信仰自由政策，这是构建和谐社会的基础，也是团结广大宗教界人士和信教群众为维护祖国统一、民族团结和全面建设小康社会服务的基础和重要保证。（2）引导宗教界为构建和谐社会服务。今后一个时期应把引导宗教为构建新疆和谐社会服务作为新疆宗教工作的中心任务。多年来，新疆各地结合实际为此做了不少探索，取得了不少成功经验。但总体来说，工作依然薄弱。引导宗教界参与社会互动，为全面建设小康社会贡献聪明才智。经济是基础，没有经济的发展和人民生活水平的普遍提高就没有社会的和谐。应当看到，广大信教群众中不少属于尚未摆脱贫困的弱势群众，党和政府对他们一方面要予以更多关爱和扶助，另一方面要引导他们积极投身于全面建设小康社会的伟大洪流，使他们信仰的宗教有机地融入社会，这是宗教参与构建和谐社会的基本方式。(3) 引导和推动宗教界走文化宗教之路。宗教信仰是宗教的核心要素，集中体现在各宗教的教理教义中。因此，必须通过对教理教义做符合时代要求和社会进步的阐释，以期从深层次上与社会主义社会相适应。从更深的层面看，引导和推动宗教界走文化宗教之路。"文化宗教"概念展现了宗教的文化自觉，彰显了宗教的文化意义，有助于发挥宗教的文化功能和文化作用。从宗教的发展规律和时代的要求看，宗教必须向理性化、伦理化和更加宽容的方向发展才能走向健康、良性的发展道路，这才能真正参与和谐社会的构建。在当代，一个没有文化内涵、文化素质和文化品位的宗教是没有前途的。文化内涵、文化素质和文化品位是宗教的活力之所在，宗教的命运之所在。(4) 坚持独立自主自办原则，抵御境外势力利用宗教进行的政治渗透。近年来，境外势力利用宗教对我进行政治渗透问题愈显突出，能否正确处理这一问题，既关系到新疆稳定发展及和谐社会构建全局，也直接关系到新疆宗教能否正常发展的未来走向。高度重视，充分认识新形势下做好抵御渗透工作的极端重要性。境外势力利用宗教对我进行政治渗透目的在于最终实现对我进行"西化"、"分化"的图谋。各级领导必须对此保持高度警觉，并扎实有效地工作，把中央和自治区部署的关于抵御渗透的任务落到实处。要把这项工作纳入自治区维护稳定工作领导小组重要的议事日程，并形成有关部门参加、定期召开碰头会议的工作机制，建立工作网络和信息网络，做到各部门责任明确，各司其职，密切配合，齐抓共管。充分利用法律武器，做到依法抵御。目前，我国除《宗教事务条例》外，教育、海关、新闻出版和社会治安等方面的法律法规都有涉及抵御渗透的条款，要综合应用这些法律条款，把这些工作纳入依法管理轨道。密切注意宗教渗透的新动向。可以肯定，在今后一个时期，境外势力除了继续利用书刊、音像制品和网络等手段外，以经商、讲学、文化交流、开办文化娱乐场所等为名进行渗透仍是重要手段，学校是其渗透重点，应特别警惕。强基固本是上策。渗透活动主要在基层，在改革开放进一步扩大的新形势下，要不断加强基层组织建设，各社区的党政、共青团、妇联等组织应明确责任，建立和完善工作机制，增强管理能力，彻底改变软弱瘫痪、战斗力不强的状况，真正把抵御渗透工作落实到最基层。宗教工作部门要加强对宗教教职人员进行坚持独立自办原则的经常性教育，做到强身固体，增强抵御渗透的能力。

4. 丰富边疆基层的社会主义文化事业

改革开放的深入和经济建设的发展，带来了新疆区域文化的繁荣，丰富了各族人民群众的文化生活。改革开放和社会主义现代化建设的文化长廊，作为全国万里边境文化长廊的重要组成部分，使自治区的群众文艺活动在设施条件、队伍素质和活动的开展上较之改革开放前有了很大提高和进步。社会性群众文化事业的发展和文化网络建设的逐步完善，活跃了群众文化艺术生活。改革开放的大环境造就了以商品形式提供精神享受和文化娱乐的文化市场。初步形成了各级文化市场管理机构网络，结合"扫黄打非"行动，整顿文化市场秩序，发挥国家文化事业单位和国有企业单位的文化经营活动的主导和示范作用，引导文化市场沿着建设社会主义精神文明的道路建康发展。

5. 强化中华文化认同，推动边疆多民族地区和谐发展

"五观"和"四个认同"教育的本质就是文化认同，就是对新形势下新疆民族团结教育内容的准确定位。"双语教育"是加强文化认同工作的基础措施，是新疆结合边疆多民族地区实际，创造性地贯彻中央精神，开展文化认同的重要举措，是新疆民族团结进步事业的创举，是边疆多民族地区建设社会主义先进文化的重要途径，也是维护祖国统一，反对民族分裂，保持新疆社会政治稳定的治本之策。通过一系列有效的举措，新疆的社会主义民族关系得到进一步巩固和发展，各族人民和谐相处，彼此尊重，相互认可，不断涌现民族团结的生动事迹。新疆各族人民在彼此的文化认同中，在对中华文化的认同中形成了一个稳定和谐的团结共同体。实践证明，文化认同工作进一步增强了多元一体的中华民族的自我意识和对中华文明的认同感、归属感，增强了新疆各族人民的向心力和凝聚力，为推动新疆社会的和谐发展创造了良好的文化氛围。

（四）课题第四部分

1. 对新疆公共安全建设的认识

公共安全是新疆构建社会主义和谐社会的重要保障。公共安全与和谐社会具有内在的联系，公共安全是新疆社会和谐发展进程中的重要组成部分。"三股势力"是影响新疆和谐社会的现实威胁。民族分裂主义是反动的政治思潮、反动的政治主张和反动的政治行为。我们与"三股势力"的斗争是长期的、复杂的，有时甚至是尖锐的和残酷的。"三股势力"在新疆不断制造民族分裂、从事非法宗教活动和暴力恐怖活动，给新疆的经济社会发展造成了严重的损害，危害着中国国家安全和新疆稳定发展，制造民族隔阂，破坏民族关系，是新疆构建社会主义和谐社会的严重威胁。我们对此的看法是：

（1）大力发展新疆经济，是最根本的解决问题的方法。只有促进新疆经济跨越式发展、切实改善民生、实现各民族人民共同富裕的目标，才能从根本上消除"三股势力"滋生和蔓延土壤。

（2）建立打击"三股势力"的法律机制。强化国家立法，建立严密惩治"三股势力"犯罪的法律体系。尽快出台、完善中国的《反恐法》及相关法律文件，建立起有效打击"三股势力"的法律平台，依法打击恐怖分子，依法惩治恐怖犯罪分子。

（3）建立新疆地方公安安全部门和上海合作组织地区反恐机构的合作机制。构建上海合作组织地区反恐机构和新疆地方防务部门的合作机制，建立沟通渠道，尤其是反恐情报信息交流机制，使新疆的地方防务部门直接和上海合作组织地区反恐机构执委会交流情报信息，形成一个具有反恐预警性功能的机制，使新疆地区的防务部门掌握主动权先发制人，主动出击，把"三股势力"的破坏活动降低到最低限度，减少不必要的财产损失，发挥反恐情报信息交流机制的预防功能。

（4）加强对宗教事务和宗教文化市场的管理。新疆的文化市场监管部门近年来查获了大量境外非法音像制品，这些文化制品中包括了涉及宗教和政治内容的反动光碟。境外非法音像制品的流入严重影响了新疆民族语言音像市场的发展，涉及非法宗教、恐怖暴力的音像制品严重地影响着新疆地区的公共安全。加强新疆地区的文化市场管理、净化文化市场。首先文化市场监管部门要对我国的文化市场管理的法律法规进行大力宣传，提高文化商品经营者和消费者的法律意识，自觉遵守文化市场管理的法律法规，抵制非法音像制品。

（5）加强基层党组织的调控能力。只有不断加强基层党组织自身建设，才能发挥它的创造力、凝聚力和战斗力，才能带领广大的人民群众更有效地反对"三股势力"，维护农村的稳定和秩序。

（6）揭露"三股势力"的暴行，增强广大少数民族群众的国家认同感。公开揭露"三股势力"的残暴罪行，包括对各族妇女、儿童、老人、爱国宗教人士的残害；揭露"三股势力"的暴行对社会和经济的巨大破坏；揭露"三股势力"分裂国家、破坏国家主权和领土完整的罪恶本质，用铁的证据和血的事实来教育广大的人民群众。新疆发生的分裂与反分裂斗争都具有特殊的复杂性。只有持之以恒地开展反分裂斗争，特别是在意识形态领域开展反分裂斗争，严厉打击民族分裂主义，才能确保新疆公共安全，为新疆构建社会主义和谐社会创造良好的政治环境。

开展意识形态领域的反分裂斗争是构建和谐新疆的必然要求。首先，开展意识形态领域反分裂斗争，事关新疆稳定发展大局；其次，民族分裂势力加紧意识形态领域渗透，是影响新疆和谐稳定的主要危险；再次，开展意识形态领域反分裂斗争，是维护国家统一与新疆稳定的重大举措。

2. 新疆开展意识形态领域反分裂斗争的经验与对策

（1）新疆开展意识形态领域反分裂斗争的基本经验。①坚持标本兼治、强化治本措施，牢牢掌握反分裂斗争的主动权；②高举各民族大团结的旗帜，最大限度地团结和依靠各族干部群众，筑起反分裂斗争的铜墙铁壁；③加强情报信息工作，及时准确地获取深层次、内幕性、预警性、行动性的情报信息，做到敌动我知、未动先知，切实掌握对敌斗争主动权。

（2）新疆开展意识形态领域反分裂斗争的对策。①深入批判"泛伊斯兰主义"和"泛突厥主义"，从意识形态领域清除民族分裂主义的理论基础。②大力发展新疆经济，改善新疆人民的生活条件，特别是边远地区的生活条件，是最根本的解决问题的办法。③加大打击恐怖活动的力度，对恐怖活动保持"高压"态势，这是我们长期以来反分裂斗争的有效经验。④加大舆论宣传力度，正确宣传新疆历史，充分揭露热比娅及"东突"分裂势力、实施民族分裂和暴力恐怖活动，破坏新疆乃至全国社会稳定的反动本质，不断增强各族干部群众的政治免疫力。⑤切实加强对思想文化、宣传舆论阵地的领导和管理，坚决堵住各类噪音、杂音和民族分裂思想传播的渠道和途径。⑥加强学校教育阵地建设。要高度重视青少年的培养教育，始终坚持社会主义办学方向，坚持政治家办教育、政治家管理学校，进一步加强各级各类学校领导班子和教师队伍建设，深入推进中小学思想品德课和高校思想政治教育，努力培养合格的社会主义事业建设者和接班人。为了有效防范和抵御"东突"恐怖分裂势力在意识形态领域的渗透，我们必须构筑高校反分裂斗争的牢固防线，从高校领导干部和广大师生入手，加强政治素质的培养和思想政治工作，把高校建设成为反对"东突"恐怖分裂势力和非法宗教活动的坚固堡垒。⑦以社会主义核心价值体系为指导，进一步加强新疆意识形态建设。毒品走私、非法移民、跨国犯罪和突发性事件这些问题是冷战后我国非传统安全领域中表现出来的突出问题，新疆是毒品走私、非法移民和跨国犯罪等问题都较为严重的地区，这些非传统领域的安全问题对新疆公共安全带来了严重的威胁，只要通过分析新疆毒品走私的特点及对社会公共安全的危害，有效制定防范这些非传统领域安全问题的机制和措施，才能有效维护新疆的安全与稳定。

（3）建构新疆公共安全预警机制。建构新疆公共安全预警机制是构建和谐新疆的重要保证。新疆各级政府在公共安全管理上取得了较好的成绩，大大减少了人民群众生命财产损失，维护了正常的生活和生产秩序。但当前新疆公共安全问题仍面临着空前的压力，恐怖暴力事件时有发生、生产安全事故仍未根除、突发性事件对生产生活带来重大的威胁。尤其是当前新疆的一些地方还没有真正形成一个统一有效的应急预警机制，有的只是分类别、分地区、分部门的单一临时灾害处置模式，而各种灾害、灾难的发生往往具有群发性和链状性的特点，因而，现有的单一灾害处置模式已很难应对日益严重的社会灾害。因而，加强新疆公共安全的保障，建立健全新疆公共安全应急预警机制，已成为维护中国国家安全和新疆稳定发展的重要战略举措。①建立打击"东突"暴力恐怖活动、维护新疆公共安全的预警机制。面对"东突"暴力恐怖活动对新疆公共安全的现实威胁，如何有针对性地对暴力恐怖活动通信地址进行防范和预控，是新疆维护公共安全的重中之重；②树立新疆公共危机预警管理的协调意识；③加大新疆信息透明度，形成社会诚信支持系统；④建立新疆有效、快捷的信息网络系统；⑤发挥科技优势，建立新疆公共安全网；⑥逐步完善新疆公共安全突发事件管理的法律体系。加强新疆公共安全管理及预警机制建设和研究，应将其纳入到维护新疆社会稳定的计划、组织、管理、控制的社会管理体系之中，从维护新疆稳定及中国国家安全的高度予以战略性思考，这不仅是一个理论问题，更是一个迫切的现实问题，具有重大的理论价值和现实意义。

三、课题研究的几点认识

（一）贯彻中央新疆工作座谈会提出的指导思想是今后长期搞好新疆工作的思想基础

胡锦涛总书记指出，新疆工作的长期实践表明，中央在各个时期关于新疆工作的方针政策是完全正确的，是符合我国国情、新疆实际和新疆各族人民根本利益的。我们要认真总结并不断丰富发展新疆工作的宝贵经验，切实做好新形势下新疆工作。在新疆经济社会快速发展的形势下，我们也要清醒地看到，由于历史、自然、社会等多方面因素影响，新疆同我国东部地区的发展差距仍然较大。新疆同全国一样，社会主要矛盾仍然是人民日益增长的物质文化需要同落后的社会生产之间的矛盾。同时，新疆还存在着分裂势力分裂祖国的活动。这就决定了做好新形势下新疆工作必须紧紧围绕推进新疆跨越式发展和长治久安这个重大而紧迫的任务来进行。当前和今后一个时期新疆工作的指导思想是：高举中国特色社会主义伟大旗帜，以邓小平理论和"三个代表"重要思想为指导，深入贯彻落实科学发展观，坚持中国共产党领导，坚持社会主义制度，坚持民族区域自治制度，坚持各民族共同团结奋斗、共同繁荣发展，深入实施稳疆兴疆、富民固边战略，始终把推动科学发展作为解决一切问题的基础，始终把改革开放作为促进发展的强大动力，始终把保障和改善民生作为全部工作的出发点和落脚点，始终把加强民族团结作为长治久安的根本保障，始终把维护社会稳定作为发展进步的基本前提，努力推进新疆跨越式发展和长治久安。

（二）党的民族区域自治政策在新疆成功实践

我们党以马克思主义民族理论为指导，制定和实施正确的民族政策，开创了适合中国国情、具有中国特色的解决民族问题的正确道路。新疆建立社会主义新型民族关系，实行民族区域自治，实现了空前的民族大团结；国家支持和帮助新疆的各项事业发展，实现了少数民族群众生活水平的历史性飞跃。今天，不管面对什么样的风险和考验，我们始终保持着边疆的民族团结、政治安定、社会稳定。平等、团结、互助、和谐的社会主义民族关系仍然是新疆的主流。同时，需要注意，社会主义市场经济的社会转型期，新疆民族关系发展具有特殊性、复杂性、敏感性。"汉族离不开少数民族，少数民族离不开汉族，少数民族也相互离不开"，新疆的民族关系是一部中国丰富民族关系史的缩影。当代发展变化中的新疆民族关系呈现出特殊性、复杂性、国际性。主要是：（1）在新疆，社会转型时期出现的一般社会问题容易引发民族关系问题，甚至冲突。（2）民族问题与宗教问题的联系更加紧密和相互交织。民族关系一旦出现问题，往往都要与宗教扯上关系。同时，又由于宗教问题的敏感性，使得宗教问题一旦产生，各民族相互间的交流就会在极短的时间内减少，从而引向民族关系领域。（3）敏感性。社会转型期新疆民族关系较为脆弱，民族问题的偶发因素显现率高。这是转型过程中人口流动的陌生人相遇的社会性特征。需要敏感注意。（4）国际性。新疆民族关系领域出现的一般问题往往容易引起国际社会的敏感关注。这是国际上的反华势力和民族分裂分子势力，借机利用新疆的民族、宗教问题，制造和扩大事端，破坏民族团结，分裂祖国。国际社会媒体的片面报道，对当今新疆稳定和发展以及各民族间的相互关系带来的负面影响是不容低估的。

（三）始终坚持民族团结教育，坚定开展意识形态领域的反分裂斗争

现代多民族国家的民主政治建设过程伴随着国家公民思想的建设过程。国家公民政治教育的根本乃是公民爱国主义教育。在边疆，公民教育的重要形式是民族团结教育。民族团结教育始终是近20年来新疆政治建设工作最重要的一个部分。历史的经验教训告诉我们，在边疆多民族地区，面对多种多样的文化现象，必须尊重差异、包容多样，在尊重差异的前提下扩大认同，在包容多样中增进共识，才能实现多元文化的和谐。各民族实现了文化上的认同，才会有感情上的认同，才会形成建立在巩固的民族团结基础上的共同文化心理基础，才会有边疆地区真正的长治久安。因此，在边疆多民族地区建设和谐社会的过程中，我们必须加强文化交流，增进相互理解，培育和促进文化认同，用共同的信念、共同的理想、共同的感情团结凝聚各族人民，增强中华民族的凝聚力，不断巩固和发展边

疆民族地区安定团结的政治局面。

（四）关注基本民生，加快新疆经济体制改革的步伐，解放生产力，恢复基层经济的活力

改革开放 30 年来东部地区的发展成就是有目共睹的，其中，一个重要经验是乡镇经济的发展，这是最具中国特色的发展模式。边疆地区同样具有小商品经济。边疆与沿海联合，共同构建向西开放的小商品基地。东西部区域经济协调，共同发展的和谐道路。这或许正是"丝绸之路"对统一多民族国家建构的历史价值。深化城市经济体制改革，发展多中心城市，实现城市与乡村的协调发展。

（五）正确认识宗教对于构建和谐社会的两重性

引导宗教界为构建和谐社会服务；依法管理宗教事务，妥善处理目前新疆宗教方面存在的一些突出问题；境外势力利用宗教对我进行政治渗透问题愈显突出，能否正确处理这一问题，既关系到新疆稳定发展及和谐社会的全局构建，也直接关系到新疆宗教能否正常发展的未来走向。

第一章

民族区域自治是和谐民族关系的政治基础和制度保障

第一节 新疆多民族地区民主政治建设

一、民族问题与民主理论

马克思主义民族理论认为，解决民族问题的根本是实施保障各民族平等的民主政治制度。多民族国家的民主政治建设在各国具有各自的发展模式和经验。由于各个国家民族关系历史发展的差异，调整和解决民族关系的制度模式并不是完全一致的，这取决于每一个多民族国家民族关系的历史和现实。因此，现代多民族国家的民主理论不同于西方古典民族国家的民主理论，具有自身的现代特征。事实上，当今不论是西方国家还是非西方国家，在面对各自的多族群问题时，在认识上都存在相当的差异。主张自由主义和个人主义立场的西方民族国家古典民主理论遭遇了现代困境。大多数发展中国家的民主政治建设不同于西方资本主义民族国家，具有自身的特性。事实上，现代非西方多民族国家并不能依赖西方民族国家的民主政治建设的早期经验。多民族国家的民主政治建设除将个人设定为民主政治的主体外，还需要考虑国家的民族关系，这就是回应西方古典自由主义个人权利理论之外的现代集体主义政治理论的基本背景。现代集体主义政治理论认为，如果仅仅立足于个人主义的权利制度设计，将可能使人数上处于少数的群体处于不利的境地。例如，在西方自由主义民主政治的多数票选举制度下这个情况就会比较突出。因此提出，需要考虑到少数人群在国家政治制度设计中的平等地位和权利问题。这就是，当前争议的个人权利与集体权利问题。

需要注意的是，西方自由主义和个人主义民主理论并不是简单地否定集体权利主体和直接否定民主政治中存在集体权利要求。西方自由主义和个人主义权利理论坚持认为，自由主义理论实际上给出了"集体权利"要求的民主制度的空间。基本设计是，通过授予存在共同要求的个人可以组成联合共同体来参与国家政治公共生活事务。也就是，个人可以通过结社组成社团来提出集体性要求。就此认为，在制度上将保护少数的集体性要求和愿望已经在制度上进行了合理设计，认为任何情形下的"少数"都能够通过建立起表达利益的"社团"来主张自己的要求。在这里，西方自由主义个人主义民主理论实际上并没有将少数民族群体考虑在集团性权利的主体资格内，其实质仍然是个人主义政治理论。事实上，在多民族国家的国家政治制度建设中，这种自由主义政治理论的制度设计是不实际的。多民族国家的民主政治建设除坚持以公民权利平等为基本现代民主政治建设的一般经验外，还需要设计以"少数民族"特殊保护的政治建设的特殊性。为此，现代多民族国家根据少数民族的人口状况在少数民族聚居的地区建立专门的少数民族自治地方，这就是一般所说的"地方自治"政治体制的一种主要形式。地方自治是在国家统一行政范围内拥有宪法授予的自主权力的国家地方政权，这是现代多民族国家的民主宪政理念所决定的，同时也是现代多民族国家民主政治建设的专门经验，这其中就包括新中国的经验。

在多民族国家的经济发展建设过程中不可避免地伴随着多重矛盾、冲突的发生，世界上多民族国家内部发生民族冲突的原因都有各自的差异，有复杂的国际背景，也有各国的国内因素，很难说在民族关系冲突的诸多要素中，哪一个更为重要和关键，也正因为如此，多民族国家的民族关系问题开始为现代政治理论所关注。民族冲突也导致一些多民族国家政治制度的重大变革，期望通过制度变革继续保持国家的统一性基础。20世纪中叶美国国家的重要制度变革与美国黑人的民权运动有着直接关系。在加拿大，"联邦政府希望通过重申民族联合的概念和稳固地保护公民权利包括在宪法文件中规定的享有使用本民族语言和未成年人受教育的权利，来抑制日益高涨的魁北克民族主义和分裂主义的动量"。① 民族冲突往往给这些国家的发展带来深远的影响。这种冲突在近十年以来已经成为国际政治问题,引发国际社会科学领域对多民族国家民族问题的研究热潮和普遍关注。多数研究认为,各个国家的少数民族日益坚持自己的要求并谋求权力,是一个全球性现象。② 更为值得关注的是,随着国家间现代全球性关系的迅速发展,国家间具有跨文化身份的陌生大众的遭遇,相互理解和沟通成为敏感的话题。"就当代的国际情况而言,理解与'他人'的关系是一个紧迫的问题。当前的全球化进程正在为文化接触和创造性提供机会。同时,新的不容忍的形式也在产生。以国家、种族、民族、性别、阶级以及个人体态为基础的种族主义和排外、种族战争、偏见和侮辱、种族隔离和歧视业已成为极其普遍的现象,有时还导致非常激烈的暴力行动。所有这些行为都是不承认其他人和自己一样,都是人,都具有同样充分的权利。所有这些都是只要有差异就产生不容忍、产生仇恨和要消灭其他人的冲动……这些普遍性的问题曾经是、现在也仍是种种争论的焦点,也是种种社会斗争的焦点。斗争的内容包括在民族国家内扩大公民权、承认少数民族的集体权利、移民权利以及多元文化主义。"③ 为此,现代国家面对人口结构中多文化、多民族、多宗教的身份关系,设计政治建设的方案以保持国家公共社会关系结构的稳定,避免引发多民族关系冲突进而危及国家统一,以保证统一国家政治秩序的稳定。从近20年来国际社会科学所讨论的丰富主题来看,多民族国家和谐团结共处的公民生活关系如何建构仍然是现代多民族国家民主政治建设所面对的一个重要问题。

二、宪政理念下的中国民族关系

"中国是世界上历史最悠久的国家之一。中国各族人民共同创造了光辉灿烂的文化,具有光荣的革命传统。1949 年,以毛泽东主席为领袖的中国共产党领导中国各族人民,在经历了长期的艰难曲折的武装斗争和其他形式的斗争以后,终于推翻了帝国主义、封建主义和官僚资本主义的统治,取得了新民主主义革命

---

① "对少数民族的保护已经成为最重要的课题之一,在共产主义国家与西方资本主义国家之间的争端结束以后,尤其如此。政论家和政治学家预言,在下个世纪里,在不同的文化和民族之间,将会发生无数次的冲突。面对前南斯拉夫的巨大血腥冲突,我们感到茫然,我们也不知道对车臣的冲突做出什么反应,还封锁有关非洲和亚洲大陆发生的大屠杀的消息。在这样做时,我们很快忘记了,在西欧少数民族问题上我们只是控制住了局面,并且以一种非常有限的方式继续进行控制。通过改善人权状况能够解决少数民族问题吗?"参见〔瑞士〕托马斯·弗莱纳:《人权是什么?》中国社会科学出版社2000年版,第64页。
② 宁骚:《民族与国家》,北京大学出版社1995年版,第353页。
③ 伊丽莎白·杰琳:《对话、理解和误解:南方共同市场中的社会运动》,载《国际社会科学杂志》2000年第17期。

的伟大胜利,建立了中华人民共和国。从此,中国人民掌握了国家的权力,成为国家的主人。中华人民共和国是全国各族人民共同缔造的统一的多民族国家。平等、团结、互助的社会主义民族关系已经确立,并将继续加强。在维护民族团结的斗争中,要反对大民族主义,主要是大汉族主义,也要反对地方民族主义。国家尽一切努力,促进全国各民族的共同繁荣。"上述段落是中国宪法序言中对中国多民族国家历史的最精练的描述。充分表达出现代中国统一的、多民族的社会主义国家的宪政理念,一方面肯定着最悠久历史以来中国统一多民族国家的民族团结史,一方面表达着近代以来中国各民族人民建立人民共和国的共同命运史,同时又是凝聚着现代中国各民族人民共同建设中国特色社会主义国家的统一思想史。

中国宪法的制定充分考虑到了中国作为统一多民族国家的历史经验。为此,在宪法中将民族关系作为国家的基本问题做出了专门的安排。在中国宪法的138个条文中,有28个条文涉及国家民族关系的内容。国家民族关系规范为基本宪法关系,这是中国宪政的特色和对现代政治的创新。宪法短语用"统一的多民族国家"来表达出中国多元民族关系。国家民族关系作为基本宪法关系表述为:"中华人民共和国各民族一律平等。国家保障各少数民族的合法的权利和利益,维护和发展各民族的平等、团结、互助关系。禁止对任何民族的歧视和压迫,禁止破坏民族团结和制造民族分裂的行为。国家根据各少数民族的特点和需要,帮助各少数民族地区加速经济和文化的发展。各少数民族聚居的地方实行区域自治,设立自治机关,行使自治权。各民族自治地方都是中华人民共和国不可分离的部分。各民族都有使用和发展自己的语言文字的自由,都有保持或者改革自己的风俗习惯的自由。"这是多民族国家对建设社会主义法治国家的独特表达。中国宪法对民族关系的规定,一方面,继承着中国历史上各民族人民团结的中华民族的基本传统文化理念;另一方面,又表达着中国特色社会主义国家的核心价值理念。这是现代多民族国家进行民主政治建设的中国经验。

丰富多样的民族关系如何体现在统一国家的政治制度中?这需要对国家民族关系历史与现实发展进行正确把握。中国民族关系在地理区域上呈现出"大杂居、小聚居"的分布结构格局。"大杂居"分布结构既是指汉民族与各少数民族之间的历史居住关系,也是指少数民族与少数民族之间历史居住关系。"小聚居"主要是指各少数民族的传统聚居结构。"大杂居、小聚居"六个字基本上比较清楚地归纳出了中国民族关系的历史地理状况。同样,"大杂居、小聚居"的民族关系历史地理结构在法律上通过四个层次的制度设计来表达出来。分别是:自治区、自治州、自治县、民族乡,以此分别建立各少数民族的区域自治地方。

同时,"小聚居"概念具有包容性,表现为一个"小聚居"地理结构中包含更小的"小聚居"地理特征。在区域自治地方行政区域上呈现为：某一自治区层次的行政区域里有一个或几个其他少数民族的自治州、自治县、民族乡；某一自治州层次行政区域里又有另一个或几个其他少数民族自治县；某一个自治县层次行政区域里又可能有另一个或几个其他少数民族的民族乡。这里一个一个层次的"小聚居"结构里的相互关系，支撑出统一国家民族关系的"大杂居"的多层次结构。即今天所称的"多元一体的格局"。[①] 所以，中国的民族区域自治制度是从"大杂居、小聚居"的民族关系的历史特点出发设计的，适应了中国民族关系史的结构性特征。

在中国，各少数民族相对集中居住并历史地形成了"少数民族聚居区"。因此，民主政治建设依据各少数民族聚居区域范围来赋予少数民族自治权，使其独特的生活方式、民族语言、文化传统等特性被保持、尊重和延续是中国多民族国家进行民主政治建设所坚持的一个宪法原则。中国在边疆少数民族聚居的地区实施民族区域自治，保障各少数民族在聚居区内建立自治权利，管理少数民族自身的事务。中国边疆多民族地区建立的民族区域自治地方就是从国家民族关系的区域分布格局的出发并正确把握，决定了实行地方自治区域安排，获得了广大少数民族的积极认同。这是中国的民族区域自治制度顺利实施的非常重要的原因。[②] 国家在边疆少数民族地区设置自治地方时，尊重各少数民族传统生活区域，自治地方的行政区域边界范围符合历史上各个少数民族聚居的分布特征。它在今天是稳定的、可行的。结果是：中国民族区域自治地方的行政区域管辖范围很大，占全国总人口不到10%的少数民族人口实施民族自治的区域范围约占全国总面积的64%左右。这是中国民族区域自治制度一个非常独特的方面，也是中国民主政治建设的一个重要经验。

"少数民族聚居区"概念是中国在20世纪50年代所进行的民族识别工作中建立起来的。"民族聚居区"概念，一方面能够满足少数民族在聚居的行政区域

---

① 中华民族多元一体格局理论是近年来我国民族学、社会学、人类学、历史学领域一个具有重大影响的理论，它的提出者是我国杰出的学者费孝通先生。国内外民族学、人类学、历史学、语言学、社会学、考古学等领域的许多学者一致认为，费孝通先生提出的"中华民族多元一体格局"是一个重大的研究成果。将民族理论与中国民族工作的实践结合起来，把汉族的研究和少数民族的研究结合起来，是对中华民族构成的全局和中国的民族问题的高层次的宏观的新概括，具有对科学和实践的指导意义。经过讨论，比较明确，一致认为，"多元"是指各兄弟民族各有其起源、形成、发展的历史，文化、社会也各具特点而区别于其他民族；"一体"是指各民族的发展相互关联，相互补充，相互依存，与整体有不可分割的内在联系和共同的民族利益。这种一体性，集中表现为祖国的统一和整个中华民族的大团结，表现为共同关心与争取祖国的完全统一与繁荣富强，大陆上各民族坚持党的领导和社会主义道路。参见费孝通主编：《中华民族多元一体格局》（修订本），中央民族大学出版社1999年版，第309页。

② 周恩来：《关于中缅边界问题的报告》，见《周恩来选集》（下卷），人民出版社1984年版，第245～246页。

范围内的政治权利和平等地位问题；另一方面，又避免使这种行政区域具有领土主权要求的性质。民族区域自治是区域因素和民族因素两个方面的有效结合，它符合中国民族关系发展的历史特点。这是少数民族集体权利得以建立的最重要的基础。加拿大少数人权利问题研究学者金利卡非常敏锐地指出："在有少数民族聚居的国家，国内行政区界的划分引起有关公正的原则的争论。由于少数民族通常在其领地上聚居，区界的划分可以使他们获得权力——即划分的行政区域能使少数民族在当地形成多数，这样的区域可以成为他们自治的载体。然而在许多国家，这一区界是以削弱少数民族的力量而划分的。"① 由此，金利卡批评西方人权理论的个人主义权利理论实际上无助于少数民族权利的保护。"我再一次指出，这些要求常常被认为与西方个人主义相悖。这是少数民族的集体主义的证明。人权学说不仅无助于这种不公正，还可能加剧不公正。这样，人权的义正词严不过为征服原本自治的少数民族提供了一个理由和烟幕。"② 中国的民族区域自治理论正是对西方人权理论的批判。通过建立区域自治的民主建设以保护中国少数民族的权利和利益。

三、新疆多民族关系与民族自治地方的多元性

新疆维吾尔自治区是中国西北边疆一个多民族聚居的省级行政区域自治地方，成立于1955年10月。新疆有汉、维吾尔、哈萨克、回、蒙古、柯尔克孜族、锡伯、达斡尔、乌孜别克、塔吉克、塔塔尔、俄罗斯13个世居少数民族和其他散居少数民族。维吾尔族为区域人口多数民族。新疆有5个自治州、6个自治县、42个民族乡。分别在哈萨克族、蒙古族、回族、柯尔克孜族、锡伯族、塔吉克族、乌孜别克族聚居地方设立自治州、自治县。由此，形成新疆独有的自治区、自治州、自治县多层次的多民族区域自治的政治体制。

新疆的民族区域自治体制不同于全国其他民族区域自治地方的显著特点是：新疆具有国家宪法和民族区域自治法规定的所有层次的民族区域自治地方。我们分别比较新疆与其他四个省级自治区的民族区域自治体制。

（一）与西藏（藏族）自治区比较

西藏主要是以单一的藏族民族为主体建立的自治区，西藏自治区现设6地1市，即拉萨市、日喀则地区、山南地区、林芝地区、昌都地区、那曲地区、阿里

---

①② ［加拿大］威尔·金利卡：《少数的权利：民族主义、多元文化主义和公民》，邓风红译，上海译文出版社2005年版，第72~74页。

地区；71个县，1个县级市，1个县级区；140个镇，543个乡。西藏自治区内没有其他少数民族的自治州、自治县、民族乡。

（二）与内蒙古（蒙古族）自治区比较

内蒙古自治区全区现设呼和浩特、包头、乌海、赤峰、通辽、鄂尔多斯、呼伦贝尔、乌兰察布、巴彦淖尔9个市；兴安、阿拉善、锡林郭勒3个盟；另外有满洲里、二连浩特2个计划单列市；下辖16个县级市、17个县、52个旗。在内蒙古自治区内设立有鄂伦春、鄂温克、莫力达瓦达斡尔族的3个自治县（旗）。与新疆比较，内蒙古自治区内没有"自治州"这个层次的民族区域自治地方。

（三）与广西壮族自治区比较

广西有14个地级市，113个县（市、区），其中12个少数民族自治县，3个享受自治县待遇县；1 321个乡镇，其中民族乡58个。广西壮族自治区内也没有"自治州"这个层次的民族区域自治地方。

（四）与宁夏回族自治区比较

宁夏回族自治区，现辖银川、石嘴山、吴忠、固原、中卫5个地级市，22个县（市、区，其中包括：2个县级市、7个市辖区、11个县、1个县级移民开发区）。宁夏回族自治区内没有自治州、自治县两层次的民族区域自治地方。

从上述比较来看，中国统一多民族国家"大杂居、小聚居"的多元一体历史结构在新疆得到非常典型充分的体现。

《中华人民共和国民族区域自治法》规定："少数民族聚居的地方，根据当地民族关系、经济发展等条件，并参酌历史情况，可以建立以一个或者几个少数民族聚居区为基础的自治地方。"这一规定在新疆尤为显著。新疆民族区域自治行政体制分别包括有：自治区、自治州、自治县、民族乡四个层次。其中，自治州层次有：伊犁哈萨克自治州、博尔塔拉蒙古自治州、昌吉回族自治州、巴音郭楞蒙古自治州、克孜勒苏柯尔克孜自治州。自治县有：察布查尔锡伯自治县、和布克赛尔蒙古自治县、木垒哈萨克自治县、巴里坤哈萨克自治县、焉耆回族自治县、塔什库尔干塔吉克自治县。民族乡尽管不是一级民族区域自治地方，但是，民族乡体制的设立也已经充分体现了中国民族关系居住结构中最小层次的小聚居中的少数民族在乡镇层次上的自治地位。目前新疆已经有42个民族乡，分别以塔塔尔族、达斡尔族、乌孜别克族、柯尔克孜族、回族、蒙古族、哈萨克族7个少数民族为主体。由此，新疆的民族区域自治地方的行政区域结构典型地反映在

"自治区—自治州—自治县—民族乡"的四个层次的行政体制里，分别依次包含了多个少数民族在传统聚居区内的共同居住结构。

从北疆地区看。（1）新疆维吾尔自治区（辖）—昌吉回族自治州（辖）—木垒哈萨克自治县（辖）—大南沟乌孜别克民族乡。（2）新疆维吾尔自治区（辖）—伊犁哈萨克自治州（辖）—察布查尔锡伯自治县（辖）—乡。

从南疆地区看。（1）新疆维吾尔自治区（辖）—塔什库尔干塔吉克自治县（辖）—科克亚柯尔克孜民族乡。（2）新疆维吾尔自治区（辖）—巴音郭楞蒙古自治州（辖）—焉耆回族自治县（辖）—乡。

新疆的多民族区域结构特征反映出中国多民族国家民族关系的历史和现实。新疆自古就是连接中国与中亚通向欧洲的民族贸易走廊和大通道。历史上各民族迁徙和交往关系构造了新疆的区域民族关系的多元特性。我们在新疆的区域自治地方的行政结构里看到了中国宪法序言里"统一的多民族国家"这个短语所表达的多民族历史关系格局。"汉族离不开少数民族，少数民族离不开汉族，少数民族也相互离不开"的理论表述非常典型地表达出了中国民族关系史的多元一体结构在新疆的体现。新疆的民族关系交往居住结构是一部统一多民族国家的民族关系史的缩影。新疆各少数民族聚居区的民族关系结构反映出新疆自古以来就是中国统一多民族国家的一个重要部分。

第二节　现代多民族国家的边疆政治建设

一、现代国家边疆政治建设的意义

20世纪晚期，世界各多民族国家普遍面临边疆问题。东欧剧变，苏联解体，南斯拉夫、捷克斯洛伐克分裂，加拿大、西班牙、法国、比利时、英国、俄罗斯、格鲁吉亚、希腊、土耳其、印度尼西亚、印度等多民族国家遭遇民族关系危机。民族冲突成为一个波及全球许多国家的浪潮，其中的缘由多样复杂。一般也很难将各国曾发生和当前面临的问题归结为单一的历史、宗教、语言、经济等某一个方面。实际上，每个国家所遭遇的问题都应当进行具体分析。因此，当代多民族国家面临着统一性的政治建设问题。统一性是现代国家的根本特征。那么，是什么维系着现代国家的统一性？19世纪以来，现代国家通过统一领土、统一民族、统一政府、统一经济为基本要素来建构起统一性。由此，现代国家发展成为一个统一团结的政治共同体。20世纪晚期,现代国家又遭遇统一性问题的困惑,现代国家重构统一性来自何处?这是一个涉及主题广泛的当代政治哲学的重大问题。这也是当代西方自由主义、多元文化主义、保守主义、民主社会主义等政治哲学理论所讨论的前沿问题。罗尔斯将这个问题表述为:"一个由自由而平等的公民——他们因各种合乎理性的宗教学说、哲学学说和道德学说而产生了深刻的分化——所组成的稳定而公正的社会之长治久安如何可能?"[①] 他认为,这是现代国家面临的基本政治问题。

对于历史多民族国家而言,国家统一性的维护和建设与国家边疆建设的主题紧密相关。事实上,也正是在边疆地区隐藏着危及国家统一性的不安定要素。这使当代多民族国家边疆政治建设成为重大问题的基本缘由。19 中叶世纪以来,现代民族国家普遍开始关注本国的边疆事务。在 19 世纪末,美国历史学者特纳以《边疆在美国历史上的重要性》一文将美国边疆问题提到了非常重要的位置,使美国公众认识到了美国西部边疆对美国的重要意义。在中国,边疆研究始终是现代中国社会科学研究一个重要的学术任务。前辈学者进行了开创性研究,为我们积累了丰富成果,涉及历史、民族、宗教、政治、经济、国际、法律等多个学科领域。当代,面对全球性经济关系的发展变化,不论从统一国家区域经济平衡发展的角度来看,还是从与周边国家间的国际关系看,中国边疆研究的重大意义已经愈加凸显。

边疆概念并不需要专门的定义。一般以国家首都为中心,将距离首都最边远的地区都可以统称为边疆。正是因为边疆概念定义着一个国家的地理,因此边疆就是国家的疆域。20 世纪初以来,各国都开始关注各自的边疆建设,实施开发边疆的政策,促进国家边疆发展,以此实现国家在整体上的协调全面发展,边疆日益凸显其现代意义,边疆已不再视为仅仅是国家边界地理的概念。20 世纪中晚期以来,各国边疆正在成为国家开放的经济前沿。中国是统一的多民族国家,发展与稳定是边疆研究的根本主题,也是社会科学担负的迫切任务。因此,在今天,边疆研究的重要性是不需要证明的。

二、边疆政治建设与新疆工作

现代国家都存在各自的边疆问题,也各有不同的历史背景和独特的题材,也形成各具特色的边疆政治理论。从比较宽泛的角度看,可以将一切发生在现代国家边疆多民族地区的政治、经济、社会、文化领域的诸多方面的问题都可以统称

[①] [美] 约翰·罗尔斯:《政治自由主义》,万俊人译,译林出版社 2000 年版,第 13 页。

为"边疆问题"。从新疆发展与稳定的政治建设工作看，下列几个方面是涉及跨越式发展和长治久安的战略性问题。

（一）中国边疆与中亚区域国际关系问题

中国处在东亚与中亚之间，是邻国最多的国家之一，东部海疆和西部陆疆的周边关系都非常重要。从西部边疆看，在国际地缘政治关系中，"中亚"是个新地区，被美国学者称为"破碎地带"。[①] 这个区域的稳定与发展都会对中国新疆产生影响。同时，不可忽视的是，危及国家统一与安全的活动（三股势力）与这个地区存在关联。不论是俄罗斯、美国和欧洲国家，大都把中亚的稳定视为关联其战略利益的重要问题。

"中亚地区"概念在俄罗斯是十分清楚的政治地理范围，中亚国家是俄罗斯弱小的小兄弟国家。实际上，在俄罗斯的传统地缘政治视野中将中亚地区仍视为大俄罗斯的一个边疆地区，因为中亚原本就是苏联的一个部分，因此俄罗斯在政治和文化心理上非常了解这些国家。苏联时期，俄罗斯人与中亚地区的民族关系要远胜于西南地区的乌克兰、格鲁吉亚、亚美尼亚等。因此，相互仍然存在较深的认同和信任。美国国务院适用"大中亚"概念，在美国的"大中亚"概念里包括阿富汗，还包括南亚的巴基斯坦和印度。美国的"大中亚"战略在2006年4月召开的"大中亚伙伴、贸易和发展"的喀布尔会议上体现的尤为明显。美国的"大中亚"战略意图是该地区脱离俄罗斯的控制，同时，也阻挡中国对这个地区影响力的增长。

今天，国家间的关系已经形成了以区域性联盟为主的国际关系结构。欧洲联盟、美洲国家组织、阿拉伯国家联盟、东南亚联盟、非洲国家联盟等有经济、政治的多方面结构关系。在中国的东亚部分，日本与美国通过《日美安保协定》，确立了在该区域的政治军事同盟关系，实际上把俄罗斯和中国作为假象的威胁。东南亚国家结成东南亚国家经济联盟，中国在其外。在中国西部，存在两个地区性国际组织，一个是上海合作组织，一个是欧亚国家经济共同体。中国是前者的成员国，后者由俄罗斯和中亚国家组成。俄罗斯与中亚国家在中国西部组成了一个国家联盟，将中国排除在外，同时，他们共同与中国建立上海合作组织。因此，上海合作组织更像欧亚国家联盟与中国之间建立的联盟。上海合作组织使中国处于面对中亚国际政治能够影响的有力位置，中国在西部能够发展的国际政治关系的重要政治资源就是上海合作组织。中国需要在上海合作组织中承担更多的

[①] "破碎地带"的特征是：内部由于专制、腐败而不稳定，外部有多个国家试图扩大在该地域的影响。参见陆大道等：《中国区域发展的理论与实践》，科学出版社2003年版，第560页。

工作才能在该组织中发挥影响，使该组织发展成为更加紧密的政治联盟，给未来中国在该区域的国际政治发展留出空间。因此，中国边疆政治建设就需要联系到周边国家事务的视角来长远考虑。

同时，另一个需要关注的周边问题是，中国新疆的跨界民族现象突出，周边中亚国家民族、宗教问题复杂。这里所说的跨界民族主要是指某一民族群体分布居住在两个相邻国家。主要有两种情况：一是，在相邻的中亚国家为主体民族或多数民族，而在中国新疆地区为少数民族。这种情形比较明显，中国新疆有哈萨克、塔吉克、柯尔克孜、乌孜（兹）别克、蒙古等少数民族跨界相邻着哈萨克斯坦、塔吉克斯坦、吉尔吉斯斯坦、乌兹别克斯坦、蒙古国等国家；二是，相邻中亚国家间的边疆地区的跨界民族在中国与中亚国家均为少数民族的情形，如居住在中亚国家的维吾尔族、东干族等。[1]

目前跨界民族比较突出的第三种情况是，中国与中亚国家间的跨国移民问题。跨国移民是一个新型跨界民族问题，它不同于一般所界定的传统跨界民族现象，又称国际移民。目前，中国与中亚国家的跨国移民主要的情形是中国公民移民中亚国家。由于中国与中亚国家的相互开放，已经有不少中国公民在中亚国家从事贸易、农业和小商品经营，并长期居留在中亚国家，尤其在哈萨克斯坦比较集中。中国公民在中亚国家城市人数的增加，使这些国家城市的民间大众中引起警觉，视为"非法移民"，往往引发对中国居留公民的排斥和冲突。在中亚国家也出现"中国威胁论"的论调。[2]

现代国家间几乎都存在跨界民族现象，这是历史形成的。从现代国家的经验看，国家间相互存在跨界民族居住状况并不意味着必然会危及多民族国家的统一性，也并不经常导致相邻国家间的冲突关系。这需要根据相邻国家间形成跨界民族居住的历史和现实具体看待。现代国际自由贸易的发展，国家间已经形成跨区域的经济、贸易、文化等多领域的频繁往来和交流关系，也建立起了跨国界的区域经济贸易关系，相邻国家相互开放在区域贸易交往中互惠互利，共同发展。中国坚持"与邻为善、与邻为伴"的外交方针，积极开放沿海、沿边区域，建设与相邻国家间的共同关系。通过开放开展跨界往来活动，加深与相邻国家在经济上的互惠互利关系，为周边友好关系带来积极的影响，这种贸易合作关系能够更加巩固双边关系。在相邻地区共同构建区域经济合作区，如目前中国与哈萨克斯

---

[1] 在吉尔吉斯斯坦的少数民族中，也有来自中国的一支，即东干人。东干人是俄罗斯和中亚国家对中国西北回族的通常称呼，他们主要是在19世纪后半期中国西北地区的大动乱中从中国迁徙到中亚地区的。在吉尔吉斯斯坦的东干人有5万多，是吉尔吉斯斯坦较大的一个少数民族，他们多居住在城市郊区，从事蔬菜等农业生产。尽管在中亚生活了100多年，但他们在语言、饮食、生活习惯上仍保留着许多中国的元素。参见赵华胜：《中国的中亚外交》，时事出版社2008年版，第180页。

[2] 赵华胜：《中国的中亚外交》，时事出版社2008年版，第166页。

坦在新疆霍尔果斯口岸边境地区建立的口岸贸易合作区。国家间相互市场开放，通过交往逐步相互了解、相互学习、相互接受。这样有利于国家间边疆地区的相互稳定和发展，这是边疆问题涉及周边国家间关系的积极方面。

同时，应当注意到在相邻国家间跨国贸易开放往往也带来跨国的民族身份的相互认同和亲近感，也比较容易出现跨国家民族身份的相互认同，可能危及统一国家的公民身份认同，现代多民族国家又不能对此做出过于敏感的反应。相邻国家间应当共同挖掘相互间共同交往发展的历史文化资源，构建超越民族身份的现代认同，国家间共同构建适合于跨国民族共享的现代文化理念，以认同和平包容的文化作为跨国公民共享的知识渊源。这是现代国家进行跨文化领域工作需要开发研究的国际文化政策问题。为此，一方面需要加快发展边疆地区的经济社会文化事业，使边疆地区的各民族分享现代化的成就，人民安居乐业；另一方面，加强相邻国家间的开放，开展国家间在人文领域的交流，通过相互进行留学生教育、开展文化交流活动、大学间学术访问交流等多种形式，促进国家间的跨国文化活动，使跨国民族关系交往趋于日常化，使边疆地区的跨界民族关系成为地区稳定的积极因素。正如英国学者霍姆斯鲍姆所说的，"民族"更多的时候是个"想象的共同体"。从日常生活经验看，通常人们极少轻易选择放弃世代居住的故土而奔向所谓的"民族"。事实上，在中国，各民族公民的爱国心深藏在眷恋边疆故乡的感情中。中国各少数民族世代居住在边疆，保卫着国家边疆。这是历史实践证明了的，是中国统一多民族国家的历史财富。

（二）边疆多民族地区的公民社会建设问题

当代多民族国家团结问题凸显，尤其在现代多民族国家民族关系领域日益敏感和紧张的今天，团结问题成为当代国际社会科学诸领域普遍关注的问题，也是国际政治领域对话的一个重要议题。多民族公民身份团结关系的知识建设尤为紧迫，这是当代政治理论面对着的非常重要的领域之一。在西方的学术话语中被集中表达在涉及多元文化和移民——少数族群问题的公民理论领域。加拿大学者金里卡对此综述评论认为：

> 近十年里，政治哲学家对西方民主国家中的族裔文化群体权利问题兴趣日浓。与我在20世纪80年代中期开始研究这些问题的时候，几乎没有其他政治哲学家或理论家涉足这一领域。的确，在本世纪大多数时间里，族裔问题在政治哲学家眼中处于边缘地位，得不到重视。然而现在，处于相对被忽视状态几十年之后，少数群体权利问题终于走到了政治哲学的前沿。这其中有几个原因，最明显的原因是，东欧社会主义阵营的解体引发了族裔民族主义的狂潮，这一狂潮直接影响了这些国家的民主进程。认为自由民主制度会

在这些国家中顺利形成的乐观主义预测,为族裔问题和民族主义的问题所打乱。建立已久的民主制国家中的许多因素也更加凸显了族裔问题……原住居民的觉醒和政治动员最终导致了联合国通过原住居民权利宣言草案,在几个西方民主国家中,从加拿大(魁北克)到英国(苏格兰),从比利时(弗兰德)到西班牙(加泰罗尼亚),分离主义的威胁持续存在并逐渐扩大。所有这些现象都在 90 年代初达到高潮,这清楚地表明西方民主制度并没有解决或克服由族裔文化差异引起的紧张局势。①

现代多民族国家的公民团结的统一性来自何处?这是自由主义、多元文化主义、保守主义理论都共同面对的问题。自由主义政治理论认为:

"现在,严重的问题是,现代民主社会不仅具有一种完备性宗教学说、哲学学说和道德学说之多元化特征,而且具有一种互不相容然而却又合乎理性的诸完备性学说之多元化特征。这些学说中的任何一种都不能得到公民的普遍认肯。任何人也不应期待在可预见的将来,它们中的某一种学说、或某些其他合乎理性的学说,将会得到全体公民或几乎所有公民的认肯。在这些情形下,问题是去包容它们,以使它们不致削弱社会的统一和正义。"②

自由主义和多元文化主义理论的共同之处是都承认现代社会多元特征,都共同期待公民理论的发展,并共同承认传统的民主理论并不能够满足现代多民族国家文化身份差异所提出的公共生活领域的政治需求。差别在于是承认文化多样性的集体权利要求,还是坚持个人权利,给文化身份权利以必要的补充。但是,在一个现代多民族国家,如何才能建立共同的身份?多元文化理论泰勒承认,是什么得以使这样一个国家保持团结的问题并没有得到解决。

金里卡认为:"事实上,多民族国家在历史、文化与政治领域中的巨大矛盾表明,任何对这一问题的普遍性回答都可能言过其实。也许,以为能够发展出一种普遍理论来解释共同公民身份或差异性公民身份在促进或阻碍民族统一中的作用,这种设想本身就是错误的。在这一点,如同我们在本课题中考察过的其他问题一样,我们究竟能够对一种'公民理论'期待些什么仍然不清楚。"③

现代社会流动性构造出的多文化特征成为现代多民族国家城市社会的一个十分敏感的问题。这主要是由于全球资本主义的扩展,资本主义社会创造的现代资本文化获得文化霸权地位,并对不同国家的民族文化构成冲击,发展中国家感受

---

① [加拿大] 威尔·金里卡:《少数的权利:民族主义、多元文化主义和公民》,邓红风译,上海译文出版社 2005 年版,第 3 页。
② [美] 约翰·罗尔斯:《政治自由主义》,万俊人译,译林出版社 2000 年版,第 4 页。
③ [加拿大] 威尔·金利卡、威尼·诺曼:《公民的回归》,毛兴贵译,见许纪霖主编:《共和、社群与公民》,江苏人民出版社 2004 年版,第 273 页。

到了国家民族文化面临发展的危机。在当代,多元文化现象通过不同的方面被解释和理解。正如西方学者所说,多元文化主义是形形色色的多元文化主义。在一些国家,多元文化主义有时往往过于突出文化的自我认同,强调文化异质性价值以及全球化对民族文化造成的冲击,极可能被动员成为极端的文化民族主义,强调文化自决权而萌生保卫民族文化的分离主义运动。在另一些国家,多元文化主义也支持着这些国家的少数民族保护其文化传统的权利主张。多元文化主义要求承认差异、平等对待的要求,也反映着对近代西方传统自由主义理论在民族国家范围内界定的民主政治的新要求。由此,多元文化关系问题为当代政治理论所关注,以保障多民族社会多元文化的和谐发展,避免冲突,实现国家的稳定。事实上,这同样是中国边疆政治建设需要关注的又一个重要问题。

从国际社会看,多元文化现象引发的问题比较集中在母语使用、宗教信仰、学校教育等方面。面对少数民族群体保护文化的主张和要求,各国根据本国民族关系采取了不同的政策。主要涉及以下几个方面。

1. 语言政策

文化多样性最容易见到的例证是语言的分歧,语言问题反映文化最本质的方面。也有学者说语言是内在的文化,语言问题是民族问题的缩影。在通常所认为的定义民族的特征中,语言特征几乎是最为深层的特征。因而,语言问题就成为一个十分敏感的问题,具有极为重要的意义。一种民族语言的存在和发展如果受到某种来自制度的或者社会的排斥和限制,那么,一种民族文化就会失去发展的可能。大多数国家一般都会对不同民族语言的使用给予特别关注。主要涉及报纸、广播、出版、影视等公共领域。美国学者达尔对荷兰、比利时、瑞士等西欧国家为典型范例分析后提出:"要解决文化分裂的国家面临的各种问题,并不存在一个普遍适用的办法;每一种办法都应当适应该国的特点。"[1] 多民族国家对不同民族语言进行合理安排的意义在于,根据本国民族语言历史变化和现实,支持多元文化语言的发展,以实现国家的统一与和谐。

2. 双语教育

教育是语言传承的一个重要途径。因此,多元文化的语言问题派生出的一个专门的教育问题称"双语教育"。语言问题涉及在学校教育中如何满足不同民族语言如何适用的问题。这个问题解决不好就会引发冲突和矛盾,甚至是爆炸性的社会政治问题。这就是为什么从联合国到大多数国家在宪法中仅仅规定少数民族有使用自己语言的权利,而不同时规定多数民族使用语言的权利。多元文化教育的合理安排,构成法律上对待文化多样性发展的又一个独特方面。

---

[1] [美]罗伯特·达尔:《论民主》,商务印书馆1999年版,第201~204页。

3. 教育与宗教

政教相分离是现代大多数国家普遍实行的宪法原则。但是，在实践中，宗教活动并不总是能够保持与国家事务的自觉分离，特别是经常地以种种形式介入到公共教育领域，并引发种种争议和讨论。一般涉及：宗教组织是否能够举办学校教育？在学校进行宗教活动是否是受教育者的个人权利？在学校是否能够进行祈祷仪式？学校开设宗教课程属于道德教育还是属于进行信仰活动？宗教教育如何适应并支持国家公民教育等。这些问题在不同的国家有不同的政策，取决于各个国家的宗教文化传统、社会制度等多方面的因素。

中国是统一的多民族国家。公民教育的一个重要方面是"民族教育"。"民族教育，特指除汉族以外的55个少数民族成员所实施的教育。从民族教育工作角度看，集中到一点，就是必须把贯彻执行党和国家统一的教育方针同贯彻执行党和国家的民族政策有机结合起来，坚持从少数民族的特点和民族地区的实际出发，发展民族教育事业。这既是过去改革与发展民族教育的基本经验，也是今后必须坚持的基本方针。"[①] 中国的民族教育取得成就在于坚持贯穿着如下基本理念。坚持社会主义办学方向。民族教育是中国社会主义教育的组成部分，是维护民族团结和祖国统一的教育；坚持为当地经济建设和社会发展服务。民族地区要根据各自的特点和实际，确定本地区教育发展、规划、政策和办学形式，防止搞"一刀切"；坚持一切从实际出发；坚持开放，扩大交流。在继承发扬本民族优秀文化传统的同时，要扩大民族间的交流，大胆吸收和借鉴人类社会创造的一切文明成果。在使用本民族语言文字的地区，要因地制宜地搞好双语教学，大力推广普通话。民族学校教学使用的语言和文字，要由各省（区）根据有关法律，按照有利于民族的长远利益、有利于提高民族教育质量，有利于各民族的科学文化交流的精神以及当地的语言环境，充分尊重多数群众的意愿来确定。在多民族的地区，提倡和鼓励不同民族学生合校分班或合校合班，特别是高中和大中专院校，要积极创造条件，合校合班上课。还要提倡汉族学生学习少数民族的语言文字、文学艺术、历史、医学等；坚持教育和宗教分离；坚持国家帮助和自力更生相结合。国家在财力、物力、智力等方面支持少数民族和少数民族地区加快发展教育事业。同时，更需要少数民族和少数民族地区发扬自力更生、艰苦奋斗的精神，实现本地区的发展，获得本民族的进步。[②]

经过60多年的建设历程，中国探索出既适合本国民族关系特点，又适应现

[①] 李铁映：《大力改革和发展民族教育，促进各民族的共同繁荣》，见《国家民委文件选编》（下），中国民航出版社1996年版，第861页。

[②] 李铁映：《大力改革和发展民族教育，促进各民族的共同繁荣》，见《国家民委文件选编》（下），中国民航出版社1996年版，第864页。

代国家公民知识教育要求的民族教育制度模式。从民族教育机构、民族师资、民族学校、民族语文教材、民族教育经费等一系列的教育制度安排，使少数民族公民受教育权利得以实现，少数民族传统文化得到继承和发展。这是适合中国民族关系现状的、具有中国特色的社会主义多民族国家文化法治建设的一个独特方面。避免了因文化差异而可能带来的冲突，多民族文化关系在和谐中发展，这是中国的经验。

改革开放以来，新疆民族教育事业得到极大的发展。建立起了由小学、中学、师范学校到综合性大学等较为完整的民族教育体系。一批优秀少数民族知识分子队伍也培养起来。2010 年新疆维吾尔自治区政府工作报告统计，教育事业蓬勃发展，经过 15 年的努力，"两基"目标全面实现，顺利通过国家验收，成为新疆教育事业的里程碑。中小学 D 级危房校舍改造工程基本完成，学前"双语"幼儿园建设、校舍抗震加固改造和西部农村初中改造等工程进展顺利。"双语"教学全面推开，学前、中小学"双语"和"民考汉"学生占少数民族学生的比重由上年的 33.7% 提高到 42%。"双语"师资培训基地和特殊教育学校建设进度加快。内地高中班、区内初中班在校生分别达到 2 万人和 1.5 万人。高校专业结构调整和重点紧缺人才专业建设不断推进。启动高校债务化解工作。职教园区和高技能人才实训基地建设初具规模。南疆四地州高中阶段升学率提高 10%。地州特色产业实训基地、县市职教（培训）中心和乡镇中学劳动预备制培训阵地建设全面铺开。① 这是新疆民族教育事业所取得的成就。

（三）边疆地区反分裂斗争与维护稳定问题

国家的统一和稳定是任何一个国家都追求的基本价值目标。只有一个稳定的政治环境，才能保证一个国家持久的发展。在当前，影响新疆稳定的最根本的危险是分裂主义势力。事实上，现代多民族国家都普遍遭遇过这样的问题。分离活动存在于多民族国家的历史上，也存在于今天的多民族国家。有法国的科西嘉问题，英国的北爱尔兰运动，西班牙的巴斯克分离主义活动；有加拿大魁北克省的独立问题；在亚洲，印度、斯里兰卡、伊拉克、伊朗、土耳其、印度尼西亚等国家多年面对分离主义问题；在俄罗斯、格鲁吉亚、亚美尼亚，在东欧的匈牙利、罗马尼亚，在中亚地区的乌兹别克斯坦、吉尔吉斯斯坦等都存在各自的民族主义分离活动和激烈的冲突。一个国家存在分离活动并不是一个固定不变的永久性问题。它在一个时期会兴起，而在另一个时期又会消失。这取决于不同时期的国际经济、政治发展的多种思潮等因素。其中，在现代，国际关系领域大国政治的相

---

① 新疆维吾尔自治区十一届人大四次会议《2010 年政府工作报告》，2010 年 1 月。

互干预更为明显。20世纪始,"边疆问题"成为西方国家对外殖民主义活动的政治话语,被西方的一些学术话语专门用来描述非西方多民族国家历史与民族关系史的所谓"东方学科",并在国际政治领域和西方国家的大学里存在。如美国教育部的所谓"新疆工程"等。当前,在国际政治领域将中国新疆的分裂活动称之为西方所界定的"中国边疆问题",其特殊的用意是将中国边疆地区的经济(地区贫困)、社会(计划生育)、教育(双语教育)、宗教(宗教活动)等领域的国家建设和管理事务与西方定义的所谓的"人权"、"民主"、"宗教自由"等问题联系起来。一些西方国家内的组织提出所谓中国的"西藏问题"、"新疆问题"等概念来制造"中国边疆问题国际化"。"边疆问题"一词在西方国际政治领域有特定用意,它在根本上不同于我们建设边疆意义上所使用的含义。

当前,分裂主义活动是影响边疆地区政治稳定的最主要问题。分裂主义势力往往借助代表某一"民族"的身份,构造民族分裂主义话语。实际上,分离活动并不能够真实地反映多民族国家的民族关系。分离活动在意识形态上借助"民族"、"宗教"、"人权"等话语以实现分离活动组织者和国际政治势力的目的。[①] 在今天,边疆地区出现的分离活动往往与国际政治领域帝国主义国家的干预、利益集团、极端宗教组织等多方面的因素有关。边疆地区的分离活动不能等同于一般的民族问题。分裂主义势力在意识形态领域混淆统一国家的历史知识,试图以边疆地方史的专门领域(如突厥民族史研究)为核心范畴,书写独立于统一国家历史知识的特定的、排他性知识——"突厥民族国家史"。因此,现代多民族国家边疆理论以统一民族关系史作为国家各民族的共同历史理论,来回应分离活动臆造国家历史的分离话语。今天,当代中国边疆政治建设的基本历史立场是:新疆自古以来就是统一多民族国家不可分割的一部分,这是构建当代社会主义和谐新疆最基本的历史政治知识。

构建边疆多民族地区社会主义和谐社会具有重要的政治意义。需要从历史和现实相结合,研究中国作为统一的多民族国家的历史和现实经验,回击分离主义歪曲历史和现实发展成就的理论。以社会学家马戎为代表的中国学者关注"中

[①] 有学者提出,需要注意的是,边疆地区改革发展中出现的经济、社会问题容易被分离势力利用成为敏感的政治问题。"有的以政治斗争为主,企图把新疆问题国际化,打着人权、宗教、民族自决的旗号来进行分裂活动。目前新疆的反恐斗争出现了一个间歇期,其特点是意识形态领域的反分裂斗争上到第一线。但我们必须承认,我们现在面对的敌情仍然是尖锐的,境外的分裂势力正在搞联合,企图把新疆问题国际化。同时,我们的反恐和反分裂斗争还面临复杂的社情,有两点很不愉快又不得不承认:一是新疆的民族关系确实受到了很大的损害,民族间的信任、和睦受到了很大的损害。我们现在应在下大力气在意识形态领域反分裂斗争,从娃娃抓起。二是在掌握反分裂主动权的前提下,要加大新疆经济发展的力度。"马大正:《关于当代中国边疆研究中的几个问题》,见《马大正文集》,上海辞书出版社2005年版,第487页。

华民族凝聚力的形成和发展"问题,从中国多民族国家历史研究出发提出:"中国作为统一的多民族国家,已经有几千年的历史。中国历史上几乎每一个朝代,包括由不同民族先后建立的中央王朝和绝大多数的地方政权在内,实际上也都是多民族构成的国家,因而也都不同程度地面临着民族关系与天下统一的问题。越是在统一的国家形态和历史时期中,这种多民族构成的特点也就越加突出。在中国几千年的历史上,始终存在着多民族的构成和中央集权式的国家统一这样一对最为基本的矛盾范畴。它使得中国历来就存在各种各样的民族问题,中国历代王朝或政府也分别采取了相应的民族政策,并形成了一些重要的传统。这个基本矛盾范畴,至今仍有许多重要的意义。"① 从统一国家与多民族关系的历史研究出发,揭示出了中国统一多民族国家的基本政治结构,说明了中国统一多民族国家是在历史发展中形成的。统一国家历史上多民族不同类型的封建政权在历史中的相互交替本身就是中华民族凝聚力形成和发展的基本传统,是支持今天多民族国家统一性的基本结构。在当代全球发展过程中,多民族国家的边疆建设成为发展政治理论的重要问题。事实上,现代国家有各自的边疆建设问题和边疆事务,中国的边疆建设同样也有自己的主题。今天,加快边疆地区的社会主义现代化建设是边疆建设的重要任务。因此,以边疆发展为主题的研究也就成为社会科学研究担负的迫切任务。

(四) 边疆地区经济社会的发展问题

统一国家的重要经济基础是要统一国民经济。统一国民经济的基本条件是国家不同地理区域在经济上的平衡发展,包含两个基本方面,首先是中央政府对全国经济的控制和调整能力;其次是统一国民经济结构的建立。如果统一国家的一些区域保持优势发展,而另一些地区长期滞后,就表明统一国家缺乏经济上的统一性。因此,统一国家在经济上就将失去统一基础。从这个角度看,今天中国西部边疆的发展问题就成为涉及统一国家基础的重要政治问题。当统一多民族国家的边疆地区在经济上处于与东部其他区域的不平衡发展状况时,经济发展问题往往会转化成为民族问题,并极易成为引发波及边疆地区社会稳定的因素。因此,看待边疆的发展问题需要政治学的视野。2005年中央民族工作会议指出:"在现实生活中,我国的民族问题往往表现为经济问题与政治问题交织在一起,现实问题与历史问题交织在一起,民族问题与宗教问题交织在一起,国内问题与国际问题交织在一起。正确处理民族问题,涉及我国经济建设、政治建设、文化建设与和谐社会建设各个方面。"这是边疆多民族地区经济发展中需要考虑的政治学问

---

① 马戎、周星:《中华民族凝聚力的形成和发展》,北京大学出版社1999年版,第432页。

题。这也是多民族国家的边疆多民族地区发展问题的特殊性质所决定的。

现代国家的统一国民经济结构决定着统一国家区域间的发展是相互离不开的。统一国民经济所建立的经济结构必定带来共同发展。但是，在统一国民经济的建立过程中，难免形成不平衡发展的状况，需要国家对欠发达地区给予特殊的支持，从宏观上制定协调各区域平衡发展，这就涉及对欠发达的边疆多民族地区实施专门政策问题。当代，边疆地区的发展问题是成为当代中国发展政治学理论所关怀的最为重大的现实问题。事实上，这是当代边疆多民族地区构建社会主义和谐社会的关键问题。通过共同发展、共享发展并以此构建起对发展的认同，进而建构对中国特色社会主义道路的认同。

现代国家的发展过程呈现为从城市向乡村、从发达地区向欠发达地区、从中心区域向遥远的边陲地区推进的过程。我们应当承认和看到，从整体上看，发展过程中存在中心城市对乡村土地的掠夺，欠发达地区的资源向发达地区的流入，发达国家对发展中国家的剥削殖民、乡村和边陲地区成为发达中心区域发展的原材料、劳动力、资源的供给地等问题。实践证明，纯粹的自由主义市场并不必然带来不同国家和地区、城市与乡村的共同发展，发展引发出中心区域与欠发达的边陲地区间的紧张关系。对这种发展的反思诞生了发展中国家积极拥护的《联合国发展权利宣言》。在国际关系领域，一度曾使国际社会的发展话语成为有利于发达国家和发达地区的话语，发达国家也由此支配和独享着发展。引发发达国家与发展中国家间的紧张，发展中国家质疑与发达国家间的投资贸易合作关系，避免自身成为发达国家的原材料供给场。在发展中国家内部，在工业化发展中面临边缘化的边陲地区对优先获得工业化发展的中心区域的发展产生疑虑，认为中心区域的发展是基于国家对边陲地区发展利益的忽略，甚至牺牲。发达地区往往以国家利益的名义垄断各种资源和优先获得国家财政政策（包括边陲地区的资源），使一些国内的发达地区与不发达地区间的发展差距呈现为不平等的发展。这是现代发展中国家工业化过程中需要反思之处。

改革开放 30 年，中国走出了具有中国特色的社会主义发展模式。今天面对区域发展差异提出协调发展的科学发展观理论。"统筹协调发展"表达着共同发展的政治理解在其中。2008 年，国务院出台了发展新疆的政策，以支持新疆的发展。新疆是资源丰富的地区，是中国西部的能源基地。新疆经济发展的一个基本条件是发展资源经济，将资源优势转化为经济优势。目前，资源主要是石油、天然气和煤炭。"西煤东运"、"西气东输"、"西电东送"反映着国家东西部地区资源性经济关系。新疆已经成为重要的能源供给基地。新疆又前处中亚地区，不论从周边国家关系看，还是从边疆自身发展来看，新疆实现跨越式发展都是非常重要紧迫的工作，新疆的发展具有更重要的国际政治意义。

第三节 发展政治学：西部城市发展战略

一、统筹协调发展：发展政治学的中国理论

当前，中国的统一国民经济在区域结构上已经形成发展程度不同的差异结构和若干快速发展的区域。根据发展程度基本呈现为：东部沿海区域、东北老工业区域、中部传统农业区域、西部边疆区域这样四个基本结构。各地区的经济发展比较而言，东部沿海地区，指东部沿海较发达的地区。中国最发达的城市，即沿海城市基本上都集中在这个区域，各类大中型城市群普遍兴起，在区域经济发展中优势明显。分别以北京、青岛、上海、苏州、厦门、广州、深圳等城市为区域经济的中心，珠江三角洲经济区（广州—深圳—佛山—珠海等）、长江三角洲经济区（上海—杭州—苏州—南京等）、环渤海经济区（北京—天津—唐山—青岛等）。东北地区，指位于东部环渤海、沿日本海的辽宁、吉林、黑龙江三省。这是国家传统制造业集中的工业区域，是国家现代制造业的一个重要生产基地。在区域经济结构中单列，构成单独的经济区域。东北地区城市沈阳、长春、哈尔滨、齐齐哈尔、抚顺等城市为大工业制造业集中的城市。中部地区，这是国家人口最为集中的区域，也是国家最重要的农业生产区。这个区域除太原、郑州、武汉、长沙、合肥省会城市外，比较沿海地区相邻城市群发展程度较低。西部地区的经济地理范围最大、最广，涉及12个省、区、市。内蒙古、广西、宁夏、新疆、西藏5个自治区和多民族聚居的青海、甘肃、云南、贵州、四川等省以及重庆市，还有少数民族聚居人口较多、位于东南沿海的海南省也归属于西部地区。该区域最主要的特征是少数民族聚居区，也是4个区域中最欠发达的区域。西部地区面积广大，除成都、重庆相邻外，其他省区间中心城市相隔遥远，市场联系薄弱，相对孤立。这一点在新疆、宁夏、青海、西藏、贵州省区最为明显。上述4个经济地理区域构成了国家统一国民经济结构的基本方面。4个区域的经济结构有各自的优势和特色。但是，在发展上存在差异，已经形成了区域不平衡状况。

对于统一国民经济的区域平衡问题，计划经济能够通过国家集中的经济行政手段保证各区域经济的平衡，而代价是各区域发展的自主性受到控制，国家的发展在整体上趋于停滞。这是改革开放前30年的经验教训。通过市场经济来动员

各区域的自主发展，能够带来各地方的竞争性发展，并实际形成了相互关联的经济区结构。相对看，整体上国家各经济区都获得了发展。同时，由于不同区域在发展初期所处的资本市场环境和地理经济环境的差异，导致区域经济发展的差距，统一国民经济呈现不平衡状况，这是现在面临的基本问题。如果完全放任各区域间的自由市场竞争，可能的结果将危及统一国民经济结构的稳定。一个国家统一国民经济发展所形成的合理结构是支持一个国家持久稳定发展的关键。因此，中国东部沿海、东北、中部、西部地区区域间协调发展是当代中国发展政治学的重大问题。如何保障各基本经济区的平衡发展，以实现发展的平等也成为中国保持可持续发展的最重要的主题。

统筹协调发展是当代中国发展政治学理论的重大创新。统筹协调发展关注多方面科学合理的区域发展政策，协调国家不同区域发展，以实现共同发展。这也是支持中国经济进一步发展的基本动力。区域协调发展关系中包含着两个基本经济地理关系：第一，城市和乡村的协调发展；第二，地区与地区的协调发展。中国是一个国土面积广大、人口众多、民族多元的发展中大国。国家统一国民经济的区域特征多样，并各具特色。即使在省区这一层次的经济区域内部也具有多重更小的地方性特征和区域差异。一个地域广大、人口众多的发展中国家实施有效动员来发展经济，必然产生国家各区域间经济发展的多样特性，在发展过程中也难免产生发展的不平衡。甚至，在更小的区域经济内部中也会存在不平衡发展问题。因此，如何统筹协调发展就成为构建统一国民经济合理结构的重大问题。为实现四个基本经济区的统筹协调发展，党的十七大报告指出："推动区域协调发展，优化国土开发格局。缩小区域发展差距，必须注重实现基本公共服务均等化，引导生产要素跨区域合理流动。要继续实施区域发展总体战略，深入推进西部大开发，全面振兴东北地区等老工业基地，大力促进中部地区崛起，积极支持东部地区率先发展。加强国土规划，按照形成主体功能区的要求，完善区域政策，调整经济布局。遵循市场经济规律，突破行政区划界限，形成若干带动力强、联系紧密的经济圈和经济带。"统筹协调发展战略是有利于统一多民族国家的稳定和发展。这体现出当代科学发展观理论面对一个人口众多、民族多元、区域多样的国家统一国民经济和谐发展的科学认识。

一个国家区域经济的不平衡发展结构在发展理论中被称为"二元经济结构"，也称"核心—边缘结构"，即一个国家的整体经济结构是由发达的核心区域与不发达的边缘区域组成经济地理的空间结构。不论是发达国家，还是发展中国家都曾经出现过这一现象。目前，中国的发展在宏观经济结构上已经形成了中国西部与东部间的区域发展差距。这是统一国家国民经济不平衡发展的基础性问题。统一国家区域经济不平衡发展容易引发诸多方面的问题，从而危及国家政治的稳定。如美国社会，美国在19世纪中叶发生南北战争，其中的一个主要原因是北方地区（工业与自由贸易）与南方地区（传统农业与奴隶制）间区域经济关系的基本矛盾所致。南方与北方在区域经济结构方面的不合理分工，相互间经济区域的分割状态引发了美国北方州（工业）与南方州（农业）之间的紧张和冲突。实际上，这也就是那个时期，美国国家的北方州（联邦）和南方州（地方）间利益关系不协调等多方面矛盾的总爆发。19世纪中叶到20世纪初的意大利，也曾面临北方和南方的不平衡发展的冲突问题，基本的问题也还是由于19世纪晚期以来长期形成的意大利北方与南方的经济结构不合理发展导致。意大利北方相对比较发达，被视为象征着工业与进步，而南方是农业社会，成为落后地区的象征。但是，经济发展比较滞后的意大利南方在政治上却发展成为表达意大利民族主义传统和传统文化象征，而发达的意大利北方地区被南方视为是意大利资本主义和阶级压迫的代名词。那个时期，统一的意大利遭遇了南方与北方的政治、经济利益的矛盾，南方与北方由于发展的差异而形成政治上的冲突对立。这样的例证可以列举很多。

中国发展经济学家张培刚注意到了这方面的问题，提出："区域经济的平衡发展需要认识到两个方面的基本问题，第一，区域有各种各样的种类，在现代经济生活中，考虑的区域愈小，完全平衡就愈困难。第二，究竟应该平衡什么？人们不可能在总体经济与部门之间，在区域投资、区际增长率和区际人均收入等方面都保持一致。每一种平衡对象的选择都经济增长都有不同的政策含义和不同的结果。尽管平衡标准和平衡发展战略中，还存在着许多未解决的问题，但是它提醒了人们必须注意到一个重要的事实，那就是，当区域发展差异和实际收入不平衡变得无法承受时，就会产生出社会不安定因素，并进而危及经济增长本身。许多区域发展不平衡严重的国家（如土耳其、印度、委内瑞拉、加拿大、阿尔及利亚、印度尼西亚、尼日利亚、巴基斯坦、匈牙利、捷克斯洛伐克、南斯拉夫等），历史上都曾出现过由区域不平等引起的内部冲突。某些国家（如巴西）由于缺乏成功处理这类冲突的能力，而险些走向崩溃的边缘。"[①] 张培刚的发展经济学理论提出了区域经济间能够实现平衡发展的基本思路。他说："我们认为，效率和平等是社会经济发展，也是区域经济发展，面临的最基本抉择之一。在发展中国家的工业化过程中，提高经济效率和促进经济增长是第一位的任务。这样，区域发展政策的目标就可能是在不破坏社会安定和国家基本政治均衡的前提条件下，获取和保持一国经济有效的高增。由于一个国家不同地区的自然资源禀赋和社会经济条件不同，因而各具独特的经济潜力和相对优势。为了实现上述区

[①] 张培刚：《新发展经济学》，河南人民出版社1993年版，第281页。

域政策的目标，国家必须尽最大可能地发挥每一个地区的发展潜力和相对优势，在此基础上逐步增进全国范围内的空间经济一体化和区域分工，增强区域间的相互联系和生产的地区专业化。实施这一战略的构思的关键里有两个：第一，拓展一个统一的、相互依赖的城市区域体系，逐步把边缘地区纳入经济增长和经济发展的进程之中；第二，创造一个完善的制度结构，实现地方和区域性市场体系向统一的全国市场区域体系转换。"① 新发展经济学注意到了现代中心城市在区域经济发展中的重要作用。

二、城市化发展战略中沿海与边疆城市政策比较

当代中国区域发展的差异和优势比较集中体现在东西部区域的中心城市群地理布局上。从许多国家的发展经验看，自由开放的城市能够成为区域经济发展的核心增长极和动力源来带动区域发展。20世纪中晚期，中国通过开放沿海城市而获得资本积累，这是中国东部地区取得发展的一个主要途径。这在很大方面应当归于国家在东部沿海地区实行的自由城市政策。中国在20世纪80年代展开市场动员和城市开放，以寻求率先在部分区域实现地区性资本积累，以探索普遍发展的经验。中国是一个大国，经济动员需要非常复杂的过程。其中，东部沿海地区率先得到政策支持获得动员发展的机遇。在当时，具备这些动员条件的地区就是中国东部的沿海城市，这是正确的决策，为今天的发展积累了经验。

地区性资本市场的动员依赖许多经济、政治、文化的多重要素。从中国东部区域经济复兴的实践看，一个重要的制度创新因素是我们制定了一整套自由开放的城市政策，其核心部分是给予东部不同类型的城市自主发展的权利，以满足其表达发展利益和愿望的能力。1984年5月，《中共中央、国务院批转关于进一步开放沿海部分城市的决定》提出："沿海大中港口城市，交通方便，工业基础好，技术和管理水平比较高，科教文化事业比较发达，既有对外开展经济贸易的经验，又有对内进行经济技术协作的网络，是我国经济比较发达的地区。通过放宽某些政策，改革现行的某些管理制度，增强这些城市及其企业开展对外经济活动的活力，把积极利用国外资源（包括资金、物资、技术、知识、人才）、扩展国际市场，同市内工业结构改组、企业技术改造、管理体制改革紧密结合起来，必将大大加速经济的发展，使整个地区、企业和人民群众更快地富起来。这些港口城市和四个经济特区，在沿海从北到南联成我国对外开放的前沿地带，又必将在发展科学技术，推广管理经验，繁荣国内市场，扩大对外贸易，传递经济信

---

① 张培刚：《新发展经济学》，河南人民出版社1993年版，第282页。

息，培养输送人才等方面，支援和带动各自的腹地，有力地促进全国的经济建设。"[①] 并建议：进一步开放天津、上海、大连、秦皇岛、烟台、青岛、连云港、南通、宁波、温州、福州、广州、湛江和北海等14个沿海港口城市，在扩大地方权限和给予外商投资者若干优惠方面实行特殊政策和措施。其实这是一种向城市的法律授权或特许，目的是通过授权使城市获得更多的自治权，从而实现以城市为中心带动乡村发展，实现地区性经济增长和积累。

通过城市市场进行资本动员是有效率的。从近代西欧历史看，一个城市往往就是一个市场。在现代，城市一方面是国家统一行政体系里的一级地方，同时更是一定区域范围的统一市场的核心和组织体，更有整合、吸纳周边区域市场资本的能力。在中国开放自由城市的政策中形成了一系列中国的城市法概念：经济特区城市、沿海港口城市、沿边城市、计划单列市、国务院批准的较大的市、省会所在地市等。从其中我们读出，这是由中国改革开放市场体制下逐步形成的一套具有中国自身实践性的独特的中国城市法律概念。这几乎是一个集中在东部沿海地区的城市共同体。这些城市的权利来自国家的立法和中央政府的特别授权，主要包括以下几个方面：（1）国家放松了对外贸易管制，并授权城市政府获得比较自主的对外贸易权利；（2）相对独立的税收分配和灵活的货币执行政策；这是城市及其地方政府能够获得开放市场，具有吸引外部资本的自主能力；（3）较独立的城市土地使用的政策、外资合作自由权利、人力资本市场的开放等。这些权利使城市及其地方政府能够自主地根据实际对市场做出灵活反应。这些城市大都处在东部沿海区域。尽管它们的城市权利特许的范围存在相对的差异，但大都先后获得了在税收、对外贸易、资本市场、劳动力与人才、金融市场开放以及设立银行、签订合同等相应领域的一系列自主权利。这一城市政策对东部地区的资本市场向城市的集中提供了一个极为有利的体制条件，对调动各城市地方积极性起到了非常好的作用，使商品、资本、技术、人力、信息能够在东部城市市场范围内流动并展开竞争，最终形成以城市群为核心的资本辐射流通的发展区域，从而使更多的地区利益主体分享资本。前述城市类型大都是处于我国东部地区，并已经构成中国东部城市共同体。目前有：北京—天津—大连—青岛环渤海城市群，上海—杭州—南京—武汉长江中下游城市群，香港—广州—深圳—珠海珠江三角洲城市群。同时沿东部海岸贸易线形成的香港—厦门—上海—青岛—天津—大连等沿海港口贸易城市群。

显然，中国东部城市经济贸易共同体的兴起，还有另一方面的有利的外部国

[①] 《中共中央、国务院关于批转〈沿海部分城市座谈会纪要〉的通知》，见《十一届三中全会以来重要文献选读》（下册），人民出版社1987年版，第735页。

际资本环境。这就是，20世纪80年代以日本、韩国、新加坡、我国香港、我国台湾等国家和地区为基本轴心的东南亚经济复兴。开放东部沿海城市的政策安排也几乎与东南亚经济复兴是在同一时期。因此，中国东部沿海城市与东南亚地区的经济复兴间形成比较稳定的相互流动的资本市场和贸易关系。从市场发展的基础条件看，该区域与相邻国家间的航海贸易运输便利，成本低廉，人口集中，消费市场大，城市间自由贸易政策灵活，从而使东部城市有了地区性资本积累的机会。甚至可以说东部城市成为东南亚区域资本市场的一部分并融入其中，同时也形成以上海、广东、天津、北京等几个中心地带的东部地区经济发展的核心区域。中国东部城市复兴以国家提供的工业基础为基本，吸收低廉的农村劳动力资源，形成城乡结合的区域中心城市，城市与乡村的发展互为补充，从而在相当范围内形成东部小城镇经济的城乡共同发展模式。① 任何一个地区经济发展的问题主要是吸引和动员资本，培育资本市场以实现地区性资本积累。

中国当代东部城市获得的权利和政策是20世纪晚期国家为担负国家民族经济复兴使命而被有意识地注入和授予的。同时，另一方面，部分地利用了国家经济体制变革过程中剩余计划经济体制的支援。东部城市群的发展有相对比较良性的过程，它基本上不会面临为了独立城市利益的表达而面对国家、地方行政的冲突问题。而是相反的，被国家赋予相当的自主权利并被期待要求担负起国家发展民族经济的使命，成为"在改革开放方面应当走在前头"的发展模范。因此，中国东部城市权利政策是国家创新制度资源的源泉，不仅城市共同体的权利没有被削弱，相反赋予城市以许多权利，鼓励其创新发展，并为更广泛的区域经济共同体的发展进行体制的知识生产，它们拥有独特的法律地位和专门授权。所以，国家号召支持城市共同体——"打开城门，放手发展"。② 最终，东部地区各类大中型城市普遍兴起，在国家广阔的地方区域经济发展中显出优势。

---

① 费孝通在20世纪80年代中期的调查中详细描述了这种共同发展模式。"以所调查的四市来说，在城市工业与乡镇工业的经济、技术合作中，可以清楚地看到，与上海市联系的乡镇工业最多，与常州、苏州、无锡、南通等市联系的次之。这就是说，上海市的经济发展对乡镇工业乃至地区的经济产生了重大的影响，起着中心的作用。从无锡县的情况来看，在全县2 000多个乡镇企业中，与上海、无锡等大中城市工业科研单位挂钩的已有709家，协作项目895个，其中与上海、无锡两市协作联合的居绝大多数。由此可见，乡镇工业是以城市工业为依托的，城市工业是以乡镇工业为后方的。他们的相互依赖性在不断增大。特别是在乡镇工业经过了1980年和1982年两次整顿以后，它在城市工业体系中占有了一定的地位。仅以沙洲县锦丰公社玻璃厂为例，它在上海、跃华玻璃厂的支持下，已年产30万标箱的民用玻璃，在华东地区属可数之列。据说，上海、无锡等市的工厂企业，向同他们挂了钩的乡镇企业提出了这样的要求：'心连心，不变心，一条心'。因此，可以说，苏南的乡镇工业实际上已经成为城市工业体系中的一个组成部分。"参见费孝通：《行行重行行》，宁夏人民出版社1992年版，第54~55页。

② 《中共中央、国务院关于批转〈沿海部分城市座谈会纪要〉的通知》，见《十一届三中全会以来重要文献选读》下册，人民出版社1987年版，第735页。

中国新疆行政区域辽阔，新疆城市化发展面对的基本问题是：

第一，城市前处在临近中亚地区的边境，与国家东中部市场空间距离远，贸易、公路和铁路的交通运输成本太高。边疆大城市乌鲁木齐与中、小城市间的空间距离也非常远而且分散，尤其在南疆地区更为突出，形成地区性区域城市群有困难。

第二，除省会城市乌鲁木齐外，许多中等城市多是以能源矿藏原材料工业开发基础上建立起来，如克拉玛依市。这类城市，表面看像城市，其内部结构更像是一个巨大性工业企业基地。本来就属于以国家中央大型企业管理机构和生活社区服务地为基本职能发展建成的。由于在体制上长期缺乏贸易、市场交换的需要，形成了脱离周边地方社会的封闭的"孤岛性城市"。事实上，这些城市在今天也仍然未能摆脱传统城市体制，并没有很好地发挥出地方中心城市的流通、市场交换的经济功能。

第三，从城市市场结构看。东部城市对外贸易频繁，人口多而且集中，消费需求的市场空间大；区域间城市与城市间、城市与乡村间的商品交往关系丰富，能够容易形成区域资本积累。西部新疆城市大多为中小城市，一方面消费市场规模较小，商品市场化程度低；另一方面，很难有稳定的外部资本流入，对外贸易层次低。这些年新疆的对外贸易中，中东部地区的过境贸易是其主要部分。又由于缺乏东部地区那样的乡镇工业发展积累的资本基础。新疆城市与乡村间隔距离远，城乡经济关系比较单一，也就难以形成区域内的城乡贸易，乡村基本上没有剩余资本积累的能力，因而缺乏发展能力。

新疆城市基本上都为多民族多元文化结构的城市。城市化发展过程中的城市民族问题比较突出，城市民族工作非常重要。这些城市的民族问题如果解决得好，会极大地促进和带动西部边疆城市经济的稳定、快速的发展，发挥中心城市的作用，带动区域经济发展。如果问题解决不好，将会严重地影响我国西部边疆开发事业的推进。许多国家多民族多元文化城市发展有许多正反方面的经验教训。

改革开放以来中国城市间展开了资本市场的竞争。西部边疆城市也必然参与城市经济开放的竞争。事实上，相当部分西部边疆城市自身没有参与东部城市资本市场竞争的条件和能力。因此，西部边疆城市如何面对已经形成的区域市场竞争？我们认为，随着中国城市化的迅速发展，改革开放以来"放权让利"的政策实践，城市所能拥有的体制权利问题已经相对普及，已经充分调动了城市的热情。但是，从西部边疆城市发展条件看，需要在自由贸易领域进一步考虑西部边疆城市新权利政策的特殊供给问题，赋予边疆城市以立法政策授权，应当寻求和探索体制创新安排。在西部（新疆）设立边疆自由贸易城市，面向中亚周边国家市场实行完全的自由贸易开放，通过自由贸易扩大市场，实现跨国贸易自由流通，放松进出口管制，将目前在新疆边疆城市口岸贸易体制提高为整个城市自由贸易体制。

从美国的西部边疆开发看，美国是以城市为依托进入西部开发。仔细观察美国社会，我们就看出，城市化最为发展的地区恰恰是美国的西部地区。当代美国西部边疆城市问题学者艾博特教授的一项研究指出："西部已有的大都市区发展速度远远快于全国平均水平。总体上看，1940年时西部6个最大的大都市，在此后50年中人口都增长了380%。在东部6个同类大都市区仅增长了64%。""城市（指西部城市）并不仅仅把美国西部空旷的土地和孤立独处的个人维系在一起，它们也把这块大陆的空间与全国和全世界的大系统联结为一体，进行人员、产品、思想的交流。城市作为与全球经济联系的联结点，带动美国西部成为正在经历大改组的世界体系的一个重要参与者……1940年以来美国西部城市化的爆炸性发展就是这种全球性重新定位与平衡的一部分，休斯敦、达拉斯、丹佛是这一国际能源交换体系中的关键点。西雅图、波特兰、旧金山、圣何塞、洛杉矶和火奴鲁鲁都是正在经历工业化的太平洋圈中的组成部分。圣安东尼奥、埃尔帕索、图森和圣迭戈则是拉丁美洲社会兴盛的明证。"① 这是美国西部城市化发展的积极结果。由于每一个国家或地区城市经济体发展的经验各不相同，其形成的城市发展经验也存在差异。

当前，西部边疆城市自身在发展中已经开始走城市共同体联合的道路。从历史经验看，以城市间相互竞争并不能带来城市相互间在更大范围内的利益和市场的扩大。远距离贸易的需要和交通运输体系的发达，都可能使城市体制自身日益成为进一步发展的障碍。因此，在历史上先后出现城市间的城市联盟，"汉萨同盟"、"威尼斯同盟"、"佛罗伦萨联盟"等。这是跨地域、跨城市间日益扩大的贸易往来中的统一市场的要求，城市联盟在本质上是以共享市场资源为基本的目的，这种联合寻求降低城市区域间经济交往的成本，并建立经济交换的信任和互惠关系。城市经济共同体进行联盟是有益于形成并扩大城市区域间的资本集中，人口集中；另一方面，通过边疆城市建立联盟关系而实现地区资本和市场的共享。因此，西部边疆城市通过联盟才能避免同一地区城市间竞争的压力而走共同合作发展之路。② 这就需要西部边疆城市间打破行政区域界限，在财政、外资、

---

① ［美］艾博特：《大都市的边疆——当代美国西部城市》，王旭、郭立明、姜立杰译，商务印书馆1998年版，第4~5页。

② 费孝通在1996年提出应当注意研究地方城市走联合发展的新模式问题，"我在苏北访问的时候，听说有一个由徐州等市发起、由苏鲁豫皖4省接壤的17个地市组织起来的'淮海经济协作区'，后来又知道晋冀鲁豫4省接壤的15个地市也有一个'中原经济协作区'。这件事引起了我的兴趣，因为我感到这是改革开放以来，地方上工作的同志在市场经济大潮中，由于实际工作的需要，在'平等自愿、互惠互利、扬长避短、共谋发展'的原则下，自发地组织起来的经济协作组织，是他们有意识地试图走出条块分割、联手发展的一个尝试，是值得关注和倡导的新生事物。"参见费孝通：《行行重行行》（续集），群言出版社1997年版，第140页。

金融、土地、劳动力市场、人才和就业政策等重要制度安排方面进行联合的体制。拓展更广泛的共同合作发展空间，避免低度竞争，降低成本，扩大长远财政利益，实现市场资本共享，逐步形成西部大中型城市地区之间共同同盟利益区域，既实现城市经济的相互短缺的补充，又能够发挥相互的比较优势。

　　在地方城市间建立统一经济共同模式是目前中国城市经济寻求发展的一个新的领域。"单一城市的竞争力只有在城市集群的整体实力得到提升的前提下，才能真正获得增强。中心城市与周边的城市集群携手，形成由产业链、流通链组合成的大城市群，已成为中国城市发展与地区竞争的新的战略支点。最为鲜明的例子，就是近年来长江三角洲地区的一体化发展。这种新的发展与竞争理念，以及长江三角洲城市集群内部逐步建立起来的互动互利机制，使得长江三角洲的整体经济实力因此得到明显加强。"① 那么，对发展中的中国西部边疆地区城市间或城市与地区间经济区域一体化发展需要体制创新。由于西部边疆地区市场发育程度较低，城市或地区联合合作如果仅仅限于城市政府间签订相互合作协议等松散形式，那么联合就可能达不到培育共同市场的目的，也就很难实现联盟的不同城市间形成地区分工的目的，同时也不能形成稳定的区域共同市场。因此，在体制方面需要进行更深的融合。

　　马克思指出，资本主义市场体制最终会通过人口的集中、生产资料的集中、财产的集中到政治的集中，形成统一政府、统一法律、统一利益、统一民族的要求。事实上，这也是一般市场体制成长的共同历史过程，对我们今天仍然具有启示意义。这里的"统一政府"在区域市场层次就是合理地方体制管辖，实现整合，避免制度重设，实现体制一体化。这表明政府体制形成的行政分割对统一市场来说是没有意义的。行政体制的一体化首先有赖于"统一法律"。"统一法律"包括：（1）统一地方立法。由于联盟城市间存在立法权的差异，联合取决于实施统一共同政策。主要是不同城市政府间制定的各类优惠政策或管制政策取得一致，实现对建立共同市场的无差别的平等对待。（2）统一司法。跨区域的统一市场建立，引起统一司法管辖的要求。统一司法管辖的主要问题是防止避免地方法院在统一市场整合中争夺管辖权，并通过扩张司法管辖费用的来源而追求地方法院的实际利益。统一司法涉及如何分配合理司法管辖区，由此保证统一市场联合中不同城市和地方、不同利益的平等保护和诉讼便利。"统一民族"的问题实际上是统一居民身份的问题。目前在地方城市联合中就涉及突破通过户籍的身份管制（城市和乡村之间、城市与城市之间的身份管制）而达到身份自由，方便

---

① 北京国际城市发展研究院：《自由珠三角：自由贸易区粤港澳城市一体》，载《领导决策信息》2003年第17期。

跨地域人口自由流动，并共同废止因身份管制派生的在学校教育、住房、社区服务、医疗等公共生活保障领域公民待遇等与有关的不平等规定，从而在边疆城市形成地区性人口的集中和消费规模的扩大，也就逐步形成资本的集中。"统一利益"主要是避免城市政府财政通过税的利益实际分割市场，需要在地方税的领域进行更深入的合理税赋安排，使处于非城市经济中心的周边地区在资源、土地、劳动力和税费方面的潜在优势转化为经济优势，也能够使部分工业资本向城市周边地区转移。另外，城市土地资源是城市经济一体化发展中的"统一利益"的最重要方面。经济一体化在早期会遭遇人口向中心城市的集中，城市需要合理开发土地、多建设广大公民有能力购买的经济适用房以满足集中人口的住房供应的需要。

三、新疆城市化发展战略的思考

（一）新疆城市化发展实践

20世纪80年代中国城市体制的创新发展是作为国家发展的特许政策有意识注入的。当代，城市经济一体的共同体联盟的兴起是经济区域内对发展形式的自主寻求。区域统一市场通过城市间自由贸易、财政、统一城市政策、共同市场等不同的制度和非制度方式展开。但是，作为对经济一体化发展最为关键的要素仍然来自于国家体制的制度支援和统一市场的检验，中国的经验在于众多地方构成发展的丰富多样性的尝试。西部边疆城市"乌鲁木齐—昌吉"经济一体化是中心城市与相邻城市间区域统一市场的联合，是西部边疆地区探索共同发展的一个创新。它符合当代以城市作为增长极带动区域发展的理念。通过实践的联合将提供新的城市发展制度的西部经验。乌昌一体化实践是构建边疆地区中心城市的发展战略之一，2003年6月25日，在乌鲁木齐召开了"乌鲁木齐城市经济圈协作委员会"第一次会议。会议发布了"乌鲁木齐城市经济圈"概念，是指由乌鲁木齐、昌吉、米泉、阜康、吐鲁番、五家渠、石河子7个城市组成的经济区域，按照区域经济发展的需要，旨在打破行政区划界限的束缚而构筑的一个城市群，使乌鲁木齐都市圈逐渐成为跨国界的交通枢纽和中亚地区产品、技术、资金的集散中心，从而推动新疆区域经济的增长。

乌昌一体化进程涉及的行政区域为昌吉回族自治州的昌吉市，邻靠乌鲁木齐头屯河区，昌吉回族自治州的米泉市，邻靠乌鲁木齐东山区。2007年6月30日，国务院《关于同意新疆维吾尔自治区调整昌吉回族自治州与乌鲁木齐市行政区划的批复》（国函〔2007〕65号）：同意将昌吉回族自治州米泉市并入乌鲁木齐市,撤销米泉市和乌鲁木齐市东山区,设立乌鲁木齐市米东区,以原米泉市和乌鲁木齐市东山区的行政区域为米东区的行政区域。米东区人民政府驻府前中路。2007年8月1日,米东区正式挂牌成立(副厅级建制),这是实施乌昌经济一体化的启动探索,目的是使其成为确定规划的首府乌鲁木齐城市副中心、全疆最大的制造业基地核心区、全疆重要的化工工业城、全疆重要的出口加工基地、乌鲁木齐市绿色食品基地和重要的人居生态新区。米东新区现有总面积3 407平方公里,辖5镇2乡,6个街道办事处,81个行政村,42个居民委员会。区属常住户籍人口29.8万人,有汉、回、哈萨克等32个民族,少数民族占总人口的31.03%。辖区内有正县级、副县级工业园区各一个,有乌石化公司、乌石化总厂、神华新疆能源公司等中央、区、州、兵团驻区单位26个。乌鲁木齐市头屯河区与昌吉回族自治州昌吉市计划合并成立昌河新区。如此,米东区和昌河新区将成为乌鲁木齐城市发展的两个副中心,并且承载着乌昌地区十大工业产业集群发展和乌昌"新型工业化进程"战略的使命。从区域市场体制上初步建立起乌鲁木齐—昌吉一体化的进程。

党的十七大报告提出了探索区域经济发展的创新思想。报告中要求:"遵循市场经济规律,突破行政区划界限,形成若干带动力强、联系紧密的经济圈和经济带。以增强综合承载能力为重点,以特大城市为依托,形成辐射作用大的城市群,培育新的经济增长极。"突破行政区划界限建立更为紧密的经济共同体是历史上以来发展的普遍经验,为的是通过更为紧密的结合加强对外部广阔市场的竞争能力。乌昌一体化的发展路子是边疆多民族地区为深化和统一区域市场,探索城市间联合发展的新思路。此举的目的在于在坚持民族区域自治制度不动摇的同时,积极探索完善有利于边疆各民族人民共同繁荣发展的新形式。

(二) 向西开放战略的新疆门户城市

城市是发展的象征,国际区域性中心城市的兴起体现着一个国家参与全球经济的能力和标志。党的十七大报告提出:"以增强综合承载能力为重点,以特大城市为依托,形成辐射作用大的城市群,培育新的经济增长极。"从中国经济面向世界经济开放的发展结构看,中国西部面向中亚国家的地区城市中,乌鲁木齐向西连接中亚阿拉木图、杜尚别、阿斯塔纳,向南连接南亚国家巴基斯坦的伊斯兰堡、费萨拉巴德、拉合尔等城市,向北连接俄罗斯新西伯利亚城、蒙古国科布多等城市,并通过陆路连接经中亚到土耳其及东南欧国家的城市,是中国通过陆路通向欧洲的一条不可多得的城市贸易之路。其中,乌鲁木齐、喀什、伊宁是新疆向西开放的几个最重要的门户城市。城市是国家开放的门户和见证,近代以来发展起来的重要国际城市纽约、东京、伦敦、香港都是口岸城市、贸易开放城市。从全球经济发展看,跨越国家的货物商品的大量流动、人民的跨国迁徙、国际资本和信息的加速运动,已经形成全球规模的相互依赖的经济系统,而维持这些经济交往关系的主要组织就是国家间开放的自由城市,开放的世界城市已成为全球经济的主要载体。美国学者弗里德曼提出了判断世界城市的标准有两个:"一是城市与世界经济体系连接的形式和程度,即作为跨国公司总部区位的作用、国际剩余资本投资安全性、面向世界准备市场的商品生产者的重要性、作为意识形态中心的作用等;二是城市所控制资本的空间装配能力,如金融及市场控制的范围是全球性的,还是国际区域性的,或是国家性的。弗里德曼采用7个指标:主要的金融中心、跨国公司总部、国际性机构的集中度、商务服务部门的快速增长、重要制造业中心、主要的交通枢纽、人口规模,并按照核心国家和半边缘国家对资本主义世界的主要城市进行分类。1995年,弗里德曼又增加了人口迁移目的地这个指标,并改变了以往区分核心国家和边缘国家的做法,而是按照城市所连接的经济区域的大小,重新划分了世界城市首要的经济功能是全球金融中心的作用。"① 中国东部沿海地区的国际区域性中心城市发展形成趋势,天津、上海、厦门、广州、深圳已经担负着东部地区国际区域性中心城市的使命。

  中国的西部边疆地区必须加快开放才能更快发展。同样,中国西部周边地区的国际区域市场的建立需要国家间相邻的自由贸易城市发展的支持,以形成区域性共同市场。一个开放程度较高、繁荣的自由贸易城市能够为跨国区域贸易提供资本、人力、技术、服务业、城市设施等多方面的便利。上海合作组织的建立初衷就是期望能够为该区域国家间的区域经济贸易合作创造体制上的合作便利。目前上合组织国家关系的良好发展对中国边疆地区的发展是极为有利的,尤其是中国在西部地区能够获得安全稳定的发展资本市场的空间和机遇,并以此进一步获得面向东西欧国际市场扩展的条件。中国的西部城市也同样需要像东部地区那样的城市开放政策,只有通过西部中心城市在体制上重大改革,着力建设发展西部边疆的几个大的中心城市,为中国与中亚地区国家间的贸易合作、人流、物流创造机会和空间,成为中亚区域经济繁荣的中心城市。这对加强中国对中亚地区的吸引力是有长远战略价值和意义的。从现代经济发展的趋势看,"一个经济区域必须具备一个经济发达的中心城市,以众多的农村和市镇为其腹地,进行生产和消费。腹地和中心,腹地内部村镇之间要有四通八达的交通网络,这是一个经济区域赖以生存的流通渠道。一个经济区域还必须有个对外出口,使区域和区域之间能否吞吐和出纳自如。中心城市、村镇腹地、流通网络、海陆空的出口是构成

---

① 谢守红:《全球经济化与世界城市的形成》,载《国外社会科学》2003年第3期。

一个经济区域的基本内涵。"① 边疆城市乌鲁木齐拥有面向欧亚的国际市场区域地理优势,并向东连接着中国东部地区,乃至东南亚国家和地区的市场。中国在中亚区域的经济关系中的地位需要在邻近中亚的地区着力建设几个中心城市,使其成为中亚区域经济合作中的一个中国增长级。这将有力地促进中国新疆面向中亚的开放和发展。因此,我们认为,应该将中国新疆乌鲁木齐、喀什、伊宁、石河子等城市定位为面向中亚的国际区域性中心城市来建设。

中国与中亚国家间一方面发展区域合作关系,另一方面也存在国家间的竞争。国家间市场竞争会体现在国家间相邻地区的城市经济势力的竞争。目前看,中亚区域国家的城市由原苏联地方边疆城市发展而来,中亚区域的各国相邻城市都处于发展过程中,城市发展的规模相对比较小,城市现代化发展建设比较中国的边疆城市(乌鲁木齐)来看,并不存在特别的优势和发展差距。从中亚国家发展的战略政策看,已经表达出发展中心城市以提升国家竞争力的构想。哈萨克斯坦总统纳扎尔巴耶夫明确提出,要将首都阿斯塔纳建设成为跨欧亚的国际性中心城市。他说:"现在的现实和许多地缘政治因素迫使我们以新的态度看待我们自己的地缘政治空间形成的进程。阿克莫拉几乎处在哈萨克斯坦的地理中心,靠近哈萨克斯坦最重要的经济区,这些经济区是哈萨克经济主要的和强大的增长点。城市处在重要的交通干线的交汇处,在这方面它同全国所有地区连在一起。此外,城市靠近欧亚交通大干线,对于哈萨克斯坦来说,这些干线是通往许多国家的便利出口。我相信,迁都在确定哈萨克斯坦为新的独立国家方面起着重要作用。第一,一开始我们就把迁都看做是在地缘政治方面巩固哈萨克斯坦的一个步骤。从而我们重申了我们热爱和平的全方位的对外政策。通过采取这一步,哈萨克斯坦可以强调自己同南方和北方、东方和西方平等合作的开放性。它为发挥处在欧亚中间位置国家的优势提供了绝无仅有的可能性。第二,在我们的选择中起很重要作用的是安全。在这方面独立国家的首都应远离对外边界,尽可能位于国家中部地区。同时我们还应注意到一些专家预见到的中亚地区正在加剧的紧张局势。所以重要的是,在地区形势可能复杂化的条件下要保障国家最高管理机关的活动安全及其工作效率……第三,从哈萨克斯坦经济进一步发展的观点看,迁都是有利的。由于迁都,逐步克服共和国领土上人口和生产力的不合理布局,在北方和中部地区集中发展科学创新科学密集型产业,发展先进的农业机械制造业和广泛的农业加工网将成为现实。而这本身将提高哈萨克斯坦工业的发展水平,保证劳动力资源的有效利用和较高的就业率。第四,从加强国家稳定和民族间和谐的观点看,这一步带来了不可争议的优势。把首都迁往多民族成分的地区,可以

---

① 费孝通:《铁岭讲话》,见《行行重行行》(续集),群言出版社1997年版,第194页。

强调建立多民族国家和增进居住在哈萨克斯坦所有民族之间友谊和和谐的方针不变。"① 哈萨克斯坦通过将首都迁往阿斯塔纳来实现城市在欧洲与中亚间的区域中心市场的地位。他提到历史上俄罗斯迁都的实例,"被封建关系猖獗削弱的俄罗斯经济需要新鲜的气息,按照彼得一世的看法,欧洲现有的市场经济基础可以赋予帝国这种气息。尽管贵族拼命反抗,随着把首都迁往圣彼得堡,俄罗斯才得以有了通过彼得堡开启的'窗口'真正闯入帝国大地的资本主义生产关系的基础。""哈萨克斯坦是个欧亚国家,它的新首都是巨大的欧亚大陆地理中心之一。决定选择阿克莫拉为独立哈萨克斯坦首都的一个相当重要的事实是,随着时间的推移,这个城市将成为一个巨大大陆的最大的交通中心之一。在新的世纪里,发展中的欧亚空间大量经济的、技术的和信息的洪流将流向我们的新首都。"② 哈国新迁的首都阿斯塔纳的地理位置实际上远离了中国西北边疆,这一方面考虑到了国家首都的政治经济安全,另一方面使新首都将发挥连接欧亚中心城市的作用。因此,从中国与中亚地区的发展关系看,在西北边疆地区着力长久地建设一个国际性区域中心城市是非常必要的。

目前,乌鲁木齐最符合中国向西部中亚国家间发展地缘政治和区域经济中心的条件。西北边疆城市乌鲁木齐市处在邻近中亚的地理区域,与乌鲁木齐相邻的两个城市分别为昌吉市(县级市,昌吉回族自治州州府城市)和新疆生产建设兵团管辖的五家渠市(县级市,农六师)。这三个城市的行政区域已相连接。在边疆地区实施一体化(乌昌一体化)发展不同于东部城市区域一体化建设,面对着不同的行政体制。但是,不同法律地位的相邻城市间并不意味着不能突破城市行政体制,存在通过联合实现共同发展的制度空间。"伙伴城市"、"自治市"等社会科学文献概念能够为边疆的一体化联合的提供思路。③ 为此,需要加快新疆地区实施"城市—地方—兵团"多样性区域间的一体化联合模式。扩大城市—地方、兵团—地方的联合,实践大城市与小城镇、城市与乡村联合发展的、多特征的新体制。提升乌鲁木齐市整体城市定位,构建新乌鲁木齐百里大都市经济区,联合昌吉(民族自治地位不变)、五家渠市(兵团城市地位不变)等城市,形成区域经济的多中心地带,实现含都市农业、能源、煤炭、化工等现代制造业基地、服务业的区域一体化经济结构,实现城市—地方—兵团间多类型的共同发展模式。

---

① [哈萨克斯坦] 努·纳扎尔巴耶夫:《欧亚中心的阿斯塔纳》,徐葵、张达楠、冯育民等译,民族出版社 2006 年版,第 20 页。
② [哈萨克斯坦] 努·纳扎尔巴耶夫:《欧亚中心的阿斯塔纳》,徐葵、张达楠、冯育民等译,民族出版社 2006 年版,第 20、33、93 页。
③ "城市伙伴制"是联合国人居大会适用的词语,意思广泛。伙伴制被定义为:为重整一个特定区域而制定和监督一个共同战略所结成的利益联盟。属于城市决策和实施的学术文献中的概念。

第四节　发展政治学：促进民族贸易繁荣的政策与法

20世纪晚期中国经济复兴发展最有成就的一个领域是乡镇小商品经济的大发展。乡镇小商品经济呈现出丰富多样的发展类型。这是中国农村走新型工业化道路的发展经验，更是改革开放以来一条中国特色社会主义新型工业化的发展经验。民族贸易是边疆小商品经济的一个传统领域。民族贸易的发展有利于促进不同区域间、城乡间的协调发展，促进城市与农村各民族公民的共同繁荣发展。今天，探索发挥边疆乡镇小商品经济的比较优势，开发民族贸易市场，通过边疆与沿海地区的联合，共同构建边疆地区小商品生产基地。这是边疆多民族地区社会主义新农村发展的又一个基本方面。

一、发展小商品经济的经验与智慧

改革开放30年来东部沿海地区的发展成就是有目共睹的，其中一个重要经验是发展乡镇经济，这是最具中国特色的发展模式。乡镇经济的发展得益于小商品市场复兴、乡村工业发展、国家和地方政府的积极鼓励政策以及大众勤劳致富精神等多方面要素的结合。乡镇经济的主体是乡镇中小企业，乡镇中小企业发展的一个主要基础是传统手工业，这是代代保存下来的手艺和行业技术。一般来讲，传统往往就是特色。正是东部沿海地区早期手工经济传统使那里的小商品经济发展积累了资本并逐步开拓了市场。另一方面，也是沿海地区所特有的从事小商品贸易的悠久优良传统。中国东部地区乡镇经济发挥了传统优势，走出了各自发展的道路。

沿海地区乡镇中小企业发展小商品生产开发（小电器、服装、鞋帽、玩具、皮具、文具、家具等开发）。小商品工业生产成为沿海地区的区域性优势，也成为中国对外贸易出口的优势领域，被称为外向型经济。沿海地区的乡镇经济形成了多种多样的发展模式，有称为"苏南模式"（江苏）、"侨乡模式"（福建）、"珠江模式"（广东）等。在同一个省区发挥优势而形成不同模式，浙江的"温州模式"和"义乌模式"。还有其他地区有益的经验。这些模式的共同点都是"内生"。所谓内生，就是都从本地的传统优势出发，在各地乡镇经济改革发展中诞生的。在发展中积累了资金、开拓北美、欧洲、东南亚、中亚、俄罗斯、非洲等远距离国际市场和国内等，整体上基本实现了区域性乡镇资本的积累。乡镇工业与城市工业互补，城市工业给乡镇小商品生产工业留有了生存发展的空间，传统乡镇工业不仅没有衰落，相反，找到了自己生存发展的新形式。这是中国的现代乡镇精神，是中国农民集体智慧的反映，它由勤劳致富的古老商业传统中发展而来。这是中国乡村新型工业化发展的多种成功类型。也是城市与乡村协调一体发展的经验模式。费孝通曾对上述模式给予分别描述和肯定。[①] 他在比较研究后针对西北少数民族地区边区发展问题提出："从某种意义上来说，西部国际市场比东部国际市场更有潜力，西进中亚、西亚和中东地区，我们有一定的条件。充分发挥回族的民族优势，提供伊斯兰国家所需要的各种生活用品，我们完全有可能建立一个很大的西部国外市场。"[②] 这就是"以商带工"发展西北小商品生产市场的战略思路，对今天发展新疆小商品经济仍然有着重要的启示。

　　民族贸易属于边疆多民族地区传统小商品经济活动，涉及领域广泛。一般习惯地将边疆地区所有商品生产与市场交换活动泛称为民族贸易。今天的民族贸易概念具有特定的含义，是特指为保障边疆地区少数民族生产生活特需品的市场，对从事民族特需品的生产企业所给予的优惠政策，以保证市场供应。因此，民族贸易实际上就等于是特殊贸易保护政策。这个政策的长期实施，保证了国家边疆多民族地区各民族人民生产生活必需用品的供应，满足了边疆地区少数民族生活需要，这是民族贸易政策有效实施的积极结果。民族贸易的发展有利于促进国家东、中、西各区域间的协调发展，也有利于建立起城市与农村的间经济联系，缩小城乡差距，促进城市与农村的各民族共同繁荣发展。加快民族贸易发展，是全面建设小康社会和构建社会主义和谐社会的客观需要。加快民族贸易发展，大力发展商品经济，扩大边疆民族地区对内对外开放，有利于改善边疆地区少数民族群众的生产生活条件，增加少数民族群众收入，提高少数民族群众生活水平和质量，是全面建设小康社会和构建社会主义和谐社会的客观需要。特别需要提出的是，当前发展民族贸易，促进边疆小商品经济发展，对积极扩大就业，使人人乐有所为，人人安心于自己的天地，有自己热心的事业。因此，边疆小商品经济的发展对边疆社会的稳定是有着看不见的积极作用。2008年5月20日，商务部发布了《关于加快民族贸易发展的指导意见》。从加快民族贸易发展的重要意义，加快民族贸易发展的指导思想和工作目标，加快民族贸易发展的主要任务，加快民族贸易发展的政策措施和加强组织领导等五个方面提出了发展民族贸易的具体要求。指出加快民族贸易发展，是执行党和国家民族政策的重要内容，是贯彻落

---

　　① 费孝通：《城乡协调发展研究后记》，见《学术自述与反思：费孝通学术文集》，三联书店1996年版，第143～161页。
　　② 费孝通：《边区民族社会经济发展思考》，见《从实求知路》，北京大学出版社1998年版，第112页。

实科学发展观的必然要求。民族贸易既是经济工作又是政治工作,扶持民族贸易发展,是党中央、国务院的一贯政策。在党和国家各项照顾政策扶持下,民族贸易为促进民族地区经济社会发展做出了重要贡献。

二、边疆民族贸易的比较优势与政策

今天,边疆民族贸易引来新的发展机遇。商务部 2008 年出台的规范性指导意见要求,在民族贸易地区加强规划,合理布局,引导国内外资金建设一批规模适当的商品集散市场,因地制宜地加强现有集贸市场的改造提高,增强民族特色商品展示、交易能力,方便民族地区特色商品收购与外销。充分发挥新疆、西藏、内蒙古、甘肃、黑龙江、吉林、辽宁、广西、云南等边疆省区的区位优势和资源优势,以边境口岸为依托,建设和改造一批以民族特色商品加工、包装、集散、仓储、运输为主的多功能物流中心。积极培育面向少数民族群众聚居比较集中的边远山区和农村牧区的民族贸易骨干企业,支持其向乡镇发展民族贸易示范网点。支持大型连锁商业企业以多种方式在民族贸易县发展网点,或与传统民族贸易企业合资合作。鼓励民族贸易骨干企业通过兼并收购、资产重组、参股控股、特许经营、战略联盟等方式扩大经营规模,发展连锁经营、物流配送、贸工农一体化、总代理、总经销等现代流通方式,实现规模化经营,降低流通成本,提高市场竞争力。促进民族特色商品经营走品牌化、规模化、市场化、国际化发展道路,不断拓展民族商品市场,搞好民族特色商品流通。鼓励外商投资民族地区。依据相关产业政策鼓励外商以多种方式参与民族地区基础设施建设,积极利用外资发展民族地区特色产品加工业和服务业,大力发展流通与物流业。[1] 从商务部的指导意见看,一方面是继续坚持做好民族贸易工作的传统职能,即首先要着眼于满足边疆少数民族地区生产生活特需品的需求;同时,要寻求发展民族贸易的国际国内市场。事实上是提出了边疆民族地区如何发挥民族贸易的传统优势,发展区域性商品市场的问题。

一般商品贸易缘起于小商品市场。这是东部的经验,也有西部其他地方的经验,也是历史经验。边疆民族贸易领域的优势同样存在于小商品生产的特色领域。以新疆为例,近年来,新疆民族贸易有了相对稳定的发展。"九五"期间,新疆经国家民委确定的民族贸易县有 53 个;另有焉耆回族自治县、塔城市、博乐市等 3 个县(市)境内的 12 个乡镇,比照民贸县境内乡镇享受民贸优惠政策。在 53 个民族贸易县中,有 29 个是边境县,占民贸县总数的 55%,有 12 个

---

[1] 《商务部关于加快民族贸易发展的指导意见》,2008 年 5 月 16 日。

是国家重点扶持的贫困县，4个是自治区重点扶持的贫困县，突出反映了民贸县"少"、"边"、"穷"的特点。"十五"期间，经国家民委确定的民族特需用品定点生产企业281家，主要生产经营包括丝绸、服装、鞋帽、日用杂品、农具、文体用品、工艺品、民族药、生产工具、边销茶在内的十大类，近百个品种，其中享有盛名的英吉沙小刀、维吾尔族花帽等都是新疆少数民族特需用品的典型代表。近年来，随着清真食品被纳入少数民族特需用品范围，新疆有56家清真食品生产企业，被国家民委确定为民族用品定点生产企业，增加了定点企业数量，为新疆民族特需用品定点生产企业的整体发展注入了新的活力。目前，全疆少数民族特需商品生产和供应得到保障，市场繁荣，民族特色的商品琳琅满目，品种繁多，充分显示出新疆民族贸易和民族用品生产发展的繁荣景象。

同时，与东部沿海地区比较，西部边疆地区小商品经济发展差距非常大。多年来边疆传统民族贸易企业呈现萎缩，民族地区流通领域的现代化进程滞后，民族特色商品开发生产经营发展缓慢。因此，加快民族贸易发展，搞活民族地区商品流通，保障少数民族群众生产生活需要，是各级商务主管部门执行党和国家民族政策的重要内容。由于自然和历史的因素，一些少数民族地区特别是边远山区、牧区，交通不便，信息闭塞，流通规模小，商品周转慢，市场经济不发达。尽管国家支持民族贸易发展的企业政策仍然有效并在继续，但是随着企业的市场化改革，对国家实施"抓大放小"的企业改革政策的错误认识，在一些地方民族贸易企业几乎放任解体了。今天，边疆民族贸易企业仍然面临诸多困境。一方面，部分扶持民族贸易企业的政策实际上没有发挥出预期的效果，在有的地方政策执行中缺乏连续性。另一方面，边疆贫困地区的地方政府没有多少财政能力和激励政策来支持民族贸易企业。在实践中，政策执行面临以下几个方面的困难：

首先，"民族贸易企业"统一界定难。界定企业资格是为了使企业享受国家和地方的各种优惠政策，但是实际上往往很难确定。

其次，在市场流通领域，民族贸易政策是满足边疆少数民族地区的少数民族生产生活消费需求，在政策上"少数民族生产生活用品"在不同的民族地区界定是有差别的，在商品分类中区分起来就比较困难。因此，在执行享受优惠政策时区分这类商品在企业生产中的比例就比较困难。由此，目前，保证民族贸易生活用品的政策功能实际上变成了最低限度保证边疆少数民族居民的最日常生活消费品基本市场供给，而且在实际上成为主要以保证城市居民的消费供给为主。因此，也就基本不涉及作为一个有特色的小商品经济领域的市场开发和发展问题。

再次，边疆民族贸易中小企业缺乏外部资本市场环境。这主要是因为商业银行变成了自主权很大的金融企业，对民族贸易类中小企业扶持时需要考虑自身的风险和利益。民族特需品存在特定的市场预期，可以预见的消费市场规模不能保障投资利益能够得到足够的回报。多数情况下金融机构对从事民族贸易的中小企业提供贷款就将非常谨慎。由于边疆地区县域资本市场比较脆弱，商业银行通过撤并县域代理机构来减轻企业自身的负担，实际上也就意味着预见县域贸易市场带来的利益不大，这使得民族贸易企业比较其他领域的企业在融资方面更不便利，也更加困难。《中小企业促进法》规定，通过激励政策鼓励地方建立面向中小企业的地方银行。但是，目前在边疆地区资本市场环境下并没有太大的普及性。对此状况，边疆地区国家政策银行的研究人员也认识到这些问题，提出："针对国有商业银行县域分支机构大量撤并，民贸民品优惠利率贴息贷款传导不畅的情况，应全面放开对承贷主体的限制，扩大承贷银行范围，促使在城乡信用社等中小金融机构取得贷款的民贸民品企业能够充分享受到优惠利率贴息贷款政策。"[①] 政策银行的目的是最大限度地更多地给予扶持。比较而言，东部沿海地区乡镇小商品经济复兴时，相对地存在一个区域性外部资本市场环境，也就是人们常说的台资、港资和侨资等外部民间资本市场，还有存在一个能够依托的人口密集的周边城乡消费市场。而西北边疆民族地区面对的外部环境均为政治不稳定、国民经济结构不完整的欠发达的中亚国家。边疆与相邻国家地区间基本上不存在什么相互的外部资本市场，也没有来自边疆区域内的民间资本，而且边疆区域广大，各地区间贸易距离远，不存在大的城市群，人口稀少，消费市场低度。实际上，这仍然还是今天边疆经济发展面临的困难之一。

因此，一方面需要继续执行国家在民族贸易领域的政策，同时边疆地方政府也应实施市场激励政策，发展民族贸易，对内促进产业发展、良性竞争，有效提高各民族人民生活水平，对外开放，开拓广阔市场，加快边疆民族地区小商品经济的发展。这是当前发展民族贸易市场的主要认识。边疆地方政府需要对这个领域进行调查研究，制定支持民族贸易企业融资、市场开放、财政税收、劳动力培训、要求国家有关部门更多地支持等相关方面扶持政策，要注意到边疆（新疆）自身的地缘和人文优势，开拓国际和国内两个市场，建设口岸为商品基地、贸易集散地，争取贸易的溢出效益。着眼国外，继续开发中亚市场，通过民族贸易培养新疆与中亚的共同市场；通过政府间的协定，使中国和中亚各国相互对全部或部分货物给予一定程度的关税优惠，逐步实现中亚市场对中国产品的认同以及本地区贸易的自由化，为区域经济一体化打好基础。这个市场既是一个国际贸易的市场，也有助于边疆地区人文生态的和谐发展。

实际上，东部一些地区的小商品经济发展起初也并没有多少资金支持，开发

---

① 中国人民银行乌鲁木齐中心支行课题组：《"十五"期间新疆民族贸易和民族用品生产贷款政策实施绩效的实证分析》，载《新疆金融》2007年第8期。

市场的理念也是在自主发展的过程中摸索出来的。乡镇小商品生产主要是面向区域性人口大众日用消费市场生产。由此看来,任何一个区域在小商品生产领域应当都存在着自身的传统优势。因为通常人们在日常生活中对日常消费品的需求是不会有太多差别的。因此,小商品经济发展的关键在于这个领域是否能够被有效动员起来,用通俗的地方经济政策语言叫"搞活",用经济学教科书的语言讲就是发挥"比较优势"。如何理解"比较优势"?实际上"比较优势"这个词语的意思并不是指"我生产或销售的物品将比你的更好、更便宜",更经常的意思反倒是更开放地表述着,"我这里生产或销售的东西你同样也会喜欢"。小商品经济在东部沿海地区兴起时,地方政府鼓励开发市场的政策成为很重要的制度经济要素。如,在浙江义乌,地方政府在1982年就提出了"以商兴市"的发展理念并实施。"政府当局认真总结了经验教训,与其阻挠,不如引导,于是推出了'四个允许'的政策——允许农民进城经商、允许开放城乡市场、允许农民经销工业品、允许长途贩运,这种默认的态度为以后的经济发展奠定了基础。"[①] 费孝通通过"边区发展研究"这个题目来思考,在西部乡村兴起内生发展模式的种种可能和优势,提出"以商带工"的新思路。"以商带工"的"商"可以理解为是民族贸易,这里的"工",我们理解为特需品的开发生产。"以商带工"即以边疆民族贸易为依托,带动边疆少数民族传统工业的现代转型。在今天,中国边疆地区仍然存在一个民族贸易品的市场需求,我们泛称为"民族日用品"市场。这个市场的开发依赖本地区大众的日常生活消费需求。同时,这个消费需求不会因为大工业的供给和城市化发展而改变。相反,正是现代大工业资本搜寻并开发了这些传统消费市场。这个消费市场不会停留在它发生的地域性里,相反,因为共享的品质而得以远距离传播。例如,我们看到,麦当劳开发了一个非常传统的消费市场,即各个不同地域的人们时时处处都在消费的鸡肉、土豆和面包。因此,东部地区政府与边疆地区政府相互调研、沟通、协商、联合,引导东西部地区中小企业与边疆民族贸易企业合作,共同建立起西北边疆地区小商品生产基地,向西开放,开拓西部伊斯兰国际市场,前景广阔。

三、边疆与沿海的联合,构建向西开放的小商品基地

今天,边疆口岸贸易迅速发展,这是发展边疆民族贸易的有利时机。在对外贸易中,"口岸"类似于是传统的乡村"集市",集市贸易即口岸贸易。口岸可以设立在国家间相邻的边境地区,也可以设立在国家间相邻的边境较发达的城市

---

① 宋业龙:《义乌小商品市场发展的启示》,载《世界经济情况》2008年第10期。

中，即城市贸易口岸。东部沿海地区的建立的经济特区其实就是贸易口岸城市。这些年来，边疆地区的贸易口岸城市为中国与中亚国家间的小商品经济的跨国贸易流通发挥了非常重要的作用。我们知道，新疆"乌鲁木齐国家二类口岸"已经成为东部沿海地区向中亚市场开放的小商品贸易集散地。来自中亚、俄罗斯、巴基斯坦等国家的客商与来自中国东部地区的商贾聚集此地。近年来，东部沿海小商品经济已经充分借助于边疆乌鲁木齐口岸经济寻找开发了国际市场。由此，相比较而言，边疆城市的民族贸易企业为什么没有能够借助于临近边疆城市口岸经济开发市场？这是值得研究的。边疆小商品经济必定有自己的发展空间和优势。

当前，构建中亚、俄罗斯与中国的区域贸易合作框架已经基本建立。2007年中国与哈萨克斯坦已经建立口岸地区的边境贸易经济合作区。这将对中国与周边国家开展边境贸易，提升贸易合作的水平、扩大贸易规模、采用多种便利形式以及相互间的进出口商品结构等方面将具有相当的影响。这对于发展边疆地区的民族贸易市场来说是一个机遇。从中国与中亚国家间的发展关系看，中国和中亚地区国家间都十分重视双边贸易关系。2005年7月4日胡锦涛总书记与哈萨克斯坦共和国总统纳扎尔巴耶夫发表了建立和发展伙伴关系的联合声明，中国与中亚其他国家有着良好的国家和民间关系，这为发展民族贸易提供了良好的背景。近年来，双边贸易互惠互利，区域贸易发展良好。中亚各国也在积极寻求经济发展，中国新疆目前已经有16个沿边口岸开放，国家间铁路、公路交通运输条件相对已经比较便利，中国新疆成为连接东南亚区域与中亚伊斯兰乃至欧洲市场的最短、最安全的陆路过境贸易运输路线。这是边疆区域经济的地缘优势之一。

从多年边疆城市小商品市场繁荣的情况看，当本地区的小商品市场萎缩时，这个市场会被其他小商品市场替代。这说明，任何地区的小商品都具有普遍性和生存能力，也表明小商品市场能够改变人群的地方性消费习惯和结构。这似乎是一个规律。近年来中国在中亚、俄罗斯开发的市场主要是小商品贸易，而小商品主要来自中国东部沿海地区。这说明：（1）从中亚到俄罗斯东欧地区存在一个小商品市场的巨大空间；（2）这个市场被中国东部中小企业开发。中亚国家的制造业不发达，尤其是轻工产品领域的小制造业更不发达，日用品、服装、小电器品等大都依赖进口。作为相邻国家，对中国物美价廉的小商品市场有一定程度的依赖性。而中国东部沿海地区的产业结构中，小商品产业经济是发展比较成熟的优势领域。东部小商品生产企业已有相当规模的发展，也完成资本积累，具有技术和管理经验，尤其是，东部地区中小企业培养和集中了一大批产业领域的技术工人队伍，也就是我们所称的"农民工"。实际上他们是成熟的中国城市产业工人大军，这是中国东部地区的人力资本优势。我们比较西北边疆城市乌鲁木齐与东部海疆城市广州的中小企业数据。根据两城市的报道，到 2008 年年底，边疆大城市乌鲁木齐有中小企业 3 900 家，而作为国家经济中心城市的广州有中小企业 40 多万家，分布于国民经济各领域。① 可见中小企业在沿海城市的国民经济结构中的比重之大。广州市中小企业大多为外向型生产企业，主要面向海外国际市场生产，其中有一部分中小企业也是面向中亚俄罗斯市场生产的。目前，中国经济的进一步发展，西部边疆地区的开发，需要面对西部伊斯兰国际市场，特别在中亚区域经济合作领域能够有所作为。发展边疆民族贸易，西部与东部联合，共同发展。中国新疆的地理、人文等方面与中亚国家间存在相似性。可以说，在民族贸易的特需品消费领域，中国新疆与中亚国家间存在共同市场。如果开发民族贸易品市场，扶持中小企业生产，不仅可以更好地满足边疆各民族人民的生活需要，而且，可以开拓中亚乃至更远的广阔市场。

  边疆在发展新型工业化过程中，一方面坚定地实施发展"大经济"（我们称之为资源型经济）的战略，大力引进国家大型资源开发企业（电力、煤炭、石油、化工等）参与新疆地区的资源开发，走发展资源型产业优势的模式，在边疆建立现代制造业。这是正确的长远发展战略。这将在根本上为边疆的工业化、现代化发展建立新的基础。另一方面也需要注意发展边疆的"小经济"（我们称之为小商品经济）。需要研究东部沿海地区发展小商品经济的有益经验，同样关注小商品生产企业的引入和发展，使东部地区小商品经济的优势与边疆民族贸易的优势互补，东西部地区联合发展，共同构建向西开放的边疆小商品生产基地。目前东部地区的小商品生产企业开始面临调整产业、发展升级的问题。一些东部地区在调整产业结构升级的宏观政策指导下，小商品生产企业也在面临产业结构调整中如何寻求进一步发展的问题，相当一些小商品生产企业面临产业转移问题。当然，这里需要区分的是，中小企业的转移并不是把本来在东部面临淘汰的企业移植的西部去。中小企业的产业转移需要东西部地区共同研究实施联合合作的一些新模式，实际上这对东西部地区来说都是一个共同机遇。如何实现联合发展？需要在法律和政策领域提供支持，促进民族贸易发展，使之成为少数民族地区乡镇经济发展的一个特色领域。当前边疆地区民族贸易要考虑的主要问题是如何适应当前的形势建立合理的市场政策。民族贸易政策归根到底是边疆经济发展的战略问题，它不是孤立的。一方面与边境贸易、对外贸易联系紧密相连；另一方面，又与交通、基础设施等方面密不可分，离开了这些基础产业的支持，繁荣贸易就无从谈起。向更深层次看，关税、财政、金融、教育等方方面面也都与贸易有着关系。虽然企业是贸易和工业的主体，受市场的引导来运作，但市场本身

---

① 《中小企业今年有望获逾 10 亿贷款》，载《乌鲁木齐晚报》2009 年 1 月 15 日。

并不能解决战略性的问题,战略性的问题只能由政府来担负。因此,发展边疆民族贸易,需要民族贸易政策领域更丰富的指导。

首先,要清理民族贸易领域现有的法规和政策,进行废、改、立。现行有效的法律、政策,对于依然发挥积极作用的予以明确。对于事实上失效或已经不适合现阶段市场经济体制要求的政策予以废止。在具体法律政策上应至少关注以下几个方面:第一,制定政策和立法,激励边疆地方企业开发民族贸易的潜在优势。通过立法鼓励支持性产业的发展,即与民族贸易相关产业间和产业内部形成产业链,以期整个民族贸易产业的更好发展。新疆在2006年9月通过了《新疆维吾尔自治区实施〈中华人民共和国中小企业促进法〉的办法》。这个地方性法规对于促进边疆中小企业的发展将起到积极的作用。《办法》的具体实施仍然需要边疆地区各级政府结合本地方出台更细致的政策,尤其在专项资金的支持方面需要地方政府在贷款财政贴息、财政扶持配套资金、技术研发资金支持、贷款担保等方面有积极作为。第二,商务部的指导意见中提出,"培育民族贸易骨干企业。鼓励民族贸易骨干企业通过兼并收购、资产重组、参股控股、特许经营、战略联盟等方式扩大经营规模,发展连锁经营、物流配送、贸工农一体化、总代理、总经销等现代流通方式,实现规模化经营,降低流通成本,提高市场竞争力。"[①] 民族贸易骨干企业最终是由市场来培育,在竞争中产生。但是,地方政府必定要考虑指导那些面向国际国内市场有发展潜力的产业企业。因此,需要考虑对民族贸易领域有优势市场潜力的中小企业进行分类指导和专门扶持,对有民族贸易领域有特色优势的特需品生产企业实施专门的政策,使其能够得到更为明晰的支持,并给予专门的发展资金支持,使其壮大发展成为区域性的产业标志。第三,寻求东西部地区联合发展模式。当前,发生金融危机对边疆地区其实也是一个机会。在东部沿海地区产业结构调整的时机,边疆地区走出去,与东部地区协商发展小商品企业的转移问题。将适合开发边疆民族贸易、符合生态环境要求的东部沿海地区的外向型中小企业引进来,建立参股合作、一厂两地、专项投资、技术合作、联合研发、开发共同品牌等多种民间资本的合作类型。东部地区政府更要走出去,与边疆地区的地方政府为中小企业的转移和合作共同商定政策,共同提供条件,共同制定转移扶持的财政政策,东部地区多承担企业转移和安家的成本。对于东部地区来说,并不是借此机会把一些企业送出去。而是借此机会建立起国家东西地区间的共同经济利益关系。这个共同经济关系是在共同面对危机的时机建立起来的,探索国家区域经济协调发展的好经验。

其次,建立国家跨地区的贸易关系并不仅仅是边疆和沿海地区政府间的工

---

① 见商务部2008年5月16日发布的《关于加快民族贸易发展的指导意见》。

作。这是东西部地区经济协调发展的一个重要方面。因此,国家有关部门也为连接跨区域市场在基础设施方面积极创造条件,方便东部沿海地区与西北边疆地区间的商旅流动。为此,可以考虑开通西北边疆城市至沿海部分城市的旅客直达列车,如喀什—库尔勒—广州、伊宁—乌鲁木齐—温州、乌鲁木齐—福州、乌鲁木齐—北海、乌鲁木齐—哈尔滨、乌鲁木齐—大连等。目前,铁路客运连接西北边疆城市乌鲁木齐到南方最远的城市仅是武汉,东部最远的城市是上海和杭州(2010年),西南最远的城市是成都和重庆。至今,没有连接中国西北边疆与最发达的东南沿海的旅客直达列车一般人们都无法理解。有了路,人们自然就上路,铁路通了自然有人乘车。铁路客运通道的开通将连接国家西北边疆与东部沿海地区的几个最重要的贸易城市。其中,广州是中国最南方的也是最重要的边疆门户城市,也将作为珠三角区域一体化的国家中心城市来建设,目前是中国仅有的几个国家经济中心城市之一;温州是中国东南沿海地区最发达的小商品集散中心城市,温州商旅已经客居乌鲁木齐开发中亚市场多年,并为边疆贸易的繁荣做出了贡献;而福州城市连接着台湾海峡,是台商集中的城市;开通边疆最遥远的城市喀什——最发达的经济特区深圳,将连接香港这一亚洲最大的贸易城市。乌鲁木齐是从陆路向西开放的唯一西北边疆经济中心城市,是西北最重要的国际门户城市。目前,新疆各地远赴沿海城市的商旅客人都乘坐飞机往返。旅客直达列车的开通为最沿海的海疆和最遥远的边疆城市间的商旅、客流降低旅行成本,提供极大便利。用经济学的语言讲就是降低"交易费用"。人们当然最欢迎直达列车而避免中转列车,大多数人更愿意选择火车而不轻易选择飞机。当然,航空业有自己的优势和贡献。但是,对于绝大多数公民来说,经常乘飞机往返于遥远的边疆与沿海城市之间办理商务或旅行听上去似乎并不现实。实际上,边疆到沿海的旅客列车也将东南亚区域与中亚区域通过中国连接起来了。另一方面,铁路直达列车连接国家边疆与内陆沿海各区域城市所带来的人文意义是同样重要的。19世纪(1871年)美国宾夕法尼亚州与纽约州一道,建设美国南北之间内陆与大西洋之间的航运通道。他们从美国的国家利益出发充分认识到,美国繁荣的关键在于产品市场的多元化和联邦不同成员之间亲密互惠的关系。[①] 人人都有这样的体会,一座城市的列车站台上停靠一列列通向国家边疆故乡的列车给客居他乡的各民族商旅所带来的那种亲切感是多么有意味,使身处异乡的商旅对乡土的距离在心理上贴近。因为,家乡就被连接在每天往返飞驰列车里,从内心深处建立起一个国家的整体意识,对他的国家充满感激。这其实是统一市场带来的结果。统一国家的统一市场培育爱国情怀。历史上各区域间商品贸易繁荣的基本条件就是

---

① 张涛:《美国民族意识的开端》,民族出版社2008年版,第189页。

商旅客流的交通便利中,各种丰富的商品源源不断地在不同区域间涌进涌出。这就是我们理解费孝通先生提出东西部地区走"以东支西,以西资东,互惠互利,共同发展"的思路。① 这看似是商旅之路,其实是现代多民族国家统一市场之路,是促进东西部区域经济协调、共同发展的和谐道路。这或许正是"丝绸之路"对统一多民族国家建构的历史价值。

第五节 发展政治学:统一多民族国家的认同政治建设

一、现代多民族社会的团结问题

现代国家多民族关系领域日益敏感和紧张,团结问题成为当代国际社会科学领域的重要问题,也是国际社会人权领域对话的一个重要议题。多民族身份的公民团结关系建设尤为紧迫和迫切,这是当代法治理论需要面对的非常重要的领域。

20世纪中叶以后,由于世界经济的开放结构,现代国家的社会结构转型,也改变着现代国家民族关系结构。现代工业政策、土地开发、跨国、跨地区资本流动、城市化发展、人口向城市的集中、作为劳工的移民和少数族群迁徙聚居等。现代国家的开放城市已经成为多民族多元文化的汇聚场,也同时面临多民族公民身份团结关系的紧张状态,引发冲突并可能危及国家的统一。这是当代国家社会转型过程中现代政府面临的一个紧迫问题,在学术话语中被集中表达在多元文化及其少数族群权利问题领域。因此,多民族社会的公民身份团结关系成为现代国家最为敏感的问题。加拿大学者金里卡对此综述评论认为:"近十年里,政治哲学家对西方民主国家中的族裔文化群体权利问题兴趣日浓。与我在20世纪80年代中期开始研究这些问题的时候,几乎没有其他政治哲学家或理论家涉足这一领域。的确,在本世纪大多数时间里,族裔问题在政治哲学家眼中处于边缘地位,得不到重视。然而现在,处于相对被忽视状态几十年之后,少数群体权利问题终于走到了政治哲学的前沿。这其中有几个原因,最明显的是,东欧社会主义阵营的解体引发了族裔民族主义的狂潮,这一狂潮直接影响了这些国家的民主

---

① 费孝通:《中国城乡发展的道路和我的研究工作》,见《学术自述与反思:费孝通学术文集》,三联书店1996年版,第196页。

进程。认为自由民主制度会在这些国家中顺利形成的乐观主义预测,为族裔问题和民族主义的问题所打乱。建立已久的民主制国家中的许多因素也更加突显了族裔问题;移民和难民在许多西方国家中引起本国民族主义者的激烈反应;原住居民的觉醒和政治动员最终导致了联合国通过原住居民权利宣言草案,在几个西方民主国家中,从加拿大(魁北克)到英国(苏格兰),从比利时(弗兰德)到西班牙(加泰罗尼亚),分离主义的威胁持续存在并逐渐扩大。所有这些现象都在90年代初达到高潮,这清楚地表明西方民主制度并没有解决或克服由族裔文化差异引起的紧张局势。"[1]

也有学者将现代多民族社会的团结问题赋予一种独特的描述,称由于"主导市场的少数族群现象"而引发多民族社会的冲突。"这种现象充斥在西方以外但几乎未予认识,事实上还时常被看成一种禁忌——它将自由市场民主转化成为引发种族冲突之火的发动机。我所指的这一现象即主导市场的少数族群(market-dominant minorities)现象:由于种种原因,一些少数族群在市场条件下趋向于在经济上起控制作用,在极大程度上控制着他们周围的'本土'多数族群。主导市场的少数族群在世界随处可见。在菲律宾,在东南亚各国,华人都是主导市场的少数族群。1998年,在印度尼西亚占全国人口3%的华裔控制着大约70%的私营经济,包括所有最大型集团企业。一段时间,缅甸华裔经营者简直就是接管了曼德勒和仰光的经济。在南非,白人是主导市场的少数族群,并且在巴西、厄瓜多尔、危地马拉以及拉丁美洲的很多国家出现。黎巴嫩人在西非是主导市场的少数族群;伊博人在尼日利亚是主导市场的少数族群;克罗地亚人在南斯拉夫是主导市场的少数族群;犹太人在后共产主义时代的俄罗斯是主导市场的少数族群;主导市场的少数族群是自由市场民主的不起眼却又致命的缺陷。在有主导市场的少数族群存在的社会里,市场和民主不单是偏爱不同人,或者不同阶级,而且偏爱不同族群。市场在主导市场的少数族群手中聚敛财富,经常是令人咋舌的巨额财富,而民主则赋予穷困的大多数人政治力量。在此情况下,对自由市场民主的追求成为启动潜在的灾难性民族国家主义的发动机。造成倍感挫折的本土多数族群——那些很容易被拉选票的投机政客煽动的人们——起而对抗他们所仇视的富有的少数族群。今天,这一矛盾正在一个国家接一个国家地上演,从印度尼西亚到塞拉利昂,从津巴布韦到委内瑞拉,从俄罗斯到中东。自2001年9·11事件以来,这一矛盾也开始在美国出现。"[2] 这是对西方经典的自由市场理

---

[1] [加拿大]威尔·金里卡:《少数的权利:民族主义、多元文化主义和公民》,邓红风译,上海译文出版社2005年版,第3页。

[2] [美]蔡爱眉:《起火的世界:输出自由市场民主酿成种族仇恨和全球动荡》,刘怀昭译,中国大百科全书出版社2005年版,第7~8页。

论给予的质疑。在多民族社会,自由竞争的市场经济存在一个潜在的消极方面是,不同身份的族群在市场竞争中形成发展的差异,而欠发达的族群意识里会假定一个主导市场的群体存在并通过族群身份展开抵抗,导致族群冲突。

在欧洲,"巴尔干"一词几乎像个幽灵。如何抛弃这个幽灵,让那里的各民族人民走向团结和谐?这是斯拉沃热·齐泽克关注的问题。齐泽克认为,巴尔干民族冲突问题是整个欧洲的问题。危害巴尔干地区民族团结的幽灵背后存在着一个真正的欧洲资本主义幽灵。齐泽克说:"由于来自斯洛文尼亚,前南斯拉夫的一部分,我现在似乎注定要讨论这样的幽灵:有关巴尔干主要的老生常谈之一不就是说,它们是欧洲的一部分,被臭名昭著的'过去幽灵'所困扰,什么都不能忘却,什么也学不到,却仍在进行几百年以来的战争,而欧洲的其他地方却在进行着迅速的全球化进程?然而,这里我们遇到的巴尔干的第一个悖论:在欧洲人的眼中,巴尔干本身似乎拥有某种特殊地位,它是漂浮在其上空的幽灵——后南斯拉夫的巴尔干。这种自我毁灭的种族激情的旋涡,难道不正好相反,几乎是一种像片的底片、一种种族共同体相互容忍的共存、一种转变成梦魇的多元文化梦想;巴尔干的这种不确定的和流动的地缘界定不正表明了他们的幽灵地位吗?对于'巴尔干从何处开始'这个问题似乎没有什么确定的答案——巴尔干总是在别处,有点向东南方……对于塞尔维亚人来说,他们从那里的南面开始,在科索沃或在波斯尼亚,他们保护基督教文明以对抗欧洲的他者;对于克罗地亚人来说,他们开始于正统的、专制的和诡计多端的塞尔维亚—克罗地亚抵抗它以捍卫西方的民主价值;对于斯洛文尼亚人来说,他们开始于克罗地亚,并且是和平中欧的最后一道堡垒;对许多意大利人和奥地利人来说,他们开始于斯洛文尼亚,斯拉夫民族的西部前哨;对许多德国人来说,奥地利本身由于其历史纽带,它早已受巴尔干恶化和无效的感染;对许多北方德国人来说,巴伐利亚因其天主教的省份特性,并没有免受巴尔干的感染;许多傲慢的法国人把德国自身与完全异于法国政策的东部巴尔干的残忍性联系起来;这就将我们引向了这个链条的最后一环;对反对欧洲联盟的一些保守的英国人来说,至少,含蓄说来——整个欧洲大陆在今天发挥着一个新型的巴尔干土耳其帝国职能;以布鲁塞尔作为新伊斯坦布尔,一个贪婪的专制的中心,它威胁着英国的自由和主权……欧洲大陆自身与巴尔干、与其野蛮的他者的这种认同难道不就是两者之间完全移位定界运动的秘密事实?"[①] 齐泽克认为,这是代表着所谓"文明、民主、基督教"的西方资本主义与被西方视为象征着所谓"野蛮、专制、落后"的东方民族的冲突;西方理

---

① [斯洛文尼亚]斯拉沃热·齐泽克:《易碎的绝对:基督教遗产为何值得奋斗?》,蒋桂琴、胡大平译,江苏人民出版社2004年版,第1~2页。

论往往以正确思想的代表者身份将巴尔干种族冲突归为多元文化,似乎冲突与他们无关,将巴尔干问题有意在学术语言里放置在一个很远的地方发生的族群文化间的事。他们好像以中立的立场者提出各多元文化身份主体"应当以民主和相互尊重"的方案来解决。这其实是新的殖民主义的民族分治思想遗产。齐泽克通过"巴尔干现象"展开对潜藏在整个欧洲的种族资本主义幽灵进行解构和揭露。美国学者萨义德与齐泽克的观点很一致。"我一贯反对这种情形。我刚到过希腊,那里也有人提出关于希腊与土耳其、马其顿、前南斯拉夫、塞尔维亚人、克罗地亚人等之间的冲突。那些在我看来全都是帝国主义遗留下来的。狭隘、分离的认同这种观念是没有历史的根据,而我们属于宽广得多的认同,这种认同更具疗伤止痛的效果,也能以更宽容大度的方式来定义。印度教徒对抗穆斯林,类似这样的观念可以追溯到早先分治时期以及英国在印度的政策。"① 实际上,现代许多非西方国家的民族冲突都直接与间接地与以下两个方面有关:(1) 西方帝国主义殖民活动的历史;(2) 与当前西方资本主义的全球化的经济扩张。这些问题涉及"接纳与排斥市场与国家、财富增加与贫困化、网络与个人、全球与地方,经济与环境,现代性与后现代性,国家公民与作为全球公民,自上而下的全球化与自下而上的全球化等多方面的矛盾关系"。② 现代国家对此做出敏感反应。"这个方面与 20 世纪全球化发展的一些具体现实政治问题危机联系在一起。其中最为紧迫的就是国家的统一和分裂,民族国家内部的种族分裂和冲突,以及大规模移民和失业引起的排外民族情绪。"③ 在西方民族国家的国内多民族关系问题上也同样抱有自上而下审视的资本优势身份背景来看待多元民族身份的种种要求。列奥·马修说:"在所有的社会学论题中,团结(solidarity)的性质和渊源问题最接近自由主义意识形态与激进意识形态分歧的核心。自由主义对现代性的辩护立基于一个论断,即随着现代化的进行,会出现新型的、有助益的各种专门的团结形式(forms of differentiated solidarity)。对资产阶级现代性的激进抨击则与此相反,断言资本主义的'自由'毁灭了传统的团结导致了无组织状态。从进化理论的修辞来看,激进的意识形态坚持认为,团结机制本身的分离成形④(differentiated)只有在某种代表集体利益的社会主义或共产主义国家出面在这样破碎、分裂的社会里重建统一格局以后才有可能。可以说,现代型团结制度是作

---

① [美]薇思瓦纳珊:《权力、政治与文化:萨义德访谈录》,单德兴译,三联书店 2006 年版,第 551 页。
② [美]斯蒂芬·卡斯尔斯:《全球化与移民:若干紧迫的矛盾》,载《国际社会科学杂志》1999 年第 2 期。
③ 转引自徐贲:《从三种公民观看两种全球化:自由市场时代的公民政治》,见《知识分子论丛》第 5 辑,江苏人民出版社 2006 年版,第 296 页。
④ 原书译者在翻译"differentiated"一词时,有时也译成"分立成形"。见注③。

为有关国家利益的问题而有意识建立起来的。"①

二、资本主义认同政治理论批判

（一）自由主义公民——民族理论

现代社会的团结问题也是资产阶级民族国家构建过程中欧洲自由主义理论面对的问题。近代资产阶级革命废除了一切封建的旧制度和身份等级制。那么，解放了的陌生大众又在什么样的身份下再联合团结起来？这是自由主义思想面对的基本主题。启蒙思想提出以"人类团结"的号召为基本原则，使陌生大众相互视为平等的个人而建立新社会的团结。这是今天西方自由主义团结理论的基本价值。在历史实践中，启蒙理论将"个人"构建为一个团结的共同体，具有将封建世界封闭的、相互陌生的大众建构为统一民族的身份。马克思说："资产阶级日甚一日地消灭生产资料、财产和人口的分散状态。使人口密集起来，使生产资料集中起来，使财产聚集在少数人的手里，由此必然产生的结果就是政治的集中。各自独立的、几乎只有着同盟关系的、各有不同利益、不同法律、不同政府、不同关税的各个地区，现在已经结合为一个拥有统一的政府、统一的法律、统一的民族阶级利益和统一的关税的统一的民族。"② 统一民族的共同身份成为民族国家团结的法律基础。可以说，现代国家的"统一民族"成就了现代团结事业。在19世纪，"民族"一词成为新鲜、多义敏感的政治词语流行，并象征着最紧密的团结关系。③

为什么"民族"词语担负起了19世纪西欧资本主义民族国家内部团结的话语？法国学者米歇尔·福柯提出："民族这个词当然应当从广义上理解。我将尽可能再回到这里来，因为正是围绕民族这个概念，才扩散出或派生出其他概念如民族性、种族、阶级。在18世纪，这个概念仍然从非常广义的意义上被理解。"④ 19世纪资产阶级启蒙法学刨除封建贵族及其"民族"身份等级话语，对"民族"历史渊源的叙事话语超越贵族封地、出身、血缘的封建知识霸权，夺回贵族等级对"民族"词语的身份垄断，并建构包容自由人的、大众的"民族"话语。"在梅斯特的反动观点里，民族由国王和贵族组成，此机构扎根于遥远的

---

① [美] 列奥·马修：《凝聚性"公众"的分立成形》，见邓正来、[美] 杰弗里·亚历山大编：《国家与市民社会》（增订版），上海人民出版社2006年版，第257页。
② 马克思恩格斯：《共产党宣言》，人民出版社1999年版，第277页。
③ [英] P. T. 伯里：《新编剑桥世界近代史》（第10卷），中国社会科学出版社1999年版，第287页。
④ [法] 米歇尔·福柯：《必须保卫社会》，钱翰译，上海人民出版社1999年版，第220页。

过去，并受到自由主义革命的破坏。"① 因此，封建的"民族"概念包含着人的血缘、身份、等级、王朝、历史；自由主义思想构造的"民族"概念是指有着共同利益和共同目的的自由人自愿联合组成的精神团体。由此，启蒙思想用"种族冲突"话语讲述市民阶级反抗封建贵族的大众的人身解放的斗争史。"民族"概念成为反对封建的大众自由联合的团结话语。市民阶级的各阶层以统一民族身份获得联合，并由此建立统一的市民国家。在法国，是第三等级的民族反抗贵族等级的民族的斗争；在英国，是平民的民族反抗国王的民族的斗争。对此，沃勒斯坦精辟地指出："自由主义的伟大规划不是按民族组成国家，而是按国家组成民族。"② "对西耶士和其他法国革命时期的哲学家来说，'民族'（nation）一词的定义，是以他们自己的理解和他们自己的观念为基础的，他们认为民族应该是自由民的联合，这些自由民签订契约形成为国家，一个民族国家（nation）。在这个定义中，民族（nation）和国家（nation）实际上是同义语。他们定义中的民族（nation），是决定结成一个联合体的公民自由意志的结果。让我们再补充一点，这些人是个人，而不是等级集团或法人团体。这种关于民族（nation）和国家（state）的定义，是从当时流行的、为人们广泛接受的自然法和社会契约理论中得出的。"③ 在法国，第三等级是不包括贵族和教士这两个等级外的一切人——手工业者、商人、农民等所有生产者阶级，几乎没有任何政治权利，而他们构成了人口的绝大多数。第三等级从贵族和教士等级中获得代表民族的资格，第三等级成为民族。在英国，市民阶级建立了代表民族（人民）的议会主权制度；在法国，第三等级成为代表民族主权的唯一代表；在德国，市民阶级以民族文化的代表来代表整个民族。市民阶级获得民族身份，也就是人人都成为"民族"，一个代表普遍性的完整的民族。因此，在那里，所谓民族就是每个人。启蒙思想的民族理论体现为个人主义理论。这是自由主义"民族团结"理论的思想渊源。

西方自由主义法哲学构建个人主义身份团结的基本出发点是：（1）将任何一个个人设定为具有独立意志、拥有理性知识、平等身份的法权主体；（2）个人的一切权利源于自然法的原理，而不取决于他的血缘、出身和地域；（3）由此，每个人都获得国家法的公民身份，成为支配自己生活的私法主体。因此，现实的个人成为法律理论关怀的对象。"现代的民族国家在其核心是非封建的、包

---

① ［意］圭多·拉吉罗：《欧洲自由主义》，杨军等译，吉林人民出版社2001年版，第381页。
② ［美］伊曼努尔·沃勒斯坦：《自由主义的终结》，郝名玮、张凡译，社会科学文献出版社2002年版，第133页。
③ ［美］菲利克斯·格罗斯：《公民与国家》，王建娥、魏强译，新华出版社2003年版，第192～193页。

括反封建的市民能够借以找到他们的位置的形式。市民需要民族,以便用法和宪法去取代传统的联系和神的恩惠。在这一点上,民族国家是在通往一种普遍法治的公民社会的道路上的进步源泉。"① 这样的设计是因为,在封建的历史身份关系中,只有贵族、教士、骑士、庄园主等人拥有封建法律上的特权主人身份。研究法国大革命的历史学家阿克顿用一句话总结法国大革命的主要冲突问题:历史的权威与人的权利孰重孰轻。② 认为,这是封建贵族身份的权威与第三等级的人民大众权利间的冲突。福柯说:"市民的这种反历史学特征以两种方式表现出来。第一,在整个 18 世纪上半叶,市民更喜欢开明专制,也就是说喜欢王权某种形式的节制,它不是基于历史,而是基于由知识、哲学、技术、行政形成的限制。然后,在 18 世纪的下半叶,特别是在大革命以前,市民企图回避野心勃勃的历史主义,要求一个宪法(constitution),并非完全是重建国家(reconstitution),而主要是反历史,至少是非历史。从这里出发,你们就能理解为什么求助于自然法,求助于社会契约这一类东西。18 世纪末的大革命之前和之初,市民的卢梭主义就正是对在理论和权力分析领域中进行辩论的其他政治主体的历史主义的反击。成为一个卢梭主义者,求助于原始人,求助于契约,就是回避由野蛮人、他的历史和他与文明的关系所确定的领域。"③ 由此,自由主义启蒙法学完成了民族国家的公民身份知识建设,一个原始的、没有历史的"自然人"作为民族国家的"公民人"诞生。因此,资产阶级民族国家的法理论将个人——真实的日常生活中的活生生人——设定为法的主体。民族就是国家的人民大众自己,现代国家的民族团结事业就是公民个人的事业。哈贝马斯说:"在 19 世纪的欧洲,民族在那些一直是陌生人之间建立起了一种新型的团结关系。"④ 这是法国大革命的历史遗产和现代贡献,也是古典公民团结理论的魅力之处。在今天仍有着启示意义和价值。

历史地看,资产阶级统一民族的知识具有构建社会团结建设的进步性。但是,自由主义思想的"人类团结"的普遍性在历史中被攫取为资产阶级民族的"团结"。资产阶级的民族团结思想供给的现代事业最终以资产阶级自己为独享范围,这是资产阶级民族团结思想的内在缺陷。在现代历史上:在资本主义国家

---

① [英]达伦多夫:《现代社会冲突》,林荣远译,中国社会科学出版社 2000 年版,第 44 页。
② 阿克顿说:那些认为法国拥有一种可以从其历史记载中提炼出来的被遮掩的宪法的人士,面临着艰难的任务。非常不幸的是,在其他历史时期曾获得权力并培育出民族的伟大力量的那些观念,现在却迎头碰上那种决定抛弃时代和地方影响的、新兴的普遍的制度。这场战争指向的是过去的人,指向的是历史,在他们看来,这部历史不过就是不断地损害、妨碍自由的活动的记录。[英]阿克顿著:《法国大革命讲稿》,秋风译,贵州人民出版社 2004 年版,第 110 页。
③ [法]米歇尔·福柯:《必须保卫社会》,钱翰译,上海人民出版社 1999 年版,第 197 页。
④ [德]尤根·哈贝马斯:《包容他者》,曹卫东译,上海人民出版社 2002 年版,第 151 页。

的域外，资产阶级以"文明民族"展开了对外部其他国家民族的生活世界的殖民活动，迫使"野蛮民族"（被殖民地人民）采用资产阶级的方式改造自己。结果是，资产阶级的民族团结的知识遭遇殖民地民族的抵抗。资产阶级的"民族理论"没有经受住被殖民地人民作为"团结知识"的提问和检视，即资产阶级生产的团结知识没有成为被殖民地大众可以共享的普遍知识。因此，也就缺乏作为普遍世界历史知识的资格。在资产阶级国家内部，资产阶级的统一民族在资本主义经济生活领域分裂为无产阶级和资产阶级。在今天，西方民族国家内部又遭遇着内部移民和少数民族身份认同的斗争。资产阶级的民族概念自身面临包容他者的历史思想的冲突。"人人平等"的普遍公民理论的形式正义不能满足多元身份差异的公民大众在财产、教育、文化领域的实质差别和要求。资产阶级民族理论未能成为表达、包容域外"野蛮民族"（被殖民地人民）的普世的团结知识，仅在民族国家内力图将"他者"整合到有利于资产阶级事业的"认同政治"中。当代全球资本主义同样需要把陌生的大众塑造为认同资本主义事业的全球公民身份。其中，在民族国家内部以讨论外来"移民"为关键题材，通过"归化入籍"保证资本主义内部殖民的身份整合；在域外，通过"自由贸易"概念正在替代并土埋殖民化、国家主权、民族文化等词语，并相伴随着"普遍人权"的话语。因此，非西方世界的多民族国家仍然需要进行自己的世界知识生产，以对隐蔽的欧洲中心思想话语展开对话和回应。

（二）现代西方面临的多元族群问题

当代，现代国家向多民族多元文化社会结构转型，公民身份的差异凸显并分立出特殊的"文化身份"。公民身份具有了双重性质。"文化身份"表达的主体一般是少数群体，他们利用文化身份强调差异，这被视为危及当代公民团结关系的抵抗运动或民族主义。"什么是公民"的问题被重新提出来讨论。"在通俗和学术的话语内越来越多的证据表明，人们非常关心公民身份问题如何需要在多元文化社会语境中重新定义。确实，在当代欧洲社会中，这在某种意义上可能被看成是各级政府都在努力做出妥协的重大问题。这一问题的讨论中有一些重要的因素，也就是少数族裔的政治权利问题，包括在地方和国家政治中的代表问题和日益多样化的社会中少数族裔的宗教和文化权利问题。"[①] 自由主义理论也形成明显的分歧，主要表现在以下几个方面。

1. 关于个人自由与国家特性

团结关系在实质上人与人之间的关系，因此一切团结关系建设都应当以保证

---

① ［英］尼克·史蒂文森：《文化与公民身份》，陈志杰译，吉林出版集团有限公司2007年版，第306页。

个人自由为基本价值。这是自由主义个人主义理论的基本立场。但是，现代多民族国家面临的问题是，如何使少数族群以"国家特性"的共同认同为基础。这又是美国保守主义理论提出的问题。保守主义凸显"国家特性"的认同价值，自由主义坚持"个人优先"基本原则。以罗尔斯和亨廷顿为两类代表性观点，首先看罗尔斯的理论。以"个人"作为团结关系的政治主体，这是自由主义的传统立场。问题仅仅是：如何看待"个人"间存在的文化、宗教、族群身份等差异。由此，自由主义将问题陈述为："一个由自由而平等的公民——他们因各种合乎理性的宗教学说、哲学学说和道德学说而产生了深刻的分化——所组成的稳定而公正的社会之长治久安如何可能？"① 罗尔斯认为，具有深刻差异的社会实际上仍然是由理性知识充足的公民个人组成的社会。自由、平等的个人能够有效地运用自己的理性达成共同生活的共识，诞生一种"公共理性"来实现相互包容的团结。这种共识从公民各自生活世界获得的先验的宗教、历史和道德传统的共同肯定承认中产生的。公共理性是平等身份的公民理性。这里罗尔斯的意思是：各民族的文化传统必定具有共同承认的一致的方面。他用"交叉共识"这个词表达。公共理性并不排除相互团结的公民各自的宗教、哲学和道德传统中独特的私人生活色彩，从而实现国家公民大众间的一种自主、自由的个人的团结。而保守主义理论对此有不同认识。亨廷顿以多民族的美国社会为例认为，今天美国国家公民身份来源于文化的、宗教的其他诸因素差异使美国社会失去核心价值而成为多文化社会，给美国国家特性的前景提出了问题。提出，应当以美国国家特性为基础来重构美国社会的团结。他说："然而，美国还有可能保持继续忠于'美国信念'的原则，这些原则将为国家的团结和特性提供意识形态的或政治的基础。许多人，特别是自由派人士，赞成这一方案。然而，它的前提是认为一个国家可以仅仅立足于个人之间的一种政治契约，此外这些个人就并无共同之处。这是18世纪启蒙运动所主张的那种经典的国家理念。可是历史和心理学都表明，这恐怕不足以让一个国家长存。美国若是仅仅以'信念'作为团结的基础，那就可能很快演变成一个松散的邦联，它包括各种民族、人种、文化和政治的群体，这些群体除了共同生活在原美利坚合众国的疆域之内这一点以外，就基本上没有或完全没有别的共同之处。这种由不同群体构成的集合体就类似于昔日的奥匈帝国、奥斯曼帝国和俄罗斯帝国。那些集合体是靠一位皇帝及其官僚机构维系在一起。而在美国，有什么体制能维系这样一个松散的集合体呢？美国18世纪80年代的经历和德国19世纪60年代的经历表明，昔日的邦联通常都是长不了

---

① [美] 约翰·罗尔斯：《政治自由主义》，万俊人译，译林出版社2000年版，第13页。

的。"① 他提出，构建美国社会团结的三种建设方案，分别是世界主义的方案、帝国方案和民族性质的方案。其中，"世界主义的方案和帝国的方案都是企图减少或消除美国与别国之间的社会、政治和文化差别。民族性质的方案则是承认美国不同于别国社会，而保持自己的特性。美国若成为世界就不可能仍然是美国。别国的人若成为美国人就不可能仍然是他们自己。美国是不同于别国的，这区别在很大程度上取决于美国的盎格鲁—新教文化和宗教信仰。与世界主义方案和帝国方案不同，民族性质方案就是要保持并加强美国自立国以来所独具的素质。"② 在亨廷顿那里，作为美国社会团结基础的新教文化是美国不同于大多数西方其他国家的文化特性。由此，美国多民族社会的团结应当以基督教的新教核心价值观来包容多样的众多其他民族文化。他的理论的基本意思是：基督教新教文化及其价值等于是美国政治文化。其他多元文化仅仅作为"亚文化"或"次文化"形成一个文化关系里的跟随与屈从？实质上是以单一文化——基督教新教文化——为基础的文化同化的政治理论。这不足于满足希望对"国家特性"赋予新的理解的现代社会遭遇的陌生大众间文化市场的需要。同样，现代多民族国家也需要建构自身"国家特性"的现代形式，应当从古老的19世纪资产阶级民族国家的同质性的文化特性中走出来。

与美国不同，欧洲民族国家更具有深厚的"国家特性"。但是，在欧洲联盟国家几乎没有特别的强调本国民族特性的论调。在那里的讨论是敏感的，任何突出单方的民族热情和爱国主义都可能成为危及欧洲共同团结关系的争议的问题。这一方面是对20世纪以来欧洲民族冲突的深刻反思性质，另一方面是欧洲公民身份的共同建设。欧洲的民族问题在各国呈现多样特性，建设"欧洲民族"仍是欧洲最基本的民族问题，也是当代公民国际事业的新领域。但是，欧洲联盟的公民建设一方面需要回应"法兰西特性"、"德意志文化"、"英格兰传统"等深藏其内的成员国的历史特性；另一方面，仍然要开放地看待来自非欧洲范围的移民——少数民族的文化特性的主张和要求。以"个人自由"还是以"国家特性"为基本价值构造现代团结关系的问题在欧洲远比美国复杂。因此，尤根·哈贝马斯提出在欧洲范围已经形成一个后民族社会结构。后民族社会结构需要现代民族国家建设一个共同的"政治文化"来替代民族国家自身传统的"民族文化"。唯有此才能提供一种普遍的抽象团结的基础。"主流文化成为了民族文化，由于其历史的复杂性，因此，如果一切公民都应当能够同等承认他们国家的政治文化的

---

① ［美］塞缪尔·亨廷顿：《我们是谁——美国国家特性面临的挑战》，程克雄译，新华出版社2005年版，第17页。
② ［美］塞缪尔·亨廷顿：《我们是谁——美国国家特性面临的挑战》，程克雄译，新华出版社2005年版，第302~304页。

话，就必须用共同的政治文化来取代这种成为民族文化的主流文化。"① 他认为，统一市场和欧洲货币并不能为欧洲公民社会提供依赖的共同文化基础，而必须另寻其他途径。

2. 关于个人权利与文化权利

多民族社会多元文化身份的挑战引发如何重新看待公民权利问题。自由主义理论的基本立场是个人与个人间团结关系是根本，因此，团结理论的法律立场仍然保护个人权利为中心。但是，多元文化理论强调文化身份的差异，认为个人与个人间的团结关系不足于完全表达族群间的团结认同，多民族社会的团结关系的关键在于族群与族群间的团结关系。多元文化理论强调保护文化权利的重要性。由此，形成个人权利与文化权利两者谁应当更为优先保护的争议和讨论。两者的一个共同的出发点仍是，"我们也需要仔细思考如何在一个承认各种文化差异并使其制度化的社会里，维持社会团结和稳定"②。多元文化理论学者泰勒认为，现代社会团结的基础是族群团结，而危及多民族社会团结关系的一个主要原因是少数群体没有得到其他群体的平等承认。"对于承认（recognition）的需要，有时候是对承认的要求，已经成为当今政治的一个热门话题。可以这么说，这种需要正是政治上的民族主义背后的驱动力之一。今天代表了少数民族，'贱民'（subaltern）群体和形形色色的女性主义的这种要求，成为政治，尤其是所谓'文化多元主义'（multicIturalism）政治的中心议题。"③ 这是查尔斯·泰勒以加拿大民族问题的政治实践为背景所表达的思想。他认为通过对不同群体的境况给予充分理解和真正平等的承认才能达成相互性团结关系。他质疑传统自由主义理论忘却了在实际上存在"一等公民"、"二等公民"的身份差异。通过"差异政治"概念的运用，指出近代自由主义法学确立起来的不分（财产、性别、民族、宗教、教育等）的个人主义的人人平等理论可能成为虚设。认为，在现代的发展中产生了一种差异政治（politics of difference）。"今天，围绕着差异政治产生了类似的冲突。普遍尊严的政治反对任何形式的歧视，它完全'无视'公民彼此之间的差异。相反，差异政治则对非歧视提出一种不同的理解，它要求以公民彼此之间的差异为基础对他们区别对待。就差异政治而言，要求我们给以承认的是这个个人或群体独特的认同，是他们与所有其他人相区别的独特性。这种观点认为，正是这种独特性被一种占统治地位或多数人的认同所忽视、掩盖和同化，

---

① [德] 尤根·哈贝马斯：《后民族结构》，曹卫东译，上海人民出版社 2002 年版，第 86~87 页。
② [加拿大] 威尔·金里卡：《少数的权利：民族主义、多元文化主义和公民》，邓红风译，上海译文出版社 2005 年版，第 151 页。
③ [加拿大] 查尔斯·泰勒：《承认的斗争》，董之琳、陈燕谷译，见汪晖、陈燕谷主编：《文化与公共性》，三联书店 1998 年版，第 290 页。

而这种同化是扼杀本真性理想的罪魁祸首。"① 认为这是目前危及加拿大多民族社会团结关系的症结所在。查尔斯·泰勒的"承认的政治"理论是针对北美国家实施"种族隔离"和"同化"政策的批判。认为这其中潜藏的资本主义种族中心话语以普遍人的身份呈现在移民、少数族群大众面前，逐步地对"他者"构成一种实际的扭曲和伤害。

而自由主义学者金里卡同样也反对传统自由主义的个人权利理论。她说："很少有少数民族仅仅满足于他们的个人权利得到尊重。西方民主宪法联合国宣言所列举的基本个人权利并不足以保证族裔文化公正。"② 她通过西方国家的国内移民政策、少数民族聚居区的行政区划、官方语言政策三个方面来提出，在西方国家主流社会的多数同样会以保护"个人权利"的原则为依据而使少数族群的权利得不到实现。"我相信可以表明这一点。自由主义的个人主义者所忽视的是，文化市场可能不公平地对特定群体怀有偏见。少数群体文化经常易于受到来自更大群体的经济、政治和文化的压迫的伤害。他们社区的活力也可能受到多数群体所做出的经济和政治决定的侵害。多数群体可能在投标和投票时击败少数群体社区，其得不到对它们的生存至关重要的资源和政策。多数群体文化中的成员却不会面临这一问题。此外，国家有关的语言、教育、公民权和政府招工政策，系统地有利于多数群体的语言和文化，而不利于少数群体的语言和文化。少数群体权利，如土地主张、否决权、语言权利、有保证的代表权和地方自治，能够帮助改变其劣势地位，这是通过减轻多数群体的决定和国家政策对少数群体文化的伤害而实现的。"③ 她坚持"文化公民权"来构造多元文化社会的团结。她认为公民身份的多元文化特性并不必然寻求国家分离，而是通过赋予少数群体以集体权利来寻求公民团结状态。另一方面，多文化公民权也同样潜在着鼓励单一民族文化自我认同的倾向，现代多民族国家就有可能被悬置于多元文化之上而空洞。

三、中国的民族团结宪法理论与边疆经验

现代多民族国家统一和团结，一方面深藏在多民族国家丰富的历史、文化生

---

① [加拿大] 查尔斯·泰勒：《承认的政治》，董之琳、陈燕谷译，见王晖、陈燕谷主编：《文化与公共性》，三联书店1998年版，第300~301页。
② [加拿大] 威尔·金里卡：《少数的权利：民族主义、多元文化主义和公民》，邓红风译，上海译文出版社2005年版，第143页。
③ [加拿大] 威尔·金里卡：《少数的权利：民族主义、多元文化主义和公民》，邓红风译，上海译文出版社2005年版，第151页。

活经验中；另一方面现代社会多民族交往的实践也同样内生着现代性团结的知识。现代多民族国家团结建设需要不仅避免而且要规制"民族主义"思想。一方面，防止多数民族的民族主义，多数民族的民族主义容易换位为代表国家的"国家民族主义"地位；另一方面，少数民族的民族主义容易发展成为分离的要求而危及多民族国家的统一。这个历史经验教训表现为历史上两种独特的民族主义：大汉族主义和地方民族主义。这两种民族主义在历史和现实中都危及到统一多民族国家的团结关系。在中国，多民族国家统一团结的基本历史经验是：中华人民共和国是全国各族人民共同缔造的统一的多民族国家。当代，新民主主义革命建立了真正现代宪政意义上的国家统一和民族团结。中华人民共和国各民族一律平等。这是对多民族国家的民族团结关系的宪法思想表达，也是中国宪法理论所具有的世界性。

现代多民族国家边疆和谐社会建设过程应当伴随着边疆地区各民族统一公民思想的建设过程。公民教育的根本乃是公民爱国主义教育。现代国家实施的公民教育在各个国家各有差异。哈贝马斯针对欧洲联盟面临的爱国主义问题提出"宪法爱国主义"。这是对欧洲国家新的民族问题的思考。[①] 这与中国的公民教育具有本质不同。危及多民族国家公民爱国主义认同的危险一般来自国家的边疆地方的分离主义意识形态。因此，多民族国家的民族团结建设需要应对地方性分离主义话语，避免边疆兴起的地方极端民族主义思潮危及国家的统一。国家通过面对多元公民身份进行民族团结的统一公民教育建构各民族对统一国家的现代认同建设。

值得注意的是，当代分离活动将自身伪装成为通过"知识"进行斗争的"解放话语"而侵入国家主权知识领域。其一，在国家边疆知识领域，力图解构国家统一的历史知识，将边疆地方史从统一国家的历史知识中分离出来并建立一个独立的"民族国家史"的排他性知识，例如所谓"突厥斯坦历史与国家"，依

[①] "宪法爱国主义"一词是哈贝马斯在其《后民族的格局》一书中提出的一个观点。该书主要是基于这样的认识：面对经济全球化的挑战，传统的民族国家在政治上正面临国家权力的弱化并遇到种种问题。哈贝马斯提出了三种基本思路：一是，传统的（欧洲）民族国家太小，不足以应付全球化经济的冲击和要求，因此，国家应当联合在大一些的政治共同体中。从这种角度上，哈贝马斯赞同欧洲联盟的一体化过程和目标。二是，这种超民族国家的共同体的整合，要求改变原来的基于民族国家的民族认同而建立的集体认同。由此，从这种角度上，哈贝马斯认为有必要提出"后民族"层次上的"宪法爱国主义"，以消解那种在很大程度上基于传统民族概念层次上的民族文化的民族认同。三是，这种超民族的政治整合获得合法性的基础在于，应当首先关注社会的整合，社会的整合要基于承认社会权利以及福利国家制度等。由此，哈贝马斯主张对存在的移民——少数民族权利给予更多的自由。欧洲也有学者对哈贝马斯的观点提出批评，哈贝马斯所说的所谓"宪法爱国主义"，其实不如索性随人们所言，把它叫做"欧洲使命"。参见萨尔瓦多·卡杜斯、霍安·埃斯特鲁奇：《政治上正确的反民族主义》，载《国际社会科学杂志》1996年13期。但是，这里的概念与我们的"民族团结"概念不能相提并论。

此颠覆统一国家的历史基础。其二，在现实公共知识领域，以"人权问题"、"民主政治"、"宗教自由"等现代法的话语以图使分离活动具有"普遍性知识"形式，以求获得更多的域外知识性认同和承认。这是分离主义在意识形态领域制造虚假镜像，企图将维护国家统一与反分裂活动的斗争转换成为似乎是在争取地区性民主斗争的知识话语，分离主义将自己扮演成为追求平等地位的知识者的角色，并在域外获得所谓国际性承认的知识者的身份象征。这是分离主义者在知识领域实施的潜在战略。现代统一国家的法治理论绝不能够承认存在这种所谓知识话语。因此，现代法学需要担负在意识形态领域进行维护统一国家的知识建设工作，从现代统一国家的普遍理论来回应分离活动者臆造分裂统一国家史的话语。这是当代国家边疆法学研究担负的重要工作之一。

在新疆，公民教育的重要形式是民族团结教育。民族团结教育是新疆多民族地区长期坚持实施的一项公民教育活动，也是近20年来新疆政治建设工作最重要的一个部分。新疆的民族团结教育集中在两个方面的知识：首先是"五观教育"，即国家观、历史观、民族观、宗教观、文化观。其次是"四个认同"教育，即对祖国、对中华民族、对中华文化、对中国特色社会主义道路的认同。两者实质上都是公民爱国主义教育。这是针对边疆多民族地区现实要求所确定的。当前，在公民教育活动中，新疆始终坚持把正面教育引导作为意识形态领域反分裂斗争的主要方式，持续进行，力求在教育内容上做到历史与现实的结合。其中，统一国家的边疆历史知识教育是边疆公民教育的一个关键方面。因为，在边疆意识形态领域民族分裂活动者提出新疆曾为"突厥民族和突厥斯坦国家"的观点，并在思想领域进行着对抗统一多民族国家的危害活动。这就形成了以统一国家边疆史的历史事实回击分裂主义势力在边疆意识形态领域的进行的反动宣传。这是边疆意识形态领域反分裂斗争最为关键的方面。为此，统一国家的边疆公民教育就要在统一国家的历史知识领域展开历史知识教育，回击边疆分离主义理论编造的所谓"东突厥斯坦国理论"及其对国家边疆历史的臆断构造。用充分的历史事实说明新疆自古以来就是国家的一部分。边疆历史（新疆）是统一国家历史的一个重要部分，历史边疆就是现代国家的边疆。边疆知识是构建各民族公民统一国家认同的一个非常重要的知识基础。

中国边疆统一公民教育也在相当方面反映出以往国家公民知识教育存在的不足。从19世纪西欧国家的统一知识过程看，西欧民族国家同样首先通过普及国民教育和统一国家史的知识教育来完成统一国家认同的公民教育。在那里，公民教育主要形式实际就是人文教育，核心是公民的爱国主义国家认同教育和道德关怀精神的培育。国家知识作为公民知识深藏在每个公民热爱自己故乡的知识中。法国学者托克维尔有一句有意味的话，他说："在美国，爱国心是从眷恋故乡的感情中诞生和培育的。"① 他的意思是，一种爱国情感是在公民的乡土情怀里自然增长起来的。在当代，现代认同必定有着现代要求。由于现代社会公民大众的多种迁徙，多元民族身份的公民共同居住在国家边疆，长期共同居住交往中诞生共同的认同。国家民族关系传统的聚居区域分布结构由于多民族身份公民迁徙交往居住而发展成为各民族共同居住的共同地域结构。在边疆，"新疆"概念已经成为居住在这里的各民族公民共同认同的最美丽的共同故乡。凡是到过新疆的全国各地的公民都会有一个明显的感受，这就是生活在新疆各民族公民和工作生活在其他省市的原籍新疆的各民族公民共同对新疆的赞美、热爱和工作生活的回忆。新疆各民族公民对"新疆"的共同热爱认同就是在长期共同居住生活的地域乡土情感中诞生的。另一个突出的各民族共同的乡土语言是"朋友"这个词语。"朋友"这个词是公民世界的团结话语，也是各民族公民日常生活里的团结话语。在新疆，跨民族身份的交往认同在日常共同生活世界的交往中最突出地使用的是"朋友"话语。"朋友"词语经常性地为各民族公民相互称谓，实际上，已经表达着超越民族身份的人与人之间交往关系的意思在其中。在这里，朋友就是超越一个个人的民族身份，并包容着多元身份的共同生活的团结语言。"朋友"观念具有公民生活世界里的私人间相互信任、身份认同的意义在其中。国家政治生活的公民观念珍藏在私人生活世界里，成为跨民族身份交往的团结资源。

  今天，境内外分裂势力构造的虚假知识并不能在边疆多元文化的统一公民知识里产生认同效应。现代国家对危及国家民族团结关系的分离运动进行意识形态领域斗争的关键，是通过开展民族团结的公民教育，发展社会主义民主政治，使多元文化的各民族公民大众共同认同于社会主义核心价值。这是现代多民族国家认同政治建设的核心问题。与资本主义认同政治根本不同的是，社会主义法治国家的认同政治以现代社会多民族多元文化共享的社会主义核心价值为根本，尊重差异、包容多样；以各民族共同发展为国家公民团结凝聚的物质基础；公民文化建设超越任何地域和族群文化，把社会主义核心价值体系融入公民教育和社会精神文明建设，转化为公民的自觉追求。这为现代公民理论提供了超越任何现代民族主义观念的宽广深厚的思想基础。这是中国多民族多元文化国家现实经验所具有的世界性。在中国边疆，保证多元民族共同认同的社会主义民主政治的基本制度是民族区域自治制度。民族区域自治在现代发展中对现代认同提出的多样性要求做出反应以满足公民生活领域的合理要求。事实上，现代国家的民族团结关系建设并不是现代社会发展到今天遭遇的问题。现代多民族国家团结关系的资源，

---

① ［法］托克维尔：《论美国的民主》（上卷），董果良译，商务印书馆1988年版，第75页。

一方面深藏在统一多民族国家的丰富历史、文化生活的共同经验中，需要我们挖掘；另一方面，今天多民族交往的实践也内生着共同认同的经验知识，需要肯定。冯友兰就中国历史上的民族团结曾经有一段富有启发的话："民族大团结，在中国历史上，汉朝出现了第一次大统一、民族大团结，中国人称为汉人。唐朝实现了第二次大统一、民族大团结，中国人称为唐人。旧民主主义的革命者实现第三次大统一、民族大团结，中国人称为华人。这是继汉唐以后第三次政治大统一、民族大团结。这都是中国历史上的头等大事。旧民主主义的革命者做了一件大事，他们做对了。"[1]

新中国宪法表达着丰富的民族团结的现代宪政理念。

首先，中国宪法中民族团结宪政思想具有当代全球普世性价值。从民族关系面临冲突的当代国际政治状况看，中国民族团结的公民法理并不仅仅表达着中国的多民族结构的现实政治要求，因此中国宪法的民族团结理论具有世界和平的国际意义。党的十七大报告中提出了三大团结关系建设的思想：（1）巩固全国各族人民的大团结；（2）加强海内外中华儿女的大团结；（3）促进中国人民同世界各国人民的大团结。提出"中国坚持在和平共处五项原则的基础上同所有国家发展友好合作。我们将继续同发达国家加强战略对话，增进互信，深化合作，妥善处理分歧，推动相互关系长期稳定健康发展。我们将继续贯彻与邻为善、以邻为伴的周边外交方针，加强同周边国家的睦邻友好和务实合作，积极开展区域合作，共同营造和平稳定、平等互信、合作共赢的地区环境。巩固全国各族人民的大团结，加强海内外中华儿女的大团结，促进中国人民同世界各国人民的大团结。"[2] 报告充分表达了当代中国团结理论的广泛包容的方面。

其次，民族团结思想是中国统一多民族国家的丰富历史理论。中国宪法表述的"中国是各族人民共同缔造的统一的多民族国家"的短语写出了中国国家各民族关系的共同国家史。中国的民族团结关系存在一个历史结构。历史学家田昌五证明："中国现代的民族结构只能由中国历史上的民族关系大循环的规律来说明。用什么外来的民族理论和民族定义，都不能说明中华民族的问题。中国封建时代的分裂和统一也多半如此。统一时是大一统的多民族国家，分裂时大多是小的多民族国家；单一的民族国家在中国历史上是不多见的。即使有之，其寿命也是短暂的。所以，无论是分裂和统一，都只能以统治民族来确定，而统治民族不是固定不变的。以中国历史上的正统封建王朝而论，就有各民族轮流坐庄的特

---

[1] 冯友兰：《中国哲学史新编回顾及其他》，见本书编委会：《文化：世界与中国》，三联书店1987年版，第231页。

[2] 《中国共产党第十七次全国代表大会文件汇编》，人民出版社2007年版。

点。所以，说中国就是汉族封建王朝，这是不对的。"①

再次，中国宪法的民族团结理论的实质是中国特色的社会主义民主政治理论的体现。现代民主政治建设的实质是人人平等。中国宪法的民族团结理论本质就是保证各民族平等的理论。马克思主义民族平等理论体现在中国宪法里：（1）反对大民族主义。大民族主义在中国历史上表现为大汉族主义和地方民族主义。大民族主义始终是危害现代多民族国家民族团结的最危险的观念。中国宪法规定，"中华人民共和国各民族一律平等。在维护民族团结的斗争中，要反对大汉族主义，也要反对地方民族主义"。（2）民族团结即公民团结。宪法的公民理论要求，"中华人民共和国公民有维护国家统一和全国各民族团结的义务。禁止对任何民族的歧视和压迫，禁止破坏民族团结和制造民族分裂的行为"。民族团结的宪政要求最终转化为国家各民族公民身份的一种个人美德，一种意识，一种态度，一种爱国主义思想。② 民族团结思想包含了从国家（多民族国家）到民族（中华民族），最后到个人（中国公民）的现代民主思想的各个层面，并由此建构着统一多民族国家的现代认同，这是边疆的经验，是一种关于祖国的共同知识。

---

① 田昌五：《中国历史体系新论》，山东大学出版社1995年版，第316页。
② 西方学者中存在一种称其为"市民认同"的概念。"市民认同"既是一种态度，也是一种个人行为模式。"市民认同承认他人至少具有与自己同等的尊严，而绝不贬抑他人的尊严。""市民认同的功能颇似市民社会的管理者。它限制冲突的强度，缩小相互冲突的要求之间的距离；它制约离心倾向。市民认同通过具有这种品质的个人对社会整体的依附，限制人们所追求的地区或集团性目标的不可调和性。对整体的依归削弱了对部分依归的稳固程度，不论这些部分是社会阶级、职业或种族群体、政党，还是宗教团体。实质性市民认同是市民社会的美德。它意味着随时准备节制个人或地区与集团的特殊利益，而将共同利益置于首位。"这里的"市民认同"概念与我们的"民族团结"概念具有本质区别。参见邓正来、[美]亚历山大编：《国家与市民社会——一种社会理论的研究路径》，中央编译出版社1999年版，第42~45页。

第二章

新疆地区民族关系与构建和谐社会

第一节 新疆构建和谐社会中的民族关系

一、新疆的多民族概况

（一）当前新疆各民族人口与分布

新疆有汉、维吾尔、哈萨克、回、满、蒙古、塔塔尔、乌孜别克、克尔克孜、塔吉克、锡伯、达斡尔、俄罗斯等13个主要民族，其他民族也有分布。据2000年全国第五次人口普查，目前居住在新疆的民族，除基诺族外，共有55个，其中少数民族约占总人口的62%。随着人口流动性的增强，这种混合逐渐打破了以往所说的"大杂居、小聚居"的形势。简单来说，即：一方面在新疆定居的民族越来越多，其不仅表现在民族成分的增多而且表现在民族人数的增多，一些新疆原本没有或人口很少的民族占总人口的比例逐渐加大。另一方面，在一些偏远地带原本单一民族聚居的地域，其他民族也在不断渗入或加入这些地域的各项活动中。

1. 各民族人口与分布

童玉芬和李大建在《新疆各民族人口的空间分布格局及变动》中对新疆的 13 个主要民族的人口和分布作了详细描述，故本课题将其直接引用，并在其基础上作了一些补充。

（1）汉族人口的地区分布。

汉族人口的分布具有广域性分布特点，但主要分布在北疆。据 1999 年统计，新疆汉族人口目前有 689.62 万。全疆 15 个地、州、市都有分布且占有一定比重。北疆的汉族人口多于南疆，前者占全疆汉族总人口的 72.85%，后者的汉族人口占 27.15%。从各个地州市来看，受到地区范围大小以及汉族人口本身分布状况的双重影响，乌鲁木齐市、昌吉回族自治州的汉族人口占全疆汉族人口的比重较大，均在 10% 以上。其他如伊犁地区、塔城地区、石河子、巴音郭楞蒙古自治州的汉族人口也在 5% 以上。一些范围规模小的地区，例如克拉玛依和奎屯市，虽然区域内汉族人口占到 70% 甚至 90% 以上，但在汉族总人口中的比重却不大，这是由于地区总人口规模的影响造成的。

（2）维吾尔族的人口地区分布特点。

与汉族人口分布特点不同，维吾尔族人口分布具有相对集中的特点。维吾尔族人口目前有 812.85 万，主要分布在南疆，南疆的维吾尔族人口占全疆维吾尔族总人口的 88.01%，北疆合计占 11.99%。从地区上看，仅喀什地区维吾尔族人口就占到全疆维吾尔族人口的 36.88%；其次，和田地区和阿克苏地区维吾尔族人口比重也都在 18% 以上，三个地区的维吾尔族人口合计占到 75.05%。此外，伊犁地区、巴音郭楞蒙古自治州、吐鲁番地区、哈密地区的维吾尔族人口也占一定比重。

（3）哈萨克族人口的地区分布特点。

哈萨克族分布比较集中，主要分布在北疆。哈萨克族人口有 128.81 万，占全疆哈萨克族人口的 96.36%，南疆仅占 3.64%。主要分布在北疆的伊犁地区、阿勒泰地区、塔城地区，其中伊犁地区最集中；其次，阿勒泰地区和塔城地区也都占 17% 以上。此外，昌吉回族自治州、乌鲁木齐市、哈密地区和博尔塔拉蒙古自治州也都有分布。其他地区较少。

（4）蒙古族人口的地区分布特点。

蒙古族在新疆的分布具有大分散、小集中的特点。蒙古族人口有 15.69 万，南北疆均有分布，但相对集中在某几个地区。蒙古族人口的地区分布以北疆占优势，达到 69.69%，南疆占 30.31%。蒙古族在北疆主要分布在伊犁、塔城地区和博尔塔拉蒙古自治州境内，比重均在 10% 以上，在南疆主要分布在巴音郭勒蒙古自治州，占 28.42%。此外，乌鲁木齐市和昌吉回族自治州也有少量分布。

（5）回族人口的地区分布特点。

回族人口分布特征表现为广域分布。全疆各地均有分布回族人口达77.73万，但以北疆为主，占86.31%，南疆占13.69%。从地区来看，伊犁地区最多，占29.72%，昌吉回族自治州第二，占回族总人口的21.85%，乌鲁木齐第三，占19.01%，第四是塔城地区，占8.00%，以后依次是巴音郭楞蒙古自治州、阿勒泰地区、吐鲁番地区等。

（6）满族人口21.7万，主要分布在北疆，占82.86%。其中以乌鲁木齐市最多，占39.00%。其次是伊犁地区，占13.71%。此外，哈密地区、昌吉回族自治州、克拉玛依市、巴音郭楞蒙古自治州、塔城地区和石河子市等均有少量分布。

（7）柯尔克孜族人口16.15万，主要分布在南疆，占88.04%，北疆仅占11.96%。其中79.04%的柯尔克孜族人口分布在克孜勒苏柯尔克孜自治州境内，集中化程度非常高。其次，北疆的伊犁地区分布有9.75%的人口，阿克苏有5.08%的柯尔克孜族人口。

（8）锡伯族人口4.05万，主要分布在北疆，占98.69%，集中化程度极高。其中，主要分布在伊犁地区，占整个锡伯族人口的79.65%。其次，乌鲁木齐市的锡伯族人口占到锡伯族总人口的9.51%。塔城地区还有4.46%的锡伯族人口。

（9）塔吉克族人口3.88万，主要分布在南疆，占99.18%，其中喀什地区占85.04%，也是人口分布相当集中的民族。克孜勒苏柯尔克孜自治州占11.85%，和田地区还有2.26%的塔吉克族人口。

（10）乌孜别克族人口1.25万，以北疆为主，南北疆均有分布，分别占74.79%和25.21%。其中以伊犁地区为最多，占35.93%，其次是喀什地区，占23.12%，昌吉回族自治州占19.28%。其他地区有少量零星分布。

（11）俄罗斯族人口1.03万，以北疆占绝对优势，占94.13%，其中以塔城地区最多，占33.34%，其次是乌鲁木齐，占28.99%，伊犁地区位居第三，占12.36%，昌吉回族自治州占6.23%，克拉玛依市占4.93%。此外，在阿勒泰地区、石河子地区也有少量分布。

（12）塔塔尔族人口0.45万，绝大部分分布在北疆，占97.49%，南疆仅占2.51%。以阿勒泰地区最多，占26.66%，其次是昌吉回族自治州，为21.77%，乌鲁木齐第三，为18.123%，伊犁地区第四，为16.91%，塔城第五，也占到11.93%。其他地区分布很少。

（13）达斡尔族人口0.68万，以绝对比例分布于北疆，占到99.56%。其中，主要分布在塔城地区，占78.19%。其次是伊犁地区，占6.19%。第三是乌鲁木齐市，占6.05%，克拉玛依市占1.45%。其他地区分布极少。

（14）其他民族包括东乡族、撒拉族、藏族等，受民族比重和构成的影响，总的来说，三个民族以北疆为主，占93.7%，南疆仅占6.30%。①

2. 特点

（1）少数民族人口分布受经济文化模式影响较大，例如哈萨克族和蒙古族大部分仍然分布在北疆山区或草原地区采取游牧经济活动。维吾尔族也大多分布在南疆一带过着以农业为主的生活。

（2）人口分布区域性的聚居模式呈现严重，无论是在南疆或是北疆各民族大多采取本民族聚居的形势，即使在城市中也表现为在城市某一固定区域的聚居、杂居或散居现象虽然存在，但依然不占主要趋势。例如，汉族主要仍以改革开放前的第一批流入区域为聚居地域，其他地区的汉族也在流入中大多采取向城市或较发达地区流动，从而带来自发性的聚居。而其他民族虽然也有向其他原来没有涉及的地域流动但大多数仍然采取原驻地的相互流动。

（3）少数民族城市化进程或向城市流动规模较小，大多是在原有居住条件下被城市化所包容。虽然不排除自发向城市的流动，但所占各民族总人数数量较小。

（4）各地区人口构成在日趋发生变化，民族成分日趋增多。近些年来随着市场经济以及人们思想观念的变化，许多传统的观念被打破，许多少数民族开始自发地向经济发达地区流动，各民族干部响应政府号召到基层进行锻炼，以及随着新疆经济的发展内地民工来疆打工务农的人数增多，对各地区民族人口、民族成分的构成产生了新的影响。

（二）文化与宗教信仰的多样性

1. 新疆自古以来就是一个多种文化多种宗教并存的地区

由于独特的地理及经济地位，在历史上新疆作为陆上丝绸之路，既承担着欧亚大陆的经济桥梁的作用，又是各种文明相互交融的地区。其主要表现在中国文化、印度文化、古希腊罗马文化、阿拉伯伊斯兰文化并存和争鸣。

（1）西域文化是中华文化的重要组成部分，包括西域地区原有的民族文化和传入的内地文化。遣子入侍是历史上中央王朝对西域统治的重要方法之一，即西域各国要将本国的王子派往中央王朝作为人质，从而制约西域各国。这使得许多西域国家未来统治者或上层人士有了机会和时间学习内地文化。

经济上的相互交往带来人们对彼此文化的认可，从而有了对其他文化的模仿

---

① 童玉芬、李建新：《新疆各民族人口分布及变动》，载《新疆大学学报（哲学人文社会科学版）》2001年第3期，第29~30页。

和学习或者说是相互的借鉴。从秦汉到明清，历史上丝绸之路虽然几经断绝，却一直持续。长时期的经济文化交流，新疆地区各民族文化最终形成了你中有我、我中有你的现状。其与我国其他地区或民族的文化共同构成了中华民族文化的一体化和多元化。

（2）佛教于公元前2世纪前后，经克什米尔传入新疆。最早传入的地区是与古印度毗邻的和田。到了2世纪，大月氏人建立的贵霜王朝兴起后，伴随着大月氏在西域各地的游牧流徙，佛教在这一地区获得进一步的传播和发展。到了魏晋南北朝时期，新疆佛教的发展进入鼎盛时期。佛教势力在新疆的衰落始于10～11世纪喀喇汗王朝建立后。至16世纪末，随着哈密被东察合台汗国攻陷，天山南北基本上处于伊斯兰教影响之下。

佛教在其传入到消亡的18个世纪中，对新疆各民族的经济和文化产生了很大的影响并留下了众多的文物古迹。如克孜尔千佛洞、阿艾石窟、库木吐拉千佛洞、森木塞姆石窟、克孜尔尕哈石窟等。随着成吉思汗西征，以及明清对蒙古东归各部的安置，藏传佛教也在新疆开花结果，留下了其丰富的历史痕迹。

（3）除原始宗教外，祆教是最早传入新疆的宗教，祆教于公元前6世纪末创建于波斯，原名琐罗亚斯德教。祆教约于公元前4世纪传入新疆，考古工作者在阿拉沟发掘的墓葬中，就发现有祆教的祭祀台。唐末，祆教在内地开始衰落，但在新疆则一直延续到宋代，公元前10世纪，史书里还记载高昌、龟兹祆教祭师到中原进贡的记载。伊斯兰教在天山南北占统治地位后，祆教逐渐退出新疆历史舞台，然而其遗风（如敬火、祀火等）却仍残留在后来新疆各族习俗中。

摩尼教约在公元6世纪传入新疆，唐、五代时期最兴盛，回鹘西迁后，摩尼教在新疆各地得到更大范围的传播，盛行于高昌回鹘境内，并一直延续到15世纪伊斯兰教在该地区占统治地位止。

景教是古代的基督教派别之一，于6世纪前后传入新疆。景教传入新疆以后，在民间的影响仅次于伊斯兰教和佛教。唐宋时期，吐鲁番地区是景教活动的中心，宋代喀什是景教在中国境内的第19教区，元朝时期，蒙古统治者采取"诸教并蓄"政策，新疆景教得到了一定发展，在阿力麻里（今霍城县），人们发现两块刻有十字架和叙利亚文的元代景教遗物。明清之际，史书行纪资料中仍有景教徒在新疆活动的记载。

（4）9～10世纪伊斯兰教传入新疆，并逐步发展为今天新疆信奉人数最多的宗教，其间经历了一个漫长的渐进过程。

喀喇汗王朝萨图克·布格拉汗继位以后，为了顺应建立强大统一的汗国的历史要求，他在汗国境内强行推行伊斯兰教，并将伊斯兰教定为国教。

西辽灭喀喇汗王朝后，在天山南北各地大力发展佛教，伊斯兰教在新疆发展受挫。西辽亡，随后统一新疆诸地的蒙古贵族对宗教采取"诸教并蓄"政策，所以伊斯兰教在新疆的发展没有太大的进展。

1347年，东察合台汗国的秃黑鲁帖木儿成为新疆地区第一个改信伊斯兰教的蒙古汗，他又强制下属16万蒙古部众也皈依伊斯兰教。至16世纪初，伊斯兰教在天山南北各地占据统治地位。直到今天仍是新疆各主要少数民族信奉的宗教。

可见在历史上的新疆，任何一种文化的传入都有其一定的原因，任何一种文化的保留也存在着其一定的意义，任何一种曾经存在或现在依然存在的文化都对新疆的各个民族产生着深远的影响。它们共同为今天的新疆文化的多元性奠定了基础。

2. 当前中华民族文化多样性在新疆的体现

虽然历史上新疆出现了若干民族、若干文化，但时至今日随着文化的涵化和本土化，以及民族的融合等一系列因素的影响，今天在新疆这片土地上主要存在以下几种文化：

（1）汉文化

从秦汉时期汉文化就在新疆扎根，这一事实在今天的考古工作中有大量的发现。随着文化的相互借鉴和吸收，若干优秀的汉文化被少数民族所接受，若干优秀的少数民族文化被汉族接受，这些使旧文化具备新特征的新文化，同样丰富和发展了中华民族文化的多样性。

今天，作为中华民族文化中主体文化的汉文化，其区域和范围主要在北疆地区和南疆的城市地区，这与汉族人口的分布是分不开的。但我们又不能说这是一种文化圈，因为在许多少数民族中间也可以看到汉文化的影子，它几乎渗透到新疆各民族的方方面面，不同的是其存在形式是以显性形式还是隐性形式存在。例如对荷花的认识，在唐诗或宋词中多人为荷花是"出淤泥而不染"的"秀骨清像"，深受汉族的喜爱。在新疆其他少数民族中也存在对荷花的认可，只是由于汉文化的影响不同，其对荷花的形象塑造不同而已。

（2）以伊斯兰教为主的少数民族文化

新疆现在信仰伊斯兰教的民族主要有：维吾尔族、哈萨克族、柯尔克孜族、塔吉克族、乌孜别克族、塔塔尔族、回族。伊斯兰教最早在新疆是以宗教的形式出现，但随着历史的延续、宗教的发展，其在新疆逐渐发展为伊斯兰教文化，它渗透到信仰民族的生活习惯、习俗、礼仪、民族心理等若干方面，逐渐形成其独特的文化形态。因为新疆人口分布的"杂居和聚居性"，其外现形式因此也同时影响着非伊斯兰教信仰的其他民族。

（3）以藏传佛教为主的少数民族文化

信仰藏传佛教主要是蒙古族、少数汉族、达斡尔族、锡伯族，满族也信仰藏传佛教。由于佛教的开放性使得在其文化氛围下的人几乎都有机会接触它。但由于其信仰的区域性和人口分布的相对集中性，因此一旦超出其文化影响范围就无法对其他人或群体构成较大影响。

（4）其他文化类型

其他文化类型是指以个别民族为主的在新疆影响不大的文化类型或各民族个体在一起形成的相对独立的文化类型。其包括：部分游牧民族依然保留的游牧文化，部分达斡尔族、锡伯族、满族信仰的萨满教以及萨满文化，俄罗斯族的东正教文化以及基督教在其他民族中形成的文化，南疆个别民族形成的相对独立的个体文化等。

由于现阶段新疆存在的文化多以宗教或民族为主体，因此在新疆各种文化都形成了其相对集中的影响范围，又由于不同宗教信仰和民族分布其对新疆其他民族或整体文化的影响也体现出了极大的不同性，但可以肯定的是各种文化存在至今是有一定历史选择性的，在这其中各民族或宗教相互借鉴和学习的部分也有很多，因此在新疆各民族或宗教的文化多不再是其刚刚形成的样子，而是一种在大的系统文化即新疆文化的前提下形成的相互影响的文化子系统。他们共同构成了包罗万象、兼容并蓄的新疆文化，同时也构成了中华民族文化的多元性。中华民族的文化多样性和共存性在新疆被表现得淋漓尽致。

3. 当代西方文化在新疆的影响

长期以来，新疆经济发展滞后，与东部发达地区的差距愈加明显，其中的原因之一就是新疆沿边民族地区长期处于封闭状态，交通、通信等基础设施条件差，当地人民的思想观念守旧，缺乏市场经济意识，只依靠自给自足的自然生产，使当地丰富的自然资源得不到开发，毗邻周边国家的地理区位优势没有得到发挥。自从20世纪80年代中后期，我国与周边国家的关系得以改善以来，新疆沿边民族地区面向周边国家开放、发展对外贸易，使新疆沿边少数民族地区经济的迅速发展振兴，并对当地经济社会发展起到了积极的拉动作用。同时，伴随着经济而来的是西方文化的进入，其逐渐打破了新疆原有文化系统并注入了一些新的因素，这对新疆各族人民的经济文化都产生了极大的影响。

（1）西方价值观的影响

伴随着新疆与西方经济的交流，西方价值观也直接或间接影响了新疆各族的价值取向。有些人错误地将西方价值观套用在新疆地区，往往带来对西方价值观的误解和对现行国家宗教、民族政策的错误理解，从而影响到民族关系，影响到各民族的繁荣发展。

（2）基督教的传播

基督教的传播途径和方式多种多样，主要的有四种：一是基督教信教世家成员的传播；二是早期接受过宗教熏陶，改革开放后又开始信奉基督教并成为传播者，也有的是在近几年回内地探亲时在原籍被发展为信徒；三是"福音"广播电台传教；四是一些外地来疆经商、务工的流动人员进行传教。其中最主要的传播方式是"福音"。据调查，在信教人员中，通过"福音"信教的占73.2%，经同事朋友介绍的占7.3%，自己信教的占22.50%。[①]

作为单纯的宗教信仰，基督教的传入应当是正常的文化现象，但由于对其发展的管理较差，其往往发展成为邪教或成为某些国内外分裂分子的活动工具。

二、民族关系在构建新疆和谐社会中的作用

（一）和谐视角下的民族关系

1. 和谐与和谐社会

无论是在中国还是在国外，和谐的理念都曾经被提出并作一论述。其大致可以归纳为两类：第一类，西方的"和谐"理念。（1）毕达哥拉斯认为，"整个天就是一个和谐"；（2）赫拉克利特认为，和谐产生于对立的东西；（3）文艺复兴后许多思想家都把"和谐"视为重要的哲学；（4）马克思真正把握了"和谐"理念，提倡社会和谐。

第二类，中国古代的"和谐"理念。（1）"和而不同"，事物的对立统一，即具有差异性的不同事物的结合、统一、共存；（2）政治和谐，一种社会政治安定状态；（3）遵循事物发展客观规律，追求人与自然的和谐。总之，和谐是指对自然和人类社会变化、发展规律的认识，是人们所追求的美好事物和处事的价值观、方法论。

进入21世纪后，中共十六大和十六届三中、四中全会，从全面建设小康社会、开创中国特色社会主义事业新局面的全局出发，明确提出构建社会主义和谐社会的战略任务，并将其作为加强党的执政能力建设的重要内容。中共"十六大"报告第一次将"社会更加和谐"作为重要目标提出。中共十六届四中全会，进一步提出构建社会主义和谐社会的任务。构建社会主义和谐社会任务的提出，反映了中国共产党对中国特色社会主义事业发展规律的新认识，也反映了党对执政规律、执政能力、执政方略、执政方式的新认识，为实现社会主义现代化提供了新的重要思想指导。我们所要建设的社会主义和谐社会，应该是民主法治、公平正

---

① 曾和平：《新疆基督教问题调查》，载《新疆社会科学》2005年第6期，第56页。

义、诚信友爱、充满活力、安定有序、人与自然和谐相处的社会。民主法治，就是社会主义民主得到充分发扬，依法治国基本方略得到切实落实，各方面积极因素得到广泛调动；公平正义，就是社会各方面的利益关系得到妥善协调，人民内部矛盾和其他社会矛盾得到正确处理，社会公平和正义得到切实维护和实现；诚信友爱，就是全社会互帮互助、诚实守信，全体人民平等友爱、融洽相处；充满活力，就是能够使一切有利于社会进步的创造愿望得到尊重，创造活动得到支持，创造才能得到发挥，创造成果得到肯定；安定有序，就是社会组织机制健全，社会管理完善，社会秩序良好，人民群众安居乐业，社会保持安定团结；人与自然和谐相处，就是生产发展，生活富裕，生态良好。以上这些基本特征是相互联系、相互作用的。和谐社会是一个合作和宽容的社会。和谐社会需要一种宽容的氛围和精神，要容忍各种不同利益关系的存在，尊重别人所做出的不同选择，特别要保护少数群体和困难群体的合法权益。要建立一个和谐社会，尤其要倡导宽容、谦让、奉献的社会公共道德，营造团结友爱、互助合作的社会氛围以及和睦相处的人文环境。从这个意义上说，和谐社会不仅是一个宽容的社会，也是一个团结的社会、互助的社会、合作的社会。

2. 和谐民族关系的内涵

党的十六届六中全会通过的《中共中央关于构建社会主义和谐社会若干重大问题的决定》指出，要"巩固和发展平等、团结、互助、和谐的社会主义民族关系，使各族人民和睦相处、和衷共济、和谐发展"。我国是统一的多民族国家，这一基本国情决定了民族关系是我国最重要、最特殊的社会关系之一。无论从实现整个国家的现代化目标，还是从实现中华民族自立于世界民族之林的发展出发，民族关系和谐与否都是一个关系到中国特色社会主义发展全局的重大问题。和谐社会民族关系是和谐社会的一部分，和谐社会民族关系的建设好坏对和谐社会的构建起着深远的影响。而如何建设和谐社会民族关系关键就在于如何把握和谐社会民族关系内涵。

和谐社会民族关系是指各民族相互平等、相互团结、相互帮助、共同为建设和谐社会这一目标而奋斗。其必须建立在维护和协调各民族利益的基础之上。这就要求我们尊重各民族的宗教文化、生活习惯，对各民族中优秀的文化进行保护和传承；这就要求我们公平公正地处理各民族间的矛盾或利益纠纷，以人为本不分民族或阶层；这就要求我们为各民族的发展提供相应的条件和平台，减少各民族间潜在的不平等。其必须建立在各民族相互协作的基础之上的，这就要求我们进一步加强各民族互动，为各民族交流提供相应的媒介；这就要求我们进一步发展少数民族聚居地区的经济文化，沿海或中部优先发展地区要带动西部落后地区的经济文化发展。其必须建立在增强中华民族认同感之上，各民族都是中华民族的一员，中华民族的伟大复兴是各民族应尽的义务。这就要求我们必须将各民族团结在一起，拧成一股绳，国家强而国人强，国家弱而国人弱。

和谐社会民族关系的构建需要以人为本，所谓以人为本需要我们从以下几个方向做起：

（1）和谐社会民族关系的构建需要从基层做起

这里所讲的基层是指人们日常生活的最基本范围。我国有许多名词形象地描述这一概念，包括单位、社区、街道办、村委会以及一切与人们生活生产有关的基本单位。由于人们的大部分的生产生活都在这些组织或群体中进行，因此他们的心理素质和群体认同以及文化素质等都会向这一群体看齐，表现出鲜明的同质性。这种同质性不仅表现在对本组织或本群体的认同上更多的是对本群体的利益维护上。因此这些群体和组织的目的、意义也往往对生活在这一范围的人们产生一定的影响。在具体工作中我们必须做好基层组织的建设工作，做好宣传器和调节器的作用，时刻注意基层组织中出现的各种矛盾或冲突，做好民族团结的宣传工作，通过一系列活动增进民族间的相互了解和相互协作，对资源和政治权利的分配做到公平公正，加强人们对基层组织的认同感，对不法组织或群体予以取缔。

（2）和谐社会民族关系的构建需要因地制宜

所谓大杂居小聚居仅是一种宏观的说法，可以这样具体解释：第一，在一些地区各民族采取相互杂居的形式居住生活，但在这种杂居的范围内仍然存在小部分的聚居。第二，在一些地区主要以单一民族为主居住生活，但其他民族也正在或已经有极少数迁入。第三，没有单纯的聚居，只有相对的聚居。因此在不同地域不同地区，由于主体民族可能是一个或多个且各民族心理素质、历史交往、风俗习惯等都有不同，因此在构建和谐社会民族关系是我们必须因地制宜，在有效地分析本地区民族成分民族构成的基础上进行宏观地把握。

（3）和谐社会民族关系的构建需要不断探索

从和谐社会民族关系提出到现在，民族工作者们在这一命题上进行了积极的探索，取得了许多成就，为各地的民族工作做出了一些贡献。但随着现代社会的日趋发展，各民族间的民族交往、人口流动以及国际社会的干预，使得和谐社会民族关系的构建不断地出现新的问题，这一事实告诉我们和谐社会民族关系的构建仍然需要在具体操作中不断探索。

3. 和谐民族关系与和谐社会

和谐民族关系是和谐社会所包含的内容之一，但又不仅仅是和谐社会的内容，它往往又是和谐社会的推动器。在新疆这一多民族地区，影响和谐社会构建的诸因素，往往以民族关系的和谐与否呈现出来，民族关系和谐与否往往成为影响一个地区或一定范围经济、文化、社会发展的主要瓶颈。由于地区间的或地区内的各民族经济、文化发展的不均衡，经常会造成各民族的心理不平衡，认为是民族不平等或民族区别对待，从而影响到民族间的和谐度，影响到和谐社会的构建。因此，在新疆构建和谐社会最首要的应当是和谐民族关系的构建，没有和谐的民族关系，去谈社会发展和社会和谐，都会在具体实施中遇到这样或那样的问题。

解决了和谐民族关系问题不代表就解决了和谐社会问题，但至少在和谐社会建设中不会出现反复建设或浪费建设问题，从而加快新疆的和谐社会建设。

(二) 新疆民族关系的特点

1. 特殊性

新疆民族关系的特殊性主要表现在以下两个方面：

(1) 一般社会问题容易向民族关系问题转变

第一，就业。新疆少数民族由于受教育程度普遍不高，因此大多数仍然从事传统职业，例如农业、牧业、小商品贸易、服务业等。近些年来，随着"双语教育"的逐渐普及，少数民族中一部分人开始尝试向城市发展，其中一些人取得了新的职业，例如公务员或公司员工等，但大多数人由于汉语水平不高或其他原因，没有取得相应的职位。这就容易使得一些没有得到职位要求的人走向极端，认为存在民族歧视或民族偏见。

另外，由于职业的差异，也会引起人们认为存在民族不平等。实质上政府一直在尽力解决各民族职业的差异，例如加强少数民族地区义务教育、开展"双语教育"、实施考试照顾等。

第二，一般刑事案件与社会治安。一般刑事案件如发生在多民族之间，往往会向民族关系问题转变。这主要是案件双方的自发意愿，认为在一起一般刑事案件中，一个民族的个体伤害了本民族的个体，因此作为自己民族的一部分自己有权利对伤害者实施报复或还击。这一现象的产生其根本原因在于民族间包容度不够，各民族自我保护意识过于强烈。从整个社会角度来讲，其表现为法制观念不强，以及政府的服务宣传没有到位。

第三，计划生育。从少数民族的生育意愿来看，如果政府不对人口生育加以限制即不实行计划生育政策而放任自流，那么调查总体中就有56.23%的人想要三个及三个以上孩子，只有8.89%想要一个孩子，想要两个孩子的人占34.88%，想要三个和四个孩子的人分别占28.62%和17.88%，想要两个、三个和四个孩子的人合占81.38%，想要五个和五个以上的人占9.73%。① 从以上数

---

① 艾尼瓦尔·聂吉木：《边疆少数民族人口生育及生育意愿研究》，载《边疆经济与文化》2006年第1期，第5页。

据我们可以看出，少数民族的生育意愿与国家的计划生育政策是相互矛盾的。这主要是受传统观念的影响，认为多子多福或孩子是胡大给的。在计划生育国策的具体实施过程中，当然大多数人对国家政策时给予响应的，但仍有一部分人认为计划生育是对少数民族人口的限制，是对少数民族从数字上进行消亡。这样就容易煽动普通群众，使得民族关系问题产生。

第四，收入。在市场经济条件下，阶层会自然而然地产生，收入上的差异往往带来社会地位的不同，当一个社会阶层流动出现问题，这个社会就面临着改革或革命。在新疆，在市场经济的推动下，阶层也日益出现，在少数民族之间，汉族与少数民族之间，单一少数民族内部，阶层都在日益被划分出来。但与内地相比新疆的社会阶层或者说是不同收入群体往往以民族表现出来，汉族与一些少数民族主要聚居在城市，收入相对较高，而另一些以农业或牧业为生的少数民族相对收入就较差。同样在城市，由于所受教育不同或从事职业不同，各民族间收入也表现出差异，容易使一些少数民族群众认为存在民族不平等，从而引发民族关系问题。

第五，社会保障。社会保障是用于人们在社会生活中因为疾病、失业、天灾、年老等一系列情况引起的贫困。在新疆社会保障制度的事实还不完善，往往表现在城市保障制度体系相对完善，而农村保障制度呈现空白或建制不全，无法达到社会保障的预期目标。另外由于少数民族群众对于社会保险等需要自掏腰包的保障制度缺乏认可度，使得有些原本已经脱贫的人因为疾病或天灾而二次贫困。在社会保障制度的实施过程中，一些少数民族往往产生这样的疑问，为什么在汉族年老以后，政府会给他钱，而同样是老人，自己却享受不到。认为存在民族不平等，从而引起民族关系问题。

（2）民族关系问题往往与宗教问题相交织

所谓民族关系问题往往与宗教问题相交织，是指凡是民族关系问题总是能看得到宗教的影子，凡是宗教问题往往激发为民族关系问题。在新疆由于13个主体民族中有7个民族全民信仰伊斯兰教，占总人口的60%左右。因此民族关系问题一旦产生，往往都要与宗教扯上关系。人们往往对同一宗教信仰的民族宽容度相对较大。另外，由于近些年来宗教问题的敏感性，使得宗教问题一旦产生，各民族相互间的交流就会在这段时间内减少，从而体现为民族关系问题。

2. 复杂性

新疆民族关系的复杂性主要表现在以下几个方面：

（1）一般社会问题与民族关系问题的界定容易产生模糊

由于一般社会问题容易向民族关系问题转变，所以在具体工作中往往对两者的界定容易产生模糊。有时会将原本一般社会问题界定为民族关系问题，这就使得事情复杂化，真正地产生民族关系问题。有时会将民族关系问题界定为一般社会问题，有的民族关系问题不能及时得到处理，从而引发更大范围或更大规模的民族关系问题。

（2）信息的不对称性

这主要是指政府与普通群众的信息不对称，其包括行政工作人员对政策的理解不到位或宣传不到位，使得群众对政策产生质疑，也包括群众对政策的看法或想法，因为没有沟通渠道或渠道受阻，使得原本错误的政策依然执行（见表2-1）。

表2-1　　　　　　　　各民族获得信息的途径　　　　　　单位：人，%

途径 族别	广播 人数	广播 比例	电视 人数	电视 比例	报纸 人数	报纸 比例	网络 人数	网络 比例	与人聊天 人数	与人聊天 比例
汉族	1 012	36.85	1 974	41.62	1 588	44.2	607	50.25	579	50.44
维吾尔族	1 175	42.79	1 822	38.41	1 321	36.8	363	30.05	344	29.97
哈萨克族	242	8.81	357	7.53	243	6.77	77	6.37	73	6.36
回族	124	4.52	273	5.76	187	5.21	77	6.37	77	6.71
柯尔克孜族	58	2.12	106	2.23	76	2.12	28	2.32	31	2.7
锡伯族	57	2.08	88	1.86	80	2.23	17	1.41	24	2.09
蒙古族	41	1.49	62	1.31	52	1.45	24	1.99	13	1.13
塔吉克族	20	0.73	33	0.7	20	0.56	7	0.58	2	0.17
满族	4	0.15	9	0.19	7	0.19	4	0.33	1	0.09
乌孜别克族	3	0.11	5	0.11	5	0.14	1	0.08	1	0.09
俄罗斯族	3	0.11	3	0.06	3	0.08	2	0.17	1	0.09
撒拉族	1	0.04	1	0.02	3	0.08	1	0.08	0	0
土族	3	0.11	2	0.04	2	0.06	0	0	1	0.09
侗族	0	0	2	0.04	2	0.06	0	0	0	0
苗族	0	0	2	0.04	0	0	0	0	0	0
达斡尔族	0	0	1	0.02	0	0	0	0	0	0
东乡族	1	0.04	1	0.02	1	0.03	0	0	1	0.09
黎族	1	0.04	1	0.02	0	0	0	0	0	0
瑶族	1	0.04	0	0	0	0	0	0	0	0
合计	2 746	100	4 743	100	3 590	100	1 208	100	1 148	100

注：2004～2005年，本项目组主要成员孟楠教授进行了"新疆的民族关系与宗教问题"的调查研究，表中数据即来自此次调研。

在全部被调查的 5 168 人中，汉族 2 090 人，占 40.44%；维吾尔族 2 010 人，占 38.89%；哈萨克族 431 人，占 8.34%；回族 292 人，占 5.65%；柯尔克孜族 115 人，占 2.23%；锡伯族 89 人，占 1.72%；蒙古族 74 人，占 1.43%；塔塔尔族 35 人，占 0.68%；其他 11 个民族：满族、乌孜别克族、俄罗斯族、撒拉族、土族、侗族、苗族、达斡尔族、东乡族、黎族、瑶族 31 人，占 0.61%，总体上来说调查代表了新疆整体民族人口比例和分布状况。在所有不同民族的被调查者中，了解国内外重大事件的途径的渠道依次是：电视（4 743 人），报纸（3 590 人），广播（2 746 人），网络（1 208 人），与人聊天（1 148 人），信件（210 人）。可以看出，在当时对于信息的获取主要是依靠电视和报纸，但随着网络的普及，网络已经成为与电视、广播相匹敌的传播媒介。特别是到了今天，网络已经成为许多人获取信息的首选。固然，电视和广播较为容易向大众传播主流意识形态，而网络虽然有主流意识形态的存在，但其信息传播更为多元化，更易导致信息的不对称性。网络舆论更加多元，更值得引起我们的注意。

（3）历史性和现实性的交织

历史上各民族间相互遗留的民族印象，赋予了民族关系的历史性。如果两个民族在历史上发生过民族冲突或民族战争，那么这两个民族就容易在长时间的历史传承中产生民族隔阂或民族间的相互仇视。新疆自古以来就是多民族地区，历史上民族战争、民族纠纷长期存在，有些甚至成为地区性或民族性的民族偏见或隔阂，对今天的民族关系仍然存在影响。

新疆各民族都有悠久的历史文化传统，历史的记忆在每个民族中都不同程度地存在。不可否认，在各民族的历史上，团结进步统一是主流，但历史上也有过冲突和隔阂。在历史上一些剥削阶级的民族歧视、民族压迫政策，导致一些民族矛盾的出现。而历史上也有一些别有用心的分裂主义分子，蓄意制造民族隔阂、民族矛盾，如在新疆历史上存在的"双泛"等。

在当代，一些西方敌对势力、境内外的"三股势力"等，都想利用历史来制造有利于他们的舆论，想通过某些所谓的"历史记忆"、"民族感情"或"宗教感情"等，利用这种发动群众社会成本最低的方式，来制造种种民族矛盾，把历史的因素于现实中，尤其是在改革开放中，我们的社会在取得巨大成就的同时，出现的一些社会问题，企图把这些出现的社会问题与历史因素牵连起来。

现实性表现在现阶段各民族在资源配置或权力争夺的冲突上，由于民族在各方面的差异，决定各民族的需求不同。市场经济打破了原来存在的社会系统，将人们的生存空间共有化，各民族原本的需求意愿被打破或者产生新的民族需求，当资源短缺或局部缺乏时，就产生了民族间对资源或权力的争夺，从而产生民族关系问题。

（4）民族文化的传承与社会发展

各民族在其发展过程中都形成一定的民族文化，这是人类文化的形成过程的一般表现。这种文化的形成是出于自愿的再自然条件下发生的，是伴随着民族发展而形成的文化过程。在今天的新疆，大部分少数民族仍然以旧有的经济文化类型而生活，但又渴望或者要求其民族的发展，因此在社会发展的大前提下，就必须脱离原有的一些传统文化，从而又构成了文化传承与社会发展的矛盾。传统文化是必须要保留的，但其前提是不能限制民族的发展。这在民族发展的历史上是早已被证实的。今天民族文化的传承与社会的发展的相互矛盾关键在于民族的发展程度呈现跳跃性发展，而文化的发展却与民族发展相脱节，人们普遍处于示范状态，从而产生对旧有文化的怀念感。因此在这一问题上我们必须处理好社会发展与民族文化传承的关系，对各民族有助于社会发展的文化要做充分的保留和传承，对一些不利于社会、民族发展的文化也有必要进行甄别和筛选。

（5）外来势力的影响

外来势力的影响主要表现在国外反华势力和民族分裂分子利用宗教或歪曲历史，煽动普通老百姓或在新疆境内搞破坏民族团结，分裂祖国的活动。进入19世纪下半叶之后，随着"泛伊斯兰主义"、"泛突厥主义"思潮的兴起，以分裂中国为目的的分裂分子和国外势力相勾结，开始试图在新疆建立分裂政权，阴谋把新疆从中国分离出去，因此新疆也出现了"东突厥斯坦伊斯兰共和国"为代表的分裂政权。应该说，分裂是不得民心的，也是违背新疆历史发展潮流的，它对当今新疆稳定和发展以及各民族间的相互关系带来的负面影响是不容低估的。

3. 敏感性

新疆民族关系的另一特征是民族关系的敏感性，这主要表现在以下三个方面。

（1）偶发因素显现率高。由于新疆的多民族性以及外来势力的影响，在新疆往往出现各种各样的偶发因素。新疆地域广大，各民族以13个主体民族为主在其境内实行大杂居小聚居，而这种杂居和聚居又是一种有别于内地或其他地区的杂居和聚居，即在城市杂居较多，在农村多是在聚居之上的杂居；在北方杂居较多，在南方聚居仍然是主要居住形式。因此其在地域上往往表现出地区性和不平衡性。在民族较多的地方，其与其他民族的接触就多，单个民族的开放性就强，其对周围民族的包容性就强，从而民族关系就相对要好。在民族较为聚居的地方，由于民族交往过少，各民族间相互包容性就较差，民族保护心理就越强，就容易发生影响民族关系的事件。一些原本简单的一般社会问题往往上升为规模较大的偶发因素，恐怖分子的破坏和恐怖活动也时有发生，20世纪90年代以来，民族分裂主义活动急剧升级，从1990年4月5日新疆阿克陶县巴仁乡武装暴乱事件中公然打出"东突厥斯坦独立"的口号，从伊宁"2·5"事件以及乌鲁木齐市"2·25"公交车爆炸事件等，"三股势力"在境外分裂分子的支持和策动下，利用宗教制造骚乱，由地下宣传、培植分裂势力转为建立暴力恐怖组织和训练基地和大肆从事暴力恐怖活动。若干偶发因素相互连接又容易产生较大的冲突或矛盾。

（2）民族关系较为脆弱。各民族间虽然主要以共同繁荣、共同发展为主要交往形式，但由于偶发因素较多，民族关系变得脆弱，即使原本民族关系较好的地区，由于偶发因素的产生使得民族关系在偶发因素产生到消亡的过程中变得紧张。

（3）局部性的民族关系问题容易产生整体性的恐慌。当偶发因素上升为局部性的民族关系问题后，往往会引起人们对自己周围环境的警惕性，会认为自己身边也存在潜在的威胁，特别是作为产生局部性民族关系问题的直接承受民族，其在其他地区的民族成员也往往会产生相互间的恐慌，从而影响民族关系。

（三）在新疆构建和谐社会中的民族关系的重要性

1. 和谐民族关系是新疆构建和谐社会前提

和谐社会主要包括人与自然之间的和谐、人与人之间的和谐、人与社会的和谐、人自身的和谐以及社会系统内部诸要素的和谐。和谐民族关系是新疆构建和谐社会的前提也主要从这几个方面来考虑。

（1）人与自然的和谐

新疆虽然地域辽阔，但属于典型的绿洲经济文化模式，自然环境较为恶劣，适合人类居住的地域面积较小。近些年来，随着人口的增长，以及人们对资源的开发，新疆的环境出现恶化趋势，这尤其表现在南疆地区。环境保护问题成为新疆各民族发展的一个新问题，如何改善环境，在发展的同时保护环境，从而确保各民族的繁荣发展成为新疆建设发展的一个重点。此外，在新疆各民族的分布呈现出一定范围的聚居，和整体性的杂居形势。各民族选择其主要聚居地区的地理环境，都有一定的历史、经济、民族心理等各方面的原因。因此在构建和谐社会时就必须注意各民族发展空间的和谐，由于退耕还林或退牧还草使得一些民族中的一部分人不得不进行迁居进入其他民族的生存空间当中，这就要求我们必须做好和谐的民族关系，只有这样才能保障迁入民族与当地原有民族进行良性互动。

（2）人与人及人与社会的和谐

人与人及人与社会的和谐既包括个人与个人、群体与群体之间的关系，也包括个人与群体之间的关系。妥善协调和正确处理人们之间的各种利益关系,是实现人与人之间关系和谐的关键。同时,人与人之间的关系是人与社会之间关系的具体体现,人的发展与社会的发展总是相互作用和相互制约的,社会主义和谐社会绝不是一个没有利益冲突的社会,而是不同利益主体的包容和对矛盾冲突的化解。

社会是由人组成,而在新疆每一个自然人都被赋予民族的属性。要保障人与人的和谐,首要的就是保障民族关系的和谐,不和谐的民族关系其个体相互之间也往往表现出歧视或偏见,个体间的交往或隔阂表现在民族上基本上是以民族整体为基准的。特别是在新疆,多元文化导致个人意识形态的多样性,母语的差别如双语人身份认同的焦虑,对于宗教的不同理解,不同民族心理差别往往都会因其个体间或群体间的矛盾或冲突。近些年来,新疆的经济发展迅速,各项硬件设施及基础设施逐渐完善,但在精神文化上,在居民文化素质上的建设仍有不足。而和谐民族关系正是能够促进人们人与人之间的交流,促进群体与群体之间的认同与宽容程度,推动整个社会的积极向上与包容度。

(3) 人自身的和谐

人是社会发展的主体,人的个性和谐是社会和谐发展的根本前提,同时,人的个体和谐又是自然与社会的产物。从根本上说,人自身的和谐就是要实现人的自由全面发展,就是要有健全的人格和正确的世界观、人生观和价值观,能正确地处理个人与自然、个人与社会的关系,真正融入自然、融入社会、融入集体。和谐民族关系有助于各民族的发展,更有助于各民族个体的发展。作为个体的社会人具有两种属性,一种是社会属性,一种是生物属性。社会属性包括人们在社会中担任的角色,包括社会给予个人的所有责任、义务和权利;生物属性则是人们作为生命体的最基本的属性,人自身的和谐主要是从这两个方面入手,而其中最重要的则是人的社会属性的和谐,作为社会个体的人所担任的社会角色也有很多种,如何在不同的情境中顺利地扮演不同的角色是作为社会人最基本的要求。作为多民族聚居区的人们,在社会角色扮演中必不可少的是要扮演某一民族一员这一角色。和谐的民族关系能够为人们自身的和谐提供社会氛围,能够为不同民族身份的个体人提供交往和兼容并蓄的平台。

(4) 社会系统内部诸要素的和谐

社会是一个由人口、环境、政治、经济、文化以及其他相关系统构成相互联系、相互依赖、相互影响、相互制约的有机整体,和谐社会必须是上述各要素之间协调发展的社会,既包括经济关系、政治关系和思想关系之间的和谐,也包括国内各地区、各行业、各阶层之间的和谐。新疆的多民族成分决定新疆社会结构中民族的特性,各民族从各个角度共同构成了新疆社会系统,同时社会系统的各个要素都充满了民族性。因此要做到社会系统内部诸要素的和谐,首先就要做到各民族间的相互和谐。

2. 和谐民族关系是新疆社会稳定的保障

和谐民族关系是新疆社会稳定的目标之一,同时和谐的民族关系又反过来推动了新疆社会的稳定。稳定的社会环境有助于和谐社会民族关系的构建,无论是在古代还是在近现代,但凡是民族关系有巨大冲突的国家大多数是国家的政治环境不稳定,人民无法安居乐业,民族歧视和民族压迫现象屡见不鲜,从而产生民族反抗或民族冲突。在新疆,民族分裂主义利用民族意识挑拨民族关系,制造民族隔阂,破坏民族团结,宣传泛伊斯兰主义宗教观,鼓吹反对异教徒的所谓"圣战",制造宗教狂热;宣传"共同突厥文化论"的反动文化观,[①] 种种行为对新疆的政治稳定带来一定的消极影响,因此和谐社会民族关系在新疆的构建空前重要,这样做不仅有利于新疆的建设发展,同时也有利于边疆稳定和国家安全。

20 世纪 90 年代以来,随着苏联的解体新的一波世界性的民族主义开始在世界范围内出现。新疆的"三股势力"死灰复燃与境内外反华势力相互勾结,不惜使用恐怖暴力活动破坏新疆的稳定发展。在这一过程中,由于之前各民族间认知程度以及政府应急能力等各方面因素的影响,很多普通群众被裹挟进去,造成了 1990 年 4 月 5 日新疆阿克陶县巴仁乡武装暴乱、伊宁市"2·5"事件、乌鲁木齐市"2·25"公交车爆炸事件以及 2009 年乌鲁木齐"7·5"事件等,这些事件严重破坏了新疆的各民族团结,严重伤害了各民族间的感情,严重破坏了新疆的稳定与发展。而和谐的民族关系则可以让这些暴力恐怖分子无处可藏,无群众可以裹胁,这有利于彻底打击"三股势力",有利于从根本上巩固新疆的社会稳定。

3. 和谐民族关系给各民族共同繁荣、共同进步营造良好环境

和谐社会民族关系的构建有利于社会经济的发展,社会经济的发展是和谐社会民族关系构建的目标之一,也是和谐社会民族关系的物质保障。经济的发展是各民族在自身发展的必然要求,因此在和谐社会民族关系的构建中必须以经济发展为依托。当社会经济发展上去,人们的各项物质要求得到满足,人们相互间的交流与互动得到增加,各民族间的民族关系就会趋向和谐。同样各民族间的民族关系趋向和谐也会加大各民族间的经济交流与文化互动,从而推动社会总体的经济发展。相对于经济发达地区,新疆的经济还处于落后状态,但随着西部大开发

---

① 郭正礼主编:《市场经济条件下新疆民族关系的对策研究》,新疆大学出版社 1981 年版,第 181 ~ 184 页。

的号角和兄弟省市对新疆建设的支援,新疆的发展前途无量。因此各民族团结协作构建繁荣新疆是现阶段各民族共同的任务和目标,和谐社会民族关系的构建空前重要。

社会学意义上的社会整合包括政治、经济、文化等多个方面,这里所讲的社会整合主要是指人们在社会阶层和社会地位上的流动整合,在和谐社会民族关系中注重人的发展,这种注重是不分民族、不分种群的,是在最大范围内为全社会的人提供发展的平台,是打破旧有社会模式的一次空前的整合,凡是作为社会个体的人不分民族、不分种群在社会中的纵向流动性都在加大,从而带动社会整合,推动社会发展。

在社会总体发展的同时,由于人们对所在群体的关注以及个体所在范围的有限性往往注重的是自己所在群体是否能够得到发展,表现在民族上则是民族是否得到发展。和谐社会民族关系的构建具体到民族上则是要求各民族在社会发展的总前提下,相互带动、相互学习、相互发展。因此其有利于民族的发展也有利于社会的发展。

第二节　新疆民族关系的主要影响因素与测量指标

一、国外影响族群关系的变量研究

族群关系一直是国外社会学界关心的焦点问题,相关的研究从不同的视角审视族群关系,极大丰富了族群关系的研究成果。

英格尔提出了一个变量体系考量民族认同,该体系包括:(1)人口规模;(2)居住格局;(3)移民比例;(4)母国联系;(5)语言差别;(6)宗教差异;(7)种族差异;(8)迁移方式;(9)文化差异;(10)母国情感;(11)阶级构成;(12)教育水平;(13)歧视经历;(14)社会流动。

帕里罗(Vinecnt N. Parrillo)指出群体间关系模式可能因许多原因而改变,包括工业化、都市化、移民模式的变化、社会运动、向上或向下的经济趋势等。[1]

---

[1] Vinecnt N. Parrillo. *Strangers to These Shores: Race and Ethnic Relations in the United States*. Needham Heights, Massachusetts, 1997, p. 24.

约翰·E·法利（John E. Farley）指出了 7 种影响因素：（1）社会中经济生产的基础：是工业社会还是农业社会，或者殖民地；（2）社会中技术和生产力的水平：这个社会是高度专业化还是没有完全分化的小而简单的社会；（3）政治系统的性质：民主的还是专制的；（4）经济系统的性质：资本主义的，还是社会主义的，主要是收入、福利、生产资料所有权；（5）社会中其他基本机构的特性：包括宗教，家庭和教育；（6）社会的主流文化：尤其是关于社会的真相和价值系统的共同信仰，社会中各群体内部的文化的和社会的特性，例证可能是进攻性和好战性价值的存在，占据特定工作的历史，对特定宗教的共同信仰等；（7）历史条件：例如，是否有不同的种族和族群，他们是因为自愿移民而开始相互接触，还是一个群体战胜或强行统治另一个群体。[1]

施列尔梅霍恩（R. A. Schermerhorn）提出的当代民族国家中，决定多个群体进入所处社会的整合的三个自变量和三个中介变量的复合功能。这里提出的自变量是：（1）次属群体和主群体互动的可重复的结果，例如合并、迁移、殖民；（2）次数群体或群体从社会广泛机构与协会网络中被封闭（机构分离与分割）的程度；（3）主群体对特定社会中次属群体得到稀缺资源途径的控制程度。修改自变量效果的中介变量或环境变量是：（1）主群体和次数群体在对于类似同化、多元主义这样的对少数群体所确定的集体目标上的一致和不一致；（2）按照分享共同文化和结构特征的阶级或社会分类标准而划分出的某个社会的成员资格，例如近东社会、撒哈拉以南（Sub-Saharan）非洲社会；（3）按照机构统治形式，例如，政策主导经济（polity dominating economy）或相反，经济主导政策，而相互区别的更为局限的社会分类标准而划分出的某个社会的成员资格。三个因变量是：与主群体比较而言的次数群体对机构和协会生活的不同参与率（包括垂直流动的比率）；次数群体和主群体成员对自己看到的不同参与模式及伴随的意识形态和文化价值的满意或不满意的程度；次数群体和主群体预示冲突或和谐关系的公开或隐蔽的行为模式。[2]

20 世纪 80 年代末以来，国内民族关系研究更多地采用社会学理论和研究方法。其中被较为广泛借鉴的就是美国学者戈登 1964 年提出的 7 个变量，以及相关的三个重要命题。

7 个变量和相关假设是戈登考量现实的分析工具。其中 7 个变量既是同化类型的划分，也是同化的 7 个阶段。第一种类型或者说阶段是文化或者行为的同化

---

[1] John E. Farley. *Majority-Minority Relations*. New Jersey：Prentice-Hall, Inc., Englewood Cliffs, 1995, pp. 56.

[2] R. A. Schermerhorn. *Comparative Ethnic Relations—A Framework for Theory and Research*. Random House, Inc. 1970, pp. 15 – 17.

(cultural or behavioral assimilation), 被称为文化适应 (acculturation)。指文化模式向主流社会 (host society) 文化模式的变迁。第二种类型或者说阶段是结构同化 (structural assimilation) 指在初级群体的水平上, 大规模进入主流社会的社交圈 (cliques)、俱乐部 (club) 以及公共机构 (institution)。第三种类型或者说阶段是婚姻同化, 也被称为融合 (amalgamation)。指大规模的族际通婚 (intermarriage)。第四种类型或者说阶段是身份同化 (identificational assimilation), 指专门建立在主流社会基础上的民族精神的发展。第五种类型或者说阶段是态度接受同化 (attitude receptional assimilation), 指偏见的消失。第六种类型或者说阶段是行为接受同化 (behavior receptional assimilation), 指歧视的消失。第七种类型或者说阶段是公民同化 (civil assimilation), 指价值与权力冲突的消失。[①]

作者将同化模型用于分析美国社会中几个挑选出的族群, 黑人、犹太人、天主教徒和波多黎各人, 以对核心社会和文化的适应状况为目标指示物, 估量它们的同化程度。之后提出了与7个变量相关的假设。在文化同化变量与其他变量的关系上, 作者认为: (1) 文化同化, 或者说文化适应可能是少数群体到达目的地后最早出现的同化形式; (2) 文化同化, 或者说少数群体的文化适应在没有其他类型的同化同时或随后发生的情况下也同样可能发生, "仅仅文化适应" 的状况可能会长时间地持续下去。[②] 文化同化变量与其他变量的关系之外, 作者指出, 还有其他一些关系, 其中之一就是结构同化与婚姻同化在已阐述的时间序列上存在的不能分解的 (indissoluble) 联系, 即一旦结构同化出现, 所有其他类型的同化自然随后发生。需要强调指出的是文化适应, 如同我们前面强调的, 并不必然导致结构同化, 但结构同化将不可避免的产生文化适应。结构同化, 而不是文化适应, 因此被看做是弓形结构的同化的基石。不过, 此种同化的代价是作为单独的实体的族群的消失和它的独特价值蒸发。[③]

作者应用7个变量及相关假设对美国的黑人、犹太人、天主教徒和白人新教徒, 偶尔涉及其他族群进行了分析, 并得出以下主要结论: "盎格鲁——致性" 在其更为缓和的形式上, 无论表达得多么清楚, 一直是美国国家历史上最为流行的同化意识形态。[④] 美国民族群体关系的现状是, "从长远观点来看, 盎格鲁——

---

① Milton M. Gordon. *Assimilation in American Life the Role of Race, Religion, and National Origins*. New York Oxford University Press, 1978, p. 71.

② Milton M. Gordon. *Assimilation in American Life the Role of Race, Religion, and National Origins*. New York Oxford University Press, 1978, p. 77.

③ Milton M. Gordon. *Assimilation in American Life the Role of Race, Religion, and National Origins*. New York Oxford University Press, 1978, p. 80.

④ Milton M. Gordon. *Assimilation in American Life the Role of Race, Religion, and National Origins*. New York Oxford University Press, 1978, p. 892.

一致性目标在文化适应方面虽然不完全但却充分地实现了。在其他同化变量方面，该目标从大体上看还没有实现或者仅仅是部分地实现了"[1]，但是"文化同化并非产生于一个'熔炉'，而是在一个'变形熔炉'中，其中所有元素被改造，并同化于理想的盎格鲁—撒克逊模子"[2]。

从结构上讲，这些过程的结果是美国社会由很多"炉"，或者亚社会构成，其中的三个是宗教，新教、天主教、犹太教，它们正在"熔"入含有白人国籍背景的共同体。所有这些亚社会在美国生活与经历的火焰中一起沸腾，趋向于以不同的速度产生文化上非常相似，而结构上分离的产品。[3] 因此，"描述美国现实的更为准确的术语是结构多元主义而不是文化同化，尽管后者中的很多部分已经存在。结构融合的确分别在三个主要信仰内部和知识分子与艺术的职业领域内真实发生"[4]。

简言之，戈登运用7个变量和相关命题的分析发现美国社会是"以种族、信仰和国家起源，交织着社会分层，为特性的、将形成亚社会单元的族群的马赛克［他将这种族群单元命名为'族群阶级'（eth-classes）］，即美国尽管在相当程度上发生了'文化适应'或'行为同比'，但结构同化除了一些重要的例子外，还并不广泛"。

二、国内关于影响民族关系的变量研究

新中国成立以来，民族学理论是引领国内民族关系研究的风向标，随时捕捉社会变迁过程和民族关系中出现的新情况以及新问题，并提出相应的对策。但民族学研究方法中更重视理论研究和问题研究，对于研究方法方面的强调相对较少，因而很少提出影响民族关系的变量研究。20世纪80年代末开始，国内民族关系研究中越来越多的学者采用社会学的理论和研究方法，关于民族关系的变量研究也日渐丰富。比如，国内民族关系社会学研究的领军人物马戎对拉萨德汉藏民族交往的情况，运用了6个变量进行研究：（1）居住格局；（2）学校格局；（3）工作机构；（4）娱乐机构；（5）宗教组织；（6）社会网络。之后，他根据

---

[1] Milton M. Gordon. *Assimilation in American Life the Role of Race, Religion, and National Origins.* New York Oxford University Press, 1978, p. 105.

[2] Milton M. Gordon. *Assimilation in American Life the Role of Race, Religion, and National Origins.* New York Oxford University Press, 1978, p. 128.

[3] Milton M. Gordon. *Assimilation in American Life the Role of Race, Religion, and National Origins.* New York Oxford University Press, 1978, p. 130.

[4] Milton M. Gordon. *Assimilation in American Life the Role of Race, Religion, and National Origins.* New York Oxford University Press, 1978, p. 159.

研究文献与调查经验，把影响民族关系的各种因素大致划分为14大类：（1）体质因素；（2）人口因素；（3）社会制度差异；（4）经济结构因素；（5）社会结构因素；（6）文化因素；（7）宗教因素；（8）心理因素；（9）人文生态因素；（10）历史因素；（11）偶发事件；（12）政策因素；（13）传媒作用因素；（14）外部势力的影响。[①]

虎有泽、冯瑞则重点强调以下5个方面：（1）居住格局；（2）经济单位；（3）学校；（4）通婚；（5）宗教。[②] 郑杭生提出了10个变量：（1）文化；（2）空间分布；（3）社会参与；（4）日常交往；（5）通婚；（6）民族意识；（7）民族偏见；（8）民族歧视；（9）权力分配；（10）民族冲突。[③] 除此之外，国内还有很多学者提出考量国内民族关系的重要变量，但总的来看，在实地调查过程中借鉴最为广泛的就是马戎和郑杭生所提出的变量体系。

三、国内外相关研究的贡献

（一）国内研究随时捕捉民族关系的发展动向，推动社会主义民族关系的和谐发展

金炳镐指出："民族理论学科作为一门独立的学科，是有它独特的研究对象和研究内容的。它以世界上普遍存在的民族和民族问题为其主要研究对象。它是从总体上对民族和民族问题进行概括性的研究，揭示民族和民族问题发展的最一般规律性学科。当然，它并不仅仅研究和揭示民族和民族问题发展的规律，更重要的是，在认识这些客观规律的基础上，研究如何正确地解决或处理民族发展及民族之间矛盾的问题"，"民族理论学科的体系，应该是马克思主义理论体系的正确的、全面的、完整的反映。马克思主义民族理论是民族理论学科存在和发展的理论基础；离开了它，民族理论学科就失去了灵魂，失去了科学性"，"在民族理论学科体系中，应以探讨解决民族发展、民族关系协调问题的原则为重点，要为解决现实民族发展问题、民族关系问题提供理论指导和依据，提供解决的方法和措施。这样，既可以给予现实的民族问题一个比较客观的、科学的、明白合理的理论说明和解释，又可以给予恰当的、合情合理的解决。"[④]

[①] 马戎：《族群关系变迁影响因素的分析》，载《西北民族研究》2003年第4期，第28页。
[②] 虎有泽、冯瑞：《兰州市区民族关系研究》，载《西北民族学院学报》2001年第3期。
[③] 郑杭生主编：《民族社会学概论》，中国人民大学出版社2005年版。
[④] 金炳镐：《民族理论通论》，中央民族大学出版社1994年版。

新中国成立后，民族学路径下对民族关系的研究就是基于上述的价值判断，随时关注民族关系的动态，捕捉社会变迁过程中和民族关系当中出现的新情况，并提出相应建议，实现社会主义民族关系不断完善的目标。新疆民族关系的民族理论研究路径也是从上述研究旨趣出发，主要探讨了新疆民族关系的影响因素。熊辉银[1]、齐清顺[2]、郭薇[3]、王颖[4]、王建基[5]、石岚[6]、崔成男等[7]、闵文义[8]、马平[9]等人的研究重点着眼于预测各种引发民族矛盾的因素，提出相应的对策，为保证平等、团结、互助、和谐的社会主义民族关系的深入发展做出了重大贡献。

（二）国外研究丰富了研究视角

新中国成立以来，中国社会经历了多次社会变迁，民族学总是随时捕捉着民族关系的发展动态，及时发现问题，提出解决问题的方案。但是相关研究因为重视理论的探讨以及为政策服务，相对忽视一手资料的呈现，因而常常无法与国外相关研究进行比较与学术对话。我国民族社会学虽然也将民族关系纳入研究视野，但是传统的民族社会学也同样较为重视理论，而相对忽视西方民族社会学较为重视的田野调查和实地研究。20世纪80年代末，马戎教授成功结合中西方民族社会学的研究特点，以赤峰为个案进行了实地研究——"赤峰农村牧区蒙汉通婚的研究"。可以说，马戎教授为国内民族社会学研究提供了一个新的视角。之后，很多学者借用国外的研究范式来考量国内民族关系。其中最为常见的一种就是戈登在《美国生活中的同化》一书中提出的研究范式。该范式的优点是结合了定性和定量两种方法，能够将民族关系量化，便于今后研究的深入，并且为国外相关研究进行比较与学术对话提供了平台。

---

[1] 熊辉银：《影响当前新疆稳定的主要危险是民族分裂主义和非法宗教活动》，载《新疆社会经济》1996年第3期。

[2] 齐清顺：《当代国际伊斯兰复兴运动对新疆的影响及表现》，载《中共伊犁州委党校学报》2002年第3期。

[3] 郭薇：《关于二十一世纪新疆民族工作的思考》，载《新疆石油教育学院学报》1999年第4期。

[4] 王颖：《人口流动与新疆民族关系初探》，载《新疆社科论坛》2002年第1期。

[5] 王建基：《市场经济背景下的新疆民族社会关系及其调适》，载《兰州大学学报》2003年第4期。

[6] 石岚：《影响新疆地区稳定的外部因素》，载《新疆社会科学》2003年第1期。

[7] 崔成男、尹金山、方昌国：《西部大开发——解决民族关系深层问题的途径》，载《满族研究》2000年第4期。

[8] 闵文义：《关于西部大开发中民族关系新问题的几点思考》，载《西北民族学院学报（哲社版）》2001年第4期。

[9] 马平：《西部大开发对民族关系的影响和对策》，载《宁夏社会科学》2001年第2期。

(三) 国内外相关研究的局限性

如前述，民族关系研究自新中国成立以来一直是民族学研究关注的焦点。而民族学研究方法更加注重构建社会主义民族学理论，以及民族关系当中的问题研究。更加重视定性研究，相对忽视定量研究，因而没有提出关于影响民族关系的变量研究。此项研究的缺乏，不利于今后民族关系实地研究的检验和深入。

民族关系的社会学研究始于20世纪80年代末，民族关系研究领域的成果越来越多。其中，借鉴最为广泛国外理论是美国学者戈登的7个变量及其命题，国内学者当中最有影响力的是马戎和郑杭生提出的变量。这些研究都提出了各自的变量体系，但是由于民族关系的影响因素十分复杂，不同地区的历史、社会结构、经济发展程度各不相同，因而要具体问题具体分析，根据不同地区的不同特点，应用最为有效的变量。

四、新疆民族关系的主要影响因素

(一) 历史因素对民族关系的影响是深远的

在任何类型的群体关系出现前，两个或更多群体必须发生相互接触。这可能以多种方式发生，可能是互相交往的愉快经历，也可能是强势方给弱势方带来的不愉快的，甚至是仇恨的经历，再或者是相互排斥或敌视的经历。无论是何种方式，这种经历往往给双方关系留下深远的影响。因此，群体遭遇之初的历史事实是必须注意的首要问题。[1]

比如，在美国，种族主义、排外主义、强制同化为早期的族群关系特征打下深深的烙印。"种族主义贯穿于美国社会的始终，其源头根本不在于内战前的奴隶制度，而在于殖民地时代对黑人和印第安人的压迫和排斥。在建国初期，美国政府颁布和实施含有明显的种族歧视色彩的1787年宪法就已经说明，种族主义已经深深地扎根于美国社会之中。"[2] 以美国黑人与白人的关系为例，两者的遭遇与冲突从最开始就是以奴隶制为标志的。早期美国黑人的祖先是美国各种族中唯一"非出于自愿选择的移民"，"把奴隶制作为形成美国历史上第一个世纪的决定性的重要事件，是有争论的。当然，人们也可以将宪法、自由和平等的观

---

[1] Feagin Joe R.. *Racial and Ethnic Relations*. Englewood Cliffs, Prentice Hall. 1984, pp. 20–26.
[2] 梁茂信：《美国移民政策研究》，东北师范大学出版社1996年版，第206页。

念、边疆的扩张、外来移民等，作为同样具有决定意义的事件。然而，不论哪种事件都不能离开这一事实：即当时的美国是由一半奴隶和一半自由人组成的。"①

强制同化是排外主义之外，美国对待外来移民的一项重要的实践。"归同盎格鲁论"（Anglo-conformity），是美国历史上长期存在的一种具有浓厚种族主义色彩的民族同化理论。该理论的基本精神是要求移入美国的外来移民彻底放弃自己原来民族的传统文化，尽快适应或无条件地服从美国社会中占支配地位的盎格鲁—撒克逊种族的社会规范和价值观念。在美国的民族同化史上，归同盎格鲁论是与美国对外来移民推行的强制同化政策联系在一起的。②如果说，美国要求对外来移民实行强制同化的主张，在相当一个时期内基本还只是停留在口头宣传上，那么到了19世纪末20世纪初，随着"新移民"日益引起美国社会的关注，这一主张便开始付诸实践了，突出表现为肇端于19世纪90年代，收场于20世纪20年代的"美国化运动"。美国化运动虽各阶段侧重不一，但基本上是一次公开要求消灭移民原来文化传统，使之并入盎格鲁—撒克逊文化中的强制同化或"高压"同化运动。③第一次世界大战爆发后，英国政府出于政治的目的，对外来移民加强了强制同化运动。这时期要求外来移民"百分之百美国化"的鼓噪甚嚣尘上，"任何依恋外来民族亚文化群的'非美国化'思想感情都被认为是无法容忍的"。④

因此，两个民族最初遭遇时的经历将会对今后的民族关系产生十分深远的影响。对于这一点，新疆民族关系的研究不能忽视。与美国族群关系的历史特征最大的区别是，新疆民族关系的历史从未出现过美国历史上的奴役与被奴役的地位差异，从这一角度来讲，无论在历史上还是在现代社会，在新疆各民族之间从未存过在显性的地位或人格方面的民族不平等，也就是说各民族的相互交往和各种活动是在地位和人格平等的条件下进行的，但由于历史上的战争或对资源的争夺，使得各民族之间的歧视或偏见也普遍存在，随着各民族的发展和相互交流这些历史的记忆因其传承性至今依然影响各民族间的民族关系。忽视这一点将会导致借鉴国外研究方法及研究视角时的教条化，无法保证研究结果的准确性。

就新疆民族关系的历史影响来看，并不能简单的就美国模式来进行思考，美国的真正历史是在殖民地之后近现代过程中的历史，而新疆民族关系的历史则是

---

① [美]埃里克·方纳（Eric Foner）：《新美国历史》，齐文颖等译，北京师范大学出版社1998年版。
② 黄兆群：《纷然杂陈的美国社会——美国的民族与民族文化》，内蒙古大学出版社1994年版，第332页。
③ 黄兆群：《纷然杂陈的美国社会——美国的民族与民族文化》，内蒙古大学出版社1994年版，第336页。
④ 黄兆群：《纷然杂陈的美国社会——美国的民族与民族文化》，内蒙古大学出版社1994年版，第337页。

一个漫长的历史，这既包括古代的民族关系又包括近现代以来的民族关系的历史记忆。古代的民族关系需要的是很多的文字考证，其使用者往往是族群精英，而对于大众来讲由于其本身资源有限并不能在古代历史层面进行创造，只能接受并加工自身所得到的历史信息，所以关于古代民族关系的研究实际上也是具有现实意义的。杜撰的、歪曲的民族关系历史将会影响到人们对今天其他民族的正确认知，对民族关系历史的正确认知，而这正是要培养正确的历史观的最重要的原因。

在实际调研中我们发现实际上对于具体的作为一般民族成员的个体来讲其意识中能够最直观或者能够追溯的民族关系历史更多的是近现代的历史记忆。就课题组在吐鲁番达普散盖村所做的维、回民族关系调研来看，虽然历史资料上讲到这一地区在清朝时期就已经有了维、回杂居的现象，但人们真正的历史记忆主要还是靠代际间的传授，能够追溯的也就仅仅是自身以及自身上一代的记忆，而课题组在乌鲁木齐县永丰乡这一多民族社区所做的调查也得出了相同的结论。因此就近现代新疆的农村社区民族关系来看大致可以分为三个时期。第一时期为传统时期，从多民族聚居开始到人民公社结束。这一时期的民族关系表现为传统交往，交往程度比较紧密，人与人之间的关系即社会学所讲的熟人社会。表现为自然村的形成，相互语言的学习。家庭在此过程中所扮演的角色仍然相对传统，既是主要的生活材料和分配的主体，又是集体中的基本单位。第二时期为传统向现代的转变时期，从家庭联产承包制确立到市场经济的进入。这一时期集体的功能进一步分化，家庭的功能增多，这一时期的民族关系表现为保留传统，但却没有传统紧密，也就是现在许多学者所说的"半熟人"社会，即人们主要以家庭为单位，几乎所有的事情都要在家庭中完成，而脱离了集体。相互之间虽然很熟，但主要都是为了各自的家庭服务，合作与交往减弱。第三时期为市场经济的进入期，这一时期的民族关系表现为较第二时期活跃，人们的交往虽然不是在传统的影响下，但因为对利益的追求扩大了人们的交往。另外，集体的一些功能凸显出来，一方面表现在与外界交往中人们的"你我意识"，即对本地人和外地人的区别。就城市多民族社区来讲也存在类似的时期特点，而且更为明显，随着城市功能的逐渐完善，人口流动的日益增强，城市化和现代化的日益深化，传统的逐渐式微，各民族的交往形式虽然更多，但深层次的交往却开始日益减少。这一基本脉络的梳理有助于我们进一步了解实际近现代新疆民族关系的发展与变化层次。

（二）政府态度的差异对民族关系的影响是直接的

政府态度历来就是影响任何一个民族国家群体关系的最为重要的因素之一。政府态度主要体现在法律和政策方面，而且影响社会主流意识形态。

比如在美国，政府态度上对族群少数群体的歧视政策是显而易见的。毫不夸张地说，从一开始，联邦政府就在美国的种族和族群不平等的创造和维持方面扮演核心角色，除了联邦政府的立场外，州政府在美国早期的历史中也采取了强硬的反少数民族立场。

1. 在住房隔离方面

从一开始，联邦住房管理局就拒绝为在多种族地区提供住房贷款担保，公开控制种族融合的居住区的开发。直到20世纪50年代，在一些地方仍然存在对于公租房（public housing）进行隔离开发的官方规定。例如研究表明，黑人在附近社区中的比例越大，郊区社区越可能使用分区的办法限制开发多户家庭使用的住房。"政府在促进住房隔离方面所做的最为重要的事情之一是执行限制性房屋契约，一个限制性契约是附加于一张买方必须同意不向一个特定群体出售或出租房屋的契约或销售合同的规定。"① 它是所有南部城市和一些北部和边界城市中的处理相关事务的规则。

2. 在公共设施的隔离方面

通过一些宪法条款，在20世纪的头10年中，美国南方的黑人被有效地剥夺了公民权。"剥夺了公民权，就为旨在将黑人和白人社会生活的几乎所有方面隔离开来的一套吉姆·克劳措施的实行扫清了道路，这些社会生活的各方面包括住房、工作、教育、医疗、交通、娱乐和宗教。火车、候车室、公共用水、公园、剧院及其他公共设施或用品都已经实现了种族隔离。旅店、饭店和理发店的入口都标明了黑人或白人专用。"② 比如，"根据法令，黑人被禁止进入市高尔夫球场。因为有专门为黑人开放的公共公园，也就是说所有其他的公共公园都是专门向白人开放，而只有为白人开放的公共公园才有高尔夫球场。"③ "没有法庭否认公共设施的使用的权利平等，可是隔离就是裁定。毫无疑问，宪法可能要求平等，但实践却不同。" "尽管当地交通方面的隔离是各州普遍的做法，而且还是现在许多州的公立学校所接受的规则，通常还是会有一些可以使用的交通设施，还有学校可上。实际上，在很多案例当中，机会平等是被承认的。但类似公共公园、游泳池等设施，情况就非常不同了。在路易斯安娜、密西西比、得克萨斯，虽然分别有7 000英亩、10 972英亩、58 126英亩的公园供白人使用，但显然没有可供黑人使用的公园设施。"④ 实际上，公共设施的隔离直到20世纪50年代

---

① John E. Farley, Franklin. *From Slavery to Freedom: A History of Negro Americans*, 3d ed. New York: Vintage Books, 1969.
② [美] 马丁·N·麦格:《族群社会学》，祖力亚提·司马义译，华夏出版社2007年版，第234页。
③ James S. Taylor. "Constitutional Law Fourteenth Amendment Equal Protection: Segregation in Recreational Facilities Furnished by a Municipality", *Michigan Law Review*, Nov. 1952, p. 105.
④ Robert B. McKay. "Segregation and Public Recreation", *Virginia Law Review*. Oct. 1954, p. 703.

之前都是南部和一些北部边界州的法律。

3. 教育隔离方面

"直至1954年，最高法院规定禁止教育方面的歧视之前，南部边界州的学校隔离普遍为法律所要求。"① "至少有17个州和哥伦比亚区曾经有法律要求的学校隔离。"② 1906年，旧金山采取行动在学校系统中隔离中国人和日本人。③ 在西南部的大部分地区，墨西哥裔美国人也在学校系统中与盎格鲁隔离。④ 至少在一些案例当中，得克萨斯州的学校会议对法院消除学校隔离的命令的回应是混合黑人和墨西哥裔美国人学生，而白人盎格鲁学生则在全盎格鲁人学校上学。

威尔金森的经历生动记载了美国政府的态度："在肯塔基州的列克星敦（Lexington），一个相对安静的家庭取向的镇，居住隔离和雇佣以及社会歧视仍旧存在。我上了全黑人小学和中学的社区学校（neighborhood school）。那时，在20世纪40和50年代的后期，没有人知道整合的前景，也没有人知道种族隔离的替代办法。我的家庭不能在百货公司购物，不能坐在午餐柜台前，不能使用加油站的休息室，不能住在他们选择的任何邻里附近，不能在任何饮水器上喝水，不可能没有恐惧的投票，在市区餐厅用餐，不能进医院或剧院的前门，不能上地方大学，甚至不能坐在行驶在地方和州之间的公交车的前面。我是这种僵化和羞辱人的结构的、社会的和经济的歧视形式的产物。"⑤

在中国，情况恰恰相反，处理民族关系必须遵循的最为重要的是《中华人民共和国宪法》和《中华人民共和国民族区域自治法》中，民族平等是中国处理民族关系问题的一项基本原则，将帮助族群少数群体快速发展视为解决群体关系问题的关键。早在1952年，中国政府就发布《中华人民共和国民族区域自治实施纲要》，对民族自治地方的建立、自治机关的组成、自治机关的自治权利等重要问题做出明确规定。1984年5月31日第六届全国人民代表大会第二次会议通过的《中华人民共和国民族区域自治法》是专门调整民族关系的基本法。2001年修改颁布的《中华人民共和国民族区域自治法》（以下简称《民族区域

---

① John E. Farley. *Franklin From Slavery to Freedom: A History of Negro Americans.* 3d ed. New York: Vintage Books, 1969.

② Myrdal Gunnar. *American Dilemma: The Negro Problem and Modern Democracy.* Harper & Raw. 1944, p. 632.

③ Howard M. Bahr Bruce A. Chadwick, and Joseph H. Strauss. *American Ethnicity.* Lexington, Mass, Heath, 1979.

④ Joan W. Moore, Harry Pachon. *Mexican Americans.* Englewood Cliffs, N. J.: Prentice Hall, 1976, p. 81.

⑤ Doris Y. Wilkinson. *Integration Dilemmas in a Racist Culture, Race and Ethnicity in the United States.* Issues and Debates, Edited by Stephen Steinber, Oxford: Blackwell Publishers Ltd., 2000, pp. 156 – 159.

自治法》)则明确规定:"民族区域自治制度是国家的一项基本政治制度。"2005年5月31日起施行的《国务院实施〈中华人民共和国民族区域自治法〉若干规定》提出要加快民族自治地方经济和社会发展,巩固平等、团结、互助、和谐的社会主义民族关系。

除了在法律、法规、政策上保障民族平等,中国还反对任何形式的民族歧视和压迫。1951年发布了《关于处理带有歧视或侮辱少数民族性质的称谓、地名、碑碣、匾联的指示》,废除了带有侮辱性的称谓、地名等。

另外,新中国一直将帮助民族地区作为保证民族平等,解决民族关系问题的关键途径。《民族区域自治法》中,有13条规定了上级国家机关帮助民族自治地方发展的义务。随着近年来中国改革开放的不断深入发展,国家加大了对少数民族地区的投资力度,对少数民族地区实行优惠的财政政策。中国自20世纪80年代中期大规模地开展有组织有计划的扶贫工作以来,少数民族和民族地区始终是国家重点扶持对象。在10多年的扶贫开发过程中,少数民族贫困地区除享受其他贫困地区扶贫开发的优惠政策外,还享受国家制定的一系列特殊政策,比如放宽标准,扩大对少数民族地区的扶持范围。

具体从社会生活的方方面面来看,新疆从来没有过公共设施方面的民族隔离。民族的分布格局方面虽然呈现"大杂居、小聚居"的局面,教育教学方面存在民汉分校的情况,却非歧视性政策与法律的结果,而相反恰恰是出于尊重和保护少数民族传统文化的考虑。

首先,在新疆各民族大杂居和小聚居的总体分布格局中的某个社区里,维吾尔族和汉族的分离居住主要取决于单位分房制。"在中国的社会制度(主要是所有制、劳动制度、住房制度)下,居住分布主要取决于工作和生产单位。所以,维汉同事关系预计对维汉邻居关系有正向影响",而"汉族调查对象在居住上表现出比较大的隔离性,未能以与维吾尔族同样的规模扎根到兄弟民族中去,部分原因在于兵团社区的封闭性"。[①]"在喀什,虽然我们在喀什地区的调查没有去计算以村落为计算单位的族群居住'分离指数',但是我们从表中可以清楚看出当地的族群居住模式,即汉族相对集中居住在国有企业单位和县城,在基层农业乡镇里汉族很少或者组成独立的生产队,所以,南疆地区的族群居住隔离模式不是简单的地域分隔,而是以所有制和城乡分野为基本特征的居住分离"。[②] 从某种意义上说,在新疆居住隔离是一种以所有制和城乡分野为基本特征的普遍隔离。这种隔离在某些方面取决于各民族的自发居住意愿,在某种程度上受各种资源以

[①] 吉平、高丙中:《新疆维汉民族交融诸因素的量化分析》,北京大学出版社1993年版,第426页。
[②] 马戎:《民族社会学——社会学的族群关系研究》,北京大学出版社2004年版,第425页。

及民族开放程度的影响,在某种程度上是因为政府的不合理规划。

其次,在教育教学方面,新疆已经建立了一套完备的民族教育体系,即从小学到大学主要用民族语言授课。少数民族中小学中,少数民族语言不仅是学校的教学语言也是工作语言,一切教学和教育活动均使用少数民族语言文字,汉语仅仅是在小学高年级开始开设的一门课程设置。在此情形下的民汉分校并非因为隔离制度或相互排斥,而是两个民族出于个人发展的考虑进行自愿选择的结果。"由于汉族在文化上处于较发达的地位,渴望消除自己及后代发展道路上的障碍的维吾尔族不得不努力学习汉语,以便在专业技术上得到帮助,在党内、政府内、单位内获得更多更好的工作机会。汉族学维语就没有这么大的动力。所以,毫不奇怪,维吾尔族比汉族的双语水平高。"[①] 所以在这里必须提出的是,从民族关系来讲,双语教育不仅仅是要少数民族学习汉语,而且应当要求汉族学习少数民族语言。作为民族差异的最主要因素之一,语言的相互学习不但能够增进民族间的亲近感,而且也会了解他民族的文化,了解他民族的民族心理、生活习惯等,从而促进各民族间的相互包容和更深入地了解。

再次,在语言文字使用方面,在新疆维吾尔自治区党委、人民政府、人大常委会坚持维吾尔和汉两种文字行文。各个民族自治州、自治县也坚持用自治民族文字和汉文行文。新疆人民出版社分别用维吾尔、汉、哈萨克、蒙古、柯尔克孜和锡伯文出版图书和教材。《新疆日报》用维、汉、哈萨克、蒙古四种文字出版。新疆人民广播电台用维吾尔、汉、哈萨克、蒙古、柯尔克孜5种语言广播。由此可见,造成新疆维汉结构分离的因素并非偏见和歧视性的政策因素。正因为如此,有学者提出"双语水平是促进民族社会结构交融的最重要因素"。在语言文字的使用方面,需要考虑的一点在于,各种语言文字的受众主要依然是各民族本身,对于各民族来讲这只是一种文字与语言的相互平等,是对民族关系的维护,现实中对民族关系的作用只限于此。而在现代社会里,语言和文字在民族关系方面的作用应当不仅仅如此,其应当扮演的是一种各民族相互了解、相互交往的工具,而不再是各民族相互区别的因素之一。

最后,在充分考虑少数民族宗教信仰自由的前提下,尊重各少数民族风俗习惯。并往往以政策或法律来进行保障。从具体操作来看,往往是在各个方面照顾少数民族。据1994年《乌鲁木齐市志》载,乌鲁木齐市政府规定:民族节日全市各单位一律放假,在节日的供应上对少数民族从优照顾;在禁食猪肉的少数民族聚居区不提倡养猪,在民族杂居地区养猪时,要求一定要把猪圈好,不得污染水源;机关、厂矿为信仰伊斯兰教的干部、职工另开清真食堂,并培养少数民

---

① 吉平、高丙中:《新疆维汉民族交融诸因素的量化分析》,北京大学出版社1993年版,第409页。

厨师，逐步更替了全市 44 个清真食堂的 239 名汉族厨师等。从这一点来看，从政府角度来讲对少数民族风俗习惯、宗教信仰采取的是一种切实的尊重。在民间，由于政府的大力宣传，几乎所有的固定居民都了解一些少数民族的风俗习惯、宗教信仰。这对于各民族间相互交流是一个前提保障。但同时，信仰伊斯兰教的少数民族由于宗教信仰而遵从的饮食禁忌，使他们的生活方式有较强的排他性，政府对其风俗习惯的尊重和默认，一定程度上使现阶段的相对隔离状态，在时间上愈发延长。

（三）经济因素

随着我国经济体制转轨、市场经济的发展、科学技术的进步以及劳动生产率的不断提高，一些社会问题开始出现，成为民族矛盾的导火索。

1. 以民族为单位的社会分层

从社会整体来看，由于历史上形成的经济文化类型的制约，以及对社会发展的不适应。使得少数民族在新疆的建设发展中，往往无法介入某些行业，最终形成以民族为单位的社会分层。从人口分布上来看，汉族主要居住在南北疆的经济较为发达的区域或城镇，而少数民族则大多数聚居在经济较为落后地区或乡村，从整体上形成一种相对隔离局面。随着市场经济的发展，一些少数民族中的部分群体试图进入城市或较为发达的地区，但往往因为文化程度等各方面因素的制约，只能从事体力劳动或一些基础经济职业，无法达到其预期要求。

在吐鲁番达普散盖村的调研中我们发现影响今天维、回民族关系的首当其冲的是景区开发及市场经济的刺激。景区的开发丰富和拓展了村民的生活视野和生活内容，同时也改变了村民的生计方式，村民之间的竞争也由原来单一的地、水之争，增加了一些市场经济新内容，如家访、营运等，因此人与人之间的冲突类型也有增加。而村民间的竞争增强势必带来群体间的竞争，而群体间的竞争最首选的方式就是以民族为界的竞争，其势必会影响到本地的民族关系。这首先表现在家庭经济已经无法满足市场经济的要求，合作一般都是考虑本民族，因而竞争时往往成为若干同一民族家庭的联合竞争。其次表现在人们在景区开发和市场经济刺激下，生活目标的改变。传统社会的人们所关心的是吃饱就好，而现在的达普散盖社区居民所关心的是如何将生活变好，从调研中可以看出，回、维之间已经出现了较为初步的以民族为主体的贫富分层，这种趋势如果持续下去，必然影响到民族关系。

2. 少数民族人口增长，农村出现剩余劳动力

农村出现剩余劳动力。近些年来，少数民族人口增长速度不断加快。由于受其居住环境制约，许多年轻的成员成为失业的农民。无论是在和田地区的调研中

还是在吐鲁番地区的调研中,我们都发现存在一个普遍问题,就是农民人口数量增多,而土地有限,存在一定数量的剩余劳动力,在一些地区由政府出面组织这些人前往外省区打工,这不失是一个好的办法,但无法从根本上解决这一问题。而就年龄结构来看,这些剩余劳动力的年龄普遍偏低,大多数具备初中文化水平,大多不愿从事传统的农业劳动。从新疆整体经济发展角度,以及可持续发展角度来讲,进行劳务输出时应当注意两个方面:一方面应当根据实际需要和具体情况进行劳务输出,并且加强对劳务输出人员的技能培训、法律和相关政策培训以及文化适应培训等。另一方面,应当注重新疆内部的劳动力转移。因为在新疆许多地方,劳动力也是稀缺的,这些剩余劳动力也可以在疆内自我消化。

3. 少数民族大学生就业问题

根据我们在南疆的调查发现,伴随经济体制转轨而产生的一系列社会问题当中,大学毕业生就业问题对于南疆少数民族的生活影响十分显著,常常是引发民族间不满情绪的重要因素。因为大学生群体虽然受过相对较高的教育,但是就业难问题仍然是每一个毕业生面临的严峻考验,其中少数民族大学生就业更加困难。在吐鲁番和乌鲁木齐的调研中这一问题也普遍存在,少数民族大学生毕业以后闲置在家,这一方面浪费了人力资源,另一方面也对今后的教育产生一定的影响。据调研中部分初高中的校长反映,在南疆地区初高中辍学率一直很高,很多人认为即使孩子上了学也无法改变命运,反倒要让家庭因为上学而降低生活条件,这样就容易造成恶性循环。而就乌鲁木齐解放南路街道的调查来看,也存在类似问题。大学生就业问题不是一个独立的社会问题,它与一系列的社会问题相互交织,需要我们理性地面对,更需要我们能够给予关注和解决。

(四) 文化因素

不同民族都有各自的民族文化,构成了新疆绚丽多姿的文化。在民族文化当中对人们行为最有约束力的莫过于宗教。新疆的宗教在历史中一直在不断演变,但自从外来宗教传入以来所形成的多种宗教并存的格局却一直保持着。现在新疆主要有伊斯兰教、佛教(包括藏传佛教)、基督教、天主教、道教等。萨满教在一些民族中仍然有较大影响。全区信教群众约占全区总人口的60%。有7个民族普遍信仰伊斯兰教,占信教群众的89%,占总人口的50%左右。至今,"新疆的维汉两个民族经过近十几年的共同生活,在相互交往中、在社会生活的各个层面不断沟通交流,出现了文化的涵化和融合,在语言上表现得较为集中和明显。但是,宗教仍然固守着民族的边界,传统的文化和生活方式抵抗着外来文化的渗入。由于少数民族的社会弱势和心理弱势,宗教情绪往往容易被放大。在这方面,文化目前处于矛盾状态和一定程度的对立。从发展趋势看,由宗教引起的文化冲突将是维汉民族关系中最不稳定的因素。"①

在新疆,各民族间特别是信仰伊斯兰教的民族与其他民族间的文化差异较大。这主要是因为伊斯兰教的特殊性,其几乎与信教民族的生活各个方面都有千丝万缕的联系,甚至成为这些民族的风俗习惯或道德规范。因此宗教不仅是影响新疆民族关系的因素之一,而且在民族关系的研究中必须作为主要因素考虑。

新疆社科院研究员李晓霞对民族通婚状况的研究揭示了文化差异对民族间的通婚存在着显著的影响。她在两个乡通过对家庭民族成分构成数据及个案的分析指出,当宗教、语言、风俗这几个因素不成为障碍以后,族别属性就不太被考虑。两乡中哈萨克族对塔塔尔族、乌孜别克族文化发生涵化,三族文化差异很小,它们之间的通婚不会因为民族属性的不同而出现障碍,他们在择偶的过程中也不会着意考虑民族成分问题。虽然维吾尔与哈萨克等民族的宗教信仰一致,语言相近,但在当地他们之间的通婚并不多,因为还存在风俗及认同的差异。文化、通婚关系弱化了族际边界,两者都以生存、延续为基础,如果两族人口性别基本平衡的规模性移入,文化涵化与社会整合程度不会这么快。伴随着族际文化边界的模糊甚至是消失,民族符号将最后消失。塔塔尔族与乌孜别克族人口数量的不断减少,与后代对族别身份的自主选择有一定关系,反映了一种自愿、自然融合的过程。在新疆奇台县塔塔尔乡、木垒哈萨克自治县大南沟乌孜别克乡,"有一定数量的汉族,但在调查中,没有听说有汉族与其他民族通婚的现象","显然,族际通婚的发生率与族际之间的文化差异存在着直接的关系"。② "综合来看,混合家庭的习俗冲突表现最明显的,一是穆斯林民族与非穆斯林民族的混合家庭中,对清真饮食禁忌如何遵从;二是对与亲友来往过程中的礼俗要求如何应对;三是对对方民族的丧葬习俗是否接受。"③ 房若愚通过对"第五次全国人口普查"资料中新疆族际通婚数据的分析,也说明文化差异是阻碍跨族通婚的重要因素。他指出塔塔尔族和乌孜别克族相互认可的物质基础是共同地域。根据乌孜别克族、塔塔尔族人口的迁移史分析指出,传统文化的相通造就了两个民族大杂居小聚居、交错分布居住的格局,也是较高通婚率成为可能的条件。由此反推出哈萨克族和维吾尔族、汉族和回族虽然也出于大杂居、小聚居的分布格局当中,但不具备文化相通的条件,因而没有形成通婚圈。④ 由此可见,文化是影响新疆民族关系的重要变量。

---

① 靳薇:《新疆维汉民族关系的社会学研究》,载《西北民族研究》2001年第4期,第78页。
② 李晓霞:《新疆两乡民族混合家庭调查》,载《新疆社会科学》2005年第3期,第61~70页。
③ 李晓霞:《民族混合家庭内的文化冲突与协调》,载《新疆大学学报(哲学人文社会科学版)》2006年第7期,第79~81页。
④ 房若愚:《新疆族际通婚圈的文化成因》,载《西北人口》2007年第3期,第84~88页。

(五) 其他因素

在这些因素中,有一些因素是现有民族关系的形成必须要考虑的,有些虽然不能从整体上影响现有民族关系,但往往对局部或地方性的民族关系造成影响。

1. 外部势力的影响因素

首先是"三股势力",即恐怖主义、分裂主义和极端主义,国际社会的大环境和周边小环境的共同作用对新疆的民族关系都会产生很大影响。20世纪初以后,极少数新疆分裂分子和宗教极端分子,编造了一套所谓的"东突厥斯坦独立"的"思想理论体系"。鼓吹"东突厥斯坦"自古以来就是一个独立的国家,其民族有近万年历史,"是人类历史上最优秀的民族";鼓噪所有操突厥语和信奉伊斯兰教的民族联合起来,组成一个"政教合一"的国家;叫嚣"要反对突厥民族以外的一切民族",消灭"异教徒",中国是"东突厥斯坦民族3000年的敌国"。从20世纪初至40年代末,"东突"势力在外国敌对势力的怂恿、支持下,多次制造动乱。尤其是进入90年代,在宗教极端主义、分裂主义和国际恐怖主义的影响下,境内外部分"东突"势力转向以恐怖暴力为主要手段的分裂破坏活动。尤其是宗教因素,"从冷战时期开始,国内外各种反对势力就借民族、宗教之名,以民主、自由为借口,谋求实现分离新疆就成为外部世界削弱中国的一个重要手段。而从国内情况看,民族分裂主义分子和宗教极端主义者也一贯在民族、宗教大旗下活动的同时,积极投身国外反华势力,以期达到其不可告人的目的。"[①]

地理上的接壤以及与周边国家的民族在语言文化、生活习惯和宗教信仰上的相同或相似性,常常使新疆的民族关系受到周边国家的政治局势的影响。新疆与中亚五国的哈萨克斯坦、吉尔吉斯斯坦接壤,与乌兹别克斯坦、土库曼斯坦毗邻,拥有近3 500公里长的边境线。哈萨克、柯尔克孜等9个跨界民族与周边国家的民族有相同的语言文化、生活习惯和宗教信仰(尤其伊斯兰教是中亚五国的主体民族所信仰的宗教)。其中,哈萨克族、乌孜别克族、柯尔克孜族(吉尔吉斯人)、塔吉克族为哈萨克斯坦、乌兹别克斯坦、吉尔吉斯斯坦、塔吉克斯坦四个独立国家的主体民族。难以割舍的民族、历史渊源使新疆的民族关系易受周边国家政治局势,如阿富汗国内局势的发展、中亚各国政策的变化、南亚地区冲突局面的延续等,和经济文化发展水平的影响。

2. 偶发事件的影响

偶发事件包括两个方面:一方面是指分裂势力在新疆制造的暴力恐怖事件以

---

① 石岚:《影响新疆地区稳定的外部因素》,载《新疆社会科学》2003年第1期,第79页。

及骚乱事件。在今天这一类的事件具有以下特点。首先是不再具有广泛的群众基础，但分裂分子仍然没有停止在普通群众中宣传其分裂思想。在我们的调查中发现大多数少数民族只是单纯的信仰宗教，虽然对不信仰伊斯兰教的群体有明显排斥感，认为不属于自己的群体，但很明显不存在不愿意与其他民族共同生活的思想。近些年来，分裂分子通过各种途径，将新疆的分裂分子外输培训或将境外的恐怖分子引入，利用群众对宗教的信仰，以传教的形式在各地宣扬其分裂思想。其次是分裂分子开始将暴力活动进一步由农村转移到城市，由不分场合、地点、人物转变为对政府机关或军队、警察的袭击。这一活动的改变很明显是试图增强恐怖活动的影响范围。由于新疆民族关系的脆弱性，必须引起注意。另一方面是指由民族内部引起的民族间的冲突。前一类偶发事件，情节较为严重，性质比较恶劣。但由于其反人类、反社会的本质使得其必然是少数人为了某种利益所进行的破坏活动。其最终将受到全人类的反对。由于近些年来恐怖暴力活动的猖獗，使得由人民内部矛盾引起的民族间的冲突往往被忽略。而实质上，民族内部矛盾引起的民族间的冲突才是真正需要注意的。民族内部矛盾，往往是一种在历史上形成的，不断积累的矛盾，这种矛盾在一定量的时候就会激发为冲突，这种冲突会以各种形式表现出来，有时候会是民族间的相互歧视或偏见，但有时却会以暴力的形式出现，这时候就会使得民族关系破裂，从而造成较长时间内的民族问题。

  偶发事件的发生对民族关系的影响是很大的。据在乌鲁木齐解放南路的调查来看，解放南路原本是乌鲁木齐传统的少数民族聚居区、少数民族特色商业街及著名的旅游观光点。生活在这里的各族群众本应为能拥有这么得天独厚的资源而感到骄傲和自豪，可是在"7·5"事件发生之后，这里成了汉族群众乃至部分回族群众十分敏感的区域。二道桥、山西巷已经成为人们害怕提起的地名。本来生活在这里的各族群众之间的关系也变得微妙起来，还有部分汉族群众将在这里拥有的个人住房售出或是租给他人居住，自己搬离了原来居住的地点。在山西巷附近开设小商店的一位店主谈到这几年周围居住情况的变化时说："7·5"事件发生以后，我们楼上楼下还有这个小区里我知道的就有十几家汉族把房子给卖掉搬走了，乌鲁木齐的房价是一年比一年高，但是这里的房价再低也没有汉族愿意买。除了把房子卖掉的，还有很多是把房子租给了维吾尔族人，这里的维吾尔族流动人口多，租房子的人也多。这进一步拉大了各民族间的心理距离和实际距离。

  3. 人口因素

  人口因素包括两点。首先是各民族人口基数，其次是人口流动。从人口角度来讲，在相同时期共同机会的条件下，一定地域内往往人口较多的民族会成为主体民族，其文化会成为主流文化。具有一定人口的各民族在资源的取得上，一般会表现为人口较多的民族获取较多,在资源缺乏的情况下,往往会引起各民族间的相互竞争,人口较少的民族往往在资源的取得上会失利。人口流动,包括某一区域的人口外流或外部人口流入某一地区。人口流动往往对流入地区的各方面产生巨大的冲击。近些年来,大量内地居民流入新疆,由于其对新疆各民族宗教、文化、风俗习惯等的不了解,往往会伤害各民族间的民族感情。疆内人口流动也对近些年来新疆的民族关系产生了极大的影响,这首先是流动人口自身的文化素质较低,其往往属于弱势群体,在自身想要取得的社会地位或经济利益无法取得的情况下,容易对社会产生抗拒感,更容易将这种情绪转嫁到获得资源较多的其他民族身上;其次是疆内的人口流动容易形成民族聚居区,产生自发的居住格局上的民族隔离,这在乌鲁木齐市解放南路的居住隔离调研中充分得到了体现。解放南路街道是乌鲁木齐市典型的多民族聚居区,该街道的流动人口的数量占到总人口的 21.7%,其中少数民族流动人口占到流动人口总数的 72%。这些流动人口大部分是从喀什、阿克苏、和田等南疆三地州来乌鲁木齐从事个体、小商贩或玉石生意的。他们主要分布在街道中的大部分平房区与部分楼房住宅中,之所以选择居住在这里也是基于这一特殊社会群体相似的多种文化认同。在陌生的环境里,这些相似的文化认同会让他们获得一些心理的安慰或是可利用的资源,会让他们在城市生活的重重压力之下有一丝喘息。首先一个民族的认同会让流动人口的生活较好地融入社区生活,相同的语言、习俗、禁忌,使他们在人与人沟通的过程中不存在距离感;来自同一地区的地缘认同会让这些流动人口有一种心理上的归属感,同时他们可以在老乡那里较为容易地获得可利用的人力或物力资源,降低生活的成本;同属一个社会阶层,面临着相似的生活压力,存在着共同需要解决的问题,使他们在心理上不会存在太大的落差;信仰同一宗教的认同同样对于这些流动人口有着极大的吸引力,较为便利的宗教场所,共同的宗教活动(每天五次的乃玛子,每周五的居玛日),教徒将希望和寄托都寄予了真主安拉,这些使他们在异乡同样能够感受到浓烈的宗教氛围。因此,民族聚居区成为这些少数民族流动人口在城市社区中首要选择的居住地点,而这一社会群体的存在,使本来隔离程度相对较高的民族聚居区的民族成分更加单一,隔离程度越发加强。

第三节 历史上新疆民族关系的启示

新疆是一个多民族聚居的地方,经过漫长的历史发展过程,最终形成了今天新疆的多民族格局。各民族在这一历史过程中,虽有纷争,但和平共处一直是民族关系的主流。虽然曾有过大小不一的地方政权存在，但对中央王朝的认同仍是历史的主流。各民族之间在贸易、文化等方面进行了全方位的交流，最终形成了多民族大杂居的分布格局。

历史是现实的一面镜子，透过历史上民族关系的发展历程，可以为今天改善民族关系提供重要参考依据。从各民族共同居住的历史格局和政治经济文化的交往方面入手，考察历史上的新疆民族关系，将会为研究提供一个全面而新颖的视角。

一、各民族共同居住的历史格局

新疆自古以来就是多种族，多民族聚居生活的地方。新疆地处亚洲腹地，位居东西方陆路交通的孔道，历史上由于自然、社会或战争等原因，各不同种族、民族的人群纷纷来到这里。他们或通过这里徙往他处，或征服当地居民留居此地，或被当地居民同化融入当地居民之中。于是，这里遂成为各种族、民族迁徙的通道，角逐场和交汇融合的留居地。在这种你来我往的迁徙交融过程中，就形成了新疆复杂的民族关系和人种、民族特色。

（一）先秦时期的西域民族

对于汉代以前西域古代民族的记载，中西方史料记述很少。希腊历史学家希罗多德根据长诗《独目人》和他从斯基泰人那里了解到的情况，对中亚北部做了若干描述。按照他的描述，大致可知，在公元前7至前5世纪，中亚北部分布着三个部族：居住在哈萨克丘陵地带的是阿尔吉帕人；阿尔吉帕人之东，居住在伊犁河、楚河流域的是伊塞顿人；伊塞顿之北，自斋桑泊东抵阿尔泰山麓，生活着阿里玛斯普人。

除希罗多德的著作外，我国先秦典籍对公元前3世纪以前的西域情势也有所记述，其中成书于战国时期的《穆天子传》假托周穆王西征，叙述了一次赴西域的旅行，并到达了当时中国人心目中的极西之地——西王母之国。而这一记述也似乎说明在公元前3世纪，中原人士已经开始意识到并且试图去接近这一远离中原的部族。

《穆天子传》在叙述河套附近的一段旅途时，提到了"禺知之平"[①]，"禺知"在先秦典籍中也写做"禺氏"或"月氏"。月氏是一个游牧部族，起初游牧于河套附近，后向西扩张，直抵阿尔泰山和天山东端，在公元前3世纪末左右，

---

① 郭璞注：《穆天子传》，上海古籍出版社1990年版，第1页。

月氏臻于极盛，匈奴向其称臣。但在公元前209年冒顿单于继位后，匈奴日益强大，击退了月氏的东进。并"以天之福，吏卒良，马强力，以夷灭月氏，尽斩杀降下之。定楼兰、乌孙、呼揭及其旁二十六国，皆以为匈奴。诸引弓之民，并为一家。"① 说明当时西域大部分地区已经被匈奴征服，而月氏故地被匈奴占领，余众大部分西迁至伊犁河、楚河流域。史称这些西迁的月氏人为"大月氏"，而将留在原地的称为"小月氏"。

在大月氏西迁之前，伊犁河、楚河流域的居民是塞种人。所谓塞种人，很可能便是希罗多德提及前7世纪末已占有伊犁河、楚河流域的伊赛顿人。大约在公元前6世纪20年代末，伊塞顿人西向扩张至锡尔河北岸，逐走原来的居民马萨格泰人。从此，他们被波斯人称为"塞种"。"塞种"本是波斯人对锡尔河以北的游牧人的泛称。当大月氏人西迁时，伊犁河、楚河流域的塞种，除一部分南下散处帕米尔各地外，大部分都退缩至锡尔河北岸。

秦汉时期及以前，西域的汉人被称为"秦人"。究其原因，应与公元前623年"秦用余谋伐戎王，益国十二，开地千里，遂霸西戎"② 有关。古代印度称中国为"秦尼"、"支那"，实际上也是"秦"的音转。所以说，古代中国与南亚的联络自秦始。

由于先秦时期西域的古代民族社会发展水平较低，与外界的沟通交流较少。因此，在史料中尚没有明确的民族关系记载。但可以肯定的是，此时的西域各古代民族已经与周围产生了联系，并在迁徙中发生了融合的现象，只不过这一融合的过程多是通过战争等途径进行的。

总之，西域东部地区主要是蒙古利亚人种，他们逐渐向西活动；西域西部地区全部或主要是欧罗巴人种，他们逐渐向东活动。在早期铁器时代，哈密地区是欧罗巴人种向东扩展的最东界线，而蒙古利亚人种则向西发展到了伊犁河流域。但是，随着时间的推移，蒙古利亚人种成分的居民逐渐占据多数地位。

（二）秦汉时期的西域民族

关于先秦时期新疆居民的族属问题，史籍并无明确记载。只是到了春秋战国时期，我国汉文史籍才笼统地把我国西北地区的古代居民称为"西戎"。因此，对有关新疆古代居民的族属的认识，我们只能从具有明确文献记载的秦汉时期开始。

秦汉是我国统一多民族封建国家开始形成的时期。这时，新疆地区古代居民

---

① 司马迁：《史记·匈奴列传》卷110，中华书局1959年版，第2896页。
② 司马迁：《史记·秦本纪》卷5，中华书局1959年版，第194页。

的族属已较明确，见诸史籍记载的主要居民有：塞人、月氏人、乌孙人、羌人、匈奴人与汉人。在汉代，这些古代居民在塔里木盆地周围以及天山山谷等地带建立了许多城邦小国，人口多者有数十万人，少者仅千人，史称"西域三十六国"。具体来说，主要有以下几种古代民族：

塞人是公元前6至前5世纪左右从中亚及西伯利亚进入伊犁河流域的一个古老民族。汉初，塞人在月氏人的打击下，主支南徙罽（jì）宾（今克什米尔一带）。留居伊犁河流域的塞人则相继融入后来的月氏和乌孙人之中。

月氏人早期活动于今祁连山以北的河西走廊到天山、阿尔泰山东端之间的草原地区，以游牧为主。秦汉之际，月氏人被匈奴人打败，被迫西迁。他们打败当地塞人，进据伊犁河流域。后来月氏人在匈奴人和乌孙人的不断打击下被迫离开伊犁河流域向西南方向迁徙，进入中亚建立了自己的政权。留在伊犁河流域的月氏人渐融入乌孙人和当地居民中。

乌孙人早期与月氏人和匈奴人一起活动于河西走廊到天山与阿尔泰山之间。以游牧为主。秦汉初，乌孙人在月氏人的打击下部落瓦解。后在匈奴的支持下打败月氏人，占据了伊犁河流域的丰腴之地。张骞通西域后，乌孙与汉朝结盟抗击匈奴，成为汉朝抗击匈奴的重要力量。5世纪初，乌孙因柔然入侵，大部西迁葱岭，不久为柔然所灭。留居伊犁河流域的乌孙人则逐渐融合到当地的其他居民中。

羌人早期活动于今陕西西部至甘肃和青海的河湟一带。春秋战国时期，向西、向南地区迁移。其中，西迁进入塔里木盆地南缘的若羌等地，与当地土著居民融合，成为当地居民的重要组成部分，并由此为新疆留下了"婼羌"（今若羌）这个地名。1976年考古工作者在塔什库尔干香宝宝墓地发掘到羌人墓葬，可以断定，羌人的足迹已到达帕米尔高原。20世纪50年代，在南疆沙雅县发现了"汉归义羌长"铜印，这说明在汉代，羌人仍然是左右塔里木盆地北部一带社会局势的一支重要社会力量。

匈奴是我国古代北方游牧民族。公元前3世纪末，匈奴征服邻近各族，统一了蒙古高原。秦汉之交，匈奴乘中原动荡之机，再度占据河南地。到冒顿单于（公元前209年即位）时，匈奴已有控弦之士30万，成为北方强大的势力，击败了其西方的月氏、东方的东胡、北方的丁零、南方的楼烦、白羊等部族。并乘楚汉相争之机，南下燕、代（今河北、山西两省的北部）。公元前174年，冒顿单于去世，其子稽粥继位，号老上单于，与乌孙联军击败大月氏，大月氏再度迁徙到阿姆河左岸。匈奴乌孙联军征服大月氏后，大大提高了匈奴在西域各国中的地位和威信。由于汉朝与匈奴在中原及大漠南北的争夺日益激烈，匈奴贵族更需要利用西域的人力物力来支持对汉朝的战争，于是积极经营西域。经过几十年的努力，匈奴在西域的势力已经十分强大，建立了较为稳固的统治。并且在军事、经济方面，西域已经成为匈奴政权强有力的后方基地，匈奴也成为汉朝在西域最大的竞争对手。

汉人也是西域的早期居民，是中原华夏族融合许多民族而形成，因汉朝的建立而得名，并沿用至今。汉人在秦至西汉前期，因秦统一中原而被新疆居民称为"秦人"。从殷商时期新疆和田玉的东进中原，到希腊、罗马时期中国丝绸的大量输往欧洲，加之新疆地区出土的大量来自中原的丝织品和铜镜等装饰品。可以肯定的是，早在汉代以前，就有不少中原华夏族居民因经商或其他原因到了新疆。西汉建立以后，随着汉朝与匈奴在新疆争夺的加剧，汉朝的使节、士兵、商人来新疆的人数逐渐增多。

（三）魏晋南北朝时期的西域民族

西域封闭的状态得到了彻底的改变。中原与西域之间的交流不断加深，同时兼并战争也在一定程度上促进了各民族间的相互了解与融合。到魏晋南北朝时期，西域只剩约30国，分属五大政权。即鄯善、于阗为西域南道两大政权。焉耆、龟兹、疏勒属西域中道上的三大政权。而北疆不同时期分属不同的政权。如曹魏时期分属乌孙、车师前部、高车等。南北朝时期则有乌孙、鲜卑、柔然等。整个西域处于分裂状态，但在分裂背后的是各民族空前的交往与融合，为隋唐时期西域的统一和民族关系的发展打下了坚实的基础。

这一时期，中原地区处于社会动荡和民族迁徙融合之中，西域也陷入了混战。这种局面给鲜卑、柔然、高车、嚈哒、吐谷浑等民族进入西域争夺霸权提供了有利条件，同时促进了各民族的交汇与融合。

西域在原有民族之外，又增添了许多新的民族成分。首先进入新疆的是继匈奴之后崛起于蒙古高原的鲜卑人。鲜卑是古代东胡的后裔。早期生活在乌桓以北的大鲜卑山一带（今大兴安岭北段），并因此而得名。东汉后期，鲜卑崛起。南北朝时期，鲜卑族拓跋部建立的北魏统一了中国北方，与柔然在漠北和西域展开了激烈的争夺。439年北魏攻灭北凉，进据河西，兵锋直达伊吾（今哈密一带）。随后，北魏先后派兵将柔然势力逐出鄯善、焉耆、龟兹等地，并在鄯善和焉耆设立军镇，驻兵镇守，并设西域校尉，进一步加强对西域的管理。在鲜卑人立国及统一北方的过程中，与其争锋的则是原属鲜卑的柔然人。

柔然是4世纪末至5世纪初继匈奴、鲜卑之后在蒙古高原兴起的一个新的民族。402年，柔然首领社仑统一蒙古高原，建立柔然汗国，柔然人的足迹已到达焉耆以北地区。414年以后，社仑从兄大檀为汗时，柔然已控制了西域的伊吾、高昌、车师、焉耆、龟兹、姑墨等地，与北魏展开了激烈的争夺。后在以北魏为中心的北魏、嚈哒、高车联盟的不断打击下，终于在555年被后起的突厥所灭。在柔然汗国灭亡的过程中，高车人起了重要的作用。留居西域的柔然部众随后融入后起的高车及突厥人中。

高车是丁零人的后裔。魏晋南北朝时，称为勒勒或高车。公元4世纪，高车游牧于色楞格河、土拉河及阿尔泰山东部一带，役属于柔然。487年，高车副伏罗部首领阿伏至罗及其兄弟穷奇，率所部十余万户脱离柔然进入西域，在车师前部西北（今乌鲁木齐市一带）建立高车国，并与北魏结盟，很快就控制了高昌、焉耆、龟兹、鄯善、于阗等地，成为西域的主导力量。但在与柔然人的征战中，屡战屡败。后在嚈哒的帮助下，高车于521年大败柔然，使柔然几乎亡国。546年，高车被柔然的属部突厥所灭。高车人大部分投奔东魏，余部以铁勒之名重现于历史之中。

嚈哒是一个由车师、月氏、高车等民族长期融合而成的游牧民族。先秦时称呼揭或呼得，秦汉时称姑师或车师，南北朝时称其为嚈哒或滑。5世纪初，呼得人和车师后部人在柔然的逼迫下向西南迁徙，进入阿姆河上游和中游，建立了嚈哒国。508年，嚈哒人越过葱岭，进入塔里木盆地，占领了疏勒、于阗、龟兹等城郭诸国，迫使高车退出焉耆。由于长期争战，嚈哒国势日衰，563年被新起的突厥和波斯所灭。在嚈哒争夺西域的同时，吐谷浑也乘虚而入，加入了逐鹿西域的行列。

吐谷浑原为人名。4世纪初，吐谷浑率部由西拉木伦河西迁至青海湖一带立国，史称其部族为吐谷浑人。5世纪中叶，吐谷浑人进入西域，控制了于阗等地。490年以后，随着柔然、高车、嚈哒在西域争夺加剧，吐谷浑人乘机从高车人手中夺得鄯善、且末。北魏鞭长莫及，遂封吐谷浑王伏连筹为都督西陲诸军事、征西将军领护西戎中郎将，令其管理上述地区。由此，大批吐谷浑人迁居罗布泊周围地区，成为西域新的民族。

悦般人为匈奴人后裔。东汉初年，北匈奴在汉军的不断打击下，主力逐渐向欧洲迁徙，老弱不能随行的人则寄居在乌孙东部的洧盘水一带，并由此而得名。到魏晋南北朝时，该部人数已达20多万。5世纪初，柔然汗国强盛，多次西征乌孙，将其逐往帕米尔高原中，扶植悦般首领在其地建立了悦般国。425年，双方断交，彼此兵戎相见。悦般遂遣使与北魏结好，共同对付柔然。

汉人魏晋南北朝时期，中原地区战乱频仍，为了躲避战乱，不少汉人迁往河西，有的又从河西辗转来到新疆，以吐鲁番为中心，建立政权，将中原地区的政治、经济制度推行到了新疆地区。特别是498年由汉人在新疆东部所建立的地方性政权——高昌麴氏王国，存在长达140多年，对汉文化在西域的传播起了重大作用。

魏晋时期，鲜卑、柔然、高车、嚈哒、吐谷浑等民族相继进入西域。由于他们与先居于此的匈奴、乌孙、月氏在语言和风俗习惯上相同或相近，故而促进了这些北方民族的融合。同时，自先秦、秦汉至魏晋南北朝时期，汉族和西域的操印欧语系的诸民族一直存在于西域，他们与其他进入西域的民族共同生产、生活，并在长期的共同居住中融合，形成了西域独特的民族地理格局。

（四）隋唐五代时期的西域民族

隋唐五代时期，西域民族格局的发展与演变又进入了一个纷争交替的新阶段。除汉族外，这一时期西域的民族主要包括突厥、回纥（回鹘）、吐蕃等。

突厥早期游牧于叶尼塞河上游，后被匈奴所迫，南迁于贪汗山（今东部天山地区）。5世纪中叶，柔然势力进入准噶尔盆地，突厥人被征服，迫迁于金山（今阿尔泰山）南麓。552年，首领土门发兵攻打柔然，土门自立为伊利可汗，突厥汗国正式建立。到木杆可汗时，突厥首先攻灭柔然残余势力，统一漠北，然后又东败契丹，北并结骨（今柯尔克孜），西破嚈哒后控制了以郁督军山为中心、东自辽河以西、西到西海（今里海）、南自沙漠以北、北至北海（今贝加尔湖）的广大地区，统一了蒙古高原及西域广大地区。

突厥立国之初就分为东、西两部分，于583年正式分裂为东、西两汗国，大致以金山为界。西突厥位于金山以西，据有乌孙故地，建牙帐于焉耆以西、龟兹以北中部天山山脉的交通要地和水草丰美的鹰娑川（即今开都河上游的裕勒都斯谷地），是为冬都（南牙）。619年，又在石国以北的千泉（今吉尔吉斯斯坦托克马克西）建立夏都（北牙）。到统叶护可汗时，西突厥势达极盛，控弦数十万，建牙帐于碎叶城（今托克马克附近）。统叶护可汗死后，西突厥陷于长期的分裂混乱状态，逐渐走向衰亡。

突厥的兴起，结束了3世纪中叶以来我国北部和西部纷乱的割据局面，扩大了我国北部和西部政治统一局面的范围，为西域民族融合的进一步发展和部分主体民族的形成打下了一定的基础。然而，就在唐朝与西突厥在西域争战之际，吐蕃也加入了这一争夺的行列。

吐蕃主要分布在青藏高原，是由甘、青南下的西羌的一支发羌与当地土著居民融合而发展起来的。6世纪末，吐蕃兴起，建立国家，国王号称"赞普"。650年松赞干布死后，大相禄东赞专权，他一改松赞干布与唐和好的政策，在甘肃、青海和西域等地与唐朝展开了长达一个半世纪的反复争夺。755年，"安史之乱"爆发，唐朝在西域的兵力空虚，吐蕃乘机攻取陇右、河西和安西四镇，占据了天山南北的大部分地区。

8世纪末9世纪初，回鹘与吐蕃在北庭展开激烈争夺。最后，回鹘占领北庭，并控制北疆部分地区，但南疆大部分地区均归附于吐蕃。9世纪中叶，吐蕃内乱不断，对西域和河西的控制大为削弱。此时，西迁回鹘入居西域。866年，吐蕃逐渐退出西域返归本土。

吐蕃与唐朝在西域近一个半世纪的争夺中，在其控制区驻兵屯防，设官建制，实行了一系列的政治、经济措施。不少吐蕃部落迁入塔里木盆地东南地区，对该地民族成分的构成和演变产生了很大影响。

这一时期对后世历史产生深远影响的民族便是回纥。回纥人是605年至788年这一历史时期对今天维吾尔先民的称呼。回纥有"联合"、"结合"、"同盟"之意，是丁零人的后裔，魏晋南北朝时为铁勒（别号高车）六部之一，被称为袁纥或乌护，隋时被称为韦纥，唐时被称为回纥，788年始称"回鹘"，以后又称畏吾、畏兀儿等。

605年，韦纥部首领时健联合铁勒各部，结成联盟，号称回纥，起兵反叛突厥。630年，回纥与漠北诸部配合唐军攻灭东突厥、薛延陀，并表示愿意归附唐朝，同时请唐朝在其地设官立制。唐朝遂在薛延陀、回纥诸部驻牧之地设置6府7州，在回纥部设瀚海都督府，封吐迷度为怀化大将军兼瀚海都督。从此，回纥与唐朝建立了密切关系。

744年，回纥首领骨力裴罗在攻灭后突厥汗国后，自立为骨咄禄毗伽阙可汗，建牙帐于鄂尔浑河上游的乌德鞬山（今蒙古国杭爱山）。骨力裴罗遣使唐朝，玄宗封其为怀仁可汗，汗国建立。788年，回纥可汗顿莫贺上表唐朝政府，取"回旋轻捷如鹘"之意，请将"回纥"改称"回鹘"。回纥汗国强盛时，其疆域"东际室韦，西抵金山，南跨大漠，尽有突厥故地"。

839年，回鹘汗国遭受天灾人祸，国势急剧衰落。840年，回鹘将领句录莫贺趁国内纷乱之际，勾结回鹘汗国的夙敌黠戛斯人攻灭回鹘汗国。回鹘汗国灭亡后，诸部居民分五支向外迁徙。其中，南下的两支，一部分进入中原，融入汉族之中，一部分不久因各种原因又返回漠北。西迁的回鹘人中，一支奔向河西走廊，设牙帐于甘州（今甘肃张掖），所以被人们称为"甘州回鹘"或"河西回鹘"。是今天甘肃省裕固族的来源之一。

奔向安西的回鹘人以西州为中心建立起高昌回鹘政权，所辖部众称为"高昌回鹘"或"西州回鹘"。宋辽时期，西州回鹘的疆域东起哈密，西至阿克苏，北至伊犁，南距吐蕃（今和阗、敦煌间），成为横跨吐鲁番、塔里木和准噶尔三个盆地的政权。高昌回鹘先后臣属于辽朝和西辽。蒙元时期，又一直作为蒙元的属国。回鹘人在与当地其他各族居民的共同生活、生产、交流中逐渐融合，发展成为近代的维吾尔族。

另一支回鹘人，在其首领庞特勤的率领下，越过葱岭，进入今中亚地区，史称葱岭西回鹘。约在9世纪中叶,建立了喀喇汗王朝。该汗国强盛时,其疆域西起卡拉库姆沙漠,东至罗布泊,北到巴尔喀什湖,南尽阿姆河。王朝的统治中心前期在楚河附近的巴拉沙衮(今吉尔吉斯斯坦的托克马克之东),后来迁往喀什噶尔。葱岭西回鹘为了适应新的形势,逐渐放弃了原先的信仰而改信伊斯兰教,并以阿拉伯字母拼写自己的文字。这就为塔里木盆地居民的回鹘化奠定了基础。

隋唐五代时期,西域的民族格局有两个突出特征,一是操突厥语的诸民族逐渐将操印欧语系的民族同化融合,二是汉族在这一时期经历了又一个大发展。

(五) 宋元明时期的西域民族

这一时期是魏晋南北朝和隋唐五代之后民族文化交融,农耕和游牧经济交往高潮的继承和发展。中原与西域独特的地缘条件对民族交往产生了很大的影响。河西走廊既保持了中原和西域的相对独立,又保持了两种特殊地域文化之间割不断的联系。中原的物质条件足以满足一个大帝国维持其庞大的机构建置的需求,这个重要条件也为其对外延伸其影响和实力奠定了雄厚的基础。而西域对于外界的反应是迅速的,从资源环境上说,沙漠、草原、戈壁相对难以满足一个政权其自身的发展,这就是西域政权更迭、民族迁移频繁的重要原因。回鹘化、伊斯兰化是这时期的经济、社会、文化发展的重要内容。

宋元时期是今天新疆民族格局、文化内容、社会生活等方面的基础的奠定期,中央王朝给西域的各个方面都打下了深深的烙印。尤其是在回鹘西迁之后,西域的民族构成、文化格局、经济生产开始了新的建构。

回鹘西迁后,在西域境内大致可以分为高昌回鹘和葱岭西回鹘。

关于高昌回鹘,《宋史·龟兹传》载:"龟兹本回鹘别种,其国主自称狮子王。衣黄衣宝冠……或称西州回鹘,或称西州龟兹,又称龟兹回鹘"[1],故又有"龟兹回鹘"之称,高昌回鹘辖境之大可见一斑。回鹘从游牧转向农耕,是游牧民族转向农耕的典型事例。回鹘西迁是引起西域民族融合,形成近现代新疆少数民族格局的重要事件。

葱岭西回鹘建立了著名的喀喇汗王朝,王朝疆域西起卡拉库姆大沙漠,东到罗布泊,北到巴尔喀什湖,南至阿姆河。王朝前期的统治中心在巴拉沙衮,后期在喀什噶尔。它虽远处中亚,但和宋之间仍然保持着紧密联系。

此外,契丹人和蒙古人进入西域更是对历史的发展产生了深远的影响。契丹人是东胡系鲜卑族宇文氏的别支。北魏时生活在今辽宁省辽河上游的西拉木伦河一带,过着渔猎和游牧生活。916年,契丹建国,后改国号为大辽。1124年,契

---

[1] 脱脱:《宋史》卷490,中华书局1977年版,第14123页。

丹灭亡前夕，贵族耶律大石率领部分契丹人来到西域，于 1132 年，耶律大石在打败喀喇汗王朝军队后，在叶密立城称帝，号噶尔汗（菊尔汗）。耶律大石建立的这个政权，史称"西辽"，又称"哈喇契丹"或"黑契丹"。随后，耶律大石又东征高昌，西灭花剌子模，控制了北到巴尔喀什湖和巴哈台山，西达咸海，统有花剌子模，东到哈密，领有别失八里，东南抵和阗，西南界阿姆河的广大地区。

由于西辽统治者采取了较开明的统治政策，因此生活在西域地区的各族人民多按其原有的方式生活着。作为统治者的契丹人，由于其数量不大，除少部分外，大多逐渐融入当地土著居民和后来的蒙古人中。

蒙古于 11 世纪前后兴起于漠北蒙古高原，12 世纪末，铁木真统一蒙古各部后，与其子孙先后发动了三次大规模的西征，建立了地跨欧亚大陆的蒙古大帝国。蒙古西征及其对西域和中亚的统治，不仅导致了欧洲的民族迁徙，而且导致了中国北方及西域民族的迁徙与融合。蒙古军队西征时，也有大量征发的女真人、契丹人、汉人、畏兀儿人和西夏人，其中不少成为驻守当地的军官和官吏。元朝建立后，为防止西北诸王反叛和解决驻军供应问题，忽必烈在灭宋以后，把大量的汉军、新附军和农民、工匠征发到西北，在别失八里、斡端（今和田）、哈密里（今哈密）等地屯田，并设置冶铸场，铸造武器和农具。同时，元朝政府也征调畏兀儿人屯戍云南，哈剌鲁人戍守京师。至于东西方商人的流动更是难以计数。蒙、元时期民族间的这种迁徙和流动，使各民族有了更广泛、更密切的接触，从而产生了民族间的同化和融合。

元朝建立时，西域的大部分地区已处于成吉思汗次子察合台后裔的控制之下。1348 年，察合台后裔秃黑鲁帖木儿登上汗位，在阿克苏建立东察合台汗国。他在位期间，用强制手段迫使天山以北的 16 万蒙古人改信了伊斯兰教。到马黑麻汗继位后，用严酷的手段强迫尚未信仰伊斯兰教的蒙古部众皈依伊斯兰教。随着蒙古人信仰伊斯兰教人数的增多，到叶尔羌汗国时，新疆信仰伊斯兰教的大部分蒙古人逐渐融入当地信仰伊斯兰教的其他各民族中。

（六）清至民国时期的新疆民族

经过长期不断的民族迁徙、融合，到清末民国时期，新疆已形成了以维吾尔、汉、哈萨克、回、柯尔克孜、蒙古、锡伯、俄罗斯、塔吉克、乌孜别克、塔塔尔、满、达斡尔等 13 个民族为主的、多种民族成分并存的民族分布格局，同时也说明了新疆自古以来就是多民族聚居的地区。

维吾尔族经过长期的融合与发展，到清朝统一新疆时已成为新疆的主要民族之一。主要聚居在天山以南塔里木盆地周边及哈密、吐鲁番一带。

1680年准噶尔攻灭叶尔羌汗国后,除将其统治者迁押伊犁外,还将南疆部分维吾尔人迁至伊犁,种地纳粮,并把他们称作"塔兰奇"(即种地人)。清朝统一新疆后,又先后从南疆迁移维吾尔族6 000多户至伊犁开荒种地。伊犁逐渐成为一个新的维吾尔族聚居区。随后,随着北疆农业的开发和社会发展,迁居北疆的维吾尔人不断增加,逐渐分布到乌鲁木齐、阜康、绥来(今玛纳斯)、库尔喀喇乌苏(今乌苏),形成了今天新疆维吾尔族的分布格局。

汉族自秦汉时起就不断进入新疆,但随着民族迁徙和民族融合的不断变化,许多汉族人被融合于当地民族之中。清朝统一新疆后,由汉族人组成的绿营军成为屯垦戍边的主力,遍布天山南北,随军商人和迁居新疆的农民成为新疆农业开发的生力军。哈密、吐鲁番、巴里坤、木垒、奇台、乌鲁木齐、阜康、吉木萨、昌吉、玛纳斯、呼图壁、伊犁成为汉族的主要聚居区。随着屯垦范围的不断扩大,迁居南疆等地的汉族人也逐渐增多。到清朝末年,汉人已遍布全疆各地。

到了民国时,由于中原战乱不断,不少汉族人进入新疆,散布天山南北,构成今天新疆汉族分布的基本格局。

回族是由来自阿拉伯、波斯以及中亚细亚的穆斯林与汉人等民族融合而形成的。新疆的回族,除元朝在新疆屯田、放牧的人员外,多是清朝统一新疆后,由于清朝对回民的歧视和压迫,迫使西北陕甘回民西迁所形成的。1777年,河州王伏林"聚众念经、拒捕伤差一案",牵连妇女、幼童2万多人被发遣新疆,安插在今乌鲁木齐、昌吉、米泉等地。

1781年,甘、宁、青地区的回民反清运动被镇压后,大批回民被遣发伊犁安插。1877年,清朝平定阿古柏后,将被阿古柏裹胁至南疆的回民及白彦虎残部安置在喀喇沙尔(今焉耆),使喀喇沙尔成为回族聚居区之一。还有一些是定居新疆的绿营屯田回族士兵。除此之外,从清朝统一新疆开始,回族商人的足迹就遍及天山南北的每一个角落。至清末,回族已遍布全疆各地。民国年间,随着甘肃回族军阀马仲英入新,大批回民涌入新疆,散布天山南北,形成今天大分散小聚居的格局。

哈萨克族是由历史上曾经在伊犁河谷与中亚草原居住和活动过的许多部落和部族融合而成的。18世纪中叶,清朝平定准噶尔后,哈萨克中玉兹首领阿布赉汗向清朝政府上表称臣,在得到清朝政府同意后,部分哈萨克人迁入新疆境内的阿尔泰、塔城、伊犁地区游牧,成为今天哈萨克人的主要来源。19世纪中叶,沙俄按不平等条约中的规定,实行"人随地归",强行吞并原属中国的哈萨克族人。但是,划界后归入俄国的哈萨克人因不愿接受俄国的统治,又纷纷迁回中国境内。至清末,哈萨克族主要游牧于伊犁、塔城等地区。这一迁徙一直延续到20世纪30年代。由于连年发生自然灾害,阿勒泰的哈萨克人大半流亡。民国时,有的迁到天山北麓的玛纳斯、昌吉、乌鲁木齐、奇台、木垒、巴里坤等地，形成了今天新疆哈萨克族分布的格局。也有少部分哈萨克人迁往甘肃、青海和西藏。

柯尔克孜族在清代被称为布鲁特人，18世纪前主要活动在阿尔泰山以北的叶尼塞河上游一带。后在沙俄侵略势力的压迫下，被迫举族向西南方向迁徙。一部分迁到了帕米尔高原、兴都库什山和喀喇昆仑山一带及其附近地区，成为今天新疆境内柯尔克孜人的主要来源。1759年，清朝政府相继平定准噶尔和大小和卓叛乱，统一新疆，布鲁特人相继臣服清朝。俄国据"人随地归"原则，将伊塞克湖、楚河、塔拉斯河、纳林河流域及帕米尔高原西部的柯尔克孜人划归俄国。到新疆建省时，留在我国境内的柯尔克孜人，只占当时柯尔克孜总人数的1/20左右。至清末，他们主要分布在今天新疆的克孜勒苏柯尔克孜自治州以及乌什、喀什、塔什库尔干、阿克苏、莎车、英吉沙和北疆的特克斯、昭苏、额敏、博乐、精河、巩留等地。

明清之际，分布在今新疆、甘肃、青海和内蒙古西部的蒙古族，被称为西蒙古。该部蒙古人蒙元时期称之为"斡亦剌惕"，明代称瓦剌，清代称"卫拉特"、"厄鲁特"或"额鲁特"。13世纪时，斡亦剌人生活在叶尼塞河流域，后扩展到额尔齐斯河两岸。16世纪时，形成准噶尔、杜尔伯特（辉特部附之）、土尔扈特和和硕特四大部。17世纪初，准噶尔部首领巴图尔洪台吉（洪台吉即大台吉）做盟长时，准噶尔部势渐强盛，迫使土尔扈特部迁牧于伏尔加河流域。到噶尔丹在位时（1670~1697），准噶尔东进青海，南破叶尔羌汗国，西征中亚，控制了新疆及中亚的广大地区。

1759年，清朝政府平定准噶尔，统一新疆后，将战后余生的准噶尔人组成"厄鲁特营"，部署在伊犁和塔城一带，巡边戍防。1762年和1763年，为了加强伊犁地区的防务力量，清朝政府先后两次将驻守在张家口外的察哈尔蒙古官兵调至伊犁，组成察哈尔营，部署在今伊犁东北塔尔奇山之北，赛里木湖周围及博尔塔拉等地，屯牧戍防。

1771年，土尔扈特回归祖国后，清朝政府将由渥巴锡率领的旧土尔扈特部安置在喀喇沙尔（今焉耆）以北的裕勒都斯山、塔尔巴哈台的和博克萨里（今和布克赛尔）、库尔喀喇乌苏（今乌苏）的济尔哈朗和精河一带。将由舍楞率领的新土尔扈特安置在阿勒泰一带。同时，将与土尔扈特一起回归的和硕特蒙古安置在博斯腾湖畔。这样就构成了今天新疆蒙古族分布的地理格局。

塔吉克很早就聚居在帕米尔高原的塔什库尔干地区，故有"世界屋脊的居民"、"云彩上的人家"之称。塔吉克人是属于欧罗巴人种的雅利安人，是从中亚草原迁到帕米尔高原的。17~19世纪，帕米尔西部什克南和瓦罕等地的一些塔吉克人，因不堪原居住地统治者的残酷压迫，东迁至塔什库尔干、叶城、皮山等地，成为我国塔吉克族的一个组成部分。

18世纪末到19世纪初，为了躲避寇乱，许多塔吉克人从色勒库尔以及瓦罕等地迁往离边境较远的莎车、泽普、叶城等县。在当地维吾尔人的影响下，他们逐渐接受了维吾尔族的文化、生产方式与风俗习惯。因此，这里的塔吉克人与塔什库尔干的塔吉克人在文化、习俗等方面都存在一定的差异。目前，新疆的塔吉克族主要分布在塔什库尔干、莎车、泽普、叶城、皮山等地。

满族是我国古老的民族之一。其族源可上溯至商周时期的肃慎，汉至两晋时的挹娄，南北朝时期的勿吉，隋唐时期的靺鞨，到宋元明时被称作女真。1616年，女真首领努尔哈赤统一了女真各部，建立了后金政权。1636年，皇太极继位后，改女真为满洲，改后金为清。随着清朝对中国的统一，大批满族人或为官或驻防，遍及全国各地，形成了满族与汉族及其他各少数民族杂居的局面。

自1755年，平定准噶尔开始，清朝政府即陆续征调满洲八旗到天山南北戍防、为官，成为新疆满族人的来源。辛亥革命以后，满族官兵退役为民，遂散布新疆各地。

达斡尔意为"耕耘者"，是契丹人的后裔，"达斡尔"之名最早见于元末明初。清初因隶属于"索伦部"，也称作"索伦人"或"索伦族"。至康熙初年，才出现"打虎儿"的译名，以后又常译为"达胡尔"、"达虎里"、"达呼尔"等。1953年，根据本民族意愿，统一定名为达斡尔。17世纪以前，达斡尔人主要分布在外兴安岭以南精奇里江（今俄罗斯境内结雅河）河谷与东起牛满江（今俄罗斯境内布列亚河），西至石勒喀河的黑龙江北岸河谷地带。1764年，为了加强与巩固西北边防，清廷征调黑龙江索伦兵1 018人携眷驻防于伊犁霍尔果斯，组成索伦营，其右翼为达呼尔驻防。他们屯牧戍边，生息繁衍，成为新疆达斡尔人的来源。1871年沙俄侵占伊犁，索伦营地被占，人员辗转到了塔城。辛亥革命后，达斡尔官兵退伍为民，主要分布在塔城的额敏县一带。

锡伯族的祖先拓跋鲜卑早在东汉以前便活动在大兴安岭北段以"嘎善洞"为中心的地带，以射猎为生。1692年，锡伯人被编入满洲八旗之列。1764年，清朝政府为了加强新疆伊犁地区的防务，从盛京将军所属的盛京、开原、辽阳、抚顺等17处，抽调锡伯官兵1 018人，连同眷属2 146人迁移到新疆伊犁河南岸一带屯垦戍边。自1802年起，锡伯军民经过6年的艰苦奋斗，在伊犁河南岸开凿出了一条长达200公里的大渠，引伊犁河水垦荒造田。从此，锡伯人民就在这里落脚扎根，建设新家园。

乌孜别克其名称来源于金帐汗国的乌孜别克汗。15世纪时，金帐汗国瓦解，占据着今西伯利亚西部和哈萨克斯坦广大地区的白帐汗国的居民们都笼统地被称作乌孜别克人。自15世纪30年代起，他们进入中亚，建立布哈拉、希瓦与浩罕三个汗国，与当地居民融合形成了中亚的乌孜别克族。18世纪50年代，清朝统一新疆后，有许多中亚的乌孜别克商人来中国新疆经商。他们多在伊宁、喀什噶尔、叶尔羌、阿克苏等城市活动，其中有些人就在当地定居下来，发展成我国的乌孜别克族。19世纪60~70年代，浩罕军官阿古柏入侵新疆，又有不少乌孜别克人随之来到新疆。第一次世界大战期间及战后，迁入新疆的乌孜别克人为数也不少。他们主要分布在伊宁、塔城、乌鲁木齐、喀什、莎车、叶城等地。

新疆的俄罗斯族是自18世纪陆续从俄国迁入的。当时迁来的多为来华贸易的商人。19世纪，随着俄国土地兼并的加剧，部分破产农民也进入中国定居。1851年、1881年，俄国迫使中国分别签订了《伊塔通商章程》和《伊犁条约》两个不平等条约，取得了在新疆通商贸易的许多经济特权。一时间，俄罗斯商人接踵而至，进入我国西北地区，许多人就此留居于新疆。俄国十月革命前后及苏联农业合作化时期，又有许多俄罗斯人迁入新疆。第二次世界大战爆发后，许多俄罗斯人为了躲避战争的灾难，也在这时流入新疆，投靠亲友，散居在塔城、阿勒泰、伊宁、乌鲁木齐等地，成为今天新疆俄罗斯族的主要组成部分。

塔塔尔本是室韦中的一个部落，由于其势力强大，随蒙古军队西征欧洲至伏尔加河流域，影响巨大。15世纪中叶以后，"塔塔尔"逐渐成为喀山汗国及附近部落居民的名称。新疆的塔塔尔族，一部分是19世纪随着俄国土地兼并加剧，一部分失去土地的塔塔尔人从喀山经过伏尔加河下游、西伯利亚、哈萨克斯坦来到中国新疆。另一部分是从喀山、七河地区、斋桑泊等地来新疆经商定居下来的。第一次世界大战期间和战后又有不少塔塔尔人迁到新疆，主要是中、小商人和农民、手工业者。他们主要分布在伊宁、塔城和乌鲁木齐等城市中。

清代至民国时期，大致形成了今天新疆各民族的基本格局。这包括分布区域、民族数量、经济形态等。但这种基本格局并非意味着没有变化，因为新疆是中国的领土，必然存在着其他民族成员进入新疆从事劳动生产等活动。

在新疆悠久的历史发展过程中，多民族共同居住、共同生产生活，是历史形成的，是历史做出了这样的选择。各民族在相互交往、融合中不断发展壮大，最终演变成为今天的新疆各民族。无论是当代的新疆各民族，还是历史上曾经存在而后已经消失的民族，他们都是或曾经是中华民族大家庭的一员，都为中华民族的形成与发展做出了自己应有的贡献。我们今天必须在尊重历史的基础上，加强民族团结，由共生达到共赢。

二、从朴素国家认同到近代国家认同

"认同"（identity）原为心理学上的用语，是指自我情感上或者信念上与他人或其他对象联结为一体的心理过程。最早由精神分析学派的创始人弗洛伊德把它作为一个专门术语引入到心理学领域①。所谓的"国家认同",在英文中的表示为 national identity,也被译为"民族国家认同"。根据台湾学者施正锋的解释,"'国家认同'应该是来自英文 national identity,是 national 与 identity 而产生的结合,将个人认同的来源置于 national,也就是因为隶属 national 而产生的集体认同。national 是一种由个人组成的政治共同体,其成员相信彼此有福祸与共的命运,并且坚持要有一个自己的国家,如此一来,个人及集体的自由、平等、及福祉方得以获得保障。"② 在国际学术界,"国家认同"或"民族国家认同"一词从20世纪60年代开始,逐渐出现在研究民族国家形成和政治发展的文献中③,而在中国学术界,这一名词自改革开放以后也被越来越多的学者所使用。

人类社会自国家诞生以来,就经历了从古代国家到近现代国家的变化,国家认同作为一定时期内个体对所处的环境政治、文化、族群等要素的归属和情感,是区域内的族群生产生活和文化认同的升华,其本身就带有社会性和历史性特征。固然,古代的国家认同与近现代的国家认同有着诸多的不同,但是,古代的国家认同与近现代的国家认同又有着极为密切的联系,尤其对中国这样一个有着悠久历史的统一多民族国家来说,近现代的国家认同是在古代国家认同的基础上发展而来,由古代国家认同到近现代国家认同,是一个历时的、延续性的过程。对于近现代以前中国的国家认同,美国学者 M. 厄—奎恩(Michael Ng-Quinn)将其称为"前近代中国的国家认同"。他考察了中国自三代(夏、商、周)直到明代的漫长时段里中国国家认同产生和历史变迁的过程。认为从中国历史的极早时期开始,国家就一直集中体现着构成中国认同的华夏居民的诸多共同因素,因此历史上的中国国家乃是捍卫与保护中国认同的完整性的关键所在④。中国学者姚大力认为,自秦始皇统一中国后,是中国人形成国家认同观念过程中的一个极重要的时期,他把这一时期中国的国家观念称之为"帝制中国时期的国家观念",并且认为"帝制中国时期的国家观念"包括三个层面:以在位的专制君主为集中象征,而忠君与报国差不多为一而二、二而一的等同概念;维持着君主统

---

① 姚大力:《变化中的国家认同——读〈中国寻求民族国家的认同〉札记》,见复旦大学历史系、复旦大学中外现代化进程研究中心编:《近代中国的国家形象与国家认同》,上海古籍出版社2003年版,第126页。
② 施正锋:《台湾人的民族认同》,台北前卫出版社2000年版,第6~7页。
③ 姚大力:《变化中的国家认同——读〈中国寻求民族国家的认同〉札记》,见复旦大学历史系、复旦大学中外现代化进程研究中心编:《近代中国的国家形象与国家认同》,上海古籍出版社2003年版,第119~120页。
④ 姚大力:《变化中的国家认同——读〈中国寻求民族国家的认同〉札记》,见复旦大学历史系、复旦大学中外现代化进程研究中心编:《近代中国的国家形象与国家认同》,上海古籍出版社2003年版,第123页。

系世代相承的王朝，这是构成帝制时期中国国家观念的核心；超越这个或那个具体王朝而始终存在的一个政治上的共同体观念。①

在我们看来，将近现代国家产生之前的"国家认同"称之为"朴素国家认同"，而将近现代国家产生之后的国家认同称之为"近现代国家认同"更有利于对问题的讨论。中国自古以来就是一个统一的多民族国家，就其领土或疆域而言，它是由中心和边疆地区构成；就其人民而言，它是由汉族和其他各民族构成。因此，以新疆历史、新疆各民族发展史的视角，考察边疆地区各民族的"国家认同"历程，不仅具有学术价值，而且对于今天树立正确的国家观、民族观等有着重要的现实意义。

我们认为，从新疆各民族对中国的国家观念的认识上，经历了朴素的国家认同阶段、由朴素国家认同到近现代国家认同的过渡阶段，以及近现代国家认同的建立阶段。

（一）古代西域各民族对中国的朴素国家认同

封建时期的国家观，是指专制君主统辖下家族式的国家观念，王朝视为国家的扩大化的家，即使在王朝灭亡后，人们仍将新兴起的王朝视为中国的"正统"，它反映了当时中国各族人民对中国统一多民族国家的朴素的认同观念。

先秦时期中国就有了国家观念的记载，如《诗经》所言，"溥天之下，莫非王土；率土之滨，莫非王臣。"此后，"家"、"天下"始终是作为国家的象征，代表了社会普遍的国家观念。形式上，"王"作为国家的核心，既是一个政权的象征，又是一个政权内土地、人口、资源的所有者，这种现象贯穿于整个古代社会。因而，在中国整个古代社会中，朴素的国家认同观主要表现为以下几个方面：

首先，古代朴素的国家认同观从一开始就强调高度的统一性。古代朴素的国家认同在空间上分为所谓的九州、五服、四夷，这些或大或小的"天下"在地理范围上并不固定，从理念上讲正如《礼记》中所说："舟车所至，人力所通，天之所覆，地之所载"。国家范围可以是无穷大，但实际上国家认同始终是围绕着最高统治者展开的，在经济、文化上讲也是以中原地区为中心，以边疆地区为延伸。

其次，古代朴素的国家认同的范围是动态的。"天下"的概念随着国家实力

---

① 姚大力：《变化中的国家认同——读〈中国寻求民族国家的认同〉札记》，见复旦大学历史系、复旦大学中外现代化进程研究中心编：《近代中国的国家形象与国家认同》，上海古籍出版社2003年版，第138~139页。

的大小而伸缩。商、周时代,天子的直接统治区域是"邦畿千里"。此外,是列国诸侯和"四夷",国家的控制力不外乎方圆几百公里。但是,自秦始皇统一中国之后,国家的版图进一步扩大,"天下"的范围也逐渐向外延伸。作为"家"、"国"一体的最高统治者——皇帝,并不满足于对中心地区(中原地区)的控制,对边缘地区(边疆)也高度重视,力图将中心和边缘地区都纳入其所拥有的"国家"之中。而在边疆地区,随着中央王朝的政治统辖、经济的交流与影响、文化的浸润等,也在不同程度,并以不同方式表壳对中央王朝、一家一姓之君主所代表的国家加以认同。

第三,古代朴素的国家认同是建立在文化的文化认同。这种文化的认同除了中央王朝在中心和边缘地区丰富设官置守、授予爵位印绶等外,中央王朝还通过和亲等手段,将国和家融为一体,将中原和边疆融为一体。

新疆古代也称西域,早在先秦时期,西域就与中原有着较为密切的联系。秦汉时代,西域地区分布着大大小小不同的部落与城邦,有的以绿洲农耕经济为主,有的以游牧经济为主,还有的则从事半农半牧的生活。各城邦之间,呈相互隔绝状态,未能形成统一。西汉政权建立后,北方的匈奴势力强大,占据了西域地区。在汉朝与匈奴争夺西域的过程中,汉朝最终以其强大的经济优势和制度优势,战胜了匈奴,统一了西域,从而彻底打破了西域地区各城邦互不统属的局面。西域都护府的设立,汉朝发达的经济的影响,以及汉朝在西域确立的制度,深深地影响了西域历史的发展,对此后西域各族人民的朴素的中国认同起了重要作用。

隋唐、元朝、清朝时期,都继承了汉朝在西域遗产,以发达的经济、制度、文化等给予西域地区巨大影响,为西域的发展注入了活力。汉代以后,尽管中原地区出现了分裂割据的局面,如魏晋南北朝、宋辽夏金等,但是,西域地区各民族、当地的政权,仍保持着对中央王朝的高度认同。这一切都为清朝统一西域奠定了基础。

到1840年鸦片战争之前,由于西域与中原经济联系的不断发展,西域各民族与中原地区的交往不断加深,中央政权各种制度在西域的确立,西域各族人民对中央王朝、一家一姓之君主所代表的国家——中国,形成了不同表现形式、不同层面、不同程度的朴素认同。

古代西域各民族国家对中国的朴素认同基于以下几个层面:

1. 对中央政权管理机构和管理模式的认同

西汉建立初期,北方蒙古高原地区的匈奴势力强盛,控制了北方草原的广阔地区,向西将西域各城邦国家置于其控制之下。匈奴在西域专设了僮仆都尉,"赋税诸国,取富给焉",导致西域各国"各有君长,兵众分弱,无所统一,虽属匈奴，不相亲附"①。而当汉朝的势力进入西域后，与匈奴展开了激烈的争夺。汉朝与匈奴在西域的较量，与其说是双方军事力量的角力，不如说是双方经济、文化、政治制度等的竞争。由于汉朝有着较为成熟的统治理念，对边疆地区致力于"以义属之"，"致殊俗，威德遍于四海"②。并且与匈奴形成巨大的反差是，汉军联合西域诸国抵抗匈奴时，力求自给自足，屯田渠犁、轮台等地，避免加重当地居民的负担。这些理念与措施，最终奠定了汉朝政府与西域各国政治互信的基础。

随着汉朝的不断胜利，宣帝神爵二年（公元前60）在西域始置西域都护，自此"汉之号令班西域矣"③。西域都护府的设立有两点值得注意：一是汉朝中央政府将西域定为直属中央的郡一级的区划。西域都护作为这一区划内的最高的军政长官，位高权重。但是，汉朝统一西域之后，虽将西域列入全国郡级行政区划加以管理，但在对西域的治理上并不与内地等同设置郡、县。二是汉朝政府对西域实行有别于内地郡县的"使护"治理方式。特派负责某项政务为"使"，"护"者，督统之意也，即在西域采取了有别于内地的督统治理。如此，则西域被纳入到整个国家的行政管理体制之中，国家的权力也逐渐向下伸至西域各地。西域都护府的职能为"督察乌孙、康居诸外国动静，有变以闻，可安辑，安辑之；可击，击之"④。通过其职能我们可以看出，西域都护主要是为了维护西域安定而设立。并且西域都护为"加官"⑤，加官是附在本职之上的一种具有特定职责的官职，西域都护即汉朝皇帝派往镇抚西域诸国的使者，直接听命于皇帝，其所作所为体现了汉朝最高统治者的意图。

西域都护的设立对于西域各国来说具有重要的意义，匈奴时期"不能统帅与之进退"⑥的局面被打破，从而加强了西域各国之间的联系，使西域都护府在西域各国威望不断提升。西域各族民众表现出由衷的爱戴。在随后西域地区与中央王朝断裂的时期，匈奴卷土重来，"敛税重刻，诸国不堪命，建武中（25~56年），皆遣使求内属，愿请都护"⑦，莎车王康（18~33年在位）率众抵抗匈奴，保护西汉西域都护吏士、家属上千人，上书思慕汉朝。西汉灭亡后，莎车王主动联合西域各地区抗击匈奴的骚扰，保护"故都护吏士妻子千余口"免遭匈奴势力的残杀，并致书河西地区，探问内地的情况，"复遣使奉献，请都护"⑧。由此

---

①⑥　班固：《汉书·西域传》卷96，中华书局1962年版，第3930页。
②　司马光：《资治通鉴》卷19，汉武帝元狩元年条，中华书局1956年版，第628~629页。
③　班固：《汉书·郑吉传》卷70，中华书局1962年版，第3006页。
④　班固：《汉书·西域传》卷96，中华书局1962年版，第3873~3874页。
⑤　班固：《汉书·百官公卿表上》卷19，中华书局1962年版，第738页。
⑦　范晔：《后汉书·西域传》卷88，中华书局1973年版，第2909页。
⑧　范晔：《后汉书·西域传》卷88，中华书局1973年版，第2923页。

可以看出，西域都护的设置，是基于西域当时的社会背景下，符合各民族利益的产物，更是西域各民族众望所归的结果，因此，我们可以说，西域各族民众对西域都护的认同是对中原制度认同的最集中表现。直至汉亡后一百多年，至前秦苻坚时，将军吕光出兵至龟兹，西域各君长"上汉所赐节传"①，即拿出汉朝时代中央政府所颁赐的节传，纷纷表示："请乞依汉置都护故事，若王师出关，请为乡导"②。在他们的意识中，一直保持着作为汉朝臣属的观念。

除设置西域都护外，两汉时期汉朝政府中"致殊俗"的理念也存在另外的表现形式，西域地方行政组织仍保留了"国"的名称，在原来部落或城邦的基础上，封国王为王，并增设了一些官员，"自译长、城长、君、监、吏、大禄、百长、千长、都尉、且渠、当户、将、相至侯、王、皆佩汉印绶"③，并且，在此基础上，往往加封一些官员，如汉光武帝赐莎车王贤汉大将军印绶便是一例。④ 此外，今新疆维吾尔自治区沙雅县于什格提汉代遗址内曾发现了一枚"汉归义羌长印"，此印当系汉中央政府颁给羌族首领。

值得一提的是，两汉时期的乌孙国并不在西域都护的管辖范围内，但这并不影响汉朝中央政府对其管辖与监督，如宣帝时，乌孙贵族内部矛盾，汉中央政府因而分立元贵靡、乌就屠为大小昆弥，并派长罗侯常惠屯赤谷，为他们划分人民、地界。期间，小昆弥内乱，汉朝中央政府派段会宗前往"安辑乌孙"，因此，两任都护段会宗在西域有很高的威信。他以75岁高龄病故在乌孙，西域各族民众为缅怀这位为国家统一与民族团结做出贡献的人物，为其"发丧立祠"⑤。汉政府的这些政治设施，客观上符合西域各族民众的利益，也使西域各族民众加深了对中国的认识。

由于汉朝中央政府打下了较为坚实的基础，赢得了西域各族民众的爱戴。尽管魏晋南北朝时中原处于分裂割据状态，但西域诸政权依然向中央王朝纳贡、称臣，保持着传统的臣属关系，"无岁不奉朝贡，略如汉氏故事"⑥。这种亲和力即使经历了朝代更迭，却依然未变。西域各民族对中央政权认同的历史记忆，仍在不时被唤醒。

2. 联姻与和亲所反映的国家认同

汉朝与西域各民族交往中，常采用联姻与和亲的方式，加强西域诸国首领与中央王朝的联系，用以保护现行的制度安排，从而达到加强和深化二者之间的政

---

① 房玄龄：《晋书·吕光载记》卷121，中华书局1974年版，第3055页。
② 房玄龄：《晋书·苻坚载记》卷114，中华书局1974年版，第2911页。
③ 班固：《汉书·西域传》卷96，中华书局1962年版，第3928页。
④ 范晔：《后汉书·西域传》卷88，中华书局1973年版，第2924页。
⑤ 班固：《汉书·段会宗传》卷70，中华书局1962年版，第3031页。
⑥ 陈寿：《三国志·魏志》卷30，中华书局1959年版，第840页。

治互信。例如，龟兹王绛宾即位之后，审时度势，一反故王对汉采取的摇摆不定的态度，对西汉王朝十分友好。为结好于汉，首先派使者面见乌孙解忧公主，向解忧公主女弟史求婚。同时，弟史从长安学鼓琴返回乌孙，途径龟兹，绛宾留而不遣，同时再派使者赴乌孙，表求婚之意。解忧公主有感于绛宾的诚意，便应允亲事。婚后"龟兹王绛宾亦爱其夫人"①。和亲对于龟兹与汉朝的关系是一个非常大的改善，解忧公主上书"愿令女比宗室入朝"，龟兹王绛宾也上书"得尚汉外孙为昆弟，愿意与公主女俱入朝"②，而汉朝政府对于此事也积极响应。元康元年（公元前65），龟兹王偕夫人同来朝贺，"王及夫人皆赐印绶"③，并且"夫人号称公主，赐以车骑旗鼓，歌吹数十人，绮绣杂缯绮珍凡数千万。且留一年，厚赠送之。④ 从此龟兹与汉朝的关系更加密切。

由于与汉朝的亲密往来，龟兹王绛宾对汉朝的制度极感兴趣，返回后对龟兹国进行改革，"治宫室，作徼道周卫，出入传呼，撞钟鼓，如汉家仪"。他以极大的勇气，抵挡住其他国家"驴非驴、马非马"⑤的议论，推动着龟兹社会前进，同时也巩固了西汉对西域的统治，奠定了龟兹与汉朝政府百余年的友好政治格局。

绛宾死后，"其子丞德自谓汉外孙"，并且"汉遇之亦甚亲密"，说明这种联姻形式的政治关系起到了良好的作用。

唐朝时期，漠北回鹘汗国与唐朝建立了极为密切的关系。双方关系友好的重要体现就是唐朝与回鹘的和亲。从唐朝中叶的肃宗开始，历经唐代宗、唐德宗、唐顺宗、唐宪宗和唐穆宗六朝，共90余年，唐朝先后有宁国、咸安、太和三位公主和四位大臣宗室女子嫁与回纥可汗；回纥也以可敦妹毗伽公主嫁与唐朝郡王李承寀。这种和亲及双方所建立的"甥舅关系"，也深深嵌入回鹘族的历史记忆之中。

3. 甥舅关系与朴素的国家认同

唐朝时期，由于唐朝与回鹘的和亲，双方建立了甥舅关系。"先是，唐朝继以公主下嫁，故回鹘世称中朝为舅，中朝每赐答诏亦曰外甥。五代之后皆因之。"⑥

840年，漠北回鹘汗国灭亡，其部众或南下，或西迁。西迁进入今新疆地区的主要有两支，一支以高昌（吐鲁番）为中心建立了高昌回鹘政权，另外一支则迁至帕米尔高原以西，以后在今新疆西部喀什及中亚一带建立了喀喇汗王朝。喀喇汗王朝被以今和田为中心的佛教国家于阗征服。漠北回鹘汗国灭亡后，李唐

---

① ② ③ ④ 班固：《汉书·西域传》卷96，中华书局1962年版，第3916页。
⑤ 班固：《汉书·西域传》卷96，中华书局1962年版，第3917页。
⑥ 脱脱：《宋史·高昌传》卷490，中华书局1977年版，14114页。

王朝也于907年灭亡。赵氏家族建立北宋后，又与迁至西域的回鹘族建立了联系。此时虽然早已是时过境迁，但是，唐朝时期回鹘与唐朝的"甥舅关系"却依然保持。

北宋太平兴国六年（981），西州回鹘"其王始称西州外生师子王阿厮兰汉，遣都督麦索温来献"。在这里，西州回鹘首领对宋朝称自称为"外甥"，延续了他与唐朝的"甥舅关系"的历史记忆。其后，宋朝派王延德出使高昌回鹘，在高昌境内，王延德所看到的情景是："佛寺五十余区，皆唐朝所赐额，寺中有《大藏经》、《唐韵》、《玉篇》、《经音》等"，"有敕书楼，藏唐太宗、明皇御札诏敕，缄锁甚谨"。① 高昌回鹘与北宋重新建立甥舅关系、佛寺中所保留的唐朝所赐匾额、敕书楼所藏唐朝皇帝的御札诏敕，无不向人们昭示着回鹘对一家一姓之中央王朝、君主的认同。

北宋初期，喀喇汗王朝征服于阗后，仍以于阗之名与北宋建立联系。元丰四年（1081），于阗"遣部领阿辛上表称'于阗国偻偻有福力量知文法黑汗王，书与东方日出处大世界田地主汉家阿舅大官家'"②。同样，于阗（喀喇汗王朝）也以甥舅关系来构建与北宋的关系。

宋朝时期西域各政权多以"外甥"自称，继承了对于唐王朝的归属和认同。高昌回鹘和喀喇汗王朝仍沿袭旧有的习惯，自称外甥，称宋朝皇帝为舅，反映了当时回鹘族即使在唐朝灭亡后，仍将宋朝视为唐朝的"正统"继承者，表示认同这一"正统"的王朝。

4. 质子制度所体现的政治互信

"质子"也称"侍子"，是古代早期的国家交往中，将王子留住对方，表示双方政治互信的一种重要方式。周秦以来，中原历朝向有遣子入质的制度，而西域各国之间也有着"质子制度"的存在，如，杆弥就曾向龟兹派遣过"质子"，在汉朝进入西域地区以后，西域诸城邦为了表示对朝廷的忠诚，纷纷派遣王子留住京师。他们中的许多人在京师耳濡目染，接受了中原文化，一些人后来回到自己所在的城邦国家为王，成为汉朝政权的坚定支持者。

如莎车王延，早年就以侍子的身份在京师长安留住。东汉初年，"西域思汉威德，咸乐内属"，"西域五十余国悉皆纳质内属"，"鄯善王、车师王等十六国等皆遣子入侍奉献"。这些质子"慕乐中国，亦复参其典法"，③ 这都反映出西域诸地往往是以"纳质"的形式，表达对朝廷的忠诚。

两汉时期的质子制度一方面体现了西域地方政权同中央王朝政治上隶属关

---

① 脱脱：《宋史·高昌传》卷490，中华书局1977年版，第14110、14112页。
② 脱脱：《宋史·于阗传》卷490，中华书局1977年版，第14109页。
③ 范晔：《后汉书·西域传》卷78，中华书局1965年版，第2923页。

系，另一方面也促进了西域地方政权对于中央王朝管理方法的认同。早在汉代就有莎车王按照汉朝的官制改革官制，莎车王延时期"匈奴单于因王莽之乱，略有西域，唯莎车王延最强，不肯附属。元帝时，尝为侍子，长于京师，慕乐中国，亦复参其典法"①。此后，西域各国在同中央王朝在政治、经济文化交往对于中央王朝的制度认同也不断强化。东汉建武十七年（41）莎车王贤遣使请求汉朝任命他为都护，光武帝任命贤为西域都护之后又再度撤销了其都护之职位史载"诏书收还都护印绶，更赐贤以汉大将军印绶"之后贤不满仍然西域都护号令诸国，西域诸国也"悉服属焉"②。在这里可以看出，西域都护作为中央王朝在西域设立的最高行政长官在西域的威望是很高的。

5. 文化认同

自汉朝统一西域后，许多官方文书、公文的往来，都是使用汉语。而西域各民族在使用本民族文字的同时，也习惯使用汉语，表现出文化上的认同。

佉卢文最早是统治印度西北部的贵霜王朝的文字，由于贵霜王朝实力一度强大，曾被古代于阗和鄯善人所使用。大约在汉代至魏晋南北朝时期，古代于阗所铸造的钱币中，使用了汉文和佉卢文双语文字。这种钱币被称为"汉佉二体钱"或"和田马钱"。

于阗铸造的这种钱币是无孔、无廓，红铜制成的圆形钱币。钱币使用古希腊的打压法制成，有大、小两种，一面用篆体汉文标明币重，大钱标明"重廿四铢铜钱"，小钱为"六铢钱"，反面中心作马形和骆驼形图案，周围环以佉卢文，为于阗王姓名、年号，这也是沿袭贵霜王朝的称号。③

然而，当时于阗人使用的是东伊朗语支的和田塞语，钱币上所书写的佉卢文字是当时贵霜王朝的官方文字，对于于阗来说属于外来文化，说明了此时于阗王朝在文化上受到了贵霜王朝的影响。这种钱币铸造量不大，流行的区域仅仅限于和田绿洲一带，钱币一面使用佉卢文，是由于"这种钱币用汉文标志币值并非为了与汉人进行贸易，而只可能表示于阗在当时是归属于汉朝的"。④ 汉佉二体钱同时使用两种文字，说明了汉文化对于阗的影响。同时也说明，当地人民也使用汉文、认同汉文。

此外，在以库车一带为中心的塔里木盆地也发现了一种圆形方孔的铜钱，因钱币的一面铸有"五铢（朱）"一面铸有龟兹文字，或是一面同时铸有两种文字，被称为"汉龟二体钱"或"汉龟二体五铢钱"。这种钱币延续了秦汉的圆形方孔钱的形制，红铜铸造。区别于的汉佉二体钱的是汉龟二体钱采用了中原的铁

---

① ② 范晔：《后汉书·西域传》卷78，中华书局1965年版，第2923页。
③ 王永生：《新疆历史货币——东西方文化交融的历史考察》，中华书局2007年版，第29页。
④ 马雍：《西域史地文物丛考》，文物出版社1990年版，第72页。

范浇铸法和圆形方孔的形制。"一般认为，龟兹五铢钱及小铜钱是古代龟兹国在魏晋南北朝时期开始铸造的"[1]，直至647年唐朝攻灭龟兹国，一直流行于今龟兹、焉耆、巴楚一带。

龟兹语属于属印欧语系支派，文字使用婆罗米字母斜体，此时的龟兹国正是佛教鼎盛时期，当时库车一带一方面受佛教影响较大；另一方面，由于龟兹自汉代以来就有龟兹王"治宫室，作徼道周卫，出入传呼，撞钟鼓，如汉家仪"[2]，龟兹国很早就有了浓厚的汉文化氛围，加之龟兹作为西域的军事和经济要冲，历来为中央王朝的军事经济中心，始终保持和中原文化的交融，因此，钱币同时使用龟兹文和汉文说明了古代龟兹人同于阗人一样对于中原文化保持着高度的认同。

《福乐智慧》是公元11世纪喀喇汗王朝时期的一部政治劝喻长诗，是维吾尔族古典文学的杰出代表。这部长诗融合了阿拉伯伊斯兰文化、回鹘文化与中原儒家文化，作者尤素甫·哈斯·哈吉甫十分注重吸收中原汉地的儒家思想，他在序言中说"此书极为尊贵，它以秦地哲士的箴言和马秦学者的诗篇装饰而成。"[3]这里的秦指北部中国，马秦指南部中国。可见当时中原的儒家思想在西域广为传播，并对喀喇汗王朝的文化产生了较大影响，尤其体现在尤素甫在《福乐智慧》中表达的治国理念上。

中原的儒家思想主张，在治理国家方面，要施行"仁政"，反对暴政，具体说来就是爱惜百姓体恤百姓。这些治国主张，也正是尤素甫倡导的。他力主施行仁政，劝喻国王"要仁爱为怀，保护人民"[4]。他特别提到暴政的危害："暴政似火，能焚毁一切，良法似永，使万物滋生"、"良法使国运昌盛，人民兴旺，暴政使国祚衰微，天下不宁"[5]。他还告诫国王要重视以德治国，要"抑制恶人，使其弃恶从善，要尊敬善者，使其善性常在。要使忠义之士常在你身边，要远离无耻之徒，免受其害"[6]。他强调国王执政要公平、正直。他说："君王善良，正道直行，人民的日子将福乐无尽。"[7] 这正是德政思想的体现。此外，在书中更是随处可见儒家思想中强调的道德伦理观与日常行为规范。

从这些内容来看，以尤素甫为代表的喀喇汗王朝对中原儒家思想体系非常熟悉，并进行过仔细研究。他在表达自己的政治理想时，显然借鉴了中原朝廷的治

---

[1] 王永生：《新疆历史货币——东西方文化交融的历史考察》，中华书局2007年版，第29页。
[2] 班固：《汉书·西域传》卷96，中华书局1962年版，第3917页。
[3] 尤素甫·哈斯·哈吉甫：《福乐智慧》，民族出版社2003年版，第2页。
[4] 尤素甫·哈斯·哈吉甫：《福乐智慧》，民族出版社2003年版，第285页。
[5] 尤素甫·哈斯·哈吉甫：《福乐智慧》，民族出版社2003年版，第270页。
[6] 尤素甫·哈斯·哈吉甫：《福乐智慧》，民族出版社2003年版，第717页。
[7] 尤素甫·哈斯·哈吉甫：《福乐智慧》，民族出版社2003年版，第62页。

国之策。他把中原的儒家思想与喀喇汗王朝的社会现实巧妙地结合在一起,形成了别具一格的社会政治思想,绘制出了一幅具有儒家思想色彩的、融合东西方文化特点的东方理想国的蓝图。

纵观中原和西域的文化交流史,西域各民族对中原文化的认同经历了一个逐步加深的过程,这也是古代朴素国家认同的重要组成部分之一。

(二) 由朴素国家认同向近现代国家认同的过渡(1840~1911年)

1840年鸦片战争爆发之后,中国逐步沦为半殖民地半封建社会。面对西方殖民主义者的侵略,中国被迫纳入国际话语体系之下。随着一系列不平等条约的签订,近现代中国的疆域与国界逐步确定下来。伴随着中国的近代化进程,西方的近代国家观念与主权意识传入国内,使得国人传统的朴素国家认同受到了强烈冲击,近现代的国家认同观念开始形成。

由于疆土沦丧,国人对"中国"所代表的地域的认同开始逐渐上升并超过了对君主、世袭王朝的认同。在此基础上,中国各民族近代意义上的国家认同也逐步建立起来。可以说,自1840年鸦片战争始,至1911年辛亥革命推翻大清帝国建立民国,中国人的国家认同处在一个过渡时期中,并随着国家面临危机的加剧而越来越强烈。

新疆地处中国西陲,与加速扩张的沙皇俄国毗邻。处在反侵略斗争第一线的新疆各族人民,为捍卫国家的领土完整和统一,同样做出了重要贡献。在反对外来侵略的斗争中,新疆各族人民对中国的国家认同,既继承了古代的"忠君"、"报国"式的朴素认同,也开始出现了近代意义上的国家认同,从而呈现出明显的由朴素国家认同向近现代国家认同的过渡。突出表现在以下几个方面:

1. 表达爱国立场

19世纪中期的沙皇俄国,在中亚地区大肆扩张。逼迫清政府签订了《北京条约》、《勘分西北界约记》等不平等条约,割占了我国西北地区数十万平方公里土地。世代居住在这片国土上的无数各族百姓流离失所,沦为难民。他们或身处异国他乡,或在国内生活困苦,但在侵略者的铁蹄面前,他们勇敢地表达了自己对祖国的爱和对"中国人"身份的强烈认同。对这一点,俄国学者巴托尔德深有感触:"天山和帕米尔的吉尔吉斯人都承认自己是中国的臣民。"[1] 吉尔吉斯人(即中国的柯尔克孜族)如此,新疆其他民族亦是如此:

1871年7月,沙皇俄国悍然出兵侵占伊犁,当地各族人民不愿投靠侵略者,

---

[1] 巴托尔德:《吉尔吉斯史纲》,载《巴托尔德文集》,第2卷第1分册,[苏联]东方文献出版社1963年版,第528页。

他们从沙俄的统治下逃出来，向清政府报信，要求政府出兵收复失地。"所有满、绿、索伦、锡伯、察哈尔、额鲁特各营以及民人，并有晶河土尔扈特贝勒人众，均已同心能死，不降俄夷。"①

1876~1878 年间，左宗棠指挥清军驱逐了侵占新疆的阿古柏侵略军，这一胜利彻底粉碎了英俄企图利用阿古柏肢解和侵吞中国西北领土的阴谋。侵占伊犁地区的沙俄迫于形势，同意与清政府进行谈判。经过长期反复交涉，双方于 1881 年签订了《中俄伊犁条约》。中国收回了伊犁和特克斯河上游两岸领土，从而使新疆各族人民免遭殖民统治，重回祖国怀抱。

《中俄伊犁条约》签订以后，清朝派伊犁参赞升泰于光绪八年（1882）二月初四与俄国特派大臣弗里德互换文约，"并申明条约：'所有伊犁居民，欲迁居俄国入俄籍者，自交收伊犁之日起予限一年，并俄国驻兵一年，管束迁移之人。'而俄兵'名为保护愿意迁入俄籍之人，其实日事迫胁，所迁之民，多非情愿。比以限期日近，俄人在固勒札（Qulja，哈萨克等族对伊宁市的称呼）驱迫益急其不愿迁徙者，鞭挞重至，哀号之声彻于四野。'"②

为巩固和扩大侵略权益，沙俄强行掳掠大批人口。各族人民不愿做侵略者的奴隶，他们用逃回祖国的方式，表达了"不忘故土，仍归我国"③的留恋。中国是祖国，伊犁是故乡。

"帕米尔东部地区的塔吉克族和柯尔克孜族人民，不堪沙俄的残酷压迫和剥削，纷纷挣脱沙俄帝国主义的枷锁，回到祖国怀抱。据苏联著作记载：一八九二年下半年，有一百二十户当地牧民，从阿克塔什回到塔克敦巴什帕米尔。一八九四年，有三十三户牧民相继归来。一八九五年有一百多户牧民从伊斯提克一带回到塔克敦巴什和塔哈尔满。"④虽然一边是弱小的、任人宰割的祖国，一边是强大的侵略者，但新疆各族人民毅然选择了前者。

2. 直接参与反侵略、反分裂斗争

饱受沙俄奴役的各族人民，以多种多样的形式参与到抗俄斗争中来。伊犁地区的哈萨克、柯尔克孜等族群众，积极支持边防士兵的抗俄斗争。他们为清军"送羊助马"，甚至协助作战"出力拿贼"。俄占区内的各族人民一直坚持斗争，有的毅然迁入卡内，向官府上书"写明真心内附"，"言甘意切"。⑤

在帕米尔高原，为抗击沙俄侵略，保卫祖国边疆，色勒库尔地区的塔吉克

---

① 《筹办夷务始末》（同治朝）卷 84，中华书局 2008 年版，第 3384 页。
② 《故宫档案·民族类》卷 8047，第 10 号，转引自何星亮：《边界与民族——清代勘分中俄西北边界大臣的察合台、满、汉五件文书研究》，中国社会科学出版社 1998 年版，第 238 页。
③ 王树楠：《新疆图志·交涉五》卷 57，东方学会 1923 年印行，第 1 页。
④ 《沙俄侵略中国西北边疆史》，人民出版社 1979 年版，第 345 页。
⑤ 《筹办夷务始末》（同治朝）卷 19，中华书局 2008 年版，第 868 页。

族、柯尔克孜族广大青年，1896年组成"色勒库尔绥远回队"，由驻防当地的马队旗官兼任管带，阿奇木伯克兼任总哨，同当地驻军一起，英勇地严守边防。

3. 外国人眼中的新疆各民族的国家认同

鸦片战争以后，列强在加紧步伐侵略中国边疆地区、割占大量土地的同时，也不得不承认中国对边疆地区的主权。

在浩罕汗国军官阿古柏入侵南疆前夕，俄国就对新疆形势有了一个较为清醒的认识，特别是对于当地民众的抵抗情绪。前来新疆刺探情报的库罗巴特金就预言："只要阿古柏与清朝政府的战斗打响，将激起本地居民参加反对阿古柏的暴动。""后来事实证明了这一点。"①

果不其然，阿古柏于1865年率军入侵新疆之后，受到当地各族人民的强烈抵抗。俄国正是考虑到这一点，也为了自身侵略权益的实现，不敢也不愿对阿古柏建立的侵略政权给予承认。"俄国政府并没有做过任何事情表示他们承认阿古柏伯克为喀什噶里亚的统治者。在俄国人的眼里不管谁暂时是哪个地区事实上的所有者，合法的所有者仍然是中国人。"② 阿古柏败亡之后，英国和俄国加强了对中国西部的渗透和争夺，但各族人民在平定阿古柏之乱的过程中表现出来的强烈爱国主义精神和认同感，使他们在蚕食鲸吞之余，也不得不审慎行事。

（三）近代国家认同的形成

清朝末年，一方面帝国主义对中国的侵略不断加深；另一方面，民主的思想也在社会中不断发展壮大。先后出现了资产阶级的改良学说和资产阶级民主共和学说。深受两千年专制之苦的中国人民最终选择了民主共和的思想作为挽救民族危亡有力武器，越来越多的有识之士将推翻帝制，建立共和视为国家唯一的出路。以孙中山先生为代表的革命党人在此基础上提出了以"民族"、"民权"、"民生"为核心的"三民主义"。其中，在"民族主义"的理论框架下，孙中山先生在1912年1月1日临时大总统就职宣言时第一次提到了"五族共和"的理念，号召以民族平等、团结来达到民族融合和民族和谐，对中国各民族近代国家认同的形成产生了重要影响：

"国家之本，在于人民。合汉、满、蒙、回、藏诸地为一国，即合汉、满、蒙、回、藏诸族为一人。是曰民族之统一。"③

革命党人也将"五族共和"的理念带入了新疆，并以此为基础来号召各族

---

① ［俄］A. H. 库罗巴特金：《喀什噶尔》，商务印书馆1982年版，第221页。
② ［英］包罗杰：《阿古柏伯克传》，商务印书馆1976年版，第150页。
③ 《孙中山全集·临时大总统宣言书》（第2卷），中华书局1982年版，第2页。

人民参加反清斗争,使得包括新疆各民族人民在内的全体中国人对于国家认同有了新的认识。在盛世才统治前期,由于中国共产党进疆开展工作,以及苏联的积极影响,盛世才施行"反帝、亲苏、民平、清廉、和平、建设"的六大进步政策。直到抗战爆发,新疆各民族人民的国家认同程度达到了一个前所未有的高度。

1. 民国前期新疆各民族的国家认同表现

1911年,以孙中山为首的资产阶级革命派人士领导和发起武昌起义的炮声拉开了辛亥革命的序幕。辛亥革命得到了当时全国进步力量的支持,不久,清朝末代皇帝溥仪宣布退位,清王朝的统治宣告结束。

受辛亥革命的影响,新疆也先后于1911年10月和1912年1月发生了迪化起义和伊犁起义。伊犁起义获得成功,建立了革命政府——新伊大都督府,并成功击败清朝新疆巡抚袁大化的镇压,迫使袁大化离开新疆。不久,杨增新被袁世凯委任为新疆都督,清王朝在新疆的统治成为历史。从此,新疆的各族人民不再是清朝皇帝统治下的臣民,而是中华民国法定意义上的公民。尽管民国建立不久,中国就陷入了军阀混战的混乱局面中,国家的民主建设根本无从谈起,但是从皇帝臣民到国家公民身份的转换对于加强国家认同来说,还是具有着重大的意义。

1928年国民政府完成北伐,暂时中止了军阀混战的局面,在形式上统一了全国,但当时全国形势依然复杂多变。有识之士都期望国民政府能创造一个和平、民主的环境,建设国家,收回利权,使国家从此不再受外敌欺凌。然而,国家的前途不光被内地的有识之士所牵挂,在远离当时内地的西北塞外,也有很多人同样关心国家前途和中华民族命运的有识之士。当时新疆的回部八王公就是这些有识之士中的杰出代表。

新疆档案馆至今保留着一份非常珍贵的档案《回族劝告书》。从这份珍贵的档案材料中我们知道了一个感人的故事。新疆回部八王公(指清朝统一新疆后所封的哈密、吐鲁番等地八个维吾尔族、哈萨克族王公)积极上书建言献策,他们于1929年给南京国民政府呈上《回族劝告书》,表示对国家面临的内忧外患焦虑万分。《回族劝告书》指出,外国列强"凌我国人,占我土地",而现在国家仍处于"内政未修,建设未备,外人视我仍复破碎割裂"的局面。因此他们建议南京国民政府,应"申明大义,通电全国,无论何党、何派,凡系国人,均应化除私见,共济大同,内谋建设,外图抵御,戮力同心,共商国政"。他们表示:"我回族(指维吾尔族、哈萨克族等)亦五族之一分子,国家存亡荣辱有关。敝部各王公将领爱国之心不后于人,一旦国家有事,愿征精兵至二百万,以备国防,援助政府而强我中华神州"①。透过八部王公上书中"回族亦五族之一分子"、"爱国"、"中华神州"等字句,可以明显看出新疆各族民众的国家认同发展的轨迹。

2. 抗战时期新疆各民族国家认同的形成

抗日战争时期是新疆各民族国家认同形成的重要阶段,当国家陷入危亡关头的时刻,各种抗日救亡运动在新疆风起云涌,新疆的各族人民纷纷挺身而出,以国家主人的姿态共担国难,为爱国救国献出自己的力量。

抗战时期的新疆正处于盛世才统治之下(1933~1944)。早在"九一八"事变日本侵占中国东北后,中国共产党为建立以国共合作为基础的抗日民族统一战线进行了长期不懈的努力。1935年,中国共产党确立了建立抗日民族统一战线策略的总路线。"西安事变"的和平解决,为国共合作奠定了基础。1937年4~5月,中共中央派陈云等从苏联进入新疆,迎接西路军左支队进入新疆,新疆抗日民族统一战线初步形成。1937年"七七"事变发生后,日本帝国主义开始了全面的侵华战争。中国共产党继续号召为争取千百万群众进入建立抗日民族统一战线而斗争。同年10月,中共驻新疆八路军办事处建立,新疆抗日民族统一战线正式建立。

新疆由于远离前线战场,且地广人稀,成为抗日战争的天然大后方,"此荒凉的沙漠,乃发扬中华民族,收复失地之基本地也。汝其自勉,以洗国耻"②,可以看出,新疆寄托了中国人守土抗战太多的希望。应盛世才的邀请,许多中共党员进入新疆开展工作,他们在行政、财政、民政、教育、文化、新闻等各部门,努力工作,为保证抗战的胜利,为发动新疆各族人民支援抗战做出了巨大贡献。

也正是在抗日战争期间,新疆各民族的国家认同又提升到了一个新的阶段,这种提升在维吾尔族爱国诗人黎·穆塔里甫的诗歌里得到了突出的体现。黎·穆塔里甫于1938年写就的诗歌《中国》,表现出浓烈的爱国热情。

"中国!中国!你就是我的故乡!因为我们成千成万的人民,生长在你那温暖的纯洁的怀抱里。从你那里,我们得到了庇护,认识了自己,明白了事理。""瞧吧!旧历程就要变成新历程;因为我们为了建设'解放了的新中国',一心一意地在这广阔的原野里,高唱着'各民族'在前进。想想看,这对于我们是多么的光荣!"③

---

① 新疆维吾尔自治区精神文明建设指导委员会办公室、新疆维吾尔自治区档案局(馆)编:《不能忘却的记忆——档案中的故事》,新疆人民出版社2007年版,第30~31页。
② 徐弋吾:《新疆印象记》,西京日报社1934年版,第122页。
③ 张世荣、杨金祥编:《黎·穆塔里甫诗文选》,新疆人民出版社1981年版,第24、26~27页。

在艰难的抗战岁月里，不仅涌现出了许许多多像黎·穆塔里甫这样的爱国文化人士，新疆各族的普通群众中也涌现出了许多以国家存亡为自己的责任所在，虽然远离前线，但是捐钱捐物，支援抗战的热情却非常高涨。

1938年，正当抗日战争进行得如火如荼的时候，新疆召开了全疆第三次代表大会。在大会上，新疆各族代表就抗战局势纷纷发表看法，言语中流露出了对侵略者的憎恨和对祖国命运的担忧，纷纷表示要起到代表的作用，回去后发动自己所在地区的群众支援抗战。

一位来自疏勒县的维吾尔族呼尔加说："我们对详细情况虽然不很清楚，但是我们知道日本鬼子是可恨的！我们当地农民都知道。"并且表示，回去后要把大会上得到的消息传达给村民，大家都是中国人，都应该为救国献出自己的一份力量。[1]

一位名叫伊敏江的维吾尔族学生代表表示："维吾尔族青年都知道国家危亡的情形，希望维吾尔族青年关心祖国的热情能够传达给全国人民。"[2]

于阗代表说："于阗是中国的地方，我们是中国人，不能因为地方远，就负不起救国的责任哪！我们回去要宣传，要募款捐助政府，救了国家才永远过太平日子。"[3]

昭苏设治局长那逊说："以前对抗日战争的情况了解不是很多，这次从大会才知道的多了"。他预备回去后将详细情况报告给民众，表示蒙古族人与其他各族人民一样都是中国人，也一样要爱国。[4]

塔兰其族代表那孜尔和加："因为日本帝国主义来攻打我们，大家为了救国，一定要拥护省府巩固后方，完成救国的任务。"[5]

回族大阿訇马良骏在大会上说："我们是有一个敌人——日本，我们要一致抗战，我虽然是一个将近七十岁的老朽，我愿意率领全疆的回族同胞为祖国而战！"[6]

在全疆代表大会上，各族代表的发自肺腑的言语，充分体现了新疆各族人民在中华民族生死存亡的关头所表现出的崇高爱国热情和强烈的国家认同感，抗日战争能最终取得胜利离不开新疆各民族人民的大力支持。由此可以看出，在经历了从臣民到公民的身份转换之后，新疆各族人民已经具备了国家认同的自觉性，能主动将本民族的利益和整个国家以及中华民族的利益联系起来，在国家遭受屈

---

[1] 陈纪滢：《新疆鸟瞰》，商务印书馆1941年版，第100页。
[2] 陈纪滢：《新疆鸟瞰》，商务印书馆1941年版，第101页。
[3] 陈纪滢：《新疆鸟瞰》，商务印书馆1941年版，第104页。
[4] 陈纪滢：《新疆鸟瞰》，商务印书馆1941年版，第115页。
[5] 陈纪滢：《新疆鸟瞰》，商务印书馆1941年版，第120页。
[6] 陈纪滢：《新疆鸟瞰》，商务印书馆1941年版，第124页。

辱和磨难的时候，能够坚定不移地以一名中国人的身份投入到抵抗外敌的洪流中，相比之前历史时期内的国家认同，有了质的飞跃。

纵观新疆历史，新疆各族人民的国家认同观念经历了古代朴素阶段的国家认同、近代过渡阶段和现代形成阶段。中国统一多民族国家和西欧民族国家（nation state）的重要不同，在于中国自古以来就是一个统一的多民族国家，而西欧最初产生民族国家，是基于"一个民族一个国家"的理念，与中国有着本质的不同。因此考察中国各民族的国家认同，就必须要从古代统一多民族国家的发展历程来进行考察。

古代西域地区各民族在长期的历史过程中，形成了朴素国家认同，这也是中国古代朴素国家认同发展的一个缩影。近代以来，朴素认同开始向近现代国家认同过渡，新疆也处在这一过程中，这种国家的认同正是源于古代朴素认同的深厚基础，同时也成为新疆各族人民近现代国家认同形成的基础。辛亥革命以后，新疆各族人民的近现代国家认同已经形成并且逐步走向成熟。不论是哪一个民族，哪一种文化，都统一于中国和中华民族文化之下。

1949年新疆和平解放，中华人民共和国成立，揭开了新疆各族人民国家认同的新篇章。随着社会主义制度和民族区域自治制度的确立，民族宗教政策的落实和平等、团结、互助、和谐的民族关系的发展，新疆各族人民对中国、中华民族、中华文化的认同观念已经上升到了一个前所未有的高度。

总之，新疆各族人民的国家认同有一个悠久的历史和传统，这一方面是中央政权的强大和中原文化产生的向心力，同时在历史上，尤其是在近代历史上，新疆各族人民在反对外来侵略的斗争中，将传统的国家观和认同上升到了一个新的高度。

三、各民族之间经济的交流与互补互助

经济关系是民族关系的一个重要方面，新疆各族人民在长期的共同生产生活中结成了密切的经济关系，并开展了广泛而深入的经济互补互助。

（一）先秦时期

由于文献和考古资料的缺乏，目前基本没有找到西域古代居民经济交流的例证，但是考古发现的一些先秦时期西域与中原的经济联系，可以作为佐证，推论出西域古代居民的经济交流自古就存在。

20世纪70年代发掘的天山阿拉沟第28号墓出土了一件春秋战国时期凤鸟纹刺绣，经鉴定这是一件来自中原的产品。在阿勒泰发掘的石人、石棺墓葬中，

曾出土了一件铜镜，它是古代中原战国时期的产品，其形制和大小与河南陕县上村岭虢国墓出土的铜镜基本一致。这些都说明，早在先秦时期，新疆与内地就有经济文化交流，并且这种交流是双向的。

1976年在河南安阳殷墟发掘的商代后期商王武丁（前1250~前1192）之妻妇好墓，出土756件玉器，玉料经鉴定"基本属于新疆玉"。距安阳殷墟最近的三大玉石产地为：河南南阳、陕西蓝田、河北岫岩，但经鉴定，妇好墓出土之玉均与此三地所产玉石玉质不同，而与新疆和田玉玉质相同。

（二）秦汉时期

受到秦汉时期西域政治形势的影响，特别是汉朝与匈奴在西域的长期争夺，西域各族的经济交流发展也可以分为两个阶段——即匈奴管理时期和汉朝管理时期。

文献资料和考古发现都证明，秦汉时期的西域存在着较为发达的农业和手工业。这对匈奴有很大的吸引力，故而匈奴对西域诸国的统治以掠夺财富为主要目的。但这种统治方式的结果却是西域诸国仍"各有君长，兵众分弱，无所统一，虽属匈奴，不相亲附"。[①] 匈奴对西域的控制力不强，除了质子制度、常派使团外，并没有真正将西域融入自己政权的统辖之内，也没有更好地进行政治维护。

但等到汉朝确立了对西域的管辖后，情况发生了很大的改观。汉朝最初进入西域后，虽然也没有足够的实力来掌控西域，但由于汉朝政府有着较为成熟的统治理念，对边疆地区致力于"以义属之"，"致殊俗，威德遍于四海"[②]。具体来说，有以下一些方面深刻地改变了西域地区的经济面貌，加强了西域各族的经济交流。

首先是开辟了举世闻名的丝绸之路。公元前138年与公元前119年，汉武帝两次派遣张骞出使西域，联络西域各国共同抗击匈奴。张骞是中原第一位以朝廷使者身份出使西域的人，他以坚忍不拔的毅力，历尽艰辛，沟通了汉朝与西域各国之间的联系，为新疆和祖国内地的交流做出了巨大贡献，被称为"凿空西域"，开辟了在中西交流史上影响深远的丝绸之路，为西域各族人民的经济交流与互补互助创造了良好的条件。

其次是汉朝在西域的屯田。汉朝政府并不向西域诸国征收赋税，西域都护等各级官兵的开支一部分来自中央政府，另一部分出自屯田。而西汉在西域的屯田，意义并不仅仅限于此，中原文化真正意义的浸入西域正源于此举。张骞通西

[①] 班固：《汉书·西域传》卷96，中华书局1962年版，第3930页。
[②] 司马光：《资治通鉴》卷19，汉武帝元狩元年条，中华书局1956年版，第628~629页。

域之后，汉王朝派往西域各地的使者和西域各国派往汉朝的使者络绎不绝，各族商人也频繁地往来于内地和西域之间。在当时人烟稀少、道路艰险的情况下，为了保障这条沟通东西方的丝绸之路的安全畅通，也为了与匈奴在西域的势力相抗衡，汉武帝吸取李广利西进中难得给养，而招致失败的教训，于太初四年（公元前101）开始在西域屯田，并"初置校尉，屯田渠犁"[1]。设置使者校尉，率士卒数百人在轮台、渠犁一带屯田积谷，以供应出使西域的使者。在公元前102年李广利第二次伐大宛时，轮台已经是汉朝的军事和屯田基地，为的是"护田积谷，以给使外国者"[2]。公元前89年，桑弘羊向汉武帝上书《故轮台以东屯田奏》，提出在轮台、渠犁等地组织大规模屯田的建议，但汉武帝由于多种复杂的原因并没有采纳，然而汉昭帝即位后则采用桑弘羊的建议，于元凤三年（公元前78）"以扜弥太子为校尉，将军田轮台，轮台与渠犁地皆相连也"[3]。屯田的意义不仅在于保障官员使者和军队给养的供应，更将中原地区先进的农业生产方式和工具传播到了西域地区，提高了当地各族人民的生产技术和生活水平。

（三）魏晋南北朝时期

这一时期在西域各族经济交流方面，由于中央政府的重视，以及戊己校尉和西域长史的管理，丝绸之路保持畅通，并由原来的两道发展为三道。东来西往的商人在商道上进行贸易活动，加强了中原与西域在贸易上的联系。魏明帝太和年间（227~232），曹魏派仓慈做敦煌太守。他严惩土豪，整顿社会秩序，同时保护和发展与西域的贸易。凡是西域商人到了敦煌，想要继续东进的，他就发给通行证，派兵护送出境；凡是不愿东进的，仓慈就合理地收买他们的货物，平价供应他们所需的粮食和丝绸。仓慈还大力屯田，以保证军队和过往商人的粮食供应。西域商人无不感激仓慈。敦煌地区的稳定保证了中原与西域贸易往来的顺畅。甚至在他去世后，听闻噩耗的西域民众纷纷以刀割面表达哀思。

（四）隋唐时期

唐朝统一西域后，实行"因俗施治"政策，西域社会经济进一步发展。在汉民集中的伊、西、庭三州，实行了与内地相同的各项制度，不仅加强了边疆地区的政治、文化向心力，而且为地方财政直接提供赋税支持。从阿斯塔那墓葬中出土的殉具判断，除马、牛、羊外，猪在当地居民的家畜饲养中已占有重要的地

---

[1] 班固：《汉书·郑吉传》卷70，中华书局1962年版，第3005页。
[2] 司马迁：《史记·大宛列传》卷123，中华书局1959年版，第720页。
[3] 班固：《汉书·西域传》卷96，中华书局1962年版，第3916页。

位。三州官营手工业作坊分工细密，出现了韦匠（皮匠）、支匠、木匠、缒匠、泥匠等不同专业，并有"行"的组织。有的手工业者也兼营商业，出现了前店后坊的经营模式。唐代西州已出现了纸坊，说明造纸术已传到这里，成为手工业的一部分。唐朝在西域的屯田规模进一步扩大，仅安西四镇屯田士卒即达3万人左右。

于阗的玉雕、采金、龟兹的铜铁冶炼始终是手工业的亮点。一些工匠精于木雕、陶器制作，不少工匠从事佛教建筑、佛教艺术，许多作品留下了制作工匠的名字。

天山北麓的突厥各部，除继续经营传统的游牧业外，已开始选择城堡居住，城堡在其社会生活中发生了越来越大的作用，靠近汉人聚居区生活的突厥人还学会了农业生产，懂得了兴修水利。这样，有的突厥人逐渐成为游牧与定居的两栖部族。

840年回鹘西迁后，逐渐由游牧转入农业定居，相继在新疆地区建立了西州回鹘政权和喀喇汗王朝，从而使新疆的开发进入了新阶段。

隋唐时期，丝绸之路经济贸易空前繁盛，唐朝货币大量流入西域。唐代钱币在新疆出土的数量和分布区域都远超汉代。唐代的开元通宝、乾元重宝、大历元宝、建中通宝等钱币在西域许多地方都有大量的出土发现，1979年在罗布泊一次发掘就有970枚开元通宝钱出土。

（五）宋辽金元明时期

这一时期的西域经济及交流情况呈现出非常鲜明的地域性。在西州回鹘政权统治下的吐鲁番，农业生产技术进一步提高。吐鲁番盆地土地肥沃，小麦和杂粮交替播种，可以一年两熟；人们普遍掌握了利用流水动力磨面、舂米。针对当地土壤含沙量大的特点，当地居民开始使用骆驼耕地。瓜果品种增加。西瓜在这时从中亚河中地区传入高昌回鹘境内，并向东传入契丹，而后进入中原。据981年出使北庭的北宋使臣王延德所述，当地养马数量非常多，以毛色分群，不计其数。《宋史》称高昌回鹘人手艺精巧，善于冶铸金、银、铜、铁为器，加工玉石。北庭出产硇砂，除用以入药外，还广泛用来加工皮革。高昌回鹘工匠熟练掌握了用硇砂软化皮革的技术，用野马皮或獐子皮制成的"斜合黑皮"，在辽、宋境内享有盛誉。

和田地区在尉迟氏王朝的统治下，经济也有一定发展。经济作物除瓜果、葡萄外，还有棉花、亚麻和大麻。玉雕水平提高，改变了过去以输出玉石原料为主的境况，地产玉器成为对外馈赠的佳品，于阗王李圣天曾向后晋入贡过一方精巧的玉印，显示出精湛的工艺。

喀喇汗王朝的采矿和冶炼技术先进，有的矿井有排水和通风设备。金属冶炼已经普遍使用鼓风机，掌握了熔炼硫化铜矿，提取白银等复杂的工艺技术。手工工匠们制造各种铁制器械、铜币、金银饰品和工艺品。制陶工匠已普遍使用陶轮制陶。上釉彩陶开始大规模生产，"卡申"陶是当时的名品。这时，在一些重要建筑物上开始普遍使用釉砖装饰和铺地。和田出土的陶器上，有堆贴和阴刻的各式纹饰，有些器皿造型精美，构思奇妙，令人叹为观止。玻璃生产是当时社会生活中的大事。当时的玻璃工匠们已掌握了吹气制造薄壳玻璃的工艺，还能制出各种颜色的玻璃，用于窗户的安装。巴楚县托库孜萨莱遗址出土的一只淡黄色的高脚小酒杯，小巧玲珑，造型优美，是喀喇汗王朝时期的艺术品。若羌县城西瓦石峡遗址发掘出土的小口长颈凹底玻璃作瓶，可以说明这一时期玻璃制造业的发达情况。

　　受汉文化影响较大的契丹人来到西域后建立了西辽政权，带来了许多中原汉地的先进生产技术和工具。当时，在阿里麻里城（今新疆霍城县西北）一带，在契丹人到来之前，当地居民只知用瓶取水，当看到汉人的取水工具后非常高兴，遂采用了中原的汲水灌溉工具和技术。长期的游牧生活使契丹人积累了一套畜牧经验。他们已经认识到选育良种牲畜的重要性，要定期检查畜群，汰弱留强，保持畜群的优良品质。传统手工业制品棉、毛织物，数量增多，技艺提高。丝织品"艾德莱斯"绸色彩鲜艳，独具民族特色。和田地毯织工精细，坚固耐用。和田以桑树皮为原料制作的桑皮纸也很有名。库车羊羔皮所制裘衣，美观细软。早在辽朝，契丹人就以铸造近似低级钢的镔铁刀而著称。契丹西迁，带来了辽朝先进的冶铁技术。在中亚亚历山大古城出土的一件带有护肩、护喉锁子甲的圆头盔，工艺精良，是这一时期契丹人冶铸技术水平的代表。契丹人制作的马鞍号称天下第一。西迁后，他们把这些技艺带到了西域。西辽统治者实行较为宽松的有利政策，有利于各地居民的交流，促进了经济文化发展。

　　蒙古西征及统一西域对经济的影响是非常深远的。蒙古兴起后，在西征过程中，大量征发的女真人、契丹人、汉人、西夏人相继进入西域，分布于天山南北各地。据13世纪20年代到过新疆及中亚的道士丘处机所述，当时别失八里城居住着畏兀儿人，而当地从事音乐伎艺的都是"中州人"，即中原的汉人。30年后，另一位蒙古特使常德在赛里木湖附近的一个关口发现，守关的都是汉民。在阿里麻里城（今霍城县西北）中，畏兀儿人与汉民杂居，习俗渐染，与内地极为相似。阿里麻里以南赤木儿城的居民则多来自山西的汾州和并州。忽必烈继位后，为了镇抚西北，曾先后征调发大批汉军、新附军，以及农民和工匠到西域，为西域的开发注入了新的活力。

　　高昌的畏兀儿人大量种植葡萄，还用葡萄酿造葡萄酒。据元朝宫廷太医忽思慧《饮膳正要》记载，当时蒙古宫廷葡萄御酒主要来自吐蕃、高昌、山西临汾、太原，以高昌的葡萄酒为最佳。棉花种植及纺织技术均达到一定水平。当时畏兀儿地区的居民无论从事商品交易还是用于纳税，都用棉布而不用棉花。

元朝统一西域后，为了恢复和发展经济，采取了一系列措施。元朝政府于1282~1288年间，命令驻防在别失八里、阿里麻里、和阗、高昌等地的军队屯田。同时在阇鼍阁（今且末）、亦里、可失哈儿（今喀什）、哈梅里（今哈密）、别失八里等地招民屯田，遣派犯人在别失巴里等处屯田。累积开垦荒地约150万亩，解决了军队的粮食供给，减轻了当地人民的负担。为了保障农业生产，1278年在别失八里设立了提刑按察司兼管水利兴修事宜。

1282年元朝政府在别失八里设立冶铸场，让士兵们铸造农具，以用于屯垦。同时还设忽丹八里、别失八里局，掌管手工染织业生产。在印刷术方面，畏兀儿地区的雕版印刷是由内地工匠操持或传授的。元朝时期西域少数民族，他们学习汉文化，不少人成为精通汉文化的政治家、军事家、文学家、翻译家和艺术家。如畏兀儿人廉希宪因精通儒学，而被人称为"廉孟子"；阿鲁浑萨里通晓畏兀儿、藏、汉、蒙多种语言；贯云石是元代著名散曲家；廉惠山海牙是一位历史学家；杰出的农学家鲁明善，著有《农桑衣食撮要》，书中不仅总结了中原地区农业生产经验和西北少数民族地区的农牧业生产经验。

蒙古西征时，窝阔台组织开通了金山道，察合台组织开凿了伊犁的果子沟涧道，极大地便利了交通。为了保障新疆与中原交通路线畅通，元朝政府环绕天山南北设立了众多"站赤"，"星罗棋布，脉络相通，朝令夕至，声闻毕达"。交通路线的开辟和维护，对于推动东西方交流和保证国家统一起了重要作用。

这一时期，中原地区人民向西北地区输出生产技术的同时，也从西北人民那里接受了西北地区的生产技术和作物品种。棉花种植逐渐在内地推广。畏兀儿人善于经商，他们经常活跃于今山东河北一带，把西域的花蕊布、毡制品、裘皮、玉石、乳香、玻璃等运往内地，又将内地的金、银、丝绸、茶叶等运到西域，或销售于欧亚地区，这更促进了中原与西域以及西域各民族之间的经济交流。

（六）清朝时期

清初的新疆，呈现出"南回北准"的民族格局。准噶尔统治者为了扩大兵员和增加国内的劳动力，每占领一个地方，就劫掠人口，强迫迁到天山北路的伊犁地区，客观上促进了新疆各民族相互间的经济、文化交流与沟通了解。准噶尔蒙古"不尚田作，惟以畜牧为业"①，由于大量南疆维吾尔族农民迁居伊犁，"课

---

① 傅恒、刘统勋等撰：《钦定皇舆西域图志》卷39《风俗一》，见《新疆史志》第1部第9册，全国图书馆文献缩微复制中心2003年印行，第2732页。

其引水，种稻籼"①，使得准噶尔以游牧为主的社会经济发生了很大的变化。1723年，据俄国炮兵大尉温科夫斯基报道："在此之前三十年左右，他们很少有粮食，因为不会耕种。现在他们的耕地日益增多，不仅臣服的布哈拉人在种庄稼，而且不少卡尔梅克人也在种地。"② 乾隆四年（1736），吐鲁番维吾尔人特穆尔八克的供词中提到："乌鲁木齐耕作区种地的人共有九百余户，其中五百余户是准噶尔人。"③ 可见，准噶尔农业经济的发展与维吾尔农业技术的传播有着重要关系。

乾嘉时期，是新疆经济得到长足发展的一个时期。这主要表现在农田规模的扩大、水利事业的发展等方面。乾隆二十五年（1760），清朝继平准之后又平定大、小和卓叛乱，最终结束了新疆地区长期以来的割据状态。统一之初，由于常年的战争使得新疆各处土地荒芜，耕牧俱废，经济十分凋敝。为了恢复生产，活跃新疆农业经济，解决驻军用粮等问题，清政府组织迁徙内地人口，在当地大兴屯田，相继开展了兵屯、民屯、旗屯、遣屯、回屯、商屯等多种形式。在清政府的鼓励下，新疆地区（主要指北疆）的屯田全面开展，大量荒芜的土地得以垦殖。屯田不仅促进了新疆农业经济的发展，而且促进了内地先进的农业生产技术和新疆维吾尔族传统的灌溉农业技术的交流。

新疆维吾尔族人的农业是一种粗放型的农业经济，生产技术相当落后。如"布种时以手洒之，疏密无定，南插北沟，所不知也"；"田惟拔草，不知锄治"。④ "每于春融水鲜时，引水入池。微乾则耕犁播种。苗生数寸，又放水灌溉之，嘉禾与恶草同生。不加芸锄，且云草生茂盛，禾苗得以乘凉……"⑤ 生产工具方面，"回人仅能熔炼犁铧，于锤、练、刀、镰等器，未为熟习"⑥。兴屯之后，内地各种先进生产技术开始在新疆推广，特别是铁制农具清朝在北疆屯田使用的农具，最初主要是从内地运送。但耗资大，且往往供不应求。乾隆二十七年（1762），乌鲁木齐办事侍郎旌额理等奏，"查乌鲁木齐屯田农具，皆由内地运送，未免繁费。访之旧厄鲁特等，闻喀喇巴勒噶逊、昌吉河源等处，向曾产铁，

---

① 傅恒、刘统勋等撰：《钦定皇舆西域图志》卷12《疆域五》，见《新疆史志》第1部第5册，全国图书馆文献缩微复制中心2003年印行，第1082页。
② ［俄］伊·温科夫斯基：《十八世纪俄国炮兵大尉新疆见闻录》，宋嗣喜译，黑龙江教育出版社1999年版，第209页。
③ 《军机处录副奏折》（民族类，蒙古项），第2297号卷，第5号，乾隆四年九月二十一日，德成、李绳武，五十九，额敏奏。
④ 纪昀：《乌鲁木齐杂诗·民俗》，引于吴蔼宸：《历代西域诗钞》，新疆人民出版社1982年版，第104页。
⑤ 椿园七十一《西域闻见录》卷7《回疆风土记》，乾隆四十二年刊本，第2页。
⑥ 傅恒等：《平定准噶尔方略》续编卷7，见西藏社会科学院西藏学汉文文献编辑室编：《西藏学汉文文献汇刻》，全国图书馆文献缩微复制中心1990年印行。

随饬吐鲁番公素赉璊,派回人采铁沙百余斤,铸试尚可供用。但伊等仅能熔铸犁铧,锤炼刀镰等器,未为熟习。因行文杨应琚,调取匠役数名,前来制造,俟屯田兵丁等熟习后,即行发回,报闻。"① 可见,清政府认为从内地运送屯田农具,工序太过繁费。因此特从内地调取工匠技术人员,到新疆给维吾尔族人传授制造生产工具的先进经验,在新疆炼铁制造。据《乌鲁木齐事宜》载,乌鲁木齐铁厂中,犁铧、铁锄、镰刀、斧头、镢头等都可制造,每年生产农具除供应乌鲁木齐各屯外,"并供给哈喇沙尔、塔尔巴哈台、吐鲁番屯工之用"。

清朝统一新疆之初,南疆维吾尔族地区粮食作物品种比较少,仅有小麦、豌豆、糜、高粱、大麦、稻等6种。因此,清朝官吏引进内地农作物及技术于南疆。如乾隆二十七年(1762),陕甘总督杨应琚在哈喇沙尔、叶尔羌、库车、辟展兵屯中推广种植内地的芝麻、菜籽、胡麻时,也推广于维吾尔族农民当中,但主要采取自愿的方针。② 另外,玉米属高产农作物品种,耐旱,能在平原、山区、沙砾等各种土地上生长,明朝末年就已经从美洲传入我国,在内地一些地区推广很快。乾隆中叶,在新疆已亦发现玉米种植的记载。③

此外,这一时期新疆各民族之间经济的交流也十分广泛。乾隆时期,清朝沿袭准噶尔旧例,继续从天山南路迁徙维吾尔族农民到天山北部伊犁地区种地。"厄鲁特四营"驻牧伊犁后,清政府除支给其饷银外,其余所有口粮具系自耕自食。因其初习播种,未谙农务,清政府在每屯安插满、汉兵及维吾尔族人等携带农具,帮其修整水渠、教种帮耕。④ 乾隆二十八年(1763),"军机大臣等议奏……从前奏请将塔里雅沁回子百余人,遣往呼伦贝尔,教习索伦人等,挖沟种田。"⑤ 乾隆三十五年(1771),土尔扈特部蒙古回归祖国后,因"不谙农事",清朝又派人给土尔扈特百姓教授农业技术。维吾尔族、汉族和满族对察哈尔、索伦、土尔扈特等在农业上的帮耕帮种,不仅相互传播了农业耕作技术与经验,促使了伊犁地区农业经济的发展,也进一步密切了新疆各个民族之间的关系。

这一时期,随着内地汉族、回族、锡伯族、满族等民族大规模进入新疆地区,戍守屯垦,带来了内地先进的生产技术,促进了新疆少数民族地区农业经济的发展。从而使新疆奠定了以农业为主体的经济分布格局。

综上所述,在民族间的交往中,经济活动一直起着维系各族人民之间经常的、充满活力的、具有韧性的纽带作用。通过新疆各族经济活动的开展,大量的

---

① 《清高宗实录》卷661,乾隆二十七年五月壬子,中华书局1986年版,第395~396页。
② 《清高宗实录》卷658,乾隆二十七年四月乙丑,中华书局1986年版,第360页。
③ 齐清顺:《玉米在新疆的种植和推广》,载《新疆社会科学》1988年第1期。
④ 格琫额等:《伊江汇览·外藩》,见中国社会科学院中国边疆史地研究中心主编:《清代新疆稀见史料汇编》,全国图书馆文献缩微复制中心1989年印行,第84页。
⑤ 《清高宗实录》卷693,乾隆二十八年八月戊申,中华书局1986年版,第767页。

内地产品涌入新疆地区，使内地各族人民创造的物质文明传到新疆地区，同时也使得新疆各族人民的物质文明传到内地，更加强了新疆各族人民之间的经济交流与互补互助，促进了新疆社会经济的发展，大大增强了新疆地区各民族对中央王朝的向心力与中华民族的凝聚力。

第四节　当前新疆的民族关系与构建和谐社会的思考

自古以来，新疆因其特殊的地理区位成为东西方不同民族迁徙和多种文化的交汇之地，因而形成了新疆具有多民族共存、多文化共生的特点。加之新疆是我国少数民族分布较广和相对集中的地区，境内民族众多且民族关系较为复杂，所以新疆的民族关系是学术界关注的重要领域。近年来，随着中国社会经济发展的进程不断加快和国际风云的变幻，新疆的民族关系不断出现新的热点问题，这些问题对于新疆乃至中国的发展及和谐社会的构建都有着重大的影响。因此，对当前新疆民族关系的现状进行研究及分析，找出现阶段依然影响新疆民族关系的诸要素，并结合当前社会发展阶段的特点，对构建和谐的新疆民族关系中遇到的新问题进行归纳和总结，对于新疆的政治社会稳定、经济发展，乃至世界局势的稳定，都有着重要的现实意义。

新中国成立后，随着民族平等政策、宗教信仰自由政策的推行并在法律上保障，各民族平等相待、和睦相处、和衷共济、和谐发展、共同繁荣进步成为当前新疆民族关系的主流，而且民族关系已进入历史上最好的时期。新疆大学法学院王建基副教授在对新疆哈密地区进行的田野调查中见到的夜市和居住格局的变化可以说就是新疆民族融合、和睦相处的具体体现。"在仲夏夜的哈密城街边上，随处可见的饮食大排档，维、汉、回不同民族的经营者紧挨着摆摊设点，消费者中也是各民族汇集在一起，彼此间互相尊重，和平相处。再如在巴里坤县，新中国成立前，哈萨克牧民居住在离县城及农业区 50~60 公里以外的山区、原野，不轻易进城，汉族人一般也不涉足牧区。形成农区与牧区居住相对隔离的状态。新中国成立后，哈萨克族逐渐进城居住和到农业区放牧牲畜。至 1985 年仅县城居住的哈萨克族就 2 405 人。全县 6 个农业乡中，乡乡村村均有哈萨克牧民帮助汉族农民放牧牲畜，人口达 3 576 人。"[①]

[①] 王建基：《市场经济背景下的新疆民族社会关系及其调试》，载《兰州大学学报（社会科学版）》2003 年第 4 期，第 61 页。

但是，不可否认，各民族间不论在历史上还是在现阶段的社会生活中，也还存在着种种矛盾冲突。在此次课题进行的相关调查中，被调查到的 5 114 人对于新疆现阶段民族关系的评价是：认为新疆各民族"关系很好"的有 1 413 人、"关系比较好"的有 1 962 人、"关系一般"的有 1 543 人、"关系不太好"的有 152 人、"关系不好"的有 44 人。从数据中可以看到认为目前新疆民族关系不很乐观的人数有 1 739 人，占到被调查人数的 34%。这样的现状会因经济发展不平衡、语言和文化的差异性、宗教信仰的不同、民族意识的增强、国际环境的变化等因素造成民族间的隔阂与冲突。因此，要正视民族关系存在的长期性、阶段性，理清各种民族社会关系现状，对之进行研究，加深对其了解，加强引导，减少冲突，对促进新疆的民族团结、社会稳定和社会经济发展都有积极的意义。

一、依然影响现阶段新疆民族关系的诸因素

（一）历史因素对民族关系的影响

历史上，中华民族曾遭受到若干次内忧外患的深重灾难，但仍能发展壮大，这是由于长期的交往接触，在经济上结成了统一的整体，在文化上相互吸收、相互补充，在政治上结成统一国家这个历史发展主流决定的。但是，由于中国曾长期处在封建社会的发展阶段，民族歧视和封建等级观念，没有彻底根除，因此，民族偏见仍然存在，这对民族关系的健康发展极为有害。尤其是西部大开发带来的社会转型，对新疆民族经济领域、思想领域产生了巨大冲击，出现一些新的矛盾和问题。例如，由于先进文化与民族传统文化的交融，会使一些落后的成分淡化或淘汰，有可能使一些保守落后的人认为这是"毁灭民族文化"，这就是民族"歧视"。也有可能把个体之间发生的矛盾看成是民族问题，当做是民族歧视，进而采取过激手段，从而影响民族关系的健康发展。

（二）民族宗教政策的制定与实施对民族关系的影响

虽然从总体来看，我国的民族宗教政策对于维护和发展各民族的和谐关系发挥了积极作用，但是对于民族宗教政策中的一些因素也需要进行反思。马戎教授曾经指出，在全体国民的身份中正式地明确每个人的"民族成分"，而且使之固定化……这种制度性安排无疑会唤醒以及强化人们的"民族意识"，这种把各民族成员相互清晰地区别开来的做法，显然不利于民族之间的交往与融合。他还指出，一些针对少数民族的政治、经济、及教育等方面的优惠政策，"在保障少数

族群政治权利的同时也有可能增强各族群之间的隔阂和竞争"①。由于这些优惠、照顾政策带有明显计划经济时代的色彩，因此在目前已受到严重的冲击。近年来，少数民族学生、工人中一些人就业难、工作难就是与此有关。而且在可以预见的相当长的时期内，这种状况还会有所发展。那时，在市场经济倡导下的"公平、效益"原则与"优惠"、"照顾"政策的矛盾在新疆就会更加突出，弄不好就可能发展成为民族问题。在新疆师范大学姚维教授对新疆各民族社会心态的总体分析中可以看到，当被调查的少数民族干部和群众被问及"你对党的民族政策和民族区域自治法的认识"时，表示"坚决拥护"的占41.1%；认为"政策好，但执行不够好"的占43.7%；认为"还存在问题，需要进一步修改"的占到13.5%；表示"不拥护"的占1.7%。当问到"你对党的宗教政策的态度时"，表示"坚决拥护"的人占"54.4%"；认为"党的宗教政策好，但执行不好"的人占28.7%；认为"宗教政策还存在一些问题，需要进一步修改"的人占14.8%，表示"不拥护"的占2.1%。从以上的调查数据中可以看出大多数少数民族群众认为党的民族宗教政策是好的，但还有近一半的干部群众认为我们在贯彻党的民族和宗教政策时存在问题。② 这说明，我国某些民族宗教政策中的一些因素，在具体制定和实施的客观后果方面也需要进行反思。

（三）政治的参与程度对民族关系的影响

在社会主义和谐社会的范畴中，一个重要的内容就是民主法治。从一定意义上说，社会主义和谐社会就是民主法治的社会。发扬社会主义民主政治，建设社会主义政治文明，保障人民依法行使民主权利，使人民群众的积极性、主动性、创造性更好地发挥出来，促进党和人民群众的关系和谐，这是构建社会主义和谐社会的重要保障。人民有无参与政治的通道程序是检验一个国家民主与否的硬指标。政治参与是指普通公民通过一定的方式和渠道试图影响政治过程的行为。它使公民有机会行使自己的政治权力，实现自己的政治愿望，从而推进政治活动的民主化进程，政治参与程度越高，越能体现民主政治的本色。而且，政治参与本身就是民主制度发展的产物，是民主政治的一种实现方式，民主政治的正常运转和继续进步都要依赖于公民的政治参与。

而在新疆，处于弱势地位的少数民族群体相对于具有较大财富积累的强势群体在政治参与程度方面存在三个方面的倾向：一是他们的政治参与往往都不能被容纳到政治体系中去，属于非制度政治参与范围。所谓非制度政治参与是相对于

---

① 马戎：《民族社会学——社会学的族群关系研究》，北京大学出版社2004年版，第523页。
② 姚维：《新疆少数民族社会心态与民族地区发展研究》，新疆人民出版社2005年版，第88页。

制度化政治参与而言，是指那些突破现存制度规范的冲突式参与行为。二是他们的参与能力极不均衡，存在巨大差别。其中强势群体的各个部分，不仅已经形成了一种比较稳定的结盟关系，而且有强大的社会能量，他们主要采取诸如权力寻租、政治捐献、个别接触等形式对政治生活及整个社会活动产生了重要影响。而部分少数民族群体则只能采取集体上访、围攻党政机关等过激行为表达自身的政治诉求，这种参与的效果只能是表面和偶然的，而且这种参与的行为对于民族问题的解决及和谐民族关系的建立是起着阻碍作用的。三是政治参与热情及民族意识不高。在一项目调查中显示，新疆少数民族群众最关心的事情中"国家政治"第五位（总共九项），次于关心"本职工作"、"学习技术和知识"、"做生意"、"家庭"，说明新疆少数民族群众对国家政治的关注度不太高，政治参与意识不是很积极，相比较而言，更关心个人事业。这反映了新疆少数民族群众的民主意识不强，与社会主义的政治文明目标还有较大差距，而公众的民主意识又直接影响到他们的政治参与热情。这种局面不利于在全疆形成民主的政治大局面的目标。[①]

（四）经济发展程度及经济利益对民族关系的影响

民族问题虽然表现复杂多样，但是从根本上说是少数民族和民族地区迫切要求加快经济文化发展与自我发展能力不足的矛盾，这是我国民族问题的主题。这一主题，决定了我国民族工作的主题，即各民族共同团结奋斗、共同繁荣发展。牢牢把握这一工作主题，不仅是全面建设小康社会的基本要求，而且也是构建社会主义和谐社会的基本条件。

过去在计划经济体制下，民族关系主要体现在政治关系上，由于缺乏经济因素的激励，在形式上表现出凝滞、沉闷、被动与压抑，无法显示其应有的生气与活力。随着经济体制的改革，计划经济逐步向市场经济过渡，少数民族也必将毫无例外地被推向市场，民族关系的内容也将主要转化为经济关系，经济发展程度、经济利益等因素也会直接地摆在每个民成员的面前，成为影响民族关系的重要的因素。

1. 经济发展程度因素

由于历史和现实的复杂因素，新疆还存在着较为严重的民族之间经济、文化、社会等方面的事实上的不平等现象。近年来，这一差距还有日益拉大的趋势。区域之间经济社会发展差距的拉大和不同区域之间居民收入差距的拉大，在不同民族之间的表现更为明显。一是新疆整体的经济发展程度和居民收入水平与

---

① 姚维：《新疆少数民族社会心态与民族地区发展研究》，新疆人民出版社2005年版，第118页。

全国的差距持续拉大。在相关调查中显示，新疆少数民族群众认为目前新疆的经济发展状况"不好"的占14.15%，并且还有2.6%的人没有做出正确评价。同时对目前自己的生活水平"不满意"和"很不满意"的新疆少数民族群众分别占25.26%和5.26%，人数不少。① 二是新疆内部汉族地区和民族地区的差距也进一步拉大、城市与农牧区之间的差距也持续拉大。不同民族之间经济社会发展与居民收入水平的持续拉大，这些体现在各个层面上的经济发展不平衡的现状，容易在民族之间形成隔阂，不利于各民族之间的相互认同，甚至引起发展程度较低的民族的失落感和相对剥夺感，不利于和谐民族关系的构建。

2. 经济利益因素

一是汉族与少数民族以及各少数民族之间在经济社会发展方面的不同的发展程度，决定了各民族在市场经济条件下的不同的发展机遇和发展地位，因此也导致了市场竞争中的利益差别和利益冲突；二是不同民族聚居区之间由于区位优势和区域自然禀赋不同，因此容易导致汉族地区与少数民族地区之间的不平等交换和利益转移，比如少数民族地区一般来说资源较为丰富，但工业生产能力较弱，在原材料、初级产品和工业制成品的交换中，由于工业制成品的较高的附加值，往往存在着利益的转移，在平等交换的背后实际上存在着不平等。这种民族地区之间的利益关系往往容易被看成是民族之间的利益关系，从而影响民族关系，特别是汉族和少数民族之间的关系。

（五）文化差异对民族关系的影响

新疆自古以来就是一个多种文化和多种宗教并存的地区，这种文化和宗教信仰的多样性并没有随着时间的推移而改变。文化的多样性对于中华民族文化的传承和发展起到了一定的推动和促进作用，但由于这种文化多样性所导致的文化的差异，在少数民族地区对现阶段构建新型的民族关系时依然成为形成民族间隔阂的主要因素。这种文化的差异主要体现在三个方面。

1. 语言文字的差异形成的民族间交流屏障的问题

在新疆的少数民族中，维、哈、蒙等人口较多的民族，不仅保持了母语作为日常社会生活用语，且都有较完整的文字系统，形成了从小学至大学的现代学校教育体系。而民族语言文字的教育对整合和发展这些民族的文化，对保存文化的多样性起到了积极的作用。但是，又应当看到，大片母语区的存在，实际上也形成了民族交流的屏障，除非母语区内的人们掌握外界的外民族的语言，或非该母语的民族、群体掌握了这种语言，否则交流难以完成。而且新疆

---

① 姚维：《新疆少数民族社会心态与民族地区发展研究》，新疆人民出版社2005年版，第121页。

各少数民族对本民族语言的认同度又比较高,从表2-2所例有关新疆各少数民族语言认同程度状况中可以看到,各少数民族群众愿意让自己的孩子接受本族语言教育的比例都高于接受汉语教育的比例。这无疑使民族间交流的屏障更加难以消除。

表2-2　　　　　　　　　新疆各少数民族语言认同状况　　　　　　单位:%

说法	选项	维吾尔族	哈萨克族	蒙古族	回族	柯尔克孜族
我们需要保持民族语言	1. 同意	65.8	65	58	62.5	63.6
	2. 非常同意	30.7	35	39	23.8	23.3
	3. 既不同意,也不反对	1.5			3.7	5
	4. 反对	0.5				
	5. 坚决反对					
	6. 说不上	0.5		1.5	3.8	3.4
	7. 未答	1		1.5	6.2	5
你认为民族语言对民族发展的作用是	1. 促进	78.7	79	84	56.3	55.4
	2. 有所促进	13.7	17	11	27.6	28.6
	3. 无所谓	0.5			4.3	3.6
	4. 有所妨碍	5	2		2.7	3.5
	5. 妨碍	0.3		5	0.8	0.7
	6. 说不上		1		1.5	1.8
	7. 未答	1.8			6.8	7.3
你认为学校对孩子最好用什么语言进行教学	1. 本民族语言	25.0	29.2	23.3	21.2	29.8
	2. 汉语	21.4	14.2	13.7	33.3	25.5
	3. 外语	3.6	27.4	21.9	11.2	17.0
	4. 说不上	59.3	29.2	41.1	33.3	25.5
	5. 未答	0.7			1.1	2.2

资料来源:贺萍:《新疆少数民族文化变迁现状的实证分析》,载《实事求是》2007年第3期。

2. 民族风俗习惯的差异形成的民族间的摩擦和冲突

民族风俗习惯是各族人民群众在服饰、饮食、生产、居住、婚丧、节庆、礼仪等物质生活和精神生活层面长期传承,广泛流行于社会和全民族的,一定条件下经常重复出现的行为方式。各民族的风俗习惯都是它们民族心理感情的折射,具有广泛的群众性和民族性,也有传承性和相对的稳定性,能否正确对待不同民族的风俗习惯,直接关系到民族关系的好坏。在新疆少数民族聚居区,由于不懂或不尊重少数民族风俗习惯引起的亵渎少数民族风俗习惯的行为，导致民族之间的摩擦和冲突的情况时常发生。随着各族人民交往的增多，许多人习惯于以本民族传统文化和风俗习惯为标准，来解释和评价其他民族的传统和文化，就难免使一些人产生"怀旧"或"护短"情绪。这种不同文化的碰撞，对民族关系会产生不利影响（见表2-3）。

表2-3 新疆少数民族群众认为宗教信仰和风俗习惯受到尊重情况

序号	族别	完全受到尊重 人数	比例（%）	部分受到尊重 人数	比例（%）	没有受到尊重 人数	比例（%）
1	汉族	1 232	24	806	15.7	46	0.9
2	维吾尔族	914	17.8	871	16.97	207	4.03
3	哈萨克族	270	5.26	135	2.63	16	0.31
4	回族	143	2.79	144	2.8	5	0.1
5	柯尔克孜族	68	1.32	43	0.84	5	0.1
6	锡伯族	50	0.97	39	0.76	0	0
7	蒙古族	48	0.93	25	0.49	1	0.02
8	塔吉克族	27	0.53	8	0.16	0	0

注：2004~2005年，本项目组主要成员孟楠教授进行了"新疆的民族关系与宗教问题"调查研究，表中数据即来自此次调研。

从以上数据中可以看出，本民族宗教信仰和风俗习惯"部分受到尊重"和"没有受到尊重"的（比例）占到总体的45.98%。可见这一现象在民族关系问题的处理中还是相当明显的，亟待加以解决。

3. 宗教信仰差异导致的民族或群体间的隔离

新疆各民族群众信仰多种宗教，全区信教群众约占全区总人口的60%。有7个民族普遍信仰伊斯兰教，占信教群众的89%，占总人口的50%左右。全疆有宗教活动场所2万多个（座），绝大多数是伊斯兰教活动场所，宗教教职人员有3万多人，绝大多数为伊斯兰教教职人员。不论是伊斯兰教还是佛教，对人们日常生活的影响十分明显，特别是信仰伊斯兰教的民族，宗教里的教义、戒律等已经成为人们的生活习俗，如饮食禁忌已是每一位穆斯林必须遵守的行为模式。某些宗教仪式和风俗习惯界限模糊，难以把握，这对宗教政策的正确执行带来困难。由于在饮食及其他生活习俗方面有差异，这样一来禁忌势必使信仰佛教的民族如蒙古族，和宗教信仰特征不明显的民族如汉族，在有形无形之中产生某种程度的隔离，对他们之间的交流会产生一定程度的影响。在一些学者进行的田野调查中，明显看出，宗教信仰不同是影响同事、邻里交往和跨族际通婚的障碍之一。同时也是造成当地民族族内通婚的根本原因。在姚维教授进行的调查中，当被问及"你对本民族与其他民族通婚如何看"时，950 名被调查的新疆少数民族群众中选择"赞同"、"不赞同不反对"、"反对"的分别占 35.79%、38%、26.63%，选"不赞成"的合计占 64.63%。其中维吾尔族、哈萨克族、回族、蒙古族、锡伯族群众中选择"反对"的分别占 32.12%、22.03%、25.68%、21.14%、4.38%。[①] 在本课题进行的相关调查中，当对新疆不同民族进行有关"不同信仰的民族通婚现象的认识"的调查时，仍有 26.03% 的人认为"没有通婚现象"或"不清楚"，可见在新疆不同的民族信仰成为跨族际通婚的障碍还是存在的（见表 2-4）。

表 2-4　　　　　　各民族对不同信仰的民族通婚现象了解情况

序号	族别	有 人数	有 比例（%）	没有 人数	没有 比例（%）	不清楚 人数	不清楚 比例（%）
1	汉族	1 670	32.45	154	2.99	263	5.11
2	维吾尔族	1 287	25.00	382	7.42	328	6.37
3	哈萨克族	298	5.79	93	1.81	35	0.68
4	回族	254	4.93	21	0.41	16	0.31
5	柯尔克孜族	95	1.85	8	0.16	13	0.25
6	锡伯族	83	1.61	5	0.1	1	0.02
7	蒙古族	67	1.3	5	0.1	2	0.04
8	塔吉克族	27	0.52	8	0.16	0	0
9	满族	7	0.14	2	0.04	0	0
10	乌孜别克族	4	0.08	0	0	1	0.02
11	俄罗斯族	2	0.04	0	0	1	0.02
12	撒拉族	3	0.06	0	0	0	0
13	土族	3	0.06	0	0	0	0
14	侗族	1	0.02	1	0.02	0	0
15	苗族	2	0.04	0	0	0	0
16	达斡尔族	1	0.02	0	0	0	0
17	东乡族	1	0.02	0	0	0	0
18	黎族	1	0.02	0	0	0	0
19	瑶族	1	0.02	0	0	0	0
合计		3 807	73.97	679	13.21	660	12.82

注：2004~2005 年，本项目组主要成员孟楠教授进行了"新疆的民族关系与宗教问题"的调查研究，表中数据即来自此次调研。

---

① 姚维：《新疆少数民族社会心态与民族地区发展研究》，新疆人民出版社 2005 年版，第 103 页。

二、改革开放以来新疆民族关系遇到的新问题

(一) 市场经济对民族关系的影响

我国改革开放以来，随着社会主义市场经济的飞速发展，民族之间的经济联系从内容到形式及其途径都发生了重大变化，民族关系已建立在新的经济基础之上，从而使我国以平等、团结、互助为特征的和谐的社会主义民族关系获得了坚实的科学基础，有力地促进了民族关系全面而又深刻的发展。

市场经济的推进，为民族地区缩小与发达地区的差距，深化对社会主义新型民族关系的理解，以及为逐步消除各民族间事实上的不平等提供了新的契机，创造了良好的外在环境和整体效应，但同时也给社会主义民族关系带来了一些新的矛盾和问题。

1. 汉族和少数民族人口双向流动，疆外务工者在疆内的流动，使民族之间的交流与矛盾增加

市场经济步伐的加快带动了疆内汉族和少数民族人口的双向流动。据初步了解，汉族到少数民族地区经商办企业，从事各项修理业务，租种土地，开发资源承包建筑工程，开旅馆、饭店等第三产业，已经深入到民族地区的县城、乡镇和农牧区的人口在不断地增加。同样，各少数民族农牧民，走出深山老林、草原牧区和民族村寨，到疆内发达地区务工经商的人也越来越多！"人口双向流动有利于不同民族间克服狭隘的民族偏见和防备心理，有力地促进了民族之间相互学习、互相帮助、取长补短、互通有无，真实地体现了平等、团结、互助的社会主义民族关系，增强了中华民族的凝聚力和向心力。"[①] 同时，由于人口双向流动，各民族风俗习惯、文化传统、宗教信仰和民族心理素质不同，在相互交往中，不可避免地会产生一些新情况和新问题。近些年来，疆外来疆务工的人数也在不断增加，而这些务工者大都多来自四川、河南、陕西、甘肃、安徽等人口较多的省份，个体工商业者又以江苏、浙江一带为多，他们原居住地基本上以汉族为主，民族成分比较单一。同时，他们中的绝大多数是来自农村的青壮年，受教育程度较低，对少数民族地区的历史、风土人情及党的民族政策了解十分有限。因此，在与新疆少数民族交往中由于忽视对方的语言、风俗习惯及宗教信仰而导致民族间摩擦的事时有发生。

---

① 杨荆楚：《社会主义市场经济与民族关系的几个问题》，载《民族研究》1994 年第 5 期。

2. 发展的不平衡性与民族平等和民族团结问题

新中国成立前，新疆社会经济极为落后。新中国成立后，党和政府虽然给予新疆在政治、经济和文化等方面的巨大帮助，但由于历史、自然等原因，加上长期以来形成的从东到西的"梯度发展"格局，新疆少数民族聚居区的发展程度与汉族和发达地区相比，差距很大。进入新的历史时期，我国首先在沿海地区实行改革开放，有相当一部分西部资金，通过银行存贷差、横向投资和股票交易等各种形式流向东部特别是经济特区和对外开放城市。资金大量东流，既抑制了西部地区的经济发展，又加速了东西部差距的扩大。这不仅削弱了西部发展的动力，又加重了西部地区发展的困难。沿海地区得到前所未有的高速发展，新疆与发达地区的差距进一步扩大，发展的不平衡性愈来愈突出。再从科技及应用方面看，汉族及发达地区正在实现从劳动密集型产业向技术密集型产业的革命性转变，而少数民族和民族地区"老牛破车，刀耕火种"的现象仍很普遍。

就新疆内部而言，经济发展不平衡的现象也体现在不同地区、不同民族、同地区内不同民族、同民族内不同家庭之间。新疆法学法学院王建基教授在对塔城市博孜达克农场牧业六队进行调查中发现，最富户与最贫户的人均收入之比5 000∶800元。由借贷关系而造成家户之间的矛盾比较常见。富裕户一方面担心贫困户的偿还能力，另一方面其资金机会成本意识逐渐增强，从而使他们不再像过去那样"慷慨"地借贷给贫困户，要不就是以高利贷形式借贷（在调查中发现，高利贷在塔城乡村较盛行）。这一被认为有违哈萨克族传统的借贷行为，造成家庭间的矛盾，甚至影响了亲戚间、邻里间的关系。李建新等对艾丁湖的调查显示，当地维、汉农户的年人均收入比为1 355∶2 088元。[①] 调查者分析认为，造成该地区两个民族家庭收入差距的原因有消费方式、从业结构以及财富积累观念等。但是由于汉族家庭在银行里存款多，有部分维吾尔族群众，甚至个别维吾尔族银行职员认为当地的钱让外来的汉族挣跑了。曹红等人曾对新疆博乐市民族关系状况进行调查，当被问及"改革开放以来，汉族与少数民族之间经济收入上有无差距"时，被调查的544名少数民族群众中，回答"差不多"的，汉族为49.3%，蒙古族为30%，维吾尔族为25.3%，哈萨克族为22%，其他民族为63.7%。回答"有差距"和"差距较大的"，汉族分别为28.9%和2.1%，合计为31%；蒙古族分别为29.8%和43%，合计为72.8%；维吾尔族分别为44.3%和10.8%，合计为55%；哈萨克族分别为68%和6%，合计为74%；其他民族分别

[①] 李建新、蒋丽蕴：《新疆维汉关系研究——吐鲁番艾丁湖乡调查》，见马戎、潘乃谷、周星：《中国民族社区发展研究》，北京大学出版社2001年版，第80页。

为 27.3% 和 0。① 这个调查表明，少数民族群众认为，汉族与少数民族之间经济收入是有差距的。显然，本地区的发展不平衡、贫富不均等也会带来民族间、群体间的隔膜，造成民族社会问题。

经济领域的发展不平衡必然要影响到新疆的政治发展不平衡。从理论上讲，如少数民族的经济得不到加速发展，事实上的不平等就不可能消除。没有发达的经济作基础，政治上的平等就没有充分实现的保障。只要存在事实上的不平等，民族矛盾和问题就不可避免。

3. 经济利益的差别和利益调整不均对民族关系的影响

民族关系实际上是权益分配的关系，其核心是对各种相关民族权益的正确处理和分配。市场经济的发展，激活了人们对民族利益的感悟，各民族维持自身利益的倾向得到了普遍强化，各民族对自身利益追求的意识增强。随着改革开放的深入发展，近年来一些经济部门把多年来在新疆等民族地区行之有效，深受少数民族欢迎的优惠政策取消，又没有采取相应的补偿措施。少数民族干部群众心理失衡的不仅有汉族与少数民族地区经济发展的不均衡，还有是在对沿海地区发展的过程中，国家对其实施倾斜政策，使这些地区得到全国的资源、人才、资金等支持，而在西部大开发的过程中，国家给予的优惠政策效果并不显著。另外，新疆地大物博，水电、森林、生物、矿产、旅游等可持续开发利用的自然资源较多。新疆丰富的资源吸引了内地各类经济组织进疆实施开发及利用，但资源开发利用过程中对当地群众的利益补偿和利益分配的不均，引起了当地少数民族群众的强烈不满。在计划经济条件下，各地经济资源都由国家统一调拨，因此，地方政府与当地群众和中央企业矛盾不大。在市场竞争的条件下，资源开发过程中必然涉及利益分配的问题，新疆地方政府与少数民族群众和中央或私营企业在利益分享上发生矛盾，这种由于经济利益的差别和利益调整而引起的社会矛盾，必然会反映到民族关系上来。

由表 2-5 可知，在所有不同民族的被调查者中，对于在新疆开发自然资源中获利主体的选择次序依次为：国家（4 386 人次）、地方（3 126 人次）、个人（2 044 人次）、不清楚（335 人次）。

由此，在被调查的民族中，对于国家在新疆开发自然资源的选择都认为首先有利于国家其次是地方，最后是个人。这在一定程度上也确实反映了国家在新疆开发自然资源被新疆人民的认可度比较低，这往往也会影响到各民族间的相互关系。

---

① 曹红、阿比提·思沁夫：《新疆博乐市民族关系状况调查》，载《新疆社会经济》1994 年第 5 期，第 79 页。

表 2-5　　　　　不同民族对新疆自然资源开发中获利主体调查

序号	族别	国家 人数	国家 比例（%）	地方 人数	地方 比例（%）	个人 人数	个人 比例（%）	不清楚 人数	不清楚 比例（%）
1	汉族	1 738	39.63	1 608	51.44	863	42.22	106	31.64
2	维吾尔族	1 741	39.69	854	27.32	797	38.99	165	49.25
3	哈萨克族	375	8.55	252	8.06	139	6.8	22	6.56
4	回族	221	5.04	199	6.37	97	4.75	28	8.36
5	柯尔克孜族	103	2.35	58	1.86	64	3.13	7	2.09
6	锡伯族	85	1.94	72	2.3	37	1.81	3	0.9
7	蒙古族	63	1.44	47	1.5	22	1.08	3	0.9
8	塔吉克族	33	0.75	14	0.45	15	0.73	1	0.3
9	其他民族	27	0.61	22	0.70	10	0.49	0	0.00
合计		4 386	100	3 126	100	2 044	100	335	100

注：2004～2005 年，本项目组主要成员孟楠教授进行了"新疆的民族关系与宗教问题"的调查研究，表中数据即来自此次调研。

（二）政治体制的变革及政策的实施对民族关系的影响

改革开放以来，新疆政治体制的改革使新疆民族区域制度更加完善，在民族关系上带来了一系列新的变化。如进一步加快了民主法制建设，使民族关系有法可依；实施多层次、多渠道培养人才的方针，一支包括政治、经济、科技、文教、卫生各方面人才的民族干部队伍已成长起来，形成了新型的社会主义民族关系的组织结构；少数民族社会政治生活的民族进程不断加快，少数民族人民积极参与了国家和地方事务的管理等。政治体制的变革一方面促进了新疆民族关系的发展和巩固，同时改革中的弊端也日益显现出来，也给现阶段和谐民族关系的建立带来了一些新的问题。

就目前新疆政治体制改革中出现的弊端，主要体现在新疆部分少数民族地区干部队伍建设方面。中国社会科学院民族学人类学研究所的孙懿对新疆喀什地区、伊犁哈萨克自治州、吐鲁番地区的少数民族干部的状况做了调查，通过一手的实证资料分析出，目前新疆少数民族干部队伍建设存在的问题有：

第一，干部队伍的年轻化特征明显。喀什地区干部队伍的年轻化表现在两个方面：40 岁以下人员的比例占到了 70% 以上，尤其是事业单位干部，40 岁以下的比例在 1998 年就已经达到了 75.6%；自 1997 年以来，40 岁以下的干部比例呈现逐年加大的趋势。这说明喀什地区干部队伍的年轻化趋势十分明显。吐鲁番地区 40 岁以下的少数民族干部占到了 69.9%。

第二，少数民族干部队伍的总量和少数民族人口的比例并不协调，由此反映出少数民族干部队伍总量不足。喀什地区干部队伍在 1999 年年底总数是 70 651 人,其中少数民族干部为 54 819 人,占全部干部队伍总数的 77.6%;少数民族女干部为 29 572 人,占全部干部总数的 38.8%。如果仅仅从少数民族干部以及少数民族女干部所占的比例来看,从全国范围内讲也是比较高的,这说明我国少数民族干部培养和使用的政策在这一地区得到了很好的贯彻。但是,如果我们把这个比例和少数民族人口在该地区总人口中所占比例相比,那么少数民族干部总量不足就很明显,而且少数民族干部所占比例还有下降的趋势。在吐鲁番地区,尽管少数民族干部已经占到了整个干部队伍的 65.49%,但这一比例和少数民族人口占总人口的比例 76.48% 仍然存在较大差距。

第三,少数民族干部队伍的结构并不合理,专业技术干部比例过低。喀什地区少数民族干部尽管占到了全部干部队伍的 77.6%,但分类比例不合理。主要表现为事业单位少数民族干部所占比例过高,多达 83.5%,而在公务员、企业单位中的比例仅为 67.8% 和 42.2%。如果我们从整个干部队伍的结构看,这种状况更加突出。喀什地区企业单位管理人员和专业技术人员仅 5 482 人,占全部干部总数的 7.7%,这很难与当地的经济发展,尤其是西部大开发的需要相适应。

第四,干部队伍素质偏低。喀什地区的干部队伍中,具有大学本科学历的为 5 668 人,仅占干部总数的 8%;大专学历的 18 352 人,占干部总数的 25.9%;中专学历的 36 436 人,占干部总数的 51.5%。尽管这些年干部队伍素质的发展呈现出学历逐年提高的趋势,但整个干部队伍素质偏低的状况还是很明显的,少数民族干部队伍的素质更加不容乐观。首先是高学历干部数量很少,具有研究生学历的干部仅 4 人;其次是正高职称的少数民族干部也很少,仅有 13 人。[①]

少数民族队伍的建设是新疆政治体制改革中非常重要的一个方面,是关系到新疆各族少数民族在科教文卫事业发展和建设的关键步骤。如果这个方面的问题长期存在,并得不到及时的解决,不仅会影响到少数民族地区的政治建设,还会对和谐的民族关系的构建起到阻碍的作用。

政治体制的变革也给阶段和谐民族关系的建立带来了一些新的问题,主要体现在以下几个方面:第一,现阶段民族关系的调整以政策为主,法律为辅,不利于民族矛盾公平合理、迅速果断的解决。第二,从中央到地方的各级政府、部门颁布的各类行政经济法规,有一些违背《民族区域自治法》的条文尚未得到清理,影响了新疆民族自治权利的行使。第三,国家部门在新疆建厂办矿,在征用

---

① 孙懿:《新疆部分地区少数民族干部队伍现状调查》,载《西北民族大学学报》2003 年第 5 期,第 57~65 页。

土地、草场返还利税、招工、保护环境等问题上，还有损害地方和少数民族群众利益的现象发生。第四，民族自治地方在财政、税收、信贷、价格、外贸、固定资产投资、交通能源基金等问题上，受到有关部门"一刀切"政策的影响。第五，在治理整顿中，民族自治地方受各种因素制约，对上级部门出台的各项政策措施不能根据自己的承受能力自主地变通，因地制宜地执行。

总的来说，就是自治法规定的民族自治地方应当享有的自治权利和经济利益没有得到很好的落实。如不妥善解决，会影响新疆民族区域自治制度的优越性，减弱民族凝聚力，影响和谐民族关系的建立。

（三）民族意识的增强对民族关系的影响

民族意识是民族发展的标志之一，是指人们对于自己归属某一民族共同体的意识以及在与不同民族交往过程中，对自己民族利益的关心、追求和维护。改革开放使人们不再固守田园，要求生存，更希望发展，少数民族群众开始走出原本封闭的天地到市场经济大潮中去竞争，从少数民族地区迁移或流动到发达的东部地区去发展的人数越来越多。随着改革开放的进一步深化，他们开始强烈感受到"我族"与"他族"的不同，原本朦胧模糊的民族意识开始清晰与强化起来，开始对本民族的自身价值重新定位，开始关心本民族的生存与发展，甚至要求自主管理本民族的内部事务。民族意识的增强是民族发展的正常过程，每个民族只有意识到自己的存在并努力追求自己的利益时，才能自觉推动民族的发展和进步。民族意识的增强一方面促进了民族关系向着友好、团结及进取方面发展，加强了民族关系的融合，但另一方面过度增长的民族意识对民族关系也有着消极的影响。

第一，新疆少数民族曾长期与外界隔绝，造成社会的封闭性，在许多群众中仍然保留狭隘、保守、愚昧、安于现状、轻商贱利等落后意识。这种意识一旦受到市场经济的激烈冲击，就会使一些人产生"画地为牢"的自卫意识，而这些人就会过分强调自身的特点和利益，不分良莠地维护一些落后的甚至被淘汰的东西，同时也会对先进民族可借鉴的文明成果加以排斥，形成狭隘的民族主义，加深民族间的隔阂，使民族矛盾深化，民族关系紧张。在新疆师范大学姚维教授等对新疆少数民族民族心态的研究中可以看到，当被问及"你喜欢的音乐、舞蹈形式是什么"时，950名少数民族被调查者中有89.2%的人选"本民族"这一项，其中，维吾尔族、哈萨克族、柯尔克孜族、蒙古族选此项的分别占94.64%、93.22%、81%、90.86%。当被问及"你知道的著名新疆文化作品有哪些"时，维吾尔族群众选《突厥大词典》、《福乐智慧》、《十二木卡姆》的分别占71.31%、67.02%、82.01%；蒙古族群众中有78.29%的人选《江格尔》；柯尔克孜族群众中有

85.71%的人选《玛纳斯》。① 从这些调查数据中可以看出,新疆各少数民族群众普遍对本民族文化有着强烈的认同,反映了较强的民族意识和较深的民族情感,这一方面是民族自尊、自信和自强心理素质的反映,对民族的发展繁荣有一定积极作用,但同时我们也应当注意到,民族意识的增强在一定程度上表现出民族主义的抬头,狭隘民族观的出现,过分地强调本民族的利益,忽视中华民族的整体利益,漠视和排斥其他民族的利益,对新疆民族关系的影响也是不可忽视的。

第二,在市场经济条件下,民族意识的增强使各民族更为关心本民族的利益得失。新疆历来是全国的资源、能源大省。在计划经济时期,新疆每年源源不断地向东部经济发达地区输送原材料,但由于当时矿产资源是国家根据经济发展统一调拨,因此这一状况对民族关系的影响是有限的。但在进入市场经济以后,各民族的传统文化和固有的生产生活方式以及各种利益关系经历一次大的挑战,人们民族意识增强开始关注自己民族的利益、前途、命运,同时也要求对自己生存的这一地区的资源进行控制,以发展本地区的经济。基于这种观念和意识的变化,各少数民族自然就会感到自己的利益在东西部发展不平衡中受到损害,产生"相对剥夺感",围绕利益之争的现象就会层出不穷。

(四) 国际环境的变化对民族关系的影响

自20世纪80年代以来,我国面临的国际形势和环境发生了深刻的变化,而这些变化对于处于重要战略位置的新疆,尤其是新疆地区的民族关系来说又有着直接或间接的影响。

第一,世界范围内的第三次民族主义浪潮,必然会对新疆民族关系产生深刻影响。自20世纪80年代以来,以苏联解体、东欧剧变为开端,民族分离运动开始加剧,致使苏联分裂为15个国家,南斯拉夫分裂为6个国家,捷克斯洛伐克一分为二,并且迅速向世界范围蔓延,至今余波未平。除民族分离运动之外,跨界民族问题也比较突出,主要表现为泛民族主义的兴起。泛民族主义又有两种突出的形式,一是一些民族企图恢复历史上的帝国疆域,如土耳其的一些极端民族主义势力宣扬历史上的所谓帝国辉煌,公开宣称"21世纪是突厥人的世纪",甚至明确地强调"土耳其的利益区是从亚德利亚海直到中国的长城",一些土耳其政要还不顾事实地说,"在东突厥斯坦至少有3 000万我们的兄弟在中国的压迫下生活在水深火热之中,他们渴望自由"。二是分属于不同国家的同一民族寻求建立本民族独立国家或回归以本民族为主体民族的国家,如哈萨克斯坦的大哈萨克主义

---

① 姚维、马岳勇等:《新疆少数民族社会心态与民族地区发展研究》,新疆人民出版社2005年版,第98页。

号召世界范围内的哈萨克人回归哈萨克斯坦之类。还有如泛突厥主义、大俄罗斯主义、大蒙古主义等各种泛民族主义思潮，对国际地缘政治经济格局的稳定也产生着不可忽视的影响，同时，对新疆的民族关系和谐也产生着重要的影响。

第二，国外敌对势力的西化、分化和渗透，是影响新疆民族关系的又一重要因素。西方国家西化、分化我国的战略图谋一刻也没有停止过，他们把挑拨民族关系，制造民族隔阂和民族矛盾作为西化、分化我国的重要途径。一些国家或国际组织，以人权为幌子，奉行双重价值标准，对中国的民族宗教政策横加指责和干涉。肆意歪曲事实，挑拨民族关系，制造民族矛盾，企图从民族关系入手来达到其西化、分化中国的目的。新疆民族格局和民族关系的特殊性，决定了新疆必然成为西方敌对势力从民族关系入手来实行西化和分化的重要场所。一些国家还容留一些流亡国外的民族分裂主义团体和分子在其境内合法存在和长期活动，有的甚至或明或暗地提供资金和其他支持，培训和训练从事民族分裂的骨干分子等。这些都说明，国外敌对势力的西化、分化、渗透活动，对我新疆民族关系有重要的影响。

第三，我国周边安全环境的变化，也对新疆民族关系产生着一定的影响。伴随着我国经济社会的长足发展，我国周边安全环境也发生了重要的变化，主要表现在几个方面：一是西方国家敌视中国的立场不仅没有改变，反而愈加明显，封锁和包围中国的战略图谋和战略行动日益显现。以美国为代表的西方国家抱着冷战思维不放，从自身的全球利益出发，奉行遏制中国的战略，已经形成了对中国的战略包围态势，美国加强了美日同盟关系，加强了在亚太地区的军事存在，借反恐之名把势力范围延伸到了中亚及其邻近国家，美国与中亚国家、阿富汗、蒙古、巴基斯坦等国家的关系也得到了进一步加强。二是随着中国的和平崛起，我国周边一些国家对中国的戒惧和担忧在滋长，中国长期和平发展的外部心理环境趋紧，我国与周边国家的相互信任和睦邻友好关系有待于进一步加强。三是周边国家，特别是南亚、西亚、中亚国家的政局变化对新疆民族关系也会产生微妙影响，如印巴冲突、中亚一些国家的"颜色革命"等，都会对新疆的民族宗教问题产生一定的影响。

第四，国外宗教极端势力，暴力恐怖势力的活动趋于猖獗。近年来，宗教极端势力有所滋长，恐怖主义日益猖獗，已经成为影响国际关系和国家安全的重要因素。中国也是宗教极端势力和恐怖势力活动和渗透的重要目标，也已成为宗教极端势力和恐怖势力的受害国。国外宗教极端势力和恐怖势力也加紧了对中国特别是新疆的渗透活动，由于中国与中亚地区的毗邻关系和历史与现实关系，中亚国家重要的地缘战略位置和丰富的油气资源，使中亚成为大国争夺影响力的一个重要区域，中亚也成为泛突厥主义、泛伊斯兰教主义的主要活动场所，这些必然影响新疆民族关系。

第五节 新疆地区民族关系与构建和谐社会的建议与对策

一、"7·5事件"和新疆民族关系的反思

20世纪90年代以来,受恐怖主义、分裂主义、极端主义的影响,境内外"东突"势力转向以实施暴力恐怖为主要手段进行分裂活动。2009年7月5日,新疆维吾尔自治区乌鲁木齐市发生了打砸抢烧严重暴力犯罪事件。这起事件是由境内外恐怖主义势力、分裂主义势力、极端主义势力精心策划组织的,给各族群众生命财产造成重大损失,给当地正常秩序和社会稳定造成严重破坏。事件发生后,中央政府和自治区政府、中央和国家机关有关部门、军队和武警部队,紧紧依靠各族干部群众,坚决维护社会稳定、维护社会主义法制、维护人民群众根本利益,采取果断有力措施,依法坚决制止暴力犯罪行为,迅速平息事态,恢复了乌鲁木齐社会稳定。

乌鲁木齐"7·5"事件给各族人民的生命和财产造成了巨大损失。截至2009年7月17日,造成197人死亡(其中绝大部分是无辜群众)、1700多人受伤,331个店铺和1325辆汽车被砸烧,众多市政公共设施被损毁。该事件不仅影响了新疆社会的稳定,破坏了新疆的形象,还在一定程度上影响了新疆各民族之间的感情。此次事件不同于以往发生在新疆的暴力恐怖事件,主要表现在:暴力恐怖活动的策划更为周密;暴力恐怖活动宣传的途径更为多样;被煽动、裹挟的各民族群众较多等。这不能不促使我们从该事件的发生,对新疆民族关系的建设进行深度的反思。

通过对"7·5"事件前后信息的汇总,对目前新疆社会影响新疆民族关系的因素的考量,以及对"三股势力"产生、发展的对比研究,我们认为,事件的发生有其"偶然性",也有其"必然性"。原因可以分为内因和外因两种因素。"三股势力"是此次事件的外因,"三股势力"自其产生之初就一直从事破坏新疆的稳定和发展的活动,并在新疆制造各种暴力恐怖事件。就事件的内因来看,改革开放以来,新疆的经济社会发展在取得巨大成就的同时,影响新疆民族关系和谐的种种因素也逐渐显现,这些影响因素也成为事件发生的内因。

针对"7·5"事件,我们认为,对于加强新疆平等、团结、互助、和谐民族关系的建设,今后我们必须对以下问题有清醒的认识,并高度重视这些问题。

（一）正确认识改革开放以来新疆的民族关系

事件发生后，许多人对改革开放以来新疆民族关系的现状表现出悲观的态度，一些人认为，与20世纪50年代相比，与"文革"期间相比，当代新疆民族关系处于最低谷的时期，甚至由此怀疑我国现行的民族区域自治制度和民族宗教政策。对此我们应当有清醒的认识。

我们认为，自新中国成立以来，新疆民族关系的发展可以分为三个阶段：第一阶段是20世纪50年代，第二阶段是十年"文革"期间，第三个阶段是改革开放以来。如何认识三个阶段新疆的民族关系，总结经验、吸取教训，是我们进一步加强新疆平等、团结、互助、和谐民族关系的基础性工作。

20世纪50年代，是新疆民族关系较好的时期之一，这已经被大量的事实所证明。但是，我们也应当看到，这一阶段民族关系的和睦有其特殊的历史背景。新中国成立后，一个全新的社会制度——社会主义制度在新疆得到确立，长期受到帝国主义、封建主义和官僚资本主义压迫的新疆各族人民得到了解放，各民族人民当家做主，成为新中国的主人。中国共产党的各民族一律平等的政策得到了贯彻落实，并被写入《中华人民共和国宪法》，民族区域自治制度初步确立，新疆各民族的经济、文化、社会等发生了翻天覆地的变化，从而为新疆和睦的民族关系奠定了坚实的基础。"民族平等"理论及口号尽管在辛亥革命时期就已经开始在新疆的大地上传播，但无论是盛世才统治时期还是国民党统治时期，民族歧视、民族压迫都没有切实解决，正是新中国建立后，中国共产党才彻底解决了民族隔离、民族歧视、民族压迫等问题，因而，中国共产党、社会主义制度得到了全疆各族人民的热烈拥护。与此同时，我们也应当看到，20世纪50年代，新疆所处的地缘政治环境还比较好，新疆周边国家如蒙古国、苏联等都是与中国同处于社会主义阵营，与中国关系友好。由于东西方的冷战，西方敌对势力对新疆的渗透不易，这使得来西方敌对势力破坏新疆民族关系的图谋不能得逞。国际上的"民族主义"思潮对新疆的影响也相对较少。在这样特殊的国内外环境下，新疆的民族关系处于较好的发展时期。

20世纪60年代开始的十年动乱，全国人民积极投入到了"以阶级斗争为纲"的"文化大革命"运动中去，新疆也不例外。"文革"造成了巨大破坏，也给新疆的民族关系带来了极大损伤，但相对而言，这一时期新疆的民族关系在上一阶段的基础上，仍然保持了较好的状态。其主要原因是，在"文革"这样一个"以阶级斗争为纲"的特殊时期，全国包括新疆各族人民，在当时的政治氛围中，人们更多关注的是阶级的划分与阶级斗争问题。尽管仍有破坏民族关系、民族团结的事件发生，但总的趋势是人们更多地在身份认同问题上，强调"阶级"的区别，而非"民族"的区别。通过我们对"文革"时期的新疆档案文献的调查分析可以看出，当时新疆各地"阶级斗争"的相关档案文献记录所占的比例几乎都达到60%甚至70%以上。在这一特殊时期，在高度统一的意识形态下，各民族的同质性空前增强，民族意识在这一阶段被"阶级意识"、"阶级斗争"所湮没。就国际形势而言，虽然中苏关系在恶化，中国所面临的周边环境恶劣，但是，它也从另一方面造就了新疆的周边环境更加封闭，国际社会对新疆社会发展的影响较小，民族主义思潮几乎无法进入。新疆由于处于"反帝防修"的前沿，人们更多的注意力被吸引于此。因此，在这一阶段，虽然新疆的民族关系与20世纪50年代相比遭到了很大破坏，但总体上而言还处于较为平稳的时期。

改革开放以后，尤其是随着改革开放的深入、社会主义市场经济的发展、西部大开发的实施，以及新的国际形势的巨大变化等，新疆的民族关系呈现出复杂多变的态势。改革开放、市场经济给各族人民的经济、文化、社会生活、价值观念等带来了极大的变化，各民族在分享改革开放成果的同时，也遇到了许多新的问题。一些新的社会问题开始凸现，一些社会问题甚至以民族问题的形式显现出来。就国际形势而言，随着苏联解体、东欧剧变，世界性民族主义浪潮的出现，西方敌对势力的"反华情绪"日益凶猛，境内外"三股势力"的联合、勾结等，对新疆的民族关系造成了极大破坏。"7·5"事件就是一个典型例证。因此，当代新疆的民族关系面临着异常严峻的考验。

从以上三个阶段新疆民族关系的状况来看，尽管改革开放以来新疆民族关系遇到了新的挑战，但不能就此将这一阶段新疆民族关系视为一团漆黑。在某种程度上说，20世纪50年代和十年"文革"期间新疆的民族关系是与当代新疆民族关系不能相比的，前两个阶段是在特殊的背景下出现的，而当代新疆民族关系则处于一个更为复杂的形势之下。尽管当代新疆民族关系中出现了许多问题，包括出现了"7·5"事件，但不能就此否定当代新疆民族关系的成绩。当代新疆的社会出现了高速发展的势头，正如胡锦涛总书记所说，许多社会问题用通过发展，并在发展中去解决。新疆社会发展中出现的问题，包括民族关系中出现的负面因素，都需要我们在发展中解决，并遵循科学发展观，正视问题、解决问题。从这个意义上说，当代新疆的民族关系是历史上最好的时期之一。

（二）正确认识我国的民族理论与民族政策

乌鲁木齐"7·5"事件发生之后，国内外学者展开了关于中国民族政策与民族理论的讨论。这些讨论，既有学术的、理性的、客观的、善意的探讨，但同时也不乏恶意的歪曲。这些讨论中有两种倾向值得重视：第一种倾向是全盘否定我国现行的民族政策与民族理论。一些学者认为，我国的民族政策制定于20世纪50年代，在今天看来已经完全不适应新的形势的发展，必须完全否定，重新构建。另外一些人，尤其是一些西方反华势力，以"7·5"事件为借口，再次将"人权问题"提出，意图进一步分化中国；第二种倾向则认为，我国现行的民族政策与民族理论，不需要进行任何改变和调整。

上述两种倾向都反映出对我国的民族政策缺乏正确的历史观认识，缺乏正确的发展观认识，也缺乏具体的实践认知。因此，两种倾向都是不可取的。

所谓制度与政策就是包括了我国现行的一些基本的民族制度与民族政策，如民族区域自治制度、民族宗教政策。民族区域自治制度是我国的基本政治制度之一，是建设中国特色社会主义政治的重要内容。作为管理民族地区事务而形成的基本制度和政策，经过几十年的发展，已经形成了较为成熟的管理体系和模式，也被大多数人民所接受和认可。但是，作为20世纪50年代的产物，它的产生不可避免带有了时代背景，且有时代的局限性。因此，对于这样的制度和政策，应该在坚持基本不动摇的同时，防止出现两种极端做法。即坚持要求废除现有的一切有关的民族制度和政策和无条件的加强、强化现有的所有有关的民族制度和政策。两种做法都有悖于当前的现实和过去的历史。

解决民族问题的关键是制定适应民族发展，推动民族团结、平等、互助、和谐的民族政策与民族理论。而民族政策与民族理论的制定关键在于对民族政策与民族理论的基本要求的理解，而想要理解其基本要求就必须用发展的眼光看问题。我国现行的民族政策主要是在20世纪50年代制定的。纵观中国的民族政策与民族理论的指导思想，其本质都是要建设各民族"团结、平等、互助、和谐"的基本民族关系，要求各民族"共同发展、共同繁荣"。正是中国的民族政策与民族理论解决了几千年的民族歧视、民族压迫，实现了民族平等；正是中国的民族政策与民族理论确保了新疆各民族的发展，提高了新疆各民族的生活水平，改善了各民族的生活条件，促进了各民族社会文化事业的发展。

坚持要求废除现有的一切有关的民族制度和政策，相对过去而言，它忽略了新中国成立初期，党中央根据中国国情和各区的区情，为充分发挥和体现各民族之间的平等关系和享有应有的权利实施的具有中国特色的民族区域自治制度，且根据各民族的文化历史和宗教特点实施了相关的宗教政策，这都是现今实施的历史依据。而相对当今而言，现有的民族政策和制度，已经在中国实施了近半个世纪，这些政策和制度已经被大多数人民所接受，并且根据这些民族政策和措施而逐步形成了相关的各管理机构。由于这些政策和措施的实施，各民族的思想意识中也逐步形成了一套相关的民族理念。因此，如果贸然废除所有的制度和政策，必然会引发一系列社会问题。

同样，无条件强化现有的所有相关的民族制度和政策，也不适于当今社会。我国的各项民族制度和政策，在经历了半个多世纪以后，已经面临了更多的新的问题。从计划经济走向市场经济，从相对闭塞的国际环境走向"全球化"，我国个别关于民族政策的具体措施尚未随着社会的发展而加以调整，因而引发了一些社会问题。因此，如果贸然、不加以区分地强化这些措施，必然引起一些社会问题的加剧。所以，我们对当今的制度与政策，应坚持基本不动摇的政策，而防止两种极端做法。同时，我们还要进行大量的研究与验证，探讨影响新疆民族关系的各种因素，并适时地补充或调整现行的民族政策和民族制度。

随着新疆的社会的发展和国际形势的变化多端，很多新的民族问题凸显出来。社会的发展要求我们用发展的眼光来看待问题，这既是马克思主义民族理论自身的要求，又是科学发展观的要求，因此，就现阶段中国的民族理论和民族政策问题上，我们不能故步自封、墨守成规，还是要联系实际，仔细研究现阶段出现的新问题、新现象，进一步完善中国的民族理论和民族政策。

（三）科学决策问题

中国自古就有"家天下"，即国家就是一家的，所有大小事务由一人说了算。这就容易出现处理问题的水平由这一个人的个人素质和水平来决定，这也是我国各朝代出现各种问题，依次替代的原因之一。

改革开放以来，我党提出加强政治文明建设。政治文明建设的重要内容之一就是决策的科学化、民主化。中国自古以来就是一个统一的多民族国家，历史证明，在这样一个多民族国家中，国家的政策的制定，必须考虑到民族问题。所谓科学决策，就是针对包括我们业已实施的各项制度、政策、措施，以及现今出现的一些社会问题等，在制定决策时，都不能想当然、不经过论证而提出。科学的决策需要一定的决策体系，这应当包括所做决策影响范围内所有的因素，需要各方面的专家对决策提供相对的调查研究和建议对策。在多民族地区，尤其是新疆等边疆敏感地区，在进行决策的同时，必须考虑民族关系这一因素，必须考虑到决策的执行对民族发展以及民族关系的影响程度。

（四）民族团结问题

作为多民族聚居区，民族团结是社会发展的基石，它的成功与否直接决定着新疆现今及以后的发展前途。由此，对于如何认识、理解、加强民族团结就显得非常重要。从现今社会对加强民族团结所采取的措施来看，我们对民族团结内涵理解尚有欠缺，具体措施也不够理想。因此，有必要对民族团结的认识及加强民族团结的措施进行进一步的梳理。

关于民族团结的认识。首先,应当充分认识到,"民族团结"是一个较高层次的要求,是建立在基点为"人"、"人性"基础上更高层次的要求。因此,要实现民族的团结,必须对不同民族的每一个人首先进行"人"和"人性"的教育。"民族"是由人组成的"人们的共同体",是根据人在社会中不同属性的划分而形成的"文化共同体"。将"民族"的身份还原为"人"的身份,从人性的角度认识"人"所应追求的真、善、美,"人性"所应具备的"爱"与"尊重"等品质。由此达到每一个人的"人"自身的和谐、"人性"的和谐。在此基础上,去认识"人"划分为不同"民族"之后,不同"民族"之间所应当拥有的关系及应有的品质。其次,所谓的"团结"是指双方或多方之间的关系。所谓"团结就是力量",基本含义即通过大家凝结为一体,共同努力、共同付出就可形成一股巨大的力量。由此,"团结"之于不同民族之间,就要求双方或多方均应付出并做出努力。单方面的付出和努力不能称之为"团结",而仅仅是单方的一相情愿。因此,要想形成一个良好的民族团结氛围,就必须使各民族内部有共同的愿意,即为民族团结付出和努力的想法和意识,如果这一点都未能产生和形成,那么,在此基础上所做的任何努力和形成的所谓的民族团结都是虚无缥缈的,只是一张薄纱而已,经不起社会实践的考验。

一个人,所有的思想意识和想法并不是从一生下来就具有的,这是一个逐步学习和形成的过程。人的许多思想和价值观念,都是后天习得的。而产生什么样的思想意识和价值观,则与其生活环境和所受的教育有关,这就对我们如何实施教育提出了问题。由于当今我们所实施的民族政策,与人民生活息息相关,所以,不同的民族都或多或少对本民族所具有的特质及对本民族与其他民族的不同有着较高的认同。因此,在此基础上的教育,我们就应该根据各民族所具有的不同特点和层次,对其实施不同步骤,分不同阶段进行教育。中小学尚未形成正确的世界观、价值观、人生观,教育更多的应当强调人性的教育,而高中生、大学生已经基本具备了独立思考的能力和独立的人格,在这一阶段就应当对其强化国家观、公民观的主流意识教育。此外,所谓的"教育",不仅仅包括学校教育,还应当包括社会教育、家庭教育,三者不可或缺。作为社会教育来讲,必须要建立国家观、民族观、宗教观、历史观、文化观等的教育平台,如各类教育基地,开展各种各样的思想政治教育等活动,这一方面丰富了学生的课余时间,另一方面又提高了学生的思想境界,从而起到润物细无声的效果;作为家庭教育来讲,必须要做好妇女的教育工作,无论是在过去还是在现在,家庭教育中,母亲所扮演的角色都占主导地位,因此必须要加强妇女教育,落实妇女工作。教育的最初目标就是培养愿意为民族团结付出和努力的想法和意识,在达到这一目标后,然后逐步深入培养民族认同、文化认同、国家认同以及公民意识。从而完成民族团结教育的任务。

"7·5事件"的发生并非偶然,而是偶然中的必然,既然是必然,那必然的直接原因就是民族关系出了问题,反映在现实社会中就是各民族间交往出了问题,这应该是在现实社会中可以用肉眼所看到的或衡量出来的。而现实告诉我们,我们对自己所生活的环境中产生的民族团结效果是认识不足的。所以,导致我们对现实民族关系产生了误读。民族团结效果,即什么样的民族团结是好的、什么样的民族团结是有问题的?好的民族关系应有两种,一种是非教育下的自觉的团结,如现今一些下层社会在没有外界干扰下的民族间形成的较好的民族关系;另一种是在教育后能够自觉团结的民族关系。而有问题的民族关系,就是存在现今社会部分人群中仅仅喊喊口号的团结。有关民族团结的程度,根据现今学术界的研究成果是可以进行测量和评估的。因此,可以建立和组织相关的科研机构和学者参与。达到对社会各民族间团结程度和民族关系进行科学把握。

现今民族问题是多民族区的工作重点,实施何种政策直接关系到民族关系好坏和社会稳定。政策对民族团结会产生直接影响,因为很多政策都会对生活在同一区域中的不同民族进行资源分配。这就使政策必须具有平等性和指向性,很显然,这是一个非常困难的问题,实现资源平衡分配本身就非常困难。现今世界各国之间存在的各种问题多是资源问题,如石油资源争夺、哥本哈根有关世界各国碳排放量的分配等,这需要执政者进行小心谨慎地考量,精心地设计。另外一个就是指向性问题,政府要能够严格地履行其保护受害者的职能。

(五) 在内地的新疆籍人口管理问题

随着社会的发展,越来越多的新疆人开始走出本区,而流向全国各地,这就对内地各省市的流动人口管理提出了要求。

首先,对人口流出地新疆来说,需要新疆各级政府加强对外出务工的少数民族人员进行汉语教育和普法教育,使他们树立法制观念,提高法律意识,做到知法、懂法、守法。这就需要各级政府有规模地组织各类普法宣传。同时,也要加强正确的"五观教育"、民族团结教育、内地省市区情了解、务工技能培训、良好的务工心态教育等。教育要分重点、分层次、多渠道地开展,加大流出地较为集中地区的教育,着重放在乡村基层行政组织中,同时也应放到日常事务中,长期开展。

其次,对流入地政府来说,根据当地实际制定与《城市民族工作条例》相配套的法规、政策和办法具有重要意义。从内地管理机构层面,一是要求全国每一地区都要配有能够表述相关语言的人员,以便于跟流动者进行有效的交流;二是管理机构应积极主动地服务于流动者。因新疆流动者在人种上、语言上、文化上等方面的异质性,有必要在内地建立专门的管理机构,这些管理机构要求必须积极主动服务于流动者,如在火车站、管理区内有未能安排食宿者,应积极主动接待并安排适当住所,然后上门进行户籍登记和身份确认。或是如有未能登记者应及时补充登记。三是因生活习惯的差异,尽可能地为其提供生活方便。从而形成稳定的居住环境。一方面,在流动人口管理上流入地政府应当加强新疆到内地挂职干部的作用,因为新疆到内地的挂职干部在新疆的各个民族的风俗习惯、宗教信仰、语言文化以及管理服务方面具有足够的经验。新疆也应有针对性地派出挂职干部到内地的相关部门,直接参与新疆流动人口的管理服务工作。另一方面,需要充分发掘流动人口中具有代表性的人员参与到流动人口管理中。在相应的流动人口较为聚居的地区,吸纳一些政治思想觉悟高、素质好、威望高的民间社会人员加入当地社区或管理部门,并给予一定的待遇,使其参与管理服务工作,将会提高管理服务效率,也可以更加及时、全面地了解少数民族流动人口的状况和相关需求。另外,在一些地区针对其聚居的行业成立相应的工会或社团,对其进行管理,也是一种可行的方式。

同时,新疆本区和内地相关机构应该组织专门活动,让内地人民了解和认识新疆,加强对新疆的认同。因为现今在内地除了到新疆做生意、旅游的人外,其他人群对新疆的任何事物都是非常的模糊,这就导致了对新疆的认同问题,这一问题表现在内地人民的心里就是新疆是否在其心里占有一席之地,表现在行为上就是主动不主动了解新疆、是否想过到新疆工作等,将新疆纳入其头脑中的整个国家区域之内。如果内地人,在他所居住的区域内,见到新疆人和见到其他省份人是一样的时候,内地管理新疆流动人口可能会更加便利。

(六) 内地省市援疆建设的思考

国家从1997年开始组织内地一些省和直辖市开展针对促进新疆社会经济发展的对口支援计划,该计划迄今为止已经实施了13年,并且取得了显著的成效。基于前一阶段对新疆对口支援所取得的成果和经验,国家在2010年又提出了进一步加大对口支援力度的战略决策,由内地19省市对口支援新疆12地州82县市和生产建设兵团的12个师,这无疑将对新疆社会经济实现跨越式发展起到重要的推动作用。但是,在新一轮对口支援计划即将实施之时,其未来发展趋势中可能出现的一些问题,应当引起决策部门的重视,值得我们深入思考。

首先应当引起我们注意的是内地省市援疆计划中可能存在的文化适应性问题。文化的适应性主要是指文化对于环境的适应。中华民族是多元一体的,中华民族的文化同样也是多元一体,具有很高的同质性。但由于历史、地理环境、经济、心理等因素的原因,中华民族文化的内部又存在着一定的差异性。内地与新疆这一多民族地区在文化的差异性是显而易见的，这就决定了在援疆计划实施过程中，内地对口支援新疆建设的各兄弟省市在新疆会遇见不同程度的文化适应性问题，这主要表现为以下三个层面：

（1）个人的文化适应问题。干部援疆和人才援疆是两项重要的内容。对于内地援疆人员来说，无论在语言、思维方式，以及生活方式和风俗习惯等方面都与其在内地的生活环境存在着很大的差异，特别是语言不通，往往会导致无法进行最基本的沟通和交流。这种文化形态的差异必然会成为内地援疆人员文化适应的障碍。就个人的文化适应性来讲，支援方应对本省市派往新疆的援疆人员进行集中培训，可以通过广播、电视、报纸、刊物、网络等媒体，让大家对新疆有更多的认识。在培训中，尤其应聘请专家，对党和国家的民族宗教政策进行解读，普及简单的新疆民族、历史、宗教、文化、风俗习惯等方面的知识，从而使援疆人员对新疆有初步的了解和认识。

（2）区域文化的适应问题。俗话说："十里不同天，五里不同俗。"新一轮内地援疆省市从大的区域上划分，可以分为南方和北方。作为北方地区的新疆，与南方省市无论在自然环境还是在人文环境上，都有很大的差异，即使北方的援疆省市，与新疆自然和人文环境同样有较大的差别。因此，就区域文化的适应性而言，内地援疆的北方省市在新疆的文化适应难度较南方省市为小，而南方省市的文化适应难度较大。建议受援的各地、州、师的各级部门，切实建立起关心内地援疆人员和人才的机制，不仅关心他们的物质生活，尤其是关心他们的精神生活，以使内地援疆人员尽快消除文化不适感。

（3）企业的文化适应问题。新的对口援疆计划中，引进企业和资金也是一项重要内容。相对而言，内地省区的企业文化及其理念已经非常成熟，而新疆地区的企业文化建设尚欠发达，甚至还未起步。新疆民族众多，少数民族人口中又以信仰伊斯兰教的少数民族为主，不同行业的习惯和行业禁忌或多或少都与内地企业所具有的现代企业理念和企业文化有一定的差异，这种差异必然对内地企业文化的适应性产生影响。对于援疆的内地企业进入新疆的文化适应性问题，建议支援方和受援方共同组织对有关企业人员的培训，了解新疆的全貌，帮助企业选择合适的项目，建立适应于新疆实际情况的企业文化。可以聘请有关专家（包括疆内外）讲课，也可以聘请诸如新疆特变电、华凌集团等企业，为内地援疆企业介绍经验等。

其次，关于内地省市援疆计划中的项目选择问题。新疆亚欧大陆腹地的中心，自然资源十分丰富，这是新疆经济发展的有利条件。但同时新疆又远离海洋，气候干旱，生态环境极为脆弱。加之周边复杂的国际环境、本地区的文化形态多样性等，都对在新疆发展经济及各类产业时，提出了较为苛刻的要求。因此，在内地援疆建设中的项目选择就显得格外重要。如何在内地援疆建设项目中，选择那些既能够产生企业效益，同时又不以牺牲生态环境为代价的建设项目，是我们必须认真思考的问题。以牺牲生态环境来进行经济开发，势必严重制约新疆的可持续发展，阻碍新疆社会经济与自然环境的良性互动。因此，在新一轮对口援疆计划中，应将引入项目的选择作为重点来进行关注。一方面根据各地区的不同情况，因地制宜地选择项目，大力发展适合当地实际情况的产业，特别是当地的特色产业。由于地方特色产业在长期的发展过程中形成了一定的产业人才储备，技术与工艺具有一定基础，缺乏的恰恰是充足的资金保障和先进的生产技术，有了资金投入和内地先进的生产技术以及管理理念，就能以特色产业的发展来带动当地整个社会经济的发展。另一方面，在发挥新疆特有的资源优势、加大资源开发力度的同时，要注重对生态环境的保护。利用资源优化加速社会经济的发展固然非常重要，但历史的经验告诉我们以牺牲生态环境为代价来换取社会经济的发展是得不偿失的，在得到经济利益的同时，我们的生存环境将会受到严重的威胁，因此，在新一轮对口支援执行的过程中应该以选择低碳、环保、低能耗的项目为主，以长远的眼光来规划新疆的可持续发展，注意培养社会经济发展与生态环境的协调发展，形成一个以资源发展经济，再以经济效益反哺自然环境的良性循环。

第三，对"输血功能"与"造血功能"辩证关系问题的认识。内地援疆就其本质上说仅是在新疆经济发展中建立了"输血功能"，而我们的根本目的是在新疆建立经济社会良性发展的"造血功能"，只有这样，才能真正实现新疆社会经济的长期可持续发展。无论是支援方还是受援方，都应对"输血功能"与"造血功能"辩证关系问题有清醒的认识。从受援方来说，应当防止"依赖"思想，防止"政绩工程"；对支援方来说，应具有战略眼光，将内地省市经济社会发展的经验、方法，嫁接、移植到新疆，从而使新疆的经济在内地的支援下，不断提升自身的发展能力，实现可持续发展。

在前一轮的援疆计划中，少数地区存在内地对口援助单位"输血"量大，而当地经济"造血"能力提高不明显的现象，内地对口援助单位提供了包括资金、人才和技术在内的大量资源，但当地的经济发展能力却没有取得相应的提高。造成这种现象的根本性原因在于思想观念的落后，一方面，接受援助的地区由于社会经济发展水平较低，地方领导和群众思想观念陈旧落后，对于对口援助计划的理解和把握能力较差，不能深入领会国家援助新疆计划的真正内涵与实质，往往只重视内地对口援助单位提供的资金资源，而对于对对方提供的技术资源和人才资源的重视程度不够，对援疆人才基本生活条件的改善不足，就很难留住人才，内地先进技术运用不到位，就难以推动当地经济的快速发展。从另一方面来看，内地对口援助单位在思想观念上也存在一些问题，新疆是我国的经济欠发达地区，技术、资金和人才等各方面资源与内地发达地区相比有着巨大的差距，而且新疆少数民族人口多，文化背景和风俗习惯与内地省市相去甚远，这就决定了新疆的经济发展道路必须符合新疆的特殊情况。而前一阶段计划中内地援疆单位的援助对新疆的经济发展起到了很大的推动作用，但往往在不同程度上存在忽视新疆特殊情况，习惯性地照搬内地发展模式的问题，无论在经济发展模式的选择，还是在引进项目的选择上都缺乏针对新疆自身情况的考虑，从而造成投入的资金、技术和人才等资源不能够在新疆的社会经济发展中发挥出最大的效能。所以，只有被援助的地方和内地对口支援单位这两方面都改进现有的思想观念，本着实事求是的态度不断在实践中解放思想，找到适合新疆社会经济发展的道路，增加新疆发展的内在动力，才能从长远上和根本上解决新疆社会经济发展的问题。

（七）双语教育问题

语言是交流的工具，在多民族区域，要想形成一个稳定社会环境，民族间必须加强交流和相互了解，这就要求必须有交流工具——语言。加强双语教育对新疆本地的发展非常有利，当今实施的在民族区，无论是少数民族干部还是汉族干部都必须掌握汉语及本区的主要语言的政策是非常正确的，有利于民族间的平等交流。因此，双语教育在实施过程中得到了新疆各民族群众的普遍拥护。语言学习分为两种，一种是自觉学习，一种是强制性学习。自觉学习表现在人们对语言的习得的渴望上，是人们对某种语言所代表的文化吸引而形成。强制性学习分两种：一种是政府政策实行强迫同化，另一种则是环境强迫，即虽然政府是本着促进民族发展的方针制定的语言学习政策，却在推行过程中忽略了少数民族群众的文化适应性。双语教学虽然在新疆已经取得了很大的成就，但由于双语教育在近些年来普及速度过快，一些少数民族群众产生了对本民族文化的担忧，认为双语教育有可能影响本民族文化发展，甚至认为大力推广汉语，有政府强制汉化、弱化少数民族文化、使民族语言消失的目的。实际上，这一问题不仅在新疆存在，在中国边疆很多实行双语的多民族居住区都存在。这一问题的产生主要有以下原因。

第一，目前双语教育的模式还不完善，在很多地区双语教育成为单纯的汉语教育，而脱离了双语教育的实质，这必然使得一些少数民族群众认为双语教育实际上就是汉化教育。因此，在今后的双语教育中，我们应当把握住方向，只有当一个地区确实已经确保了进行双语教育的条件，才展开双语教学，不能仅仅追求数量和双语教育的覆盖面，而是要严格把握双语教育的实质，有条不紊地推进双语教学。

  第二，双语教育不仅仅是语言文字的教育，而语言的习得也不仅仅是为了考大学、过好日子的功利性原因。目前在进行双语教育时，很多基层部门为了吸引少数民族参加双语教育，往往以功利性原因刺激人们对双语教育的学习。实际上，这是一种非常短视的宣传方式。

  从世界范围内我们可以看到所有的多民族国家都有一种或两种官方语言，并且是以该国一个或两个主体民的主流语言作为官方语言，少数民族的语言文字则被视为政治体制之外的文化类语言或者说族群性语言。任何一个本国的公民都必须掌握本国的官方语言，同时习得自身民族或其他民族的语言完全出于习得者自身的愿望。那么对照中国的官方语言来看，其实我们应当对"双语"进行一个宏观把握，应将其放在全国层面进行讨论，可以将普通话提升至国家语言的地位，即"国语"，将"汉"改为"国"，所有非普通话区进行"国语"学习。而作为中华人民共和国的公民就必须要学习本国的"国语"，学习"国语"是爱国的表现，是每个公民的义务和责任。这样就可以将语言的学习从功利改为由爱国主义引发的积极学习。

（八）信息不对称问题

  从"7·5事件"的发生到发展再到之后的修复工作，我们不得不正视的是信息不对称问题，这主要是指政府和人民群众之间的信息不对称问题。为了充分了解新疆各民族获得信息的途径，现将调研组在2004~2005年所做的田野调查信息做一介绍。此次调研分阶层、分年龄、分性别、分文化程度进行，为了更加便于说明，在此使用以文化程度为分界的一组数据。从新疆各民族文化程度来看，大专及大专以上学历，了解国内外重大事件的途径和渠道依次是：（1）电视（1 865人次），（2）报纸（1 637人次），（3）广播（1 089人次），（4）网络（764人次），（5）与人聊天（506人次），（6）信件（80人次）；高中或中专学历了解国内外重大事件的途径和渠道依次是：（1）电视（1 391人次），（2）报纸（1 109人次），（3）广播（796人次），（4）与人聊天（324人次），（5）网络（289人次），（6）信件（64人次）；初中学历了解国内外重大事件的途径和渠道依次是：（1）电视（1 073人次），（2）报纸（655人次），（3）广播（586人次），（4）与人聊天（230人次），（5）网络（109人次），（6）信件（57人次）；小学及以下学历了解国内外重大事件的途径和渠道依次是：（1）电视（414次），（2）广播（275人次），（3）报纸（189人次），（4）与人聊天（88

人次)、(5) 网络 (43人次)、(6) 信件 (9人次)。① 从以上调查数据可以看到人们了解信息的途径增加了,一些新的途径的信息量有所增加,一些旧的途径的信息量开始式微,但仍有一些较为传统的途径仍然保持。电视、报纸、广播、与人聊天所传递的信息仍占到主导地位,网络成为20世纪末以来的一种新的信息传递途径。在以上信息传递途径中,电视、报纸、广播是主流媒体,其传递的信息往往是以政府为主导,网络、与人聊天、信件三者则既有政府所传递的信息又有私人信息。问题是在很多时候,政府所传递的信息,与私人所获得的信息构成了不对称问题。这就为恶意谣言和不良用心的恶意煽动提供了可乘之机,从而将"7·5事件"扩大化。从政府角度考虑,一方面要提高自身的可信性,提高人们对政府的信任度;另一方面,政府应当在第一时间公布准确信息,不隐瞒,不蒙蔽。从而遏制恐慌心态,遏制谣言或恶意煽动。另外,政府还要在加强信息透明化的基础上,加强信息管理,尤其是对网络信息,必须要进行使用权和发布权的监督与管理。

(九) 减少民族隔阂,提供民族对话途径问题

在一系列的恐怖暴力事件中,不同民族身份的民族成员有不同的感受和想法,而这些感受和想法没有正规的途径在民族间进行信息交流,无法达到民族间的和解。而当这些感受和想法不断地在本民族内部传递,就容易造成民族间的隔阂。因此,在今后民族工作中,就必须要重视提供民族对话的途径,以此减少民族隔阂。

首先,从整个社会来讲应当增强各民族间的交往,杜绝有可能产生民族隔离的问题和现象,提供更多的各民族交往的公共场所。提高疆内各民族间交往的可能性。提高各民族参政议政,参与基层民主选举的积极性。

其次,要加强各民族间知识分子的交流,加强各民族知识分子间的对话。各民族间的隔阂有很多种,比如纯粹的物质利益等方面存在的争议,这都是可以用一些政策来解决的。但是随着社会发展,各民族都出现了大量接受过良好教育的知识分子,他们在不断地学习和工作中,接受一些外来思想或是根据自己所学将自身情况与所学相结合而产生了一些个人的看法和观点。这些观点的正确与否属于精神层面,非政策所能引导。而且,知识分子作为一个群体的社会精英,在其群体的精神层面居于主导性地位,有很大的影响力。作为社会中的一个成员,相关的机构、单位应该及时了解这些观点,并进行不同人群间的对话,从而加强两者间的了解。要完成这样一个过程,建议本地的知识分子阶层间进行对

---

① 2004~2005年,本项目组主要成员孟楠教授在本项目组及教育部重大课题"西部民族关系与宗教问题研究"项目组的支持下,进行了"新疆的民族关系与宗教问题"的调查研究,并撰写了《新疆的民族关系与宗教问题调研报告》。该项调查选择了新疆具有代表性的20个地州市、县(市)、师、团。对新疆的19个民族展开了民族关系和宗教问题的调研。以上数据即来自此次调研。

话。可分为两个环境,即一种为非学术氛围的,另一种为学术氛围的。非学术氛围的参与者身份要求不需要太严格,但必须有知识分子参与。学术氛围的参与者则要求较严,多是知识分子,不能有官方人员参与。这样一方面可以畅所欲言,另一方面又可以言有所依。通过本地区知识分子阶层的对话,可以针对不完善、不正确和独特的观点进行讨论,达到相互学习、补充的作用。

再次,要加强政府与各民族群众之间的交流和对话。这一方面要加强基层的调研工作,解决各民族群众所面对的基层问题。另一方面,在制定一些重大决策时,需要与各民族知识分子进行商讨。知识分子往往具有双重身份,一方面是个人的社会身份,另一方面则是族群的精英身份。作为族群的精英,知识分子的思想及言论不仅能够影响到该族群其他成员的思想,还能够代表该族群成员的想法,从而将本族群或本民族的需求传递出来。就目前的民族政策来看,往往一项好的政策经过强制推行,不仅没有得到较好的反应,反而带来某一族群的反感或抵制。这在一定程度上反映了政策制定和实施过程中的不科学性,也反映了信息沟通的不通畅性。因此,必须要重视各民族知识分子在社会决策中的作用。

二、新疆和谐民族关系的建议和对策

(一) 构建科学的决策体系

改革开放以后,在市场经济条件下,各种社会问题日益增多,政府在做出决策时往往需要考虑过多的因素和条件,科学的决策体系的构建正是试图寻找最大化收益的决策。因此科学的决策体系的构建不但有利于新疆和谐民族关系的构建,也有利于新疆的经济建设和社会稳定。科学的决策体系应当包括两个方面的体系:

1. 科学决策咨询机构的建设

政策咨询机构就是为决策层提供信息搜集、咨询建议、调查研究及方案论证、以辅助决策的机构。现代政策咨询机构是在20世纪社会大发展的背景下出现的,政策咨询机构及所从事的咨询活动,作为现代领导者、决策者的"思想库"、"智囊团"、"外脑",早已为发达国家所重视,并日益得到国际社会的普遍认同。改革开放以来,为适应社会主义市场经济的发展,借鉴国外思想库成功的经验,我国各级政府及所属部门都建立了政策咨询机构和信息中心。这些政策咨询机构为我国的政策研究、宏微观决策及国家、地区、行业管理做出了重大贡献,为实现决策的科学化和民主化提供了建制保证。[①]

---

① 顾夔良:《对加强我国政策咨询机构建设的思考》,载《行政论坛》2002年第2期,第39页。

政策咨询机构的主要功能有：信息搜集；提供政策建议；事前预测；事后总结、评估；人才培养、储备和供应；制造社会思潮和社会观念。

我国现有的政策咨询机构包括：行政性政策研究机构；半行政性政策研究机构；学术性政策研究机构；民间政策研究机构。官办的决策咨询机构是我国决策咨询的主要力量，包括纯行政型咨询机构和半行政型咨询机构，目前已基本上形成了一个从中央到地方的自上而下的庞大体系。

具体到科学决策咨询机构的建设，我们可以将学术性政策咨询机构和民间政策研究机构联合起来，委托民间政策研究机构进行调查和信息搜集，成立相应的专家组对所搜集的调查和信息进行整合，提出可行决策，再由官办决策咨询机构对其可行性进行分析。从而形成一个可循环的科学决策体系，在这一体系中首先我们发挥了民间政策研究者对于信息搜集的准确性，其次我们发挥了学术专家整理及规划的科学性，最后我们发挥了官办行政决策机构的现实性和政策可操作性。从另一个角度我们也避免了一些原先存在的问题，例如行政决策机构对政治权利的依附性，学术专家提出的建议的可行性不足等。

目前，新疆的民间政策研究机构不多，大多是以调查公司的形式出现。一些调查公司已初具规模，例如新丝路和数流动力这两家调查公司在调查中都是比较严谨的，而且在数据分析上基本能够与内地接轨，这为系统的建立提供了技术保障；新疆有许多高校，在各个方面都有一定的专家、学者，这为系统的建立提供了理论保障；原有的官办决策咨询机构为系统的建立提供了现实保障。

2. 使用科学的决策方法

这里主要介绍德尔菲法。德尔菲法，即专家咨询法。就社会发展运行状态诸多问题向具有专业知识和实际工作经验的人进行咨询，反复征求意见，反复多次咨询、修改，直到意见最终一致。德尔菲法的优点是能善于将不同专家的意见进行沟通，避免某一理论偏执现象，对于把握社会运行状态的总体有直接影响。

德尔菲法适用于在传统调查研究的基础上决策层面的使用。具体操作如下：

（1）提出问题，即需要预测的目标。例如，某一地区实行某一政策是否有利于当地民族关系。

（2）对预执行政策进行充分描述，对该地区民族关系现状做出充分的调查和描述。

（3）组成与该地民族关系及政策执行相关的专家组，专家组成员可包括当地基层政府工作人员、民族关系方面的学者、企业员工民族成分较多的企业业主等若干对民族关系有一定研究或能够切身体会到民族关系的相关人员。

（4）向所有专家提交预执行政策和该地民族关系的所有背景材料，同时请专家提出还需要什么材料，包括预测目的、期限、调查表填写方法及其他希望要求等说明。然后,由专家做书面答复。

(5) 各个专家根据他们所收到的材料,提出自己认为预执行政策是否有利于该地区民族关系的发展,并说明自己是怎样利用这些材料并提出预测值的。这里的预测值是指预执行政策对当地民族关系的有利度。

(6) 将各位专家第一次判断意见汇总,列成图表,进行对比,再分发给各位专家,让专家比较自己同他人的不同意见,修改自己的意见和判断。也可以把各位专家的意见加以整理,或请身份更高的其他专家加以评论,然后把这些意见再分送给各位专家,以便他们参考后修改自己的意见。

(7) 将所有专家的修改意见收集起来,汇总,再次分发给各位专家,以便做第二次修改。逐轮收集意见并为专家反馈信息是德尔菲法的主要环节。收集意见和信息反馈一般要经过三四轮。在向专家进行反馈的时候,只给出各种意见,但并不说明发表各种意见的专家的具体姓名。这一过程重复进行,直到每一个专家不再改变自己的意见为止。每一轮时间约 7~10 天,总共约 1 个月左右即可得到大致结果,时间过短专家难于反馈,时间过长则外界干扰因素增多,影响结果的客观性。

(8) 对专家的意见进行综合处理。通过对各位专家意见的综合整理,得出该预行政策是否有利于当地民族关系的大致比例,在最终制定该政策可行性分析时作为相关数据。

德尔菲法同常见的召集专家开会、通过集体讨论、得出一致预测意见的专家会议法既有联系又有区别。德尔菲法能发挥专家会议法的优点,即:(1) 能充分发挥各位专家的作用,集思广益,准确性高。(2) 能把各位专家意见的分歧点表达出来,取各家之长,避各家之短。同时,德尔菲法又能避免专家会议法的缺点:(1) 权威人士的意见影响他人的意见;(2) 有些专家碍于情面,不愿意发表与其他人不同的意见;(3) 出于自尊心而不愿意修改自己原来不全面的意见。德尔菲法的主要缺点是过程比较复杂,花费时间较长。

(二) 加强对宗教的管理

新疆地区有伊斯兰教、佛教、基督教、天主教、道教以及东正教 6 种宗教,各类宗教活动场所 24 050 座(处),其中伊斯兰教清真寺 2.3 万多座,信教群众占全疆总人口的一半以上。[①] 宗教问题,往往是影响民族关系的主要问题。前人已经在这方面做出了许多研究,提出了许多建议。但并没有从根本上解决这一问

[①] 李建生:《新疆民族发展报告(2000~2005 年)》,载《新疆师范大学学报(哲学社会科学版)》2006 年第 3 期,第 55 页。

题。我们必须看到，在现阶段宗教问题依然存在而且必然存在，这就要求我们必须要正视宗教问题。

1. 宗教活动和宗教问题

宗教活动是宗教信徒为表达自己的宗教信仰、宗教感情，独自或集体进行的一种较为固定或有规律的仪式或习俗行为。诸如：拜佛、诵经、烧香、礼拜、祈祷、讲经、讲道、弥撒、受洗、受戒、封斋、过宗教节日、终傅、追思等。那么是不是说不管在什么条件、什么情况下进行上述活动都是合法的、正常的宗教活动呢？当然不是。宗教活动是一种社会公共事务，属于国家管理的范围。为了保障宗教活动正常有序地进行，国家除在相关法律中有所规定外，还专门制定了有关宗教方面的法规、规章以及相关政策，对宗教活动进行规范。只有那些符合法律、政策规定的宗教活动才是合法的、受保护的宗教活动。① 简言之，宗教活动是指正常的、合法的仅以宗教信仰为目的的宗教性的个人或集体行为。正如阿不力克木·阿不都热依木在其《新疆民族分裂主义在意识形态领域的渗透及其防范对策研究》中提到的，"一般来讲，假如他不受别有图谋的人的影响，学一点经文知识，更多的是出于传统教义中修身立德或以温良恭俭让的姿态处理人际关系，或是从朴素的宗教虔诚出发，为以后离开人世考虑；如果真是出于这样的理念和举动，它应该属于正常的宗教活动，并且受国家法律的保护。"②

宗教问题是指在宗教的基础上产生的不同宗教信仰群体间的冲突或由于不同宗教信仰引起的社会问题。

在一定条件下宗教活动是会向宗教问题转变的。这是由宗教本身的排他性所决定的，即不同宗教信仰的人可能因为宗教不同产生排他感或在利益争夺问题上产生矛盾。在各种宗教的历史上，这一现象都是普遍存在的。在宗教信仰狂热地区这一现象往往表现得较为明显。

新疆的主体宗教是伊斯兰教，有7个主体民族信仰伊斯兰教，其不仅仅是一种信仰，而且经过漫长的历史演变，很多教义内容已变化成一种基本的生活方式和礼仪规矩，渗透到信仰民族生活的各个方面，成为民族习俗。因而它具有历史沉淀性、世俗化的特点。从某种角度上说，世俗化了的社会宗教氛围对整个穆斯林群众产生了一种潜移默化的影响。从一定角度来讲，在新疆的许多地区宗教信仰狂热现象十分明显，甚至受到民族分裂分子利用。这主要表现为：宗教场所的数目较多；非法宗教团体较多；非法宗教活动猖獗；与政府基层组织争夺权力；

---

① 马品彦：《新疆反对非法宗教活动研究》，载《社会科学》2003年第4期，第72页。
② 阿不力克木·阿不都热依木：《新疆民族分裂主义在意识形态领域的渗透及其防范对策研究》，载《中国人民公安大学学报（社会科学版）》，2006年第4期，第118页。

暴力恐怖犯罪活动加剧。这些表现不仅破坏了民族情感，有碍于新疆的社会稳定与发展，更对国家的统一提出了挑战。

2. 加强宗教管理的建议和对策

通过对前人关于宗教管理的建议的总结，在此我们提出一些关于宗教管理的建议：

（1）必须有效地控制宗教狂热现象。宗教狂热是宗教活动向宗教问题转变的必经之路。宗教狂热使得正常的宗教活动无法满足宗教徒的信教心理，就会出现盲目的宗教崇拜，给非法宗教的存在和分裂分子提供了可乘之机，这就需要政府有效地引导，使宗教仅以宗教本身而存在，对清真寺的建设要进行严格审批，在调查中我们发现吐鲁番地区在这一方面是做得很好的，值得其他地区学习。具体操作中我们必须要严厉打击非法传教，跨地区传教，对非法宗教团体要依法取缔。新疆现有清真寺数量世界第二，这就要求我们对原有的清真寺进行合并和减小规模，对宗教人士要严格考核，对宗教人士要经常进行集中性的学习，教导他们在群众中宣传积极进步的思想。

（2）必须要明确政教分离，消除隐性存在的宗教参与政治的现象，加强基层组织建设。这就要求我们做好基层组织建设，加强基层组织的服务意识，切实为各民族群众做事实，要切实到群众中去，基层干部要包"产"到村，包"产"到各个街道办、居委会。所谓下社区不是说在社区办公室里办公，而是要切实到村民家里，到居民家中发现困难、解决困难。只有这样才能提高基层干部在各民族群众中的威信与地位，才能提高各民族群众的归属感，才能从根本上消除人们对宗教的依赖感。才不会在个别人的煽动下出现群众性的冲突与矛盾。即使出现，当政府出面时也会更容易解决。

（3）必须要注意以宗教信仰为主体形成的相对民族隔离现象。在调查中我们发现，在许多地方往往出现以宗教信仰为主体的相对民族隔离现象。这一现象的特征是一般以宗教场所为中心向四周扩散，在这一周围活动的个体主要以同一民族或统一宗教信仰为共同特征。例如在乌鲁木齐市，从南门向延安路方向有两座乌鲁木齐最大的清真寺和一些小的清真寺，这一区域宗教氛围就较其他地区浓厚，在清真寺周围都形成了一定的商业活动区域和居住区域，这样就相对减小了在这一区域居住个体的活动范围，形成了相对自给自足的民族隔离现象。这一现象还表现为其他地域的维吾尔族在来到乌鲁木齐后也往往选择在这一区域活动。民族的相对隔离往往会增加民族间的距离感，减少民族间的交往，这必然是不利于民族关系的。同时由于这种相对聚居与相对隔离会增强民族间的歧视与偏见，这也往往会给民族分裂势力提供一定的活动基础，在民族关系紧张时期，这类区域往往是出问题最多的地方。

（4）要完善相关的政策与法规。这主要有两个方面，首先是要完善打击非法宗教活动与暴力恐怖活动的政策与法规。对非法宗教团体要坚决予以取缔，对带头从事非法宗教活动的个人要依法进行制裁。对暴力恐怖分子决不能手软，露头就打。目前在一些地区，在对待这一问题的态度上，大多采取说服教育的方式，这往往是徒劳的，甚至因为打击力度不够造成分裂分子内外勾结，策划更大的暴力恐怖活动。我们必须看到普通群众可能是被煽动的，可是带头从事非法宗教活动或暴力恐怖活动的个体，其本身必然是有一定目的的，在其目的无法达到的前提下，一旦出现可乘之机，其随时都有可能进行新的非法宗教活动或暴力恐怖活动。其次是对基层宗教人士制定相关的考核制度，并不是会念诵宗教经典就可以成为宗教人士。宗教人士是必须要经过系统的学习和相关的考核，由政府颁发上岗证书才可以主持宗教活动的个体。这样做不但有利于对宗教的积极引导，也有利于进一步区别宗教活动和非法宗教活动。

宗教问题是一个无论在政治上还是在学术上都讨论了许久的话题，之所以这一问题到今天也没有很好的解决方式，其主要原因是认识不够，许多地方过于敏感。但我们必须要认识到长期稳定和短期稳定的关系。无论是新疆和谐民族关系的建设还是新疆和谐社会的发展需要的都是长期的稳定，而长期的稳定在一定意义上就需要在部分时间对宗教进行改革，对宗教管理进行调整。这可能会对这一时期的社会产生影响，但只有这样才能够真正解决长期发展的问题。

（三）打破原有存在的民族区域性隔离

1. 新疆现有民族隔离的几个表现

（1）整体性的民族隔离。这种整体性的民族隔离与民族分布是相对应的。即南疆主要以维吾尔族聚居，北疆主要以汉族、哈萨克族、蒙古族聚居，汉族主要居住在城市或较为发达地区，少数民族大多聚居在农村、牧区或经济相对欠发达地区。如果按照马戎的隔离指数来计算，新疆本身就是一个巨大的整体性的民族相对隔离地区。

（2）地方性的民族隔离。地方性的民族隔离包括生产建设兵团与地方，地方自身内部两个方面。在南北疆地区，我们都可以见到地方城镇四周存在有生产建设兵团这一特殊建制。特别是在南疆地区，我们发现地方主要以少数民族为主，生产建设兵团主要以汉族为主。各为建制，基本上都可以自给自足，发生在群众层面的族际互动很少。另外在一些地方自身内部也存在民族隔离现象，许多地区都存在的是城市或城镇民族构成较为复杂，但在农村地区往往以民族为界限形成村落。

(3) 社区性的民族隔离。即在同一城市或在同一乡镇内部形成的社区性民族隔离。在新疆这种民族隔离往往以民族或宗教信仰为区别。这种现象不仅在新疆本土存在，在新疆少数民族向内地流动的各个地区也广泛存在。这种社区性的民族隔离有的是在历史上就存在的同一民族或同一宗教信仰自然聚居，有的是伴随着城市化过程中的新现象，但无论什么原因，都必然对民族关系产生一定的影响。

旧有的民族隔离现象主要有以上三种存在形式。其中前两者是可以直接看到的，而后者却是不易察觉到的，在这里我们简要介绍马戎先生的民族隔离指数计算方法。

2. 民族分离指数计算

（1）理论研究成果

20世纪60年代，美国一些学者针对当时大中城市的种族居住情况，提出了一个可以进行统计调查和定量计算的衡量指数"index of dissimilarity"，译为"分离指数"或"隔离指数"，表现的是一个居住区（城镇）内各个区域基层居住单元（街区）的族群比例与城镇整体族群比例之间的偏差量，从而反映这个城镇中以基层居住单元为计量单位的在居住方面的族群隔离或族群融合程度。分离指数成为社会学家常用于计算一个人口（如一个国家或一个地区）的整体结构与其内部各部分（如下属地区或街区）结构之间差异的量化指标。[①] "分离指数"的数值从0到1（以百分比表示则为0到100%），表示在某个居住区（城市、镇、乡）的范围内，为使所属的各个区域单元（街区、村）的族群比例与整个居住区的族群比例一样，至少有百分之多少的人口（或者是A族群，或者是B族群的成员）需要在区域单元之间进行迁移调整。

"分离指数"的计算公式是：

$$ID = \frac{1}{2} \sum_{i=1}^{n} | W_i/W - B_i/B |$$

式中：

ID 表示分离指数；

n 表示计算单元（如各街区的数量）；

$\sum$ 表示从 $i=1$ 到 $i=n$ 所有计算单位的连加计算；

W_i 表示在 i 街区中A族群的人口数；

W 表示全城A族群的人口总数；

B_i 表示在 i 街区中B族群的人口数；

[①] 马戎：《民族社会学——社会学的族群关系研究》，北京大学出版社2004年版，第655页（附录2）。

B 表示全城 B 族群的人口总数。

(2) 实证研究的案例

分离指数的关键是确定研究的"整体"与"部分",为了进一步说明分离指数的实际应用,分别以乌鲁木齐市汉维两个民族的分离指数与乌鲁木齐市解放南路街道汉族与其他少数民族的分离指数的计算为例。以居住在乌鲁木齐的全体汉族和维吾尔族作为整体。各个区的汉族和维吾尔族作为部分。

分离指数的具体计算:以 2006 年为准,乌鲁木齐市总人口 2 018 443 人,汉族人口 1 507 720 人,维吾尔族人口 254 722 人。乌鲁木齐共有 7 区 1 县,维汉人口如下:天山区汉族 341 945 人,维吾尔族 98 604 人;沙依巴克区汉族 380 318 人,维吾尔族 60 299 人;水磨沟区汉族 180 829 人,维吾尔族 24 319 人;头屯河区汉族 92 696 人,维吾尔族 15 003 人;达坂城区汉族 20 197 人,维吾尔族 2 389 人;新市区汉族 370 902 人,维吾尔族 43 852 人;东山区汉族 80 687 人,维吾尔族 6 199 人;乌鲁木齐县汉族 40 146 人,维吾尔族 4 127 人。[①]
则该市维汉两族比例约为 17/100,计算方法如下:

$$\begin{aligned}
ID = 17/100 \{ & |341\ 954/1\ 507\ 720 - 98\ 604/254\ 722| \\
& + |380\ 318/1\ 507\ 720 - 60\ 299/254\ 722| \\
& + |180\ 829/1\ 507\ 720 - 24\ 319/254\ 722| \\
& + |92\ 696/1\ 507\ 720 - 15\ 003/254\ 722| \\
& + |20\ 197/1\ 507\ 720 - 2\ 389/254\ 722| \\
& + |370\ 902/1\ 507\ 720 - 43\ 852/254\ 722| \\
& + |80\ 687/1\ 507\ 720 - 6\ 199/254\ 722| \\
& + |40\ 146/1\ 507\ 720 \\
& - 4\ 127/254\ 722| \} \\
= 17/100 \{ & 0.16 + 0.01 + 0.02 + 0.08 \\
& + 0.03 + 0.01 \} \\
= 5.27/100 = & 0.05
\end{aligned}$$

根据分离指数计算,乌鲁木齐市维汉分离指数为 0.05,或 5%。这就是说,如果要使得 7 区 1 县的维汉族群比例都达到全市的维汉族群比例 17/100,两个族群需要在街区之间进行迁移的两个百分数之和为 5%。分离指数取 0 到 1,分

[①] 乌鲁木齐市党史地方志编委会办公室编:《乌鲁木齐市年鉴(2007 年)》,新疆人民出版社 2007 年版,第 26 页。

离指数越大，需要迁移的人就越多，表示族群隔离的程度越高。

从乌鲁木齐人口构成来看，南北存在较大差距，维吾尔族在南部地区相对聚居，汉族在北部地区相对聚居，乌鲁木齐县、达坂城区维吾尔族居住较少，且距离城市较远，因此对比来看仅以市内人口计算，以南北划界，得出了新的一组数据。（1）天山区汉族341 945人，维吾尔族98 604人；（2）沙依巴克区汉族380 318人，维吾尔族60 299人；（3）水磨沟区汉族180 829人，维吾尔族24 319人；（4）头屯河区汉族92 696人，维吾尔族15 003人；（5）新市区汉族370 902人，维吾尔族43 852人；（6）东山区汉族80 687人，维吾尔族6 199人；则该6区汉族人口数量为1 447 377人，维吾尔族人口数量为248 276人。而在这6个区之中，维吾尔族主要聚居在天山区和沙依巴克区，占到了全市维吾尔族的64%以上。

整体性的分离指数计算只是从总体上把握民族的隔离状态的方式之一，其在一定程度上也存在一定不足，即在整体上有可能存在局部内部的隔离，这时候从整体分离指数上就不一定能够真实地反映出这一现象。这就需要我们在观察与区域对比上进一步发掘，在不同维度上合理地使用分离指数。为了进一步验证分离指数在微观行政街道的使用，在调研中就乌鲁木齐市解放南路街道进行了典型性分析。

解放南路街道位于乌鲁木齐市天山区中部偏南，是区内典型的少数民族聚居区，同时它又是乌鲁木齐市少数民族聚居区和汉族聚居区的交界地带。辖区内有汉、维吾尔、回、哈等19个民族共有居民31 995人，其中少数民族为18 333人，占到总人口的57.3%。自清乾隆二十三年（1758）建迪化南关土城始，这一带就是开发较早的市区，与南北疆商贸活动频繁。新中国成立前，辖区内的南关、马市、二道桥曾是迪化的商业区。新中国成立后，该地区经改造变化很大，很多高层建筑坐落于此。改革开放以来，该地区的商贸活动更是频繁，民族风味小吃店、民族风情一条街遍布二道桥、山西巷等地。该辖区内建有20座清真寺，其中维吾尔族的汗腾格里寺、白大寺，回族的陕西老坊寺、坑坑寺等都已有百年的历史。因此，本课题通过对这一典型的多民族社区的早期居住模式及现存居住格局回顾及了解，分析该社区居住格局的变化以及由居住格局反映出的各民族间交往的程度，进而分析多民族社区中民族关系的特点。为政府从微观层面进行民族交往的干预及民族关系的调适提供有力依据，为加强新疆民族团结及顺利开展民族工作提供理论指导。

从表2-6可以看出，在解放南路街道中，维回居民人数最多的社区为二道桥社区，维回总人口数为3 782人，所占比例达到98%，同时双庆巷社区、山西巷社区与建中路社区维回居民所占的比例也相当高，分别达到90%、88.7%、72%。街道中维回人口最少的社区为永和巷社区，共有891人，占总人口的25%。

表 2-6　　　　解放南路街道下辖各社区汉族与
维回人口数及"分离指数"　　　单位：人，%

社区名称	总人口数	汉族总人口数	所占比例	维回总人口数	所占比例
建中路社区	4 430	1 094	25	3 222	72
永和巷社区	3 480	2 397	69	891	25
育才巷社区	3 178	1 853	58	1 280	39
山西巷社区	2 037	219	10.8	1 807	88.7
新市路社区	3 204	1 583	49	1 362	42
龙泉社区	2 876	1 423	49	1 381	48
马市小区社区	2 811	1 505	54	1 172	42
天池路社区	1 854	1 151	62	537	29
双庆巷社区	5 565	510	9.2	5 011	90
二道桥社区	3 860	39	1	3 782	98
福寿路社区	3 308	1 895	57	1 329	40
合计	36 603	13 669	37	21 774	59
ID = 0.5035					

资料来源：2010 年 2 月课题组在解放南路社区所进行的调研。

通过对以上数据的进一步计算，得出目前解放南路街道汉族与维回居民的居住分离指数为 0.5035，即 50.35%。也就是说，如果要使街道中每个社区的汉族与维回居民的比例达到街道中汉族与维回居民的比例 1 : 1.59（13 669 : 21 774），汉族与维回居民中需要在社区一级单位之间进行迁移的两个百分数之和为 50.35%。通过计算街道中汉族与主体少数民族维回居民的分离指数可以进一步看出，街道中仍然存在少数民族人口相对集中与隔离的民族社区，街道中需要迁移与调整的人口比例较高。

3. 针对以上三点我们提出了一些建议与对策

（1）加大民族聚居地区经济建设，通过实行一些优惠政策，招商引资，加快少数民族聚居地区经济发展速度，提高少数民族科学技术文化水平。这是老生常谈的话题，这些年来政府也在这方面做了很大的努力。在这里我们想说的是，关键是各个地区必须要寻找到自身的优势，首先将自身的优势做大做强，做成品牌。要发展地区性工业，对引进的优势企业应当积极采取合资经营的模式，这样地方政府才有足够的资金来进行经济建设，而不是仅仅依靠税收和上级拨款。否则，经济建设就只能是在表面，无法发展到实质。换句话说，经济建设依旧在城市，而农村依旧变化不大。

（2）鼓励少数民族去内地城市务工，并做好宣传与协调。少数民族去内地城市务工主要存在以下几个问题：宗教信仰及风俗习惯是否被尊重；权益是否得到保障；提供的工作及工种是否适合。在这一点上首先应当由政府出面联系企业，核实工作与工种，并且要求对方企业尊重少数民族的宗教信仰与风俗习惯，政府应当与企业签订相应的合同，在劳务输出之前应当由政府提供住宿、场所等，企业提供相应的培训人员对输出劳动力进行培训，择优录用。政府应当派遣相关工作人员在企业工作地点协助企业帮助和管理出疆劳务人员，其既要教育和督促劳务输出人员积极工作，又要维护出疆人员的各方面权益。要对劳务输出人员进行相应的登记，定期到其家中告知其工作情况。在南疆一些地区，由政府牵头的少数民族出疆务工已经卓有成效，但同时又出现了一些新的问题，例如有一些少数民族妇女通过出疆务工眼界开阔了，思想上进了，回到家乡不愿再同自己的配偶或未婚夫过日子，向往大城市的生活。因此一些订婚的妇女纷纷退婚，离婚率也开始上升。这一问题不仅在新疆存在，在内地的农村地区也是存在的，是一种正常现象。可是对少数民族来讲这必然是一件大事，这就要求我们必须要调整劳动力输出工作，尽量以男性为主，女性为辅。

（3）通过经济手段，使得各民族间职业互补，增强民族间的交往。李晨光、郭宁在其《汉族流动人口与少数民族农村地区民族关系：以新疆石河子乡东桥村为例》一文中提到，"若两个民族的成员个体之间存在利益冲突，在当今民族意识的影响下，这种利益冲突常常会以民族间的矛盾形式出现。在农村，对土地和其他生存资源的竞争极易导致两个民族间的矛盾和冲突，严重影响两个民族间的关系。"而石河子乡东桥村正是通过经济互补，汉族与回族获得各自利益必须要通过彼此才能满足，例如李晨光、郭宁谈到，"我们调查了50位当地回民，对'是否愿意让汉族和自己住同一个村'和'是否愿意让汉族和自己做邻居'这两个问题，100%的回族被调查者都表示愿意，而我们访谈的汉族农民工也认为'东桥村的房价低能支付得起'、'离市区近去市区打工方便'、'这里的生活条件与农村相近很适应'等，表示非常乐意在东桥村居住。大家住在一个院子里，共用一个公厕（建在每家院外），共用院里一个水龙头，一来二往，倒也有了许多交流的话题，因而相处得自然融洽。"[①]

（4）加大各个地区内部以及地区与兵团的合作建设。中国的发展本质上在农村，新疆的发展本质上也在农村。实质上虽然在城市民族成分比较复杂，但

---

① 李晨光、郭宁：《汉族流动人口与少数民族农村地区民族关系：以新疆石河子乡东桥村为例》，载《黑龙江民族丛刊（双月刊）》2008年第1期，第21页。

可以保证民族交往。然而在农村地区由于彼此的隔离，使得民族间相互认识程度不高，当出现利益争夺时，往往出现为了维护本群体利益而出现的群体性矛盾。因此我们必须要加强地区内部不同族群间以及地方与兵团的合作建设，相互隔离的民族或族群可能在一段时间内是平静的，这是因为没有机会也无须进行互动，但当这两个民族或族群在不得不发生相互关系时，因为彼此的不了解往往发生激烈的矛盾。在具体操作中我们可以做以下尝试：①开展联合性的、全民性的活动，例如植树造林，可以将兵团群众与地区群众打乱，三五一组共同完成任务，这有利于增进民族间的感情。②邀请少数民族群众参观新疆建设兵团团场，兵团领导干部、技术人员与地方领导干部、技术人员一同参观地方与兵团，发展合作产业。③鼓励汉族家庭与少数民族家庭结成一帮一家庭，相互学习、相互帮助。

（四）杜绝一切有可能形成民族隔离的新现象

所谓有可能形成民族隔离的新现象主要是指在市场经济条件下部分商家为了便于管理或为了增加收益，以民族做文章，出现的民族区别对待或有意的民族分离产生的民族隔离。以下将我们在调查中发现的有可能形成民族隔离的新现象做一举例：

（1）房地产开发商在销售房屋时，往往为了以后便于管理将小区分为汉族楼和少数民族楼，这是一种民族关系的倒退，是一种主观臆断，是一种人为的民族隔离。这大大不利于和谐民族关系的构建，对待这一现象我们是必须要禁止的。而且政府应当出台相应的政策或法规保障每个小区都是多民族居住，每个楼层都是多民族居住的。从新疆大学在住宿改革方面取得的成绩可以得出，这一方法是可以使用的。新疆大学的学生住宿曾经也是以汉族学生楼和少数民族学生楼作为划分的，原本是为了减少不同民族间学生的矛盾与摩擦，后来发现矛盾与摩擦不但没有减少，有时甚至发生群体性事件。后来学校大胆采取了少数民族与汉族学生同楼的住宿改革，不但矛盾与摩擦减少了，群体性事件也很少发生，甚至出现了不同民族学生主动要求在同一宿舍住宿。

（2）在少数民族大学生就业时，有些企业或单位因为少数民族学生能力或汉语水平或文化底蕴不同对少数民族学生采取极少录取的方法，这一点尤其表现在私营企业上。这可能会影响到民族关系。少数民族大学生是国家培养的少数民族的先进群体，如果在就业时受到不公平待遇，这往往带来极大的负面影响。人们的日常生活除了居住地之外大多是在工作场所活动，因此这种有意识地对少数民族的进入进行限制的做法，本身也是一种民族隔离的做法。建议政府出台相应的政策与法规，在保证企业用人自由的前提下，为少数民族大学生就业提供更多的机会。具体操作上，对少数民族员工达到一定人数的企业可以制定相应的优惠政策。

（3）在许多娱乐场所或消费场所，经营者以民族做文章。汉族不做少数民族生意或少数民族不做汉族生意，或者对公共场所进行控制，不许其他民族进入。这在一定意义上可以说是民族偏见或歧视，但又不完全是偏见与歧视，有的更多的只是一种对其他民族的排他性，是一种以公共场所经营者或控制者为主的民族隔离。这是不利于和谐民族关系的构建的。

（五）发挥民间组织与民间意见领袖的力量

民间组织是指人们自愿加入的、由于共同兴趣或者共同目标依法建立的不以营利为目的的组织。之所以要发挥民间组织力量，是因为它是基于共同兴趣或共同目标而建立的，环保组织其共同目标是保护环境，户外组织其兴趣在于户外活动。共同的兴趣或者共同的目标，使得民间组织往往脱离了民族这一界限。从社会心理学角度来讲，作为个体的人一旦在某种群体或组织中能够找到归属感，其必然会对本组织或群体产生归属感。从组织社会学角度来讲，加强组织或群体凝聚力的最主要方法是使得本组织或群体的成员为了一个共同目标或共同兴趣去进行活动。我们可以作图来说明这一观点。

针对图2-1、图2-2我们做出以下分析和说明以便于读者理解。图2-1所显示的是四个相互独立的民族或族群，原本相互间没有互动或交往。在每个独立的民族或族群之中的一部分人参加了某一民间组织时，其必然带动了民族或族群间的互动或交往，加强了各民族或族群间的认知程度，从而推动民族关系的进一步和谐。

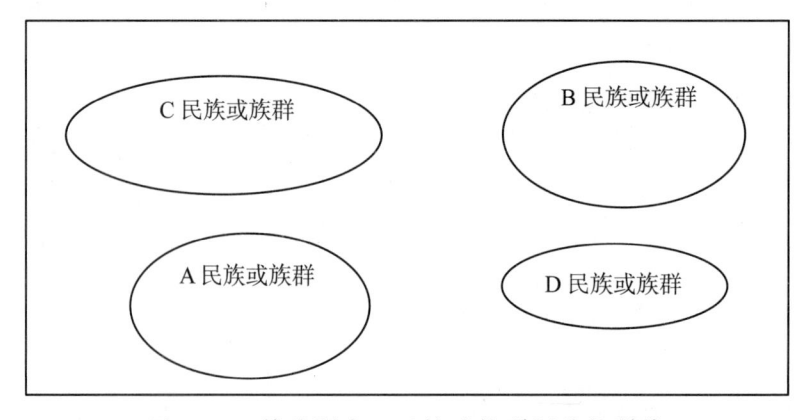

图2-1　彼此隔离以民族或族群划分的群体

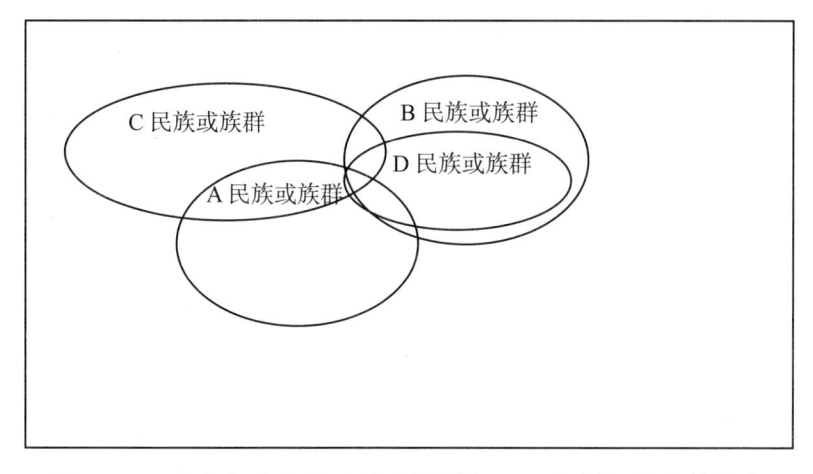

图 2-2　重合部分为各民族或族群加入民间组织的个体整合

在具体操作中，首先要注意的是对民间组织的正确引导和合法化的审核以及在其运作过程中的监督与提供相应的建议与帮助。在城市可以各种俱乐部或者社会团体的形式出现，在农村可以互助社或其他形式出现。其次要注意民间组织的成员构成上，必须是多民族的，在民间组织的性质上必须是合法的、积极的。特别是在农村地区，政府可以出台相应的优惠政策，倡导多民族组建农业合作社，由政府提供相应的技术指导等。这样有利于和谐民族关系的构建，也有利于各民族间的相互学习，通过政府的指导也有利于政府威信的进一步确立。

此外，要发挥民间意见领袖的力量。民间意见领袖是指各民族中民间自发的能够听取和反映民间心声的民间精英。这些人在基层中各民族群众中都有着一定的社会地位，并且能够将个人的看法影响到基层群众的想法。因此，要有专门的部门和途径吸收民间意见领袖的看法，及时解决各民族在发展过程中的发展诉求，从而维护政府形象，提高各民族对国家的认同，并且协调各民族间的相互利益。

（六）正确地认识民族平等问题

民族平等是指在统一的多民族国家中各民族一律平等，在政治和法律上能够得到切实的保障。这种民族平等是基于现代国家公民观所提出的，旨在生活在某一国家的所有公民无论民族享有共同的平等的权利。但在多民族国家中由于各民族社会发展水平的不同，民族间的发展存在一定的差异，这就无法保障事实上的各民族平等问题，这就容易造成国家"内部殖民主义"问题的产生，激化民族矛盾。在这一问题上，中国为了兼顾整体发展与民族的发展问题，提出了一系列的民族优惠政策。新中国成立以后，在长达60多年的经济政治文化建设中，各民族都普遍受益。

然而就今天各民族的发展状况来看，围绕民族优惠政策也产生了一系列的问题。民族优惠政策的适用性受到了挑战，在地区发展过程中长期的优惠政策已经使得受益民族自身得到了较好的发展，受益民族的部分成员开始反思是否需要继续维持民族优惠政策，而非受益民族的自身发展也是离不开地区发展的，在发展过程中其原本的优势性已经逐渐失去，并与受益民族保持平衡，这时候一些非受益民族也开始反思继续推行民族优惠政策是否对自身的发展产生影响。

因此，就民族优惠政策而言，区域性的优惠政策应当在一定程度上逐渐替代以民族为单位的优惠政策。这首先是因为，区域发展与该区域内所有成员的发展是紧密相关的，区域内所得的资源是各民族成员所能够触及范围之内的。总体来讲，新疆等边疆地区的经济社会发展与沿海及内地存在一定的差异，而这种差异是共同的差异，即使是在区域内随着人口流动的速度及数量的增加，单一民族社区已经不再是新疆基层细胞，取而代之的是多民族社区。因此，区域性的优惠政策的普及要进行进一步的建设。

此外，要充分发挥以社会优抚为主的社会保障制度的功能和作用。现有差异已经开始向民族为单位的群体差异向个体差异转换，而作为民族优惠政策应当紧密地与社会保障制度相结合，对切实需要帮助的社会个体进行相关优惠及帮助。

从民族平等与个人社会化层次来讲，在个人社会化过程中应当注重分时期的教育模式，民族团结应当结合个人社会化的不同阶段进行教育。在幼儿园及中小学这一时期，孩童还未形成个人独立的价值观与人生观，因此在教育中更多的应当注重学生的人性教育、德育教育，但同时也要注重公民观和国家观的教育。在高中阶段及大学阶段，属于个人的人生观及价值观的重要构建时期，在这一时期要重点进行公民观教育和社会主义民族观教育。

在民族平等方面，除了政策性的引导之外，还应当从民间层次制定相关的沟通语境。特别是要加强各民族知识分子之间的交流。各民族知识分子往往从"我者"和"他者"两个角度去看待本民族和其他民族，在关心本民族发展的同时其思想更多的能够反映出本民族对自身发展的诉求以及对其他民族共同发展的认识及看法。这些看法长期得不到沟通，久而久之就成为民族间的"刻板印象"，成为相互间的"偏见"和"歧视"。因此，应当提供各民族知识分子对话的环境，这能够使得各民族间潜在的不理解或不满得到沟通和重新修正，从而进一步促进民族平等，加强民族团结，推进和谐民族关系的构建。

（七）基层社区的积极建设与方向性指导

基层社区的建设，应当是新疆地区民族关系与构建和谐社会的重中之重。从社会学角度来讲，家庭是社会的细胞，基层社区则是社会的基本组织之一。在多民族地区，基层社区往往扮演着民族相互交往的第一个平台，大多数人在这里接触其他民族的个体，从而对其他民族产生概念和认同。因此，基层社区的建设好坏往往会影响到民族关系和谐与否。在具体基层社区建设应当包括以下几个方面。

1. 民族意识、社区意识

如前所述，民族意识往往是制约民族关系的瓶颈，因此在民族关系的调整工作中我们首先要注意的就是民族意识和社区意识的联系与区别。如何做到弱化民族意识提高社区意识也是社区工作者必须要考虑的问题。民族意识的弱化和社区意识的提高统一也是各自独立的，民族意识的强烈程度制约着社区意识，社区意识的强烈程度也反作用于民族意识，但民族意识淡化不一定会使该社区社区意识增强，社区意识增强也不一定会使该社区民族意识淡化。因此在处理两者问题的时候我们就必须注意其二者的同步性。即在弱化民族意识的同时增强社区意识。在具体工作中大体要做到以下几点：

（1）加强社区归属感

所谓加强社区归属感就是让社区成员充分感受到其属于其所在社区的一分子，这要求在加强社区宣传的同时做好社区各方面工作的兼顾与统筹。在具体工作中，社区工作者应当定时入户了解情况，发现社区所存在的问题并及时解决，宣传法律法规，解决社区成员中特别是少数民族社区成员的就业问题，对贫困家庭给予低保发放，宣传计划生育等基本国策，对社区成员提出的问题及时解决，对流动人口及闲散人口进行统计与登记，做好社区安全工作，提供社区成员交流的平台，开展各种娱乐活动，组织社区成员参加社区组织，对社区中所存在的群体与组织做好审查与考核工作等。总之，一切工作的开展都必须要围绕加强社区归属感来进行，必须要让社区的每一个成员都感觉到自己是被社区认可的一员，其在该社区具有一定的社会地位和一定的同质认可。只有这样才会满足各民族社区成员的要求，才能使各民族社区成员认同其所生活的社区。

（2）做好社区发展与建设工作

社区本身的建设或多或少都影响着民族意识和社区意识，社区的自身建设做好的同时在某种程度上就弱化了民族意识提高了社区意识。从组织社会学角度来讲，一个组织如何提高组织意识无非是对内对外，对内就是增强成员对组织的认同感，对外就是增强成员对组织的维护感。具体工作中就要求社区必须做好自身建设，社区建设做好了，居住在该社区的成员自然会增强其对社区的认同，会因自己属于该社区一员而庆幸。社区的建设包括物质建设和文化建设或软件建设和硬件建设，但总体来说其两者的建设必须是同步的。

联合国所倡导的社区发展,其核心含义是:在一个地域里,组织和教育社区民众,从社区的共同意识、共同利益和需要出发,有计划地推动和引导社区居民和组织的共同参与。以自身的努力与政府联合一致,合理利用社区资源和外来援助,以改善社区的经济、社会与文化状况。

由此可以看出,社区的核心是社区成员。社区的建设和发展首先要体现本社区共同成员或大多数成员的共同意识、共同利益和共同需要。社区组织及社区工作者在社区发展中只是起到领路人、教育者、计划者的角色。政府所扮演的应当是政策引导者与物质支援者的角色。因此在多民族社区的发展和和谐社区的建设中必须注重社区居民对社区建设的参与度。

2. 权利及资源合理划分

在多民族社区中权利及资源划分是否公平往往是最敏感的问题。当然无论是历史原因还是民族心理原因或是地理因素或是市场经济因素在多民族社区往往存在民族分层,这种民族分层不仅存在于民族间也存在于民族内部。这就要求作为基层单位的社区必须注重资源的二次分配,通过对社区所有资源的分配来缓解或解决这种资源分配的不公。在权力分配上要注重民族与区域的协调,因为在多民族社区中不仅有民族意识也同样存在区域意识或其他群体意识。一个多民族社区中的权利与资源是否真正做到合理划分往往是一个多民族社区民族关系的瓶颈。

李大建认为,"在权利与资源的划分上的公平并不排除竞争,发展民族关系的促进力量,不是靠国家的救济、照顾、优惠,而是靠广大少数民族同胞遵循价值规律、树立现代意识、提高文化技术、增强实干精神,置身于市场竞争当中,迎接时代的挑战。在竞争中,获胜者是英雄,而失败也是暂时的。这就要求各民族都要以开放的态度,在竞争中吸取其他民族的宝贵财富,这对促进民族的发展、协调民族关系都是有百利而无一害的。"

3. 重视教育及个人社会化

把教育和个人社会化放在一起来讲是因为无论是国家、民族还是社区教育往往是其发展的基石。教育有很多种形式,其中包括学校教育、社会教育、宗教教育、家庭教育等。而社会化是个体不断融入社会的过程,是将社会个体周围或以外的事物不断内化的过程。在现代社会社会化几乎贯穿个人的一生。无论教育还是社会化都是个体对外界事物的吸收,不同的是教育是具有目的性的而社会化是具有个体选择性的。

在多民族社区中无论教育还是个体社会化都对民族关系具有非常重要的影响。正如马戎在《民族与社会发展》中提到的,"对于一个小孩子来说,最容易注意到的是人们之间的体制差别,其次是语言差别,再其次是生活习俗差别,经济活动中的差别不是小孩子容易观察到的……正是在这些实际观察中并在成年人的启发教导下,小孩子们会逐渐产生对一部分人的'认同意识'和对另外一部分人的'分界意识'。除了自身的感性了解之外,通过大人的讲述和阅读书本,也可以是小孩子获得有关民族及其特征的抽象知识和自我民族意识。"[1] 由此可见,在教育或个人社会化中其所在环境的先后顺序及其重要性。家庭是个人社会化或教育的第一场所,学校及其个体所在的周边环境加之经常教育等各个方面也都影响着个体的生理和心理成长。在多民族社区中个人社会化及教育首先应当考虑这些方面的因素。教育和个人社会化几乎贯穿个体一生,因此在多民族社区中对成人的教育也很重要。

语言作为获取信息的基本工具和渠道在民族教育及个人社会化中扮演着首要的作用,因此在多民族社区中推行双语教育十分重要。王远新在其《发展中的中国少数民族教育》中提到,"我国的国情及历史的经验已经证明:在少数民族聚居区,少数民族受教育者不学母语、不用母语接受教育特别是基础教育是行不通的;只会母语,只用少数民族语言接受教育,不会汉语或不用汉语接受教育也不符合广大少数民族群众的意愿,同样是行不通的。因此,我国的少数民族教育不仅要考虑到本族母语的学习和教授,也要考虑到国家通用语的学习和教授。只有这样,才能有利于普及教育并提高教育质量,有利于少数民族优秀传统文化的继承和发扬,有利于各民族科技文化的交流,有利于各民族的长远发展。"[2]

4. 注意政策贯彻及应变

党的十七大提出基层民主自治,是对基层自主权利的肯定。社区作为最基层的单位就必须在贯彻中央地方政策同时根据本社区自身特色及存在的问题进行应变。这一点在多民族社区中尤为重要,其不仅对社区的发展建设有极大的推动作用,也有利于多民族社区中民族关系的调适。

在具体工作中我们应当根据本社区的特点,重点研究本社区所存在的影响民族关系的问题,然后根据国家和地方的政策法规,根据各民族的民族心理、民族风俗习惯等采用不同的方式进行合理的贯彻及应变。例如,扶贫项目的开展,如果一个多民族社区中贫困户均为少数民族,我们就必须首先去探寻贫困的原因,然后去分析原因找出根本的解决办法,而不是一味地单独地去发放救助。同样的事同样的花费采用不同的合理的最优的方式做出不同的效果。

每个民族社区都有其一定的历史、自然地理条件和人文条件,我们不应当将

---

[1] 马戎:《民族与社会发展》,民族出版社 2001 年版,第 1 页。
[2] 王远新:《发展中的中国少数民族教育》,载《民族教育研究》2007 年第 2 期,第 5~10 页。

其看做社区发展及和谐社区建设的软肋,而是应当将其看做社区发展的特色。在具体工作中应当就本社区的历史、自然地理条件和人文条件依据国家的法律法规进行适当调整和合理建设。

在多民族社区中,由于社区成员的异质性,不仅民族关系具有复杂性而且在社区发展和建设中也存在复杂性,且不同社区中制约社区发展的因素也各不相同,在具体工作中只有大致方向而没有具体程序。因此在多民族社区建设和发展中就必须首先找出制约该社区发展的具体因素进行调解,制定该社区发展的特殊方向,依据政府的法律法规,从而发展本社区的经济、文化等。

就目前新疆多民族社区的构成来看,其主要可以分为三类:第一类是农村多民族社区,农村社区相对而言其传统型较强,现代性文化的进入较少;第二类是集镇社区,集镇社区是农村社区与城市社区的切合点,其文化较为繁杂,容易产生社会问题;第三类为城市社区,城市社区大多数是以现代商品房为单位的社区居住,其居民异质性强,包容度较差。因此,在多民族社区建设中我们必须要对其进行区别对待,就不同社区所具备的不同特点进行分析,寻求社区建设中的点与面。

5. 多民族社区工作者自身建设

多民族社区中社区工作者必须加强自身的建设。社区工作者是社区工作的展示台,必须要时刻牢记民族平等,不能在思想意识中存在民族歧视或民族偏见;社区工作者还应该遵守自己的职业道德,要明白自己的地位和责任,在实际工作中要公平、公正,不能因是本民族或不是本民族而进行区别;社区工作者还应当尊重各民族的风俗习惯和宗教信仰,在实际工作中该回避的要回避,该保护的要保护;有条件的话社区工作者应当学习本社区除汉族外其他主体民族的语言,这不但有助于交流和工作也有助于各民族对社区的认同意识。总的来说在多民族社区中社区工作者的构成应当是多民族的,但这些人一旦成为社区工作者这就必须维护的是整个社区的利益而不是某个民族的利益。同时也正由于多民族社区工作者的多民族性,在普通社区成员眼中他们往往代表了他们各自的民族,在普通社区成员眼中他们与社区成员的交往往往代表了其所属的民族与其他民族的交往。因此就要求社区工作者必须加强自身建设,只有这样才能既开展了社区工作又增强各民族间的民族关系。

6. 注意文化冲突

新疆由于文化和宗教信仰的多样性,其多民族社区中的个体往往被代表了不同民族的宗教与文化,在不同民族中都有一些禁忌,当其民族文化得不到其他民族认可,或其民族禁忌被其他民族成员忽视时,往往就会引起由文化层面产生的冲突。因此在具体社区工作中,就必须尊重各民族的文化、宗教信仰,注意由不同民族间的文化冲突引起的偶发事件。

(八) 做好新疆人口流动工作

市场经济条件下，人口流动这一现象日益明显。新疆的人口流动包括三个方面：一是新疆人向内地的外流；二是内地人口向新疆的内流；三是新疆内部地区间的人口流动。人口流动的无序性和缺乏管理性往往带来资源或生存权利的争夺，这不仅影响到民族关系甚至影响到新疆的建设与发展。因此我们必须要做好人口流动工作。

1. 新疆人向内地的外流

新疆人向内地流动一般包括两种形式：一种是政府有意识地组织劳动力输出，前文已论及；另一种是自发的以经商或务工的形式向内地流动，在此我们主要探讨这一问题。自发性的人口外流一般表现为组织形式具有鲜明的群体性。他们一般由亲朋好友等组成一个经商团体，他们中的某些人已经形成具有特色的"村"或社群，经营时间有很强的季节性，经商的地点也有很大的随意性。经营项目具有浓厚的地方性，经营项目也有原居住地的特色少数民族人口流动出现了逐年上升的趋势。随着少数民族人口增多，富余劳动力迁出区内从事各种行业，多以商业、饮食业、旅游业为主，小商小贩占相当比例。自发性的人口外流具有一定的文化或地域选择性，其大多采取向流入地本群体较为集中的地域处流动，形成较为独立的"村落"或者社群。该"村落"与周围的群体或个人主要是以商业活动为纽带，大多数情况下的人际交往或情感需求发生在本"村落"或群体内部。当本"村落"个体或集体利益与周围群体发生冲突时，更多的人无论选择怎样的理由，都会维护本群体个人或集体的利益。这就在流入地与其他群体形成了一种相对隔离的现状。

2. 内地人口向新疆的内流

新疆暂住人口统计中，疆内流动人口平均每年约为30万人左右（1996年达到53万多人），约占流动人口总数的30%。来自区外流动人口每年平均在75万～80万人之间，占流动人口总数的70%左右。新疆境内流动人口多以求学、经商、务工等形式流动于各地之间，其中又基本是以农村流向城市、中小城镇流向商品经济发达地区，如乌鲁木齐、喀什、伊犁等地。外地来疆人员多来自我国中部地区。1990～1995年间，新疆吸引着远居中部地区的河南、江苏、安徽等省人口的迁入。另外，四川、陕西、甘肃等省也有大量民工来疆打工。流动人口在新疆从事各行各业，成为新疆经济建设的重要力量之一，仅新疆各地州和新疆生产建设兵团每年至少使用60万内地农民直接从事农牧业生产，这相当于目前新疆农村劳动力总数的1/7左右。在新疆经商者则大多来自东南沿海发达省份，又以江苏、浙江、广东一带为多。①

少数民族向疆外流动的人口数量远远少于外来人口流入的数量。这是因为当前全国范围内面临低级劳动力过剩的状况,内地人口涌入新疆,大多数选择北疆地区或大中小城镇,其中一些人具备一定的专业技能,但大多数人属于低级劳动力,这些人进入新疆后只能从事较为简单的体力劳动,其本身期望往往无法得到满足,部分人选择了从事犯罪活动。另外,由于缺乏对新疆本地人的了解以及少数民族宗教信仰风俗习惯的认识,许多人在不自觉的情况下触犯了少数民族禁忌,破坏了民族情感。另外大量外来人口的流入对新疆现有资源的争夺和生态环境的破坏,也是很容易伤害民族感情的。

3. 新疆内部人口流动

首先,我们必须要注意的是少数民族在疆内流动是具有一定转移偏好的,改变这种偏好规则涉及少数民族的民族认同感、民族习俗和民族特征相对独立性等敏感问题。

苏来曼·斯拉木和居来提·色依提在其《人力资本、文化融入度和乡村劳动力转移:以新疆乡村劳动力转移为例》一文中讲到,"我们把新疆最大城市乌鲁木齐、中等城市克拉玛依以及库尔勒作为主要考察对象,民族价值取向和文化融入度对南北疆少数民族乡村人口的城市转移分布律、转移偏好显示程度以及转移行为产生如何影响进行横向比较调查。发现,对南疆人而言,对库尔勒市的认同感高于对北疆克拉玛依市的认同感,主要原因就是在文化融入程度上,对库尔勒的偏好高于克拉玛依,虽然克拉玛依市人均收入高于乌鲁木齐,但是由于克拉玛依城市整体价值取向同南疆少数民族所期望的价值取向不一,文化融入度阻力较大而被排在库尔勒之后。对北疆乡村劳动力而言,北疆城市的吸引力高于南疆,以民族集中度作为显示偏好的核心是其中的主要原因。我们又对少数民族在乌鲁木齐市内的居住地点选择做过仔细的考察。考察发现,民族文化和宗教色彩较浓的乌鲁木齐市天山区一带对他们的吸引力很大。"②

其次,我们必须要注意少数民族在向城市流动后存在的问题。新疆少数民族受到教育水平和就业能力的限制而不具备适应快节奏的城市工作生活的能力。这就形成了一面是部分青壮年少数民族贫困人口渴望进城寻求新的就业机会、改善经济状况,而另一面却面临文化教育水平低,语言不通,承受各种民族心理压力及恶劣的交通状况的诸多困难。少数民族人口流向城市的形式趋于多样化。他们以打工、经商、学习、旅游、婚嫁等多种形式涌入城市。少数民族流动人口文化

---

① 王颖:《人口流动与新疆民族关系初探》,载《新疆社科论坛》2002年第1期,第56~57页。
② 苏来曼·斯拉木、居来提·色依提:《人力资本、文化融入度和乡村劳动力转移:以新疆乡村劳动力转移为例》,载《西部大开发》2007年第5期,第157页。

教育水平低,他们大多数生活在城市的最底层,生活质量差,很多未成年的少数民族儿童流落街头,成为聚集的偷窃团伙,这是少数民族人口流向大城市带来的最严峻的问题之一。

可见任何一种人口流动都是存在一定问题的,那么如何做好人口流动工作呢?首先要做好政府间跨地域的合作,做好人口流动的双向维护。无论是哪一方人口向另一方流动时,双方政府都应对相应流动人口进行一定量的培训,在流动人员中挑选一些掌握一定科学文化知识的人对流出或流入人口进行负责,在人口流入地建立相关的工会或其他对流动人口的管理和救助组织。例如生产建设兵团劳动保障部门联合河南、甘肃、重庆的有关部门,共同举办了"拾花劳动力组织经纪人培训班",对在两地进行拾花劳务输出、引进的人员进行专业培训,并颁发资格证,要求经纪人持证上岗。这不仅便于政府的管理,也便于人力资源的最大化使用,也有利于对于流动人口本身权利的保护。

再次,对流入人口要进行积极的引导,哪里人力资源相对缺乏,就应当在该处放宽政策,实行相关优惠政策,鼓励流入人口向该处流动,这有利于减少人力资源浪费和维护社会稳定。

最后,对少数民族流动的转移偏好,要进行打破。这是因为每个地区都有一定的人口饱和量,如果一味地按照转移偏好来进行人口流动这不但会产生各种社会问题还有可能形成民族隔离。在这一点上需要政府进行一定的引导。

三、新疆民族关系预警系统的初步建立

(一)社会预警系统概述

社会预警是指依据对社会发展稳定状况的判断,按照社会系统整合关系的模型分析,对社会系统运行的质量和后果进行评价、预测和报警。建立新疆民族关系预警系统的目的在于有效的把握民族关系在一定时期的具体状况,从而从政策、经济等方面制定相应的应对措施。这有利于和谐民族关系的构建。

社会预警系统应当包括三个方面:一是社会预警指标体系;二是针对预警指标体系给出权重提出的评分标准;三是根据得出结论及预警级别制定对策。

社会预警系统的研究始于第二次世界大战以后,各国都为了应付战争可能出现的各种社会问题,对社会现象进行预测,做了广泛而深入的研究;20世纪50年代美国兰德公司创造了一些新的研究方法,如系统分析、最优化分析等;20世纪60年代以来,西方学者对社会预警内含的指标进行了讨论;20世纪80年

代，社会预警的理论进一步丰富起来。英国以齐舒姆为代表的区域社会研究学派，在《区域预测》一书中，总结了人口、资源、城市、经济和生态环境相互作用的经验数据，对社会运动进行预测；以罗马俱乐部为代表的未来学派，试图建立综合社会预警研究模型；到了20世纪90年代，由于对世界相互依存关系的深化，以及经济、政治、社会的关系日益结合，各国皆力求从这些因素的总体联系中把握社会发展变动的趋向，为政府决策服务，因此关于社会预警的研究视野进一步得到拓展。我国对社会预警的风险分析始于20世纪80年代后期。[1]

宋林飞曾经确定社会风险预警指标应该包含三大类：警源、警兆、警情。第一类警源，这是产生社会风险的根源。第二类警兆，指社会风险在孕育与滋生过程中先行暴露出来的现象。第三类警情，指社会风险外部形态表现各包括经济、政治、社会、自然环境、国际环境五个方面。[2] 他在自己理论的基础上提出了社会风险预警综合指标体系，给出了14个指标构建成"社会风险预警核心指数"，他对指标体系进行了研究与说明并在社会风险预警综合指标体系的具体运行上提出了五级计分法。

阎耀军认为社会稳定系统的逻辑结构即理论模型可以包含以下6个要点：（1）生存保障系统；（2）经济支撑系统；（3）社会分配系统；（4）社会控制系统；（5）社会心理系统；（6）外部环境系统。他在以上6个要点的前提下提出了"社会稳定指标体系"，然后又将每个子系统细化给出权重，最终提出了社会稳定监测预警预控系统及社会预警预控管理系统的构造模式。[3]

高永久认为民族地区社会预警指标体系应当包括以下几个方面：（1）民族关系度量；（2）民族意识程度；（3）民族权益分配度；（4）民族地区贫困率；（5）少数民族人口流动率；（6）民族地区的突发事件；（7）民族间通婚率；（8）民族风俗习惯状况；（9）民族政策波动率；（10）少数民族教育程度的结构性差异；（11）少数民族职业分布的结构性差异；（12）宗教信仰差异；（13）宗教活动范围；（14）严重的自然灾害。他引用了宋林飞的"警源、警兆、警情"的说法，并从以上14个方面细化提出了其民族社会稳定的预警系统。[4]

---

[1] 鲍宗豪、李振：《社会预警与社会稳定关系的深化——对国内外社会预警理论的讨论》，载《浙江社会科学》2001年第4期，第109~110页。
[2] 宋林飞：《社会风险指标体系与社会波动机制》，载《社会学研究》1995年第6期，第91页。
[3] 阎耀军：《社会稳定的系统动态分析及其定量化研究》，载《天津行政学院学报》2004年第2期。
[4] 高永久：《论民族社会稳定的社会预警系统》，载《中南民族大学学报》2003年第3期。

（二）新疆民族关系预警系统的初步构建

新疆民族关系预警系统应当由三部分构成：一是新疆民族关系预警系统指标体系的确立；二是在此指标体系的基础上提出的可操作的新疆民族关系预警系统管理流程；三是以前两者为基础的新疆民族关系预警系统模式。新疆民族关系预警系统指标体系的建立旨在使用各项指标的综合来说明民族关系的好坏，寻找影响民族关系的瓶颈，它又是信息收集的主要方向。新疆民族关系预警系统管理流程是新疆民族关系预警系统的具体操作，也是其核心部分，是对民族关系警源检测、警兆识别、警情分析、警级评估的中心环节。新疆民族关系预警系统模式则是使用科学的方法构建一种自上而下的模式。三者共同组成了新疆民族关系预警系统。具体来讲是，新疆民族关系预警系统指标体系是前提、是基础，新疆民族关系预警系统管理流程是核心、是具体测试和评估方案，它与新疆民族关系预警系统模式是相互共存的，模式是静止的，而流程是具体的，它们共同组成了新疆民族关系预警系统。

1. 新疆民族关系预警系统指标体系及其框架

新疆民族关系预警指标体系的提出应当是建立在大量信息汇总的基础之上，它包括：（1）对以往民族关系研究的资料汇总及数据整理；（2）德尔菲法的应用，得出影响新疆民族关系的主要因素；（3）将各项影响新疆民族关系的主要因素量化制定相关指标体系进行调查研究，验证各项指标的可行性与准确度；（4）在调查研究的基础上德尔菲法的再次运用，得出新疆民族关系预警讨论指标体系并对各项指标给出权重。

现根据以往研究预提出新疆民族关系预警系统指标体系。新疆民族关系预警系统指标体系应当包括以下几个方面：（1）民族间的通婚率；（2）各民族权益分配程度；（3）民族居住格局与隔离指数；（4）以族群为单位的经济与社会分层；（5）民族交往程度及交流渠道；（6）偶发事件的数量及频率；（7）公共区域的使用情况；（8）民族政策的推行程度与理解程度；（9）民族间传统文化、宗教信仰、风俗习惯的相互尊重程度；（10）民族间偏见与歧视；（11）宗教对人们日常生活的影响程度（见表2-7）。

2. 新疆民族关系预警系统管理流程

图2-3为阎耀军先生所做的基于SAS基础上的社会预警预控管理流程图。从图中可以看出，建立一个预警系统管理流程首先要做的是指标系统的建立，其次是对信息的采集、处理与分析。数据分析完毕之后是对警级的评定，得出状态的警级后再反馈到预警对策系统，最终由社会管理系统来进行调试。

表2-7　　　　　　　　新疆民族关系预警系统指标体系框架

社会问题领域	警源指标	警兆及警情说明
政治	偶发事件 分裂分子活动 民族政策推进程度 民族政策执行程度 民族政策理解程度	偶发事件是指群众性或族群间的冲突。政治层面的警兆及警情往往以暴力事件出现。包括：抵抗政府政策；示威游行；公开散布反政府言论；以政治权利为基点仇视其他民族，发生群体间集体械斗等
经济	以族群为单位的经济与社会分层 各民族间经济互动程度 社会保障覆盖面积	经济层面的警兆及警情往往表现为对现行经济的不满；对其他族群的经济抵制；对社会秩序的破坏等
文化	非法宗教活动 民族间传统文化、宗教信仰、风俗习惯的相互尊重程度 宗教对人们日常生活的影响程度	文化层面的警兆及警情往往表现为族群间彼此不尊重传统文化、宗教信仰、风俗习惯，产生族群间歧视与偏见。民族意识复苏也往往表现在这一层面
自然环境	各民族相对居住环境相对适宜生存程度 自然资源结构性合理程度	随着市场经济的发展各民族在民族发展上，都迫切要求环境与其民族发展相适应，这往往出现应为争夺自然资源而产生的族群间的争夺
周边环境	民族分裂势力、恐怖分子活动 跨界民族是否受到周边国家影响	新疆有7个以上的跨界民族，其周边环境必然影响到新疆民族关系。这一层面的警兆与警情表现为周围国家对新疆境内跨界民族的煽动等
民族交往	公共区域的使用情况民族交往程度及交流渠道 民族间的通婚率民族居住格局与隔离指数 各民族人口流动地域与频率	民族交往层面主要表现为通婚率下降；民族交往减少；公共区域的单一民族化；民族居住隔离指数的增大；各民族向其他民族聚居地域流动人口与频率减少

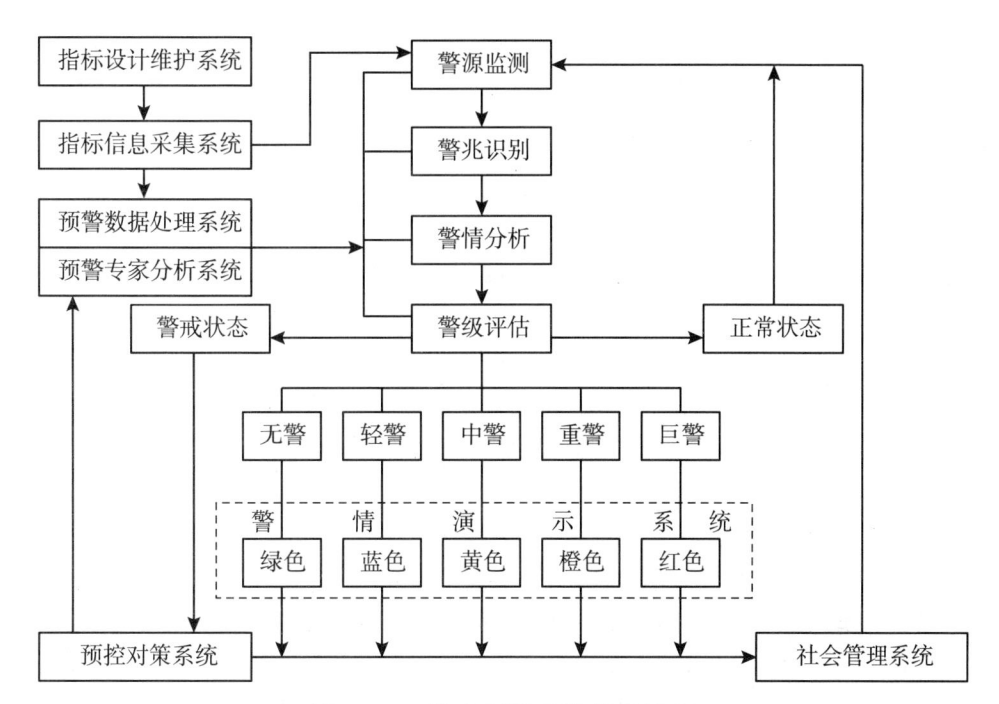

图 2-3　社会预警预控管理流程

资料来源：阎耀军：《社会稳定的计量及预警预控管理系统的构建》，载《社会学研究》2004 年第 3 期，第 9 页。

从图 2-3 我们可以看出，警源是信息的来源，同时也是警情和警兆的基础。这一模型的建立对于其他预警管理系统的管理流程来讲，是具有指导性意义的。在此我们将其引入并做出新疆民族关系预警系统管理流程。预警管理系统的管理流程应当包括：（1）信息收集；（2）信息分析；（3）警级评估；（4）向预控对策系统、社会管理系统反馈信息。

（1）基层社区、社会组织：根据指标体系对信息的搜集。（2）信息数据的录入及整合处理：单一数据无法说明民族关系的具体情况，只有若干数据的整合与处理才能真正反映真实情况。（3）预警专家分析系统、预警等级的评定：经过多次的分析与核实建立相关的数据维度作为现有数据评定的标准。（4）向预控系统发出预警，由预控对策系统、社会管理系统做出反应。（5）再次开始信息的搜集。

3. 新疆民族关系预警系统模式

（1）对以往新疆民族关系资料的汇集及数据的整理。对以往新疆民族关系资料的汇集扮演着信息的采集角色，它要求在尽可能广的基础上从各方面搜集与新疆民族关系有关的信息，旨在补充预警系统指标体系。在具体操作中可根据政府的年鉴与方志，也可以根据不同学者在不同地区所做的民族关系研究。在数据的整理方面可以将各项原本不是统一的数据划分范围，将其统一与所给的各个范围内。

（2）德尔菲法的应用，得出影响新疆民族关系的主要因素。德尔菲法在建议与对策中就已经提到在这里就不再重复介绍，需要说明的是在这里得出的主要影响因素的范围也应当是较为广泛的，因为虽然资料的汇总本身是一种较为客观的整合，虽然德尔菲法的准确度及预测能力也较为可靠，但为了得到更为准确的预警系统指标体系，这就需要我们在这一阶段仍然要将各项因素充分考虑。

（3）将各项影响新疆民族关系的主要因素量化制定相关指标体系进行调查研究，验证各项指标的可行性与准确度。在具体的调查研究之前需要我们在得到的各项因素的基础上进一步细化得出预定新疆民族关系预警系统指标体系。这主要是考虑到调查问卷的设计。从这一阶段开始，我们就需要将各项因素中无关紧要的项进行排除，在调查研究的基础上将一些可行性不强准确度不高难以把握的指标进行分类。

（4）在调查研究的基础上德尔菲法的再次运用，得出新疆民族关系预警指标体系并对各项指标给出权重。在这一阶段德尔菲法再次应用主要是对各项指标的权重排序。通过权重排序，我们可以将各项指标逐一分类，这有助于进一步打破预设指标体系的平衡性，在不同因素内部给出其各项指标的权重。有利于从整体上把握和构建疆民族关系预警指标体系。

（5）制定相关的警级评估系统提出相对警级的应对方案。在这一阶段主要是警级评估系统的建立，它是基于指标体系之上的。其主要包括对各因素以及因素内部各指标的权重的具体量化，以及各个警级相应的量化的具体的数据。在这一阶段还包括相对警级的应对方案，这一方案可以使我们快速寻找出问题的关键所在，这有助于我们减少应对时间，从而在最短时间内做出相对应的决策，采取合适的方式方法。

（6）得出新疆民族关系预警系统模式、新疆民族关系预警系统管理流程，构建新疆民族关系预警系统。这一阶段还包括得出新疆民族关系预警系统模式、预警系统管理流程，预警系统模式是对预警系统各个方面的分工，是预警系统的横断切面。管理流程是一个具体的管理操作过程，是基于信息的积累、指标体系的构建以及警级评估系统的建立基础之上的。它是一个可以循环的系统，是预警系统的纵向切面。二者共同组成了新疆民族关系预警系统。

（7）在部分地区的预警系统的实际操作。无论是从理论上来讲预警系统的制定应当是相当科学的，但由于在制定过程中仍然会有一定的主观因素参入进去，另外得出的预警系统应当是可重复的，因此我们必须要通过具体操作才可以确定该系统是否真正可行。

（8）对预警系统的进一步完善。通过在部分地区的实际操作，我们可以得出现有预警系统的不足之处或存在的问题，从而对其进一步完善。

第三章

宗教和谐——新疆和谐社会建设的重要内容

第一节 新疆宗教的历史、现状及其对社会的影响

一、新疆宗教的历史及其演变

（一）远古时期新疆的宗教

新疆既是一个多民族的地区，也是一个多种宗教的地区。在旧石器时代的晚期，新疆就已经有人类活动了。随着社会生产的发展和原始居民思维的进步，居住在新疆境内的原始居民也自发地产生了原始宗教。"原始宗教是人类社会最早产生的一种宗教形态，是原始人面对自然力量的压迫无力抗拒，对自然界的千变万化以及人自身的一些生理、心理现象无法捉摸和正确理解，从而产生错误认识和幻想的产物。"[①] 原始宗教既没有明确的教义和规范的典籍，也没有专门的宗教职业人员和宗教组织。灵魂不死的观念是形成原始宗教的思想基础，由此逐渐

---

① 中共新疆维吾尔自治区委员会宣传部编：《新疆"三史"教育简明读本》，新疆青少年出版社2010年版，第137页。

形成演变为自然崇拜、动植物崇拜、图腾崇拜、生殖崇拜、祖先崇拜等多种形式，进入原始社会晚期以后，又形成了萨满教。新疆的原始宗教也同样经历了上述的过程。

新疆考古发现了许多新石器时期的古墓葬，在这些墓葬中，出土了不少死者生前使用过的生活用品、生产工具等物品，表明了当时的远古先民已经产生了灵魂和灵魂不死的观念。他们相信人有可以脱离肉体而独立存在和活动的灵魂，当人的肉体死亡后，灵魂则在另一个世界里仍然过着同现实世界一样的生活，所以，他们在埋葬死者的同时，也把死者生前使用过的生活用具、生产工具等物品随同死者一起埋葬，希望死者在另一个世界里可以照旧生活。

在灵魂不死观念的作用下，原始人认为自然界同人一样，也是有"灵魂"的，因此，又产生了"万物有灵"的观念。他们相信超自然力量，认为有一种神秘的力量在操纵着大自然，并把这种超自然力量神秘化和人格化。为了获得大自然的恩赐，人们通过各种形式开始了对大自然的崇拜。凡是与人们生活密切相关的自然现象，如天地日月、风雨雷电、河流山川、动植物等都成为他们崇拜的对象。如1979年新疆社会科学院考古研究所在罗布淖尔地区孔雀河下游发现的新石器时代的古墓地，就是自然崇拜、动植物崇拜的典型代表。在一处古墓地的地表上井然有序地立着七圈木桩，木桩圈外还有呈放射状展开的列木，有如光芒四射的太阳，表现了罗布人对太阳的崇拜。而在小河墓地中发现的"楼兰公主"，其胸前放置小包麻黄枝等物品，表明了人们对植物的崇拜。进入氏族社会以后，新疆的远古先民又产生了图腾崇拜的现象。《穆天子传》中记载了一个被称为西王母的氏族部落的首领的形象。书中描述西王母长着老虎的牙齿、豹子的尾巴并善于像虎豹一样叫啸。这表明当时生活在新疆的一个氏族的人们是以虎豹为自己的氏族图腾。在汉文和少数民族的一些文献中，也记载了突厥、黠戛斯、回鹘等民族以狼为图腾的崇拜现象。另外，在新疆的一些岩画和出土的文物中也反映出远古先民们对祖先、生殖等方面的崇拜。进入原始社会晚期，原始宗教内部出现了专门主持宗教仪式的祭司，即萨满。因此，这一时期的原始宗教被称为"萨满教"。萨满教在新疆古代各民族中都十分盛行。在《突厥语大词典》、《乌古斯可汗的传说》等少数民族文献和汉文献中，记载了匈奴、柔然、回纥、蒙古等民族的信仰萨满教情况。迄今，在维吾尔、哈萨克等民族中还程度不同地保留着萨满教的习俗，如朝拜麻扎并在麻扎上插树枝、挂小旗、拴布条、拴牛尾和羊头、羊皮，跳萨满舞等。

（二）多种宗教并存格局的形成

大约从公元前4世纪开始，盛行于东方和西方的一些宗教就沿着丝绸之路陆续传入新疆。这些外来宗教与本地的原始宗教一起，在新疆逐渐形成了多种宗教并存的格局。

公元前4世纪，流行于波斯和中亚一带的祆教（俗称"拜火教"）传入新疆地区。祆教传入新疆的时间没有文字记载。考古工作者在库尔勒地区的阿拉沟发掘的竖穴木椁墓中发现有专门祭祀圣火的祭祀台，经考定是公元前4世纪的文物，由此可以断定祆教传入新疆的时间是公元前4世纪。据《周书·异域传》、《魏书·高昌传》、《新唐书》、《旧唐书》等文献记载，于阗（今和田）、疏勒（今喀什）、焉耆、吐鲁番等地都信奉过祆教，其中尤以吐鲁番地区最为盛行。在吐鲁番，不仅出土的文书中有记载祆教的内容，而且还出土了陶棺等祆教的文物。据唐代《哈密方志》记载，当地一座祆教寺庙的教主曾入京朝见皇帝，在京城表演了祆神附体和利刀穿腹的幻术。有关部门奏报后，皇帝不仅没有斥责，反而授予这位教主"游击将军"的官职。祆教在新疆虽然十分盛行，但从来没有取得过官方宗教的地位，只是在民间流行，以后逐渐与当地的原始宗教相融合，成为民间信仰的一部分。伊斯兰教传入后，由于信仰祆教的维吾尔等民族逐渐接受了伊斯兰教，祆教日趋衰落，宋朝以后便不再见于记载。但是，新疆一些少数民族中至今仍保留着祆教拜火的习俗。祆教的重要节日"努鲁孜节"，也作为这些民族重要的传统节日一直保留到现在。

公元前1世纪，佛教经克什米尔首先传入新疆于阗。不久，又经中亚传入疏勒（今喀什地区）。自佛教传入新疆之后，在当时统治阶级的大力支持以及社会民众的需求下，佛教沿着丝绸之路南北两道传播到今且末、若羌、莎车、叶城、库车、阿克苏、焉耆、吐鲁番、哈密等塔里木盆地周围各个绿洲。到4～5世纪时，佛教已成为新疆的主要宗教，进入其发展的鼎盛阶段。继佛教之后，道教、景教和摩尼教又先后传入新疆。

4～5世纪道教传入新疆，主要在汉人比较集中的哈密、吐鲁番等地区传播。魏晋以来，在吐鲁番地区相继出现了由阚、张、马、麹内地四姓豪门建立的汉族政权。随着信仰道教的汉人的不断迁入，道教在这里发展起来。唐朝统一新疆后，唐朝统治者推崇道教的政策进一步促进了道教在新疆的传播。

摩尼教在中国旧称"牟尼教"、"末尼教"，因该教特别崇尚光明，又称"明教"、"明门"。6世纪前后，摩尼教随着其信徒不断来新疆经商或定居传入新疆。隋唐时期，来新疆的中亚摩尼教徒与日俱增，他们在今阿勒泰、吐鲁番、罗布泊等地定居下来，在当地形成了摩尼教徒聚居区。9世纪中叶，信仰摩尼教的回鹘迁入新疆高昌地区后，高昌逐渐成为摩尼教东方教区主教驻节之地，也是新疆摩尼教的中心。从吐鲁番出土的摩尼教博物院文书看，当时在高昌、交河等地，建立了大量摩尼教寺院和宗教组织，出现了一支庞大的僧侣队伍，寺院经济十分发达。后来，随着回鹘人改信佛教，摩尼教逐渐衰落。但直到宋代，吐鲁番、和田等地仍有摩尼教徒在活动。

景教是中国对基督教聂斯脱利派的称谓。聂斯脱利派是基督教早期教派之一，以其创始人聂斯脱利而得名，又称"波斯教"，是最先传入我国新疆和中原地区的基督教派别。景教传入新疆的时间大约在6世纪，初期主要流行于今吐鲁番地区。信仰景教的除回鹘人外，主要是来华的叙利亚人、粟特人和波斯人。在吐鲁番地区发现的景教文献有许多是用回鹘文写成的，其中回鹘文的景教"赞美诗"是专供回鹘景教徒新婚夫妇举行婚礼时唱诵的。元代以后，除伊犁地区外，景教在新疆已基本消失。

祆教、佛教、道教、摩尼教和景教先后传入新疆后，逐渐形成了以佛教为主的多种宗教并存的格局，并一直维持到伊斯兰教传入之前，历时1 000多年。

（三）多种宗教并存格局的演变

伊斯兰教于9世纪末10世纪初传入新疆。7世纪中叶，随着阿拉伯军队的对外征服，伊斯兰教开始向外传播。中亚被征服后伊斯兰教迅速渗入，至8世纪上半叶，伊斯兰教已经成为中亚的主要宗教，并出现了一些由当地封建主建立的伊斯兰教政权。其中，与新疆毗邻的萨曼王朝就是一个由当地塔吉克人建立的伊斯兰教政权。

唐朝灭亡以后，无论是内地还是新疆都陷入了封建割据的状态。当时的新疆地区也出现了于阗王国、高昌回鹘王国和喀喇汗王朝等几个信仰佛教的地方政权。喀喇汗王朝是一些操突厥语的民族在新疆西部至中亚一带建立的政权。由于喀喇汗王朝与萨曼王朝接壤，因此，它成为萨曼王朝武力传播伊斯兰教的首要目标。9世纪中叶以后，萨曼王朝不断对喀喇汗王朝发动"圣战"，占领了喀喇汗王朝的大片领土。893年，喀喇汗王朝的副都怛逻斯被萨曼王朝攻陷，驻守怛逻斯的副汗奥古尔恰克被迫迁往喀什噶尔。不久，萨曼王朝发生内讧，争夺王位失败的纳斯尔王子（民间传说为萨曼王朝商人阿布·纳斯尔·萨曼尼）化装成商人潜逃至喀什噶尔，向奥古尔恰克寻求庇护，奥古尔恰克为了利用萨曼王朝的矛盾，不但允许纳斯尔在喀什噶尔避难，还任命他为阿图什地区行政长官。纳斯尔到阿图什后不久，就利用他和奥古尔恰克的特殊关系，在阿图什建立了一座清真寺。阿图什清真寺是新疆历史上的第一座清真寺。此后纳斯尔还把喀喇汗王朝的一名重要成员萨图克·布格拉汗发展成为穆斯林。并取了一个"阿不都·克里木"的教名，成为喀喇汗王朝第一个接受伊斯兰教的王室成员。阿图什清真寺的建立和萨图克·布格拉汗接受伊斯兰教，标志着伊斯兰教传入新疆。萨图克·布格拉汗皈依伊斯兰教后，即以传教的名义秘密发展成员。910年萨图克·布格拉汗发动宫廷政变，夺取了政权，并利用手中的权力在喀喇汗王朝境内强制推行伊斯兰教。其子穆萨·阿尔斯兰汗继位后，又继续强制推行伊斯兰教，宣布伊斯兰教为喀喇汗王朝的国教。

强制推行伊斯兰教的做法，引起了佛教等其他宗教信徒的反抗，喀什噶尔经常发生佛教徒反对强制改教的暴动。信奉佛教的于阗和高昌政权对喀喇汗王朝的做法也十分不满，因此对佛教徒的暴动给予了支持，从而使喀喇汗王朝与于阗、高昌的关系逐渐恶化。穆萨·阿尔斯兰汗以此为"口实"，发动了对于阗的宗教战争。这场战争持续了40多年，最终以于阗的灭亡宣告结束。1017年，喀喇汗王朝又发动了对高昌回鹘王国的武力传教活动。其以"圣战"为旗帜，攻打高昌等佛教重地。由于高昌回鹘的顽强反击，这场战争以喀喇汗王朝的失败告终。之后，喀喇汗王朝内部发生分裂，分为东、西两个政权，陷入无休止的战争，无力再发动对外的伊斯兰圣战。伊斯兰教在新疆的第一次传播高潮就此结束，新疆逐渐形成了以阿克苏、拜城为界，西面为伊斯兰教的地区（包括喀什、和田等地）；东面为佛教的地区（包括阿克苏、库车、吐鲁番、哈密等地）。

在西辽至蒙元时期，由于统治者实行宗教自由政策，不管是佛教、摩尼教，还是犹太教、景教都得到了较大的发展。佛教不仅在库车、吐鲁番等地依然盛行，而且向伊斯兰教控制的喀什、和田等地传播。此时，景教也迅速传播到新疆各地，当时伊斯兰教中心喀什噶尔、叶尔羌、和田、轮台、伊犁、吐鲁番、哈密等地都有景教的教堂或景教徒，其中在喀什还建立了景教的总教区，其管辖范围一直延伸到中亚的七河地区。就在佛教、摩尼教、景教向伊斯兰教地区传播的同时，伊斯兰教也向非伊斯兰教地区传播，逐渐进入了阿克苏、库车、吐鲁番等传统的佛教地区。从而导致了新疆由过去以佛教为主的多种宗教并存格局，逐渐演变为以佛教和伊斯兰教为主的多种宗教并存的格局。

（四）多种宗教并存格局的发展

元朝时期，位于新疆及中亚地区的察合台汗国发生内讧，分裂成东、西两个政权，察合台汗国的蒙古汗王的后裔们逐渐信仰了伊斯兰教。到14世纪中叶，位于新疆的东察合台汗国秃黑鲁帖木儿汗接受了伊斯兰教，成为新疆第一位皈依伊斯兰教的蒙古可汗。为了巩固其统治地位，他发起了自上而下的伊斯兰传教运动，以宣传和强制两种手段推行伊斯兰教，迫使信仰其他宗教的各民族成员改信伊斯兰教。后来的察合台汗国统治者也都是一些狂热的伊斯兰教推行者，他们不仅在各地方建立了各种类型的清真寺，而且不断地向非信仰伊斯兰教的民族进行圣战。正是在蒙古统治者的强制下，生活在新疆地区的包括蒙古族、汉族在内的其他各民族成员最后都接受了伊斯兰教，逐渐融入维吾尔等民族中。到16世纪初，伊斯兰教势力又将佛教势力排挤出哈密。至此，经过6个多世纪的传播和发展，伊斯兰教最终取代佛教，成为新疆地区的主要宗教。其他一些宗教如祆教、摩尼教和景教也逐渐消失了。

元末明初，生活在蒙古地区的信仰喇嘛教的蒙古人迁徙到新疆北部地区游牧，蒙古人的到来使新疆北部地区逐渐成为喇嘛教的主要传播地。蒙古各部落纷纷新建、重建或扩建寺庙，寺庙数量急剧增加。到新中国成立前，藏传佛教寺庙已有近百座，如昭苏圣佑庙、巴伦台黄庙都是著名的藏传佛教寺庙。清朝时期，随着满族、汉族等民族进入新疆，汉传佛教又开始复兴。当时在北疆的哈密、伊犁、昌吉、乌鲁木齐等地区，都重新建立了佛教的寺院，甚至在南疆的乌什等地，也出现了佛教的庙宇。据不完全统计，新中国成立前，新疆共有汉传佛教寺院20余座。道教的情况与佛教大体相同，随着内地官兵、商贾和百姓的到来，使道教在新疆迅速复兴。由于来新疆的军民多信仰道教，而且各地方政府也大力支持道教，当时道教的宫观遍布天山南北，几乎每个城镇都有道教的宫观，数量之多仅次于伊斯兰教的清真寺。清朝灭亡后，失去官方支持的道教再度衰落。

19世纪末至20世纪初，比利时、法国、荷兰、德国、瑞典等西方国家的天主教传教士相继来新疆传教。到民国初年，天主教已传播到南北疆。当时，新疆的一些主要城镇，如乌鲁木齐、伊宁、霍城、喀什、莎车、英吉沙等都建立了天主教堂。盛世才统治时期，天主教曾一度受到打击而趋于消沉。到国民党统治时期，中外天主教传教士又纷纷来新疆传教，使天主教在新疆得以迅速恢复和发展。

与此同时，基督教也传入新疆。1892年，瑞典基督教行教会的传教士来到喀什，并以此为中心进行传教活动。到1921年，在南疆地区已形成喀什、叶城、疏勒、英吉沙4个传教中心。盛世才统治时期，下令取缔一切教会，基督教传教士或被捕入狱，或被迫离开新疆，教堂被改作他用，教产被没收，基督教遭受了传入以来的第一次沉重打击。盛世才政权垮台后，大量国外和内地基督教会来新疆传教，设立分会。基督教传教士与天主教传教士良莠不齐，他们之中既有真正热心传教事业的神职人员，也有披着宗教外衣的间谍。

东正教是18世纪末19世纪初传入新疆的。当时生活在俄属阿尔泰地区的约有500余名信奉东正教旧礼仪派的俄罗斯人为逃避改革派对他们的迫害，越过中国边境进入新疆阿尔泰地区，东正教也随之传入了新疆。19世纪40年代以后，随着一系列中俄不平等条约的签订，沙俄取得了在新疆的种种特权，许多信仰东正教的俄罗斯人进入新疆，他们主要居住在伊犁、塔城、乌鲁木齐、阿勒泰等地，并在这些地方建立了东正教教堂。民国时期，为逃避天灾人祸，又有不少俄罗斯人迁徙到新疆生活，致使信仰东正教的俄罗斯信徒进一步增加。

基督教、天主教和东正教的传入，使新疆以伊斯兰教为主的多种宗教并存的现象又有了新的变化和发展。

二、新疆多种宗教的现状和特点

（一）伊斯兰教的现状

伊斯兰教是新疆最主要的宗教，为维吾尔、哈萨克、回、柯尔克孜、乌孜别克、塔吉克、塔塔尔以及新中国成立以后迁徙到新疆生活居住的东乡、撒拉等民族成员所信仰。2009 年年底，这些民族人口总数为 1 000 多万，约占新疆总人口的 62%。[①] 其中信仰伊斯兰教的人数占这些民族人口总数的 95% 以上。信仰伊斯兰教的人口分布在全疆各地，主要集中在喀什、和田、阿克苏、克孜勒苏、伊犁、阿勒泰、吐鲁番、哈密、昌吉等地的广大农村牧区。从新疆信仰伊斯兰教民族的文化角度来看，信仰伊斯兰教的民族主要分为两个系统，一个是以维吾尔族为代表包括哈萨克、柯尔克孜、乌孜别克、塔吉克、塔塔尔等民族信仰的伊斯兰教，这些民族绝大多数人都使用本民族的语言文字从事伊斯兰教的信仰活动；另一个则以回族为代表包括东乡、撒拉等民族信仰的伊斯兰教，这些民族大多数人以汉语言为主从事伊斯兰教的信仰活动。从伊斯兰教对各民族的影响来看，伊斯兰教对维吾尔、回族等民族成员的影响很深，而在哈萨克等以从事游牧经济为主的民族中，伊斯兰教对其成员的影响相对较轻。

在新疆的穆斯林中，大多数属于逊尼派，他们遵循《古兰经》和"圣训"，在教派学上遵循哈乃斐派，比较重视"六大圣训集"。由于受到什叶派、苏菲派的影响，新疆大多数逊尼派信徒都有朝拜麻扎的习惯，并把它视为一项宗教功修。在逊尼派的信徒中大量的波斯文籍被保留，许多宗教用语中使用波斯语，一些宗教人士还精通波斯语。另外，塔吉克族和少数维吾尔族信奉什叶派的不同派别。其中居住在喀什地区塔什库尔干县的塔吉克族信奉什叶派中的伊斯玛仪派，而居住在莎车县的少数维吾尔族信奉的则是十二伊玛目派，另外还有一些维吾尔族信奉"依禅派"即苏菲派，主要分布在南疆各地。回族、东乡和撒拉等信仰伊斯兰教的民族，其教派十分复杂。既有属于逊尼派的"格底目"，也有吸收了瓦哈比（一种原教旨主义的派别）的某些思想而创立的依赫瓦尼派，同时还有受苏菲派影响而形成的卡迪林耶、哲赫林耶、库布尔耶和虎非耶四大门宦及其下属各种支派。

[①] 新疆维吾尔自治区统计局编：《新疆统计年鉴（2010）》，中国统计出版社 2010 年版。

清真寺又称"礼拜寺",是信仰伊斯兰教信徒进行礼拜活动的主要场所。清真寺数量的多少、规模的大小以及装饰的好坏,都直接反映出当地的伊斯兰教的发展程度。在新疆,伊斯兰教信徒进行礼拜的清真寺一般分为居民礼拜寺、居玛(主麻)清真寺和加米清真寺三种类型。居民礼拜寺主要分布在农村的自然村和城市的小巷之中,供信徒平时礼拜之用;居玛清真寺主要分布在农村的行政村和城市的街上,供信徒在星期五做聚礼之用。加米清真寺一般位于县城和大一些的城市中,这种清真寺不仅面积比较大,容纳很多信徒同时进行礼拜,而且建筑高大气派、装饰豪华,因此,也被称为大寺,供信徒们在开斋节和古尔邦节做会礼之用。

穆斯林居住的农村都有一座清真寺,一些人口较多的自然村,其清真寺有三四个之多。而在牧区由于牧民居住分散、流动性大,在加之人们的信仰相对淡漠,故而清真寺的数量不多,一般只在一个行政村有一座清真寺。在伊斯兰教信徒居住生活的各个城市中,也都建有大小不等的清真寺。经过20世纪80年代以来的改、扩、建,无论是农村还是城市,清真寺都发生了很大的变化,不少清真寺的建筑装饰富丽堂皇,门楼高大宏伟,不仅是信教群众从事直接活动的主要场所,而且也成为城市的一个重要的景观。

目前,全国的清真寺为35 000余所,而新疆伊斯兰教清真寺有24 300多座,占全国总量的69.42%。新疆不仅是中国清真寺最多的省区之一,也是世界上清真寺最多的地区之一。新疆伊斯兰教伊玛目以上的教职人员约为28 000多人,[1]占全国伊斯兰教伊玛目以上教职人员人数总量的67%。[2] 当前,新疆有自治区级伊斯兰教协会1个,地、州(市)伊斯兰教协会13个,县(市)伊斯兰教协会65个。伊斯兰教协会在宗教教职人员的培养、教育和管理,宗教学校的设置,以及开展国际宗教交流活动等方面发挥着积极的作用。翻译、出版了《古兰经》、《圣训》、《卧尔兹选编》、《新卧尔兹演讲集》等一批伊斯兰教经典和宗教书刊,保证了广大伊斯兰教信徒学习和进行宗教活动的需要。

(二)基督教、天主教、东正教、佛教和道教的现状

1. 基督教

新中国成立以后,新疆的基督教总体上发生了巨大的变化,基督教在新疆的传播与发展也经历了曲折复杂的过程。20世纪50年代初期,新疆信仰基督教的

---

[1] 中共新疆维吾尔自治区委员会宣传部编:《新疆"三史"教育简明读本》,新疆青少年出版社2010年版,第179页。

[2] 中华人民共和国国务院新闻办公室:《中国的宗教信仰自由状况》,1979年。

信徒约有千人左右，主要为汉族成员，教堂 20 多座，教职人员 10 余人。[1] 他们之中的大多数人表示拥护新生的人民政权，拥护社会主义制度。1954 年，我国基督教开展了轰轰烈烈的"三自爱国运动"，新疆的基督教界也热烈响应，绝大多数信徒通过"三自爱国运动"的教育，其思想上对新中国成立前帝国主义利用基督教会组织欺压中国百姓，为帝国主义收集情报，破坏中国革命的罪行有了清醒的认识，表示坚决拥护党和国家提出的"自传、自治、自养"的方针，并积极投身于社会主义建设事业。自 1958 年起，极"左"路线逐渐在全国各个领域占支配地位，基督教也受到了冲击，但新疆的基督教仍然有所发展。据统计，1960 年全疆有教堂、布道所、聚会处 15 个，神职人员 46 人，教徒 1 085 人，到 1963 年发展为传教场所为 27 处，信徒达 1 420 人。[2] 十年动乱时期，新疆所有的基督教教堂或聚会点被关闭或占用，一些神职人员被批斗，各地的基督教会也完全停止了教会活动。一些地方的家庭聚会也基本停止了，只有少数基督教信徒还在家庭中悄悄进行宗教活动。党的十一届三中全会以后，随着宗教信仰自由政策的落实，基督教得到了恢复和发展，信教人数从 20 世纪 80 年代中期的 4 000 多人发展到目前的 43 300 多人，其信徒主要分布在乌鲁木齐、昌吉、石河子、阜康、米泉、奇台、伊宁、新源、巩留、哈密、吐鲁番、喀什、英吉沙、莎车、阿克苏、库尔勒、塔城、阿勒泰等地和生产建设兵团的一些农场。其中以乌鲁木齐、昌吉、伊犁等地区的基督教徒人数较多。由于信教人数的不断增加，为了方便信教群众的宗教活动，有关部门批准恢复和修建了基督教活动场所 160 座，其中教堂 38 座、家庭聚会点 122 个，主要分布于哈密市、呼图壁县、昌吉市、塔城市、伊宁市、库尔勒市、哈巴和县、富蕴县、石河子市、奎屯市等地，另外，待批准登记的活动点还有 200 多处。[3] 随着基督教的传教活动以及大量的外来务工人员、国外旅游观光和投资经商人员大量进入新疆各地区，原本一些主要是少数民族居住的地区，也出现了基督教的活动点。如和田地区在 20 世纪 90 年代之前根本不存在基督教，但在 90 年代以后，当地也出现了基督教的活动点。目前基督教已遍布新疆所有地州市和大多数县（市），成为新疆发展最快的宗教。[4]

根据《宗教事务条例》的要求，在新疆各地的基督教堂和活动点，都确定了法人代表、教职人员，成立了民主管理组织。并在乌鲁木齐市、昌吉市、米泉市、库尔勒市分别成立了"基督教三自爱国运动委员会"和"基督教协会"等四个爱国爱教组织。新疆地区的基督教教务人员也由过去的 46 人发展到 160 多

---

[1] 刘振强主编：《新疆通志·民族志》，新疆人民出版社 2009 年版，第 270 页。
[2] 李建生：《新疆基督教天主教》，见《新疆通志·宗教志》（待出版）。
[3] 本项目课题组调查数据。
[4] 刘振强主编：《新疆通志·民族志》，新疆人民出版社 2009 年版，第 270 页。

人,其中牧师 2 人、教师 1 人、长老 4 人。①

2. 天主教

天主教主要为一些汉族成员所信仰。20 世纪 50 年代初期,新疆的天主教徒总数有 200 多人。20 世纪 50 年代末 60 年代初,随着新疆地区的经济发展以及内地自然灾害的出现,许多内地人迁到了新疆,其中一部分人来自于甘肃省的武威、天水、古浪以及河北省的吴桥等地。在这些人中间有不少是来自信仰天主教的世家。他们迁到新疆后,分别移居到伊犁、塔城、石河子、阿克苏等地。一方面为新疆的建设和发展做出了贡献,另一方面也带来了他们的信仰,使天主教在新疆得到了一定程度的发展。当时天主教信徒的活动主要分布在乌鲁木齐、伊犁、塔城、石河子、阿克苏等地,除乌鲁木齐的信徒在当地的天主教教堂进行礼拜外,其他地方的天主教信徒的宗教活动都是在自己的家中进行,而且多半是一种不公开的方式进行。据 1963 年有关方面对新疆天主教的统计,当时新疆共有天主教徒 440 多人。十年内乱期间,新疆地区的天主教同其他宗教一样受到了冲击,天主教信徒的宗教活动也由公开转入了地下,一般都是以家庭为单位秘密的进行。十年内乱结束后,随着宗教信仰自由政策的落实,新疆地区的天主教有了较快的发展。这种发展主要表现在:一是信仰天主教的人数大量增加。十年内乱之前,全疆的天主教信徒仅有 400 多人,而到了 2008 年,据不完全统计天主教的信徒增加到 7 000 人左右。二是天主教的活动点迅速扩张。十年内乱之前,天主教主要集中在乌鲁木齐、沙湾、呼图壁、玛纳斯、塔城、伊宁、石河子、阿克苏等地活动,十年内乱结束后,天主教的活动地方又新增了奇台县、尼勒克县、新源县、察布查尔县、哈巴河县、库尔勒市、哈密市、喀什市、乌什县、沙雅县、泽普县等地。三是天主教的教堂也由过去乌鲁木齐 1 座教堂发展到 17 座教堂,还有一些活动点。而这些教堂都是在 20 世纪 80 年代中期以后修建的,其中绝大部分是在 90 年代以后建立的。在这些教堂中,以乌鲁木齐的天主教堂最大,经常参加教堂活动的人数也最多。

目前,新疆有神甫有 1 人,教堂 15 座,活动点若干个。② 绝大多数天主教信徒思想比较平稳,能够爱国爱教,遵纪守法,参加社会主义建设,在维护民族团结、扶贫济困等社会公益事业发挥了积极的作用。

3. 东正教

新中国成立后,随着俄罗斯族人口的增长,东正教得以进一步发展。据 1953 年的统计,新疆俄罗斯族总人口为 22 166 人,③ 这还不包括未加入中国国

---

①② 刘振强主编:《新疆通志·民族志》,新疆人民出版社 2009 年版,第 271 页。
③ 新疆维吾尔自治区民族事务委员会编:《新疆民族辞典》,新疆人民出版社 1995 年版,第 888 页。

籍居住在新疆境内的俄罗斯人。由于俄罗斯族人口的增加，去教堂进行宗教活动的信徒也呈现出一定的规模。每逢礼拜时，教堂挤满了参加祷告的人群。参加祷告的信徒不仅有成年人，还有许多年轻人，甚至包括一些孩子。参加礼拜的信徒不再是纯粹的俄罗斯人，也有许多华俄的后裔参与进来。1954年，苏联政府发布"凡在1917年以前曾为前俄帝国臣民以及曾经隶属苏联国籍及其子女，现居中国东三省、新疆、上海、天津等地者均得恢复苏联国籍"的规定之后，在中国政府的协助下，居住在新疆的许多俄罗斯人纷纷返回苏联。而随着大批苏联侨民和俄罗斯人离开新疆，东正教在新疆也逐步走向衰落。伊犁、塔城、乌鲁木齐等地主持教堂宗教活动的神甫也在20世纪50年代末和60年代初回国，导致这些地方的教堂不是关闭，就是门可罗雀，很少有人光临，只有一些俄罗斯的妇女来教堂礼拜，显得非常冷落。特别20世纪50年代末60年代以后，由于中苏关系的恶化，特别是十年内乱期间，俄罗斯族受到了更大的冲击，其宗教信仰也受到打击。位于伊犁、塔城、乌鲁木齐等地的俄罗斯东正教堂不是被封闭，就是被改做工厂。在这样的情况下，东正教在新疆俄罗斯族中的影响进一步削弱了。

党的十一届三中全会后，随着宗教信仰自由政策的贯彻落实，乌鲁木齐、伊犁两地的俄罗斯信教群众在政府的帮助下，相继盖起了两座新的东正教堂。塔城的教堂也在规划之中。现在，东正教绝大部分为俄罗斯民族的成员所信仰，也有个别汉族成员信仰。信徒较为集中在乌鲁木齐、伊宁、塔城等城市，其他地方则比较少。虽然俄罗斯族信仰东正教的人数少，但宗教信仰同样受到党和人民政府的保障，东正教的广大信徒充分享受着宗教信仰自由的权利，同其他宗教信徒一样，过着正常的宗教生活。在建立了教堂的地方，每逢礼拜日时，男女东正教信徒从四面八方来到教堂参加宗教活动，进行礼拜祈祷。没有建立教堂的地方，东正教信徒们则在"家庭聚会点"自由地进行宗教活动，过宗教生活。与此同时俄罗斯东正教的信徒们还积极响应政府的号召，力所能及地参加各种社会公益事情，帮助困难户、探望生病人员，促进人们之间的和睦相处。

4. 佛教

新疆的佛教分为汉传佛教和藏传佛教（俗称喇嘛教）。新中国成立初期，新疆共有汉传佛教寺庙30多座，主要分布在乌鲁木齐、昌吉、哈密、奇台、乌苏、精河等地，其信徒多为汉、满等民族的部分成员。20世纪50年代以后由于受到各种政治运动的冲击，特别是十年内乱的冲击，佛教的寺庙或被拆毁或被挪作他用，人们也不敢公开信仰佛教了。20世纪80年代以来，随着宗教信仰自由政策的落实，逐步恢复和开放了汉传佛教的活动场所，新疆信仰汉传佛教的人数也逐步地增长起来。据统计，2000年，新疆共有汉传佛教庙宇11座，教职人员8人。① 由于信仰汉传佛教的信徒大多数只是在家中吃斋念佛、烧香拜菩萨，其信教人数难以确切统计，目前经常参加佛教活动的约1万人左右。②

藏传佛教即喇嘛教，主要为蒙古族所信仰。另外生活在新疆的极少数藏族人也信仰喇嘛教。蒙古人信仰的喇嘛教属于宫明和夏立宛呼图克两个活佛系统，南疆的喇嘛教信徒属于宫明活佛系统，北疆的喇嘛教信徒属于夏立宛呼图克活佛系统。蒙古族的信教群众主要分布在巴音郭楞和博尔塔拉两个蒙古自治州及和布克赛尔自治县，以及伊昭苏、特克斯、尼勒克等县。新疆现有喇嘛寺40座，喇嘛教教职人员269人。③

按照《宗教事务条例》的要求，为了团结新疆广大的佛教信众，自治区成立了区一级佛教协会，并在巴音郭楞蒙古自治州、博尔塔拉蒙古自治州和乌鲁木齐市成立了市一级的佛教协会，在和静、和硕、和布克赛尔成立了三个县级佛教协会。佛教信徒的宗教信仰像其他宗教一样得到了保护。

5. 道教

新疆信仰道教的主要为一些汉族成员。新中国成立前由于受到战争等各种因素的影响，道教实际上已经衰落了。据统计在新疆解放初期，整个新疆地区只剩下两名道士，不少道教的信徒已不再参加活动，其场所不是消失就是改为他用。20世纪50年代以后，随着政治运动的不断进行，道士逐渐还俗，人们对道教的信仰也不再进行，由此道教活动也随之停止。改革开放以后，随着宗教信仰自由政策的落实以及内地道教的影响和道教信徒迁入新疆打工、经商，一些地方又逐渐恢复了道教活动，但道教信徒极少。现在，新疆有道观2座，活动点1处，道教信徒约300多人，主要分布在乌鲁木齐和昌吉地区。④

（三）新疆宗教的特点

从新疆宗教产生、发展演变的历史过程中以及与我国内地和国外相比，新疆宗教具有以下几个方面的显著特点：

1. 新疆是一个多种宗教流布的地区，多种宗教从古至今一直存在

从新疆宗教发生、发展和演变的历史来看，先后经历了自然崇拜、动植物崇拜、图腾崇拜、生殖崇拜再到祖先崇拜，最后过渡到萨满教。由于新疆地处欧亚

---

① 刘振强主编：《新疆通志·民族志》，新疆人民出版社2009年版，第270页。
② 中共新疆维吾尔自治区委员会宣传部编：《新疆"三史"教育简明读本》，新疆青少年出版社2010年版，第174页。
③ 冯大真主编：《新疆百科全书》，中国大百科全书出版社2002年版，第235～239页。
④ 刘振强主编：《新疆通志·民族志》，新疆人民出版社2009年版，第268页。

大陆的腹地，位于古代"丝绸之路"的中段，又是古代游牧民族迁徙往来的主要通道，各民族之间的交往和交流非常频繁。在这种条件下，作为丝绸之路枢纽的新疆，自然成为东西方许多宗教的传播和会聚之地。自公元前四世纪祆教从国外传入到新疆之后，在不同的时期又传入了佛教、道教、摩尼教、景教等宗教。因而在 10 世纪之前，新疆就已经成为一个包括佛教、道教、摩尼教、景教、祆教等多种宗教并存的地区，公元 10 世纪至清代之前，伊斯兰教、喇嘛教等宗教又传入了新疆；清代以后新疆不仅有伊斯兰教、佛教和道教，且又传入了基督教、天主教和东正教，逐渐形成了伊斯兰教、佛教、道教、基督教、天主教和东正教等 6 大宗教并存的局面，直至今天。新疆地区这种多种宗教长期存在的历史，对新疆的各个民族必然产生深刻的影响。

2. 多种宗教并存始终是新疆宗教演变的基本特点

尽管历史上新疆多种宗教并存的局面一直存在，但并不是一成不变的。传入新疆的各种宗教由于自身的原因、统治阶级宗教政策的改变以及不同宗教对各民族成员影响的程度大小不同，致使各个宗教在新疆的地位不断发生变化，一些原先在社会中处于主导地位的宗教，在历史的发展过程中逐渐地变为次要的宗教，甚至趋于消亡。但是不管新疆多种宗教如何变化，多种宗教并存格局的基本特点却始终不曾改变。从新疆宗教发展演变的历史过程来看，自祆教传入新疆之后，到公元 10 世纪之前，新疆形成了以佛教为主，多种宗教并存的格局。这一时期佛教成为影响新疆社会的主要宗教。10～14 世纪新疆的宗教又形成了以佛教和伊斯兰教为主，多种宗教并存的格局。这一阶段佛教和伊斯兰教在各自的传播势力范围内起着主导社会的主要作用。14 世纪以后，又演变发展为以伊斯兰教为主，多种宗教并存的格局。

3. 多样、交融、地缘、变动是新疆宗教发展演变的显著特点

在新疆宗教历史的发展过程中，除本土原始宗教之外，还有来自不同地方的各种宗教，如祆教、佛教、道教、摩尼教、景教、伊斯兰教、喇嘛教、基督教、天主教和东正教等多种宗教，呈现出多种多样的特点。佛教带有浓厚的印度文化色彩，祆教和摩尼教带有波斯文化的特征，伊斯兰教则是阿拉伯文化一个重要的外在象征。基督教、天主教、东正教和景教，则是希腊罗马文化的产物。道教是中原文化的产物，反映了汉族对世界的认识。这些不同的宗教传入新疆之后，不可避免地与新疆本土宗教或先传入的宗教发生交融，从一开始的冲突和排斥，到慢慢地相互吸收，到最后的以我为主的交融，构成了新疆宗教发展演变的历史图景，成为新疆民族化的宗教。由于新疆地域的特色和多样的民族，宗教自传入新疆之后在与新疆本土宗教和文化的交往中，逐渐地形成了具有新疆地域特色的"西域佛教"和伊斯兰教。至今新疆的伊斯兰教与阿拉伯地区的伊斯兰教在某些崇拜的对象上，还有着明显的不同。阿拉伯地区信仰伊斯兰教的信徒们一般不对陵墓进行崇拜，而新疆的伊斯兰教信徒则对陵墓崇拜。这实际上是伊斯兰教传入新疆之后吸收了某些传统宗教崇拜的习俗。传入新疆的各种宗教是被当地各民族成员所信仰，因此，当民族赖以存在发展的经济、政治、文化等环境发生变化之后，人们对其信仰的宗教就存在一个去留的问题，有些民族成员转入信仰其他的宗教，或采取折中的方式信仰多个宗教，由此造成了宗教的变动性。

另外，宗教的"五性"即群众性、民族性、国际性、复杂性和长期性的特点，在新疆不仅存在，而且更为突出，影响更为巨大。宗教对新疆的影响无论在历史上，还是在现实中，都出现出十分复杂的情况，并影响着信教群众社会生活的方方面面。

三、宗教对新疆社会的影响及其历史启示

（一）宗教对新疆社会的影响

1. 佛教对社会的影响

在新疆的历史与现实社会当中流传过各种宗教，其中佛教是第一个对新疆社会产生重大影响的宗教。佛教对新疆社会的影响作用主要表现在：

第一，佛教在一定历史时期帮助人们克服生活和心理上遇到的恐惧和不安，使人们获得了安定、安心的认知和心理需要。

佛教传入前后，新疆正处于奴隶制的发展阶段，当时在塔里木盆地周边已经形成了几十个大小不一各霸一方的奴隶制政权——城郭之国。这些割据政权相互攻伐兼并，战争连绵不断，而来自于蒙古高原上的匈奴奴隶制政权的势力也进入了新疆，对各民族进行残酷统治和经济掠夺。频繁的战乱，政局的动荡，经济的凋敝使生活在新疆的各民族成员都感到不安，无论是上层的奴隶主还是底层的自由民和奴隶，每个人都处在一种恐惧和无常的境地。对这种现象萨满教和袄教已不能给予解答，这就为佛教的传入奠定了社会思想基础。佛教传入之后，通过宣扬三世因果、轮回转世、自我修行、已达六度等方面的佛教内容和各种形式的崇拜仪式，为生活在恐惧和不安中的各民族成员在认知上和心理上提供了帮助，使其获得了安慰和解脱的途径，人们把改变命运的希望寄托于对佛教的信仰上。因此，佛教得到了来自各个民族各个阶层成员的接纳。人们对信仰佛教表现出了极大的热情，家家户户信仰佛教，学习佛经、修筑佛教寺庙、开凿佛教洞窟，塑造各种佛像，瞻仰和礼拜菩萨，这些活动成为人们日常社会生活中的一个重要的组成部分。

第二，佛教为统治阶级维护统治，整合社会秩序提供了一整套的行为规范与秩序模式。

佛教认为人居住的世界到处都充满了痛苦，生也苦、死也苦，生老病死都是苦，而造成痛苦的原因是"十二因缘"引起的。如果前世做了"罪孽"，今世就必然受苦，要想摆脱受苦的地位，就必须多做善事，多做好事，戒除自己的欲望，来世才会有好的报应，否则就会永远堕入"苦海"，永世不得翻身。因此，人要想摆脱痛苦，就必须信仰佛教，靠佛教的"慈航"渡出苦海，求得解脱，达到不生不灭的涅槃境地。佛教的这套教义，客观上为统治阶级维护自身的统治起到了积极的作用。所以，当佛教传入新疆以后，受到了统治阶级的热情欢迎和大力扶持。当时的于阗、龟兹、高昌等地统治阶级不惜重金，在各地建造佛教寺院，开凿佛教洞窟，进行各种形式的礼佛仪式，聘请佛教圣僧开坛讲佛，甚至鼓励人们出家修行。通过这一系列的手段，将人们的行为方式纳入统治阶级所希望的模式，达到了维护统治阶级的统治地位和社会秩序的目的。

第三，佛教的传入和发展推动了新疆文化的发展，促进了新疆与内地的文化交流和发展。

佛教在其教义、崇拜礼仪等方面比萨满教要复杂得多，要使晦涩难懂、枯燥无味的佛教教义为人们接受，就必须采取一定的方式。因此，佛教在其经书中穿插了不少佛教传说、神话和比喻。这些传说、神话和比喻以其曲折的情节，生动优美的语言，完美的艺术形象将佛教传播到民众之中。佛教传入新疆后，这种佛教宗教文学也深深影响了当地信仰佛教的各个民族，推动了其文化的发展。不仅如此，新疆石窟中的佛像雕塑、石刻、壁画更是佛教艺术的典范。在这些石窟寺中，菩萨、罗汉诸天神以及飞天、舞技、各种供养人的形象等佛教造像比比皆是。这些众多的艺术形象刻画细腻，栩栩如生，充满创造力与想象力，其绘画技巧达到了很高的造诣，反映了新疆各民族人民的美学观念和审美趣味。随着佛教传入内地，佛像的造型和壁画技艺也传入了内地，对内地的佛教文化和绘画技艺起到了极大的促进作用。也正是通过佛教这个文化纽带，将新疆与内地紧密地联系在一起，促进了中原文化与西域文化的交往。

第四，佛教在新疆的传播与发展也对新疆社会生产、经济造成了很大的负担，在一定程度上影响了新疆社会经济的发展。

佛教在新疆的发展离不开社会经济的支持。为了传播佛教供奉佛像，统治阶级把大量的财力、物力和人力用于修建寺院、开凿石窟，塑造佛教，举办佛教崇拜仪式。在此背景下不少青壮年劳动力又投入到佛教寺院，成为脱离生产劳动的僧人，靠人供养。所有这些，不仅不能给新疆社会生产力的发展带来任何积极的作用，反而对有限的绿洲经济造成严重的破坏。正因为如此，佛教在其后的发展过程中，走向衰败也就不可避免了。

2. 伊斯兰教对社会的影响

伊斯兰教传入了新疆之后，对新疆的社会和民族的发展产生了巨大的影响。

第一，在政治上伊斯兰教成为统治阶级夺取政权、巩固政权和扩充势力范围的一个工具。喀喇汗王朝第一个接受伊斯兰教的王室成员萨图克·布格拉汗，就是通过伊斯兰教秘密的发展了一批信徒，在宫廷发动了政变，将信仰佛教的喀喇汗王奥古尔恰克赶下了王位，成为喀喇汗王朝的第一位信仰伊斯兰教的可汗。为了巩固其统治地位，萨图克·布格拉汗利用手中的权力在喀喇汗王朝境内强制推行伊斯兰教。其子穆萨·阿尔斯兰汗继位后，又继续强制推行伊斯兰教，并发动了对信仰佛教的于阗国的战争。这场战争持续了40多年，最终以于阗的灭亡宣告结束。这场旷日持久的宗教战争是新疆历史上规模最大、时间最长、破坏最强的战争。长期的战争给南疆地区的社会经济造成了空前严重的破坏，给广大劳动人民带来了深重的灾难，严重阻滞了南疆社会的发展。1017年，喀喇汗王朝又发动了对高昌回鹘王国的武力传教活动。以"圣战"为旗帜的喀喇汗王朝军队如潮水般越过伊犁河，攻入吐鲁番。14世纪的蒙古察合台后王秃黑鲁帖木儿汗利用伊斯兰教巩固其统治地位，发起了自上而下的传教运动，首先迫使王公贵族接受伊斯兰教，接着向各地派出大批经过训练的传教士。这些传教士与各地统治者一起，采用强制手段迫使人们改宗，大批蒙古人被迫接受了伊斯兰教。在汗国都城阿里麻力，就有16万蒙古人集体加入了伊斯兰教。后来的察合台汗国统治者黑的儿火者汗又发动了对吐鲁番的"圣战"。在占领吐鲁番后，他们对佛教徒进行了血腥屠杀，近代考古发现，在一些寺院遗址里，无数被撕得粉碎的文献浸泡在被屠杀的僧人的血泊中，经过几百年已经凝结成硬如石块的东西，旁边还杂有缺头断足的尸骨。马黑麻则采取了更加残酷的手段来迫使人们接受伊斯兰教。他规定，所有的蒙古人都必须接受伊斯兰教，并按照教规缠上头巾，按时去做礼拜，否则就要遭受用马掌铁钉入头颅的惩罚。

清代以后，一些民族分裂分子在境外势力的支持下，打着伊斯兰教的旗号，以建立政教合一的伊斯兰政权为目的，在新疆先后发动了"大、小和卓之乱"、"张格尔和卓之乱"、"玉素甫和卓之乱"、"七和卓之乱"、"倭里汗和卓之乱"等多次叛乱，这些叛乱不仅给社会造成了剧烈动荡，而且给各族人民生命财产带来了严重的损害。直到今天，这种利用伊斯兰教煽动不同民族对立仇视，从事分裂国家统一、建立政教合一的伊斯兰国家叛乱活动从来就没有停息过，成为影响新疆社会稳定的主要危险。

第二，伊斯兰教对新疆的文化造成了重要影响，一方面对原有的佛教文化进行了毁灭性的摧残，另一方面又将伊斯兰文化传入新疆，并与新疆各民族历史上遗留下来的文化相互融合，形成了独具特色的新疆伊斯兰文化。这种文化反映在：文字上阿拉伯字母取代了回鹘文字母，逐渐形成了以阿拉伯字母体系为主的维吾尔、哈萨克、柯尔克孜等民族的文字体系。在文学作品方面，历史上很多著名的维吾尔族作家，熟知通用多种民族语言如阿拉伯语、突厥语、波斯语等，撰写了大量的文学著作和诗歌作品。在这些著作和诗歌作品中，将伊斯兰教的宗教观念与民族社会伦理紧密结合起来，反映作者希望的社会人际关系和良好的社会秩序。在美术方面，佛教壁画中的人物和动物形象不再出现，只有草木花卉、几何图案。各种草木花卉和几何图形成为新疆伊斯兰教装饰艺术的主要对象。在建筑方面，新疆伊斯兰教清真寺在建筑艺术和风格方面形成了两种类型：一类为融合内地庙宇殿堂式和伊斯兰教风格的建筑，这类清真寺多为回族近代和民国以来建设的清真寺，如乌鲁木齐市的陕西大寺、伊宁回族大寺等；另一类为中亚式建筑，其特点多为尖拱形洞式门窗，穹隆式拱形屋顶，如乌鲁木齐市的洋行大寺、伊宁市的拜图拉清真寺、和田麦加大寺等。

　　第三，在民族及其民族关系上，伊斯兰教在新疆的传播对形成维吾尔等民族产生了重要的影响。在伊斯兰教传入新疆之前，新疆生活着许多不同的民族成员，如汉人、龟兹人、高昌人、喀喇汗人、于阗人、契丹人、蒙古人等。但是自从喀喇汗王朝信奉伊斯兰教，以及后来的察合台统治者不断强制推行伊斯兰教之后，历史上的这些不同的民族成员到明朝中期以后，都融入了维吾尔族。在信教的民族中，伊斯兰教的影响已渗透到人们物质生活和精神生活的许多方面，不仅在人们的衣食住行、婚嫁丧葬、闲暇娱乐、节日禁忌等方面产生了极为深刻的影响，而且对人们的人生态度、价值观念、道德标准、思维模式、审美意识、情感方式、精神面貌等产生着重要的作用。在某种程度上，民族因信仰伊斯兰教获得了精神上的凝聚力量，而伊斯兰教也因为得到一个个民族整体的信奉，成为影响新疆社会的一种强大的社会力量。近代以来，由于新疆经济社会发展落后，又处于比较封闭的地区，导致了新疆的伊斯兰教带有浓厚的传统色彩，这种传统的伊斯兰教又会对信奉伊斯兰教的民族成员在观念上造成很大的影响。

　　第四，伊斯兰教的传播对历史上新疆经济发展也产生了一定的影响。伊斯兰教不仅是一种信仰，而且还是一种生活方式。在新疆，伊斯兰教传入不久就有了清真寺和崇拜麻扎的现象。各个清真寺和大型麻扎都占有大量的瓦合甫土地和店铺、磨坊和果园。随着清真寺和麻扎影响的扩大，占有的东西也越来越多，有些清真寺和麻扎占有的瓦合甫财产达到惊人的程度。如阿帕克和卓麻扎就曾占有耕地 43 470 公亩、磨坊 48 处、大庄园 15 座以及果园、店铺等，① 这些土地和财产成为宗教寺院经济的重要组成部分。而清真寺的上层成为享有这种宗教封建特权的特殊阶层。乔汗·瓦里汗诺夫说过："萨图克·布格拉汗麻扎的谢赫就曾是喀什噶尔一带最富有的人。"他说："圣徒墓地的谢赫拥有墓地的所属土地进款，因此，极为富盈。大阿图什村萨图克·布格拉汗麻扎的谢赫是喀什噶尔一个最有钱的人……这个谢赫于 1857 年被处决后，其财产充公上缴国库。他留下了大量的土地、数座庭院和大量库存粮食。当地人说，尚有数万元宝。"② 这些现象直到新疆解放前都是如此。由于大量的土地被宗教寺院所占有，导致信教劳动人民不得不接受其剥削和压迫，严重地阻碍了新疆社会经济的发展。

3. 基督教、天主教、东正教对社会的影响

基督教、天主教和东正教都是在清末民初传入新疆的。首先在新疆传播基督教、天主教的都是一些外国的传教团体和人员，直到 20 世纪 40 年代以后，中国的基督教、天主教传教士才开始在新疆进行活动。由于基督教、天主教和东正教传入新疆的时间较晚，而且传教的对象主要是在汉族中间进行，少数民族中虽然也进行了传教活动，但收效不大，更何况进入新疆的外国传教士中，有少数人还从事间谍活动，在 20 世纪 30 年代末，遭到了新疆地方政权的取缔，外国传教士或被逮捕，或被驱逐出境，或迁往内地，因此，对新疆社会的影响很小。当然，随着基督教、天主教和东正教在新疆的传播，发展了少数基督教、天主教和东正教的信徒，修建了一些教堂，开展了一些宗教活动。为了达到传教的目的，提高传教的效果，新中国成立前，外国传教士还在教堂附设学堂和医院，这对改变新疆落后的教育和卫生条件起到了一定的作用。由于外国传教士在新疆进行传教的过程中，还霸占农民的田地和水渠，或从事间谍活动，激发了教堂与当地政府、民众的矛盾和冲突，也给社会带来了不稳定的因素。

另外，萨满教、祆教、摩尼教、景教和道教在新疆也都有过很长的历史，对新疆社会产生过一定的影响。但随着伊斯兰教传入和发展，祆教、摩尼教和景教逐渐地退出了历史的舞台，只是这些宗教的某些残余还保留下来。而道教和萨满教虽然还存在，但也只是少数人信仰，基本上对新疆社会没有什么影响。

（二）新疆宗教的历史启示

1. 统治阶级对待宗教的态度和政策是宗教和谐的一个关键因素

新疆宗教的历史发展说明，宗教能否与社会保持和谐相处，宗教之间能否和

---

① 马合木德·楚拉斯：《编年史》（阿基穆什津俄译本），莫斯科科学出版社 1976 年版，第 32 页。
② 新疆维吾尔自治区民族研究所编：《乔汗·瓦里汗诺夫著作选集》，新疆维吾尔自治区民族研究所 1957 年印行，第 108 页。

睦相处，在很大程度上与统治阶级对其的态度与政策有关。历史上，新疆各民族的统治阶级对宗教的政策有四种类型：

一是扶持某一种宗教，但对其他的宗教不加以干涉，任其自然发展。公元10世纪之前，新疆地方当局所采用的就是这个政策，这种政策的实行较好地保持了宗教与社会的和谐相处，宗教之间的和谐相处。正因为如此，在这一时期，宗教与社会、宗教与宗教之间没有发生什么激烈的冲突和对抗。

二是实行无为而治的政策，即对各个民族信仰的宗教，政府都不加以干涉，顺其自然发展。在西辽和蒙元统治新疆的前期实行的就是这种政策。当时无论是伊斯兰教、佛教，还是景教、祆教和摩尼教等都能够在新疆社会中找到自己的发展空间，各种宗教之间，以及宗教与社会之间保持了一种和谐的张力。

三是强制推行一种宗教，对其他宗教采取打压的政策。喀喇汗王朝和察合台王朝汗王后裔统治下的新疆，实行的就是这种政策。其结果不仅造成了宗教之间的严重对立和冲突，而且也造成了宗教与社会之间的冲突；不仅给民族之间的关系造成了极大的损害，而且在一定时间内严重影响了社会经济、文化的发展，致使佛教文化被人为地消除，在某种意义上，造成了新疆佛教文化发展的断层。

四是实行政教分离和对宗教事务进行管理的政策。自清朝开始的历届政府基本上都实行的这种政策。清朝政府统一新疆以后，针对以往伊斯兰教干预政治的事实，实行了的政教分离政策。一方面规定凡是有阿訇身份的人，一律不得在政府任职，更不能当官掌权，只准许阿訇念经礼拜，不允许干预行政事务；另一方面政府不干涉宗教内部事务。宗教界内部的问题由宗教人士自己处理。同时还加强了对宗教事务的管理，严厉查禁和打击利用宗教进行"谋逆"活动等。从而在一定程度上保证了宗教与社会、宗教与政治的和谐相处，对维护新疆的社会稳定起到了积极的作用。

2. 宗教能否顺应社会发展变化是宗教能否立足于社会的基础

新疆历史上流行过很多的宗教，其中一些发展下来，另一些则消失了，其中一个重要的原因就是宗教必须适应社会发展的变化，必须进行必要的调整或改革。如果还停留在过去的状态下，就很难为社会发展所需要，也必然会被信徒们逐渐的放弃。新疆历史上的祆教、摩尼教和景教等宗教，虽然都曾经在历史舞台上存在了很长的时间，最后却走向了消失，其中重要的原因，就是或者其教义过于神秘化，过于抽象；或者是宗教头目利用宗教作为替自己赚钱、剥削信徒的工具；或者是传教的对象多集中于上层贵族，传播面有限等，当社会发生重大变革之后，这些宗教无一例外地走向了衰落和消失。这一事实说明，无论何种宗教，要想在社会立足，就必须顺应社会发展的需要，否则就没有生存发展的空间。

3. 历史证明民族的宗教信仰并非一成不变，而是不断变化的

新疆宗教的历史说明，一个民族在其发展的过程中，其宗教信仰是不断变化的。开始信奉这种宗教,后来又信奉那种宗教,过一个时期又信奉另一种宗教或反过来又信奉曾经信奉过的宗教,有的民族的宗教信仰先后多达五六种。以维吾尔及其先民为例,除信奉伊斯兰教外,还信奉过萨满教、袄教、摩尼教、景教和佛教等,不仅如此,在蒙古统治新疆的前期,维吾尔族在信仰上还出现过部分人信仰伊斯兰教、部分人信奉佛教、还有部分人信奉景教的现象。三种宗教同时为一个民族的不同人群所信仰并能够和谐相处,说明了在当时,人们对信奉不同的宗教有着很大的包容之心。这种包容之心,恰恰是社会发展所需要的。

总之,新疆宗教发展演变的历史告诉我们,宗教能否与社会和谐、宗教之间能否和谐相处,既取决于宗教自身能否与社会发展变化相适应,也取决于统治阶级的宗教政策是否正确,还取决于人们对不同的宗教有无包容之心。

第二节 宗教和谐是新疆和谐社会建设的主要组成部分

一、宗教和谐的含义与特征

(一) 宗教和谐的含义

宗教和谐是指以尊重宗教内部教派及各宗教的多样性为前提,促进彼此之间的相处和睦,实现宗教和社会主义社会的相适应。具体来说,宗教和谐包括宗教内部和谐、宗教之间和谐、宗教与社会的和谐以及政教关系的和谐。[1]

宗教和谐是一个多层次的概念,也是一个目标概念。它包括如下内容:

第一,宗教内部和睦共处。宗教是一种社会实体,有自己的教义、神职人员和团体,有自己的构成方式。宗教内部和谐,是指宗教内部诸要素之间有一个比较均衡和比较稳定的关系,以尊重教派的多样性为前提,实现各教派的共存和发展。宗教内部和谐既包括了各要素之间关系协调,也包括了同一宗教不同派别之间的和谐相处。

第二,各宗教和而不同。全球伦理的主要推动者汉斯·昆(Hans Kung)有句名言:"没有宗教间的和平就没有世界的和平。"宗教之间的和谐在当代社会

---

[1] 国家宗教局党组理论学习中心组:《宗教和谐:宗教工作的新境界》,载《人民日报》2010 年 1 月 13 日,第 007 版。

的表现形式应该是各宗教和平共存、和合共生，也就是传统意义上的"和而不同"。"宗教之间和谐的重要前提条件是各宗教间有足够的宽容。"① 宗教作为客观实体，是社会的普遍现象。宗教之间固然有差异，但都有共同的道德底线，都共存于一个社会之中。宗教之间和谐，是指在平等的条件下，和而不同、互惠互利；在多样性中寻求统一性，使本宗教与其他宗教利益同时得到增进。即宗教与宗教和睦共处，宗教与宗教和谐发展，各宗教彼此尊重、互相宽容、加强对话、加深理解。使各宗教之间相互促进、相得益彰、和睦共存、利益均衡、权利公平，拥有相等的发展机遇、同等的发展条件和平等的发展结果。这是宗教和谐的基本保证。

第三，宗教与社会和谐。宗教与社会和谐是指在社会大系统下，宗教作为社会子系统与国家权力系统或社会公共利益之间构成社会交往时，子系统之间良好互动、和谐共处，实现宗教与社会的协调统一、共荣共进。一方面宗教团体在建设社会主义国家上都有着统一的目标和认识，维护国家稳定民族团结，遵守国家的法律，不得违背国家的宗教政策。境外敌对势力不得利用宗教破坏政教关系。另一方面政府通过贯彻宗教信仰自由政策，依法加强对宗教事务的管理，积极引导宗教与社会主义社会相适应，保护合法、制止非法、打击犯罪、抵御渗透，为宗教和谐提供安定、宽容的社会环境，实现信教群众与不信教群众和谐相处。

第四，政教关系的和谐。我国严格按照宪法实行宗教信仰自由政策，以保障公民的基本权利为基础，以政教分离为原则，以信教和不信教群众在政治和经济方面相同的根本利益为出发点，提倡发挥宗教界爱国人士为社会主义建设贡献自身的力量，为宗教更好地适应社会主义社会的发展、为宗教界服务社会经济建设拓宽道路，从而促进政教关系的和谐。

以上这四方面构成了宗教和谐的基本内容。宗教内部和谐、宗教之间和谐是宗教与社会和谐的基础。宗教与社会的和谐又影响和制约其他层面，没有宗教与社会的和谐，宗教内部和谐、宗教之间和谐会失去存在的价值和现实动力。宗教和谐的目标是实现宗教内部、宗教之间、宗教与社会全面、共同、协调、持续发展。即达到"和"的佳境："各美其美，美人之美，美美与共，天下和美。"② "政教关系的和谐是关键"，政教关系和谐能为宗教和谐提供整体的良性发展环境，宗教和谐反过来又会促进政教关系朝着和谐的方向发展，最终实现彼此合作的政教关系。

---

① 赖品超：《论宗教间的和谐与宗教宽容》，载《中国宗教》2007年第2期，第30页。
② 叶小文：《努力构建和谐社会　呼吁共建和谐世界》，载《中国宗教》2006年第4期，第12页。

（二）宗教和谐的特点

1. 宗教和谐是以多元化为前提条件

宗教和谐存在的前提是宗教的多元化。古希腊哲学家尼各马可在其《算术引论》中指出："和谐是来自对立，因为和谐是不同因素的统一，以及是相反的因素的协调。"[①] 这就是说和谐产生于对立的东西，而非相同的东西。宗教和谐不可能只由一种宗教一个教派构成或以一种形式出现，宗教和谐必然是多元的。包括宗教内部教派的多元化、宗教形态的多元性、宗教信徒的多样性、宗教与社会其他要素关系的多元化、宗教治理方式的多元化等。正因为社会存在着宗教的多元化，彼此之间形成了既相互对立又相互联系的关系，才有可能形成一种"和而不同"的多元格局的并存辩证统一的宗教和谐的局面。

2. 宗教和谐是以平等为基础

宗教和谐存在的基础是宗教信仰的自由和平等。平等是宗教和谐存在的基础。离开了平等，就不可能有宗教和谐。平等对宗教而言，首先体现在宗教信仰的自由。宗教信仰自由就是指公民既有信仰宗教的自由，也有不信仰宗教的自由；有信仰这种宗教的自由，也有信仰那种宗教的自由；在同一宗教里面，有信仰这个教派的自由，也有信仰那个教派的自由；有过去不信教而现在信教的自由，也有过去信教而现在不信教的自由。不管是信教的还是不信教的，不管是信仰什么教派的，都不应受到任何的强制和歧视，否则就不可能有宗教的和谐。其次，体现在各种宗教及其各个教派在社会地位上的平等。现实社会中有的宗教是国际性的宗教，有的宗教是地区性的宗教，有的存在的历史十分悠久，有的存在的历史较短，不管何种宗教或教派，只要不违背社会的一般规则，在社会的地位上就应该是平等的。如果各种宗教和各个教派之间在社会地位上是不平等的，宗教和谐也不可能出现。

3. 宗教和谐是以法律为基石

尊重法律，在法律规定的范围内从事宗教活动，是宗教和谐的基石。宗教不仅仅是一种信仰，而且它是具有社会组织（社会团体）、社会设施（寺观教堂）和社会活动（有广大信教群众参与的宗教活动或其他活动）的社会实体。这种社会实体与社会整体之间必然产生若干的宗教事务或社会事务，必须受到社会的规范和制约。这种社会的规范和制约主要体现在宗教必须遵守国家法律、法规及其方针政策。法律保障宗教信仰自由，维护宗教界的合法权益，但同时宗教必须在法律范围内活动，必须按照国家的方针政策办事，而不能同法律、法规及方针

---

① 尼各马可：《算术引论》，转引自蒋孔阳主编：《西方美学通史》，上海文艺出版社1999年版，第67页。

政策相冲突，否则就会给社会造成危害。因此，任何宗教都必须遵守法律法规，必须在法律范围内进行活动，只有这样才能够为社会所包容、所接受，并得到社会的肯定和尊重，也只有这样，宗教才能与社会和睦相处、相安无事，否则就不可能有宗教和谐的存在。

4. 和谐宗教是以认同社会共同利益为核心

尽管不同的宗教有着不同的宗教信仰、礼拜，宗教经典等，但在社会中，他们都要面临许多共同的问题，如和平发展、战争威胁、环境保护、疾病防治等问题，这些问题处理的好坏，不仅影响到各个宗教自身的存在，而且也影响到各个不同宗教信徒自身的实际利益。因此，各种宗教之间，各个教派之间，各种不同宗教信徒之间，以及各个宗教与社会各系统之间、宗教信徒与不信教者之间，如要想和睦相处，和谐发展，就必须认同社会的共同利益，联合起来解决面临的共同问题。认同社会的共同利益，体现在各个方面，诸如追求和平、反对战争；维护稳定，反对动乱；促进发展，改善生活；弃恶从善、扶贫济困、保护环境等，只有在这些方面形成了认同，宗教才能形成真正的和谐。在当代社会主义中国，不管是哪一种宗教或什么宗教派别，不论是信教者还是不信教者，都必须把国家的统一富强和民族团结、和谐、进步、繁荣放在首位，都必须服务于社会主义现代化的建设事业，这是全国各族人民的共同利益。如果没有国家的统一，社会的稳定，民族的团结，经济的发展，人民的富裕安康，就无从谈起宗教的和谐，宗教信徒个人的宗教生活也无法保证。

5. 宗教和谐是以"求同存异、和而不同"为价值理念

宗教和谐要求宗教界进行必要的宗教对话，寻求不同宗教及同一宗教不同教派达成和谐相处的共识，即"求同存异、和而不同"，以促成宗教和谐、社会和谐，最终实现人类爱好和平、祈望世界和谐的愿望。"同"乃政治利益相同，在国家的统一领导下；"异"乃不同宗教及相同宗教不同教派之异，体现在它们的教义教理教规不同、宗教活动不同、宗教情感体验不同等方面的差异。宗教对话的目的不是要消除差异，而是承认差异性的存在，并在此基础上达成互相理解、相互包容、相互尊重的共识，只有这样才能形成宗教的和谐。

二、宗教和谐提出的历史条件

（一）宗教和谐提出的国际环境

1. 和谐宗教是应对全球化发展的必然要求

自从加拿大传播学家麦克卢汉提出"世界村"（global village）或说"地球

村"这样一个概念起,世界就在全球化和现代化的发展进程中逐渐"缩小",而世界的"共同利益"却在扩大,例如世界各国协力应对全球变暖的问题、世界反恐问题,呼吁世界和平等。全球化首先集中在经济领域,随后蔓延到政治、文化等领域,经济全球化的影响已远远超越经济领域,蔓延到政治和思想文化领域。全球化的浪潮将世界上各个角落的每个国家都卷入到世界市场上来,经济的快速发展打破了世界各个国家的国界和民族壁垒,不同国家人民的交往已经从传统的经济领域跨出来,出现多样的交往方式。政治对话、学术交流、宗教对话、国际文化艺术活动等就是国际交往的主要形式。国际交往就会涉及均衡不同国家间的利益和平等的国际性原则,诉求和平和发展是当今世界的主题。世界各宗教的频繁交流与碰撞也不可避免地产生一些宗教冲突和矛盾,由此宗教问题成为一个世界问题被提上议程。人们越来越开始深切认识到宗教问题对世界和平、国家安全、社会稳定、文明进程的作用。在全球化背景下,一个国家发生的宗教问题不仅对本国产生很大的影响,而且还会迅速扩散到世界的各个国家并引发世界各个国家的宗教界的关注,特别是那些世界性宗教所产生的宗教问题,更容易激发世界各国对此问题的关注,甚至在一定的条件下引起大规模的社会动荡,引起国与国之间的冲突,民族与民族之间的冲突。严重影响了世界各个国家的安定,对世界和平与发展也带来了巨大的损害。针对国际宗教问题突出这一现状,宗教界主张积极开展宗教对话,以此来为宗教和谐的构建、世界和平愿望的实现创造更多机会。

作为整个世界的一部分,各个国家只有处理好本国的宗教问题,才能对世界宗教和谐做出应有的贡献。反过来,只有世界和平,才能保证各个国家在宗教发展、社会进步方面突出自身的特点,获得发展。根据世界全球化对世界各个国家的影响,特别是对宗教的影响,从维护世界和平发展的要求出发,我国政府提出了世界和谐的思想,其中也包括了世界各个宗教之间,各个教派之间的宗教和谐。

2. 宗教和谐是针对"世界文明冲突论"提出的

在 20 世纪 90 年代之前,由于世界两极格局的影响,世界各国的宗教问题往往被美苏的争霸以及社会主义意识形态与资本主义意识形态的斗争所掩盖。随着东欧剧变、苏联解体,原先被掩盖的宗教问题,在世界许多国家迅速发酵、膨胀,成为影响各个国家社会稳定的一个重要问题。

一些政治势力为了实现自身利益,也纷纷借助于宗教的旗号,以维护所谓宗教和宗教徒的利益,利用宗教信徒对宗教的虔诚心理,在世界许多国家掀起了宗教复兴的浪潮。在这些宗教复兴的浪潮中,以伊斯兰复兴主义浪潮最为引人注目。伊斯兰复兴主义浪潮出现在中东地区,并以"不要西方,不要东方,只有伊斯兰"为号召,派人到世界很多国家推行伊斯兰教,不断强化伊斯兰教对当地的影响,不仅引发了这些国家不同宗教之间和同一宗教不同教派之间的冲突,而且也影响了国与国之间的关系。

在伊斯兰复兴主义浪潮中,一些伊斯兰极端势力参与其中,使一些国家的宗教问题更为复杂化了。面对伊斯兰复兴主义的浪潮,西方一些政治势力和学者,出于维护自身利益的目的,在二元对立的思维模式下,将伊斯兰复兴主义给予了全盘否定,提出了所谓文明冲突论的观点。在一些人的视野中,伊斯兰教变成了暴力恐怖主义的代表。不仅如此,他们还将中国的儒教也当做西方基督教文明的威胁而加以宣扬,企图在世界各个宗教之间、各种文明之间制造出更大的对立和冲突。

针对西方国家对伊斯兰教的污蔑以及所谓"文明冲突"论的观点,我国政府提出了宗教和谐的思想。实质就是"求同存异、和而不同",就是强调在承认差异性的基础上达成互相理解、相互包容、相互尊重的共识。反对西方二元对立的观点,反对不顾客观事实,任意将少数宗教极端势力的破坏活动与整个信教者的行为等同起来,并加以排斥的做法。

3. 宗教和谐是针对国际宗教势力对我国的影响提出来的

宗教是一种社会历史现象,属于意识形态领域,但它并不是独立存在的,而是依附于信教的民族存在的。因此,宗教和民族有着密不可分的联系,宗教问题往往也是同民族问题交织在一起的。"没有哪一个宗教能够宣称自己不与自己民族的存在相联系。"[①] 国际宗教矛盾冲突也依附各个不同宗教信仰的民族而存在。

由于我国历史上就是一个多种宗教并存的国家,不仅存在着道教,而且还有佛教、伊斯兰教、基督教、天主教、东正教等世界性宗教。信仰伊斯兰教、佛教、基督教和天主教都有不少的信徒。

改革开放以来,特别是随着我国加入世界贸易组织以来,我国对外的政治、经济、文化等各个方面交流越来越广泛,不仅有政府层面的交流与交往,而且也有百姓层面的交流交往,在各个层次与国外交流交往的过程中,国际上的一些宗教组织、宗教人士,纷纷通过各种渠道与我国信教群众发生关系,并试图将他们的一些宗教价值观念影响我国的宗教信徒。一些外国的宗教组织和宗教极端势力,通过各种渠道向我国渗透,企图"插手我国宗教事务和控制我国宗教组织,危害国家安全和统一,破坏社会稳定与和谐,以达到遏制我国的发展,改变我国的政治制度的政治目的"。[②] 他们公然违背我国的法律法规,在中国境内秘密传

---

① 邢福有:《我国各宗教及教派之间长期和谐相处的文化背景和历史原因》,载《中央社会主义学院学报》2002 年第 5 期,第 46 页。

② 王作安:《我国宗教状况的新变化》,载《中央社会主义学院学报》2008 年第 8 期,第 55 页。

教,建立宗教组织,煽动宗教狂热,挑拨信教群众与不信教群众的对立,制造不同宗教之间、不同教派之间的矛盾。特别是国际上的如"伊扎布特"组织、"伊斯兰宣教团"等宗教极端势力与新疆境内的民族分裂势力、暴力恐怖势力勾结起来,以维护宗教的纯洁、捍卫宗教信徒的利益为名,将国外的一些宣传宗教极端主义思想的书籍、报纸、杂志等偷运进我国境内,并在信教群众中间大肆散布宗教极端思想,在一些宗教信徒和一些不明真相的人群中造成了很大的思想混乱,制造了一系列的暴力恐怖事件,严重危害了国家的统一和社会的稳定。

近年来,西方发达国家打着"人权"口号,将其霸权主义和强权政治的行为延伸至中国的意识形态领域,妄图通过这种渗透方法来达到其遏制和分裂中国的目的。自1996年以来,西方敌对势力对中国的宗教政策和法律横加指责,肆意歪曲我国的宗教现实情况,将那些利用宗教从事非法和违法宗教活动的人,吹捧为宗教自由的斗士,并通过"网络布道"的方式等传播方式,与我争夺信教群众。面对国际宗教势力对我国宗教的影响,帮助和教育世界各国的广大宗教信徒,正确认识我国的宗教实际情况,以及宗教政策和宗教法律法规,澄清事实真相,我国政府提出了和谐宗教的思想。

(二) 和谐宗教提出的国内环境

1. 宗教和谐是在构建社会和谐的基础上提出来的

江泽民同志在中共十六大报告中指出,"我们要在本世纪头二十年,集中力量,全面建设惠及十几亿人口的更高水平的小康社会,使经济更加发展、民主更加健全、科教更加进步、文化更加繁荣、社会更加和谐、人民生活更加殷实。"第一次将"社会和谐"作为建设小康社会的目标提出来。2004年9月,党的十六届四中全会中明确提出构建社会主义和谐社会的要求,"坚持最广泛最充分地调动一切积极因素,不断提高构建社会主义和谐社会的能力","形成全体人民各尽其能、各得其所而又和谐相处的社会"。2005年9月2日,胡锦涛同志发表了《在省部级主要领导干部提高构建社会主义和谐社会能力专题研讨班上的讲话》,界定了和谐社会的内涵,即"民主法治、公平正义、诚信友爱、充满活力、安定有序、人与自然和谐相处的社会"。[①] 2007年10月15日,胡锦涛同志在党的十七大报告中明确指出,"壮大爱国统一战线,团结一切可以团结的力量。促进政党关系、民族关系、宗教关系、阶层关系、海内外同胞关系的和谐,

---

[①] 邢海龙:《学术界关于"构建社会主义和谐社会"问题研究综述》,载《中共桂林市委党校学报》2005年第4期。

对于增进团结、凝聚力量具有不可替代的作用。"① 这一报告突出强调了宗教界爱国人士可以作为爱国统一战线团结的力量之源，指出了和谐社会所包含的具体内容及和谐的宗教关系有助于促进和谐社会的建设等内涵。这就为构建和谐社会在宗教工作方面提出了新的工作任务和目标。因此，宗教和谐的提出是构建和谐社会的必然要求。

2. 宗教和谐的提出是对中国历史上宗教和谐思想的继承和发展

自古以来，中国就是一个多种宗教并存的国家。在历史发展和演变的过程中，逐渐形成了以儒教、道教、伊斯兰教、佛教、基督教、天主教、东正教等多种宗教并存的格局。历来中国没有发生因宗教冲突而引发的重大冲突事件或战争，完全有赖于中国传统文化中的"和合"精神。中国的传统宗教文化以儒家文化为正统，辅之以本土道家文化。这些文化均以"和"为中心，比如"礼之用，和为贵"、"天下兼相爱"等，体现出中国传统宗教文化的和谐特征。外来宗教传入中国后，在本土宗教"和谐"的氛围内，经历了传播、发展、融入、变迁的过程，最终形成了中国各种宗教和谐相处、宗教文化兼容并蓄的格局。

随着中国特色社会主义的发展，我国的宗教也发生了巨大的变化，为了更好地使宗教能够与社会主义社会相适应，充分调动广大爱国宗教人士、宗教团体和信徒建设社会主义的积极性，促进各种宗教、各种教派以及宗教信徒与不信教者之间的和睦相处，提出了宗教和谐的思想，其主要目的就在于挖掘我国历史上宗教发展过程中的一些好的传统文化和做法，为当今宗教和谐、和谐社会的发展提供有益的借鉴。

3. 和谐宗教的提出是促进宗教界团结的必然要求

社会主义市场经济持续快速的发展，一方面使各族人民的物质生活水平得到了很大的提高，另一方面也产生了各种各样问题。过于追求经济增长，忽视经济发展与自然环境的协调，致使环境污染加剧、人地矛盾紧张，东西部发展差距扩大，人与人竞争关系的紧张，加剧了人们的心理压力，也造成了一些人的心理失衡。焦虑、不安、痛苦、烦躁、空虚等精神问题，成了人们精神上的最大困扰。迫于心理的压力和不平衡的情感，一些人开始信仰宗教，导致信教人数的不断增加，因信教人数的增多所带来的问题也相继发生。另外在市场经济的条件下，不同宗教之间、不同教派之间、不同信徒之间，以及宗教与社会之间，因历史因素和现实因素的影响，围绕着教权、宗教财产、教民关系，宗教与社会各子系统的各种摩擦和纠纷也日益增多，这些摩擦和纠纷不仅严重影响了社会的稳定，也影响了宗教之间、教派之间、宗教信徒之间、信教者与不信教者之间的团结。

---

① 新华社，胡锦涛在党的十七大上的报告，人民网，2007年10月24日。

由于受到各种因素的影响，一些宗教信徒认为既然宗教信仰自由，那么宗教的一切事务就用不着他人来管理。于是宗教干涉国家行政、经济、婚姻、教育、计划生育等社会公共事务，违背宗教法律法规和宗教政策的非法宗教活动在不少地方发生。这些非法宗教活动在极大地干扰了正常宗教活动的同时，也对构建和谐的宗教关系造成负面影响，给社会造成了危害。为了消除非法的宗教活动，为了促进宗教与社会主义相适应，促进宗教内部成员、宗教各派之间以及宗教与社会和睦相处，有必要强调宗教和谐的思想，这是加强宗教界团结，制止非法宗教活动的必然要求。

（三）宗教和谐的提出对新疆社会的影响

1. 宗教和谐的提出是新疆宗教发展的历史选择

新疆自古以来就是一个各民族共同居住、共同生活的地区，也是一个多种宗教传播交汇的地区。在长期的历史发展过程中，生活在新疆境内的各个民族先后信仰过不同的宗教，不同的宗教不仅给不同的民族带来了深刻的影响，而且也给新疆的历史留下了明显的烙印。新疆宗教演变史就是一部多种宗教并存演变的历史。在新疆的历史上，各个宗教之间、各个教派之间既存在过和睦相处的局面，也有过严重的对立和冲突。凡是在各个宗教和谐相处的时期，新疆的社会经济和文化发展就比较繁荣，各民族的交往就比较深入。相反在各个宗教相互对立、相互冲突的时期，不仅社会经济的发展受到了严重的破坏，而且大量的宗教文化也在冲突中遭到了严重的损毁，人民的生命财产更是无法得到保障。在宗教严重对立冲突的时期，各民族的交往也受到了阻隔。新疆宗教发展演变的历史告诉我们，如果没有各个宗教之间的相互包容、和谐相处，就必然产生冲突，其结果不仅影响宗教自身的发展，而且也给社会带来严重的灾难。

因此，从新疆宗教演变发展的历史经验教训，可以看出，宗教和谐无论是对新疆社会发展，还是对宗教自身发展来说，都是必须汲取的一个十分重要的经验，也是今天新疆各种宗教存在的必然选择。宗教和谐提出正是对新疆宗教演变发展历史的经验总结。

2. 宗教和谐的提出是维护新疆社会稳定的客观要求

社会稳定是指整个社会处于稳固、安定、和谐、有序的状态。社会是由经济、政治、文化、民族、宗教等各系统构成的复杂的有机整体。社会稳定具体表现在构成社会各个系统的稳定，包括政治稳定、经济稳定、人心安定等诸多方面。社会稳定就是要求社会各个方面井然有序，社会各个系统内部和系统与系统之间的相互配合、相互协调，形成一种相辅相成、良性互动、和谐相处、充满活力的状态。在新疆少数民族地区，由于大多数少数民族成员信仰宗教，而且不同的民族还信仰不同的宗教，宗教对民族的影响十分巨大。在新疆少数民族地区，构成社会的各个系统中，宗教是一个重要的子系统。在这个子系统中，不仅有佛教（喇嘛教）、道教、伊斯兰教、基督教、天主教和东正教等宗教，而且每一个宗教内部，又存在着不同的教派。如信仰伊斯兰教的维吾尔族群众大多数人属于逊尼派，还有部分人信仰什叶派、伊禅派，以及改革开放以来由国外传入的瓦哈比派等。新疆的回族信仰的教派就更是纷繁复杂。新疆各宗教以及各个教派之间是否相互包容、和睦相处，对新疆社会的稳定起着非常重要的影响。

事实表明，这些年来由于各种因素的影响，在新疆宗教这个子系统中，出现了一系列的不和谐的现象，特别是大量的非法宗教活动，在一定程度上给社会的稳定、人心的安定造成了极大的危害。因此，要维护新疆的社会稳定，就必须强调宗教和谐，制止和打击各种非法宗教活动。

3. 宗教和谐的提出是反对境内外"三股势力"的必然要求

"三股势力"是指民族分裂势力、宗教极端势力和暴力恐怖势力。"三股势力"为了把新疆从祖国大家庭中分裂出去，相互勾连在一起，以所谓的维护民族、宗教利益为幌子，肆意歪曲新疆与内地的历史关系，篡改和编造所谓的新疆民族、宗教演变发展的历史。利用宗教身份为掩护，在宗教信徒中散布了大量的极端宗教思想的观点，胡说什么"新疆历史上只有一种宗教，这就是伊斯兰教"，"伊斯兰教从来就是我们民族的宗教信仰"，"伊斯兰的法律是安拉制定的法律，是至高无上的法律，我们只能服从伊斯兰教的法律，国家的法律对我们没有任何作用。在异教徒统治的国家里，不可能保护穆斯林的利益，只有推翻异教徒的国家，建立伊斯兰的国家，才能保护穆斯林的利益。"鼓吹"安拉唯一"、"安拉至上"，并以此煽动不明真相的信教者，对抗共产党和人民政府制定的各项法律政策，从事非法宗教活动和违法宗教活动。他们将反对"三股势力"分裂活动的各民族干部群众和爱国宗教人士视为叛教者和异教徒，鼓吹对这些异教徒和叛教者进行"圣战"，叫嚣"杀死一个异教徒，胜过一天五次礼拜，可以早上天堂"。为了煽动宗教狂热和强迫人们信教，在人群当中散布什么"信教的是朋友，不信教的是异教徒；胡大的朋友就是我们的朋友，胡大的敌人就是我们的敌人"。"不做乃玛孜的人，不能到他家做客，不能与他握手，不能与他一块走路，不能和他讲话，不能参加他的婚礼，不能参加他的葬礼，让他孤独地生存，自己去向安拉请罪。"[①] 他们还以宗教改革为旗号，在同一宗教内部的不同宗教之间，制造了教派之间的对立和冲突。正是由于"三股势力"利用宗教进行的破坏活动，不仅搞乱了一些信教者的思想，而且也对信教者与不信教者之间和宗

---

① 刘仲康：《近年来南疆宗教狂热的种种表现》，载《新疆社会科学研究》1991年第2期。

教与社会之间的关系产生了很大的危害。因此,为了揭穿"三股势力"利用宗教的险恶用心,打击其破坏活动,加强信教者与不信教者之间的和睦相处,就必须提倡宗教和谐。这是反对"三股势力",促进新疆宗教和谐发展的必然要求。

三、宗教和谐对构建新疆和谐的作用

(一) 和谐宗教是构建新疆和谐社会的重要内容

社会和谐的根本就是人与人之间的和谐,因为人是社会的个体。虽然宗教信仰是人们内心世界的宗教情感体验,属于人类的精神文化,但是宗教信仰唯有依托社会个体才有存在的价值,由各个信徒组成了宗教团体,因而宗教和谐与社会有着千丝万缕的联系。构建和谐社会是党和国家在社会主义新时期的主要工作目标,反映在宗教方面,就是宗教和谐。新疆是一个多宗教并存、信教群众占全疆人口半数以上的边疆少数民族地区,新疆的和谐发展有赖于各个民族、信教与不信教群众的共同努力。因此,新疆各宗教内部、各宗教之间、宗教与社会、政教关系的和谐与否,直接关系到新疆社会和谐的大局。

1. 宗教内部和谐能使信仰同一宗教的各成员建立和谐、融洽的内部交往关系

宗教不同、同一宗教派别不同,但是一切宗教追求的宗教道德伦理却有相同之处,比如宽容、善行、理解等。通过宗教内部的宗教领袖与信徒、教职人员与信徒之间进行宗教对话,将积极正面的普世性宗教文化传递给众生,使得人人在社会交往过程中,都能够秉承向善的信念,这样有助于减少人民内部矛盾,缓解冲突和过激行为,达到人与人之间和平共处、其乐融融的状态。新疆是一个多种宗教并存的地区,倡导宗教内部和谐具有首要意义,唯有如此,宗教之间的和谐、宗教与社会的和谐才能实现。

2. 宗教之间和谐能使不同信仰群众间和平相处,有利于民族间的交往和民族友好团结关系的建立

宗教对话主要是针对不同宗教之间的对话,唯有采取对话的形式,更多地了解其他宗教的风俗习惯、文化特质、语言文字、饮食服饰等,才能真正地谈彼此的尊重和理解。很多的民族不和及宗教问题都是由于一些人对某一民族的宗教信仰、禁忌风俗不了解而产生的。新疆地区以伊斯兰教为主,佛教、基督教、道教和东正教及其他一些宗教并存。各宗教具有相同的政治利益和经济利益,因此需要在独立自主自办的宗教原则指导下进行相互对话、交流,以更好地适应社会的发展,将各宗教文明的文化整合功能发挥出来,为共建社会主义和谐社会做出努力。历史上,儒释道三教之间互相借鉴形成的"以儒治国、以佛治心、以道治身"三教合力辅佐朝政治国的先例就是各宗教之间和谐的佐证。时至今日,国际宗教冲突战争频繁的现状、新疆宗教极端势力的猖獗都需要呼吁宗教之间的和谐。

3. 宗教与社会的和谐是社会主义时期宗教工作的重要内容

积极引导宗教与社会主义社会相适应,包括宗教与政治相适应、宗教与经济相适应、宗教与思想文化价值观念相适应。新疆和谐社会的构建就是要把新疆建成一个"民主法治、公平正义、诚信友爱、充满活力、安定有序、人与自然和谐相处的社会"。宗教伦理中所推崇的仁爱、宽恕、正义、诚信、平等、不杀生等观念与和谐社会的理念趋于一致,它们对社会中个体的行为起到了重要的规约作用,利于建立良性的社会秩序,使人们在市场经济的竞争机制中能够获得公平的待遇,在生活中能充分享受到仁义关爱。新疆的生态系统原本就十分脆弱,而宗教中提倡的要遵循自然规律,寻求"天人合一"的理念正好有利于新疆地区的生态保护,走可持续发展的道路,发展循环经济、特色经济和民族经济。

4. 宗教关系的和谐是社会主义新时期宗教工作的出发点和立足点

在社会主义时期,"宗教工作的出发点和立足点就是要信教的群众和不信教的群众都团结起来,共同建设有中国特色的社会主义[①]"。事实证明,信教群众和不信教群众的信仰不同是思想意识形态的不同,但他们也具有相同的政治经济利益,即渴求祖国的统一和繁荣富强,最终实现社会经济快速发展,提高个人生活水平。中国共产党作为民族团结的核心力量,发挥着将各族群众团结起来的作用;政府以各民族群众的共同利益为目标,在宗教信仰自由原则指导下,制定各项宗教政策并做了大量工作,依法加强对宗教事务的管理。这个时期,共同的政治经济利益将各族群众、信教与不信教群众很好地团结起来,这一伟大的使命需要有党和国家的领导,需要宗教界积极配合工作,需要宗教与政治建立和谐的关系。

(二) 宗教和谐有助于促进民族关系的发展

宗教和谐对我国各民族的影响,不仅局限于各民族内部,而且还影响到各民族之间,是一个关系到我国各民族,特别是少数民族政治、经济、文化发展的积极因素。在少数民族地区,宗教和谐对于促进民族关系的发展具有一定的积极作用。

1. 促进民族平等、团结关系的良好发展

第一,宗教内部和谐能够促进信仰同一宗教的民族内部平等团结关系的发

[①] 肉孜·司马义主编:《维护祖国统一,加强民族团结,反对民族分裂》,新疆科技卫生出版社2001年版,第70页。

展。新中国成立后，中国共产党对新疆进行的宗教制度改革，使信仰宗教的各民族群众摆脱了封建教权的束缚，作为中华人民共和国公民的平等身份确立下来。宗教人士、宗教团体、信教群众，依法享有了国家宪法及法律法规规定的权利和义务。自20世纪50年代以来，我国各大宗教内部逐渐联合，形成全国性组织，教派意识不断淡化。新疆各级伊斯兰教协会的成立促进了教派间的积极沟通，强调整体宗教信仰的共同性，有利于统一宗教情感，淡化分歧，实现了对不同教派的宽容。这促进了民族内部平等关系的发展，也使得民族成员不因教派信仰不同而产生偏见。信仰哪一教派成为个人私事，因教派不同的纷争也平息下来，对彼此信仰的尊重加强了民族内部的团结。

第二，宗教之间的和谐能够增强信仰不同宗教的民族之间团结。国家对各宗教一视同仁，不支持某种宗教，也不限制某种宗教。各宗教在法律地位上一律平等，拥有相等的发展机遇、同等的发展条件和平等的发展结果。各个宗教都有共同的道德追求，在教义上都有着共同点，为宗教间的对话和宗教宽容奠定了基础，促进并实现了宗教之间的和谐。在新疆，伊斯兰教是信仰人数最多的宗教，主要为维吾尔族、哈萨克族、回族等10个民族信仰。佛教中的藏传佛教主要为蒙古族信仰，汉传佛教信仰者多为汉族。基督教、天主教、道教的信仰群体也以汉族为主。东正教主要为俄罗斯族信仰。各民族交错居住，往来频繁密切。宗教之间的和谐对新疆各民族的团结有一定的促进作用，反映在个体上是各民族成员交往中尊重彼此的信仰，不因信仰不同而歧视对方，实现了民族之间的团结友爱。在调研中，通过问卷调查和走访调查，信仰伊斯兰教的民族大部分愿意同信仰其他宗教的民族来往，只有极少数人表示不会来往。而今，在构建和谐社会这面旗帜下，各大宗教携手共同为构建和谐社会积极行动、积极交流、增进了解，认识到其他宗教都是社会中平等的一员，求同存异，和而不同。这种宗教间的和谐关系能够促进各民族的共同发展与进步，更有利于巩固各民族之间平等、团结的关系。

第三，宗教与社会的和谐能够促进多民族之间平等团结关系的发展。"从文化相对论的角度看，多样性的民族宗教各有自己的特色和价值，不应有高低贵贱之分，民族在宗教信仰和文化权利上是平等的。树立文化多样性观念，学会在信仰上相互尊重，建立民族之间相互信任，这是实现民族平等的必要条件。"[1] 中国国情之一是人口众多，而且其中大多数人不信仰宗教。中国社会集中了世界上最大的不信教群体，这是非常独特的。信教群众与不信教群众之间是平等的关系，彼此尊重信仰上的选择。他们都是社会成员，在交往中以不同身份出现会形

---

[1] 牟钟鉴：《民族宗教与社会和谐》，载《中国宗教》2005年第4期，第9页。

成不同的关系。当社会成员以民族身份进行交往时,形成的是民族关系。宗教文化(本身)相互之间不能发生关系,必须通过主体(人),不同民族在社会交往中与其他民族发生关系,通过民族关系来展现宗教关系的内涵。在日常生活中,各民族更多的是以个体或家庭小团体的方式进行交往。虽然各民族信仰的宗教不同但都有共同道德:追求和平、和顺、倡导慈爱、宽容,劝人止欲息念、弃恶从善等。这些积极的伦理思想通过宗教仪式、宗教体验、宗教感情等反复强化,逐渐内化为信教群众的自我意识和自觉行动,会在民族交往中表现出对彼此信仰、习俗、文化的尊重和理解,形成良好的人际关系和良好的社会效应,促进各民族之间平等、团结关系的发展。

2. 促进各民族互助、和谐关系的发展

第一,宗教内部和谐能够促进民族互助、和谐关系的发展。一方面宗教对信徒的心理调适功能,能够消解他们遭受挫折时产生的心理压力,促进相互沟通和帮助,有利于信徒平衡心理、克服困难,形成信教群众互助和谐的关系;另一方面宗教内部各派别和睦相处,倡导宽容谅解。这两方面形成的宗教内部和谐,能够使信仰不同派别的群众化干戈为玉帛,将发展经济作为共同的目标,能够使少数民族和宗教界自觉投身到社会主义建设事业中来。我国信仰伊斯兰教的民族进入社会主义阶段后,伊斯兰教人士通过现实生活的感受,对其教义进行了重新阐释,认识到人生的幸福既靠真主的保佑,也要靠自己的辛勤劳动,转而关注于对现实生活的建造,使信教群众认识到信仰的不同,并不妨碍他们在建设社会主义现代化国家这个总目标下的政治和经济利益的一致性。我们选择霍城县人口多、民族多、教派多、颇为富裕的某镇进行调研。走访调查发现,当地回族聚居较为集中,教派也比较多,有很多民族混合寺、教派混合寺,教派关系比较和睦。以农科所清真寺为例,寺中的坊民分属各个教派,共有100多户。这也是个多民族混合寺,有回族、维吾尔族、东乡族,其中维吾尔族有10户,东乡族8户。虽然教派、民族不同,坊民之间关系却处得比较好,没有教派冲突,民族矛盾。无论是信教群众还是宗教人士对其他教派都表现得较为尊重和宽容,这就使得人们将更多注意力放在发展经济上,这位阿訇带头在当地开餐馆,在寺里给坊民讲解科学知识,坊民也多是在镇上做生意,经济上的往来也很频繁,经常性的互帮互助。坊民也积极参与清真寺组织的公益事业。这种良好的坊民关系、教派关系促进了信教群众互助关系的发展。

第二,宗教之间的和谐能够使不同信仰的民族和睦相处。在新疆,往往是一个民族集体信仰一种宗教,或是多个民族信仰同种宗教。宗教已经同这些民族的日常生活、风俗习惯紧密地联系在一起,对民族性格、民族意识和精神有极大的影响。对于少数民族而言,宗教信仰,历史上往往是以民族整体的形式出现的,一个人生下来就是某种宗教的信徒，不管成年信与不信这种宗教，都和这一宗教紧紧联在一起，少数民族的宗教具有突出的民族性。宗教之间的和谐对这些信仰宗教的民族之间的关系具有很大的影响。宗教多数主张团结、友爱、和平，如佛教的"六和敬"思想，伊斯兰教"善待邻居"的思想，天主教、基督教"爱人如己"的思想。这些思想经过宗教界人士的积极解释，已逐步成为广大信教群众的行为准则，会使信仰宗教的民族在社会交往中，正确对待其他民族的宗教信仰，进而促进整个民族关系的和谐发展。

第三，宗教与社会和谐能够促进民族互助和谐关系的发展。宗教与社会和谐有利于营造安定、祥和的社会环境，促进各民族之间在平等、互助、合作和共同进步基础上的社会主义新型民族关系的发展，真正做到"同呼吸、共命运、心连心"，实现民族关系的和谐。

宗教与社会的和谐能够使宗教团体和信教的各族群众自觉遵守国家的有关法律法规和规定，适应社会的要求。宗教与社会的和谐也能够带动一切信教群众与不信教群众共同为建设社会主义现代化国家而努力。此外宗教和谐在促进各民族平等团结关系发展的基础上，会进一步促进各民族经济上的往来和互助，形成互帮互助的关系。宗教团体也会更为积极地参与扶贫济困、捐资助学、赈灾等公益事业，为社会提供公益服务，这也是宗教团体积极参与构建和谐社会的一种方式，"如伊宁市 24 座清真寺集资为居民区修建石子路 15 150 米，柏油路 900 米，修复水泥桥 27 座。莎车县阿瓦提、库木什拉甫、吐木吾斯坦等 6 个乡的 198 名宗教教职人员曾为 412 户贫困户捐助 13 424 元、衣服 221 套、粮食 22 268 公斤。洛浦县 327 名宗教教职人员曾一次资助学校 8 800 元。"[①] 这些慈善公益事业有利于帮助社会和个人解决困难，帮助各民族恢复和发展生产，形成和睦相助、友爱向善的良好社会氛围，能够进一步促进民族关系和谐发展。

3. 加强各民族对中华民族的认同

民族认同有两个层面：第一个层面是作为中国人的中华民族认同。第二个层面是国内地方民族意义上的民族认同，也称之为族群认同。这里我们主要研究宗教和谐对民族认同的影响。中华民族认同是指中国各兄弟民族的总体认同。"这种总体的民族认同，是客观存在的民族整体利益与各民族根本利益的一致性在民族意识中的反映，不是主观上规定出来的。不管什么民族，只要是中华民族的一员，首先都承认自己是中国人，爱中国，维护中国的统一与中华民族的大团结，这就是总体上的民族认同。"[②] 这是主权和政体意义上的民族认同。

---

① 李泽、刘仲康：《正确认识和处理新形势下新疆民族宗教问题》，新疆社会科学院民族所、宗教所 2000 年印行，第 39～40 页。

② 费孝通：《中华民族的多元一体格局》，中央民族大学出版社 2003 年版，第 301 页。

第一，宗教内部和谐能够实现民族成员宗教认同的一致性，增进成员对本民族的认同。对本民族的认同有多种途径，但主要以血缘、语言、宗教、文化传统和民间习俗作为本民族认同的资源。宗教认同作为民族共同文化心理构成的主要层面，是民族认同的文化信仰基础。宗教内部派别和睦共处，淡化了分歧，更多强调整体的宗教信仰，有利于增强民族认同感。新疆信仰伊斯兰教的民族众多，他们几乎是一生下来就是伊斯兰教教徒，宗教身份和民族身份重叠在信仰伊斯兰教的各民族身上。在一些民族中，宗教的影响已渗透到人民物质生活和精神生活的各个方面，不但对群众的价值观念、道德标准、思维模式、情感方式、精神面貌，而且对群众的衣食住行、婚丧嫁娶、节日禁忌等都具有非常深刻的影响。在现实生活中，信仰伊斯兰教的各民族，他们的民族认同（本民族认同）与宗教认同是紧密联系在一起的，"某一个民族的成员之间由于共同的宗教信仰，随之产生了某种共同的宗教情感，从而增强了对同属于一个民族的认同感，对于加强该民族内部的团结和凝聚力起着重要作用"①。

第二，宗教与社会的和谐，表现为宗教在构建和谐社会上发挥积极作用，能够增进各民族对中华民族的认同。首先它能够使各民族正确认识宗教信仰与中华民族认同的关系：信仰不同，并不影响对中华民族的认同；宗教身份不是民族认同的唯一标准，是信仰伊斯兰教，还是信仰基督教、佛教，这是个人选择的自由，都是中华民族的成员。其次宗教和谐可以促进信仰宗教的民族正确认识宗教的认同和对中华民族的认同：宗教认同是指社会个体以宗教群体中的一分子来界定自己，也就是我们所说的"某教徒"。对中华民族的认同则是认为自己属于中华民族的一员。虽然新疆有多个民族信仰伊斯兰教，宗教信仰往往内化为民族情感的一部分。但这些民族拥有宗教身份的同时，也仍然保持着历史上形成的对中华民族的认同。新疆信仰伊斯兰教的各民族，他们的宗教认同和对中华民族的认同二者是和谐共处的。

第三，宗教的和谐能够促进民族文化多元发展和对中华文化的认同。中华民族文化是由多种文化融会而成，呈现出多元一体的整体状况：既有多元文化特色，又有一体文化。宗教是其不可或缺的有机组成部分，宗教文化和伦理道德对中华文明的形成，发挥了重要影响，是中华文明成果中的重要组成部分。新疆各民族在历史发展过程中，宗教信仰对其民族文化的影响是深远的。"宗教作为民族文化的重要载体，是调节民族关系的纽带。少数民族宗教作为各民族文化中负载着价值观念的部分，往往起到原创性和激励性的作用，成为民族文化发展的内

---

① 张践：《宗教在民族形成和发展过程中的重要作用》，见《宗教与民族》第一辑，宗教文化出版社2002年版，第50页。

在动力和指南。"① 宗教的和谐，能够推动各民族文化多元发展和对中华民族一体文化的认同。既促进了各民族文化的发展，保持多元，又能形成合力，对抗异质不健康文化的侵入。新中国成立 50 多年来，我国宗教界努力挖掘和发扬宗教中的积极因素，在自愿的基础上抛弃宗教文化中同社会主义社会不相适应的内容，努力促进宗教与社会的适应。宗教界应将其中精华部分挖掘整理出来，使其应有的价值得到发挥，成为和谐文化的有效成分，这样就能在更广的范围、更深层次上促进民族和谐关系的发展，更加认同"以和为贵"、"和而不同"这种具有中国传统文化特色的价值理念，凝聚民心，加强认同。

（三）和谐宗教对新疆社会安全稳定的作用

目前，民族分裂主义和非法宗教活动仍然是影响新疆社会稳定的主要危险，它们的共同特征就是利用宗教进行非法活动。因此，以整个新疆社会的安全稳定为出发点和落脚点，有必要先从宗教和谐这一方面入手，以和谐的宗教内部关系、宗教间的关系、宗教与社会的关系及宗教与政治的关系来凝聚力量，联合打击"三股势力"和非法宗教活动的渗透，使民族分裂分子无可乘之机，从而达到维护社会安全稳定的目标。

第一，理解宗教和谐对新疆社会安全的作用必须从宗教和谐的四方面内涵出发。新疆各宗教内部、宗教之间、宗教与社会、宗教与政治关系的和谐不仅涵盖了和谐宗教的全部内容，而且体现了新疆社会安全稳定目标实现的要旨：各宗教内部的和谐是指信仰同一宗教的成员能够在共同的教义教规指导下，形成共同的宗教观，使个体成员服从群体目标，避免宗教内部冲突，促进内部认同和团结，使宗教不至于成为社会发展的障碍；宗教之间的和谐是指不同宗教、同一宗教不同派别之间建立在宗教平等和互相理解基础上，和谐共处，友好往来，共同为社会主义建设做出贡献；宗教与社会的和谐是宗教与社会相适应的一种状态，"没有民族、宗教的和谐就没有社会的和谐"；② 政教关系的和谐是在党和国家充分尊重公民宗教信仰自由条件下，宗教不干涉行政、司法，达到政教关系的最佳境界"信仰上相互尊重，政治上相互合作"。只有保证上述四方面的和谐，才能得以建立真正意义上的和谐宗教关系，促使宗教这一子系统得以发挥自身正功能为社会和谐增添力量，才能确保整个社会系统功能的发挥，从而建设安全稳定的新疆。

---

① 张践：《宗教在民族形成和发展过程中的重要作用》，见《宗教与民族》（第一辑），宗教文化出版社 2002 年版，第 50 页。

② 牟钟鉴：《民族宗教与社会和谐》，载《中国宗教》2005 年第 4 期。

第二，宗教和谐能为和谐社会贡献力量，为经济健康快速发展提供良好的外部社会环境，为人与人的和谐相处奠定物质基础。稳定安全的社会环境是新疆跨越式发展和小康社会目标实现的基本前提。宗教社会功能的积极方面，如社会整合、心理慰藉、对信徒的教化及维护社会稳定等，在很大程度上能够促进社会朝着和谐的方向发展。但非法宗教活动及宗教极端主义却总是打着宗教的旗号，将人民内部的非对抗性矛盾扩大化，使其上升为敌我的对抗性矛盾。民族分裂分子还惯于利用非法宗教活动为"三股势力"培养人力、物力和财力，以实现分裂祖国的政治目的。在此，宗教充当了分裂分子分裂祖国、扰乱民心的工具，这必须引起足够的重视。这些不和谐的因素使整个新疆地区丧失了经济持续稳定发展的外部环境，直接造成东西部差距越拉越大，人民的收入水平和生活水平差距扩大化必然造成人民内心不平衡，从而滋生社会矛盾，产生许多社会问题，影响社会和谐，最终势必进入恶性循环状态：宗教被利用，民族宗教问题复杂化，众多问题交织在一起，缺乏安定有序的经济发展环境致使经济发展更加落后，造成整个社会的不和谐；社会大系统的不和谐反过来影响各个子系统的和谐，包括宗教和谐。从这个意义上讲，宗教和谐为社会安定和谐奠定了一定的基础，社会的和谐为宗教和谐提供了必要的保障。

第三，宗教的和谐关系能为社会人基本的安全感提供保证，从而维护社会安全稳定。人是具有社会属性的个体，社会的和谐离不开人与人的和谐相处。众所周知，一系列分裂活动不仅善于利用宗教大做文章，而且总是通过一系列血腥的打砸抢杀烧等暴力恐怖事件来实现其罪恶目的，其恶劣的社会后果在严重危害国家安全和人民的人身财产安全的同时，在人民心中留下了很久都难以消除的心理阴霾，人们的安全感受到一定程度的剥离，民族间的不和、疏离以及隔阂由此产生，人与人之间的仇恨与不信任代替了友好互助的关系，导致民族关系恶化，从而不利于构建和谐社会。从马斯洛的需求层次理论来说，当个体在满足其较低的需求之后，才会追求更高一级的需求，即需求由低到高的排列顺序是：生理需求、安全需求、社交需求、尊重需求和自我实现需求。可见，安全需求排在第二位，个人的安全感、归属感诉求对个体健康的发展有重要作用。在安全感得以保障的情况下，个人才有可能将生命奉献于社会，为社会发展做出自己的贡献，只有每个人都处于安全的环境中并践行社会义务时，整个社会才能健康有序地发展。从这一角度来看，宗教和谐就能为个人的安全需求提供一定的保证，它分为两方面内容：宗教内部的和谐可以为信教群众提供归属感和安全感，宗教与社会的和谐能为不信教群众提供和谐的生活环境。新疆作为一个多民族地区，自古以来就形成了多种宗教并存的格局，特殊的民族特征和宗教特点对和谐提出了具体要求，和谐新疆就是各民族各宗教和谐相处、互利共生的多元文化共融的新疆。

和谐的宗教关系对新疆的社会安定和长治久安都有着十分重要的作用。

第三节 影响新疆社会和谐发展的宗教问题

一、宗教问题的含义、类型及其特点

(一) 宗教问题的基本含义

要认识影响新疆和谐社会发展的宗教问题，就必须搞清楚什么是宗教问题，这是我们认识新疆宗教问题的前提。然而，究竟什么是宗教问题，学术界至今并没有一个统一的认识。从学术界所出版和发表的一些有关宗教问题研究的著作和论文中，对什么是宗教问题的认识，大体上可以概括为三种观点：第一种观点认为，"宗教问题一般是指宗教自身、宗教之间、宗教与民族和国家之间的矛盾。它首先是个意识形态问题。其次宗教问题也是社会文化问题，宗教与社会精神生活领域的矛盾斗争，也会形成独特的宗教问题。"[1] 第二种观点认为，"宗教问题则主要是人们的思想信仰问题，属于意识形态、上层建筑的范畴。"[2] 第三种观点将宗教问题等同于宗教矛盾，认为"宗教矛盾一方面表现为各宗教间、各宗教内部的各教派间的矛盾，另一方面表现为宗教与国家的矛盾。这两种矛盾如果处理不当，就会爆发宗教冲突，影响有关国家政治的稳定和发展"。[3]

这三种对宗教问题不同的认识，在笔者看来，都有值得商榷的地方。究其原因，第一，将宗教问题概括为"主要是人们的思想信仰问题"，这与宗教问题的实际情况不相吻合。因为现实中的宗教问题除了人们的思想信仰问题之外，还有大量的其他方面的宗教问题，即反映在宗教自身、宗教之间、宗教与社会之间的种种矛盾问题。这些宗教问题并不都一定与人们的思想信仰有关。第二，将宗教问题概括为"宗教自身、宗教之间、宗教与民族和国家之间的矛盾"，实际上仅仅是对宗教问题表现方面的一种客观描述，并没有解决宗教问题到底是什么。

---

[1] 盖世金主编：《当代中国民族宗教问题与国家军事安全》，中国社会科学出版社2007年版，第16页。

[2] 吴仕民主编：《民族问题概论》，四川人民出版社1997年版，第320页。

[3] 李景治、林甦主编：《当代世界经济与政治》，中国人民大学出版社2003年版，第156页。

按照这种给事物定义的逻辑，我们也可以套用在其他问题上，如什么是家庭问题？家庭问题是指家庭自身、家庭与家庭、家庭与国家之间的矛盾问题。什么是民族问题？民族问题是指民族自身、民族之间、民族与国家之间的矛盾问题。如此等等。然而，这样的定义又能说明什么问题？本来定义是为了揭示事物的特有属性，可是在上述各种宗教问题的定义中，我们看到的只是一种对宗教问题现象的描述，看到的只是一种同义反复，即宗教问题就是矛盾问题，而对宗教问题的特有属性并没有做出解释。因此，为了搞清楚新疆的宗教问题，有必要在上述认识的基础上，进一步探讨什么是宗教问题。

那么究竟什么是宗教问题？引发宗教问题产生主要表现为以下几个方面：一是信教者对同一宗教的教义或仪式等方面的理解不同，引发的教派之间冲突问题；二是不同信教者之间，因彼此之间信仰的宗教不同，引发的宗教之间的冲突问题；三是信教者与不信教者对宗教的理解认识不同，引发的冲突问题；四是宗教组织或宗教信徒的行为与社会秩序、社会需要和社会发展的不协调而引发的冲突问题。这些宗教问题的不同表现，说明宗教问题是一个十分复杂的问题，在这个复杂问题的背后，深藏着两个根本性的原因，即对宗教的不同认识和宗教与社会关系处理的好坏。人们对宗教的认识或利益不同，在一定程度上导致了宗教问题的产生。而宗教作为一个社会实体如果不能与社会相协调，也会导致宗教问题的产生。因此，从发生学的角度来概括宗教问题，可以认为宗教问题是指信教者之间或信教者与不信教者之间因对宗教的认识或利益不同，而出现的宗教自身、宗教之间、宗教与社会之间的各种不协调关系的总和。这种不协调的关系如果处理不好，不仅会影响宗教自身、宗教与宗教之间、宗教与社会的和谐，也会影响社会的稳定和民族的团结，甚至影响国家的安全和发展。

就新疆而言，其宗教问题实际上也表现为宗教自身、宗教与宗教之间、宗教与社会之间的各种不协调的关系或失衡的现象，这种不协调的关系或失衡的现象，归根到底是由于人们的认识不同或利益不同所造成的。

（二）宗教问题产生的基本因素和类型

在人类社会发展历史上，自从有了宗教，就不可避免地产生各种不同的宗教问题，并贯穿于宗教存在和发展的全过程，表现在宗教自身、宗教与宗教、宗教与社会等方面的摩擦和不协调。导致宗教问题产生的根源主要有四个基本因素：

一是宗教自身的因素。这是产生宗教问题的内部根源。宗教自身的因素是指宗教本身的特征带来的差别。这种特征和差别不仅表现在不同宗教有着不同信仰观念、崇拜仪式、宗教组织和宗教制度等，同时也表现在同一宗教内部的不同教派在某些方面的不同。由于宗教的实体是信教者，随着社会经济文化的发展，信教者不可避免地与其他宗教的信教者发生各种各样的交往和联系。在交往和联系的过程中，会因宗教特征的不同，在一定条件下引发宗教问题的产生。宗教自身的因素引发的宗教问题，既有同一宗教内部不同教派之间的问题，也有不同宗教之间的问题。

二是思想认识的因素。这是产生宗教问题的思想根源。思想认识的因素是指信教者和不信教者对宗教的认识不同而引发的宗教问题。信教者如果不能正确地处理好宗教信仰、宗教崇拜、宗教活动、宗教组织等方面与社会的关系，将自己的宗教信仰、宗教崇拜、宗教活动、宗教组织、宗教制度强加于不信教者或社会之上，必然引发宗教问题。同样不信教者如果将自己不信教的意愿硬性强加于信教者身上，或不顾宗教自身的规律人为地消灭宗教，伤害信教者的宗教情感，也会激发信教者的不满，导致宗教问题的产生。

三是社会的因素。这是产生宗教问题的外部根源。社会因素是指不同的社会制度下，因社会某方面的情况引发的宗教问题。在私有制的社会中，占统治地位的剥削阶级，为了自身的阶级私利，总是要剥削各民族的劳动人民，总是要实行宗教歧视的政策，利用宗教与宗教之间或同一宗教内部不同教派之间的差别，煽动宗教情绪，蓄意制造和扩大不同宗教信教者之间或信教者与不信教者之间的仇视和冲突，以此巩固自己的统治地位。因此，阶级压迫和剥削是阶级社会产生宗教问题的主要因素，是产生宗教问题的社会根源。只有推翻反动的压迫制度，消灭剥削阶级，才能消除因阶级压迫所带来的宗教问题。

在社会主义社会，剥削阶级作为一个阶级已经被消灭了，各族劳动人民成了国家的主人，无论是信教者还是不信教者都获得了平等的地位和权利。因阶级剥削所造成宗教问题的社会因素已不复存在。但是，旧社会所遗留下来的不同信教者之间的隔阂心理，同一宗教的不同教派之间的历史上的纠葛，以及信教者与不信教者之间的不信任的思想残余还起着作用，在一定条件下也会引发宗教问题的产生。社会主义国家和执政党在宗教政策的制定、实施过程中某些方面的失误，也可能引起宗教问题。

四是国外的因素。这是产生宗教问题的外部原因。国外的因素是指一些国际性的宗教组织、团体和个人出于各种目的，利用国际性的一些宗教，通过各种手段和途径，向其他国家进行传教活动的现象。由于国外的传教活动，不仅破坏了所在国原有的宗教分布格局，给其他宗教信徒、宗教组织和教派造成了巨大的压力，引发了一系列的宗教问题的产生；而且通过培植和扶持新的宗教势力，抗衡爱国宗教组织，抵制政府依法管理，对所传国家的安全和稳定造成了极大的危险，成为制造社会动乱，扰乱社会意识形态和政治制度的一个重要因素。

由于各种因素的存在，从而使宗教问题呈现出多种多样的复杂情况。这种多种多样的宗教问题，大体上可以分成以下几种类型：

按意识形态的宗教和社会实体的宗教划分，可将宗教问题分为思想认识方面的宗教问题和社会实体方面的宗教问题。

思想认识方面的宗教问题是指由于信教者或不信教者对宗教的认识不能适应社会的客观要求，背离社会发展的需要所导致的宗教问题。这种宗教问题在现实社会中表现为两个方面：一是不信教者对宗教认识的不足或失误所导致的宗教问题；二是信教者对宗教认识的偏差和误读所导致的宗教问题。

一些不信教者由于缺乏马克思主义宗教观的思想指导，面对宗教这一复杂的社会现象时，不能正确地认识宗教产生、发展和消亡的规律，不能辩证地看待宗教的功能和作用，而是简单化地对待宗教，错误地将宗教与封建迷信、宗教与落后等同起来，主张用行政的办法取缔宗教或限制宗教，人为地造成了不信教者与信教者之间的隔阂和矛盾，引发了宗教问题。

一些信教者由于不了解宗教发展、演变的历史，没有认识到宗教必须适应社会发展变化才能求得自身发展的规律，在对待宗教这一复杂的社会现象时，往往要求社会适应宗教发展，试图恢复一些早已被社会淘汰的宗教习俗、礼仪和做法，使宗教凌驾于社会之上，这不仅造成了宗教自身内部的冲突，而且也造成了宗教与社会之间的摩擦和冲突。

思想认识方面的宗教问题属于观念性的问题，这些观念性的思想认识问题，如果不能解决好，必然影响人们的行为，诱发宗教问题的产生。

社会实体方面的宗教问题是指宗教组织、团体和个人在其宗教活动的过程中，背离国家的宗教法律法规和政策的要求而产生的宗教问题。这类宗教问题主要表现在宗教自身的问题、宗教与宗教之间的问题、宗教与社会之间的问题、非法宗教活动问题和国外宗教的渗透问题等方面。

宗教自身的问题是指宗教内部成员因教派的不同、利益的追求不同、宗教上层与普通信徒的关系不同而引发的各种问题的总和。表现在实际生活当中，诸如争夺宗教场所的管理权和财产的支配权；以教派不同为名，要求分寺，修建新的清真寺；不经登记开放教堂参加宗教活动；擅自设立宗教活动场所和建立非法组织等。这类问题产生的根源"并不在于宗教信仰本身，大多数受利益驱动"。[①]有的甚至是受到国外的影响。

宗教与宗教之间的问题是指不同宗教之间的一些宗教组织、团体和个人，出于不同的目的，向其他宗教进行渗透，争夺信徒而引发的矛盾和冲突。目前主要表现为基督教、天主教等宗教组织在伊斯兰教分布的区域中，发展具有伊斯兰文

---

① 何光沪主编：《宗教与当代中国社会》，中国人民大学出版社2006年版，第461页。

化背景的成员，争夺伊斯兰教的信徒；在佛教分布的区域中，发展具有佛教文化背景的成员，争夺佛教信徒等。

宗教与社会之间的问题是指宗教在发展过程中与社会有关方面因争取权益发生的摩擦和纠葛。主要表现在落实宗教房地产政策的遗留问题；城市建设中涉及拆迁宗教房产的问题、风景名胜区宗教活动场所的权益问题、一些地方与宗教团体争利的问题。[①]

非法宗教活动问题是指一切违背国家宪法、法律、法规、政策及自治区有关法规、条例和政策的种种宗教活动。这里非法宗教活动问题涉及政治、司法、教育、婚姻等许多方面，是影响社会稳定、和谐发展的一个突出的问题。

国外宗教的渗透问题"是指境外团体组织和个人利用宗教从事各种违反我国宪法、法律和政策的活动和宣传，与我争夺信教群众，争夺思想阵地，企图西化、分化中国。利用宗教进行渗透主要有两种情况：一种是打着宗教旗号，企图颠覆我国政权和社会主义制度，破坏我国家统一，领土完整和民族团结；一种是企图控制我国的宗教团体和干涉我国宗教事务，在我国境内建立宗教组织和活动据点，发展教徒。两种情况有时也相互交叉。"[②]

总之，我国的宗教问题既有宗教自身、宗教与宗教之间、宗教与社会之间的问题，也有非法宗教问题，国外宗教渗透问题以及境内外敌对势力利用宗教的问题。这些问题大多数属于人民内部矛盾，少数属于敌我矛盾。

（三）宗教问题的基本特点

宗教问题的特点，在学术界所发表的有关宗教研究的著作和文章中，对此的表述并不清楚。如"我国少数民族的宗教信仰和宗教问题，具有群众性、民族性、国际性、长期性和复杂性"[③]。"社会主义社会宗教的社会特性就是指宗教的'五性'即群众性、民族性、长期性、国际性和复杂性。"[④]"建国初期，党和政府在认识和处理我国民族问题和宗教问题的过程中……准确地概括了我国宗教的基本特点，即宗教具有长期性、群众性、民族性、复杂性、国际性，这是认识我国宗教问题的基本出发点。"[⑤] 在这三个表述中，虽然都提到了"五性"即群众性、民族性、长期性、国际性和复杂性。但对这"五性"属于谁的特点则有不

[①] 王作安：《我国宗教状况的新变化》，载《中央社会主义学院学报》2008年第3期，第56页。
[②] 中央文献研究室中共自治区党委会主编：《新疆工作文献选编》（1949～2010年），中央文献出版社2010年版，第555页。
[③] 金炳镐：《民族理论与民族政策概论》，中央民族大学出版社2006年版，第470页。
[④] 龚学增主编：《当代中国民族宗教问题研究》，中共中央党校出版社1998年版，第236页。
[⑤] 吴仕民主编：《民族问题概论》，四川人民出版社1997年版，第329页。

同的提法，如"五性"是"宗教的基本特点"、"五性"是"宗教的社会特性"、"五性"是"少数民族的宗教信仰"的特点、"五性"是"宗教问题"的特点。这就叫人很难理解了，"五性"究竟是宗教的特点，还是宗教问题的特点，究竟是宗教信仰的特点还是宗教的社会特点。

因此，要搞清楚宗教问题的特点，首先要区分"宗教的特点"、"宗教的社会特点"、"宗教信仰的特点"、"宗教问题的特点"四个概念的含义。

宗教特点是指宗教这一社会意识形态与其他社会意识形态相比，所表现出来的不同之处。这种社会意识最基本的特点是它既是一种对超人间、超自然力量的崇拜，又是一种社会实体，会对社会产生深刻的影响。

"宗教的社会特点"是指宗教在一定的社会时期表现出来的社会属性。这种社会属性主要体现在宗教信徒在社会中的身份、数量、信仰对象等方面，即人们所说的宗教的具有群众性、民族性、国际性、长期性和复杂性的特点。

"宗教信仰的特点"是指与其他类型的信仰相比所表现出来的不同之处。这种不同之处具体表现在信仰主体、信仰内容、信仰目的、信仰方式等方面的差别与不同。如共产主义信仰与宗教信仰在有着本质的差别。

"宗教问题的特点"是指宗教与其他社会问题相比所表现出来的不同之处。这四个概念有着各自的含义，不能混淆。如果混淆或等同，就会妨碍我们对宗教问题的进一步认识，也会妨碍我们对宗教问题特点的认识。

在上述四个概念中，宗教的社会特点与宗教问题的特点联系最为紧密。因为宗教的社会特点是形成宗教问题特点的前提条件，是认识宗教问题的基本出发点。但这绝不等于就是宗教问题的特点。

就我国现阶段宗教问题的特点而言，主要有以下几个特点：

从宗教问题的表现方式上看，既有反映在思想认识方面的宗教问题，又有反映在社会实体方面的宗教问题，有时二者紧密结合在一起，有时则以某一方面表现出来。

从宗教问题表现的性质看，社会主义时期我国宗教问题的性质主要表现为人民内部矛盾，即非对抗性的矛盾问题，但由于受到各种复杂的因素的影响，在特定的时间、特定的场所和局部的范围中往往又会出现对抗性的矛盾。

从宗教问题的复杂性来看，我国的宗教问题往往与社会政治、经济、文化、民族等问题交织在一起，有时甚至受到国外宗教问题的影响，呈现出错综复杂的局面。

新疆宗教问题的特点主要表现在：

长期性。宗教作为一种历史文化现象，有其自身产生、发展和消亡的规律。在社会主义社会，剥削阶级作为阶级已经消灭，宗教存在的阶级根源基本消灭了，宗教发展的总的历史趋势是逐步削弱的。但是，在社会主义制度下，还不具备宗教消亡的条件，这是因为人们思想"意识的发展总是落后于社会存在，旧社会遗留下来的旧思想、旧习惯不可能在短期内彻底消除；由于社会生产力的极大提高，物质财富的极大丰富，高度的社会主义民主的建立以及教育、文化、科学、技术的高度发达，还需要长久的奋斗过程；由于某些严重的天灾人祸带来的种种困苦，还不可能在短期内彻底摆脱；由于还存在着一定范围的阶级斗争和复杂的国际环境，因而宗教在社会主义社会一部分人中的影响，也就不可避免地还会长期存在。"① 宗教的这种特点，必然要表现在宗教问题上。新疆原本就是一个多种宗教长期并存的地区，各宗教内部、各宗教之间以及宗教与社会之间无论在历史上还是在今天都始终存在着这样或那样的问题，只要宗教不消亡，新疆的宗教问题就会长期存在。

群众性。在新疆宗教具有很强的群众性。一定意义上说，宗教问题是一个具有广泛群众性的问题，这是因为新疆的少数民族大部分信仰宗教，信教群众基数很大。其中信仰伊斯兰教的群众广布全疆各地并且高度集中，占全疆总人口的一半以上。宗教问题牵动着百万人民群众，能否处理得好对于新疆社会稳定与发展具有极其重要意义。

复杂性。新疆宗教问题的复杂性主要表现在：第一，宗教问题与民族问题交织。新疆的少数民族普遍信仰伊斯兰教，伊斯兰教与这些民族的风俗习惯、文化艺术、道德规范相融为一体，已经成为这些民族共同心理素质的组成部分。宗教信仰在他们的精神生活中占有重要地位。宗教问题处理得好坏，往往会影响到民族关系。正如周恩来于1950年所指出的："在我国，宗教有两类，一类是民族宗教，如回教、喇嘛教，它们与民族问题连在一起，尊重宗教也就是尊重其民族，任何不尊重都会引起误会。"② 由于新疆宗教与民族间的密切联系以及宗教信仰的普遍性等特殊历史成因，民族与宗教、群众与信教徒往往合而为一地体现出来，因此，宗教问题在一定意义上已经变成了民族问题和群众问题。第二，区内宗教问题与区外宗教问题的相互影响。新疆本地的诸如佛教、伊斯兰教、基督教、天主教、东正教等宗教都是由国外传入新疆的。这些宗教在历史上就对新疆产生了很大的影响。改革开放以后，国际上的各种宗教对新疆的影响进一步加大，引发了一系列新疆宗教问题的产生和蔓延。与此同时新疆宗教问题的发生变化，也成为国际上各种势力关注的焦点，各国不时借宗教问题干涉中国的内政。第三，两类性质的宗教问题相互交织。改革开放以来新疆发生的各种宗教问题，

---

① 中共中央19号文件，1982年。
② 《周恩来年谱》(1919~1976)，中央文献出版社1997年版，第49页。

既有属于人民内部的矛盾问题，也有属于敌我性质的矛盾问题。有的宗教问题起初是属于人民内部矛盾问题，但随着事态的扩大，少数别有用心的人混入其中，以维护宗教神圣为借口，鼓吹宗教狂热，制造民族对立，煽动不明真相的信徒从事打砸抢活动，企图达到分裂国家的目的，致使原本属于人民内部矛盾的宗教问题又出现了敌我矛盾的宗教问题的特点。两类性质的宗教问题常常交织在一起，呈现出复杂化的状态。第四，宗教问题与政治问题交织。宗教既是一种个人信仰，又是一种组织形式，它是以大量群众信奉它为前提而存在的。由于宗教的群众性，它往往形成一种非常强大的社会力量，既可以通过教义从思想上影响和引导群众，又可以通过某些组织制度和手段去控制群众，形成一种社会力量。正是由于宗教是一种社会力量，往往成为宗教极端势力和民族分裂势力利用的对象。国内外宗教极端势力和新疆内部的少数民族分裂主义分子利用宗教进行分裂和破坏活动，宣扬"宗教至上论"，主张"政教合一"，鼓吹"圣战"，企图达到分裂祖国，建立政教合一的神权国家。这显然已完全不是宗教问题了，而是利用宗教进行破坏活动的政治问题。从而使新疆的一些宗教问题往往带有明显的政治色彩。

二、新疆宗教问题的主要表现

新疆的宗教问题主要表现在非法宗教活动问题，境外宗教势力渗透问题、敌对势力利用宗教进行犯罪活动问题等方面。

（一）非法宗教活动主要表现

1. 未经批准擅自修建、扩建宗教活动场所

《新疆维吾尔自治区宗教事务管理条例》第十三条指出："一切宗教活动场所，都应当向县级以上人民政府宗教事务部门申请登记。新建、改扩建宗教活动场所，须经县级以上人民政府批准。"然而，自20世纪80年代以来，新疆南部地区掀起了大规模修建清真寺的热潮，并迅速蔓延到全疆各地。目前，新疆清真寺的数量已达24 300座，其中90%属维吾尔族穆斯林所有。这些清真寺80%是20世纪八九十年代修建的，其中有相当一部分未经有关部门的批准，属于非法修建物。近年来，新疆的一些地方还以改建、翻修清真寺为名，未经有关部门的批准擅自扩大清真寺的面积，进行豪华的装修。

2. 私办经文班（点）、私带塔里甫①的现象屡禁不止

早在1978年，中央就做出了关于不得对未满18岁的青少年灌输宗教思想，不得私办经文学校，不准带领少年儿童参加宗教活动的规定。然而，自20世纪80年代以来，新疆各地私办经文学校不仅屡禁不止，而且越办越多。据不完全统计，2001~2010年在全疆多处地区共查处地下经文点达上千处，平均每年查处100处左右，解救学经人员数千人。学经人员中有相当一部分是在校的青少年学生。目前，地下经文班（点）不仅屡禁不绝，而且不断变换手法，呈现出由公开转向隐蔽、集中转向分散、固定转向流动、本地转向异地的特点，同时，学经人员低龄化、女性化的趋势较为突出。吐鲁番地区在2006年暑期查处了24起地下教经活动，在137名非法学经人员中，未成年人有98人，其中7岁以下的儿童38人，8~17岁的青少年60人。克孜勒苏柯尔克孜自治州2006年查获了33起地下教经点，在137人学经人员中，女性人员就有104人，年龄最小的只有10岁。另外在教经人员中，女性所占的比例也在逐渐增多。

3. 强迫他人信教的情况严重。

我国的法律规定，公民有宗教信仰自由。任何机关、团体和个人不得强制公民信仰宗教或不信仰宗教，不得歧视信仰宗教的公民和不信仰宗教的公民。然而在新疆，一些地方的宗教势力千方百计地向人们灌输宗教思想，以各种手段施加压力，强迫公民信教。他们在群众中四处散布威胁的言论，"信教的是朋友，不信教的是异教徒；胡大的朋友就是我们的朋友，胡大的敌人就是我们的敌人。""不做乃玛孜的人，不能到他家做客，不能与他握手，不能与他一块走路，不能和他讲话，不能参加他的婚礼，不能参加他的葬礼，让他孤独地生存，自己去向安拉请罪。"②

4. 宗教干预行政、司法、教育、婚姻、计划生育等社会公共事务

我国法律规定，宗教不得干预国家的行政、司法、学校教育和社会公共教育，不得干预婚姻和计划生育政策。可是在新疆，宗教干预行政、司法、教育、婚姻、计划生育等非法活动时有发生，主要表现在：第一，一些宗教人士对党的干部进行造谣中伤，在选举农村基层干部时，唆使群众选举受他们支配的干部，对不信教的干部党员则不予投票。第二，某些宗教人士对司法工作横加干涉，私自受理信教群众的财产纠纷案。第三，在教育方面，宗教对教育领域的渗透不断加强，妄图扭转我们的办学性质，破坏我们办学的大方向。致使学生参加宗教活动的现象由隐蔽转入半公开，信教人数不断增多。受其影响教师甚至在课堂上传

---

① 阿拉伯语音译，意即"经文学校的学生"。
② 刘仲康：《近年来南疆宗教狂热的种种表现》，载《新疆社会科学研究》1991年第2期。

授宗教知识，带领学生到清真寺做礼拜。第四，在婚姻方面，某些宗教人士鼓吹穆斯林结婚必须要由他们念"尼卡"，否则即使领了结婚证也不予承认。据调查，在新疆某县由宗教人士念"尼卡"构成非法婚姻案32起，其中有26起为一夫多妻。第五，一些宗教人士诋毁党的计划生育政策，造谣"计划生育不符合少数民族利益，这不是我们的事，是异教徒的事，让出卖灵魂的人去做吧"。①

5. 已被废除的宗教封建特权和剥削在部分地方得到恢复

我国在20世纪50年代时对伊斯兰教宗教封建制度逐步进行了改革，废除了宗教封建特权和封建剥削制度。然而，自20世纪80年代以来，在新疆一些地区的某些清真寺，被废除的宗教封建特权和封建剥削制度又有所恢复。主要表现在：第一，一些宗教人士被免除义务工作，可以不修水渠、不参加防洪、不参加村里统一组织的任何劳动。第二，一部分清真寺的土地让农民耕种，但收入归阿訇所有，实际上是恢复了瓦合甫地。第三，一些地方的清真寺以各种变相手段对农民和个体商贩强收宗教课税，个别宗教人士甚至公开要求恢复宗教课税。第四，修建清真寺时向农民摊派集资，阿訇不仅不用摊派，而且还将部分集资款据为己有。第五，给结婚、起名、送葬者念经高价收取劳务费。第六，强迫妇女做礼拜和戴面纱，其蒙面方式也与传统方式不同，而是像阿拉伯国家的妇女一样把全身都蒙起来。第七，一些门宦组织为了自身利益，强化内部制度，恢复"放口唤"、"派阿訇"的制度，插手清真寺的教务管理，引发各种纠纷。

6. 未经批准以探亲、旅游、经商等名义私自朝觐问题较为突出

有组织、有计划的朝觐，是党和国家的一项基本政策，也是国家《宗教事务条例》等法律法规明确规定的。近些年来未经批准以探亲、旅游、经商等名义私自朝觐的人数日趋增多。这些未经批准的零散朝觐活动违背了党和国家的政策，违反了国家的法律法规，主要表现在：一是通过伪造境外亲属关系、伪造户籍资料跨省异地骗取护照、伪造职业和身份关系和以合法形式掩盖非法目的等形式，骗取护照后参加零散朝觐。二是一些零散朝觐人员在组织者的教唆和介绍下，从他人手中购买护照后冒用他人的护照非法出境，或购买伪造、变造的护照后非法出境。这既违背了《中华人民共和国护照法》，又给正常的出入境秩序带来的一系列麻烦。三是违反了《宗教事务条例》有关规定，干扰了有组织、有计划的朝觐活动。零散朝觐组织者曾扬言，"就是要把共产党政府组织的朝觐团挤垮"。四是零散朝觐聚集第三国或滞留沙特，在一定程度上对当地正常

---

① 刘仲康：《近年来南疆宗教狂热的种种表现》，载《新疆社会科学研究》1991年第2期。

的社会秩序和社会治安带来负面的影响。五是部分县市信教群众对朝觐人员组织大规模的迎送活动，在一定程度上造成了宗教狂热的氛围，产生了不良的社会影响。

7. 新兴教派不断产生，由此引发争夺信徒和教权等方面的纠纷不断。

近些年来，一些新兴教派在新疆不断出现，如伊斯兰教的瓦哈比、撒拉教、潮流派、铁棍教、赛莱菲耶（三台教）等。这些教派打着改革的旗号，提出了一系列不符合社会发展和影响各个教派信徒团结的错误观点，贬低原有的教派，诬蔑其他教派的宗教人士。为了争夺信徒，争夺教权和宗教活动场所控制权，煽动不明真相的信徒驱赶原有清真寺的阿訇，提出分寺，建立"本派"的清真寺等。

8. 基督教、天主教中存在的非法宗教活动日益增多

主要表现在：第一，自封"传道人"活动日盛。从内地来的一些基督教徒或"传道人"以经商、务农、务工为名，进疆后或自发或参加别人组织的聚会活动，秘密从事传教活动。第二，一些基督教堂（点）内部出现争夺主持权、争夺信徒的现象。第三，私设家庭聚会点成为跨地区传教活动的"集散地"。第四，非神职人员随意给他人施洗问题突出。第五，跨地区传教活动频繁。一些天主教的信徒，不服从政府有关部门的管理，与罗马教廷及境外宗教组织联系紧密，抵制独立自办方针，反对"三自"原则，攻击党和自治区的宗教政策。个别神职人员擅自"祝圣"神甫，办修道班，私带修女、修士，输送教徒到国外宗教院校学习。

（二）境外宗教势力渗透的主要表现

1. 境外宗教极端组织"伊扎布特"（伊斯兰解放党）加紧对新疆进行渗透

"伊扎布特"系阿拉伯语，意为"伊斯兰解放党"或"伊斯兰拯救党"，是一个国际性的宗教极端组织。该组织宣称的所谓"解放"，是指把穆斯林从世俗主义的、"无神论的"、非伊斯兰国家政权的统治下解放出来，在世界上建立一个泛伊斯兰政教合一的国家。

从1998年开始，"伊扎布特"组织陆续在新疆建立地下组织，秘密发展成员，从事各种渗透和破坏活动。1998～1999年，"伊扎布特"在新疆建立了以阿布都拉·艾则孜为总头目的5人新疆"伊扎布特"总部。后来又相继成立了乌鲁木齐市分部、伊犁分部以及和田、喀什、阿克苏、巴州、吐鲁番、克拉玛依和准东油田等地的分支机构，并确立了负责人，初步形成了统一领导、统一组织、统一指挥的组织体系。"伊扎布特"组织在新疆活动的目的就是要通过建立组织，发展成员，鼓吹宗教极端思想，煽动宗教狂热，最终实现其建立政教合一的伊斯兰国家。目前,"伊扎布特"已成为境外伊斯兰极端势力借以在新疆境内建立统一组织的载体。"伊扎布特"组织在新疆建立大本营后,逐渐向内地延伸,在甘肃、陕西、宁夏、山东、内蒙古、浙江、江苏、上海、广东、南京、云南等省市均有其活动的线索,并以学生和教师为主要渗透对象。

2. 境外及香港、台湾地区的宗教组织对新疆渗透活动

近年来,有十几个国家和地区的宗教组织和机构通过各种途径对新疆进行渗透,其中影响较大的有美国基督教南方浸信会教堂培植运动"维吾尔战略小组"、美国基督复临安息日会、美国基督教组织"航海者"、"全球基督教复临安息日总会"、"美国基督教青年传教团"、韩国的"大韩耶稣教长老会世界宣教总会"、"世界基督教统一圣灵会"以及台湾地区的基督教组织、香港地区的基督教"宣教会"、港九培灵研经大会等。他们在新疆秘密开办培训班、义工班,建立地下教会,发展地下势力,准备"联合各地"成立地下基督教"联合体",企图与爱国宗教组织抗衡,完成基督教组织在新疆的整个过渡工作,从而推动基督教传教工作的国际化进程。近年来,这种渗透力度进一步加大。据有关部门反映,2000年春节期间,美国芝加哥神学院一传教士在巴州举办了一期讲道班。2003年3~10月,在韩国、香港地区传教人员的指使下,外籍传教者在乌鲁木齐市九家湾、油运司等地举办4期基督教骨干培训班。吐鲁番市、托克逊县发现有韩国基督教宣传品和英文、维文的基督教宣传品。近几年,向维吾尔族、哈萨克族等少数民族散发基督教宣传品的现象日益增多。他们编辑出版大量经文书刊,利用各种渠道向新疆散发,还以提供学习经费为诱饵,鼓动青年和知识分子到国外学习经文。

当前,境外宗教势力对新疆的渗透活动具有很强的隐秘性和欺骗性,渗透的形式多种多样。一是以学习、交流、旅游、派外教、经商、定居等名义,利用其住所、经商点、教学点等作为阵地,进行传教活动;二是以教友、探亲为名到教会的传教点和家庭聚会点指导、授课,参加地下活动,调查、搜集我有关宗教政策和少数民族居住环境、生活条件等方面的情况;三是以帮困助残、慈善投资为名,利用有教会背景的非政府组织对我进行宗教渗透。四是以经济资助为名进行传教。境外宗教组织以"扶贫"为幌子,向新疆地下教会人员提供资金支持。"美国青年传教团"骨干成员计划为发展的塔吉克族教徒人均每年提供600~800元最低生活费;"香港建华基金会"准备在喀什、阿勒泰投资筹办"家庭爱心幼儿园",为新疆慈善总会捐资130万元,其目的是为今后在新疆合法化发展奠定基础。五是以创办空壳公司为掩护非法传教。韩国"大韩耶稣教长老会世界宣教总会"在新疆开办加工厂,以此为掩护建立了4个传教点,每年派传教士进行传教活动;美国"全球基督教复临安息日总会"骨干成员在喀什、和田、阿勒泰等地开办空壳公司和饭店、咖啡屋,"美国基督教青年传教团"也准备在乌鲁木齐、喀什等地开办类似公司为立足点,进行宗教渗透活动。六是利用网络、邮路和电台对我进行宗教宣传渗透。境外宗教势力重视以互联网为载体进行宣传,开设"中国栏",组织"对今日中国教会的看法"等活动,攻击我宗教政策。美国"圣经广播站"、加拿大"维真网站"和台湾地区"建立信望爱的福传家庭"等网站专门对我开展宗教宣传。在新疆的境外传教人员,向新疆信徒传授登录境外网站、下载资料、申请电子信箱、收发电子邮件等网络技术,让信徒从网上接受"灵粮"。美国、法国、韩国、日本、马来西亚、新加坡以及我国港澳台等宗教机构从邮路对新疆进行宗教渗透。仅2003年1~10月就向新疆宗教组织和个人邮寄光盘等宗教宣传品176件。投寄的重点是学校、机关、厂矿、企业、农牧区等。同时,不断向新疆群众写信,鼓励信教,并以邮寄活动经费为诱饵,设法了解信教人员的活动情况。当前,新疆有相当数量的教徒收听"美国之音"和港台地区电台基督教讲座,致使一些教徒一味地追求"宗教自由",产生抵制政府依法管理的思想。

3. 境内外敌对势力利用宗教的问题

境内外敌对势力利用宗教从事分裂国家、破坏社会稳定和民族团结的活动主要表现在:

一是境内外宗教极端势力加紧串联和勾结,利用地下教经活动向青少年灌输民族分裂和宗教极端思想,以此培养他们的接班人。新疆私办地下教经点的头目和骨干大多都由巴基斯坦的"伊斯兰促进会"、"圣训之友长老会"、"宣教指导中心"等组织专门培训的成员。他们在巴基斯坦经学院或教经点培训,除进行宗教课程教育外,主要是对来自新疆的"学员"进行伊斯兰极端思想的灌输和军事训练。这些成员回来之后,也是通过地下教经活动向当地青少年灌输民族分裂思想和宗教极端思想,以此培养他们的接班人。从这些地下经文班(点)出来的塔里甫,有不少成为分裂组织、宗教极端组织和恐怖组织的成员或骨干分子。目前,"三股势力"地下教经活动的特点是由南向北转移(从南疆转移到北疆),由西向东转移(从新疆向内地转移)。

二是利用"台比力克"宣教活动,作为鼓吹民族分裂和宗教极端思想的平台。"台比力克"原本是伊斯兰教的一种宣传方式,近年来逐渐被境内外敌对势力所利用,成为宣传民族分裂和宗教极端思想的平台。其宣传的内容主要包括:实现伊斯兰世界大同和圣战;不信仰伊斯兰教的人是异教徒,要消灭异教徒;穆斯林每天必须做五次乃玛孜,按时封斋、朝觐;以生活中的"阿热木(不洁的)"、"阿拉力(圣洁的)"为借口,散布传播不能买电视看电视,电视宣传的内容与伊斯兰教教规相悖等。在此影响下,许多群众将中央和自治区有关单位捐赠的电视机贱卖,如墨玉县就有 276 户居民将扶贫电视卖掉。① 不仅如此,"台比力克"已成为民族分裂分子和暴力恐怖分子聚集力量的一种主要方式。

三是利用朝觐这一宗教活动形式加大对新疆前往沙特朝觐人员的渗透的力度。近年朝觐期间,一些境外民族分裂和极端宗教组织采取各种方式,对我朝觐人员,特别是零散朝觐人员加大渗透力度,积极在我朝觐人员中招募、发展组织成员。肆意攻击我民族宗教政策,以赠送宗教书籍、讲经等方式对我朝觐人员中进行民族分裂主义、宗教极端思想宣传。

四是向新疆偷运散发各种鼓吹极端宗教和民族分裂思想的宣传品。境内外敌对势力利用各种渠道向新疆偷运散发各种鼓吹极端宗教和民族分裂的宣传品。从有关部门查缴的宗教类非法出版物和光碟、录音带的情况来看,主要分为以下几种类型:一是借讲解伊斯兰教法煽动宗教狂热,如《穆斯林之路》、《你是谁》、《异教徒何时毁灭》、《伊斯兰意识》、《伊斯兰为什么》等;二是宣扬暴力恐怖、鼓吹"圣战",如《本·拉登》、《车臣战争》、《阿富汗战争》、《伊扎布特》等;三是挑拨民族关系、煽动反汉排汉情绪,如《我们周围的有害之物》、《清真与不清真》等;四是强化伊斯兰教意识向社会生活渗透,如《穆斯林妇女在丈夫面前的义务》、《沙特阿拉伯的来信》、《这是真理》、《这是信仰》、《要转变自己》、《塔塔维精粹录》、《信仰与生命》等;五是非法盗版或未经审查批准印刷的宗教类宣传品及内部资料,如《哈内菲亚教法问答》、《祷告词玉赞主词》,以及各种版本的盗版或"三无"《古兰经》、《圣训》等。

五是通过广播和互联网等新兴通信方式进行渗透。境内外敌对势力针对新疆加强了"空中广播"和网络传教。目前,境内外敌对势力针对新疆进行宣传渗透的电台频率有数十个。这些广播电台的宣传内容主要是鼓吹民族分裂、煽动民族仇视,利用宗教宣传"圣战",煽动宗教狂热,欺骗、蛊惑一些信教其中搞非法宗教活动。另外,通过网络进行传教活动和培训人员,并在网上传播"圣战"等极端宗教思想和民族分裂思想。

总之,境内外势力利用宗教活动的基本特点是:利用新疆扩大对外开放之机,通过邮寄夹带等方式,将大量宣传"圣战"内容的反动宗教书刊和音像制品输入区内,进行文化渗透和蛊惑性宣传;引诱收买青少年,以招收留学生出国学经为名,培养具有分裂思想和极端思想的接班人;拉拢、威胁我出国探亲、朝觐和经商人员,在我出国人员中培植民族分裂主义骨干;以捐资、助学、提供各种帮助为名,收买人心,扩大影响;通过捐款,大肆鼓动修建、扩建礼拜寺,制

---

① 墨玉县意识形态领域反分裂斗争工作情况汇报,2007 年 1 月。

造宗教氛围；以经商、探亲、旅游、讲学和从事文化交流为名亲临新疆，物色其代理人，挑动宗教不满情绪。

三、新疆宗教问题产生的原因及其危害性

（一）新疆宗教问题产生的主要原因

1. 国外因素的影响

随着对外开放的深入，中国与国际社会的联系日益紧密，国际上所发生的政治事件和宗教问题不可避免地对中国产生或大或小的影响。这种影响对一个与八个国家接壤，又是一个多民族、多宗教信仰的新疆来说，就更为明显。这种影响主要表现在三个方面：

第一，国际复兴伊斯兰运动的影响。20 世纪 80 年代出现在中东地区的伊斯兰复兴运动，引发了世界范围的伊斯兰复兴浪潮，因地缘关系，新疆首当其冲受到影响。在中西亚和新疆之间双向流动的人员，每年以朝觐、探亲、经商、学经、学术文化交流等方式，把国际伊斯兰复兴思潮的信息不断传递到新疆。在各种伊斯兰复兴思潮的影响下，一些国际性伊斯兰的政治组织、宗教组织或势力，纷纷派人进入或潜入新疆，通过其合法或非法的身份，利用共同的宗教信仰，进行各种违反我国宗教法律法规的活动。如在信仰伊斯兰教的民族中间，大肆鼓动修建清真寺，谣言"修建一个清真寺，就像修建了一座灯塔，点亮被共产党蒙蔽的穆斯林的心里，争取一大批信众追随伊斯兰世界"。他们每年还向新疆投递各种鼓吹"独立"、"解放"、"圣战"和伊斯兰极端主义的反动书刊和音像制品，数量达千份以上。不仅如此，境外分裂主义组织还直接为新疆训练恐怖分子。

一是阿富汗战争期间，巴基斯坦的"伊斯兰促进会"和阿富汗"圣战者组织"从新疆招募了少数穆斯林参加抵抗苏军的战争。战争结束后，这些穆斯林回到新疆，并参加了反对中国政府和在新疆的汉族居民的民族分裂主义活动。二是设在荷兰海牙的非政府组织"无代表的国家和民族组织"，是一个专为争取爱沙尼亚、拉脱维亚、立陶宛及我国西藏、新疆独立的组织，在波罗的海三国于 1991 年获得独立后，它就专注于西藏、新疆和印度的东北部。三是 1998 年年底，来自流亡 18 个国家和地区的各分裂组织的 40 多名领导人集合在土耳其的安卡拉开会，成立了"东突厥斯坦民族中心"。四是设在华盛顿的由安瓦尔·尤素福领导的"东突厥斯坦民族解放阵线"组织和其他 27 个激进组织一起成立了"祖国星火"总部来领导新疆的地下分裂活动。还有一个"［东突厥斯坦］青年

家园"被称为"新疆的哈马斯",准备像巴勒斯坦的伊斯兰极端主义者那样进行自杀性爆炸的恐怖活动。该组织有 2 000 多名成员,绝大多数是青年人,许多人在土耳其受过军事训练,并有实战经验。五是巴基斯坦的一些伊斯兰极端主义组织也参与支持新疆分裂主义分子的活动。1990 年 4 月 5 日的阿克陶县巴仁乡暴乱,是由伊斯兰极端主义者、解放东突厥斯坦运动领导人阿布杜尔·卡西姆组织的,并从阿富汗圣战者组织获得武器和接受训练。六是逃往巴基斯坦的维吾尔流亡分子阿布杜拉·拉苏勒于 1998 年在巴基斯坦组建了一个叫"亚洲穆斯林人权局"组织,支持新疆民族分裂分子的"解放事业"。在坎大哈的国际恐怖主义组织还训练境外的新疆分裂分子,这些人想把费尔干纳盆地变为支持新疆分裂分子的基地。近年来,新疆边境口岸不时拦截到了境外分裂主义组织的武器走私。连接中国和巴基斯坦的喀喇昆仑公路在某种程度上被境外分裂组织用作向境内渗透的通道。①

第二,西方敌对势力的影响。为了遏制中国的崛起,以美国为首的西方发达国家凭借其经济科技优势加紧对我国实施西化、分化战略。在军事、经济手段有限的情况下,加紧利用宗教进行意识形态的渗透。而新疆则是它们实施战略的重点地区。一方面它们造谣污蔑,无端指责中国的宗教政策,认为"在新疆限制和压制少数民族的信教自由,迫害少数民族宗教人士",在国际社会中毁损我国的国际形象,挑拨国际伊斯兰世界与我国的对立。另一方面则派人进入新疆地区,传播宗教教义,在各民族中秘密发展基督教成员,扬言要用基督教改变少数民族伊斯兰信仰。资助和培植地下宗教势力,鼓吹抵制政府依法对宗教事务的管理,挑动不同宗教和同一宗教内部不同教派之间的对立,消解我国教会坚持的独立自主自办教会原则。并大力支持境内外"三股势力"分裂中国的活动。还以免费提供学习、出国深造为诱饵,引诱国内青少年出国,培养其接班人。以"美国之音"和"自由亚洲电台"为代表的 7 家外台,每天 24 小时用维、哈、柯等多种语言轮番播出,对新疆的现行政策进行大肆攻击,煽动宗教狂热和人们的"独立"意识,影响很大。据公安、安全部门介绍,阿克苏地区在 1990～2000 年 10 年间,共收缴反动书刊 10 万余册,反动音像制品 5 万余盘,其中绝大多数是根据境外流入的书刊翻印和复制的。喀什地区仅 1996～1998 年 3 年间,就有 100 多名青年滞留国外学经。②

第三,世界宗教的影响。新疆自古以来就是一个多种宗教并存传播的地区,如今在新疆有伊斯兰教、佛教(喇嘛教)、基督教、天主教、东正教和道教。除

---

① 王建平等:《中亚伊斯兰教及其与外界的联系》,内部报告,第 156～162 页。
② 喀什地区集中整治工作:《调研文选》,1998 年卷,第 62 页。

了道教是中国本土的宗教之外，其他宗教都是世界性的宗教。这些世界性的宗教都有自己的国际组织，与境外存在着广泛而长久的联系。这些年来，伴随着我国的改革开放，世界各民族成员之间的国际交往日益增多，宗教方面的内外联系也随之频繁。这给一些国际宗教势力对新疆伊斯兰教进行渗透以可乘之机。如总部设在沙特的泛伊斯兰教国际组织"伊斯兰教国际联盟"，及其成员利用与我交往之机，针对新疆开展了大量的渗透活动。具体做法：一是征召新疆青年去国外宗教学校学习，目标是把新疆留学生作为培养其民族分裂的骨干力量。"伊盟"通过在我出国朝觐和探亲人员中物色、派人来新疆、委托国内关系选择、从第三国迂回征召等各种渠道，不断地征召新疆青年学生，为分裂势力培养接班人。二是策动新疆少数民族知识分子，向文化界施加影响。它们资助新疆各类学校，在提供资金的同时，以它们派教师、提供教材等为附加条件，企图利用国内场所，就地为其培养民族分裂分子。与此同时，"伊盟"还积极在新疆少数民族知识分子中活动。它们策动那些意志薄弱的和具有民族主义情绪的知识分子，一方面让他们出国"留学"或"进修"，"为民族解放运动服务"，另一方面培养他们作为其代理人安插在新疆。[①] 这些成为影响新疆宗教和谐、社会稳定的一个因素。

总之，世界范围内伊斯兰复兴运动是导致新疆宗教问题产生和发展的外部原因。

2. 国内因素的影响

第一，宗教人士法制观念淡薄是造成新疆宗教问题产生的一个重要原因。一方面，一些宗教人士认为他们负有向信教群众传播教义，传授经文知识的义务，通过传授经文知识，还能提高自己在信教群众中的威信，因而私自组织地下教经活动，致使地下经文点在新疆屡禁不止。另一方面，少数宗教人士受利益影响，为争夺信徒而发生冲突。

第二，少数基层干部素质不高，对马克思主义宗教理论、党的宗教政策和国家有关法律、新疆历史、新疆民族史、新疆宗教史和一些宗教基本知识缺乏必要的学习和了解。在对待新疆宗教时，不是"左"就是右，一讲贯彻落实宗教政策，就理解为放任不管，致使强迫他人信教、擅自修建、扩建礼拜寺、私带塔里甫，强制收取宗教课税，宗教干预行政、教育、婚姻和计划生育等宗教问题层出不穷；一讲依法管理宗教事务，就理解为压制、取缔和消灭宗教，把信教群众和宗教人士当做异己分子对待，动不动就把宗教人士找来训话，从而在信教群众中造成了极坏的负面影响，也诱发了宗教问题的产生。

第三，缺乏制止、打击非法宗教活动的法律细则和可操作性措施。目前全国

---

① 自治区民宗委：《境外宗教极端势力对我区渗透的新动向及对策建议》。

及新疆虽然出台了《新疆维吾尔自治区宗教活动场所管理暂行规定》、《新疆维吾尔自治区宗教活动管理暂行规定》、《新疆维吾尔自治区宗教职业人员管理暂行规定》、《新疆维吾尔自治区宗教事务管理条例》、《非法宗教活动23条界定》。国务院也颁布了《宗教事务条例》等宗教法律法规。但应当指出的是，这些法规和条例还存在一定的漏洞。如规定中大量使用了"禁止"、"不得"等措词，却未能就违规行为制定具体惩治措施，例如在《新疆维吾尔自治区宗教活动管理暂行规定》中明确规定"不准许私办经文班、私带塔里甫"，但对违背这一规定者，到底予以何种处分或处分到何种程度，却无明文规定，因此在执行过程中存在很大的随意性。政法部门也因无确切法律依据不能实施拘捕，更谈不上起诉和判刑，而教育和处分对于身无一职半官，不领国家薪俸的农民来说收效不大。对敌对分子利用宗教进行的种种活动也难以坚决打击，这在某种程度上导致了新疆宗教问题的不断产生和蔓延。

第四，思想政治工作薄弱是导致新疆宗教问题产生的一个主要原因。思想政治教育薄弱，主要表现在三个方面。一是对党的宗教信仰自由政策宣传教育不够，至今不少人只知道有信教的自由，不知道不信教也有自由，甚至把宗教信仰自由错误地理解为是"宗教自由"，不知道强迫他人信教是违法行为。二是对民族与宗教的区别宣传教育不够，至今不少人把宗教与民族混为一谈。长期以来，不少人或多或少的把宗教视为民族的一个组成部分，认为维吾尔、哈萨克等民族天生就是穆斯林，不信仰某一宗教就不是该民族的成员，于是理直气壮地对各个民族中那些不信教，不参加宗教活动者施加压力。三是对科学世界观（包括无神论）、党的民族和宗教政策及有关法律、法规宣传教育针对性不强。不少干部连唯物论都不敢讲，无神论宣传教育几近放弃，致使极端宗教思想和民族分裂思想在一些地方大行其道，严重地影响了人们的思想，导致宗教问题的产生和发展。

第五，经济、教育发展相对滞后是导致宗教问题产生的重要原因。20世纪90年代以来，随着市场经济的发展和改革开放的推进，新疆社会经济迅速发展，各族人民的生活条件得到改善，但是由于自然地理、资源、经济发展的基础等诸多条件的不同，致使不同地区经济发展差距和社会成员的收入逐渐拉大，一些人陷入贫困、失业的境地。面对困境，一些人选择了宗教。而宗教极端势力也借此大做文章，歪曲事实，攻击党和国家的各种政策，煽动宗教狂热，从事各种非法和违法宗教活动。另外，由于新疆边远农村经济发展落后，宗教氛围又比较浓厚，学校教学质量相对较差，再加上就业难等问题的影响，致使一些学生受宗教极端势力的蛊惑，放弃学业，转入地下经文班点学习经文，导致学经热、宗教热在一些地方不断蔓延。再者一些地方诸如卖淫、赌博、吸毒等社会丑恶现象的死灰复燃,也给社会造成了不良的影响。这些社会的丑陋现象,往往成为宗教极端势力抨击社会现实的借口,他们以"纯洁信仰,净化心灵,整肃社会风尚"相号召,在农村或城乡结合部大肆从事非法或违法宗教活动。

(二) 非法或违法宗教活动对新疆社会造成的危害

1. 毒害了部分信教群众特别是青少年的思想

为了反对社会主义中国,建立所谓伊斯兰教的政教合一国家,宗教极端势力在社会上和信教群众之中,散布了许多反动的谬论。诸如"新疆历史上只有一种宗教存在,就是伊斯兰教"、"伊斯兰教是我们民族的宗教,也是我们民族文化之根"、"信仰伊斯兰教就必须建立伊斯兰教国家,只有以伊斯兰教为指导思想,才能真正保证穆斯林的利益"、"当今人类生活的环境充斥着非伊斯兰的文化、政治制度、思想观念、传统习惯、完全是一个十足的蒙昧主义的世界"等。"蒙昧主义"的统治使广大穆斯林在"在黑暗中失去了方向",因此,处于黑暗中的穆斯林需要伊斯兰教的引导,就必须信仰伊斯兰教。宣称伊斯兰教法是"真主"法律,具有至高无上的权威,它高于国家并指导国家的行为。现行的国家法律制度都不符合伊斯兰教法律,对穆斯林来说没有任何约束力。鼓吹"信主独一"、"安拉至上"、"反对任何权威"。把党和政府以及不信仰伊斯兰教的各族群众和反对他们破坏活动的本民族干部群众都视作"卡甫尔"(异教徒),鼓吹"圣战"是"真主"的指示,杀死异教徒是"安拉"的意愿。由于这些反动宣传都是打着宗教的旗号出现的,以维护伊斯兰正统纯洁为名,具有很强的欺骗性和煽动性,导致了一些信徒和青少年被其所蒙蔽,不能认识其反动本质和危害,有的人甚至成为暴力恐怖分子和民族分裂分子。也造成了部分人的思想发生了混乱,将本民族日常生活中的诸多习俗都视作"异教徒文化"予以排斥;把青年男子留大胡须、妇女蒙面、穿戴宗教服饰视作本民族的传统文化,认为发展民族文化就必须发展伊斯兰教,出现了用伊斯兰教文化代替本民族传统文化的现象。受其反动宣传的影响,一些人散布说电视机是不洁净的,看电视是"阿热木"(不洁净)。宣称政府修的路、盖的抗震安居房、工厂生产的味精、银行的利息都是"阿热木"等。

由于极端宗教势力的反动宣传,导致了青少年信仰宗教人数持续增多。调查表明,2007年新疆高校少数民族大学生信仰宗教的比例为15%,2008年为25.9%,2009年为49.78%,2010年则进一步上升为56.73%,这其中还不包括信仰其他宗教的少数民族学生。[①] 更有甚者,部分中小学生离开学校,进入宗教

---

① 本项目课题组滚动调查数据。

极端势力组织的地下经文班点，学习所谓的宗教知识和"圣战"思想。大量事实表明，宗教极端势力通过反动宣传已经严重毒害了部分信教群众特别是青少年的思想。

2. 破坏社会稳定，给国家安全造成危害

宗教极端势力为了在新疆建立政教合一的伊斯兰教国家，与民族分裂势力、暴力恐怖势力沆瀣一气，采取各种恐怖手段，在新疆制造了一系列的暴力恐怖事件。如1990年阿克陶县巴仁乡反革命暴乱事件，1992年乌鲁木齐"2·5"爆炸案，1995年和田市"7·7"骚乱事件和伊宁市"8·14"300多人游行事件，1996年库车县"4·29"针对基层干部的系列爆炸、凶杀案，1997年伊宁市"2·5"、"2·6"、"2·8"、2009年乌鲁木齐"7·5"严重打、砸、抢暴力犯罪事件等。这些暴乱、骚乱和暴力恐怖事件，不仅给国家、集体和受害者的生命财产带来巨大损失，而且严重地破坏了新疆的社会稳定和安定团结的大好局面，对现实政权构成了严重威胁。

宗教极端势力的破坏活动给新疆社会稳定、民族团结造成了严重危害，受到了中国政府依法严厉打击。对此，西方敌对势力出于"分化"中国的目的，以维护所谓的宗教自由、人权为借口，对中国政府打击宗教极端势力的非法和违法宗教破坏活动的正义行为，进行攻击和指责，诬蔑中国制止和打击非法和违法宗教活动的行为是"宗教迫害"、"剥夺宗教信仰自由权利"。1997年7月22日，《纽约时报》发表美国国务院的世界宗教状况报告时就宣称：美国把宗教自由政策作为其对华政策的重点，并在中国官员的双边会谈中经常提出这个问题。美国国际宗教自由委员会在年度报告中宣称，他们所谓的"增进和保护宗教自由和其他人权是美国外交政策的不可分割的组成部分"。这些说法道出了反华势力利用中国宗教问题的实质，不过是借新疆的宗教问题，行遏制和分裂中国的图谋。

3. 干扰了新疆经济社会的发展和各族生活水平的提高

经济社会发展必然是以良好的社会环境为条件，只有稳定的社会环境，才能吸引国内外的资金、技术和人才，促进新疆经济社会的发展。由于宗教极端势力的暴力恐怖活动屡屡发生，不仅影响了新疆经济社会的发展，也在国内外造成了新疆不安全的印象，使不少国内外客商不敢到新疆来投资，不少人才不敢来新疆工作。就连新疆本地的人才，面对宗教极端势力的暴力恐怖活动，面对不断升温的宗教氛围，也心存疑虑，前往内地工作。

调查表明，由于宗教极端势力的煽动，鼓吹"不去朝觐就不是真正的穆斯林"、"倾家荡产、四处举债去朝觐才更虔诚"，致使一些刚刚有一点积蓄，甚至才解决温饱问题的宗教信徒，不顾自身的经济条件，不顾家人的生活，有的还向儿女摊派、亲友借债，甚至卖房、卖地、卖果园，花掉全部或大部分积蓄去国外朝觐，结果回来后又重新陷入了贫困的境地。

总之，在构建新疆和谐社会的过程中，必须充分认清非法和违法宗教活动的危害性，坚决制止、打击各种非法和违法宗教活动，为构建和谐社会奠定良好的前提和基础。

第四章

构建具有边疆特色的社会主义和谐文化

第一节 新疆区域文化的地位及其特点

一、新疆区域文化是中华文化的组成部分

特定地域和特定人群，可以说是最早使用的划分文化的类别，当人类文明刚刚起步的时候，由于生产力水平低，当时的人们只能在有限的地域范围内谋求生存，并在其生存区域内的自然生态特征以及由此决定的生产生活方式基础上，逐步形成了自己的文化。因此，人类文化从一开始就具有区域性。中华文化的起源是多区域、多元化的，同时，这些不同的区域之间一开始就存在着广泛的交流和融汇。

费孝通详细描述了中华民族的形成过程："距今三千年前，在黄河中游出现了一个若干民族集团汇集和逐步融合的核心，被称为华夏，它像滚雪球一般地越滚越大，把周围的异族都吸收进了这个核心。它在拥有黄河和长江中下游的东亚平原之后，被其他民族称为汉族。汉族继续不断地吸收其他民族的成分日益壮大，而且渗入其他民族的聚居区，构成起着凝聚和联系作用的网络，奠定了以这疆域内部多民族联合成的不可分割的统一体的基础，形成一个自在的民族实体，

经过民族自觉而称为中华民族。"① 从这一段话我们大致可以知道如下信息,在汉族确立时,其核心是华夏族,在中华民族确立时,其核心是汉族。而从历史角度来看华夏族实际上原本就是部落联盟的产物,在于周围其他部落联盟战争的过程中,逐渐形成了民族,而后又继续兼并周围其他民族,成为汉族。而汉族在其确立之时就是若干民族的集合体,在其文化中就包含了若干民族的文化遗留。汉族成为中华民族的主体民族之后,汉文化也就成为中华文化的主体文化。但是不仅汉文化本身,就是其他民族文化本身也是多元一体的,都是在相互交流中由多元文化融汇而成的。这里不仅包括汉族与各民族的文化交融,而且包括各少数民族之间的交融。

新疆与中原文化的交流及其相互影响,历史悠久。考古发现的大量文物证明,早在人类的远古时期。新疆与内地的居民在石器打制、陶器制作以及人体的装饰等方面,就有许多一致和相似之处。在众多的古代传说中,有关于中华民族的先祖之一的黄帝"西济积石,涉流沙,登于昆仑"② 到达今新疆塔里木盆地南缘的内容,有关于周穆王驾车西巡到达新疆与西王母相会的千古美谈。上述传说以神话色彩反映了新疆与内地源远流长的文化交往的历史。

公元前 1 世纪汉使张骞通西域以及汉朝治理新疆后,新疆与内地的文化交流进入了一个新的发展时期。据史料记载,西汉时期新疆与内地通过丝绸之路在进行大规模的商业交往的同时,也进行频繁的文化交流活动。新疆各地民族上层贵族子弟中,许多人长住长安、洛阳等地,学习汉语、汉文化及内地各种典章制度。为此,汉朝政府还在长安、洛阳设有专门接待新疆各地学者的驿馆。这些人学业完成返回新疆后,就成为内地文化的积极传播者。如龟兹王绛宾在内地学习后返回本地,盖汉式宫殿,模仿汉朝制度、礼仪、服饰,学习内地的乐舞。莎车王延久居长安,对中原文化非常熟悉,返回莎车后,仿照汉朝的典章制度治理地方,政绩斐然。与此同时,新疆各民族独具风格的音乐、舞蹈等文化艺术也大量传入内地。新疆各民族演奏的胡琴、琵琶、笛、腰鼓等都是这时传入内地的。西汉著名乐师李延年根据张骞从西域带回的套曲"摩诃兜勒",创作了新的具有西域风格的 28 首套曲音乐,轰动了当时的中原地区。

魏晋南北朝时期,特别是唐宋元时期,随着历史的前进,经济的发展,丝绸之路上中外经济文化交往日趋频繁,新疆与内地的文化交流也更加频繁起来。受内地文化的影响,新疆许多地区长期流行汉语汉文。许多人能用汉语交谈,上层人士还精通汉文。据《北史·西域传》记载:高昌"有《毛诗》、《论语》、《孝

---

① 费孝通:《中华民族多元一体格局》,载《北京大学学报》1997 年第 2 期。
② 新疆社会科学院历史研究所:《新疆地方历史资料选辑》,人民出版社 1987 年版,第 12 页。

经》，置学官弟子，以相传授"，证明内地儒家文化的经典在新疆成为民族子弟学习的课本。在和田的考古发掘中，发现了不少这一时期汉文的官方文书、过所（通行证）和登录符。在出土的木简中，还有当地民族用汉文书写的书信，可见内地的汉文化已经深入到新疆许多民族的日常文化活动之中。此外，由于内地军民多在天山南北屯田生产，内地较为先进的冶铁、水利灌溉、造纸、印刷、蚕丝等技术也先后传入新疆。在新疆广为流传的关于中原公主远嫁和田王时，将蚕桑种子带到和田，教当地居民种桑养蚕的故事，生动地说明了内地生产技术传入新疆的事实。汉通西域是中原汉文化向西域传播的开端。西域人民对汉文化的吸收也是随着西汉王朝对西域的经营开始的。西域开通后不久，汉王朝即于武帝太初四年（前101年），在西域设立使者校尉，于轮台和渠犁一带屯田，"以给使外国者"。宣帝时，遣卫司马郑吉使护鄯善以西数国。神爵二年（前60），汉又在西域设都护府，以郑吉为第一任都护，治乌垒城。① 从此，汉之号令正式颁布于西域，中原完整的政治体制、先进的农耕灌溉技术以及高度发展的文化传入西域，其结果，不仅使塔里木盆地绿洲诸国的政治、经济和文化随之发生了重大变化，而且客观上还促进了西域与内地的经济文化交流。

随着两汉在西域屯田，中原汉地的水利灌溉技术也传入西域。由于西域干旱少雨，地多沙漠、戈壁，当高山融雪、山中河水流出山口后，很快渗入戈壁地下，变为潜流，无法利用灌田。据《汉书·李广利传》载，公元前103年，西汉名将李广利征大宛，包围大宛王城。时"宛王城中无井，皆汲城外流水"，于是李广利遣水工徙其城下水空，以空其城，"宛城中新得汉人知穿井"，才得以解决城中饮水问题，表明中原穿井技术不但传入了西域，还传到了更远的中亚地区。

除穿井技术外，中原内地的犁耕技术也于西汉时期传入了西域，并于魏晋时期，在西域屯田地区推广。保存于新疆拜城克孜尔石窟175号窟壁画中的牛耕图正是当时西域人民手扶犁架、驱牛耕作景象的真实写照。图中的犁铧宽大，二牛抬杠共曳一犁而耕。它与山西平陆枣园东汉墓壁画及甘肃嘉峪关汉魏墓壁画中的牛耕图极为相似，塔里木盆地边缘诸国的牛耕技术显然由中原地区传入。穿井、牛耕等中原水利农耕技术的传入，有力地推进了西域的古代农业生产。

随着西域与中原地区经济文化的交流，中原地区的造纸术、印刷术等科学发明也传入了西域。有学者认为，5世纪初，西域大概已经开始造纸，至晚在6世纪，西域有了当地自造的纸。1972年，吐鲁番阿斯塔那墓区出土文物中有一份年代为620年的文书，上面除了高昌官员的名字外，还有"纸师魄头八奴"的

---

① 班固：《汉书·西域传》，中华书局1962年版，第3874页。

字样。另一份文书则记有"当上典狱配纸坊骇（驱使）"的字样。纸师、纸坊的存在是当地造纸最明确的证据。同造纸术一样，中国古代的伟大发明印刷术也传入了西域。敦煌石窟出土的元代回鹘文木活字即是证明。这些木活字大部分现藏法国巴黎、俄罗斯圣彼得堡的图书馆及博物馆。据有关学者研究，回鹘文木活字是一种以音节为主兼有单词和音素式的活字。

内地的文化艺术也随着汉人入居西域人数的增加而传至西域。另一方面，西域人仰慕汉文化由来已久。汉宣帝地节四年（前66），远嫁乌孙的解忧公主派她的女儿来京师长安学鼓琴，途经龟兹，因龟兹王绛宾意欲结好于汉朝，乃娶公主的女儿弟史为妻。绛宾以汉外孙女婿的身份与其妻子在京师居住过一年，深受汉文化熏陶。回到龟兹后，仿照汉家礼仪制定龟兹的文物制度，受到西域胡人的讥笑，认为他这种做法非马非驴，不伦不类，好比驴马杂交而生出的骡子一样，说明了当时龟兹文化和汉文化相融合的事实。绛宾死后，他和弟史生的儿子丞德自称"汉外孙"，与汉中央朝廷仍保持着亲密的关系。而位于塔里木盆地南沿的汉代精绝国其人物名号有"君华"、"承德"、"且末夫人"等，可见受汉文化影响之深。

古代西域少数民族学习和使用汉语文。在尼雅和楼兰两地曾出土大量汉文木简，从字体来看也是东汉之物。魏晋南北朝时期，西域官方及民间文书基本上都用汉文书写。尼雅所出土的汉文简牍可为明证。在楼兰遗址中发现了《战国策·楚策》的抄本，鄯善地区则发现了晋人抄写的《三国志》。出土木简中还有"九九八十一"字样的九九乘法口诀。这些情况表明，当时罗布汀地区的官吏和屯田将士及子女时常学习汉文经典著作。在麴氏高昌王国，汉语更是占据主导地位，《北史·高昌传》载，高昌"文字亦同华夏，兼用胡书"[①]。《周书·高昌传》载，（高昌国）"有《毛诗》、《论语》、《孝经》。置学官弟子，以相教授"[②]。麴氏高昌王国设有太学，太学中有博士、祭酒、司成等官员，学生多是贵族子弟，学的是儒家经典。高昌还不断派人到内地加强文化联系。北魏时，高昌王魏嘉派人去北魏求派学官和借用儒家经典，北魏则选派刘燮为博士到高昌主持太学。至唐，西域少数民族研习汉文化已蔚然成风。

随着佛教由印度沿丝路传入西域乃至我国内地。佛教文化成为当时西域的最重要的内容。龟兹佛学家、佛经翻译家鸠摩罗什来到内地讲译佛经、著述佛学经文。东晋高僧经西域赴印度取经，著有《佛国记》。回鹘文《弥勒会见记》是我国最早的诞生在西域的戏剧文学剧本。唐代高僧玄奘去西天取经，写《大唐西域记》。吐鲁番地区考古发掘出土的大量汉文文书、契约等，表明唐代前后汉文

[①②] 李延寿：《北史·高昌传》，中华书局1974年版，第3215页。

在高昌地区文字使用方面的主体地位。龟兹石窟和高昌石窟中的佛教内容的壁画，显示出中外绘画技艺荟萃交融的特点。唐代于阗尉迟跋、尉迟乙僧父子动用凹凸技法，表现佛教内容和西域人物花鸟，震惊长安。龟兹乐、高昌乐、疏勒乐等在隋唐时期乐曲中占有重要地位。

另外，中原地区的雕刻、绘画艺术对西域文化影响最深，而且多和中原与西域佛教文化的交流有关。在克孜尔石窟17号窟的壁画中，人物先用粗线勾画出轮廓线，再用干涂法平涂于轮廓内，以表现身体的细部。而树木多作矛头形、蝶形、椭圆形，并用大笔作点，充作树叶。这种风格与内地发掘的东汉早期墓葬的壁画风格十分相似。森木塞姆石窟的30号窟的故事画中，绘制了二树交枝、二鸟相对的形式，与中原战国、西汉时代对兽、对鸟纹瓦当及唐窦师纶所作"瑞锦对雉"的纹样很相近。库木吐拉石窟晚期壁画中的菩萨装饰：高发髻、戴小花重冠，胸着细璎珞，上身披巾下垂，横于胸腹之间两道，完全是唐代菩萨的特征。盛唐时期，不少内地的僧侣、工匠、画师前往西域，帮助修建寺院、墓葬，显然是他们将唐代中原地区的雕刻、绘画艺术带到了西域。吐鲁番阿斯塔那张氏墓葬出土的绢画中，妇女体形丰满，衣着华丽，也是一派大唐风采。新疆文化对内地文化的影响也十分明显。新疆传统的音乐、舞蹈、杂技等文化艺术以新的形式大量传入内地。据史料记载，在唐朝的著名10部乐中，就有新疆的"疏勒乐"、"龟兹乐"、"高昌乐"3部。其中龟兹乐"管弦伎乐、特善诸国"，最受内地群众欢迎。唐朝诗人王建在诗中生动地描写了洛阳群众学习新疆音乐时的热烈情景："城头山鸡鸣角角，洛阳家家学胡乐。"可见新疆音乐对内地音乐发展影响之大。由新疆传入内地的胡旋舞、胡腾舞、柘枝舞，也令内地人耳目一新，风靡一时，成为唐代诗人笔下描绘的话题。大诗人白居易在《胡旋女》诗中对"胡旋舞"描绘道："胡旋女，胡旋女，心应弦，手应鼓。弦鼓一声双袖举，回雪飘飘转蓬舞。左旋右旋不知疲，千匝万周无已时。人间物类无可比，奔车轮缓旋风迟。"此外，诗人刘禹锡、李瑞等也多有对新疆"柘枝舞"、"胡腾舞"的生动细腻的描写，说明新疆乐舞在内地备受青睐，具有广泛的影响。除此之外，当时内地群众对新疆传入的服饰、绘画、雕刻等文化艺术也十分喜爱。汉族中男人"着胡帽胡服"成为一种时髦，连上层社会中的妇女也有"着胡帽胡服"者。这在一些诗作中也有表现，如："明朝腊日官家出，随驾须先点内人；回鹘衣装回鹘马，就中偏称小腰身。"唐以前，中原绘画多以线条为主，自从新疆尉迟乙僧凹凸画派技巧传入中原地区后，对内地画坛人物画影响很大，大大提高了内地的绘画技巧，也丰富了绘画的内容。新疆的宗教文化对内地宗教文化的影响也很大。我国著名史学家向达先生认为："内地现有的诸石窟艺术，如敦煌千佛洞、安西万佛峡、临夏炳灵寺、天水麦积山，以及云岗、龙门诸地，在壁画、雕塑、石窟寺结构诸方面，处处与新疆拜城、库车、焉耆、吐鲁番诸地的石窟艺术，有先后承袭关系。"① 总之，这一时期内地的长安、洛阳等中心城市，由于新疆商人人数众多，竟然出现了"胡音胡骑与胡妆，五十年来竞纷泊"的壮观景象，可见新疆文化在内地影响之广泛。

随着丝绸之路的开通，诸如葡萄、苜蓿、石榴、胡麻等西域物种传入了中原。葡萄，原产于大宛。据《汉书·西域传》载，大宛人以葡萄酿酒，"富人藏酒至万余石，久者至数十岁不败，俗嗜酒"。苜蓿，也产于大宛。它可能与大宛马一起传入中原。胡麻也是由大宛传入中原的。古代西域，如乌孙、康居、大宛等出良马。如乌孙马曾被汉武帝称为"天马"。马是西域游牧民族与中原进行"朝贡贸易"的主要对象。据张鷟《朝野金载》记："隋文帝时，大宛国献千里马，鬃曳地，号曰狮子骢。"《唐会要》记载："武德中，康国献马千匹。今时官马，犹是其种。"西域以及中亚地区的物种、马匹的输入，对中原地区的农牧业生产以及对中原地区改良马种，都有重要意义。

喀喇汗王朝时期，随着伊斯兰教传入西域并逐渐扩展，伊斯兰文化对西域文化的影响越来越大。著名维吾尔族学者玉素甫·哈斯·哈吉甫编著了反映当时社会及精神文化生活的诗体百科全书《福乐智慧》，著名维吾尔族学者马赫穆德·喀什噶里著有突厥语工具书《突厥语大词典》，维吾尔族诗人玉素甫·阿吉著有爱情叙事长诗《艾里甫与赛乃姆》，蒙元时期有著名维吾尔族文学家马祖常，著名维吾尔族散曲作家贯云石，著名维吾尔族农学家鲁明善著有《农桑衣食撮要》，明代旅行家陈诚著有《西域行程记》、《西域番国志》等。柯尔克孜族民间文学优秀代表作品著名史诗《玛纳斯》、蒙古族民间文学优秀代表作品著名史诗《江格尔》。《阿凡提的故事》是产生于察合台汗国时期的民间文学的代表作之一。叶尔羌汗国时期，米尔咱·马黑麻·海答儿的《拉失德史》和沙·马合木·楚剌思的《编年史》。阿曼尼莎罕收集、整理、编创的维吾尔《十二木卡姆》，它是东方音乐文化的无价之宝，它像蒙古族的《江格尔》、藏族的《格萨尔》、柯尔克孜族的《玛纳斯》等英雄史诗一样，具有世界性的影响。随着清朝对新疆的统一，大批内地汉族军民进入新疆北路屯戍落户，在乌鲁木齐巴里坤、奇台一带，汉族文化成为当地文化的主体。秦腔、河北梆子、新疆曲子、杂技等艺术班社相继出现，并迅速不断地普及。纪晓岚、林则徐、戴澜、刘锷等被谪来疆，在新疆留下了不少名篇佳作。

清朝时期，特别是到了清朝后期，中央政府对新疆的治理进一步加强，内地汉、回、满、锡伯等族军民大批移居新疆驻防屯田。同时，新疆一些民族上层王

---

① 国家民委政研室：《中国民族关系史论文集》，民族出版社1982年版，第423页。

公和办事人员也常居内地（主要在北京），新疆的维吾尔、蒙古等族的王公伯克也定期到北京朝觐，还有更多的商人到内地经商，加上交通、通信等设施的逐步改善，新疆与祖国内地的文化交往以及新疆民族之间的交往比以往任何时期都要频繁和紧密。汉语汉文不但是回、锡伯、满等族军民常用的语言文字，而且在维吾尔、蒙古等族中也有许多人能运用自如。哈密等地的维吾尔上层人士中"能识汉文并中国算法"①的人比比皆是。同样，在新疆生活的许多汉族人也能通晓维吾尔族语言文字。在清朝组织编纂的大型语言辞书《五体清文鉴》和《西域同文志》两书中，就包含了许多精通维吾尔、汉、满、蒙古语文学的新疆学者的辛勤劳动。新疆的各族群众长期友好相处，互相学习，在语言、文字、饮食、服饰、音乐、舞蹈等各方面，互相汲取，共同发展，形成了多元一体的具有特色的新疆文化，成为中华民族文化不可分割的组成部分。

近现代时期，辛亥革命、五四运动等革命精神在新疆的传播和弘扬，推动了新疆文化的发展。抗日战争时期以陈潭秋、毛泽民、林基路等革命烈士为代表的中国共产党人，在新疆各族人民中传播马克思列宁主义，宣传中国共产党关于建立抗日民主统一战线的正确主张，开展声势浩大的抗日救亡运动，推动新疆民族文化发展。与此同时，许多进步文化人士如茅盾、杜重远、张仲实、赵丹、王为一等在乌鲁木齐从事抗日进步的文化活动，组织各族广大民众创作演出抗战进步歌曲、话剧、秦腔、京剧、新疆曲子等剧节目，在新疆各族人民中产生了广泛而深远的影响。全疆各族人民群众和进步人士，先后组织"反帝会"和各民族"文化促进会"，开展各种民族进步的文化活动。著名爱国主义诗人黎·穆特里夫以歌颂抗日救国的伟大斗争为主题，著有《中国》、《给岁月的答复》等战斗诗篇。民族话剧《蕴倩姆》、维吾尔剧《艾里甫与赛乃姆》、杂技《达瓦孜》、哈萨克族阿肯弹唱《萨里哈与萨曼》、《阿尔卡勒克》，柯尔克孜族"玛纳斯奇"弹唱《玛纳斯》等剧节目相继搬上艺术舞台。民族传统文艺活动如维吾尔族"麦西来甫"、哈萨克族"阿肯弹唱会"、柯尔克孜族"库姆孜弹唱会"、蒙古族"那达慕大会"、锡伯族"西迁节"、汉族的"元宵灯会"等久传不衰，极具民族特色，为广大各族人民群众所喜闻乐见，成为新疆民族文化亮丽的景观。

中华各民族在长期的交往和融汇之中，逐步熔铸和凝聚成一种宝贵的世代相传的中华一体精神。它以中华民族为同宗兄弟的意识、中华主体意识和近代爱国主义意识为基本内容而著称于世。今天，中华各民族，不论相互之间有多大差别，首先都确认自己是中国人，是中华数千年文明的继承者。都表现了维护中国的领土完整和国家的统一、维护中华民族大团结的热诚和决心。中华一体精神是

---

① 王云五：《丛书集成初编》，商务印书馆1935年版，第55页。

维系我国民族团结、国家统一、社会稳定发展的传统精神，在社会主义条件下，我们应当加倍珍惜它、弘扬它。

二、新疆区域文化的多元性

文化上的多元一体既是新疆区域文化历史上形成的特点，也是和谐新疆区域文化存在发展的现实形态。多元一体的和谐新疆区域文化与多元一体的和谐中华文化的统一正是中国特色的社会主义和谐文化的表现形态。

在人类社会发展的特定阶段，任何区域文化共性的存在是和谐文化形成的原始基础，协调社会上不同利益阶层矛盾的需要是和谐文化形成的动因，各民族文化之间的双向、多向平等交流互动是和谐文化形成的机制。

和谐文化的提出和实践是在中国特色社会主义理论体系指导下的、超越了西方的文明冲突论、文化趋同论和多元文化论的一次伟大的文化理论创新，不能仅仅局限于一种文化的观念或状态的范围，还应该是一种文化发展的模式和战略。在多元文化存在的现实中不可能、也不必要有完全的文化认同，和谐文化只能建立在差异文化认同的基础上，这是具有边疆民族特色的和谐区域文化形成发展的客观规律，背离这一客观规律，强制追求完全文化认同，或拒绝任何文化认同，都会导致破坏性的后果。

新疆自古以来就是一个多民族聚居的地区。在新疆现有的55个民族成分中，有13个为世居民族，这些世居民族的人口约占新疆总人口的99.6%。秦汉时期，在新疆地区生活的部落联盟、部族或民族主要有塞种、羌、月氏、乌孙、匈奴和汉。魏晋南北朝时期是我国历史上第一次民族大融合时期。这一时期各民族迁徙往来频繁，在新疆地区，除了原有的民族外，又增添了许多新的部族、民族成分，如柔然、高车、嚈哒、吐谷浑等。隋唐以后，突厥、吐蕃势力进入西域，对新疆历史发展产生深远的影响，特别是公元840年，回鹘的西迁，为新疆的主体民族——近代维吾尔族的形成奠定了社会基础。在西辽、蒙古及其后裔统治时期的第二次民族大融合的基础上，新疆一些近代民族逐步形成和发展起来。清代以后，又有许多民族进入新疆地区，至此，由13个民族构成的新疆多元民族分布的格局基本形成。多元的民族构成造就了多元民族文化交汇、碰撞和交融的宏大舞台。在长期的历史演变中，各民族文化在传承过程中，既形成了各自的特点，又形成了一些共性特征。各民族文化的相互交流、相互影响、相互渗透和相互交融，构成了新疆区域文化鲜明的合成特色。新疆文化作为中华文化中的区域文化之一，具有独特的文化特质，多元的文化形态就是其中的显著特征之一。

值得注意的是，不同的视角下文化的类型是多样的。就新疆区域文化来说，如果按时代的标准，可以分为古代西域文化、近现代新疆文化和当代新疆文化，其中古代西域还可以具体细分为许多阶段；如果按地域的标准，可以划分为高昌回鹘文化、龟兹文化、于阗文化等；如果按照经济类型和生产方式的标准，可以划分为游牧文化、农耕文化和绿洲文化等；如果按照宗教的标准，可以划分为伊斯兰文化、佛教文化等；如果按照民族的标准，则有汉文化、维吾尔文化、蒙古文化等。限于篇幅，下面就几个新疆区域文化的典型代表展开论述。

（一）古代西域的多元文化

1. 回鹘文化

（1）高昌回鹘文化

位于丝绸之路咽喉要道的高昌地区，既是印欧语系、阿尔泰语系和汉藏语系居民的聚居之地，也是南北方农耕、游牧文化和东西方物质、精神文化的交汇之所。这里就曾经创造过光辉灿烂的，带有鲜明佛教文化和汉文化特征的高昌回鹘文化。

回鹘最初兴起于漠北鄂尔浑河和色楞格河流域，唐开成五年（840）为黠戛斯所破，部众西迁。西迁的回鹘分为三支开始了漫长的移徙。一支西奔葛逻禄，建立了喀喇汗王朝。一支投奔"安西"，以后建立了高昌回鹘王国。还有一支成为以后"甘州回鹘"和"沙州回鹘"的主体。

西迁之后的回鹘由于政治、经济、文化的需要，在当地深厚的佛教传统的影响下，逐渐改信佛教。从在吐鲁番地区发现的突厥语婆罗谜文文献看，西迁后的回鹘人，曾采用这种文字抄写过佛经。也有一部分信奉景教、摩尼教等，曾使用叙利亚文来抄写景教文献，使用摩尼文抄写摩尼教文献。

吐蕃曾长期统治西域，从高昌回鹘王国的居民曾采用藏文字母拼写回鹘语言、抄写文书的情况看，吐蕃对西域文化的影响没有因其退出西域而随之迅速消失。另外，吐鲁番地区曾出土大量的汉文契约、文书。王延德出使高昌回鹘王国时见到《唐韵》、《玉篇》、《经文》等汉文典籍。显然，高昌回鹘王国也通行汉语文，并在高昌地区的社会、文化生活产生了重要影响。根据出土文书看，高昌回鹘王国的民间和官方语言，主要是回鹘语，兼用其他语言。

高昌回鹘王国的文学艺术与佛教的传播有着密切的关系。哈密出土的回鹘文本的《弥勒会见记》在文学上具有很高的价值，被认为是戏剧艺术的雏形。剧本原作者是古代焉耆人圣月大师，他根据佛经里弥勒成佛的故事用古焉耆语创作了此剧本，剧本有唱词并标明了曲调。10世纪，由僧人智护法师译成了回鹘文。回鹘文《弥勒会见记》共586面，由序幕1幕，正文25幕和尾声2幕构成，每幕前标有场景。其结构宏大、情节复杂、形象丰满。该剧本虽然译自古代焉耆语，但具有明显的回鹘文化的印迹。

《乌古斯可汗传说》是流传在回鹘人中间的一部散文体英雄史诗。在高昌回鹘王国晚期经文人加工定型，现存唯一回鹘文写本用草体回鹘文写就，首尾部分残缺不全。尽管如此，它对后人深入研究古代维吾尔的历史、文学和语言的发展仍具有重要意义。

在吐鲁番地区出土的文书中，还发现了许多回鹘人写下的诗歌。其中的世俗诗歌，有的是对亲人的怀念，还有对国王的颂诗，对死去孩子的挽歌，对未婚妻的情歌，以及劝谕诗、格言诗等。由于宗教的盛行，在出土文书中还有一些摩尼教的赞美诗、祈祷诗，赞颂佛的诗，赞10种善行的诗，赞弥勒、赞观音的诗，还有忏悔诗、许愿诗等。

龟兹地区和高昌地区的音乐舞蹈一向昌盛，高昌回鹘王国时期仍繁荣不衰。王延德在高昌见到居民"好游赏，行者必抱乐器"[①]，从千佛洞的壁画"伎乐图"中也可看出音乐舞蹈的盛况，乐师们吹奏排箫、笛子等乐器，打击皮鼓，舞蹈者则翩翩起舞。

（2）喀喇汗朝的文化

840年，回鹘西迁后，其中一支葱岭西回鹘在庞特勤的率领下西奔葛逻禄（在今巴尔喀什湖以东以南地区），其后裔建立起一个强大的喀喇汗王朝，一直存在到1212年。10世纪，喀喇汗王朝接受了伊斯兰教，11世纪初兼并了于阗，其疆域向东南扩大到昆仑山和阿尔金山一线。从此，在塔里木盆地西部和南部形成以喀什噶尔为中心的伊斯兰教文化区。

喀喇汗王朝时期，大量突厥语游牧部落进入农业地区，开始了定居农耕生活，加快了西域土著居民的突厥化进程。同时，由于喀喇汗王朝把伊斯兰教定为国教，伊斯兰教在境内盛行，广大居民也开始了伊斯兰化的过程。喀喇汗王朝是突厥—伊斯兰文化大放异彩的时代，涌现出一些优秀的作家和作品。这些著作都有一个共同的特点，就是在本民族传统文化的基础上，吸收伊斯兰文化和其他文化的优秀成分，形成一种新的文化——突厥—伊斯兰文化，开创了其文化史上的一个新时代，为绚丽多彩的现代维吾尔文化之先河。

2. 西辽、蒙元时期的西域文化

（1）西辽时期的西域文化

1124年，耶律大石"整旅而西"，经过10余年的征战，建立起东自业土拉河上游、西至咸海、北越巴尔喀什湖、南抵阿姆河地域辽阔的西辽帝国，建都于虎思斡耳朵（巴拉沙衮）。

---

① 脱脱：《宋史》，中华书局1977年版，第14112页。

西辽王朝虽然统治时间不长，但在西域历史上是一个重要的王朝。它传播了中原地区的文化，促进了西域社会经济文化的发展。故有学者称，西辽时期是继汉、唐之后汉文化向中亚传播的又一高峰。西辽王朝的创建者耶律大石本身就是一位具有高度汉文化修养的契丹贵族，史称其"通辽、汉字"，天庆五年（110）考中进士，"推翰林应奉"不久，又迁升翰林承旨。

由于统治者的倡导，西辽王朝的官方语言应当是汉语。陈垣先生指出："西辽五主，凡八十八年，皆有汉文年号，可知其在西域曾有行使汉文"①，但是在使用汉文的同时，契丹语言文字与其并行。至少在西辽朝廷内还在使用契丹文。新疆伊犁发现有契丹文铜印，印文为契丹篆字，印背四周亦有契丹字，通高3.9厘米，是西辽官府行用契丹文的证据。直至西辽末年，不但西辽贵族仍然使用契丹文，甚至有些汉人官员也会契丹文。

西辽政权建立后，在生活习俗方面仍保持着原有的传统。其末代公主浑忽下嫁乃蛮王太阳汗之子屈出律时，依然坚持"按照汉女的习惯"梳妆。婚后，还迫使屈出律放弃基督教，改宗佛教。常德出使西域时亦见到，阿里麻里城"回纥与汉民杂居，其俗渐染，颇似中国"②。西辽境内有大量当年耶律大石所统汉军之后，他们是西辽王朝能够保持中原汉文化传统的群众基础。同时，他们的存在也对当地的文化产生了不可避免的影响。因此，陈垣先生指出："当元人未据西域之先，大石林牙已将汉族文明炫耀于中亚大陆。"③

在宗教方面，西辽王朝实行宗教信仰自由的政策，改变了喀喇汗王朝定伊斯兰教为国教、限制其他宗教的政策，因此西辽帝国境内的各种宗教又活跃起来。伊斯兰教信徒最多，势力最大。佛教盛行于契丹族上层及西州回鹘。景教在八剌沙衮地区流传，并在喀什噶尔设立了教区。犹太教在撒马尔罕也流行起来。摩尼教本来在伊斯兰教兴起后已转入地下，此时又得以公开流传。

西辽王朝虽然以汉语和契丹语为官方语言文字，但是回鹘语言文字以及波斯语言文字在民间则是主要语言和文字。西辽时期，突厥语著作传世者不多，主要有《大智之书》、《真理的入门》等。前者是中亚著名的伊斯兰教改革家阿赫马德·雅萨维的神学诗集。其诗语言通俗易懂，宣扬伊斯兰教教义，对后世突厥语各族的文化发展影响很大，故俄国学者巴托尔德称："直到今天中亚各民族的诗人还在模仿他。"④ 后者是一部劝诫性神学长诗，作者是一位盲人，名曰阿赫马德·玉格乃克，大约生活在12世纪下半叶至13世纪上半叶。他写成此书，献给当时喀喇汗王朝的异密（意为将军）穆罕默德，故又称《真理的献礼》。全诗共

---

① ③　陈垣：《励耘书屋丛刻》上册，北京师范大学出版社1982年版，第2页。
② 　钟兴麒、王有德：《历代西域散文选注》，新疆人民出版社1995年版，第82页。
④ 　[苏] 巴托尔德：《巴托尔德文集》，东方文献出版社1968年版，第118页。

484行，分为14章，外加后人的诗28行。开头部分是对真主、先知、圣徒、异密的赞颂和说明此书的目的，然后转入论述知识、缄口、世界的变幻、慷慨和吝啬、谦虚和骄傲、贪婪、宽恕和忍耐等，最后是作者自述。作者在驾驭语言方面有很高的技能，运用了各种修辞手法：比喻、对比、烘托、反诘、排比等。全诗结构比较严谨，采用阿鲁孜格律。前5章半为双行诗，从第六章后半用四行诗写成。《真理的入门》在内容和形式上明显受到《福乐智慧》的影响，富有很强的哲理性。它是维吾尔族的优秀文化遗产，对中亚各族文学创作产生了很大的影响。

(2) 蒙元时期的西域文化

12~14世纪被称作蒙古时代，这一时期的西域文化也不可避免地打上了时代的烙印。

西域自古以来就是一个多元文化交汇之地。蒙元时期，蒙古族人在西域活动，西域历史上又一个多元文化并存的新时代从此开始。这一时期，由于蒙古统治者对各种宗教采取兼容并蓄的态度，各种宗教文化都在中亚得到流行和发展。

元代西北地区主要通行佛教、景教和伊斯兰教三种宗教。此外西北地区还有少量的道教、雅各派基督教及天主教活动。唐代中期以后西北地区流行的摩尼教在元代似已衰落。

这一时期新产生的文字有蒙古文和察合台文。蒙元时期先后使用过两种蒙古文字：畏兀儿字蒙古文和八思巴字蒙古文。畏兀儿字蒙古文创制于成吉思汗时期。蒙古原无文字，成吉思汗征讨乃蛮时，俘获太阳汗的掌印官、畏兀儿人塔塔统阿，知文字的重要性，遂命塔塔统阿"教太子诸王以畏兀儿字书国言"[①]，"国言"即蒙古语。从此，以畏兀儿文字母书写的古代蒙古文便成了大蒙古国的正式文字。元世祖忽必烈时期，国师八思巴奉命创制蒙古新字（八思巴字蒙古文）后，畏兀儿字蒙古文不再作为官方文字，但仍在民间流行。

迁入我国西北地区的蒙古人为数虽然很少，但他们在相当长的时期内保持着自己的文化。直至14世纪20年代，察合台的后裔们仍使用畏兀儿字蒙古文发布敕令。元末察合台汗国和钦察汗国的蒙古人还使用八思巴字银牌。察合台文因其主要流行于察合台及其后裔统治的地区而得名。早在喀喇汗王朝时期，操突厥语的文人习惯于以阿拉伯文和波斯文写作，但其作品中不可避免地带有大量的突厥语词汇，以波斯、阿拉伯字母拼写突厥语词汇的风气逐渐形成。这样就产生了"察合台文"。今天新疆维吾尔族使用的文字就是不断改进和规范察合台文而逐渐形成的。甘肃永昌发现的（亦都护高昌王世勋碑）建立于元代，是高昌回鹘

---

① 宋濂：《元史》，中华书局1976年版，第3048页。

东迁后的遗物。该碑系汉文和回鹘文合璧碑铭。汉文为碑铭体，叙述回鹘的起源、西迁以及亦都护的世系传递，颇有史料价值。回鹘文则为诗体，在文学史方面意义重大。现存部分共由61段诗组成，每段4行。大多按回鹘古诗的风格押头韵，有些诗段除押头韵外，还发挥了押脚韵的技巧。整个碑文不但诗句优美，韵律严整，而且书法秀丽，雕刻工整。回鹘文碑文今存部分，反映了亦都护从火州迁往内地，并在内地生息的历史。

在元朝，许多畏兀儿人迁居内地，积极学习汉文化，汲取其精华，涌现出许多诗人和散曲家，其中著名的有贯云石、马祖常等。在流行察合台文的西部地区，这一时期也产生了许多畏兀儿诗人。如拉布古孜、鲁提斐、赛卡克等。这一时期西域重要的史学著作有扎马剌·哈儿昔的《苏拉赫字典补编》。它是流传至今的写于元代察合台汗国境内的史籍。扎马剌·哈儿昔于1230年前后生于阿力麻里，自幼在哈喇鲁斡扎儿家族的宫中受教育，因此被称为"哈儿昔"，意为"宫中人"。其一生大部分时间在喀什噶尔度过，在那里一直生活到14世纪初，他是13～14世纪察合台汗国历史的目击者。在书中记述了察合台和海都家族的情况、臣子麻迷忽等人的事迹，并描述了中亚各地城镇的道路、建筑、风土人情，是研究察合台汗国历史的最重要的史料之一。

3. 叶尔羌汗国文化

叶尔羌汗国是东察合台汗国秃黑鲁帖木儿汗的后裔萨亦德汗于1514年创建的一个汗国，疆域东至嘉峪关，与明朝邻接，南面以昆仑山、阿尔金山为界，与乌思藏、蒙古属部相邻，与月即别以阿赖山为界，北面则与瓦剌相邻。1650年，准噶尔汗国统一天山南北，叶尔羌汗国并入其版图。

叶尔羌汗国时期，汗国的统治民族蒙古人完成了突厥化和伊斯兰化，最后基本上都融入维吾尔族之中。也正是在这一时期，在维吾尔族历史发展中形成的两个文化政治区——以喀什噶尔为中心的伊斯兰教文化政治区和以吐鲁番为中心的佛教文化政治区都统一起来，最终完成了全民族的伊斯兰化过程。正是在这种文化、政治的统一过程中，维吾尔族不断融合其他民族的成员，增添新的血液，发展、壮大，形成近代维吾尔民族。

叶尔羌汗国时期，出现了相对安定的社会环境，经济开始恢复，并缓慢地向前发展。文化也随之复苏、发展，出现了一些作家和名著，如米尔咱·马黑麻·海答儿的《拉失德史》、沙·马合木·楚剌思的《编年史》。音乐舞蹈空前兴盛，著名的《十二木卡姆》就是在叶尔羌汗国时期定型。

米尔咱·马黑麻·海答儿撰写的《拉失德史》是一部关于东察合台汗国和叶尔羌汗国的重要史书。其叙述年代上起14世纪中叶，下迄16世纪中叶。此书由上下两编组成。上编，即正史部分，为东察合台汗国编年史，从1347年秃黑鲁帖木儿汗登基开始，写至1533年拉失德汗处死赛亦德·马黑麻·朵豁刺惕为止。下编实际上是作者的回忆录，较详细地叙述了羽奴思汗以后的情况。下编的成书年代较早，始于1541年，1542年完成；上编成书年代较晚，开始写于1544年，至1547年完成。下编是上编的资料准备，内容丰富，保存了许多社会生活、政治斗争、宗教文化、军事活动的生动画面，还收录了一些帝王行为的典则。作者作为朵豁刺惕部异密家族的子遗，对自己家族的历史也在《拉失德史》中做了详细的记述，利用一切场合尽其可能地颂扬朵豁刺惕部异密们的丰功伟业和所获得的各种荣誉宠幸，夸大与不实之处在所难免。作者将此书献给阿不都·拉失德汗，故以其名为书名。作者有较好的文化修养，是一位虔诚的穆斯林，按照他那个时代的风尚，他用波斯语写成此书。这部史书在中亚地区广为流传，留下了较多的抄本。

沙·马合木·楚剌思的《编年史》是《拉失德史》的续编，是一部专门写叶尔羌汗国历史的著作。作者的全名是沙·马合木·本·米尔咱·法齐勒·楚剌思。《编年史》所叙述的年代，上起东察合台汗国歪思汗之死，即1432年，下至17世纪70年代中期即伊思玛业勒汗统治的中期。全书由总导论（包括对真主、先知、圣徒的颂词，黑山派和卓的世系和道统，叶尔羌汗国统治者的世系）与119章。其前半部的56章简述了马黑麻·海答儿《拉失德史》的内容，故其史料价值不大，《编年史》后半部的63章，除去插入的2章，全部是作者的著述，基本上是依据口头材料：作者家族中流传下来的传说及有关资料，他从一些事件的参与者那里得来的信息，以及他本人的经历。因此，这一部分基本上是第一手资料，极为宝贵。

沙·马合木·楚剌思还著有另一部著作，称《寻求真理者之友》。于1696年左右用波斯文写成。这是一部圣者传，记述了叶尔羌汗国的一些伊斯兰教宗教首领的业绩，以及黑山派与白山派斗争的情况。

叶尔羌汗国在文化上的最大成就，是《十二木卡姆》的整理和定型。木卡姆不单纯是音乐艺术，而是集音乐、舞蹈、诗歌三位一体的古典文艺。"木卡姆"，为阿拉伯语，意为规范、位置、聚会等，在这里转意为大曲，是诸民族的一种音乐形式。十二木卡姆，就是十二套大曲。它源于西域民族文化，深受伊斯兰文化的影响。据记载，拉失德汗的妻子阿曼尼莎汗是一位音乐大师，对《十二木卡姆》的定型做出了巨大的贡献。

（二）近代新疆的多元文化

1. 维吾尔文化

清代新疆的维吾尔族主要生活在天山以南的各个绿洲。由于独特的地理位置、自然环境、民族文化,清代维吾尔族的社会生活不仅丰富多彩,而且具有明显的地区和民族特色。

清代新疆的维吾尔族已普遍信仰伊斯兰教。清统一西域后实行政教分离的统治政策。但是,伊斯兰教在维吾尔族日常生活中具有重大影响。入清后,维吾尔语言的发展进入了一个新的阶段。这一时期,由于满、汉民族大量移入新疆,新疆与中央王朝之间的政治、经济、文化关系日益密切,新疆各少数民族与汉、回民族人民在长期交往、共同生活的过程中,引进了大量汉语词语。乾隆五十五年(1700)成书的《五体清文鉴》是一部五种文字对照的分类辞书,收录了满、藏、蒙古、维吾尔、汉等五种文字,共收词 18 000 条,分 52 部 276 类。书中维吾尔文对应词中存有大量汉语借词,例如,puzui 铺子、sangza 傲子、gaya 膏药、sa 纱、qoka 竹筷、mantu 馒头、xor 硝、pu 府、jang 酱、jing 更、gung 公、guypi 贵妃、hoxang 和尚、kan 矿、pung 粉等。这些借词的语义范围相当广泛,语音和词义也与清代汉语相同或相近,这说明汉、维两个民族的接触和往来已非常普遍。另外,在著名维吾尔族诗人穆罕默德·司迪克·翟黎里的《胜利书》、维吾尔族著名历史学家毛拉木萨·赛拉米《安宁史》等书中,广泛了使用了汉语借词,其范围涉及政治、经济、文化等社会生活的各个方面。从维吾尔语语言史的角度来看,可以说,大量引进汉语借词是这一时期维吾尔语的一个显著特点。这也从一个侧面反映了新疆与中原汉民族之间的交往、文化联系非常密切。

在清代,维吾尔族沿用察合台文。以这种文字传世的著名历史著作有穆罕默德·萨迪克·喀什噶尔的《和卓传》、毛拉木萨的《伊米德史》等。

穆罕默德·萨迪克·喀什噶尔是新疆喀什噶尔人,于 1768~1769 年间写成《和卓传》,其时,作者正身任喀什噶尔阿奇木伯克鄂斯曼的首席秘书官。据称,该书是作者根据阿奇木伯克鄂斯曼及其妻子的要求编撰的。主要叙述玛哈图木·阿杂木的后裔伊斯哈克(黑山派)和玛木特·玉素布、阿帕克和卓(白山派)两个家族在喀什噶尔传教和斗争的历史。而这段历史在汉文历史文献中却少有记载,因而这部著作就显得尤为珍贵。可以说,它是研究 17 世纪中叶至 18 世纪中叶天山南北历史变迁的最重要的历史文献。

维吾尔族著名历史学家毛拉木萨著有《伊米德史》。作者的全名是毛拉木萨·本·毛拉艾萨和卓·赛拉米(1836~1917),新疆拜城赛里木人。青年时期,他曾参加 1864 年爆发的库车维吾尔族、回族农民起义,并在起义胜利后建立的热西丁割据政权中担任乌什和阿克苏两城的文书官。浩罕阿古柏入侵新疆,攻灭热西丁割据政权后,他又被迫在阿古柏统治下的阿克苏充当宗教税收税官和文书。清军收复新疆后,他隐居农村,晚年以负疚和忏悔的心情,写成一部著作叫《安宁史》,详细记载库车农民起义和阿古柏入侵新疆的经过。后来觉得还有许多史事需要记载,对阿古柏的残暴统治和新疆各族人民的反抗,意犹未尽,于是将其改写、增补,于1908年写成《伊米德史》。作者称此书献给当时的土耳其国王阿卜杜·伊米德,故命名《伊米德史》,对于研究新疆近代史有重要参考价值。

维吾尔人的文学创作在清代进入了一个新的阶段。出现了长诗《爱苦相依》、《爱情组婚集》等一批重要文学作品。长篇叙事诗《爱苦相依》的作者是赫尔克提(1634~1742)。他原名为穆罕默德·伊明·和卓木·库力·鄂里,喀什噶尔人。16岁时在喀什噶尔经文学院学习。1670年,完成了长篇叙事诗《爱苦相依》,时年37岁。这部长诗分27章,共2 070余行。诗中塑造了晨风、夜莺、玫瑰三个形象,用拟人化的手法,细致入微地刻画了人物形象。生动地描绘了夜莺热爱玫瑰,晨风为之奔走其间、穿针引线的爱情故事。诗中赞美人生,歌颂爱情,揭示出追求真理、渴望幸福一定要付出代价的思想主题。长诗语言生动幽默、富有哲理,人物性格鲜明,情感细腻,诙谐幽默,至为动人。更重要的是,诗作摆脱了宗教的桎梏,视野更为辽阔,开创了一代新的诗风,对以后的诗人产生了很大的影响。

《爱情组诗集》,作者阿布都热依木·纳札尔(1770~1848),喀什噶尔人,出生于一个染衣匠家庭。《爱情组诗集》分3大部分,共4.8万行,主要内容是歌颂纯真的爱情、友谊、忠诚,歌颂勤劳、勇敢等高尚品质。一般认为纳札尔的代表作是(组诗集)中的《热碧亚—塞丁》一诗。这是根据当时发生的一件真实的故事写成的。诗人通过歌颂热碧亚和赛丁这对青年的纯洁爱情和他们对封建制度的勇敢反抗,表达自己热爱自由生活的思想。纳札尔通过爱情悲剧来抨击封建制度,肯定人应有自由权利和幸福生活的权利,诗作具有反封建的思想倾向,开了批判现实主义的先河,在18~19世纪维吾尔文学史中占有重要的位置。

值得一提的是,在清代还涌现出一大批维吾尔族翻译家,翻译了许多像《王书》、《一千零一夜》等波斯文、阿拉伯文的优秀文学作品。这为促进维吾尔族的文化交流、繁荣和发展维吾尔族的文化生活做出了重要的贡献。

2. 卫拉特蒙古文化

明末清初,卫拉特蒙古人据天山北麓草原,成为雄踞中国西北地区的重要政治力量,不久藏传佛教传入这一地区,继而准噶尔汗国兴起。从此,西域的政治、文化格局发生了新的变化。另外,土尔扈特部自伏尔加河流域万里东归和察哈尔蒙古西迁新疆后,更是加强了这一变化,充实和丰富了卫拉特蒙古游牧文化的内涵。

16世纪80年代,蒙古土默特部首领俺答汗在青海会见三世达赖索南嘉措,率部皈依格鲁派后,喇嘛教很快就在蒙古族活动的漠南漠北地区传播。至17世纪初，喇嘛教开始传入天山北路。在卫拉特蒙古上层的倡导下，喇嘛教在卫拉特蒙古社会中迅速传播，成为卫拉特各部尊奉的宗教，1640年在塔尔巴哈台召开的卫拉特、喀尔喀各部王公台吉们的会议上制定的《蒙古卫拉特法典》"以法律形式规定喇嘛教为蒙古所有汗国和公国的正式国教"。①

喇嘛教的传播，对于卫拉特人的社会生活产生了重大的影响。在准噶尔汗国时期，卫拉特人就已开始兴建西藏风格的喇嘛教寺院，游牧草场上出现了定居中心，而这些定居点周围则开辟了农耕区。

卫拉特蒙古作为蒙古族的重要组成部分，自元后使用源自畏兀儿的回鹘文，称回鹘式蒙古文。1648年，卫拉特蒙古高僧咱雅班第达，根据卫拉特方言的特点，将回鹘式蒙古文改革为更接近口语的"托忒文"意为"清楚的文字"。蒙古文是能够比较准确地表达卫拉特方言的语言系统。

为了在蒙古地区推广和使用蒙古文，咱雅班第达先后撰写了《字母汇编》、《多种文字基本字符的区分》和《念咒法总纲》等书。这三部书对将梵文、藏文转写成托忒蒙古文的规则及正音法进行了说明。此外特古斯诺敏尼都图编纂了《明灯辞书》，这是一部藏文托忒文辞书，收入两三万词条。18世纪以后，卫拉特蒙古人还编纂了《托忒蒙古文字母》等书。

居住在伏尔加河地区的卫拉特蒙古人也一直在使用蒙古文，自19世纪中叶，俄国学者先后编写了《卡尔梅克语法》、《卡尔梅克—俄语辞典》等蒙古文语音、文字、语法等方面的专著和辞书。

17世纪中叶，咱雅班第达创制蒙古文后，卫拉特蒙古人用蒙文撰写了大量的有关宗教、天文、地理、医学、语言、文学和历史等学科领域的丰富多彩的文献资料。其中文史学文献尤其引人注目，成为研究17~18世纪西蒙古史重要的文献史料。

《咱雅班第达传》，原名《拉布吉巴咱雅班第达传——明月之光》，是17世纪末叶的人物传记。这部传记追溯了咱雅班第达的宗教生活。它对咱雅班第达所主持的每个重要宗教仪式都做了专门的叙述，并且述及每次重大的宗教活动，尤其是传记中透露了咱雅班第达舍身保护五世达赖喇嘛，与达赖喇嘛建立了极为密切的个人关系。五世达赖喇嘛派遣咱雅班第达返回卫拉特传播藏传佛教的史事，是蒙、藏佛教史上的一件大事。

《四卫拉特史》的作者噶班沙拉勃，是土尔扈特部诺颜贝果鄂尔勒克第六子博勒浑的后代，从世袭表中看与阿玉奇汗是堂兄弟，为了区别其他（四卫拉特史），人们称这部写于火蛇年（1737）的著作为噶班沙拉勃《四卫拉特史》。它

---

① ［苏］兹拉特金：《准噶尔汗国史》，马曼丽译，商务印书馆1980年版，第178页。

是一部集纪事、编年于一体的文献，内容上起13世纪，下至17世纪前半叶，尤其对16世纪末17世纪初卫拉特发生的历史事件都有清楚的记载。

《卡尔梅克诸汗史》大约成书于18世纪下半叶。西方学者对这部文献作了较多的研究，他们认为《卡尔梅克诸汗史》是一部极为重要的历史文献，它在记载卫拉特历史的某些方面有独到之处，与蒙古人或卫拉特人的传统编史方式有所不同。这部著作从1618年土尔扈特向伏尔加河迁移开始，最后以这些西部蒙古人回归故土结束。书中有大量篇幅涉及卫拉特与俄国之间的关系问题，卫拉特与西部草原、克里米亚、高加索山脉以及伏尔加河地区其他民族的相互关系问题。

卫拉特蒙古口头文学非常发达，内容丰富，形式多样，反映了卫拉特人民各个时代的社会生活、道德、思想、风俗习惯，是卫拉特人民智慧的结晶。

卫拉特蒙古英雄史诗数量众多，有《江格尔》、《格斯尔》、《祖乐阿拉达尔汗传》、《察尔根查干汗》、《乌农克托尔勒汗》、《骑着玉顶枣骝马溅克布斯夏尔格勇士》、《恰格德尔汗传》、《那仁汗传》、《长生不老的布苏特阿勒德尔汗传》、《骑着英俊枣骝马的雅德松雅尔嘎尔》、《唐苏克汗下王子郭来斯钦勇士》、《乌夏德尔汗传》、《宝木额尔德尼》、《尼音达栖汗》等。其中，《江格尔》被称为蒙古文学三大高峰之一和中国三大英雄史诗之一。它是卫拉特蒙古的祖先留给子孙后代宝贵的精神财富，也是人类文化宝库中的一份珍贵遗产。

史诗《江格尔》是由许多英雄故事组成的一部长篇巨作。每章都讲一个中心人物的一次战斗过程。章与章之间既有相对的独立性，又有内在的联系，是一个有机的整体。而开篇的序诗则概括了史诗的基本内容，《江格尔》是卫拉特蒙古男女老幼最喜闻乐见的作品，而演唱《江格尔》则是日常文化生活中的一项重要内容。每逢喜庆节日，牧民总是围坐在蒙古包中听江格尔齐演唱《江格尔》，有的江格尔齐则被请到汗王、诺颜等大户人家演唱。一些汗、王、诺颜等有自家专职江格尔齐。草原上还年年进行《江格尔》演唱比赛，优胜者受重奖。演唱传说时，要唱完整章，听的也要从头听到尾，而且还要门窗紧闭，以防灾难降临。

17世纪初，喇嘛教开始传入卫拉特蒙古地区后，西藏医学也随之而入，逐渐为卫拉特蒙古人民所接受。卫拉特蒙古地区的一些大的寺院（如巴伦台黄庙等）中都设有满巴扎仓，即医学部。它虽是培养喇嘛医生的地方，但也为前来求医的患者进行治疗。17世纪中期，卫拉特蒙古高僧咱雅班第达将藏族医学名著《四部医典》译为托忒文，这对卫拉特蒙古地区的医学发展有着重要的意义。

卫拉特蒙古在长期与疾病斗争的过程中，积累了许多医疗实践经验，同时，又吸收了藏医、印度医学基本理论及汉医学知识，逐步掌握了对人体的生理、病理和治疗的系统知识，形成了具有草原特色的蒙古族医学，是蒙古族珍贵的文化遗产之一。

3. 满汉文化

（1）满文化

满族是清王朝的统治民族，由于行政和驻军的需要，满族官员和军民大批进入新疆。

新疆满族多信仰萨满教。萨满教主张万物有灵，以萨满作为人灵沟通的使者。崇拜的神灵包括自然神（如山神）、动物神（如马王）、祖先神以及人间神（如关羽）。后来满族虽崇信佛教，然萨满祭祀未废，而且佛教神祇也被纳入满族祭礼中。

满族的宗教信仰主要通过家祭的形式体现。这种家祭是家庭祭祀以祖先神为主的各种神的萨满祭祀活动。满族家祭所祭神祇总称神祖，即满族的远祖、始祖以及天神、山神、佛陀妈妈等。但各氏族所祭诸神不尽相同，其祭品种类、祭器数目、仪式也表现出各氏族独有的特点。但总的看来，满族家祭传统保持了其大致的稳定性。制约这种稳定性的条件有三：一是来自清廷自上而下的规范、推行、监督；二是家祭组织结构自身的制约，家祭始终以同姓、同血缘为联系；三是萨满的传承作用。因此新疆满族也得以保留了家祭传统。

满族有自己的语言文字。满语属阿尔泰语系满—通古斯语族满语支。满文是16世纪末借用蒙古文字母创制的。最初，这一文字不甚完善，有的字母代表两个或两个以上的音，不便识别。后经达海改进，加了圈点，规范了字母，使之能够一个字母代表一个音，学习和使用也十分方便。因此，后人将早期的满文称作"无圈点满文"或"老满文"，改进后的满文称作"有圈点满文"或"新满文"。用老满文撰写的文献最著名的有《满文老档》，记录了满族崛起及后金开国的历史过程，是研究满族早期历史和满语的珍贵资料。清入关后，将满语满文定为"国语国文"，习惯上又称"清语"、清字。所谓"清字"指的就是改进后的新满文。有清一代，凡中央到地方以及各级满蒙官员，特别是承办八旗事务及边疆事务的满蒙官员，一般都用满文缮写公文。相应地，清廷的有关谕旨、寄信及各部院的行文，也都使用满文书写。因此，可以说满文文献资料浩如烟海，数量众多。

满族非常重视本民族文化的提高，其上层人物多受过严格的教育。顺治六年（1644），京城设立八旗官学四所，后增至每旗一所，共八所。用以培养满、汉文兼通的人才。自此全国各驻防之地均创立八旗官学。乾隆一统天山南北之后，随着八旗官兵的进驻，新疆各地也办起了八旗官学和义学。自此办起了迪化州虎峰书院、昌吉县书院、绥来县书院、阜康县书院。又在镇西府办起了府学，满汉子弟皆因之入学。

清代，伊犁是新疆的统治中心，满族较集中。时任伊犁将军的伊勒图于乾隆三十四年（1769）在惠远城（今霍城县境）、惠宁城（今伊宁市巴彦岱）各设一所义学，招当地官兵30名入学，教习3人，分别教授满文、蒙古文和汉文。每年年终考试，成绩优秀者奖励。这都为提高当地满族文化水平产生了积极的效果。

（2）汉文化

汉族是新疆最古老的居民之一，上自两汉及魏晋南北朝的楼兰、高昌，唐之伊、西、庭三州及四镇之地都聚居着大量汉人，但唐亡以后，汉人逐渐融入当地民族之中，至入清后，汉族成为新疆经济发展的重要生力军。

清代新疆的汉人除主要从事农业生产外，还有不少人从事其他经济活动。如经商、采矿、加工农副产品和种植瓜果、蔬菜。不仅促进了新疆经济的发展和社会的进步，而且还为新疆多民族文化的繁荣发展做出了贡献。

新疆一些著名的大型公共建筑，正是由于汉族能工巧匠的参与完成的。例如伊犁将军府所在地惠远城中心的钟鼓楼（乾隆年间所建的钟鼓楼于同治年间毁于战火，现存的为光绪年间重建），乌鲁木齐红山顶上的"镇龙塔"等一些大的庙宇。它们不但气势宏伟，而且结构巧妙，所绘各种图案生动形象，充分表现了汉人高超的建筑艺术和特有的建筑风格。

由于大批汉族的到来，中原内地的风俗亦传入新疆。尤其是中原汉族传统节日习俗，以其丰富多彩的内容，成为新疆各民族节日文化中精彩的一幕。内地的许多地方戏曲也扎根新疆，大大地丰富了新疆汉民族的文化精神生活。另外，诸如舞狮、竹马、灯船、马戏（解）等内地汉民族的民间游艺活动，也在关外汉族民间广泛传播，为日常生活增添了丰富色彩。

清代新疆汉人的文化教育活动，很值得一提。纪昀说："各地自建学额以来，各屯多开乡塾，营伍亦建义学二处，教兵之子弟，弦歌相闻，俨然中土吻。"[①] 这里的"乡塾"或"义学"，多数为汉人所办，学习的也多为汉族军民子弟。为了支持办学，官府拨出一定土地，雇人代耕，收获的粮食租银作为办学经费。例如迪化州办的虎峰书院，有土地"六百五十亩，岁获租银四十四两"，全部用来办学。每年官府统一对学生进行考试，成绩优秀者可以参加更高一级的科举考试，以谋官职。在发展新疆的文化教育中，汉人起了重要作用，而其中出力最多，成绩最为显著的又是为数众多的废员。

废员，又称戍员或遣员，是因为各种罪名被清朝政府发遣新疆的官员。据统

---

① 陈效简、华桂金、郝浚：《乌鲁木齐杂诗注》，新疆人民出版社1991年版，第79页。

计，自乾隆二十五年（1760）至嘉庆十二年（1870）乌鲁木齐先后有废员近万人。嘉庆初年，洪亮吉在伊犁时，与他同发这里的废员有72人，"自巡抚以下至簿尉，亦无官不具，又可知伊犁迁之多矣鸣。"① 这些为数众多的废员，大多为参加过科举考试的文人，博学才，文化水平较高。他们到新疆后，发挥其特长，不少人被当局安排在文教部门从事文字工作，当教师、作文秘等。还有人被当局看中重用，编写新疆志书，以传后人。同时，他们中的不少人看到新疆独特的自然风光风土人情，写下了大量的诗文日记。这些人的创作劳动，不但大大丰富了当时人们的精神文化生活，而且也为后人留下了丰富可贵的历史资料。这些人中，成绩突出的有纪昀、洪亮吉、祁韵士、徐松、林则徐等人。这些人在内地为官时，都是名噪一时的学者，著述甚丰，到新疆后，不计名利，勤奋笔耕，更为后人留下传世之作。纪昀的《乌鲁木齐杂诗》160首及《阅微草堂笔记》中所记新疆见闻等；洪亮吉的《伊犁日记》、《天山客话》及《万里荷戈集》等；祁韵士纂写的《伊犁总统事略》、《西域释地》、《西陲要略》、《万里行程记》等；徐松的《西域水道记》、《新疆赋》、《新疆识略》等，林则徐的《回疆竹枝词》、《乙巳日记》等；以及由其他废员参加编纂创作的《三州辑略》（后来的《新疆图志》）和大量诗文，都是我们今天研究新疆历史必不可少的珍贵资料。

（三）新疆多元文化的发展与交流

1. 绿洲城郭诸国文化

城郭绿洲诸国，主要包括塔里木盆地和吐鲁番盆地及其周边山前台地的各绿洲城郭诸国。塔里木盆地位于亚洲腹心，其中部为塔克拉玛干沙漠，环绕盆地边缘的是众多的绿洲。几个相近的绿洲相连接，组成一个相对比较独立的地区。

绿洲指的是山前降雨和雪山融水，从山上挟带下来大量的风化物，在山前台地不断积聚而形成的洪积冲积扇和三角洲。这里土壤肥沃、水源丰沛，这种特殊的自然生态环境，决定了绿洲地区居民定居农耕的生活方式。《汉书·西域传》载："西域诸国大率土著，有城郭田畜，与匈奴、乌孙异俗。"② "有城郭"是指塔里木盆地周缘诸国往往以一个大的绿洲为屏障而形成的城市国家。田畜集散于城郭周围的绿洲上，居民以定居农耕为主，小事畜牧，故称"城郭之国"；而匈奴、乌孙，则以游牧为主，随畜逐水草，故称"行国"。与"匈奴、乌孙异俗"只是说明"城郭之国"与"行国"各自不同的生活方式。

《汉书·西域传》云，西域"本三十六国"，到三国时，在今塔里木盆地周

---

① 杨建新：《古西行记选注》，宁夏人民出版社1987年版，第378页。
② 班固：《汉书·西域传》，中华书局1962年版，第3872页。

围形成了鄯善、于阗、龟兹、车师（及以后的高昌）、疏勒及焉耆等几个较大的政权。这一政治格局在此后相当长的一段时间里没有发生太大的变化，它们长期活跃在西域的历史舞台上，对西域历史产生了深远的影响：这种兼并活动客观上推动了西域地区政治、经济的发展，同时也为当地地域文化的形成和发展奠定了基础。而丝绸之路的开通，则不仅加强了各国之间的政治、经济、文化的交流，而且加强了西域绿洲城郭诸国与中原、西方的联系。随着中外使者、商贾以及僧侣的东来西往，东西文化在这里交汇和碰撞，并经过当地人民的吸收与创造，形成独具特色的西域文化。

自两汉以来，在天山以南的绿洲诸国中，以汉文化为主体的东方文化和以佛教文化为主的印度犍陀罗文化从不同方向、以不同方式进入西域，并与各地原有的文化传统相结合，并进而形成了以汉文化为主体、东西文化交融为特点的高昌文化圈、以佛教文化为主体的于阗—龟兹文化圈等。

（1）高昌文化

高昌最早以"高昌壁"的名称出现于汉文史籍，西汉时为戊己校尉之驻所。到三国时期，随着丝路新道的开通，东西方交流的加强，高昌逐渐兴起，并日益成为东西方使者、商贾、僧侣往来的必经之地，东、西方各种文化也因此得以在此汇聚和交融。

高昌地区的原有居民是车师人，曾建立车师前部王国和车师后部王国。前部王庭治交河城，后部王庭治务涂谷（今吉木萨尔县南泉子街一带）。汉宣帝神爵二年（前60），始属西域都护。汉元帝初元元年（前48），戊己校尉于车师前部开始屯田。北魏时其王始受魏封。前凉在其地设高昌郡，但王国与国王族属如故。至北魏太武帝太平真君十一年（450），河西王沮渠安周败车伊洛于交河城，车伊洛仅率遗民西奔焉耆。剩下的车师人遂在史书的记载中消失。但在吐鲁番所出高昌时期的文书中，仍然可以看到车姓即车师人活动的痕迹。

魏晋时期，由于中原地区内乱频仍，内地有许多人（主要是河西汉人）为避战乱移居高昌壁，高昌地区在两汉屯戍的基础上得到了进一步的开发，社会经济得到了很大的发展。咸和二年（327）晋在此置高昌郡。这一方面说明中原王朝统治的加强，另一方面也标志着中原文化制度在这里的确立。今印年，柔然立阚伯周为高昌王，始以高昌为国号，后高车灭阚氏，于499年立麴嘉为王，麴氏统治时期，高昌文化在相对稳定的环境中得到了进一步的发展，以中西文化交融为特点，并受游牧文化影响的高昌文化圈最终形成。

在高昌文化圈中，中原汉文化占有重要地位。儒家思想成了高昌统治阶级的统治思想。在吐鲁番阿斯塔那古墓群出土的高昌国时期文书中，已发现有许多《尚书》、《诗经》的写本，印证了史籍有关高昌国"有《毛诗》、《论语》、《孝经》。置学官弟子以相教授……其刑法、风俗、婚姻、丧葬，与华夏小异而大同"[1] 的记载。《北史·高昌传》载，高昌王"于坐室画鲁哀公问政于孔子像"[2]。在阿斯塔那出土的大量《随葬衣物疏》中就有《孝经》随葬，而在出土的文书中亦发现有《孝经》写本，表明儒家思想在当时的高昌已深入人心。此外，在这一地区还曾先后发现有属于这一时期的《汉书·西域传》、《三国志·孙权传》、《晋阳秋》等写本残卷，以及《书仪》、《急就章》、《千字文》等写本，在哈喇和卓 91 号墓中还发现有西凉建初四年（408）的《秀才对策文》，反映出儒家思想在高昌的广泛影响。

高昌提倡儒学的风气一直延续到隋唐时期，并进一步得到了推广。为普及和提高以儒学为核心的文化，高昌还办起了州学、县学、乡学等各级学校。在吐鲁番唐墓中发现的《论语郑氏注》写本残卷、《唐昆义论语对策》残卷表明，西州与内地一样使用《论语》作为基本读本。以儒家经典作为幼童启蒙教材，表明了传统儒家思想在高昌地区的广泛流传和影响。

另外，中原汉民族的许多民间传统信仰和风俗习惯也在高昌地区广为流传，成为高昌文化的一个有机组成部分。如吐鲁番阿斯塔那古墓群中出土有大量伏羲女娲绢画，人首蛇身，伏羲左手执矩，女娲右手执规，二人对面相拥，下部作交尾状，周围饰以各种星相图。

随着大量汉人移居高昌，中原传统的道教文化也传播到这一地区，在民间广泛流传，并深深影响着高昌人民的日常生活。佛教、道教两种文化信仰在高昌地区汇聚，共同成为高昌文化的一个重要组成部分。

汉文化在高昌地区的影响也反映在语言文字上。阿斯塔那古墓群所出各种官私文书，基本上用汉文书写，表明汉文是当时官方和民间通用的文字。不仅如此，从诸凉政权之高昌郡到高昌国各个时期的官府文书中各种公文在用语、程式上也反映出秦汉以来中原汉文化的影响。如班示、符、启、奏、条吾（或条记）、些簿、籍账、契券等，均可从汉魏以来中原王朝相应的文案制度上溯其渊源。从出土文书中所见高昌城门的名称上，亦可看到中原汉文化的影响。这些城门的名称有的和汉长安城、十六国姑臧城、魏晋及北魏洛阳城城门名称相同，均以五行、天象等学说为基础命名。

入唐后，唐朝收取高昌，并置西州，使流沙东西重新得到统一，随之大批汉族军民西徙定居，同高昌国故境土著汉人融为一体，为高昌地区多元文化注入了新鲜血液，推动了当地汉文化的高度繁荣。随着新一代内地汉人的移居，诸如冗

---

[1] 李延寿：《北史·高昌传》，中华书局 1974 年版，第 3215 页。
[2] 李延寿：《北史·高昌传》，中华书局 1974 年版，第 3214 页。

元正（年节）、正月十五（上元节）、五月五（端午节）、七月十五（盂兰盆节）等汉族传统节庆习俗进入高昌地区。此外，汉人饮食、服饰文化也对高昌居民的日常生活产生了深远的影响。

高昌地区盛行佛教，有很多高昌僧侣西行印度、龟兹等地求法取经。佛教深入民间，并影响到当地人民的日常生活。高昌佛教在吸收印度、龟兹佛教和中原汉传佛教的基础上，还融合了当地汉魏以来汉文化的某些因素，形成了独具特色的高昌佛教文化，并在民间产生了广泛的影响。如当时的高昌，佛寺"像庙星罗，僧揽云布"，佛寺多以姓氏名之。出土文书所见麹寺、马寺、张寺、阚寺、阴寺、唐寺、李寺、韩寺、朱寺、王寺、高寺、贾寺、赵寺、陈寺、苏寺、崔寺、靳寺、裴寺、周寺、罗寺、董寺、程寺等，反映出当时高昌聚族兴建佛寺和家族信仰佛教的情况。

高昌佛教文化对当地少数民族也产生了一定的影响，在高昌佛寺中可见九姓粟特人所建的安寺、史寺、曹寺等，还有车师人的车寺及鄯善人的鄯寺、龟兹人的白寺、突厥人的坷寒（可汗）寺、提勤（特勤）寺、天竺人的竺寺等，表明高昌少数民族在佛教的信仰上已某种程度地高昌化了。入唐后，大量汉族高僧携汉译佛经西渡流沙弘法传经，汉传佛教也盛行于三州、四镇。除佛教外，祆教也传入了高昌地区。这可能与中亚粟特人在高昌从事商业活动并大量移居于此有关。回鹘西迁后，摩尼教也传入高昌，各种外来宗教异彩纷呈，相互影响，大大丰富了高昌的宗教文化。

高昌文化的另一个特点是，东西文化的交融性。高昌作为中西交通的要冲和中西贸易的集散地，不可避免地成了东西文化的汇聚之地。从考古发现的材料来看，高昌境内，内地的丝绸产品仍占主要地位，但也有不少具有地方特色的织锦。英国探险家斯坦因在研究了于吐鲁番所获丝织物后指出："在一张保存完好的 V201 号覆面上，有两个卵形像版的图案，一个在另一个的上面。每一个图案的外部都有边珠相围。里面则是莺尾纹的花押。这些显然是来自'萨珊（波斯）'的模式。但是在那些对兽纹中，其中一个和覆面底部的树叶纹一样，显然是中国式的风格。"[①] 在高昌的丝织物上，中原文化和波斯文化融为一体。

高昌发达的商业贸易，还给高昌带来了比较发达的商业文化。它主要表现在具有浓厚商业文化特征的契约关系中。在出土文书中不仅有大量的买卖契券，而且这种契约关系已发展到租佃、雇佣、借贷等经济生活之中，生活在高昌的各族人民基本上都处于各种契约关系之中。另外，高昌民间已形成了比较完善的契约制度，各种契券都有一定的程式。从契券的订立、立契双方的权利、义务及见证

---

① Aure Istein. *Innermost Asia*. Cosmopublication, New Delhi, Vol. II. p. 677.

人、保人、立契双方签名、押署都有不成文的习惯法加以严格的规范。据不完全记载，高昌商行有谷麦行、米面行、帛练行、果子行、彩帛行、瓦器行、铛釜行、菜子行等，经营的商品有粮食、果子、菜子、燃料、布匹、皮毛、靴帽、衣服、牛马、鬐鞍、刀剑、工具、钏梳、碗碟、颜料、香料、药材等，从生产工具到日用百货，门类齐全，应有尽有，充分体现了高昌作为丝绸之路上重要的商品集散地的地位和作用。发达的商业文化不仅保证了高昌各种经济活动的正常进行，而且也影响到了高昌民间的某些习俗，反映出高昌商业文化影响的广泛性。

高昌是中西多种文化大汇聚、大融合的地方，汉文化始终处于主导地位。各种文化以汉文化为中心，相互吸收彼此的优点，经过数百年的不断碰撞和发展，从而最终形成以东西文化交融为特点的高昌文化圈。

（2）于阗文化

于阗国是丝绸之路南道大国，又称瞿萨旦那、屈丹、于遁、豁丹等。汉初属匈奴，西汉末年，中原战乱，于阗乘机向外扩张，称雄南道。东汉明帝永平年间（58～75），吞并精绝以至疏勒的13国。北魏太平真君六年（445），吐谷浑慕利延败退到于阗，曾杀于阗王而据其国。至唐太宗贞观二十二年（648），正式隶属唐朝。高宗上元元年（674），唐在其地设毗沙都督府，授尉迟伏阁信为都督。7世纪60～70年代，被吐蕃占领。武则天长寿元年（692），唐军击败吐蕃，收复安西四镇。玄宗天宝十四年（755），吐蕃再入西域，于阗又陷。9世纪中叶，随着吐蕃势力的衰退，于阗重新建国。10世纪国势复振，宋太祖乾德四年（966），于阗王李圣天称"大朝太宝大圣大明天子"。从10世纪中叶起，喀喇汗王朝对于阗进行了数十年的伊斯兰"圣战"，11世纪初，于阗国亡。

1世纪，佛教最先进入于阗，并经过两三百年的发展，到魏晋南北朝时期，进入了鼎盛时期。佛教最初通过印度西北部曾深受希腊文化影响的犍陀罗、罽宾等地传入，因而于阗佛教文化中，犍陀罗艺术的影响十分明显。据有关学者对洛浦县西北热瓦克佛寺遗址（4～7世纪）研究，其建筑格局以佛塔为中心，佛塔为印度的覆钵式。其他遗址中也多为上圆下方的覆钵式萃堵婆，与内地佛塔明显不同。在佛像造型上则体现出犍陀罗艺术的影响。遗址所出土的佛教造像大多"面部安详，双目微闭。鼻梁直通额际，发呈波状"，"衣褶用醒目的凸线表示"，表现出典型的犍陀罗艺术的特征。在洛浦县热瓦克和于阗县喀孜纳克佛寺所存这一时期的壁画上，既有中国传统的线描法，又有犍陀罗式的平涂着色法、凹凸画法以及衣褶表现的整齐划一。在建筑构件和木器的雕刻纹样上，则有源于印度的比钵罗树叶、月桂花圈、菱格、金刚顶等。这些遗物显示出于阗文化具有极其丰富的内涵。

在于阗佛教艺术中明显反映出了波斯文化的影响。存今新疆和田附近的丹丹乌里克10号废寺遗址中，曾发现一块属于8世纪的绘板。绘板正反两面都画有神像。正面形象双脚交叉坐于锦垫之上。头戴金色高帽，身穿萨珊式波斯锦袍，腰系皮带，悬挂短弯刀，脚穿高筒黑皮靴；面部呈红色，双目圆睁，嘴微张，颌下长着连鬓络腮胡须。右手擎高脚杯，左手扶腿。肩后另生两手，上举；左握短矛，右持花朵。有头光和背光。人物形象的面貌和服饰都体现了强烈的波斯风格。绘板反面画像的坐姿大致与正面相同；但相貌为印度式。全身裸体，肤色呈暗蓝状；戴项圈、手镯和臂钏，腰系虎皮，披帛带，戴宝冠；面生三目，肩后生二头，一作白面女相，一作愤怒力士相，四臂各持法物。坐垫下有两只卧牛。反面的神像也有头光和背光。据斯坦因解释，两尊神像都来源于波斯史诗传说，正面的"波斯菩萨"是罗斯坦（Rustan），背面的四臂二头怪物是罗斯坦战胜群魔时为他效若的一个魔王的形象。

波斯文化对于阗的影响，不仅体现在佛教艺术品的创作上，而且也表现在于阗的宗教信仰方面。在隋唐时期，于阗除了主要信仰佛教之外，还信奉源于古代波斯的祆教。祆教久已传入西域，《旧唐书·西戎传》说于阗"好事祆神，崇佛教"[1]。

于阗美术直接因袭犍陀罗的传统，拥有一流的画师，例如尉迟乙僧入唐后声名大噪，其所传凹凸法影响了中原一代画风：尉迟乙僧笔下的人物、花鸟，都是根据他熟识的西域本地的形象创作的，这使他的绘画作品新奇传神，在长安独树一帜。据有关汉文典籍记载，唐代西京长安的慈恩寺、兴唐寺、安国寺、奉恩寺、光宅寺以及东都洛阳大云寺都有尉迟乙僧的画迹。北宋徽宗宣和年间（1119~1125）御府收藏的图画中还有尉迟乙僧创作的《弥勒佛像》、《佛铺图》、《佛从像》、《外国佛从像》、《大悲像》、《明王像》（两幅）和《外国人物图》等8幅作品。现代学者认为，今西安大雁塔门楣、塔座上遗留的石刻线画，很可能与尉迟乙僧有关，甚至可能是由他亲自起样或指导完成的。尉迟乙僧作为西域画派的代表人物，他的绘画对唐朝及后世的绘画产生了重大的影响，促进了内地与西域之间的文化交流。

于阗与中原内地的联系可谓久远。《新唐书·西域传》云："自汉武帝以来，中国诏书符节，其王传以相授。"[2] 在佛教东弘过程中，于阗一方面直接从邻近的迦湿弥罗和天竺接受佛教，并在其国王的大力提倡下，发扬光大；另一方面则通过于阗沙门的东行弘法和中原僧侣的西行求法，将于阗的佛教输入中原地区，对内地早期佛教的发展产生了深远的影响。与此同时，随着东西丝路贸易的发展

---

[1] 刘昫：《旧唐书·西戎传》，中华书局1975年版，第5305页。
[2] 欧阳修：《新唐书·西域传》，中华书局1975年版，第6235页。

和大批中原僧侣的西行求法、巡礼，中原文化的影响也及于于阗。519年，内地僧人宋云、惠生一行在捍麽城南巧里处大寺旁见数万"县彩播盖"，其中北魏僧侣所献占一半以上。可见来于阗求法或途径于阗的中原僧侣为数不少。

值得一提的是，桑蚕大约在魏晋之初传入于阗。《魏书·西域传》说"（于阗）土宜五谷并桑麻"①。而唐僧玄奘则在《大唐西域记》中，向我们讲述了一个蚕桑传入于阗的动人的故事："昔者，此国未知蚕桑，闻东国君秘而不赐，严敕关防，无令蚕种出也。瞿萨旦那王乃卑辞下礼，求婚东国。国君有怀远之志，遂允其请。"于是东国公主秘携蚕种入于阗。我们不妨把这个故事当做中原文化影响于阗的一个实例。

自唐统一西域，到790年左右被吐蕃攻占，于阗一直在唐朝的管辖之下，深受中原文化的影响。这一时期，于阗不仅有大批汉族官员、戍卒，而且还有不少汉僧。慧超曾到过于阗汉寺"龙兴寺"，寺主是河北冀州人。于阗语文书中的长史、节度使、宰相、都督、判官、夫人等不少名称都采用了汉语名称，而且这些文书还并用于阗文和汉文书写，或在行文中夹用汉字，如"副"、"行"、"俊"等。新疆现存于阗佛教美术作品中，除了一些比较早期的雕塑之外，7~8世纪以后的大部分佛教壁画和板绘图画都有明显的汉文化痕迹。如丹丹乌里克、马拉瓦斯特等地发现的壁画，其画法、线条均与内地有深厚的渊源关系，特别是丹丹乌里克2号寺址的龙女壁画是融印度和中原风格之作，其中龙女面部五官的勾描及晕染方法则完全是中原唐代壁画及传世的唐代人物画卷中的传统技法。

隋唐时期，以于阗为中心的南部地区文化的一个重要特点，就是受到了吐蕃文化的影响。吐蕃统治于阗期间，吐蕃将十几个分属于吐蕃本土各翼的千户部落调驻于阗，并将于阗本地的居民编为部落。吐蕃在于阗建立了一种类似于唐朝羁縻府州制度的双轨制军镇管理体系。

吐蕃的统治加强了古代新疆地区与西藏地区的文化交往。敦煌发现的于阗文医药巨著《悉昙婆罗》就是从藏文翻译成于阗文的，这对增进古代于阗地区的药物学知识起了重要作用。藏文《大藏经》或敦煌藏文写本中保留下来的《于阗国授记》、《于阗教法史》等著作，则是从于阗文译成藏文，或者是用藏文编写成的。这些著作不仅为了解古代于阗的历史和文化提供了宝贵的资料，而且代表了古代于阗对藏传佛教文库的贡献。

于阗乐原本是塔里木盆地绿洲诸国中最古老的乐种，并且早已闻名遐迩。《西京杂记》云："戚夫人侍儿贾佩兰，后出为扶风人段儒妻……至七月七日临百子池，作于阗乐。"这说明，于阗乐早在汉初就已传入中原，并成为长安宫廷

---

① 魏收：《魏书·西域传》，中华书局1974年版，第2262页。

乐队演奏的乐曲之一。及龟兹、疏勒乐相继代兴，虽已退居次要地位，但知名乐师依然不乏其人，例如唐德宗时有尉迟青善吹华篥，官至将军，从三品，掌宫禁宿卫。文宗时有尉迟璋善吹风翼笙，还善转喉为新声"弄眉眼，作头脑"，谓之拍碎，即以动作为节拍，风行长安。看来于阗乐不重琵琶，而是以篥案、风翼笙等管乐为其主要乐器。

塔里木盆绿洲诸国早就有了书写各自语言的文字，龟兹、焉耆使用龟兹—焉耆文，于阗则使用于阗文。于阗在魏晋南北朝时期曾经使用佉卢文，这种文字原本用于书写印度俗语，同于阗塞人的实际语言尚有若干距离，因之只能成为一种书面语言和文字符号。至5世纪于阗塞文代兴，这种文字源于印度婆罗谜字母岌多王朝字体，属一种音节文字，以附加符号表示元音，用以表达于阗塞语。它的勃兴标志着于阗语达到言文一致，因此一直流行至9世纪末10世纪初，不仅用来传译佛教经典，而且大量使用于世俗文书，一直与汉文、藏文并行不悖。其中具有较高史料价值的于阗文书有《钢和泰藏卷》，以钢和泰发现而得名，一面是于阗文，一面是古藏文，于阗文共73行，内容是于阗使臣所写的《沙州行记》。此外重要文书还有敦煌发现的《七王子伴使致于阗王奏报》、《七王子致于阗王书》、《使臣奏甘州突厥动乱》、《使臣致于阗王奏报》、《方王子察母书》等，反映了于阗同沙州、甘州的政治联系及于阗国亡前的一系列大事。重要文化典籍尚有《于阗—迦湿弥罗行程》、《于阗王致曹元忠书》、《迎腻色迎传》、《医药书》等；还发现了不少于阗语佛经残卷，如《金光明经》、《妙法莲花经》、《金刚般若经》、《理趣般诺波罗蜜多经》、《佛说无量寿经》、《僧伽诺经》、《维摩诘经》、《首楞严三昧经》等，大大丰富了西域文化宝库。

（3）龟兹文化

龟兹是古代西域大国之一，其国势最盛时相当于今轮台、库车、沙雅、拜城、阿克苏、新和。汉昭帝元凤四年（前77），汉使傅介子至龟兹，杀匈奴使者，龟兹始归属汉。宣帝神爵二年（前60），汉在龟兹东乌垒城设西域都护府，控制北道诸国。东汉时，附属匈奴。和帝时，班超为西域都护，居龟兹它乾城。唐初附于突厥。唐太宗时破降龟兹，设安西都护府于龟兹，其后成为唐统治西域的中心，并一度陷于吐蕃。9世纪，回鹘西迁天山地区后，龟兹成为西州回鹘领地，后又归附喀喇汗朝，开始伊斯兰化。

龟兹是丝绸之路北道上的大国，在文化方面受到了各种外来文化的影响，或者说龟兹本地文化与各种外来文化之间以及各种外来文化之间在龟兹地区的互相吸收和融合，形成了灿烂的龟兹文化。

在外来文化中，起源于印度的佛教对龟兹社会的影响最突出。佛教在大约公元前1世纪前后传入龟兹，并经过两三百年的发展，到魏晋南北朝时期，达到了鼎盛,在龟兹政治、文化等方面产生了深远的影响。其影响远及周边诸国,远达中原内地。如果说于阗是丝路南道的佛教中心,那么龟兹则是丝路北道的佛教中心。这里寺院林立,僧尼众多。库车地区现在保存有大量的佛寺遗址和石窟寺,如克孜尔石窟群,已编号的有236个洞窟;库木吐拉石窟群,已编号的有112个洞窟;森木塞姆石窟群,已编号的有52个洞窟;克孜朵哈石窟,已编号的有46个洞窟;玛扎伯哈石窟群,现存较完整的有41个洞窟;托乎拉克埃肯石窟群,今新和县境内,现存14个洞窟;台台尔石窟,仅存8个已残破的洞窟。还有苏巴什等佛寺遗址,有的石窟群还伴随有佛寺遗址。这些规模宏大的佛教洞窟和佛寺遗址,基本都开凿或建造于魏晋南北朝时期,反映出这一时期龟兹作为北道佛教中心规模之一斑。

　　龟兹石窟的来源可以追溯到印度佛教的支提窟,但又与支提窟有所区别,具有鲜明的地方特色。印度阿旗陀石窟支提窟的窟室较大,窟中央设有奉堵波,代表佛陀。龟兹石窟形制较小,窟中央有一根粗大的石柱,并在石柱前壁开完,凿出佛像,信徒绕石柱右旋礼拜。龟兹石窟的中心柱的意义就相当于印度支提窟中的奉堵波。不同的是,龟兹的中心柱还起着支撑窟顶的作用,这与龟兹地区砂岩质地松软,易于坍塌直接有关。在这些石窟中,保留了大量的佛教内容的壁画。其内容、画面人物形象、绘画风格以及描绘技法等,都不同程度地显示了外来文化的影响和融合。克孜尔千佛洞壁画中,有众多的裸体壁画,按照壁画所反映的内容,裸体画可分为乐神、卧裸女、闻法菩萨和供养菩萨、舞女、娱乐太子图、耶输陀罗人梦、太子降生图、降三魔女、龙王等11类。这些壁画表现了希腊艺术的观念和风格,以及印度佛教艺术的强烈影响,由此我们可见龟兹文化与犍陀罗佛教艺术的密切联系。更重要的是,龟兹壁画中的裸体艺术形象深深地扎根于龟兹现实社会的土壤之中,它既是迎合龟兹社会商人和市民阶层欣赏情趣的产物,又是龟兹上层贵族社会追求享乐、纵欲的世俗生活的艺术写照。与龟兹地区特别发达的音乐舞蹈艺术和众多的官办妓院一样,裸体壁画艺术也从一个侧面反映了商业经济的繁荣状况。

　　克孜尔石窟及其壁画还受到了萨珊波斯的影响。克孜尔石窟群中有一种特殊的方形穹窿顶窟,这种形制与来源于印度的中心柱窟不同,但与萨珊波斯的建筑式样很接近,而克孜尔壁画中的装饰图案和人物服饰与萨珊波斯的关系尤为密切。如壁画中随处可见的联珠纹图案和供养人穿的波斯翻领长袍,以及天人、菩萨脑后两条帛带的样式和弯曲形状,都生动反映了波斯艺术对克孜尔壁画的影响。

　　可以说,龟兹佛教艺术在借鉴、吸收东西文化影响的基础上与本地文化传统相结合,形成了具有鲜明地方特色的龟兹风格。是融合犍陀罗艺术形象,艺术风格以及艺术技巧，并使之与本地区的文化传统和艺术风格相结合而形成的一种新文化，它是中西文化交流的结果。

龟兹古代乐舞十分发达，是西域乐舞艺术中最为繁盛的一个。前秦建元十八年（382）吕光西伐龟兹后，也将龟兹乐带入了凉州。从此，龟兹乐舞流行中原，盛极一时。

《太平御览》载"龟兹乐起自吕光灭龟兹，因得其声乐，记有竖箜篌、琵琶、五弦、笙、笛、箫、觱篥、毛圆鼓、都昙腊鼓、腰鼓、揭鼓、溪娄鼓、铜钹、具（贝）等十五种为一部，工二十人，歌曲有善都摩尼，解曲婆伽儿，舞曲小天、疏勒盐"等。其舞蹈则"举止轻飘，或踊、或跃，乍动、乍息、跷脚、弹指、撼头、弄目，情发于中而不能自止"。具有较强的地方特色。这些特点在龟兹石窟的壁画中得到了形象的反映。从龟兹石窟壁画中出现的大量天宫乐伎图看龟兹古代乐舞已与佛教融为一体，成为龟兹乐舞文化的一大特点。

据《隋书·音乐志》记载，渊源于龟兹的西凉乐中，有一种舞曲叫"于阗佛曲"，唐代太乐署供奉的乐曲中也有"龟兹佛曲"和"急龟兹佛曲"，表明龟兹乐本身也深受佛教的影响。所以，从某种意义上说，佛教文化已深深地渗透到龟兹人民的日常生活之中，并与其本土文化相结合，积淀于龟兹人民的心中。

龟兹与中原地区素有往来。汉武帝时，汉朝就已在乌垒、轮台、渠犁、姑墨等地派兵戍守，并进行屯田，所以早在西汉，中原王朝的影响就达到了龟兹。到汉宣帝神爵二年，汉朝中央政府设置西域都护治乌垒城，龟兹已处于中原王朝管辖范围之内。特别是龟兹王绛宾不仅娶汉嫁给乌孙的解忧公主之女为夫人，并在元康元年（前65）一同入朝，回国后采用了一些汉朝的典章制度，把大量中原文化传入了龟兹。其子丕德时，更自称汉外孙，与汉朝过往甚密。其后，龟兹与中原内地的往来一直连绵不断。据一些学者对龟兹石窟群及其大量壁画及题记的研究，龟兹石窟在建筑、壁画风格及题材等方面，明显受到了中原文化的影响。这是自两汉以来龟兹与中原密切交往的结果。

至唐统一西域之后，龟兹作为唐朝统治西域的中心，一直有大批汉人长期居住。不仅有将士、官吏，还有大批商贾、百姓和僧徒。甚至在唐朝势力退出西域之后，龟兹的汉人也还保持着汉民族的习惯，使用汉语、汉文和干支纪年。当然随着时代的推移，这些汉族人的后代最终还是融合进了龟兹本地民族之中。作为一个民族群体，他们虽然是消失了，但是他们以及由他们带入西域的汉文化，却永久地留在了西域历史文化发展的长河之中，成为新疆历史文化遗产中的一个有机组成部分。

龟兹使用龟兹语。过去学术界一直将其命名为"吐火罗语"，并把焉耆方言称作"甲种吐火罗语"，而把龟兹方言称作"乙种吐火罗语"。现在一般将龟兹、焉耆发现的语言定名为龟兹语和焉耆语。由于它们同属一个语支，有时又称作"焉耆—龟兹语"，而将书写这种语言的文字就叫做"焉耆—龟兹文"。它是一种印度婆罗谜字母的斜体，字形与于阗文相似。焉耆—龟兹文一度非常繁荣，产生了大量文献（现发现的文献年代约在7~8世纪），包括长达27幕的佛教文学剧本《弥勒会见记》以及《佛弟子难陀生平》、演唱故事《六牙象本生故事》、《哑譬贤者故事》、《阿离念长者故事》、《俱既童子喻》、《须大拏太子故事》、《福力太子故事》、《木匠与画师》、《画家的传说》、《国王的故事》等，诗歌有《箴言诗集》等，其中佛经尤多，已发现并刊布、编目者有《法句经》、《佛所行赞》、《一百五十赞颂》、《福力太子缘经》、《杂阿含经》、《十二因缘经》、《十诵律比丘戒本》、《托胎经》、《饿鬼经》、《辩业经》、《入阿毗达摩论》等。总的来说，多属佛教文学内容，世俗文书仅有账册、医方、咒语、题识等少量发现。

除龟兹外，塔里木盆地北部还有焉耆、疏勒等绿洲农业政权。但以龟兹势力最大，地位最重要，历史记载最多，也最有代表性；它与于阗分别代表了塔里木盆地南北两个地区的文化，故本节以龟兹文化为塔里木盆地北部地区的代表，焉耆、疏勒文化从略。

2. 草原游牧文化

天山以北，今准噶尔盆地及其周围地区，自古以来就是游牧民族生活的乐园。汉唐时期，这里先后有月氏、乌孙、匈奴、嚈哒、悦般、高车、柔然、突厥等游牧民族。他们在共同的游牧经济生活的基础上，创造出各自具有特色的文化。逐水草而居的经济生活以及各游牧政权的频繁更替，使他们的文化也具有浓厚的"行国"特色。随着势力的勃兴，这些游牧民族又往往控制了天山以南的某些丝路重镇，并借此从中西丝路贸易中获取丰厚的经济利润。这些游牧民族因其活动范围的不同，受到了东西方诸种文化的不同影响。游牧的生活方式使他们活动范围比较广大，客观上也为他们充当中西文化交流的天然使者创造了条件。

（1）乌孙与匈奴文化

乌孙是西汉时期西北地区强大的民族之一。在西迁伊犁河流域以后，由于天山山谷和伊犁大草原优越的自然地理条件，乌孙社会经济得到很大发展。

乌孙经济以畜牧业为主。马的品种优良，曾被汉武帝称为"天马"。除马外，牲畜有羊、牛、驴、骆驼等。乌孙人以游牧为生，但也相对的定居。其王治称为"赤谷城"，可知已有城郭之类的建筑。乌孙人也有一定规模的农业和手工业，能铸铁、制陶和毛纺织等。新疆昭苏县一座乌孙墓内出土了一件铁铧犁。就其形制而言，与敦煌所出铜铧完全相似。在苏联有关乌孙考古工作报告中，亦见到了有关农业经营的直接材料。出土了谷物及其他农作物，还有粮食加工工具，如青铜镰刀、石磨盘、石碾等。

乌孙人一般居住在穹庐内，西汉细君公主和亲乌孙后，曾作诗述怀，称乌孙人"穹庐为室兮旃为墙，以肉为食兮酪为浆"，概括了乌孙人的饮食起居。

两汉时期的乌孙已进入了奴隶社会，其婚姻主要以一夫一妻为主，也存在少数人一夫多妻的现象。基本上实行族外婚制，同一氏族的男女不得通婚。乌孙还盛行"收继婚制"，如《汉书·西域传》所载，武帝时，汉先以细君公主妻乌孙昆莫，昆莫年老，乃命其孙岑陬收继细君为妻；细君死后，汉复以解忧公主妻岑陬。岑陬死，其叔父大禄之子翁归靡（岑陬之从兄弟）复妻解忧；翁归靡死，岑取的儿子泥靡（翁归靡之侄）又妻解忧。

乌孙人崇拜自然，崇拜图腾。乌孙人曾以狼为图腾，认为氏族为图腾所生，二者之间有某种血缘关系。

乌孙曾一度为匈奴的臣民，后又长期羁属于匈奴，因此有学者认为乌孙语言应接近匈奴语言。至于乌孙的文字，目前尚无乌孙人使用过某种文字的记载，但一些学者认为，乌孙人可能在利用各氏族部落原有印记的基础上创造了一种文字。因为，这些氏族部落的印记与后来的突厥文字母，有许多相似之处。

匈奴是我国北方古老而强大的民族，其经济生活以畜牧业为主，"逐水草迁徙，毋城郭常处耕田之业"。《史记·匈奴列传》谓其俗："宽则随畜，因射猎禽兽为生业，急则人习战攻以侵伐，其天性也。其长兵则弓矢，短兵则刀铤……自君王以下，咸食畜肉，衣其皮革，被旃裘。壮者食肥美，老者食其余。贵壮健，贱老弱。父死，妻其后母；兄弟死，皆取其妻妻之。"①

自西汉初年始，匈奴即以征服者的身份雄踞西域地区，成为西域各民族的统治者：先后有楼兰、焉耆、车师、于阗、莎车等西域城郭诸国遣送人质到匈奴；匈奴也用联姻的方式笼络控制西域，因而匈奴文化得以对西域诸民族产生不同程度的影响。如西域乌孙、月氏与匈奴同俗。另外，西域诸国还不同地使用匈奴官号。这无疑是这种文化影响的结果。

关于匈奴人的语言，《史记·匈奴列传》、《汉书·匈奴传》等史籍载，匈奴"毋文书，以言语为约束"②，表明匈奴语言自成系统。学者们比较一致的意见是，属阿尔泰语系。至于属哪个语族，则尚未有定论。匈奴人能歌善舞，喜爱音乐，有自己的乐器。如胡笳、揭鼓等。匈奴的胡笳后来传入中原地区，为百姓所喜爱。

（2）突厥文化

突厥起初游牧于叶尼塞河上游一带，5世纪中叶，他们为柔然人征服，部众被迫迁居金山（阿尔泰山）南麓，沦为柔然汗的"锻奴"。西魏元钦元年

---

①② 司马迁：《史记·匈奴列传》，中华书局1959年版，第2879页。

（552），突厥首领土门在西魏政权的支持下攻灭柔然，迫使其可汗阿那瓌自杀。土门自称伊利可汗，在我国西北地区建立了历史上著名的突厥汗国。从伊利可汗到其子木杆可汗时，突厥汗国步入强盛期，疆域空前扩大。"其地东自辽海以西，西至西海万里，南自沙漠以北，北至北海五六千里，皆属焉。"① 至隋开皇三年（583），分裂为东突厥汗国和西突厥汗国。东、西突厥汗国大致以金山为界。西突厥位据金山以西，据有乌孙故地。即今巴尔喀什湖以东以南、伊犁河流域、伊塞克湖一带及楚河、塔拉斯河地区。统辖西方的十姓部落。

突厥社会是典型的游牧社会，主要以牧放羊、马、牛、驼为生。故有"突厥兴亡，唯以羊马为准"的记载。除畜牧业外，射猎是突厥社会经济生活的重要补充。金属加工、制造业，是突厥人经济生活的一大特色。突厥曾为柔然的"锻奴"。《隋书·突厥传》载，突厥人"世居金山，工于铁作"②，表明突厥擅长铁器加工。吐鲁番文书中发现的突厥"金师"，表明突厥社会中已出现了专门的金银器制造业。

突厥语属阿尔泰语系，学者们普遍认为现代突厥语族诸语言大多由古突厥语分化而来。突厥人已经使用一种拼音文字。除突厥人外，回纥人以及黠戛斯人等也使用过这种文字。《周书·突厥传》中有"其书字类胡"的记载，《北齐书·解律羌举传》有"后主命世清作突厥语翻涅槃经，以遗突厥可汗"的记述。但由于缺乏有关资料，后世对突厥文字的具体情况所知甚少：至18世纪初才出现有关古代突厥文的报道。当时发现的这种不为人知的文字因外形酷似古代日耳曼民族使用的鲁尼文，故被称作"突厥鲁尼文"，又因以这种文字凿刻的碑文首先发现于蒙古鄂尔浑河流域和西伯利亚叶尼塞河流域，又被称作"鄂尔浑—叶尼塞文"。

古代突厥文是一种音素、音节混合型文字。由38～40个字母组成（各地发现的碑铭和写本中使用的字母数目不完全相同）。其中4个字母表示元音，其余表示辅音。在许多情况下，元音字母不写出。词与词之间以"："分开，词组可分写，也可连写。字体有碑铭体与手写体两种。行款一般由右向左横书，少数由左向右横书。有人认为，突厥文38个字母中有23个阿拉美文，其余来自突厥人使用的标记符号。

留存下来的突厥文献多为碑铭和少量写本。碑铭较为重要的有《阙特勤碑》、《毗伽可汗碑》、《墩欲谷碑》、《九姓回鹘可汗碑》等。写本主要是20世纪初英国考古学家斯坦因在敦煌千佛洞发现的《占卜书》和新疆米兰出土的军

---

① 令狐德棻：《周书·突厥传》，中华书局1971年版，第909页。
② 魏征：《隋书·突厥传》，中华书局1973年版，第1863页。

事文件。在新疆吐鲁番等地也发现了一些突厥文写本。

突厥人的日常生活起居、饮食服饰与古代北方草原游牧民族大致相同。《隋书·突厥传》载:"其俗畜牧为事,随逐水草,不恒厥处。穹庐毡帐,被发左衽,食肉饮酪,身衣裘褐,贱老贵壮……男子好樗蒲,女子踏鞠,饮马酪取醉,歌呼相对,敬鬼神,信巫觋,重兵死而耻病终,大抵与匈奴同俗。"[①] 这段记述基本反映了突厥人的社会习俗。

在突厥人的婚姻习俗中保留了较多的原始社会遗风。据《周书·突厥传》记载,突厥人去世后要举行盛大的丧葬仪式,会葬之日"男女咸盛服饰,会于葬所,男有悦爱于女者,归即遣人聘问,其父母多不违也。父母叔伯死者,子弟及侄等妻其后母、世叔母及嫂,唯尊者不得下淫"。[②] 表明突厥社会存在着两种婚姻形式。一种是由男子自择配偶的婚姻,另一种是北方游牧民族普遍实行的收继婚制度。我们发现突厥政权还把这种收继婚习俗强行推行到了西域属国中间,如突厥强迫高昌王麹伯雅收继后母突厥公主为妻,就是一个明证。

对商业的高度重视是突厥走向文明的一个重要标志。突厥不仅与中原汉地及萨珊波斯保持着贸易往来,其贸易范围还远及东罗马。波斯史料中记载了两国间的丝绸贸易谈判,拜占庭史料中记载了两国间的遣使,汉文史料中的有关记录更不胜枚举,近代的考古发现也为此提供了大量的实物证据。已发现的突厥墓葬中不仅有珍贵的毛皮,而且有中亚的器皿、汉地的织锦、丝绸、铜镜、带钩等,东罗马的金币,波斯萨珊王朝的银币和汉地的铜币同时在突厥境内通行。这一方面说明商品货币经济已有了很大的发展,另一方面也表明突厥社会与上述地区有着广泛的经济、文化交流。

突厥最初以狼为图腾,建立汗国以后仍在旗帜上施以"金狼头",并称侍卫之士为"附离"(即狼)。突厥社会中保留了许多原始的萨满教信仰,史称突厥"敬鬼神,信巫觋"。随着突厥统治疆域的不断扩大和信奉祆教的粟特商贾集团大批进入突厥汗国,祆教也传入了突厥。至突厥汗国第四代君佗钵可汗时期,突厥人开始信奉源于印度的佛教。突厥统治前,西域诸国基本上都信奉佛教,有深厚的群众基础,佛教得到西突厥历代可汗的大力保护。唐高僧玄奘西天取经,途经西域,统叶护可汗设宴款待,并遣人护送他去印度取经。肆叶护可汗患病期间曾延请僧人忏悔劫夺寺院的罪过,都说明佛教已为西突厥汗庭所重。

突厥人原本逐水草游牧,不知务农。但移居西域地区的部分突厥人,由于长期与西域绿洲居民的接触与交往,已开始从事农业生产。

---

① 魏征:《隋书·突厥传》,中华书局1973年版,第1864页。
② 令狐德棻:《周书·突厥传》,中华书局1971年版,第512页。

3. 吐蕃文化

公元 7 世纪，吐蕃翻越于阗南山（昆仑山和喀喇昆仑山）深入西域，统治西域长达一个半世纪之久。势力极盛时，曾一度攻陷安西四镇。随着吐蕃势力的扩张，吐蕃文化也传入西域，并对西域各族文化产生了影响。

以于阗为中心的塔里木盆地南部地区受吐蕃文化影响最深。吐蕃据有于阗后，这里就成为吐蕃统治西域的一个重要据点。在吐蕃统治于阗时期，吐蕃将分属本土各翼的十几个千户部落调驻于阗，将于阗当地居民也编为部落，并在保留于阗王族尉迟氏的统治地位和于阗原有统治体系的同时，在于阗设军镇，诸将军。吐蕃还赐予于阗国王以王号，在于阗国内推行吐蕃的告身制度。

此外，吐蕃的生产技术和农作物品种也传入了塔里木盆地。新疆若羌县米兰一处吐蕃戍堡遗址中曾发现青稞籽实，这自然与吐蕃人的垦荒种植不无关系。考古工作者还从该遗址中清理出吐蕃文书计 300 多件，大批生产工具、生活用品和兵器，并发现了博戏用的木质骰子和相当多的卜骨。卜骨多为羊肩胛骨，其中一块卜骨上还保留着吐蕃文的卜辞。

吐蕃的统治加强了古代西域与西藏地区的文化交往。敦煌发现的于阗文医药巨著《悉昙婆罗》就是从藏文翻译成于阗文的，这对增进古代于阗地区的药物学知识起了重要的作用。藏文《大藏经》或敦煌藏文写本中保留下来的《于阗国授记》、《于阗教法史》等著作，则是从于阗文译成藏文。这些著作不仅为了解古代于阗的历史和文化提供了宝贵的资料，而且代表了古代于阗对藏传佛教文库的贡献。

吐蕃对西域的长期统治，使吐蕃语文对西域各族语言文字产生深远的影响。据英国学者恩默瑞克研究，在于阗语言中发现有 30 多个藏文借词。即使吐蕃在西域的统治结束后，从南疆于阗一带到甘州，藏文还长期作为官方文字使用。匈牙利藏学家乌瑞在《吐蕃统治结束后甘州和于阗官府中使用藏语的情况》一文中，共介绍了 18 件藏文文书。这些文书有两件是 9 世纪的作品，另外有 5 卷文书为 10 世纪遗存，内容涉及于阗、沙州、甘州、凉州、肃州各地官吏之间的公务往来，及从于阗到中原丝绸之路沿线诸邦的外交和贸易以及各州内部事务等内容。这说明仅从语言文字的使用看，吐蕃对西北民族的影响是长期存在的。

（四）现代新疆多民族文化的共存发展

新疆除维吾尔族、蒙古族、满族、汉族外，还有哈萨克族、柯尔克孜族、塔吉克族、乌孜别克族、塔塔尔族、俄罗斯、回族、锡伯族、达斡尔族等民族。这些民族大多有较悠久的历史，为中华文化做出了自己的贡献。

1. 哈萨克族文化

哈萨克族是一个古老的民族，18世纪后期至19世纪前期，沙俄征服了小玉兹和中玉兹，浩汗国侵占了大玉兹的领地，一部分大玉兹和少数中玉兹的哈萨克人东迁新疆境内，哈萨克族成为新疆的民族之一。

哈萨克语属阿尔泰语系突厥语族。哈萨克族使用以阿拉伯字母拼写哈萨克语的文字。哈萨克族的民间文学丰富多彩，有神话传说、民间故事、英雄史诗、民歌、谚语、格言等。

神话传说以"逸萨甘"创造宇宙和人类最为典型。民间故事又分为人物故事和动物故事。人物故事则主要讲述劳动人民的勇敢、聪明、勤劳，统治阶级的贪婪、蛮横、残暴。动物故事往往结合动物的形象和本性，使其人格化、童话化，通俗有趣而又富有教育意义。英雄史诗大多记叙和歌颂历史上的著名英雄人物，其代表作为《阿勒帕米斯》。哈萨克的民歌题材丰富，内容广泛，可分对唱民歌和习俗民歌两类。对唱民歌为赛歌"阿肯"（歌手）的即兴之作。习俗民歌则为婚嫁歌、丧葬歌等。

2. 乌孜别克族文化

乌孜别克族原为中亚民族，大约明末清初，一些乌孜别克人纷纷到叶尔羌汗国境内经商。清统一新疆以后，又有大批乌孜别克人来到新疆的喀什噶尔、叶尔羌、和阗、阿克苏、吐鲁番等地经商，至民国年间，乌孜别克商人主要集中在喀什、莎车、乌鲁木齐、伊犁和塔城。乌孜别克族后定居于此，从而成为中国的民族之一，善于经商，曾对发展新疆的社会经济，沟通东、西方的贸易往来和文化交流，做出了重要的贡献。

乌孜别克族信奉伊斯兰教，节日、日常生活、婚姻、丧葬都受到伊斯兰教的影响。乌孜别克人有自己的语言，属阿尔泰语系突厥语族。历史上，乌孜别克人曾使用过阿拉伯文、波斯文、察合台文等文字。由于新疆的乌孜别克族长期与维吾尔族人民杂居，共同生产和生活，在经济和文化上相互影响，故乌孜别克人大多会讲维吾尔语并使用维吾尔文。

乌孜别克族文化具有悠久的历史，他们对中亚文化的繁荣和发展曾做出了重要贡献。乌孜别克族人来新疆定居后，热心向各族人民学习，吸收了维吾尔族和其他兄弟民族的文化精华，为乌孜别克族文化增添了新的光彩，如乌孜别克族中也流传着《阿凡提的故事》，主人公纳斯尔丁是一个生性善良、机智幽默的人物。他总是以机智、诙谐的语言，揭露和抨击封建社会的黑暗和残酷的社会现象。深受乌孜别克人的喜爱。乌孜别克族的《阿凡提的故事》与维吾尔族著名的同名民间笑话集，其文学形式相同，故事情节也大多一样，这是两个民族长期共同生活，互相学习，民间文学互相交融的典型实例。

3. 柯尔克孜族文化

柯尔克孜族是我国古老的民族之一。其族源可以追溯到汉时的坚昆。元明时期，柯尔克孜族的先民逐渐从叶尼塞河上游地区迁移到了天山地区，至清代，基本上游牧于西部天山南北的广大地区。

柯尔克孜语属阿尔泰语系突厥语族。柯尔克孜族最早也使用过曾流行于叶尼塞、鄂尔浑地区的古突厥文，并留有用这种文字刻写的碑铭。在信奉伊斯兰教以后，开始使用察合台文。今天新疆的柯尔克孜族使用的文字，就是在察合台文基础上不断改进而形成的。

柯尔克孜族主要信仰伊斯兰教，但也有少数人因受蒙古族的影响信奉喇嘛教。在这些人当中还保留了古代萨满教的残余。柯尔克孜族多从事畜牧业生产。柯尔克孜族能歌善舞，民间文学丰富多彩。著名的英雄史诗《玛纳斯》被誉为我国三大著名英雄史诗之一。

《玛纳斯》共有 8 部，20 余万行，颂扬了玛纳斯子孙八代人前仆后继抗击侵略者，为民除害的伟大业绩。8 部史诗，每部描绘玛纳斯家族一位英雄的业绩，结构完整，可以独立成篇，单独演唱。但是，各部之间在人物和事件上又有密切联系，形成一个统一的整体。其中第一部《玛纳斯》，既是这部英雄史诗的总名，也是该史诗的开篇。它篇幅最长，情节最为生动，艺术上也最为完美、成熟，最为广大柯尔克孜族人民群众喜闻乐见，是柯尔克孜族民间歌手集体智慧的结晶，也是中华民族文化百花园中一朵艳丽的奇葩。

4. 塔吉克族文化

学者们一般认为，塔吉克族是定居于帕米尔高原东部山区的古代塞人的后裔，在人种上属于印欧人种。18 世纪中叶，清统一南疆后，塔吉克族的居住地被称为"回庄"。至民国二年（1913），今塔什库尔干始为县，属喀什地区。

塔吉克族在远古时信奉拜火教，至今在塔吉克族当中仍可见到琐罗亚斯德教《阿维斯陀》经教义的某些影响。源于印度的佛教传入西域后，塔吉克人的祖先于 1 世纪接受佛教。西行求法高僧法显及后来的唐玄奘都曾目睹其境佛教盛行的景况。10 世纪始，塔吉克人全民改宗伊斯兰教。

塔吉克语属印欧语系伊朗语族。中国塔吉克语受突厥语族语言，尤其是维吾尔语的影响较大。鹰在塔吉克族人民的心目中是英雄的象征，塔吉克牧民最喜爱的短笛"那依"，就是鹰翅骨制作的。塔吉克人民能歌善舞，在舞蹈中往往模仿雄鹰回旋、飞翔的动作。

5. 塔塔尔族文化

新疆的塔塔尔族是从 19 世纪 20 年代起，陆续由俄国的喀山及邻近新疆的七河省、斋桑等俄属中亚领地迁徙而来的。塔塔尔族移入新疆的一个多世纪中，同新疆各民族共同生活，为新疆的开发建设及文化生活做出了重要贡献。

塔塔尔语属于阿尔泰语系突厥语族西匈奴语支的克普恰克语组。中国塔塔尔族因与维吾尔族、哈萨克族人民长时间杂居，交往密切，这两个民族的语言逐渐也成为塔塔尔族的日常通用语。1949年以前，塔塔尔族使用阿拉伯字母拼写自己的语言。现在塔塔尔族使用维吾尔文或哈萨克文。

6. 俄罗斯族文化

中国的俄罗斯人最初于18世纪以后由沙皇俄国迁来。自19世纪至俄国十月革命前后，有更多的俄罗斯人陆续迁入新疆地区。20世纪三四十年代，迁入新疆的俄罗斯人被称作"归化族"，俄罗斯人聚居的村落被称作归化村。俄罗斯族大多信奉东正教，使用俄语、俄文。语言属印欧语系斯拉夫语族。

7. 锡伯族文化

锡伯族是个古老的民族，一般认为是古代鲜卑人的后裔。17世纪末叶以后，陆续被清政府编入满、蒙八旗，遣往东北及京师等地驻防。清统一新疆后，于乾隆二十九年（1764）抽调盛京（今沈阳）锡伯族官兵1 020名，连同眷属共3 275人，移驻伊犁河以南，建锡伯营，屯垦戍边，形成今日新疆的锡伯族。

锡伯族信仰萨满教、喇嘛教。此外，还保留有许多自然崇拜、神灵崇拜、灵魂崇拜等习俗。清初，锡伯族已开始使用满语、满文。西迁新疆的锡伯族仍继续使用满语、满文，久而久之，满语、满文就成为锡伯族的语言、文字。锡伯族民间文学非常丰富，有民歌、神话、传说、故事、寓言、谚语、谜语、长诗等形式。锡伯族的民歌丰富多彩，按其内容可分为叙事歌、苦歌、萨满歌、颂歌、劝导歌、习俗歌、田野歌、打猎歌、情歌、宴歌等许多种类。

由于锡伯族信仰萨满教，萨满教的意识、观念对锡伯族生活的各个方面都有着很深的影响。锡伯族丰富的萨满歌从一个侧面证明了这一点。据后世的研究，新疆锡伯族的萨满歌达35种之多。锡伯族民歌还反映了本民族历史上的一些重大事件。例如《西迁之歌》，反映了18世纪中叶锡伯族官兵从东北西迁新疆伊犁时，离别骨肉的情景。《喀什噶尔之歌》则反映了19世纪20年代平息浩罕支持的江格尔之乱的重大历史事件。

8. 达斡尔族文化

新疆的达斡尔族是清乾隆年间携眷移驻新疆的索伦营官兵的后裔。他们为保卫祖国边防，以及边疆开发建设都做出了重要贡献。

达斡尔族自古信奉萨满教，并祭祀天地、日月、星辰。达斡尔族有自己的语言，无文字。语言属阿尔泰语系蒙古语族。清代，达斡尔族使用满文。新疆的达斡尔族中有许多人兼通维吾尔或哈萨克语。

9. 回族文化

清朝统一新疆后，回族从内地大量迁入新疆。与内地的回族一样，新疆的回族在分布上具有"大分散,小集中"的特点。

回族普遍信仰伊斯兰教。伊斯兰教对回族社会生活的各个方面都有重要的影响。不仅回族人民的饮食、服饰、婚丧嫁娶都具有浓厚的伊斯兰特色,甚至有些伊斯兰教教规也已逐渐演变为回族的风俗习惯。

回族使用汉语、汉文。回族在文化上曾受阿拉伯、波斯等西亚传统文化和汉文化的双重影响,因和汉族关系密切,汉文化倾向更为显著。

新疆回族由于大多由内地迁来,他们也把内地西北省区的回民文艺活动传到新疆。如甘肃、宁夏、青海的"花儿",曲调优美,丰富多彩,在新疆回族中普遍流行。回族妇女在家中喜欢吹奏一种竹制的"旧弦",小巧玲珑,放在口边用手指弹拨,能弹奏出简单的民间小调,弦声悠扬清新、委婉动人。

新疆回族主要从事农业生产,另外,他们还非常善于经商。在清代,回族商贩的足迹几乎遍及新疆各地的农村、牧区,他们出售从内地运来的茶、盐、丝绸、布匹及其他各种生活必需品,不仅促进了新疆各族经济生活的繁荣,也增进了各族人民之间的相互了解,加强了各民族思想、文化的交流。

(五) 新疆开发垦殖过程中形成的独特文化形态——屯垦文化

自西汉中央政府在新疆首开屯垦始,随着大量屯垦实践活动在新疆的进行,与之相伴随的是屯垦文化在新疆的出现,并由此在新疆多民族文化发展的进程中起到了进一步繁荣新疆文化的作用,促进了新疆文化和内地文化的交流与发展,丰富了中华民族文化的内涵。新疆的屯垦文化是伴随新疆屯垦的产生而出现的一种独特文化现象。由于新疆独特的地理条件和战略地位,历代政府都把屯垦作为治理新疆的重要国策,从公元前105年开始,新疆屯垦历经西汉、东汉、曹魏、西晋、前凉、前秦、后凉、西凉、北凉、北魏、高昌、隋、唐、元、清、中华民国,一直到中华人民共和国,至今已有2 100多年的历史。在这两千多年的历史中,屯垦在新疆兴了断、断了兴,时断时续,但总的发展趋势是规模愈来愈大,持续时间愈来愈长,屯垦在新疆显现出独特的生命力。

屯垦军民来自五湖四海,同时新疆又是一个多民族文化并存的地区。在长期的屯垦实践中,屯垦军民不仅把来自不同地区的文化整合成为一个有机整体,而且在与新疆当地各民族的不断交往中,大量吸收各民族文化中的精华部分,使之成为屯垦文化的重要组成部分。在这一文化的整合过程中,形成了屯垦文化开放的内核,对任何一种文化都能够有机地吸收,文化的相互排斥性得到较好克服,使新疆屯垦文化成为具有强烈地域色彩的开放文化,并由此具有极强的适应性和生命力。如南北朝时期由屯垦军民及其后代建立的高昌王国(今吐鲁番)的高昌文化,就是屯垦文化在新疆历史上一个最为典型的代表。新疆屯垦文化的产生和发展，不仅以其独特的内涵丰富了新疆多民族文化，而且在与新疆各民族的交往中，增进了新疆各民族文化的互补性认同，对新疆各民族文化的发展产生了重要的影响，是中华民族文化发展史上的重要奇葩。

屯垦文化在新疆的发展，进一步促进了新疆各民族文化的互补性认同。新疆独特的地理条件，造成新疆历史上曾产生了一个个相对独立的绿洲民族文化，虽然自古以来这些绿洲民族文化由于民族的迁徙和经济上的交往，各绿洲之间的文化就有交流，但这些交流受到多方面的限制。随着大规模屯垦在新疆的进行，大大加强了这种文化上交流的力度和广度。由于屯垦的需要，大批屯垦军民长期驻扎在新疆各地，他们不仅经常地来往于新疆各地与内地之间，而且由于屯垦所带来的经济发展和政治上的统一，也推动了新疆各民族之间的交往。这种多民族间交往的增加，自然而然要带来文化上交流的增强，尤其是新疆文化和内地文化交流的增强。屯垦文化本身就是在屯垦军民所带来的内地文化的基础上，吸收新疆各民族文化所产生的一种具有浓厚地域特色的文化。与此同时，新疆各民族在交往的过程中，不仅把屯垦军民所带来的内地文化吸收到本民族文化之中，而且各民族之间也相互吸收彼此文化成为本民族文化的有机组成部分。这种文化上的交流与吸收，既促进了新疆各民族文化与内地文化的相互了解，也促进了新疆各民族文化之间的相互了解。在这种相互交流与了解的过程中，各民族文化相互融合、相互发展，就大大增进了新疆本土文化与内地文化彼此之间的认同感，也增强了各民族文化之间的互补性认同，最终也就自然而然地增强了对共同中华文化的认同感。

屯垦城镇的两大文化特征：

第一，兵团的屯垦城镇是典型的移民城镇，呈现五湖四海的移民社会的文化特征。第一代垦区人口，主要有部队的复转官兵，有内地支边的知识青年，有从内地分配、调遣或随企业一并迁移进疆的干部、工程技术人员和职工以及其他自行进疆谋生的青壮年，从整体上看，有相对较高的素质。垦区第二及后代虽然可能同原籍有联系，但几乎没有籍贯特征，地域特征不明显，没有像内地城镇的不同传统。在风俗习惯方面，这里几乎没有方言，拥有一种能融汇四方的十分开放的融合型文化。

第二，屯垦城镇集中统一的管理方式和经济特征，使各屯垦城镇展示出统一的兵团文化。虽然屯垦城镇在全疆星罗棋布，地域环境、交通区位等都各不相同，有的甚至差异很大，但由于兵团集中统一的管理，文化却高度一致。组织化程度高，重视职工思想政治、群众文化建设和科技培训。在人文精神方面，屯垦居民长期受到爱国主义、自力更生和团队纪律的教育，总体上形成了一种与屯垦戍边相适应的爱国奉献、艰苦奋斗、开拓创业、勤劳勇敢、服从上级的思想品德。文化载体方面，各团连基本都有闭路电视、职工俱乐部、图书室、篮球场、活动室等。体现在城镇环境与风貌方面，都有规则有序的路网、住宅网、大块条田、机耕道、引水和排水渠道、防护林带网，构成人工绿洲的生态环境。

三、宗教在新疆区域文化中的影响

宗教的深厚影响是新疆区域文化最显著的特征之一。新疆位于亚洲中心地带，是丝绸之路的重要通道和枢纽，作为人类重要文化现象的宗教，很早就沿着丝绸之路开始了由东向西和由西向东的相互传播。大约从公元前4世纪开始，盛行于东方和西方的一些宗教，就沿着丝绸之路陆续传入新疆。这些外来宗教与本地的原始宗教一起，在新疆逐渐形成了多种宗教并存的格局。随着时间的推移和统治阶级宗教政策的变化，各个宗教的地位也发生着变化。一种宗教因统治阶级的推行兴起了，另一种宗教因统治阶级的压制衰落了；原有的宗教消亡了，新的宗教又传入了。但是，不管各种宗教如何兴衰更替，地位如何变化，新疆自公元前1世纪左右形成的多种宗教并存格局一直保持至今，给新疆区域文化打上了深刻的烙印。其间依次经历了以下三个发展、演变阶段：

一是以佛教为主要宗教的多种宗教并存的阶段。在外来宗教传入以前，新疆一直流行的是由远古时期的先民自发产生的原始宗教。公元前4世纪前后，当时流行于波斯和中亚一带的祆教（俗称"拜火教"）传入新疆地区。公元前1世纪，印度佛教经克什米尔传入新疆地区，并在各地统治阶级的推行下，逐步成为各绿洲地区的主要宗教。在佛教之后，又有道教、摩尼教、景教等宗教传入，正式形成以佛教为主要宗教的多种宗教并存格局，一直维持到伊斯兰教传入之前，历时1 000多年。

二是南疆地区以伊斯兰教为主要宗教、北疆地区以佛教为主要宗教的多种宗教并存阶段。公元9世纪末10世纪初，伊斯兰教传入新疆，不久即在喀喇汗王朝统治者的推行下，成为该王朝的主要宗教。喀喇汗王朝经过40多年的宗教战争，征服了佛教王国于阗（今和田地区），将伊斯兰教传播到这一地区，使佛教势力逐渐退出塔里木盆地的西部和南部，因而形成南疆地区以伊斯兰教为主要宗教、北疆地区以佛教为主要宗教的多种宗教并存的格局。这一时期，除佛教和伊斯兰教外，原来的其他宗教仍继续存在。以佛教和伊斯兰教为主要宗教的多种宗教并存的格局，大约持续了6个世纪。

三是以伊斯兰教为主要宗教的多种宗教并存阶段。14世纪中叶，东察合台汗国统治者皈依伊斯兰教后，效法喀喇汗王朝统治者，不断发动对信奉佛教的吐鲁番和哈密地区的"圣战"，以武力强制推行伊斯兰教。到16世纪初，佛教势力基本退出哈密地区，伊斯兰教最终取代佛教，成为新疆地区的主要宗教。由于维吾尔、哈萨克等民族接受了伊斯兰教，原来主要由这些民族所信仰的宗教，如祆教、摩尼教、景教等逐渐在新疆消失。佛教、道教只是在汉族中流行。17世纪初，卫拉特蒙古人接受藏传佛教后，佛教又在北疆地区兴盛起来。此后，基督教、天主教、东正教也相继传入新疆，形成了延至今天的、以伊斯兰教为主要宗教、佛教（包括藏传佛教）、基督教、天主教、东正教、道教等宗教并存的格局。

（一）新疆的原始宗教

1. 远古时期人们对"灵魂"的崇拜

原始宗教产生于原始社会后期，是人类社会最早出现的一种宗教形态。宗教也是人类社会最普遍的一种社会现象。迄今还没有发现哪个国家、哪个地区、哪个民族没有宗教，新疆也是这样。远古时期的新疆先民由于对自然界和自身认识的错误，就已经产生了原始的宗教观念和崇拜行为。他们从做梦产生了"灵魂"观念，认为人有可以脱离肉体而独立存在的"灵魂"；"灵魂"是不死的，在人的肉体死亡后，灵魂就到另一个"世界"生活去了。为了让死者在那个世界里能够继续生活和生产，他们在埋葬死者的时候，就把死者生前使用的生活用品和生产工具与死者一起埋葬。

2. 远古先民对大自然的崇拜

远古先民在认识和探索自然的过程中，对各种自然事物和现象既感到恐惧又无法理解，于是错误地认为自然界同人一样，是有"灵魂"的，从而产生了"万物有灵"的观念。随后，又把自然界的"灵魂"加以人格化和神化，认为它们同人一样有喜怒哀乐，而且威力无边，正是它们控制和掌握着自然界，才使大自然神秘莫测。要获得大自然的恩赐，就必须用各种方式去讨好支配着大自然的"神灵"。就这样产生了对大自然的崇拜。

新疆的原始先民崇拜的自然对象十分广泛，天地日月、风雨雷电、河流山川等自然事物和自然现象，都是他们崇拜的对象。遍布天山南北的岩画、大量的文物资料和文献记载，以及至今保留在各民族中的许多习俗，都反映了新疆远古先民的自然崇拜。比如对太阳的崇拜。文献记载，古代匈奴人早晨出门要拜太阳；塔什库尔干人自称是太阳的后代；考古工作者在罗布淖尔发现了氏族社会时期的"太阳墓"；阿勒泰地区富蕴县的唐巴勒岩洞中有太阳的岩画；哈萨克人自称是"太阳生的人"，至今对太阳仍十分崇拜。

3. 古代人们对动植物以及图腾、祖先、生殖的崇拜

在古代，动植物是人类的衣食之源。它们自然成为人们崇拜的对象。一般来说，从事采集和农耕的居民多崇拜植物，从事狩猎和游牧的居民多崇拜动物。氏族社会时期的罗布人崇拜小麦和麻黄草，人死后要在其胸部放置麻黄枝或小麦粒。古代的匈奴、突厥、黠戛斯（今柯尔克孜）等游牧民族则崇拜狼。他们希望通过对狼的崇拜，使狼不再危害他们的牲畜。古代的和田人对老鼠十分崇拜，并广泛流传关于老鼠神帮助和田人打败匈奴的神话传说。在生产力低下的时代，崇拜老鼠是为了不让这种动物危害农作物，不与人争粮。新疆先民还崇拜图腾、崇拜祖先、崇拜生殖。这些崇拜在各民族中被不同程度地保留下来。

4. 原始宗教"萨满教"的出现

晚期的原始宗教出现了专门主持宗教仪式的祭司，即萨满。这一时期的原始宗教也因萨满的出现而被称为"萨满教"。萨满教在新疆古代各民族中都十分盛行。在《突厥语大词典》、《福乐智慧》、《乌古斯可汗的传说》等少数民族文献中，对维吾尔等民族的萨满教信仰都有大量记载和反映。迄今，在维吾尔、哈萨克等民族中还不同程度地保留着萨满教的习俗，如朝拜麻扎并在麻扎上插树枝、挂小旗、拴布条、拴牛尾和羊头、羊皮，跳萨满舞等。

（二）从传播到历史——新疆宗教传播史

1. 祆教

祆教是中国对产生于古代波斯的琐罗亚斯德教的称谓。公元前6世纪由琐罗亚斯德在波斯东部大夏（今阿富汗的巴尔赫）创建。祆教主张善恶二元论，认为世界由光明和黑暗两个世界组成，光明与黑暗经过若干个千年的斗争后，光明最终战胜黑暗，人类进入光明的世界。认为火象征光明和善，所以祆教有专门祭祀圣火的仪式。祆教创建不久，就在波斯流行起来，并传入中亚地区。

祆教传入新疆的具体时间没有文字记载。近年来在伊犁和乌鲁木齐分别出土了两件器形相似的高方座承兽铜盘。据考证，这两件公元前5世纪至公元前4世纪的文物，与中亚发现的祆教祭祀台形制相似，是祆教徒专门用来祭祀圣火的。这表明祆教传入新疆的时间，大约应在公元前5世纪至公元前4世纪，即距今2 400多年前。

祆教在新疆的早期传播情况，由于缺乏资料，目前还不太清楚。从魏晋至唐宋时期，祆教频频见诸文献记载。如《魏书》、《新唐书》、《旧唐书》等记载，于阗（今和田地区）、高昌（今吐鲁番地区）、焉耆等地"其俗好事天神"、"俗事天神，兼信佛法"。[①] 这里的"天神"，指的就是祆教。这里的意思就是说民间普遍信仰祆教，在信仰祆教的同时，也信一点佛教。佛教当时虽然是主要宗教，

---

① 魏收：《魏书》，中华书局1974年版，第1502页。

但它只是作为官方宗教,受到统治阶级和上层社会的推崇,民间则主要信仰祆教。民间之所以喜欢祆教,主要是因为祆教保留了大量自然崇拜的内容,与新疆当时盛行的原始宗教基本相同,容易为当地居民接受。这也是为什么在佛教占据统治地位的时代,祆教却能够迅速发展,甚至在一些地方排斥佛教成为当地主要宗教的成因。

祆教在吐鲁番地区尤为盛行。近年来在吐鲁番地区出土的文书中,有不少关于祆教的内容。还出土了陶棺等祆教的文物,反映了祆教在当地的盛况。祆教势力的发展,引起了高昌统治者的注意。为了加强对祆教的管理,遏制祆教势力的发展,高昌政权专门设置了机构和官员来加强对祆教的管理,同时还采取了其他一些限制措施。唐朝曾一度对祆教进行打击,但对新疆的祆教却采取了不同政策。据唐代《哈密方志》记载,当地一座祆教寺庙的教主曾入京朝见皇帝,在京城表演了祆神附体和利刀穿腹的幻术。有关部门奏报后,皇帝不仅没有斥责,反而授予这位教主"游击将军"的官职。

祆教在新疆虽然十分盛行,但是它从来没有取得过官方宗教的地位,只是在民间流行。以后逐渐与当地的原始宗教相融合,成为民间信仰的一部分。伊斯兰教传入后,由于信仰祆教的维吾尔等民族逐渐接受了伊斯兰教,祆教日趋衰落,宋朝以后便不再见于记载。

祆教虽然作为一种宗教在新疆消失了,但是作为一种文化,却在曾经信仰过它的民族中留下了自己的印记。维吾尔、哈萨克、柯尔克孜、塔吉克等历史上信仰过祆教的民族,至今仍保留着祆教拜火的习俗,祆教的重要节日"努鲁孜节",也作为这些民族重要的传统节日一直保留到现在。

2. 道教在新疆的传播

道教传入新疆的时间大约在公元4世纪至公元5世纪。当时主要在汉人比较集中的哈密、吐鲁番等地区流传。哈密和吐鲁番是新疆进出中原地区的咽喉,从汉代起就是汉人活动的主要地区之一,也是中原文化传入最早、影响最大的地区之一。

魏以来,在吐鲁番地区相继出现了由阚、张、马、麹内地四姓豪门建立的汉族政权。随着信仰道教的汉人的不断迁入,道教在这里迅速传播和发展起来。唐朝统一新疆后,唐朝统治者推崇道教的政策进一步促进了道教在新疆的发展。

当时,在佛教盛行的哈密地区,道教的宫观同佛教的寺庙数量相当,可见道教势力的强大。道教在新疆的传播过程中,吸收了许多佛教的内容,从而形成了新疆道教的特点。这种适应性的变化,正是道教能够在佛教占统治地位的情况下得以发展的重要原因。

3. 摩尼教在新疆的传播

摩尼教是继祆教之后传入新疆的又一个古代波斯宗教。中国旧称"牟尼教"、"末尼教",因该教特别崇尚光明,又称"明教"、"明门"、"明尊教"等。

摩尼教于3世纪中叶由波斯人摩尼创建。一度盛行于波斯,后受到波斯官方和祆教势力的排挤打击,摩尼被杀,信徒四散。其中大部分到达中亚并定居下来,中亚因此成为摩尼教的"第二故乡"。6世纪前后,随着中亚摩尼教徒不断来新疆经商或定居,摩尼教随之传入。

隋唐时期,来新疆的中亚摩尼教徒与日俱增,他们在今阿勒泰、吐鲁番、罗布泊等地定居下来,在当地形成了摩尼教徒聚居区。在罗布泊,中亚的摩尼教徒先在隋朝废弃的石城镇重建了一座新城,后又相继在石城周围方圆480里的范围内建筑了"新城"、"蒲桃城"和"萨毗城"等三座城镇,形成了一个摩尼教徒的大聚居区。虽然当时来到新疆的摩尼教徒很多,但由于他们聚族而居,不积极传教,所以摩尼教当时在新疆居民中没有得到广泛传播。

9世纪中叶,信仰摩尼教的回鹘迁入新疆,才使摩尼教迅速传播开来。回鹘人聚居的高昌,是摩尼教东方教区主教驻节之地,也是新疆摩尼教的中心。从吐鲁番出土的摩尼教博物院文书看,当时在高昌、交河、唆里谜(今焉耆)等地,建立了大量摩尼教寺院和宗教组织,出现了一支庞大的僧侣队伍,寺院经济十分发达。和佛教徒一样,高昌的摩尼教徒也十分重视石窟的开凿和绘制宣扬摩尼教义的壁画,近年来在吐鲁番地区已发现了30多幅摩尼教的壁画,以及文物和遗址。后来,随着回鹘人改信佛教,摩尼教逐渐衰落。但直到宋代,吐鲁番、和田等地仍有摩尼教徒在活动。

4. 景教在新疆的传播

景教是中国对聂斯脱利派基督教的称谓。聂斯脱利派是基督教早期教派之一,以其创始人聂斯脱利而得名,又称"波斯教"、"弥施珂教",是最先传入我国新疆和中原地区的基督教派别。景教传入新疆的时间大约在公元6世纪,与摩尼教基本同时。初期主要流行于今吐鲁番地区。信仰景教的除回鹘人外,主要是来华的叙利亚人、粟特人和波斯人。

西辽至蒙元时期,由于统治者实行宗教自由政策,景教迅速传播到新疆各地,进入其在新疆发展的鼎盛阶段。当时新疆伊斯兰教中心喀什噶尔、叶尔羌、和田、轮台、伊犁、吐鲁番、哈密等地,都有景教的教堂或景教徒。同一时期的其他外国旅行家,也有大致相同的记载。这一时期信仰景教的畏吾尔(畏兀尔,蒙元时期对回鹘的汉文译写)人很多,以致一些旅行家说:"在所有畏吾尔的城市中,都有聂斯脱利派教徒。"在吐鲁番地区发现的景教文献有许多是用回鹘文写成的,其中回鹘文的景教"赞美诗",是专供回鹘景教徒新婚夫妇举行婚礼时唱诵的。元代以后,除伊犁地区外,景教在新疆已基本消失。

5. 佛教在新疆的兴衰

公元前1世纪,佛教经克什米尔首先传入于阗。不久,又经中亚传入疏勒

(今喀什地区)。此后佛教沿着丝绸之路南北两道传播到今且末、若羌、莎车、叶城、库车、阿克苏、焉耆、吐鲁番、哈密等塔里木盆地周围各个绿洲。

佛教在新疆的迅速传播有着深刻的社会根源。佛教传入前后，新疆正处于奴隶占有制的发展阶段，当时在塔里木盆地周边就有大大小小几十个各霸一方的奴隶主政权。这些割据政权之间互相攻伐兼并，战争连绵不断，经济凋零，民不聊生。此间控制新疆天山南北的匈奴贵族集团的残酷统治和经济掠夺，进一步加重了劳动人民的苦难，激化了社会矛盾。汉朝政府驱逐匈奴使各族人民得到了较长时间的休养生息，社会经济得到一定的恢复和发展，但却没有也不可能从根本上解除劳动人民的苦难。因此，佛教传入后，处于水深火热中的广大劳动人民在无力摆脱现实苦难的情况下只好把改变命运的希望寄托在对佛教的信仰上。奴隶主贵族也希望借助佛教来消除劳动人民的不满和反抗，维护自己的统治。所以他们对佛教也表现出了极大的热情并大力扶持，从而使佛教在各地迅速兴起。到公元4世纪至公元5世纪时，佛教已成为新疆的主要宗教，进入其发展的鼎盛阶段。当时，塔里木盆地周围各绿洲佛寺、佛塔林立，僧侣成群，于阗、龟兹、疏勒等佛教中心相继形成，佛学研究和佛经翻译十分兴盛，并达到了很高的水平，出现了鸠摩罗什等许多著名的佛学大师和佛经翻译家。

5世纪至7世纪，由于柔然、突厥等游牧民族的不断袭扰和各割据政权间的兼并战争频繁发生，新疆社会长期陷入动乱，社会经济受到严重破坏。佛教寺塔的建筑，千佛洞的开凿，大规模佛事活动的频繁举行，以及僧侣队伍的不断扩大，更加重了劳动人民的经济负担。人们从对佛教的信仰中既没有得到生活的改善，也没有得到精神的慰藉，因而逐渐失去了对佛教的热情，佛教在新疆开始趋向衰落。伊斯兰教传入新疆后，佛教更随着伊斯兰教的传播特别是伊斯兰教势力的武力打击迅速衰落。到16世纪初，佛教在新疆的主要宗教地位最终被伊斯兰教所取代。

佛教是世界三大宗教中最早传入新疆的，也是除伊斯兰教外在新疆流传时间最长、信仰人数最多、社会影响最大的宗教。历史上，佛教对新疆的政治、经济、文化、艺术等，都曾产生过广泛深远的影响。新疆佛教在造像、绘画、音乐、舞蹈、寺院和石窟建筑艺术等方面，都达到了很高的水平，为我们留下了大量珍贵的文化遗产，丰富了我国和世界文化艺术宝库。

6. 伊斯兰教在新疆的传播

7世纪中叶，伊斯兰教随着阿拉伯军队的对外征服开始向外传播。中亚在被征服后，逐渐开始了伊斯兰化进程。由于唐朝和突厥人先后阻挡了阿拉伯军队的东进，使当时主要依靠武力传播的伊斯兰教未能传入新疆。9世纪末10世纪初，阿图什大清真寺的建立和萨图克·布格拉汗接受伊斯兰教，是伊斯兰教传入新疆的重要标志。

（1）阿图什大清真寺的建立

阿拉伯人的统治结束后，由中亚当地封建主建立了一些伊斯兰政权。其中，萨曼王朝与喀喇汗王朝接壤。萨曼王朝建立后即不断对喀喇汗王朝发动"圣战"，占领了喀喇汗王朝的大片领土。893年，喀喇汗王朝的副都怛逻斯被萨曼王朝攻陷，驻守怛逻斯的副汗奥尔恰克被迫迁往喀什噶尔。不久，萨曼王朝发生内讧，争夺王位失败的纳斯尔王子（民间传说为萨曼王朝商人阿布·纳斯尔·萨曼尼）化装成商人潜逃到喀什噶尔，向奥古尔恰克寻求庇护，奥古尔恰克为了利用萨曼王朝的矛盾，不但允许纳斯尔在喀什噶尔避难，还任命他为阿图什地区行政长官，纳斯尔到阿图什后不久，就利用他和奥古尔恰克的特殊关系，施展"牛皮巧计"，要求奥古尔恰克给他一块牛皮大的地方，建一座清真寺，使他能够在里面礼拜真主。一贯敌视伊斯兰教的奥古尔恰克同意了他的请求。纳斯尔回到阿图什后，立即宰杀了1头黄牛，把牛皮割成细条连接起来，然后用这条牛皮绳围了很大一块地，在上面建立了一座大清真寺——阿图什大清真寺，也是新疆历史上的第一座清真寺。

（2）萨图克·布格拉汗接受伊斯兰教

纳斯尔不仅建造了清真寺，还把喀喇汗王朝的一名重要成员萨图克·布格拉汗发展成为穆斯林。萨图克原是喀喇汗王朝大汗之子，年幼丧父，后随叔叔奥古尔恰克生活。相传奥古尔恰克曾答应等萨图克长大后就把权力移交给他。但在他成年后却没有兑现诺言，萨图克对此十分不满。后来他常常去阿图什打猎，在这里认识了纳斯尔并成了朋友。不久，萨图克就在纳斯尔的说教下秘密加入了伊斯兰教，取了一个"阿不都·克里木"的教名，成为喀喇汗王朝第一个接受伊斯兰教的王室成员。萨图克·布格拉汗接受伊斯兰教后，即以传教的名义秘密发展成员。910年发动宫廷政变，夺取政权后，萨图克·布格拉汗立即宣布伊斯兰教为喀喇汗王朝的合法宗教，并利用手中的权力，强迫王公大臣和百姓接受伊斯兰教。他还向不信仰伊斯兰教的巴拉沙衮发起"圣战"。但终其一生，他也没有把伊斯兰教传播到喀喇汗王朝以外的地区。955年，萨图克·布格拉汗去世，埋葬在阿图什，其墓至今尚存。

（3）伊斯兰教在新疆的传播——喀喇汗王朝的伊斯兰化

萨图克·布格拉汗死后，其子穆萨·阿尔斯兰汗继位。他首先发动对巴拉沙衮的"圣战"，灭亡大汗并取代其位。接着就在中亚苏非派传教士的帮助下，发起了伊斯兰化运动。公元960年，随着20万游牧民皈依伊斯兰教，穆沙已基本完成了喀喇汗王朝的伊斯兰化，遂宣布伊斯兰教为国教。

喀喇汗王朝强制推行伊斯兰教的做法，引起了佛教等宗教信徒的反抗，喀什噶尔经常发生佛教徒反对强制改教的暴动。信奉佛教的于阗和高昌政权，对喀喇汗王朝的做法也十分不满，因此对佛教徒的暴动给予了支持，从而使喀喇汗王朝与于阗、高昌的关系逐渐恶化。穆萨·阿尔斯兰汗在实现汗朝的伊斯兰化后不久，就以此为"口实"，发动了对于阗的宗教战争。这场战争持续了40多年，最终以于阗的灭亡宣告结束。这场旷日持久的宗教战争，是新疆历史上规模最大、时间最长、破坏最强的战争。长期的战争给南疆地区的社会经济造成了空前严重的破坏，给广大劳动人民带来了深重的灾难，严重阻滞了南疆社会的发展。1017年，喀喇汗王朝又发动了对高昌回鹘王国的武力传教活动。以"圣战"为旗帜的喀喇汗王朝军队如潮水般越过伊犁河，攻入吐鲁番。从《突厥语大词典》收录的有关这场战争的大量诗歌，可以清楚地看到战争的残酷杀戮和对佛教文化的破坏。由于高昌回鹘的顽强反击。这场战争以喀喇汗王朝的失败告终。伊斯兰教在新疆的第一次传播高潮就此结束。

新疆在经历了西辽和蒙古统治时期宗教自由发展阶段后，由于东察合台汗国统治者接受伊斯兰教而进入了伊斯兰教传播的第二次高潮。14世纪中叶，东察合台汗国的秃黑鲁帖木儿汗接受了伊斯兰教，成为新疆第一位皈依伊斯兰教的蒙古可汗。为了利用伊斯兰教巩固其统治地位，他发起了自上而下的传教运动，首先迫使王公贵族接受伊斯兰教，接着向各地派出大批经过训练的传教士。这些传教士与各地统治者一起，采用强制手段迫使人们改宗，大批蒙古人被迫接受了伊斯兰教。在汗国都城阿里麻力，就有16万蒙古人集体加入了伊斯兰教。前往当时新疆佛教中心之一的库车传教的是秃黑鲁帖木儿汗的宗教导师额什丁和卓。他率领一个名为"库车伊斯兰教社团"的传教组织，在库车当局的支持下，以宣传和强制两种手段推行伊斯兰教。对库车的佛教徒进行了毁灭性的破坏，有着千余年历史的库车佛教文化被毁坏殆尽。继于阗之后，新疆又一个佛教中心在血与火的清洗中湮灭了。后来的察合台汗国统治者也都是一些狂热的伊斯兰教推行者。1392年，黑的儿火者汗发动了对吐鲁番的"圣战"。在占领吐鲁番后，对佛教徒进行了血腥屠杀，对佛教文化进行了彻底的破坏。马黑麻则采取了更加残酷的手段来迫使人们接受伊斯兰教。他规定，所有的蒙古人都必须接受伊斯兰教，并按照教规缠上头巾，按时去做礼拜，否则就要遭受用马掌铁钉入头颅的惩罚。在蒙古统治者的强制下，汗国境内的蒙古人都接受了伊斯兰教，并逐渐融合到维吾尔等民族中。

16世纪初，伊斯兰教将佛教势力排挤出哈密。至此，伊斯兰教自传入以来，经过6个多世纪的传播和发展，最终取代佛教，成为新疆地区的主要宗教。

（三）近现代新疆的宗教及其对新疆的影响

近代以来，新疆继续保持了多种宗教并存的格局。但组成这一格局的宗教已发生了一些变化。具体来说，原有的祆教、景教和摩尼教已消失无存，伊斯兰教、佛教、道教保留下来，基督教、天主教和东正教传入新疆，加入到多种宗教并存格局中来。

伊斯兰教作为维吾尔、哈萨克等民族群众性信仰的宗教，继续保持了自16世纪以来取得的主要宗教的地位。

佛教中的汉传佛教在伊斯兰教的排挤下一度衰落后，到清代又开始复兴。当时在北疆的哈密、伊犁、昌吉、乌鲁木齐等地区，都重新建立了佛教的寺院，甚至在南疆的乌什等地，也出现了佛教的庙宇。据不完全统计，新中国成立前，新疆共有汉传佛教寺院20余座。随着卫拉特蒙古人接受藏传佛教和信仰藏传佛教的锡伯、达斡尔等民族迁入新疆，藏传佛教很快就发展成为仅次于伊斯兰教的第二大宗教。近代以来，蒙古各部落纷纷新建、重建或扩建寺庙，寺庙数量急剧增加。到新中国成立前，藏传佛教寺庙已有近百座。新疆著名的藏传佛教寺庙，如昭苏圣佑庙、巴伦台黄庙，大都是近代所建。

道教的情况与佛教大体相同，由于内地官兵、商贾和百姓的到来，道教在新疆迅速复兴。由于来新疆的军民多信仰道教，而且各地方政府也大力支持道教，所以近代新疆道教的发展远远超过了历史上最鼎盛的时期。当时道教的宫观遍布天山南北，几乎每个城镇都有道教的宫观，少则几座，多则十余、数十座，数量之多仅次于伊斯兰教的清真寺。清朝灭亡后，失去官方支持的道教再度衰落。

天主教是基督教三大教派之一。据记载，19世纪末至20世纪初，比利时、法国、荷兰、德国、瑞典等西方国家的传教士，相继来新疆传教。到民国初年，天主教已传播到南北疆。当时，新疆的一些主要城镇，如乌鲁木齐、伊宁、霍城、喀什、莎车、英吉沙等，都建立了天主教堂。盛世才统治时期，天主教曾一度受到打击而趋于消沉。到国民党统治时期，中外天主教传教士又纷纷来新疆传教，使天主教在新疆得以迅速恢复和发展。来疆传教的天主教传教士良莠不齐，既有真正热心传教事业的神职人员，也有披着宗教外衣的间谍。这些间谍的破坏活动，损毁了天主教的形象和声誉，影响了天主教的发展。

基督教大约与天主教同时传入新疆。这里所说的基督教是中国对基督教另一大教派——新教的专称，又称"耶稣教"。1892年，瑞典基督教行教会的传教士来到喀什，以此为中心进行传教活动。到1921年，在南疆地区已形成了喀什、叶城、疏勒、英吉沙4个传教中心。盛世才统治时期，下令取缔一切教会，基督教传教士或被捕入狱，或被迫离开新疆，教堂被改作他用，教产被没收。基督教遭受了传入以来的第一次沉重打击。盛世才政权垮台后，大量国外和内地基督教会来新疆传教，设立分会。基督教传教士的情况与天主教一样，其中不少是外国间谍，从而影响了基督教在新疆的传播和发展。

东正教是随着俄罗斯人传入新疆的。18世纪后期，一些信仰东正教的俄罗斯人，把东正教带到了新疆。最初来新疆的都是一些普通信徒，没有神职人员。近代以来，随着一系列中俄不平等条约的签订，沙俄取得了在新疆的传教权，俄国传教士开始进入新疆，在俄罗斯人聚居的地方建立教堂。东正教没有在其他民族中开展传教活动，所以至今信仰东正教的只有俄罗斯族。除此之外还有部分汉族和其他少数民族信仰藏传佛教、道教、基督教、天主教等其他宗教。

民族会因为信奉宗教而获得精神上的凝聚力量，宗教也因为得到一个个民族整体的信奉而成为一种强大的社会力量。在新疆，宗教的这种民族性和群众性相交织的特点，表现得尤为突出。以伊斯兰教为例，在新疆的13个世居民族中，有10个民族信仰伊斯兰教，约占新疆总人口的60%以上。新疆现有穆斯林约1 200万人，清真寺24 231座。清真寺的数量不仅远远多于学校（截至2006年，全疆有各级各类学校8 345所），而且也远远超过了宗教氛围十分浓厚的西亚各国。按全疆普遍信仰伊斯兰教的10个民族人口平均数计算，大约每500人即拥有一座清真寺，人均清真寺的拥有数量是世界上最高的。在新疆，信仰伊斯兰教的10个民族如维吾尔、哈萨克、柯尔克孜等，历史上不仅几乎全民信教，而且在每个信教民族的成员从来到人世间的第一天起就是穆斯林。今天，在经过了多年现代科学文化的教育普及之后，这些民族中虽然有一部分民族成员已不再信教了，但信教群众仍居多数。

在信教的民族中，宗教的影响渗透到人们物质生活和精神生活的许多方面，不仅在人们的衣食住行、婚嫁丧葬、闲暇娱乐、节日禁忌等方面留下了极为深刻的影响，而且对人们的人生态度、价值观念、道德标准、思维模式、审美意识、情感方式、精神面貌等产生着重要的诱导作用。宗教作为一种最古老最深沉的历史文化深刻影响着新疆社会。

第二节　新疆区域文化的发展现状及走向

由于生态地理、民族构成、宗教文化、发展程度等方面的特殊性，新疆始终是我国经济社会文化发展的一个独特的区域。新中国成立半个多世纪以来，新疆各民族在当家做主和民族区域自治的条件下，实现了政治上的大团结、经济上的大发展、文化上的大繁荣、社会上的大进步。新疆社会现代变迁面临着两种情况：一方面，这里传统宗教的影响深厚，文化普及率低，与现代文明的差距极大；另一方面，这里又保留着历史悠久、多种多样的民族传统文化。因此，在吸收和融入现代文明的基础上,实现优秀民族传统文化的振兴,是新疆社会现代变迁的价值目标和发展标准之一。

一、蓬勃发展的新疆民族文化事业

中华人民共和国成立以后,新疆民族文化事业发生了翻天覆地的变化。各级各类文化机构、队伍、设施建设逐步建立并逐渐形成规模;濒临灭绝的民族文化遗产得到及时抢救性挖掘,各民族传统文化焕发了新的生机;反映时代剧变的具有浓郁民族特色、地域特点的一批优秀剧(节)目陆续搬上舞台和银幕;广大各族人民群众参与丰富多彩的文化艺术活动空前活跃;文物保护管理和博物陈列展览有了长足进展;"歌舞之乡"的民族文化艺术卓有成效地走向全国、走向世界。

进入改革开放和现代化建设新时期以来,作为有中国特色社会主义文化的重要组成部分的新疆民族文化迎来了更加光辉灿烂的春天,更加焕发出勃勃生机。新疆民族文学艺术、群众文化、图书馆、文物博物、文化艺术教育、文化市场、对外文化交流等都有了突飞猛进的发展,并走上了前所未有的稳定发展、全面繁荣的道路。

(一)艺术事业

艺术事业空前繁荣,优秀剧(节)目不断涌现,"歌舞之乡"呈现新的辉煌。截至1999年,全区共有各级各类艺术表演团体88个,演职人员4 108人。包括维吾尔、哈萨克、蒙古、回、柯尔克孜、塔吉克、锡伯等民族的歌舞音乐为主,还有歌剧、话剧、京剧、秦腔、豫剧、新疆曲子、儿童剧、杂技、曲艺、交响音乐等剧种。呈现出"百花齐放"的态势,较好地满足了广大各族群众不同艺术爱好和欣赏情趣的需要。

中华人民共和国成立以来,特别是改革开放和现代化建设新时期以来,艺术创作通过实施"精品"战略,创作演出了一大批突出时代主旋律,形式多样化、具有浓郁民族风情和地域特色、群众喜闻乐见的优秀剧(节)目。如维吾尔歌剧《木卡姆先驱》、维吾尔剧《古兰木罕》、大型民族舞剧《大漠女儿》、新编历史话剧《解忧》、新编历史京剧《西天飞虹》、大型民族话剧《罗布村的情祭》、新编现代京剧《红柳滩》、大型民族歌舞音乐《天山彩虹》、大型歌舞音乐《多浪之花》、大型柯尔克孜族歌舞乐诗《山父水母》、大型民族歌舞《我们新疆好地方》、大型民族舞蹈组曲《艾德莱斯随想》等;舞蹈《摘葡萄》、《葡萄架下》、《盘子舞》、《刀郎赛乃姆》、《顶碗舞》、《少女》;歌曲《解放了的时代》、

《最美的还是我们新疆》、《天山儿女》等。上述优秀剧（节）目先后分别荣获国家文化部颁发的艺术最高奖——"文华奖"的多项奖或全国精神文明建设的"五个一工程奖"，或参加全国、全军重大艺术比赛、评奖，荣获最高等级奖项。

1959年1月新疆电影制片厂（1979年改名为天山电影制片厂）建厂以来共摄制故事影片91部，译制维吾尔、哈萨克等民族语言影片1 504部。其中优秀故事片《向导》、《不当演员的姑娘》、《买买提外传》、《阿曼尼莎罕》、《良心》、《阿娜的生日》等先后荣获文化部、广播电影电视部等颁发的"优秀影片奖"或"华表奖"、"中国电影金鸡奖特别奖"或全国精神文明建设的"五个一工程奖"；《不当演员的姑娘》还荣获土耳其伊斯坦布尔国际电影节"优秀影片奖"。

新疆部分著名画家的画作参加历届全国美术展览，均获优异成绩，主要有：哈孜·艾买提的油画《木卡姆》获第六届全国美展"银质奖"、克里木·纳思尔丁的油画《哈密麦西来甫》、关维晓的版画《峡谷晨风》、《戈壁之路》均获"铜质奖"；龚建新的壁画《瑶池会》狭第七届全国美展"银质奖"；买买提·艾依提的油画《故土·亲人》、程林新的油画《生存启示》、叶华的国画《煦日》、康书增的国画《红柳滩》均获第九届全国美展"铜质奖"。

1987年以来，新疆杂技团创作的杂技节日高空钢丝、魔术飞牌、手技、倒立造型、顶碗、高空达瓦孜、龟兹乐滚灯、晃圈、地圈等先后分别参加历届全国杂技比赛或中国吴桥杂技艺术节等活动，分获金狮奖、银狮奖。1997年6月22日，新疆杂技团达瓦孜演员阿迪力·吾守尔用13分48秒的时间走完了架在长江三峡瞿塘峡菱门长达640.75米的钢丝，荣获上海大世界吉尼斯总部颁发的吉尼斯纪录证书。

（二）文化遗产的发掘保护

新疆民族文化遗产得到有效挖掘和利用，各民族民间文艺的搜集、整理、翻译、出版和以民族优秀传统文艺为素材，创作一批优秀剧（节）目等方面，均获得大面积丰收。

中华人民共和国成立之初，自治区文化部门成立维吾尔十二木卡姆工作小组，深入南北疆农村采风，走访维吾尔木卡姆大师吐尔地阿洪等人，搜集、整理濒临失传的艺术珍宝，并于20世纪60年代初编辑出版《十二木卡姆》（曲谱两卷本）。80年代相继成立了自治区木卡姆研究室、新疆木卡姆艺术团。创作演出了大型维吾尔木卡姆歌舞《且比亚特木卡姆》、民族交响音乐《木卡姆变奏曲》等一批优秀剧（节）目。整理录制了维吾尔十二木卡姆音乐共12部盒带。同时出版了《维吾尔十二木卡姆》、《丝绸之路音乐文化》、《哈密木卡姆》、《刀郎木卡姆》、《吐鲁番木卡姆》等书籍和光盘。1992年11月国家民委、文化部和新疆维吾尔自治区人民政府、中国文联等在北京联合主办"中国维吾尔木卡姆系列活动",包括举行木卡姆国际学术研讨会、中国维吾尔木卡姆展览、《且比亚特木卡姆》歌舞晚会和木卡姆交响音乐会等;1997年7月自治区文化厅在乌鲁木齐举办"中国新疆维吾尔木卡姆艺术成果展"。80年代以来,自治区先后派木卡姆艺术团组织10多批分别赴西欧、中东、北非、东南亚、东亚等20多个国家和港澳台地区进行访问演出,极大地扩大了中国新疆优秀民族文化对外影响。

社会主义制度为各民族经济文化的发展提供了极为优越的条件。新中国成立以后,在中国共产党的领导下,一支新的多民族的文化艺术队伍开始形成,党和国家把搜集、整理、研究和翻译工作当做发展新疆文化艺术事业的一项重要任务。20世纪50年代,从民间老艺人的口传记忆中抢救了濒于失传的大型维吾尔"喀什木卡姆",集成《十二木卡姆》一书,于1960年出版,得到国内外人士的好评,被誉为"东方音乐史上的宝贵财富和东方艺术明珠"。从1960年开始,自治区组织力量,积极开展对柯尔克孜族英雄史诗《玛纳斯》、蒙古族英雄史诗《江格尔》和另一部史诗《格萨尔》的搜集整理工作,前两部史诗已整理出版了一部分。维吾尔族的古典长诗《福乐智慧》,史诗《乌古斯传》,已经翻译成现代维吾尔语和汉语出版。新疆各民族的民间故事、民歌、谚语等大量地被发掘出来,已出齐《新疆民歌选》6卷。《阿凡提的故事》更是受到各族人民的喜爱。

被誉为维吾尔古典百科知识的《福乐智慧》、柯尔克孜族史诗《玛纳斯》、蒙古族史诗《江格尔》等民族优秀文化遗产的整理、出版和研究,为新疆民族文化赢得了世界性声誉。被称为中国"万里长城"文化工程、国家重点艺术科研项目:《中国戏曲志·新疆卷》、《中国民族民间器乐曲集成·新疆卷》、《中国民间舞蹈集成·新疆卷》、《中国戏曲音乐集成·新疆卷》、《中国民间音乐集成·新疆卷》以及《中国文物音乐大系·新疆卷》等已经出版面世,1997年和1998年因编纂成绩显著先后受到文化部和自治区文化厅的表彰奖励。新疆民歌、民间故事、民间谚语三大民间文学集成编纂工作均已完成,以上成果不仅及时抢救保存了新疆丰厚的民族民间文艺遗产,而且也为弘扬优秀民族文化传统提供了借鉴。

新疆现代医疗卫生事业和维吾尔等民族传统医药事业都得到发展繁荣。新疆农村初级卫生保健工作成绩显著,新型合作医疗制度逐步健全。维吾尔传统医药历史、维吾尔传统医药资源等得到系统的调研,建立了用现代技术生产加工维吾尔传统医药材的制药厂;编写了一批维吾尔医药专著和维吾尔医药大专系列教材,形成了集医疗、教育、培训、科研、药品生产配套的发展格局。

(三) 群众文化

群众文化事业蓬勃发展,各类群众文化生活十分活跃,丰富多彩。截至

1999年，全区有群众文化单位1 206个，包括自治区级群艺馆1个、地州市级群艺馆16个、县（市）级文化馆92个、乡镇文化站（中心）918个，从业人员2 807人，一个覆盖全区城乡、体系较为完善、硬软件达到一定水平的自治区、地州市、县（市）、乡镇、村五级群众文化网络已经形成，成为自治区城乡基层社会主义精神文明建设的重要载体和主阵地之一。

全区现有公共图书馆79个（其中包括自治区级1个、地州市级17个、县（市）级61个），从业人员达898人，总藏书量共计5 714 000册（件）。80年代以来，文化建设先进县、丝绸之路边疆文化长廊工程、知识工程三大文化工程的实施，使文化建设由部门行为上升为党委、政府行为和社会系统工程。自治区人民政府已命名表彰了两批共18个文化建设先进县（市、区），其中有8个县（市、区）跨入了全国文化先进县行列，有10个地州市、县（市）被文化部授予了"全国万里边疆文化长廊建设成绩显著地区"称号；实施"万村书库"工程。在全区建立农村文化室书库600多个，丰富了广大农牧民的文化生活；群众文艺创作日趋繁荣，全区各族职工、农牧民、教师、学生、少儿、残疾人等优秀文艺骨干，先后分别参加全国或自治区举办的各类业余文艺比赛、评奖等重大活动。荣获文化部等颁发的群众文艺最高奖"群星奖"等各种奖项。其中参加历届"群星奖"评选中，获得了1金4银8铜的好成绩。

1995年7月，新疆八一钢铁总厂"天山合唱团"参加在西班牙举行的第41届"哈巴涅拉"和"波利弗尼亚"国际合唱节荣获"波利弗尼亚"（复调音乐）演唱二等奖。1999年5月新疆师范大学合唱团参加意大利第38届乌迪内国际合唱节比赛，获B组混声、女声、男声三项优等奖。1997年8月，新疆小白杨合唱团参加"海富杯"中国童声合唱节荣获"全国优秀童声合唱团"称号等多项称号。新疆群众文艺活动具有浓郁民族风情和多姿多彩的地域特色，如维吾尔族的"麦西来甫"、哈萨克族的"阿肯弹唱会"、蒙古族的"那达慕"大会、锡伯族的"西迁节"、"中国丝绸之路——吐鲁番葡萄节"等，既是民族民间传统文体娱乐活动，同时又开展经贸洽谈、商品展销、文艺演出、旅游观光等项目。哈密市回城乡、麦盖提县央塔克乡、库木克萨尔乡、库车县齐满乡、巴里坤哈萨克自治县奎苏乡、塔城市亚西尔达斡尔民族乡、阿合奇县色帕巴依乡、新和县塔什艾日克乡、乌苏市甘河子乡、巴音沟乡等先后被文化部命名为"中国民间艺术之乡"称号。

新疆形成了多文种、多结构、多层次、多渠道，富有浓郁地方民族特色的新闻出版体系和印刷发行网络，广播电视已采用当今国际最先进的数字压缩技术，建成国内各省区中规模最大、传输语言最多的卫星广播电视地球站和相关系统。

(四) 文物事业

文物事业从无到有，不断发展壮大。截至 1999 年，全区共有文物保护事业机构总数 102 个（其中包括文物保护管理研究机构 78 个、博物馆 23 个），从业人员总数 861 人。全区现有文物点 4 000 多处，其中全国重点文物保护单位 14 处，自治区级文物重点保护单位 236 处，共计拥有文物藏品 77 716 件（其中国家一级文物藏品 612 件）。

80 年代以来，新疆文物工作遵循"保护为主，抢救第一"的方针和"有效保护，加强管理，合理利用"的原则。在考古调查、考察发掘、维修保护、博物陈列、科学研究、对外交流等项工作中，均取得了优异的成绩。拜城克孜尔千佛洞、库车库木土拉千佛洞、吐鲁番交河故城、喀什阿巴和加麻扎等一批全国重点文物保护单位和自治区级重点文物保护单位得到了有效的维修和加固。若羌楼兰古城遗址、哈密五堡古墓群、和静察吾乎沟古墓群、民丰尼雅遗址、吐鲁番交河故城沟西、沟北墓地、尉犁营盘古墓群、且末扎滚鲁克古墓群等考古调查发掘，出土了大批珍贵文物，其中 1995 年营盘墓地考古发掘和 1997 年尼雅遗址考古发掘，先后被全国考古界评为 1995 年和 1997 年"全国十大考古新发现"。"中国新疆民族民俗展"、"中国新疆民族工艺展"、"中国楼兰精品文物展"、"新疆丝绸之路考古珍品展"、"新疆文物考古五十年成就展"等先后在日本、韩国、新加坡、马来西亚、意大利、哈萨克斯坦等国家和香港、澳门、北京、上海、西安等地展出，扩大了新疆文物的对外宣传和影响。

新疆博物馆和一批地、县级博物馆、纪念馆、陈列馆作为爱国主义教育基地的作用得到了进一步的发挥，已在全区形成历史文物和革命文物教育网络。编著出版了一批反映我国文物考古工作重要成果，且有重要学术水准、科研价值较高的论著、文献资料。如《新疆考古三十年》、《新疆文物考古新收获》、《新疆文物考古新收获续》、《新疆维吾尔自治区丝路考古珍品》、《交河故城——1993、1994 年度 2123 号古墓发掘报告》、《新疆文物古迹大观》、《新疆察吾尔大型民族墓地发掘报告》、《交河故城保护与研究》等；论著有《乌孙研究》、《吐鲁番的古代文明》、《新疆天山生殖崇拜岩画》、《龟兹石窟》、《中国阿尔泰山草原文物》等。

(五) 文化教育

文化教育事业蓬勃发展，文化队伍素质不断提高。新中国成立初期，至改革开放新时期之前，全自治区只有一所中等专业性的艺术学校和一所文化干部学校、一所电影放映培训班。除培养音乐、舞蹈、戏剧、美术等中等专业人才外，其他主要是培训在职的群众文化管理、图书馆管理和电影发行放映等的干部、职工。其次，挑选各民族的青年学生和青年演职员赴中央戏剧学院、中央音乐学院、上海音乐学院、上海戏剧学院、西安艺术学院等内地院校深造培训，与此同时，内地大专院校部分历届毕业生，陆续分配来新疆各级各类文化单位工作。这一批批大中专文化艺术院校毕业生，以高度的事业心和崇高的责任感，投身于新疆民族文化建设，在各自的工作岗位上发挥着骨干作用。进入改革开放时期以来，文化教育事业发展更加迅速。1986年，经国务院批准，新疆艺术学校（中等专业学校）升格为新疆艺术学院，设有音乐系、舞蹈系、戏剧系、美术系等专业。

伊犁哈萨克族自治州艺术学校、阿克苏地区文化艺术学校、喀什地区艺术学校在80年代陆续开办，新疆文化艺术干部学各类文化专业人员。据不完全统计，共计为全区各级各类文化艺术单位培养文化艺术骨干数千人次。1958年起至1994年，中央戏剧学院先后开办了5期新疆民族表演班，培养戏剧表演等专业学员100多人；开办了1期汉语表演班，培养话剧表演专业20多人。1989年至1998年，新疆艺术学院为自治区直属艺术表演团体先后定向培养了民族舞蹈、木卡姆艺术、杂技等专业学员120多人、新疆电影职工中等专业学校也在此期间恢复教学，培训、轮训在职。目前，全区各类专业技术人员中，持有大中专毕业学历占半数左右。80年代以来已获得各类文化艺术专业技术职务的人员中，其中正高级职称有100多人，副高级职称有300多人。

新疆已基本普及九年制义务教育。少数民族高等教育事业从无到有，不断壮大，少数民族学生在新疆高等院校的在校生人数、应届毕业生人数、当年招生人数中的比重在到90年代初就已超过50%。接受各类中等职业技术教育的在校生与普通高中学生比例已达到或超过6∶4；成人教育和岗位培训的发展基本实现了全员岗位培训。新疆已拥有各类研究与开发机构，农业技术推广体系已形成规模。

截至2001年年底，新疆维吾尔自治区共有各级各类学校9 191所，在校学生428.9万人，其中少数民族学生占61%；专任教师24.4万人，其中少数民族教师占58%。全区已有81个县市区实现"两基"，"普九"人口覆盖率达到81%。2006年中央和自治区财政共拨付7.56亿元，全面实施农村义务教育经费保障机制改革。全区农村义务教育阶段学生全部免除学杂费，免收学杂费和享受提高生均公用经费的人数达到234.59万人，228万名中小学生享受免费提供教科书，15.76万名寄宿生享受生活补助7 880万元。

（六）对外文化交流

对外文化交流广泛开展，富有成效。新疆对外文化交流主要包括与外国和对香港、澳门、台湾地区互派艺术团组访演；互办电影展映、美术、摄影、文物展览；引进国外资金、技术联合进行文物考古调查；接受国外捐赠对新疆文物保护单位进行维修和加固；举办文化艺术、文物博物等国际学术研讨会，进行理论学术交流；互派文化行政官员和专家学者互访考察等。

20世纪50年代以来，新疆歌舞团、新疆木卡姆艺术团、新疆杂技团、新疆歌剧团、新疆军区文工团、伊犁哈萨克自治州歌舞团、喀什地区歌舞剧团、和田新玉歌舞团、巴音郭楞蒙古自治州歌舞团、博尔塔拉蒙古自治州歌舞团、昌吉回族自治州歌舞剧团、克孜勒苏柯尔克孜自治州歌舞团、乌鲁木齐市艺术剧院、阿勒泰地区歌舞团、伊犁地区歌舞团、话剧团、吐鲁番地区歌舞团、莎车县歌舞团、库车县歌舞团、塔什库尔干塔吉克自治县文工团等先后分别赴亚洲、非洲、拉丁美洲、欧洲等数十个国家和港澳台地区访演。与此同时，先后接待了苏联、印度、罗马尼亚、土耳其、澳大利亚、日本、韩国、伊朗、哈萨克斯坦、吉尔吉斯斯坦、土库曼斯坦、阿塞拜疆、白俄罗斯、瑞士等国家的艺术团组来疆访演。

1956年，维吾尔族歌唱家帕夏·依夏在波兰华沙第七届世界青年与学生联欢节演唱歌曲《解放了的时代》荣获银质奖章。1959年11月，维吾尔族舞蹈家阿依吐拉在奥地利维也纳第八届世界青年与学生联欢节表演舞蹈《摘葡萄》荣获金质奖章。1984年，维吾尔族女高音歌唱家迪里拜尔参加芬兰赫尔辛基米里亚姆海林国际声乐比赛荣获第二名。1997年7月，维吾尔族舞蹈家吐尔逊娜依·伊不拉音江参加古巴哈瓦那第14届世界青年与学生联欢节荣获"杰出艺术家最高表演奖"（金奖）。同时维吾尔族女高音歌唱家阿依吐尔逊参加古巴哈瓦那第14届世界青年与学生联欢节荣获"杰出艺术家最高表演奖"（金奖）。1997年9月，维吾尔族舞蹈家迪里娜尔·阿不都拉参加日本大阪举行的"丝绸之路国际艺术节"荣获"最高艺术表演奖"（金奖）。土耳其、巴基斯坦、乌兹别克斯坦先后在新疆举办"电影周"活动。新疆也在乌兹别克斯坦举办"电影周"活动。新疆画家哈孜·艾买提、徐庶之、克里木·纳思尔丁、龚建新、阿曼·穆罕、马泉艺等先后分别在日本、澳大利亚、哈萨克斯坦、吉尔吉斯斯坦、土耳其、法国、意大利、加蓬、刚果（金）、刚果（布）等国举办美展。石河子市书画院在哈萨克斯坦举办书画展。以色列"今日以色列摄影展"、日本池田大作"人与自然对话摄影展"在新疆展出。日本友人小岛康誉筹募了1亿多日元捐助新疆拜城克孜尔千佛洞保护性维修加固工程；捐赠100万元人民币用于和田地区发展文物事业；从1999年起，设立"小岛康誉新疆文化事业优秀奖、文物事业优秀奖"，每年评选20名优秀者，每人奖人民币5 000元，暂定10年。联合国教科文组织和日本政府赞助100万美元用于吐鲁番交河故城保护性维修工程。中日联合进行尼雅遗址考古调查、中法联合进行克里雅河流域遗址考古调查、中日联合进行交河故城沟西墓地考古调查等，均发掘出土了一批珍贵文物，编辑出版了一批考古调查报告和论著。

1994年"鸠摩罗什和中国民族文化——纪念鸠摩罗什诞辰1650周年国际学术讨论会"、1998年"西域古代文明——唐代安西大都护府国际学术讨论会"先后在拜城克孜尔千佛洞举行。中国新疆的文物事业成就和专家学者的学术水平，给与会境外专家学者留下了深刻印象，引起世界关注。

经过50多年的社会主义现代化建设和30年的改革开放，在党中央关于西部大开发和构建社会主义和谐社会的战略方针指引下，在新疆构建凝聚各民族传统文化精华而又超越各民族界限的、具有鲜明特点的、社会主义的和谐区域文化的客观条件日臻成熟。构建新疆和谐区域文化，阐述社会主义核心价值体系在新疆和谐区域文化中的指导地位和引领作用，对于继承、弘扬、整合汉族和各少数民族传统文化中的和谐思想，构建社会主义和谐新疆、从根本上解决影响新疆改革发展稳定的深层次问题，具有重大而深远的意义。

2004年以来，自治区人民政府在中央政府的大力支持下，启动了新疆非物质文化遗产保护工程，目前被列入自治区级非物质文化遗产保护名录的有108项，其中国家级14项、世界级1项。2006年，中央政府及自治区人民政府投入新疆非物质文化遗产保护专项经费就达1300余万元。特别是20世纪80年代以来，伴随着中国改革开放的进程，新疆文化事业建设突飞猛进。目前，新疆已初步形成了音乐、舞蹈、戏剧、曲艺、杂技、美术等艺术门类较为完整的文化事业体系。

二、社会变迁：新疆传统文化转型的时代背景

（一）新疆社会现代变迁的时代内涵

以亚欧非三大洲交界地带为轴心的广大地域是世界上穆斯林聚居程度最高的地区，从宗教分布情况看，中国新疆也属这一地区的一部分。仅从这个意义上，可以将当代新疆社会的现代变迁看做是这一世界穆斯林聚居区域社会现代变迁的组成部分。但是，早在伊斯兰教传入新疆并成为在当地占主导地位的宗教以前的漫长历史年代中，新疆地区的社会发展进程就已经和中华民族的发展进程联系在一起，新疆境内各世居民族在数千年的发展历程中早已整合为中华民族大家庭的一部分。因此，当代新疆社会的现代变迁无疑是整个中华民族现代变迁进程的重要内容之一。中华民族现代变迁进程的鲜明特点构成了新疆社会现代变迁的广阔背景，规定了新疆社会现代变迁的性质和方向，使得新疆社会现代变迁在整个中

西亚、中东地区的社会现代变迁中显现出突出的中国特色。同时，新疆地区独特的人文环境，又使新疆社会的现代变迁在整个中华民族现代变迁进程中表现出鲜明的地方特点和文化特点。

新疆具有现代意义的社会变迁是在中国旧民主主义革命的顶点——辛亥革命的影响下启动的，也由于这一革命的失败而未能实现其历史任务。第一次世界大战的爆发和俄国十月革命的胜利改变了人类历史的发展方向，也给中华民族的现代变迁进程注入了崭新的时代内涵。中国共产党的建立及其在新疆的早期活动对于使新疆社会的现代变迁最终汇入中国新民主主义革命的洪流起了重要的作用。中国人民解放军进军新疆，开辟了新疆历史发展的新时期，标志着新疆现代社会变迁的真正开始。就新疆传统文化的转型而言，新疆社会的现代变迁，一方面表现为新疆悠久传统文化赖以形成发育的社会经济基础的改变，即作为新疆区域文化主体的各族人民的社会地位的改变，另一方面表现为以马克思列宁主义、毛泽东思想为核心的先进文化和新疆传统文化的社会规模的大整合。

同中国内地大多数省区相比较，当代新疆社会现代变迁的独特性在于：内有民族因素和宗教因素的长期存在；外有国际因素的影响；经济社会发展程度明显落后于内地、而又要与内地省区基本同步实现社会转型。从这一实际出发，中国共产党在领导新疆各族人们推进社会现代变迁过程的各个发展阶段中，坚决执行正确的民族政策和宗教政策，采取了两条基本方针：一是在社会改革的各个步骤上始终坚持"慎重稳进"，充分考虑各族各界群众的觉悟程度和心理承受能力；二是在社会改革的全过程中始终坚持发展生产、繁荣经济、改善生活，使各族群众能够及时得到社会改革带来的实际利益。实行这样两条基本方针，不仅使新疆的各项社会改革事业始终得到新疆各族人民群众的广泛支持、热烈拥护和积极参与，而且使伊斯兰教这一当地传统的文化因素和社会因素对新疆社会的现代变迁基本上采取顺应、配合的态度，在整个变迁过程中没有出现过全社会规模的民族纠纷和宗教冲突，保证了新疆社会现代变迁的平稳推进。

1. 新疆社会现代社会变迁的四大变革

新中国成立以来的新疆社会现代变迁依次经历了四次大变革：以建立各级人民政权和消灭封建剥削制度为中心的民主改革；对个体农业、个体手工业和资本主义工商业的社会主义改造；建立民族区域自治制度；由传统计划经济体制向社会主义市场经济体制的转变。前两大变革是从根本上变革政权性质和私有制度的社会改革；后两大变革则是社会主义政治经济制度的自我完善。这后两大变革目前仍在深入发展和不断完善中。这四大社会变革为新疆区域文化的现代转型构筑了政治、经济、社会基础，规定了新疆区域文化发展的方向。

（1）民主改革的首要任务是建党建政，是用中国共产党领导的各族人民群众当家做主的新政权取代国民党反动派的旧政权,是一场改天换地的政治革命。当时的中共新疆分局根据新疆的实际情况,经党中央批准,采取不经候补期即吸收入党、入党后即在党的各级领导机构任职并对其中初步信仰共产主义、愿为实现党的纲领而奋斗的非汉民族的宗教团体分子,准其先入党而暂不退出宗教团体的特殊政策,将当地已基本符合条件的维吾尔族及其他少数民族领袖人物和先进分子吸收到中国共产党组织中来。仅用了3年时间,就基本完成中国共产党新疆各级地方组织的建立工作。在中国共产党的领导下,成立了代表新疆各族各界群众的省人民政府委员会,制定了《新疆省人民政府委员会目前施政方针》,以此为依据,对省级以下的各级旧政权进行改造。通过"农牧民代表由乡农牧民代表大会选举,各民主党派、人民团体、机关、部队的由其自行选派,其他方面代表由同级人民政府邀请"的分别对待的办法,普遍召开县、市各族各界人民代表会议,代行同级人民代表大会职权。在此基础上,召开新疆省第一届各族各界人民代表会议第一次会议,陆续建立县、区、乡基层政权。

民主改革的根本任务是消灭两千多年来的封建剥削制度,从根本改变旧的社会经济形态。新疆社会发展的滞后性和不平衡性决定了新疆的封建剥削形式和程度具有不同于内地的特点。在新疆,封建社会各个历史阶段的不同剥削制度同时并存、互相影响。封建剥削关系被宗教关系所淡化,各民族内部的阶级对立被各民族间的隔阂所掩盖,在两个民族之间和不同宗教信仰者之间形成的租佃关系中,民族矛盾、宗教关系和封建剥削更是彼此纠缠,错综复杂。党中央和新疆地区党组织充分估计到新疆民族宗教问题的复杂性和群众的觉悟程度,在民主改革中既强调引导和组织各民族广大的基层群众积极参与,又自始至终注意团结、争取各民族、宗教上层人士的理解和支持,既坚定不移地推进政治经济制度的改革,又充分照顾到新疆少数民族的文化心理因素,采取了区别于内地的特殊政策,如,在土改中保留宗教土地不没收、不征收;贫穷的宗教人士与农民同样分给土地和财产;对宗教人士的阶级成分按其自有土地数目,而不按寺庙拥有的宗教土地数目来划定;对带有半资本主义经济性质的牧主经济,保护其发展,对牧主不斗争、不没收和清算财产,对靠畜牧业收入为生活主要来源的牧主不划阶级成分等。

(2)改造个体农业、个体手工业和资本主义工商业,是以消灭生产资料私有制为目标的更为深刻的社会变迁。由于新疆经济极为落后,土改后刚刚获得土地的广大农民极度缺乏从事扩大再生产乃至简单再生产所必需的其他农业生产资料,因而迫切要求通过互助合作解决生产困难。中共新疆分局从新疆民族宗教情况复杂的实际出发,始终坚持"慎重稳进"的方针,在合作化运动中尊重少数民族群众的意愿,在组建合作社的过程中采取全年准备、分期发展、建立一批、巩固一批、再建一批的稳妥步骤，每一批建社都坚持充分准备，深入对各族农民进行教育，切实贯彻自愿互利原则，照顾各民族的风俗习惯，保证团结平等，密切结合生产，使得新疆的农业互助合作运动基本保持与全国同步发展。针对新疆的手工业者多兼营农牧业的特点，新疆手工业的社会主义改造，采取"统筹兼顾、全面安排"、"积极领导、稳步前进"的方针，采取从手工业供销生产小组到供销生产社、再到生产合作社的步骤，基本上与农业互助合作运动同步进行。

新疆私营工商业的社会主义改造，也从新疆民族发展和私营工商业的特点出发，对私营工业的改造采取先试办公司合营企业，然后总结和推广试点经验；对私营商业的改造采取统筹兼顾、全面安排的方针和先包下来、在维持的基础上进行改造的政策；对资本主义性质的零售商，通过国家经销、代销将其改造为国家资本主义初级形式；对个体经济的小商小贩，则通过组织合作小组和合作商店的形式改造。

在中国共产党和人民政府的正确领导下，新疆个体农业、个体手工业和资本主义工商业的社会主义改造，仅用三年多时间即基本上和全国其他省区同步完成。

（3）建立民族区域自治制度，是新疆继建立各级人民政权之后又一次重大的社会政治变迁。遵照党中央关于"慎重稳进，积极准备，逐步推进"的方针，新疆各级党组织和人民政府采取"自上而下，由小而大，先搞试点，以点带面"的方法和步骤，从1953年10月到1954年11月底一年多的时间里，有计划、有步骤地在维吾尔族以外的其他少数民族聚居区建立了民族乡、自治县、自治州等各级民族自治地方，为省级自治区的成立奠定了基础。1955年9月，新疆省第一届人民代表大会第二次会议正式通过了《中华人民共和国新疆维吾尔自治区各级人民代表大会和各级人民委员会组织条例（草案）》，选举产生了新疆维吾尔自治区人民委员会及其领导成员，宣告以维吾尔族为主体的省级自治地方——新疆维吾尔自治区成立。民族区域自治是在统一的国家内，在各少数民族聚居的地方实行区域自治，设立自治机关，行使自主管理本民族内部事务的权利，保障各少数民族享有与汉民族平等发展和共同繁荣的特殊权利。民族自治地方的各级人民代表大会及其选出的人民政府，既是享有自治权的自治机关，又是隶属于全国人大和中央人民政府的、享有地方人大和政府职权的地方国家机关。民族自治地方的自治机关（同时也是地方国家机关）的行政首长必须从自治民族的公民中选举产生。

（4）由传统计划经济体制向社会主义市场经济体制的转变，是新疆地区由传统农业文明向现代城市文明的历史性飞跃。同全国其他省区一样，新疆的这一现代社会变迁起始于农村社区的变革，包括以下五大内容：

第一，是生产经营体制的改革。在农区，由于南疆农村贫困生产队较多，实行双层经营、统分结合的家庭联产承包责任制的改革由南疆向北疆逐步推进，到1984年基本完成。在牧区，先实行定劳力、定畜群、定草场、定畜产品、定工分、包生产成本和超产奖励、减产赔偿的"五定一奖赔"制度；然后通过牲畜包群到户、分畜到户、牲畜作价承包到户等多种形式的大包干责任制，到1986年，基本完成向畜草"双包"责任制（即用分期还款的方式将集体牲畜折价出售给牧民私有私养，草场随牲畜承包到户）的过渡。到1984年年底，新疆80%以上的集体林木实行了各种形式的联产计酬责任制。为了解决贫困农牧民家庭承包经营初期遇到的困难，新疆在确保基本生产资料承包到户和产品收获归承包户的前提下，在农区，实行统一农田基本建设、统一灌溉、统一机耕机播、统一病虫害防治，统一兴办各种公益性事业的农业生产"五统一"；在牧区，实行统一草场建设，统一牲畜品种改良，统一管理种畜，统一防治畜病，统一管理大型农机具和生产设施的牧业生产"五统一"。随着市场经济的发展，农牧业生产"五统一"逐步由原来的以产中技术服务为主向产前的信息、咨询服务和产后的加工、流通服务延伸；由原来的"小社区"服务向现在的"大市场"服务转变；由原来的主要为第一产业服务向现在的综合服务扩展；由原来的行政组织提供服务向经济实体提供服务转变。

第二，是流通体制和价格体制的改革。经过改革，新疆农村农产品经营实行了农民入股、扩大经营、价格管理、财务制度、劳动工资制度的五项改革措施，恢复了供销社的群众性、民主性、灵活性，逐步建立起多种流通渠道、多种经营方式并存的农产品流通体制，基本形成联系城乡、沟通生产与消费的、多元市场主体相互配套的农村市场体系。

第三，是农村产业结构的调整和产业化经营的发展。在改革的推动下，新疆农村调整了以粮食为主的单一种植业结构，扩大了各种经济作物的播种面积，大力发展以乡镇企业为主的农村二、三产业，推进农业产业化经营，逐步形成以市场为导向，依托优势资源，以农业为主，农牧结合，以高效、优质农业为基础，农、林、牧、渔、工、商、运、服协调发展的农村产业结构，为新疆农业和农村经济的专业化、商品化和现代化开辟了渠道。

第四，是农村社会化服务体系逐步形成。在普遍实行家庭联产承包责任制以后，农村集体经济组织（包括村级集体经济组织，地区性合作经济组织，专业性合作经济组织、经济联合体）在为农户提供服务的过程中，逐步形成了集农业生产的物资供应、技术服务、农产品收购、储运、加工、包装、销售等环节于一体的社会化服务体系，完善了统分结合的双层经营体制，使农产品的分散供给与社会化大市场联系起来，为实现农业增产、农村经济发展、农民增收提供了组织和制度基础。

第五,是农村基层政权体制的改革。新疆农村基层政权体制和全国其他省区一样,从1983年10月中共中央、国务院发布《关于政社分开建立乡政府的通知》开始,废除政社合一的人民公社制度,在原公社的范围内,经过乡人民代表大会的民主选举,组建乡(镇)人民政府,在原生产大队或生产队的范围内,经自主选举产生村民委员会和村民小组等村民自治组织。原公社和村作为集体经济组织的职能逐步为各类农业专业户和农民专业合作经济组织取代。到1985年春,新疆农村共建立823个乡(镇)人民政府,下辖8 934个村民委员会和32 107个村民小组。

新疆农村的上述变革恢复了农民的生产经营自主权,重新确立家庭经济,使农户成为市场主体,促进了农村社会生产力的大发展和广大农民社会政治地位的大提高,从而为新疆农村由传统农业向现代农业、由自然经济向市场经济的转变打开了道路。

2. 新疆社会现代变迁在新疆城市社区中的表现

(1) 国有工业企业的改制。其第一步是国家对企业放权让利,逐步改变计划经济体制下的企业运行状态,增强企业活力;第二步是实行政企分开,改变计划经济体制下企业附属于政府机构、政企职责不分的僵化状况,有计划地、有步骤地使企业的所有权和经营权相分离,使企业走向市场,逐步成为独立的市场主体;第三步是改革企业内部劳动人事制度、工资分配制度,实行劳动合同制用工制度,改革过去的8级固定工资制,实行工效挂钩和岗位技能工资制;第四步是按照"产权清晰,权责明确,政企分开,管理科学"的原则,对国有大中型企业实行规范的公司制改造,建立现代企业制度;第五步是对国有企业实行股份制改造,通过多种形式的资产重组,实现资本结构的优化,分步骤地剥离企业所承担的各项社会事业;第六步是建立包括国有企业职工离退休的费用统筹制度,职工失业保险、养老保险社会统筹制度,统一的企业职工基本养老保险制度,失业保险由国家、用人单位、个人三者合理负担的新型失业保险制度以及国有企业下岗职工再就业中心在内的新型社会保障体系。

(2) 国有商业企业的改制。第一,通过下放业务经营权、收益分配权、商品作价权、中层干部任命权和劳动工资管理权,使商业企业成为具有独立法人资格的商品经营者;第二,对小型零售商业实行放开经营,在大中型国有商业企业中推行"经营放开、价格放开、分配放开、用工放开"的"四放开"经营形式;第三,通过多种形式的资产重组,将国有商业企业进行改制、改组,组建大企业集团,将县以下的流通企业整合为国有、民营、个体等多层次、多形式的流通网络体系。

（3）非公有制经济的发展。第一，制定对个体私营经济实行优惠的政府条例；第二，培育和完善适合个体私营经济发展的市场环境；第三，建立吸引个体、私营经济及外商投资的经济开发区、经济开发县（市）；第四，除国家明令禁止的行业之外，在经营范围上取消个体私营经济的进入"门槛"，鼓励其参与竞争，共同发展；第五，加强市场管理，打击不正当竞争，保护个体和私营业主的权益；第六，在投资领域、投资区域、投资条件、投资环境等方面对外商给予优惠。非公有制经济的发展使新疆的所有制结构逐步趋于合理，建立和完善了以公有制为主体、多种经济成分共同发展的基本经济制度。

（4）财政体制的改革。根据国家的统一部署，新疆维吾尔自治区对各地州（市）实行"划分收支，分级包干"和"划分税种，核定收支，分级包干"的财政体制；1994年全面推行"分税制"的财政体制。

（5）税制的改革。按照国家的统一部署，1978~1983年，新疆先后实行企业基金制度和利润留成制度；1983~1984年实行利改税；1985年实行企业工资总额同经济效益挂钩的核算办法；1991年实行"利税分流"试点；1993年7月起，全面实施《企业财务通则》和分行业财务制度，推行以经费包干为主要特征的行政事业财政管理体制；1994年起实行新的税收法规条例和实施细则。

（6）金融体制的改革。第一，改变中国人民银行的大一统的银行体制，建立以中央银行为领导、国有商业银行为主体、多种金融机构并存、多层次、多形式、多功能的金融体系；第二，加强中央银行宏观调控机制，依法对国有商业银行实行限额的资产负债比例管理，对商业银行、非银行金融机构实行资产负债比例管理；第三，实现专业银行的政策性业务与经营性业务的分离；第四，使新疆农村信用联社、信用社脱离与农业银行的行政隶属关系；第五，实行商业银行在资产负债比例管理基础上的贷款规模管理体制；第六，完成新疆融资中心进入全国银行间同业拆借市场并网工作。

曾经在世界上多数原计划经济体制国家引发过剧烈的社会震荡、民族冲突、政权更迭的市场化改革，在中国特别在新疆，不仅没有引发社会震荡，而是表现为稳步推动社会主义现代化建设进程中的相互配合、循序渐进的一系列政策调整、制度创新、法制建设和持续的全民自我教育活动。这一改革在新疆的胜利推进，为新疆各少数民族传统文化的现代转型开辟了空前广阔的舞台。

（二）新疆社会现代变迁的影响

1. 新疆的族群认同意识健康发展

族群认同是生活在同一地方的不同的族群对本族共性的认同。族群认同首先表现为强烈的族群自豪感。健康的族群意识不仅表现为强烈的族群自豪感，而且表现为能够客观地认识本族群在社会习俗、传统观念、生活方式等方面存在的不足；能够以宽容博大的胸怀对待其他族群，承认并愿意学习其他族群的优点，愿意密切与其他族群的人交往，主张各族群间相互学习，取长补短、共同进步。因此，族群认同和民族—国家认同之间并不是天然相互排斥和矛盾的。国家可以通过一定的制度安排和政策措施对族群认同加以引导，防止因为族群自豪感的狭隘导致族群间友好交往的心理障碍，在政治文化的认同性建构上把民族国家、地方社会和族群共同体有机地联系起来。

在我国行之有效的民族区域自治便是这样一种具有中国特色的制度安排和政策措施。我国宪法和民族区域自治法对少数民族的文化特征和发展权利给予了明确的保护，使得新疆各民族的族群认同目标与国家宪政的目标相一致，因而使新疆的族群认同意识获得健康发展。有调查表明，在新疆，大多数少数民族和汉族群众在表示强烈的民族自豪感的同时，也认为汉族和少数民族是值得信赖或完全值得信赖的。能够使用或熟练使用汉语的少数民族群众，特别是少数民族青少年越来越多，大多数尚不能使用汉语的少数民族群众表示愿意学习汉语、希望自己的孩子能掌握汉语。这说明，随着新疆少数民族族群和汉族群间长期的双语交流和政府的政策鼓励，作为族群认同重要特征的语言，正逐步适应着各族群社会交往和地方公共生活发展的需要。多数少数民族群众和汉族群众之间已具有信任感。

经过 20 世纪 50 年代以来的社会变迁，新疆城市人口族群聚居的传统格局已被基本打破。在党政机关，企、事业单位等现代组织中长期合作共事，密切的工作关系和邻里关系，使得族群界限已不再成为汉族群与少数民族族群之间结交朋友、建立私人友谊的主要障碍。影响不同民族干部合作共事的原因和影响同一民族干部合作共事的原因已没有实质性的差别。尤其值得关注的是，在新疆农村社区，这种因传统族群聚居格局被打破而逐步形成的族群认同意识已开始出现。

2. 新疆各民族的跨族群地方认同意识已经形成

地方认同是不同的族群对同一个地方社会的心理认同。地方认同意识是生活在同一地域的不同的族群共有的地方文化认同。经过新中国成立以来的社会变迁，在新疆定居的人群中，不论是世居的还是移民的，不论是汉族还是少数民族，已经形成了一种区别于新疆各族群的单纯族群认同意识的、跨族群的新疆地方认同意识。这种新疆地方认同意识的综合表达就是："我们新疆人"或"我们新疆好地方"。新疆各族群开始作为同一个地方社会共同体，即"我们新疆人"，共同关注着新疆地区的经济发展、文化繁荣和社会稳定，共同关注着新疆族际关系的和谐，这种共同关注的程度，反映着各族群对基于地域的地方认同意识程度。在新疆，经过中国共产党领导的社会变革，建立和完善了各民族一律平等的地方民主参与制度，奠定了保证各民族共同发展的物质经济基础，执行了繁荣各民族文化及宗教信仰自由的政策，创造了当地前无古人的经济社会发展良好态势，在政治、经济、文化诸方面形成了新的跨族群地方认同的基础，因而大大加速了新疆跨族群地方认同意识的形成。这种跨族群的地方认同意识，是生活在新疆的各族群共同促成的一种新的地方族群意识。这种正在形成的跨越族群边界的地方认同，实质上是共同生活在新疆的各族群所形成的跨族群的社会认同，是在共产党领导的民族区域自治制度下、在中国特色社会主义条件下，新疆各族群之间以地域为纽带的互动结果。它一经形成，便成为新疆地方各族群团结互助的精神纽带，并与民族—国家认同呈现出互强态势。

3. 新疆各民族的国家认同意识日益成熟

现代民族—国家所需要的政治认同，是族群认同、地方认同与民族—国家认同的统一和互强。强化脱离民族—国家认同的族群意识和地方意识；忽视或否定健康合理的族群意识和地方意识；二者都不符合中国的国情和新疆的区情，都是错误的。在民族平等、团结的宏观政治条件下，民族—国家认同不仅可以而且应当建立在多族群地方认同的基础之上。共产党领导的民族区域自治制度就是在各族群在认同于多元一体的中华民族和统一的中华人民共和国的前提下，保障和实现地方各族群政治、经济和文化平等权利的制度安排。

在中国，民族—国家认同首先表现为各族群都普遍认同本族群是多元一体的中华民族大家庭的一员，普遍认同本族群在中国境内的聚居地区是统一的多民族的中华人民共和国不可分割的一部分。经过长期的历史磨合，当前生活在新疆的各族群，绝大多数人已经形成了新疆是中国这个统一国家一部分的政治观念。这种国家认同意识不仅体现在新疆各族群对作为"中国人"有很强的自豪感，而且表现在他们对国家实行的民族区域自治制度、民族团结、平等、互助等基本政策、反对民族分裂主义的方针措施、坚持政教分离的基本原则，都给予了明确的支持。当前，新疆的主要危险是受境外敌对势力支持和操纵的民族分裂势力、极端宗教势力和暴力恐怖势力。这三股势力的险恶目的就是要把新疆从祖国版图中分裂出去，削弱中国，迟滞和阻挡中国的现代化进程。显然，在新疆这样的多民族聚居的地区，对反对民族分裂，维护祖国统一这样的大是大非问题上，是旗帜鲜明，还是动摇暧昧，是衡量每一个族群、每一个公民是否具有统一的国家认同意识的试金石。当前在新疆，绝大多数少数民族和汉族群众一致认同反对民族分裂、维护祖国统一、搞好民族团结的重大意义，普遍认为搞分裂对哪个民族都不好，没有任何理由破坏民族团结，坚决拥护中央政府和新疆维吾尔自治区政府采取的严厉打击"三股势力"的强硬措施，认为是维护新疆社会政治稳定和民族团结关系的必要举措。据此可以认为，经过新中国成立以来的各项社会变迁，新疆各族群在地方认同的基础上，对统一的多民族国家已经有了比较强的认同。

4. 新疆社会结构发生深刻变化

在新中国成立以来新疆发生和正在发生的社会变迁进程中，新疆历史上形成的社会阶层结构发生了深刻的变化。

第一，民主改革和社会主义改造彻底改变了新疆的社会经济制度，开辟了新疆历史的新纪元，使新疆数百万各族人民从根本上改变了政治上被压迫、经济上受剥削的地位，成为掌握自己命运的主人，成为推动新疆社会现代变迁的主体力量。民族区域自治制度的建立为新疆各少数民族行使当家做主的权利提供了有效的形式。随着社会变迁的推进和深化，大批曾经在社会底层备受压迫和奴役的贫苦农牧民在共产党的培养教育下迅速成长起来，成为各级党政机关和各类经济社会文化组织的领导骨干，成为各族人民群众在社会主义条件下创造新生活的组织者和领路人。而曾主宰过千万贫苦百姓的物质生活和精神生活的大大小小的旧社会的官吏们则在社会变迁中被驱逐和改造，渐次退出历史舞台。

第二，随着新疆现代社会变迁的发展和深化，在新疆各少数民族人群中出现了新一代国家公务员、军人、企事业单位的管理人员、教师、科学工作者、文艺工作者和其他建设者，在世世代代从事传统的种植和游牧劳动的广大农牧民中产生了一批一批从事现代工业、物流、建筑、通信、服务行业的建设者，形成了当前新疆的主要社会阶层和主导新疆未来稳定和发展的基本社会力量。伊斯兰教在新疆的社会整合与社会组织作用逐步被政府主导的各类政治、经济、社会组织所取代。

第三，长期生活在浓厚的宗教氛围中的穆斯林群众中，出现了越来越多的在马克思主义指导下、从小接受现代自然科学和社会科学系统教育的一代新人，特别是形成了一支从事唯物主义和现代科学文化知识传播的专业技术工作队伍。以马克思主义为核心的社会主义核心价值体系已成为新疆的主流意识形态。"伊斯兰"作为风俗习惯和文化特色将长期保留并不断地与现代文化形式相结合，但作为宗教，伊斯兰教则基本上失去了对新疆主流社会意识形态的主导作用，只是在信教群众中还保留着"民间意识形态"的地位。伊斯兰教教义中的抑恶扬善的积极成分在政府的积极引导下，正在逐步纳入社会主义公民道德建设的轨道。

第四，千百年来因封闭的地理环境而处于相对与世隔绝状态的新疆以空前的规模和深度融入全国经济乃至世界经济的潮流之中。现代文明的生活方式和消费方式开始逐步进入广大信教群众的世俗生活领域，正在潜移默化地影响和改变着广大信教群众的现实生活追求和未来价值取向。

第五，新疆传统的农业社会已经步入城镇化的进程，在绿洲、草原乃至戈壁上出现了一个又一个现代城市和城镇，出现了一批又一批一开始就处在完全的城市文明氛围中的家庭和社区。

第三节　构建和谐新疆区域文化的条件

新疆是伟大祖国领土不可分割的一部分。自从西汉中央政权开始对西域地区行使有效军政管辖以来，历代中央政权无不在力所能及的条件下保持、巩固和加强对西域（新疆）地区的控制和治理。新疆在地缘关系和人文社会方面的特殊性，对于任何主政新疆的政治集团的执政能力都具有挑战意义。20世纪中叶以来，随着中国共产党领导的新民主主义革命的彻底胜利，中国共产党确立了在中国大陆地区的执政地位，新疆跨入了崭新的历史发展时期。在中国共产党的领导下，新疆社会变迁的深化，民族关系的和谐，经济文化的繁荣，人民生活的改善，社会政治局面的安定等都是前无古人的。

民族问题的极其重要性不仅表现在政治上，而且表现在新疆经济社会发展的方方面面，对于构建和谐新疆具有全局性的意义。首先，新疆是一个经济欠发达的地区，贫困人口的比重很大，扶贫任务艰巨。而新疆的贫困人口绝大多数是少数民族居民，所有的由国家确定的和由自治区确定的贫困县都是少数民族人口占绝大多数的县。在新疆，扶贫问题很大程度上就是帮助少数民族群众脱贫致富的问题。其次，新疆是我国区域间发展不平衡特点表现突出的地区，不仅新疆与东部沿海发达省区的发展差距仍在加大，而且新疆境内各区域间的发展差距也很突出。新疆是民族区域自治地方，缩小东西部区域发展差距，对于新疆来说，就是加快少数民族地区经济社会发展的问题。而在新疆境内，经济社会发展落后的地区均为少数民族人口比重较大的地区，所谓缩小地区发展差距，几乎就是缩小民族发展差距。再次，在中国，解决"三农"问题的重要性不言而喻。新疆的"三农"问题的复杂性还在于，农牧民的大多数、农村居民的大多数、农业人口的大多数都是少数民族。所以，新疆的"三农"问题以及城镇化问题，实质上就是民族发展问题。新疆的社会建设及公共服务均等化等问题基本上也是如此。

可以说，在社会主义条件下，实现和促进民族团结、民族发展、民族繁荣和民族和谐，是新疆政治、经济、文化、社会建设的主题。从这个意义上说，中国共产党在新疆少数民族地区的执政能力，就是党正确把握和处理这一主题的能力。

在新疆，宗教和宗教的广泛影响是长期存在的社会现实。不同宗教之间、同一宗教的不同教派之间、信教群众和不信教群众之间的矛盾也是长期存在的社会现实。在共产党执政以前，不同宗教之间、同一宗教的不同教派之间、信教群众和不信教群众之间的矛盾往往被当时的统治集团利用来掩盖自己统治的阶级性质，因此，历代反动统治集团不愿意也不可能去化解上述矛盾，相反，为了维持其统治，转移各族人民群众的视线，他们经常需要有意识地去激化这些矛盾，使之更加复杂。

新中国成立以来，暗藏的敌对势力更是从来也没有放弃过利用宗教矛盾，在信教群众中煽动反党反政府的情绪。前些年，一些别有用心的人经常利用宗教矛盾，煽动宗教狂热，搞非法宗教活动，违法私办经文学校，强迫不信教群众信教；少数敌对分子则公然利用讲经煽动宗教狂热和民族仇视，攻击党和政府，引发治安或刑事案件，造成社会的不稳定。经过近几年对"三股势力"的严厉打击和治理整顿、形势有所好转，但苗头依然存在。有的只是变换了手法，比较隐蔽。此外，伊斯兰教内部的教派之争在有些乡村也比较突出。这几年，在新疆一些地方，信仰基督教、天主教的人数不断增加，不时地向政府提出修建活动场所的要求，得不到满足就提出"宗教信仰自由的平等权利"及类似要求向政府施压。

中国共产党在新疆执政以来，可以说在进行社会变革和社会管理的一切领域都会遇到宗教因素的挑战。对宗教问题的认识和处理是否正确妥当，直接关系到党在新疆的各项政策能否得到最大多数群众的理解和支持，直接关系到党能否成功地带领、组织各族群众去实现将会给他们带来实际利益的社会改革（由于宗教影响的存在，信教群众对那些客观上有利于自己的改革举措也可能持怀疑甚至抵触的态度），直接关系到党能否随时击退宗教极端势力利用宗教问题向政府的挑衅，有效控制社会局面。一句话，直接关系到党在新疆的执政地位能否巩固。

一、区域经济发展的滞后性与不平衡性

新疆是我国境内距离海洋最远的省区。四周高山环抱，境内冰峰耸立，沙漠浩瀚，草原辽阔，绿洲点布，自然资源丰富。地貌轮廓是"三山夹两盆"。相对封闭的地貌、恶劣脆弱的生态环境、频仍发生的自然灾害、艰苦贫瘠的生存条件，加之社会历史方面的原因，使得新疆区域经济长期发展缓慢和不平衡。

新疆在和平解放前，经济落后，人民生活贫困，全区没有一寸铁路，生产力水平低下，文教卫生状况极差。新中国成立后，经过50多年的发展，新疆经济和社会发展取得了举世瞩目的成就。特别是改革开放以来，国民经济一直保持着强劲的增长势头，呈现出速度和效益、生产和需求协调发展的良好局面。然而由于历史上形成的发展差距过大，使新疆发展市场经济的起点远远落后于东部沿海

省区，加上国家在投资取向上的倾斜，总的来看，目前新疆在我国8个民族省区中经济发展仍属中等水平，与东部发达省区相比，差距更大，一直属于经济欠发达地区。

区域经济发展的长期滞后与不平衡对新疆的消极影响是明显的。首先是使当地党和政府可直接利用的巩固执政地位的各类物质性资源不足而不得不增加对中央政府和各兄弟省区支持的依赖。其次是制约了新疆走向市场经济的步伐。新疆有相当数量的群众还没有摆脱内向的、狭隘的、稳态的社区意识、地域意识和部落意识的束缚，不能适应产业化、社会化生产的要求，也不能按市场规律组织经济活动，在市场竞争中处于不利地位，许多人还处在贫困线以下。

当前，新疆农村牧区存在的最为普遍、最为突出和最为棘手的问题是集体经济薄弱和农牧民人均收入偏低，致使基层党组织缺少为农牧民群众提供服务的物质手段，有的甚至连正常办公的经费都很难维持，更谈不上承办公益事业，因而影响了党和政府在群众中应有的威信。经济落后造成的人员素质相对低下，还使得新疆农村剩余劳动力向非农产业转移的渠道狭窄。而在新疆的城市特别是中小城镇，有较大规模和较强核心竞争力的工业企业还不多，新型工业化的进程从总体上看仍处于初级阶段，吸纳农村剩余劳动力有限，一些汉语言表达能力有限的少数民族青年学生的就业面就更窄。

区域经济发展的长期滞后与不平衡还使一部分基层群众甚至是党员干部缺乏艰苦奋斗自力更生改变落后面貌的信心，满足现状，得过且过，"等、靠、要"思想严重，看不到自身优势和发展潜力，到发达地区学习也常常是"听了激动、看了心动、回家不动"，过分强调当地条件的特殊性，求稳有余，创新不足。这种精神上的"弱势状态"直接妨碍了党在新疆多民族地区执政能力建设。

当然也必须看到，新疆的落后面貌和艰苦条件也锻炼了新疆的各族人民和广大党员干部。在严峻的自然条件面前，他们逐渐养成了坚韧、豁达、乐观、自信的气质，比内地人更加重视群体力量和团队精神的作用，铸就了特别能战斗、特别能忍耐、特别能奉献的传统，培育了纯洁质朴，多情重义、古道热肠、坦诚率直的优良品质。这又是新疆多民族地区党的执政能力建设可利用的宝贵精神资源。

发展是党执政兴国、执政兴疆的第一要务。能否在市场经济条件下实现新疆经济社会的较快发展，不断缩小与内地省区的差距，显著提高各族人民群众的生活水平，是对党在新疆多民族地区执政能力的尖锐挑战。

二、境内外"三股势力"破坏活动的危险性

在当前和今后一个较长时期的国际政治斗争背景下,"三股势力",即暴力恐怖势力、民族分裂势力、宗教极端势力的颠覆破坏活动,仍然是社会主义条件下一定范围内存在的特殊的阶级斗争在新疆的具体表现。它是党在新疆多民族地区执政地位的主要危险,是改革开放以来新疆区别于内地、沿海省区的一个显著特点。党在新疆多民族地区执政能力建设的一个重要内容就是不断增强组织各族人民群众坚决打击"三股势力"的战斗力,不断完善相关的斗争策略。

新疆维吾尔自治区是我国5个省级民族区域自治地方之一,和我国西部8个邻国接壤,是我国接壤邻国最多、边境线最长、地域面积最大的边疆省区。新疆是我国少数民族成分最多的省级行政区域。在我国55个少数民族中,在新疆境内有居住人口的达到54个。在其中的12个世居少数民族中,有6个(哈萨克、乌孜别克、柯尔克孜、塔吉克、蒙古、俄罗斯)属于所谓"跨境民族"(即在新疆境内有该民族的民族区域自治地方或较大聚居区,而在国境外则存在着以该民族为主体的主权国家实体)。

新疆不仅是中国面积最大,伊斯兰教流传最早、影响最深,穆斯林聚居程度最高的地方行政区域,而且和位于东半球的、西起非洲西海岸的毛里塔尼亚、塞内加尔,东至东南亚的马来西亚、印度尼西亚,北起土耳其等中亚、西亚诸国,南至非洲之角的索马里这一辽阔的"世界穆斯林地带"接壤或毗邻。处在这一"世界穆斯林地带"的大多数国家和地区都以伊斯兰教为国教或大多数居民信奉伊斯兰教。中国虽然不是穆斯林国家,并且实行社会主义的经济政治制度,但如果从地理位置的意义、从伊斯兰教影响及穆斯林聚居程度的意义上看,中国的新疆地区无疑也是这一"世界穆斯林地带"的一部分。

在数千年的漫长历史岁月中,世居在中国新疆境内的操突厥语诸民族早已整合为中华民族大家庭的一部分,其民族发展进程早已汇聚到整个中华民族发展的历史进程之中。新中国的成立、社会主义改造的完成、民族区域自治制度的建立、改革开放这一系列前无古人的社会变迁,根本改变了新疆的经济、政治、文化、社会面貌,规定了新疆各民族发展的社会主义方向,也规定了新疆伊斯兰教与社会主义社会相适应的未来走向。但是,由于新疆所处的特殊的地缘政治和地缘文化位置,一方面,新疆与"世界穆斯林地带"诸多国家和地区之间,事实上存在着不同社会制度和不同文明形态之间的对峙、对比和竞争;另一方面,新疆和周边的中亚、西亚国家和地区在民族和宗教方面客观存在的共同性,又使得新疆境内的社会局势难以完全摆脱相邻的中亚、西亚、南亚国家和地区政治局势

变动的消极影响。

总之，一个民族因素、一个宗教因素、一个国际因素，这是分析新疆社会政治局势时不可回避和忽略的三个基本点，新中国成立近60年来是这样，改革开放30年来是这样，今后也仍将是这样。

20世纪90年代因苏联解体而导致的世界社会主义运动严重挫折和世界性民族分立主义浪潮给中国特别是新疆地区的稳定造成了直接冲击。从历史发展的背景来看，新疆的反分裂斗争是一百多年来中国各族人民抗击帝国主义侵略、维护祖国统一的斗争在新的时代背景下的继续。在当今时代，中国正在成为一支影响世界格局、推动世界经济政治秩序变革的举足轻重的力量。中国能有今天的国际地位和综合国力，得益于中国共产党的坚强领导，得益于1949年的独立和解放，得益于50多年来的社会主义建设，尤其得益于30年来的改革开放。"冷战"结束后，西方敌对势力已经把中国的发展强大视为对他们主导的旧的国际政治经济秩序的最大威胁。作为现实的国际政治利益主体，西方敌对势力需要超越社会制度和意识形态的界限，通过发展同中国的经贸关系，从中国经济的快速发展中获取自己的经济利益。但是，出于本能的对社会主义制度和意识形态的仇恨，西方敌对势力不甘心看到中国共产党领导下的社会主义中国崛起强大，不甘心让中国特色社会主义事业顺利进行。他们顽固地对中国实行"接触"加"遏制"的政策，一方面在外交上、经济上、文化上乃至在军事上同中国加强接触、发展"战略关系"；另一方面又打着民族、宗教、"人权"、"民主"等幌子，策动、扶植和操纵"东突"、"台独"、"藏独"以及"世维会"、"法轮功"邪教组织、"民运"等妄图推翻中国共产党的领导和颠覆社会主义制度的势力、组织和个人，加紧在我国周边投棋布子，从舆论到暴力、从内政到外交、从国内到国际，企图形成遏制中国的战略包围。他们的最终目的就是要推翻中国共产党的领导、推翻中国的社会主义制度、分裂和削弱统一的中国。只要中国共产党执政，只要中国坚持社会主义制度，只要中国强大统一，他们就会利用各种机会，寻找各种借口，对中国进行渗透、捣乱、破坏、颠覆活动。西方敌对势力是新疆境内外"三股势力"的直接后台和靠山，是造成新疆境内的民族分裂破坏活动不断升级的最重要外部因素，将是长期存在的、从西部威胁我国国家安全、经济建设和社会稳定的主要根源。

因此，新疆的反分裂斗争实质上是一场在新的历史条件和时代背景下、以新疆地区为主战场的、不断挫败西方敌对势力"西化"、"分化"中国战略、保卫中国共产党的领导、保卫中国的社会主义、保卫国家主权和民族团结的尖锐复杂的国际政治斗争。只要西方敌对势力不放弃"西化"、"分化"中国的图谋，这场反分裂斗争就将坚持不懈地进行下去。

与新疆接壤和毗邻的中亚、南亚国家和地区是国际恐怖势力和宗教极端势力活跃的主要地区。苏联解体后，这里成为霸权主义或地区霸权主义势力角逐的新舞台。20世纪90年代以来，这里的局势一直动荡起伏。从苏联分离出来的中亚各国处于政治经济体制转轨阶段，权力运行和交接机制尚未成熟，在转轨中严重下滑的国民经济和人民生活水平尚待恢复，政权基础比较脆弱。一些国家在西方策动的"颜色革命"、北约东扩和宗教极端势力鼓噪的"伊斯兰化"的多重压力下，政局持续动荡，今后的政治走向难以预料。阿富汗既是国际恐怖势力活动的重点地区，也是美国通过阿富汗战争、在中亚地区保持军事存在，进而控制中亚、遏制俄罗斯、威胁中国的战略支撑点。如今的阿富汗，塔利班势力死灰复燃、卷土重来，已经控制了该国的东南部地区，国内暴力恐怖事件频发，安全形势严峻。在巴基斯坦，自去年"红色清真寺"事件后，宗教极端思想盛行，世俗政权与宗教极端势力的矛盾加剧，宗教极端势力相继在全国发动一连串爆炸袭击。目前巴基斯坦政局还在进一步发展变化，并有可能在周边国家产生一系列连锁反应，进而为盘踞在这一带的国际"三股势力"和"东伊运"等分裂势力提供了新的活动空间。中亚、南亚地区局势的持续动荡不仅对我国的国家安全和新疆的社会稳定构成严重威胁，而且直接影响着该地区各个国家的国家安全和社会稳定，给西方大国势力进入该地区提供口实，给国际恐怖势力的活动提供机会。

中国新疆地处亚洲腹地，在地理位置上属于中亚地区的一部分。中国正是由于拥有新疆这块战略要地才成为能够对中亚局势产生直接影响的大国之一。中国新疆面临着和中亚、南亚地区各国相似的现实威胁。中亚、南亚地区动荡不安的局势固然对新疆的社会稳定有消极影响；但是反过来，中国在新疆地区开展严厉打击民族分裂势力、宗教极端势力、暴力恐怖势力等"三股势力"的斗争，有效维护新疆社会政治大局稳定，在动荡不安的中亚地区营造和维护着一块政治安定、社会和谐、安邻睦邻的"绿洲"，则无疑会对中亚、南亚地区政治局势的稳定起到积极的作用。中国在新疆地区维稳、反恐的胜利表明，中国是维护中亚、南亚地区和平、稳定，遏制霸权主义扩张和国际恐怖势力的积极力量。

新疆反分裂斗争的更为深远的战略意义还在于，这场斗争有力地打击了西方敌对势力利用宗教对我国进行的渗透、破坏和颠覆活动，有效地遏制了非法宗教活动在新疆的蔓延，维护了正常的宗教秩序，捍卫了我国的意识形态安全和文化安全，充分表明：中国特色社会主义完全有能力在国内以宗教（包括伊斯兰教）为传统文明主要表现形式的地区，正确处理好宗教问题，使广大信教群众和爱国宗教人士紧紧团结在政府周围，引导宗教和社会主义社会相适应，实现以中华民族和社会主义为基础的文化整合与文化认同。

从伊斯兰教传入新疆之日起，千百年来已给当地传统社会、经济、文化生活以及相关的制度打上了深刻的历史印记。在新疆，宗教问题特别是伊斯兰教问题，历来是社会稳定的晴雨表。穆斯林地区的社会变迁和现代化建设同传统伊斯兰教之间的矛盾和磨合是否必然会导致激烈的文化冲突和社会动乱，取决于主导社会变迁和现代化建设进程的政府及执政党的政策是否得当。

改革开放以来，西方敌对势力和境内外"三股势力"，始终把"新疆独立"与"宗教自由"联系在一起，不断加大利用宗教对中国进行分裂渗透和破坏活动的力度，他们怂恿非法宗教活动，煽动宗教狂热，极力向群众灌输宗教极端思想，企图挑起宗教冲突、煽起民族仇恨、制造社会动乱。20世纪90年代以来，在新疆，被破获的严重暴力恐怖案件和被打掉的民族分裂组织、暴力恐怖团伙，几乎都有非法宗教活动的背景，几乎都受到了宗教极端势力的煽动或直接指挥。宗教领域成为新疆反分裂斗争的主要战场之一。面对严峻的斗争形势，新疆各级党组织和政府加大对非法宗教活动的整治力度，依法制止地下教经、讲经活动，坚决取缔境外宗教组织非法传教，严厉打击披着宗教外衣、利用宗教进行的各种分裂破坏活动，不让狂热的宗教思想形成气候，不让宗教极端势力坐大成势。

在深入开展制止非法、抵御渗透、打击犯罪斗争的同时，全面正确地贯彻党的宗教方针、政策，切实保护合法的宗教活动，依法加强对宗教活动、宗教场所和宗教人士的管理，始终掌握宗教工作的主动权，把爱国宗教人士和广大信教群众紧紧团结在党和政府周围，共同维护社会稳定。各级党组织和政府始终把加强爱国宗教人士的思想和队伍建设作为做好宗教工作的关键来抓，坚持把爱国宗教人士作为肩负特殊使命的非党基层干部来对待，完善爱国宗教人士选拔、聘用、管理、培训、发放生活补贴等制度。精心组织对爱国宗教人士的集中政治培训，对他们进行形势教育和时事政策教育，大力宣传改革开放30年来新疆经济社会发展所取得的巨大成就，大力宣传中国共产党的正确领导和社会主义制度的无比优越性，大力宣传新疆各族干部群众共同建设小康社会的美好前景，切实增强广大爱国宗教人士的政治意识和责任意识，调动他们协助党和政府依法管理宗教事务的积极性，使经过培训教育的爱国宗教人士绝大多数做到在宗教活动中遵纪守法，在反分裂斗争中站在政府一边。始终坚持在广大信教群众中广泛开展爱国主义、集体主义、社会主义教育，开展民族宗教政策法规教育和公民道德教育，大力普及科学文化知识特别是现代科学知识，帮助他们正确理解党的民族宗教政策和国家法律法规，自觉遵纪守法，做合格的公民。通过这些卓有成效的工作，使引导宗教和社会主义社会相适应的目标落到实处。

新疆与俄罗斯、哈萨克斯坦、吉尔吉斯斯坦、塔吉克斯坦、阿富汗、巴基斯坦、印度、蒙古国等8个国家接壤，陆地边境线长达5 600多公里。新疆的民族宗教问题与地缘政治、经济、文化紧密交织在一起，同国际斗争的风云变幻紧密交织在一起，具有特殊的复杂性。世界宗教的发展在很大程度上影响到新疆。近年来，塔吉克斯坦、吉尔吉斯斯坦、哈萨克斯坦、俄罗斯等周边国家与地区呈现出的发展态势，值得我们深思和关注。

中亚 5 国的民族意识与宗教意识进一步强化。1991 年，吉尔吉斯独立时只有 38 座清真寺，没有一所宗教学校，而现在有十几所宗教学校，20 多所讲经堂，2 500 座清真寺。乌兹别克斯坦独立前只有 300 多座清真寺，到 2001 年增加至 6 000 多座，宗教组织已经达到 2 007 个。塔吉克斯坦独立不久，大小清真寺就由原来的 100 多座激增到 2 930 座。哈萨克斯坦的宗教团体独立前只有 20 多个，到 2001 年增加到 2 157 个，清真寺由 63 座增加到 5 000 多座。过去中亚一带是我们边境线上的安全屏障，现在则已变成了一条"震荡带"。

西方敌对势力渗透的目的，绝不仅仅是为了扩大某种宗教在中国的影响，其根本目的是与我们争夺群众，企图搞乱我们的思想基础，动摇我们的执政根基，进而"西化"、"分化"中国。对境外利用宗教进行的渗透，抵御防范不力，是一些共产党领导的国家丢失政权的一个惨痛教训。

由此可见，抵御宗教渗透，关系到我国改革开放、构建和谐社会、建设社会主义事业的兴衰成败。必须真正认识到在我国社会主义初级阶段宗教问题的长期性、群众性和特殊复杂性，才能坚决抵御境外利用宗教进行的渗透。

三、依法管理宗教事务，积极引导宗教与社会主义社会相适应

宗教信仰自由是中国共产党对宗教的基本政策。新疆和平解放初期，中共新疆分局和新疆维吾尔自治区党委针对当时新疆经济文化发展极度落后，少数民族群众的宗教意识浓厚，部分群众对党的宗教政策尚有疑虑的实际，在对宗教信仰自由政策内容的宣传上采取了实事求是、区别对待的做法，即只在党员和区以上干部中全面宣传宗教信仰自由政策包括信教自由和不信教自由两个方面；对广大信教群众在一般情况下主要宣传信教自由的一面，暂不宣传不信教自由的一面，只在宗教界有强迫他人参加宗教活动的行为时才向其说明党的宗教政策中关于不信教自由的内容；坚决支持信教群众废除宗教封建特权和剥削的进步要求。这一重要的政策性举措有效地团结了广大少数民族信教群众，粉碎了反动派的造谣破坏，保证了土地改革和社会主义改造的顺利进行。1958 年以后，针对变化了的情况，采取先向党团员、后向普通群众的步骤，全面宣传宗教信仰自由政策关于信教自由和不信教自由的内容。

依法加强对宗教事务的管理，是依法治国的重要内容和必然要求，是党的宗教信仰自由政策在政府行为中的表现，其目的是使宗教活动纳入宪法、法律、法规和政策允许的范围。为此，区政府采取的措施是：第一，对宗教界人士普遍进行法制教育，提高其遵纪守法的自觉性；对广大信教群众广泛进行法制宣传尤其是有关宗教的法律、法规的宣传。第二，普遍定期开展以激发宗教活动场所和宗教教职人员爱国守法、为社会主义现代化建设服务为目的的、"好宗教活动场所、好宗教教职人员"评选活动。第三，对宗教教职人员普遍进行政治思想表现和经文知识的考核，对符合条件者颁发合格证书，对不完全合格者帮助其提高进步，对极少数混进宗教教职人员队伍、不宜担任宗教职务者予以清理。第四，宗教活动场所普遍进行登记、整顿，加强民主管理，使之置于政府行政领导之下。第五，依法严肃处理违反国家法律、法规的宗教活动。第六，依法严厉打击敌对势力利用和操纵非法宗教活动颠覆政府的破坏活动。

积极引导宗教与社会主义社会相适应，是社会主义条件下，解决宗教问题的唯一正确途径，是党的宗教信仰自由政策的归宿。新疆党和政府运用法律和政策的手段，调动宗教界人士积极参加改革开放和社会主义现代化建设事业，利用宗教综艺、教规和宗教道德中的积极因素为社会主义服务，自觉改革与社会主义社会不相适应的宗教制度和教条，积极协助政府宣传党的宗教政策，解决不同民族成员之间的纠纷，扶贫济困，教育少数有偷、赌等不良行为的人改邪归正，在信教群众中倡导移风易俗。

四、慎重稳进，推动新疆少数民族地区的社会转型

中国共产党在取得全国政权以后，面对在新疆这样一个经济文化落后、民族众多、宗教影响深厚的地区进行社会改革的复杂任务，提出了体现党的实事求是思想路线的"慎重稳进"的社会改革方针。

从新中国成立到现在，新疆经历了以消灭封建土地制度为中心的民主改革，对个体农业、手工业和资本主义工商业的社会主义改造，建立民族区域自治制度，由传统的计划经济体制转变为社会主义市场经济体制的改革等四大社会改革。前两大改革是从根本上变革私有制度的社会改革；后两大改革则是社会主义政治经济制度的自我完善，这两大改革目前仍在深入发展和不断完善中。

早在新疆解放初期，毛泽东即指示王震同志：新疆的社会改革是有保证的，但目前不应操之过急，应充分估计新疆民族宗教问题的复杂性和群众的觉

悟程度。① 他指出:"在新疆农业地区,今年实行土地改革,消灭地主阶级,这是一个坚决的革命的进攻,不容动摇。但在实行进攻的具体步骤上,必须十分慎重,切戒急躁。必须准备充足的力量,一步一步地实行进攻,以便获得全胜。在新疆实行社会改革,充分地估计到民族和宗教的特点,有意识地在民族和宗教问题上做一些让步,以换取整个社会改革的胜利,是完全必要的。"② 根据"慎重稳进"的方针,新疆农业和手工业的社会主义改造始终坚持从新疆民族宗教的复杂情况出发,始终强调尊重少数民族群众的意愿,做到工作扎实、步骤稳妥、速度适当;坚持将社会主义改造与发展生产相结合;坚持做好统一战线工作,团结各民族和各界人士支持运动。私营工商业的社会主义改造也从新疆民族、宗教的特点和商品经济不发达的实际出发,采取了"分期分批,逐步改造,稳步前进"的方针,确保改造工作稳妥健康地进行。

在新疆,建立民族区域自治制度,是继建立各级人民政权之后又一次深刻的政治改革和体制创新。这一变革在党中央"慎重稳进,积极准备,逐步推进"的方针指引下顺利实现。按照这一方针,中共中央新疆分局对新疆各民族的历史和现状以及各民族之间的关系进行了深入调研,发现和培养从事民族区域自治工作的各族干部,并就自治区名称问题在各族干部群众中进行广泛酝酿和讨论,以逐步取得共识,在实施的步骤上采取"自上而下,由小而大"的方式,注重先搞试点,以点带面,从建立民族乡的试点开始,有计划、有步骤地建立了民族乡、自治县、自治州等各级民族自治地方,仅用了一年多的时间,就于1955年10月1日正式成立了以维吾尔族为主体的省级自治地方——新疆维吾尔自治区。

党的十一届三中全会以来,在以邓小平、江泽民为核心的党中央第二、第三代领导集体和以胡锦涛同志为总书记的党中央的英明领导下,新中国成立以来党在新疆工作中逐步形成的、体现着实事求是思想路线的"慎重稳进"的工作方针,在新的历史条件下得到恢复,成为新疆顺利实现社会转型和体制变革的思想保证。

五、大力促进民族团结,实现新疆的民族和睦与社会和谐

在新疆这个少数民族聚居地区,能否搞好民族团结,实现民族和睦与社会和谐,是对党的执政能力的重大考验,是做好一切工作的前提和基本保证。党中央

---

① 中共新疆维吾尔自治区委员会党史研究室:《中国共产党新疆历史大事记》,新疆人民出版社1993年版,第39页。
② 中国社会科学院:《1949~1952年中华人民共和国经济档案资料选编·农村经济体制卷》,社会科学文献出版社1992年版,第277页。

和党在新疆的各级组织及广大党员干部对此始终保持着清醒的认识,有着许多成功的实践。

毛泽东认为,要建设新新疆,使新疆人民过上和平、自由、幸福的生活,必须要有各民族的团结。早在1949年人民解放军进军新疆前夕,毛泽东即电示第一野战军司令员彭德怀,指出:"解决新疆问题的关键是我党和维吾尔族的紧密合作。"同年10月23日再次致电彭德怀,强调"人民解放军只有和维吾尔族(以及其他民族)建立兄弟般的关系,才有可能建立人民民主的新新疆"。① 毛泽东认为,要团结各族人民建设新新疆,重要的一环是要团结少数民族干部,要十分重视他们在政治生活中的地位和作用,尊重和使用他们。他还在关于新疆和平解放后省人民政府的组成意见中提出:"包尔汉应为主席。委员应是汉人占少数,维族及其他民族占多数"②,并具体提出人事安排比例为汉族10人,少数民族15人。为了加强民族团结,毛泽东还提出在新疆要反对和克服形形色色的民族主义。他说:"汉族和少数民族的关系一定要搞好。这个问题的关键是克服大汉族主义。在存在有地方民族主义的少数民族中间,则应当同时克服地方民族主义。"③ 他还谆谆教导新疆维吾尔自治区主要领导同志说:"在新疆一定要搞好民族团结。关键是要搞好汉族干部和少数民族干部之间的团结","你(指当时的新疆维吾尔自治区党委第一书记王恩茂同志)要做好汉族干部的工作,你(指当时的新疆维吾尔自治区主席赛福鼎同志)要做好民族干部的工作。"④

以邓小平为核心的党中央同样高度重视在新疆搞好民族关系、加强民族团结的极端重要性。针对20世纪80年代初因新疆维吾尔自治区主要领导同志的工作失误而造成的民族关系方面的不安定因素,党中央于1980年9月23日召开了新疆工作座谈会。会议指出:新疆各级党委第一位的工作,是发动广大干部、广大指战员和人民群众,充分认清搞好各民族人民团结的重大意义。要使大家从切身经验中认识到,团结是新疆各族人民的生命线,是共同利益所在,是建设富裕、文明的新疆的关键所在。1981年7月6日,中共中央书记处再次讨论了新疆工作问题,指出:"搞好民族关系,加强民族团结,是进一步做好新疆各项工作的关键","新疆的汉族干部要确立这样一个正确观点,即离开了少数民族干部,新疆各项工作搞不好;新疆的少数民族干部也要确立这样一个正确观点,即离开了汉族干部,新疆各项工作也搞不好"⑤。1981年10月,邓小平指出,在新疆,

---

① 中央关于新疆问题给彭德怀的电报,见《建国以来毛泽东文稿》第一册,中央文献出版社1987年版,第89页。
② 中共北京市海淀区党史研究室:《中共中央在香山》,中共党史出版社1993年版,第476页。
③ 《毛泽东文集》第七卷,人民出版社1999年版,第43页。
④ 陈统渭:《情系天山——党和国家领导人在新疆》,中共党史出版社1995年版,第6页。
⑤ 《王恩茂文集》(下),中央文献出版社1997年版,第122页。

第一要选拔中青年干部，要在实际工作中了解、认识符合中央干部条件的中青年干部，把他们提拔起来；第二不要搞小圈圈，搞小圈圈要犯大错误，要团结大多数；第三要保持政治上与中央一致，不允许同三中全会以来的路线、方针、政策有抵触，不允许有攻击、诽谤中央领导同志的错误言论；第四，新疆生产建设兵团，就是现在的农垦部队，是稳定新疆的核心，新疆生产建设兵团要恢复；第五，要坚持大汉族主义要不得，地方民族主义要不得，两个都要不得的观点。在党中央第二代领导集体的关怀下，新疆维吾尔自治区党委始终把搞好民族团结作为第一位的大事来抓，在全自治区各族干部群众中深入持久地进行马克思主义民族观的教育，坚持不懈地开展一年一度的"民族团结月"活动，开创了新疆民族团结的新局面，使新疆的各项工作进一步走上了健康发展的道路。

江泽民同志指出，历史一再证明，民族团结是国家发展兴盛、人民安居乐业的重要保证。反之，如果发生分裂动乱就会给国家、民族带来巨大的灾难。加强新疆各民族的团结，保持社会政治的稳定，不仅关系新疆经济社会的顺利发展，也关系整个西北地区的稳定和发展，关系全国改革开放和现代化建设的大局。

中国共产党在新疆少数民族地区的执政能力，除了体现在党中央对于处理新疆经济社会发展和民族宗教关系问题有一条正确的马克思主义的路线以外，具有决定意义的因素就是新疆各级党组织和干部在执政能力方面的素质和表现，这主要是指：各级党组织和党员干部执掌政权、谋求发展和稳定的能量和水平。包括贯彻党的路线方针政策的能力，发展经济、政治与文化的能力，维护稳定的能力，依法管理宗教事务和社会事务的能力，化解各种矛盾、应付复杂局面、处理突发事件的能力，以及自身建设的能力等方面。

对新疆少数民族地区党组织和干部执政能力状况，应分以下两个层次来描述。

目前新疆维吾尔自治区党委，各地州、县市党委及其领导成员，是改革开放近30年来在党中央的关怀、培养和督促下，在中国特色社会主义理论体系的指引下成长起来的一代精英。从总体上看，他们在贯彻执行党的路线、方针、政策方面，在为新疆各族群众办实事、办好事，加快当地经济社会发展方面，普遍有着较强的使命感和责任感，对新疆及各地的区情社情有比较深刻的认识和把握，在反对民族分裂、维护祖国统一的问题上有鲜明而坚定的立场，在拒腐倡廉方面也有较高的自觉性，普遍有较高的学历层次和文化修养。当前新疆改革发展稳定的现实成就，就是对其执政能力状况的有力证明。

（一）科学判断形势的能力普遍加强

新疆维吾尔自治区党委始终重视各级党组织和领导干部对马列主义、毛泽东思想和中国特色社会主义理论体系的学习领会，强调用科学发展观分析新疆改革、发展和稳定的现实问题，思考探索加快新疆经济社会发展的途径，有效地提高了各族干部的理论思维、战略思维的能力和科学决策的水平，增强了各族干部把握大局、主动协调各方利益关系的自觉性，减少了决策上的随意性和实践上的盲目性。在20世纪80~90年代，面对国内由资产阶级自由化思潮引发的动乱和国际上民族分离主义浪潮的冲击，新疆各地党组织和绝大多数领导干部普遍保持了应有的政治敏锐性和坚定性，对维护新疆的稳定起到了中流砥柱的作用。

（二）驾驭市场经济的能力逐步提高

国家实施西部大开发战略实施以来，自治区党委和各地州提出和实施的一系列关于促进优势资源转换，培育优先发展的产业带，加快推进新型工业化和城镇化，大力发展农业产业化和具有区域优势的特色农业，加强以交通、水利为重点的基础设施建设和生态环境保护建设，加快经济结构和产业结构调整，改善经济运行质量，不断优化投资环境，扩大全方位对外开放、以稳步提高农牧民收入为中心的扶贫开发等发展战略、规划、措施，已经被实践证明是符合新疆的区情特点和市场经济规律的，是有利于新疆发展的。

（三）应对复杂局面的能力进一步提高

新疆由于其特殊的地缘位置，在维护社会稳定方面将长期面临严峻的挑战。经过多年的教育，新疆各级党组织及领导干部对可能导致社会动荡的复杂局面的各种消极因素和敌对因素普遍有明确的认识和清醒的判断力，面对复杂局面一般都能够做到沉着应对、果断处理，迅速控制局面，安定人心，恢复秩序。通过这些年的实践，新疆各级党组织和领导干部在应对复杂局面、维护社会稳定、打击民族分裂势力、宗教极端势力和暴力恐怖势力方面已积累了一定的经验，有了一整套应对措施，在运用政策和法律武器方面愈加熟练，为新疆安定团结的政治局面提供了坚强有力的队伍保障。

（四）法律意识不断增强，依法行政能力明显提高

改革开放以来，自治区党委始终把依法行政作为建设勤政、廉政、务实、高效的各级领导班子的根本要求。持续的普法教育以及领导干部任前法律知识测试，使各级领导干部的法治意识和法律素质普遍得到提高，依法行政的自觉性大大增强，各级党组织及领导干部的执政行为更加符合宪法和法律的规范，同时也有力地推动了基层社会的依法治理。

(五) 大局意识增强，总揽全局的能力进一步得到提高

顾全大局，"全国一盘棋，全区一盘棋"意识历来是新疆各级党组织和各级领导干部的优良传统。在推进新疆和各地的各项事业的过程中，各级党组织和领导干部从工作大局出发，站在全自治区的高度，通盘考虑和安排各项工作，充分发挥党委的领导核心作用，注意统筹协调好与人大、政府、政协之间的关系，支持工会、共青团、妇联等人民团体依法履行职责，充分调动各方面积极性，相互配合，形成合力，保证了新疆改革、发展、稳定工作的协调一致，顺利推进。

新疆少数民族地区党员干部执政能力的构成要素，除了和全国各省区干部执政能力构成要素相同的内容外，还具有新疆社会环境所要求的特殊内容。只有准确地把握这一共性与个性的关系，才能有效地进行新疆少数民族地区党员干部执政能力的建设。以树立马克思主义的国家观、民族观、宗教观、发展观为基础，加强新疆多民族地区党员干部科学判断形势的能力。明确少数民族地区的发展离不开祖国的支持，培育少数民族领导干部的报国之情。

新疆位居祖国的西北边陲，地域辽阔，民族众多，生产力不发达。中华人民共和国成立以来，中央政府根据新疆地区社会发展的特点和需要，将帮助少数民族地区经济和文化，促进少数民族地区社会的全面进步，走中国各民族共同繁荣之路作为一项基本国策，采取多种优惠政策措施，给予新疆财力、物力、人力等各方面的大力支持和帮助，积极帮助新疆加速经济和文化的发展，使新疆在极短的时间里实现了巨大发展，摆脱了经济文化十分落后的局面。新疆的发展更是离不开国家和兄弟省市的支持和帮助。因此，作为边疆少数民族地区的领导干部，更应有深厚的爱国之情，坚定的报国之志，高超的建国之才，扎实的报国之行，维护祖国统一。

正确认识新疆民族问题，注重培养牢固树立"三个离不开思想"的领导干部。现阶段新疆的民族问题，主要是少数民族自我发展能力不足和少数民族地区迫切要求加快发展的矛盾。关于新疆少数民族地区的经济发展的不平衡性，突出地表现为南疆四地州和天山北坡经济带的不平衡。对此，有些干部认为这就是民族不平等的表现。平等不是平均，平等更多的是提供相同的机会，给予同等的政治权利和法律地位。平均则是强调"大家都一样"的结果。实际上，西部和东部在发展过程中出现的利益差异，不仅表现为西部少数民族和东部汉族的差异，也表现为西部的汉族和东部的汉族的差异，不能简单地仅看做是民族发展的不平衡。要将区域落后和民族落后区分开来，落后区域的形成往往有其历史的、现实的、客观的等多方面的原因，并不是哪个民族不能发展或不想发展。区域内主要民族对其他民族的排斥，也不能解决本地发展落后的问题，要解决区域发展问

题，当地各族人民必须共同努力，谋求发展之路。因此，在新疆民族地区，各族干部尤其是领导干部牢固树立"汉族离不开少数民族，少数民族离不开汉族，少数民族之间也离不开"①的思想，"各民族干部相互尊重、相互学习、相互帮助、相互支持、相互合作"的思想，对于维护民族团结和国家统一显得尤为重要。

（六）少数民族地区领导干部的马克思主义宗教观必须与时俱进

正确处理宗教问题的能力也成为党在新疆多民族地区执政能力的不可或缺的组成部分。一是正确认识宗教。从世界观上看，宗教和迷信都是唯心主义，都为有神论。但两者有着巨大的差别，并不是一回事。少数民族地区领导干部不能仅仅用无神论观点来看待宗教功能，否则宗教功能会对我们永远起消极作用。从整体上、主流上看，宗教还是保持边疆地区社会稳定的一个重要因素，是深化改革、促进发展的一支重要力量，是扩大开放的一条重要渠道，是社会主义现代化建设的一支积极力量。如伊斯兰教是出世兼入世的宗教，主张"两世吉庆"和以勤奋的劳动来争取现世的幸福，其伦理道德至今对规范穆斯林的行为仍有相当大的影响力。二是经济引导宗教与社会主义社会相适应。政府工作部门、宗教界和学术宗教活动，又要依法打击、坚决取缔非法宗教活动。

以科学发展观为指导，推进少数民族地区的和谐发展。一是促进少数民族地区经济持续快速协调健康发展，为构建少数民族地区和谐社会提供物质基础。少数民族聚居区发展落后，时常被认为是民族发展落后，成为民族矛盾、民族问题发生和计划的一种诱导性因素。落后地区的群众快速发展的心情十分迫切，如果少数民族地区经济发展的状况一直不能改变，将影响到我国整体社会经济的发展。必须认识到"没有少数民族和民族地区的经济繁荣和社会进步，就没有整个国家的兴旺发达和文明昌盛；没有少数民族和民族地区的现代化就没有全中国的现代化"，因此，构建少数民族地区的和谐社会，从根本上说决定于经济发展的总体进程。

二是兼顾各族人民的根本利益，激发各民族建设和谐社会的活力。一切从各族人民的需要出发，实现各族人民的根本利益，这是科学发展观的本质规定。各民族之间相互尊重、相互信任、和谐相处是构建社会主义和谐社会的内在要求。社会为每个人实现自我价值和生产要素的投入产出创造一个公平竞争、机会均等的机遇，使他们促进社会经济发展的活力竞相迸发，使他们创造社会财富的源泉

---

① 中共中央文献研究室、中共新疆维吾尔自治区党委：《新疆工作文献选编（1949～2010年）》，中央文献出版社2010年版，第321页。

充分涌流。

三是坚持全面、协调、可持续发展,为构建社会主义和谐社会提供良好的社会环境。科学发展观强调全面、协调、可持续发展,是经济发展、政治发展、社会发展和人的全面发展的统一,是经济社会与人口、资源、环境的统一。按照"五个统筹"的要求,建立全面协调可持续发展的有效体制机制,在指导方针、政策措施上注重加强经济社会发展的薄弱环节。建立体现科学发展观要求的经济社会发展综合评价体系,以引导政府和企业的行为,正确考核政府和干部政绩。只有在社会主义和谐社会可持续发展的基础上,才能实现和谐创业、和谐安邦、和谐兴国的伟大使命。

六、体制保证:改革中的文化事业管理体制

改革开放的深入和经济建设的发展,带来了新疆区域文化的繁荣,丰富了各族人民群众的文化生活。

(一) 专业艺术表演团体的体制改革与成就

1988年10月,自治区召开文化工作会议,按照文化部的部署,分步骤地对自治区的专业艺术表演团体进行了体制改革。改革的内容包括:(1)在艺术表演团体经营管理中引入竞争机制,实行主要领导人的公开招聘制,团长任期目标责任制或合同承包经营制和演职人员聘任制,对受聘人员和非聘任人员实行分开管理;(2)调整艺术表演团体的布局,妥善安置富余人员,鼓励支持工矿企业,集体和个体承办艺术表演团体;(3)制定、完善引导艺术从业人员合理流动和演员更新的政策,逐步实行"双轨制"。

改革给表演艺术团体注入了活力。极大地激发了表演和编创人员的创作热情,创作出一批在国际国内获奖的优秀剧节目,涌现出一批优秀的青年人才。在国际表演中获奖的有:1992年7月,中国哈萨克艺术团获得土耳其伊斯坦布尔第11届卡尔塔国际艺术节一等奖;1997年7月,维吾尔族青年舞蹈演员吐尔逊那依和女声独唱演员阿依吐尔逊获古巴第14届国际联欢节"杰出艺术家最高表演奖";1997年9月,维吾尔族青年演员迪丽拜尔获日本大阪国际艺术节最高表演奖。在国内表演中获奖的主要有:1995年5月,新疆歌舞团的大型民族歌舞音乐《天山彩虹》分别获文化部第五届"文化"奖综合奖类的"文化节目奖"、"文化音乐创作奖"和"文化表演奖";1995年9月,杂技节目《高空达瓦孜》获全国第4届杂技比赛金狮奖;三人舞《顶碗舞》获全国第7届"孔雀奖"少数民族舞蹈比赛表演一等奖。1997年9月。维吾尔剧《古兰木罕》获全国"五

个一工程"奖。此外，在维吾尔木卡姆艺术的舞台演出和理论研究方面也取得了重大的成果。

(二) 群众文化网络和边境文化长廊的建设

自治区坚持群众文化社会办、国家、集体、个人一起上的方针，多体制、多渠道、多层次、多形式地发展城乡群众文化事业，分南北两线在14个地州市的54个县市，包括17个边境口岸的县市，建设连接天山南北文化网络、配套适应改革开放和社会主义现代化建设的文化长廊，作为全国万里边境文化长廊的重要组成部分，使自治区的群众文艺活动在设施条件、队伍素质和活动的开展上较之改革开放前有了很大提高和进步。到1996年，新疆已有群众艺术团16个，文化室91个，文化站773个（乡镇文化站668个），农村集镇文化中心192个，文化俱乐部（室）1 985个，图书室846个，文化户859户，群众业余演出团（队）170个。在此基础上，开展创建文化建设先进县（市、区）活动。玛纳斯等9个县（市、区）成为自治区首批"文化建设先进县（市、区）"，其中阜康等县获得"全国文化先进县（市、区）"称号；喀什地区等单位成为自治区首批"边疆文化长廊建设先进单位"，其中红其拉甫海关等单位获得"全国万里边疆文化长廊建设成绩显著地区（单位）"称号。此外，文化部还命名麦盖提县、哈密市回城乡为全国"农民画乡"，温泉县查干格乡为"中国民间艺术之乡"，阜康县文化馆等10个馆、站为全国先进文化馆、站。乌鲁木齐市青少年宫、克拉玛依市少年活动中心还被共青团中央授予"全国先进青少年宫"称号。

(三) 群众业余文艺创作的丰收

社会性群众文化事业的发展和文化网络建设的逐步完善，活跃了群众文化艺术生活，在业余作品创作，业余艺术表演方面取得了丰硕的成果。1984年10月，吐尔逊·尤努斯创作的《血腥的年代》获全国少数民族题材剧本创作银奖；1988年4月。业余歌手沙吉旦、艾尼、玛丽亚在全国第二届农村业余青年歌手大赛中分获一、二、三等奖；1990年5月，新疆少数民族儿童器乐演奏队在"全国少年儿童少数民族器乐演奏"中，共有13人次获独奏一、二、三等奖；1991年7月，古丽扎在全国"小百灵"歌赛中获独唱一等奖，伊亚尔等3人获二等奖；1992年8月，伊里亚尔、热娜古丽在日本"国际儿童音乐节"上获二重唱第二名和最佳特别银杯奖；1992年8月，在中国民族文化博览会"首届民族之花"大选决赛中。新疆2人获最佳风采奖，3人获最佳表演奖，16人获最佳青春奖；1994年12月，女声独唱《母亲》、男声独唱《那瓦木卡姆序曲》在第4届全国"群星奖"评奖中均获表演一等奖。

第四节 构建和谐新疆区域文化的点与面

一、宗教和谐：构建和谐新疆区域文化的关键

构建和谐社会中的"和谐"，包括"人与社会"、"人与自然"以及"人自身心理"的和谐，实质上是人们物质权益、生存环境和精神状况三个层面的和谐。凡有信教群众的地方，宗教就与社会和谐密切相关。社会是由家庭、亲属、邻里、友人、同事直至民族等人类群体以及各种文化要素构成的，当宗教和这些不同人类群体以及不同文化要素发生关系时，就会直接影响社会的和谐。新疆作为宗教多元并存、信教群众为数较多而又相对集中的边疆民族地区，正确认识和对待宗教问题，做好宗教工作，对构建新疆和谐社会意义重大。

（一）宗教的和谐与社会的和谐

能否正确处理宗教问题，关系到新疆稳定发展的全局。宗教在新疆具有广泛的群众性，伊斯兰教、佛教、基督教、天主教、东正教、道教等多种宗教并存，萨满教作为一种民间信仰对部分群众也有一定影响。新疆的信教群众占全区总人口的半数以上，在南疆等地区占的比例更大。因宗教深刻地影响着信教群众的精神生活，关系着众多信教群众的切身利益，因此，新疆各宗教之间及各宗教内部能否和谐相处，各宗教能否良性发展，党和政府能否正确、稳妥地处理好宗教问题，做好宗教工作，都直接关系到新疆稳定发展的全局。正确处理好宗教问题还涉及党和政府依靠谁、团结谁的问题。在广大农牧区，信教群众为数众多又高度集中，要依靠广大信教群众维护社会稳定，实现全面建设小康社会和社会主义新农村的目标，一个重要前提是必须正确处理宗教问题，否则，党和政府就将失去依靠的群众基础。

宗教问题关系到中华民族的凝聚力和祖国统一。新疆宗教具有突出的民族性，绝大部分信教群众为少数民族，对于许多少数民族而言，宗教与民族紧密交织，宗教在民族文化中居于十分重要的地位，成为根深蒂固的传统，关系着他们的精神世界和日常生活。从国际政治数十年来的经验教训看，宗教与民族相结合，可以释放出强大的能量。如能健康发展，便是文明进步的动力。如果介入民族冲突，便会造成极大的破坏，不仅会造成流血冲突和社会动荡，还会极大地危

害祖国的统一。因此，没有宗教的和谐，便不会有新疆的和谐，维护和促进宗教的和谐，是构建和谐社会的重要前提。

宗教方面许多新情况需要我们正确面对。目前，新疆宗教态势总体是好的，但又必须看到并及时解决存在的矛盾和隐患。除了历史上遗留下来的问题需要继续处理外，又会出现许多新情况需要正确面对。第一，东欧剧变以来，受民族主义浪潮和宗教复兴思潮的影响，宗教政治化倾向日益凸显，民族分离主义与宗教极端主义较为活跃，这对我国特别是新疆都带来了直接和间接的影响。第二，我国正处在现代化事业飞速发展和社会急剧转型时期，它给各族人民带来富裕和进步的同时，也出现了利益的冲突、心理平衡以及宗教文化与现代化的矛盾，需要进行新的调适。第三，"文革"和"冷战"结束以后，政治意识形态在社会生活领域的地位和作用日渐淡化，民族意识增强，宗教感情有所复苏，民族文化的继承和发扬受到空前重视。第四，中华民族优秀传统文化在复兴，世界文明成果在传播，我国进入一个多样性文化互动的时代，民族的信仰和生活方式有了更广阔的自由选择空间，宗教也因此而变化发展。总的看来，宗教及其文化在社会生活中的地位提高了，影响增大了，引起社会的空前关注。

（二）正确认识宗教对于构建和谐社会的两重性

宗教客观上对构建和谐社会具有消极作用。宗教宣扬的唯心论和宿命论妨碍着人们正确认识和改造世界。神圣化的教义教规，往往成为禁锢不同文化和民族之间沟通的枷锁，各宗教信奉的神灵的至上性和排他性一旦和民族问题紧密交织，会释放出巨大的社会能量，如果被敌对势力和反政府势力所利用，其负面作用不可低估。纵观中外历史，宗教都曾作为维护当政者统治和破坏当政者统治的重要力量，而这种维护和破坏是否起到了推动历史发展和社会进步，要看它所维护和推翻的统治者及其建立的社会制度是否阻碍生产力的发展，是否顺民心，得民意。我们应充分认识并利用宗教对构建和谐社会的积极作用。宗教对构建和谐社会的积极作用如下：

第一，宗教追求来世进天堂，不过分追求现世物质享受，既有逃避现实、与世无争的消极层面，也有把美好愿望寄托于神灵，以及后世天堂的极乐世界，客观上满足人们对和谐社会心理诉求的积极一面。

第二，各宗教宣传的"善有善报、恶有恶报"等弃恶扬善的内容，重视以其信仰智慧超脱化解现实障碍，对信徒追求良好的道德具有一定的激励作用。

第三，宗教对信徒提出的忍让、自省等戒律，要求在面对社会不公、痛苦、不幸、艰难、烦恼等处境时，要寻找自身原因，不能归罪于他人和社会，这种以其言行自律调适人际关系和自身心理平衡的主张有利于增进社会和谐。

第四，宗教界结合自身实际，发挥优势，积极举办社会公益慈善事业，在扶危济贫等方面发挥着特殊作用。

第五，各宗教都有不少人与自然和谐相处的内容。例如，道教提出的"天地与我并生，万物与我合一"的"天人合一"思想，认为人是自然不可分割的有机组成部分，人们必须按照自然规律办事，否则就会受到严厉的惩罚，即"自然之道不可违"。这些思想蕴涵着人与自然和谐相处的内容，有利于保护环境。

（三）围绕构建新疆和谐社会做好宗教工作

宗教对构建和谐社会的具体作用取决于两大因素：第一是宗教信徒的政治主张，如果当他站在拥护政府的立场上去引经据典，就可能起到维护祖国统一和政权稳定的积极作用，如果他站在反政府的立场上去引经据典，就可能对社会产生严重的分化瓦解作用。第二是取决于党的宗教政策是否正确、政府对宗教的引导工作是否有效，能否切实把宗教引导到与社会主义社会相适应的轨道上来。

1. 更新观念，克服认识误区，坚定不移地贯彻宗教信仰自由政策

要正确认识社会主义条件下宗教问题的性质。在社会主义时期，宗教问题中出现的矛盾大多属于人民内部矛盾，敌对势力利用宗教进行民族分裂活动和其他违法破坏活动，要依法惩治，但不能扩大化。要澄清"宗教鸦片论"和"宗教落后论"带来的思想混乱，不能笼统地、不分历史条件地提"宗教鸦片论"和"宗教落后论"，充分认识宗教的群众性、民族性、国际性、长期性和复杂性，正确认识宗教多方面的社会功能以及社会作用的两重性，尤其要看到在社会主义制度下，宗教的属性与作用所发生的根本性变化以及作为文化资源、文化力量的价值。"积极引导宗教与社会主义社会相适应"是中国共产党在理论上的重大创新，"相适应"就是相和谐，发挥宗教服务社会、有益民众的积极作用，减少其负面作用。只要党和政府与宗教界双方共同努力，就能建立起和谐关系，避免摩擦和冲突。

所以我们有必要清除长期以来在人们思想上的认识误区。要求如下：

第一，是把唯物主义和唯心主义的对立当做区分政治上先进与落后或反动的标尺之一。事实证明，唯物论者未必都是政治上的先进分子，唯心论者也未必都是政治上的落后分子或反动分子。

第二，是把宗教和宗教极端主义混为一谈，笼统地认为宗教是滋生民族分裂主义的温床。长期以来，新疆的民族分裂势力通过宣传宗教极端思想从事民族分裂活动，从近一个时期新疆的实际情况看，民族分裂主义大多是由宗教极端主义转化而来。在这种情况下，我们可以说宗教极端主义是滋生民族分裂主义的温床。但宗教和宗教极端主义是本质不同的两个概念。前者本质上是一种思想信仰和认识问题，属于人民内部矛盾。后者本质上是一种政治理念和政治势力，属敌我矛盾。

第三，是抽象地、不分场合地提出要为宗教消亡创造条件。马克思主义认为，宗教在本质上属于非科学的世界观，因此，执政的共产党绝不能放任宗教在群众中的影响不管，而应通过包括加强无神论教育在内等诸多措施弱化这一影响，以促使广大群众，特别是广大青少年逐步摆脱宗教的影响。但马克思主义也同时反对用强制手段去消灭宗教，也反对在公开场合提出"为促使宗教消亡创造条件"等空洞口号。因为这不但无助于弱化宗教的影响，反而会极大地伤害信教群众的感情，导致对党的宗教政策的疑虑和对党的离心离德，也极易被不法分子钻空子。

必须坚定不移地贯彻宗教信仰自由政策。新疆信教群众为数众多，宗教信仰关系着信教群众的精神生活和切身利益。我们在任何情况下都要毫不动摇地贯彻党的宗教信仰自由政策，这是构建和谐社会的基础，也是团结广大宗教界人士和信教群众为维护祖国统一、民族团结和全面建设小康社会服务的基础和重要保证。

2. 依法管理宗教事务，妥善处理目前新疆宗教方面存在的一些突出问题

受国际背景、周边环境和"三股势力"等诸多复杂因素的影响，使新疆宗教事务管理面临一些新的问题。面对这些问题，首先必须继续保持对"三股势力"的严打高压态势。目前对国家安全、新疆稳定带来直接威胁和导致新疆宗教扭曲发展的就是"三股势力"的破坏和渗透活动，如不能继续保持对"三股势力"的严打斗争，他们伺机利用宗教进行的破坏活动就得不到遏制，新疆宗教呈现的诸多热点、难点问题就难以得到有效解决。在此前提下，尚需妥善处理好几个问题：

毫不动摇地取缔私办和地下教经点。私办教经点，一般是指未经政府批准，擅自开办的长时间内以系统传授宗教知识为目的的讲经点。不能把偶尔地为穆斯林讲授一点宗教知识的行为统统视为私办讲经点，这样容易导致打击面过宽，伤害信教群众的感情。私办教经点，无论是否带有政治目的，都容易被敌对分子钻空子，应严加管理，发现一处，取缔一处，重在加强教育。地下教经点，是指"三股势力"以讲经为名向学经人员灌输分裂思想的活动点。对此，应在证据确凿、查明真相情况下，对骨干分子严加打击，对不明真相上当受骗的学员和群众，应讲明真相，揭露坏人，加强教育。

制止跨省区举办或参与私办教经点和地下教经点活动。对此应采取两项措施：第一是尽快建立全国性的协调机构和联合行动工作机制。第二是加强全国性的综合性情报网络建设，做到及时掌握动态，及时查处。

严格管理零散朝觐活动。近年来，新疆零散朝觐人员急剧增加，管理难度加大，"三股势力"从中作祟，导致了许多负面影响。自治区已下文专项综合治理，应通过有效的工作使这项措施落实到位。

慎重稳妥地处理哲合林耶穆斯林中的"放口唤"和跨地区朝拜拱北问题。对此，第一，要明确问题的性质。哲合林耶派的核心问题是教主崇拜。虽有悖于经典教义，但主要属于人民内部矛盾，是认识问题，而不是政治问题。第二，不能操之过急。哲合林耶派的崇奉"口唤"经长期沿袭，已积淀成该派信徒严格信奉与遵从的教条，成为该派敏感的神经，若强行取缔，易触怒该派全国信众，激化矛盾，如果别有用心者趁机煽动，极易引发群体事件。第三，平时要加强对该派教职人员和信众的教育和引导工作，讲清该派的历史，宗教特权的实质和危害，让群众明了，民族的振兴和希望在发展教育，提高素质、发展经济。第四，重点做好头面人物和骨干人员的工作。

高度警觉依禅派的新动向。近年来，依禅派相对活跃，不可小视。总的原则是：心中有数，高度重视，低调处理。"心中有数"，是指对新疆特别是和田、喀什地区依禅派信众的数量应有个基本估计，对其代表人物支配的信众、历史传承以及各代表人物之间是否存在相互串联等情况应十分明了。"高度重视"，意指对该派的能量和可能对新疆稳定带来的不利影响不可低估。"低调处理"是指对外不单独宣传和不能炒作。

依法加强对天主教、基督教的管理。要解决目前新疆"两教"无序发展的问题，必须解决管理干部思想中普遍存在的两种错误认识：第一是"发展"说，认为"两教"宣扬的"博爱"思想有益无害，在我国社会转型时期，现代化、城市化步伐加快，社会矛盾累积凸显，又为其发展提供了丰厚的土壤，过多人为干预只能是自讨苦吃。不如"顺其自然"，甚至提出借"两教"发展，特别是在少数民族中的发展来改变目前新疆伊斯兰教影响甚大的局面。第二是"限制"说。认为新疆是伊斯兰教地区，其他宗教的发展使新疆宗教问题更趋复杂化，因而必须限制"两教"发展。前者的实质是放任甚至助长"两教"的发展，后者的实质是取缔。今天，在境内外各种政治势力正日益加大利用宗教来实现自己政治目的的复杂背景下，任何放任宗教坐大成势的做法都会贻害无穷，至于企图想借一种宗教的发展来限制另一种宗教的影响的做法，更是不可取。根据宗教发展的规律与多年来的成功经验，今后对基督教的发展应加强三方面的工作：第一，通过全面调查摸清情况，在全疆范围进行一次清理整顿。第二，合理实行"三定"，慎重确定家庭聚会点，健全民主管理组织，加强对临时教务负责人和民主管理组织的教育管理，把基督教纳入依法管理的轨道，坚决取缔非法聚会活动，遏制其无序发展，有效抵御利用宗教进行的渗透。第三，尽快建立自治区基督教爱国组织，发挥其积极作用，协助政府管理基督教事务。加强对天主教地下势力的转化工作，重在加强对该教教职人员的政治教育。通过专门举办民主管理组织和教职人员的培训班，对其进行政策法规、坚持独立自主自办原则的教育，提高其爱国主义觉悟。及时发现并培养可转化的执教人员，以遏制新疆天主教地下势力不断蔓延的势头。

3. 把引导宗教界为构建和谐社会服务

不同时期，宗教工作有不同的主题和中心，今后一个时期应把引导宗教为构建新疆和谐社会服务作为新疆宗教工作的中心任务。多年来，新疆各地结合实际为此做了不少探索，取得了不少成功经验。

引导宗教界参与社会互动，为全面建设小康社会作贡献。经济是基础，没有经济的发展和人民生活水平的提高就没有社会的和谐。全面建设小康社会，实现中华民族的伟大复兴，代表了包括广大信教群众在内的各族人民的根本利益。应当看到，广大信教群众中不少属于尚未摆脱贫困的弱势群众，党和政府对他们一方面要予以更多关爱和扶助，另一方面要引导他们积极投身于全面建设小康社会的伟大洪流，使他们信仰的宗教有机地融入社会，这是宗教参与构建和谐社会的基本方式。

教育广大信教群众始终做到"四个维护"。在新疆，维护祖国统一，民族团结和社会稳定，始终压倒一切。党和政府对宗教界和广大信众的基本要求就是维护祖国的统一、民族团结和社会稳定，为经济建设和社会和谐创造一个良好的环境。要着力对宗教界和广大信众进行公民意识教育，始终做到维护祖国统一，维护民族团结，维护法律尊严，维护人民的利益，以遵纪守法为荣，以违法乱纪为耻，自觉抵制非法宗教活动，不给敌对分子和"三股势力"利用宗教从事分裂破坏活动以可乘之机。

引导和推动宗教界走文化宗教之路。宗教信仰是宗教的核心要素，集中体现在各宗教的教理教义中。因此，必须通过对教理教义做符合时代要求和社会进步的阐释，以期从深层次上与社会主义社会相适应。事实上，"宗教作为思想上层建筑的一个部分是被经济和政治决定的，是服从于一定社会的经济和政治的。这是社会发展的一个规律。正是这个规律决定着任何一个社会的宗教都要适应它所处的社会。"[①] 社会主义是发展的，今天的中国特色社会主义是求发展、求稳定、求和谐，以人为本，崇尚科学理性的社会，故要把宗教引导到求发展、稳定、和谐，崇尚理性和更加宽容的轨道，这是宗教参与构建和谐社会的核心任务。

---

① 龚学增：《社会主义与宗教》，宗教文化出版社 2003 年版，第 259 页。

在现代社会，宗教必须走向理性化的道路。一切宗教都有某些迷信的东西，但随着宗教由个人体验向群体的发展，向社会化方向发展。它或多或少要汲取某些理性的成分，这种成分的多少和结合紧密的程度，往往决定着宗教脱离迷信和狂热的程度。"宗教与现代化皆是作为行为主体的人类自身的行为，它们皆深受人类社会发展进程的制约，皆以各自所特有的方式反映着人类的意愿、情感和追求。因而，我们在评估二者的关系时，似应从某一具体的而非抽象的宗教传统来界定宗教，从宗教与社会的交互影响来分析某一特定社会发展进程中的宗教，进而观察宗教是否与现代化进程相协调、相适应。"[1] 在我国走向现代化的历程中，宗教如何远离迷信和狂热，吸纳道德和理性的成分，由传统信仰走向现代型信仰，是摆在我国宗教界的一个重大课题。

从更深的层面看，还必须引导和推动宗教界走文化宗教之路。"构建和谐社会要求发挥中国宗教文化内在的积极因素，这是时代对中国宗教的要求，同时也为中国宗教开辟了宽阔的健康良性的发展道路。"[2] 宗教文化是指宗教的文化意蕴，宗教性质的文化类型。文化宗教则是指文化层面的宗教，是作为文化心态的宗教，它是对宗教的文化解读、诠释与文化整合、构建，是对文化的创造性转换。"文化宗教"概念展现了宗教的文化自觉，彰显了宗教的文化意义，有助于发挥宗教的文化功能和文化作用。从宗教的发展规律和时代的要求看，宗教必须向理性化、伦理化和更加宽容的方向发展才能走向健康、良性的发展道路，这才能真正参与和谐社会的构建。在当代，一个没有文化内涵、文化素质和文化品位的宗教是没有前途的。文化内涵、文化素质和文化品位是宗教的活力之所在，宗教的命运之所在。

4. 坚持独立自主自办原则，抵御境外势力利用宗教进行的政治渗透

近年来，境外势力利用宗教对我国进行政治渗透问题愈显突出，能否正确处理这一问题，既关系到新疆稳定发展及和谐社会构建，也直接关系到新疆宗教能否正常发展的未来走向。

高度重视，充分认识新形势下做好抵御渗透工作的重要性。境外势力利用宗教对我国进行政治渗透的目的在于最终实现对我国进行"西化"、"分化"的阴谋。各级领导必须对此保持高度警觉，并扎实有效地把中央和自治区部署的关于抵御渗透的任务落实到位。

要把这项工作纳入自治区维护稳定工作领导小组重要的议事日程，并形成有关部门参加、定期召开碰头会议的工作机制，建立工作网络和信息网络，做到各

---

[1] 吴云贵：《历史与现实中的伊斯兰》，中国社会科学院世界宗教研究所2002年印行，第342~346页。
[2] 方立天：《走文化宗教之路》，载《中国民族报》2005年9月，第3页。

部门责任明确，各司其职，密切配合，齐抓共管。

充分利用法律武器，做到依法抵御。目前，我国除《宗教事务条例》外，教育、海关、新闻出版和社会治安等方面的法律法规都有涉及抵御渗透的条款，要综合应用这些法律条款，把这些工作纳入依法管理轨道。

密切注意宗教渗透的新动向。可以肯定，在今后一个时期，境外势力除了继续利用书刊、音像制品和网络等手段外，以经商、讲学、文化交流、开办文化娱乐场所等为名进行渗透仍是重要手段，学校是其渗透重点，应特别警惕。渗透活动主要在基层，在改革开放进一步扩大的新形势下，要不断加强基层组织建设，各社区的党政、共青团、妇联等组织应明确责任，建立和完善工作机制，增强管理能力，彻底改变战斗力不强的状况，真正把抵御渗透工作落实到最基层。宗教工作部门要加强对宗教教职人员进行坚持独立自办原则的经常性教育，做到强身固体，增强抵御渗透的能力。

不同时期的工作应有重点。当前及今后一个时期，应把抵御和打击宗教极端势力和利用"两教"进行的政治渗透作为新疆工作的重点。

加强调查研究，特别是注意研究"三股势力"的新动向和经济全球化、互联网迅速发展等新情况给新疆宗教工作带来的影响，及时制定应对措施，不断完善有关政策法规，牢牢掌握抵御宗教进行政治渗透的主动权。

二、文化认同：边疆多民族地区和谐建设之魂

在边疆多民族地区构建社会主义和谐社会，促进边疆地区经济社会的繁荣稳定，既需要一定的物质基础，也需要强大的思想文化基础。文化认同是多元文化和谐共处的稳定器，是边疆多民族地区和谐社会建设的关键因素，关系到构建社会主义和谐社会的大局。大力加强中华民族面向现代化、面向世界、面向未来的文化认同，是实现边疆多民族地区长治久安和世代繁荣的思想文化基础。

（一）文化认同：多元文化间和谐的基础

文化认同是指个体或群体对于某种文化予以认可并产生归属感的社会心理过程。文化认同包括价值规范认同、宗教信仰认同、风俗习惯认同、语言文字认同、艺术认同等。广义的文化认同还包括国家文化认同、民族文化认同、社会文化认同、群体文化认同、物质文化认同、制度文化认同、行为文化认同和精神文化认同等。在个人层面上，文化认同影响着个人的社会身份认同和自我认同；在社会层面上，文化认同以民族文化为凝聚力，整合和辨识着多元文化中的人类群体，使其成为一种文化群体。

与文化认同相对应的是文化否定,指对本己文化、异己文化、外来文化及某种文化现象在其内容方式、行为准则、价值取向等方面予以否定的思想和行为。文化否定,包括狭隘否定与合理否定。狭隘文化否定,是在不同文化的碰撞过程中出现的一种极端排斥、丑化、试图强行以某种方式改变非己文化存在状态的思想和行为。从社会行为学角度来看,狭隘文化否定所表现出的文化保守性和封闭性,具有很强的文化排斥的特点。从哲学角度来看,狭隘文化否定否认非己文化存在的客观性,消极地拒绝或抵触不同文化间的平等交流,是对本己文化更新和变迁的恐惧。与此相反,合理文化否定首先是对不利于文化自身进步的成分的否定。它不是排他的否定,而是发展中的自我否定,所表现的是文化的前进性和开放性,是在尊重文化认同的前提之下,客观而积极地对待不同文化间的碰撞和交流,客观而积极地对待本己文化的更新和变迁。

自从人类从动物界分离出来以后,构成人类的各个社会共同体在不同的地域空间和经济生存环境中成长发育,形成了各自的独具特色的文化形态。随着各社会共同体的发展,其所依赖的共同经济生活必然要向外拓展,必然会和其他社会共同体所依赖的共同经济生活发生接触和交汇。在这一过程中,在观念形态上反映不同社会共同体经济生活的不同文化,也必然会相遇、碰撞,发生矛盾乃至冲突。文化的本性是交流,文化的生命也在于交流。不同文化间的差异和矛盾在不断交流中相互碰撞、摩擦乃至冲突,同时也在不断交流中逐步彼此了解、容纳乃至认同。任何一种文化都不可能拒绝或回避同其他文化的接触和交流,而只有通过不断的交流,从其他文化中汲收有益的营养,扬弃本己文化中已不合时宜的成分,才能实现自身的繁荣和升华。真正具有生命力的文化必然是兼容并蓄的,不仅善于从其他文化中汲取精神营养来丰富发展自身,而且能以博大的胸怀和气度尊重和保护其他文化,与之在自己传统的传播地区和睦共处。

当今世界各个国家都不同程度地面临着多元文化现象。在多元文化的国家或地区,各种不同文化间能否彼此摒弃狭隘文化否定,通过平等交流和共处实现互为认同,对该国家或地区的社会稳定将产生重大影响。不同文化特别是表现为宗教、风俗形式的文化之间,一旦被某种狭隘文化否定的情绪所左右,就很难找到一个平等合理地解决彼此间分歧和矛盾的途径,很容易造成不同文化间的误解、排斥和对立,甚至会引发群体之间、民族之间、国家之间的激烈冲突与对抗。非洲的许多民族宗教问题、印巴克什米尔争端、东帝汶问题都与民族间的文化排斥和信仰上的敌对情绪有关。相反,如果在多元文化的国家或地区的执政党和政府能够采取正确的符合国情区情的文化路线和文化政策,造就一个使不同文化平等交流、和睦相处、彼此认同的社会环境和文化氛围,就能够逐步减少不同文化间的误解、猜疑和敌对,使引发社会冲突和社会动荡的因素得到有效控制,实现社会的长治久安。

从跨文化的角度看,不同的文化、信仰等都有其存在的历史合理性。文化认同就是在不同文化的交往碰撞中,彼此从对方文化的历史渊源、文化特征、文化价值和人文底蕴中找到共同点或相似点,从而促进彼此之间的亲和与凝聚。不同文化的共处更多的应该是一个理解异己文化,并且努力使自身文化与另一个文化对话和认同的过程。对话体现着沟通、互动、理解、宽容和合作,既是文化认同的过程,也是文化认同的工具。简单的文化排斥和敌对只能导致对抗和冲突,文化认同才能够为多元文化间的差异找到解决分歧与冲突的途径。文化认同并非要抹杀文化差异,或者使一种文化强行同化另一种或几种文化,而是多元文化间相互尊重、宽容、理解、接纳和学习的一种求同存异、取长补短、和而不同的动态和谐。因此,文化认同是实现多元文化和谐相处的唯一现实有效的途径。

文化和谐是社会和谐的基本保证和重要标识,也是实现社会和谐的精神动力。文化和谐必然追求多元文化间的认同。和谐文化的形成,需要全社会广泛的文化认同。文化认同是不同文化和谐共处的文化基础,是和谐社会建设的精神基石。文化和谐的社会要求人们在面对不同的文化时,不是简单地在本己文化和非己文化之间做出非此即彼的选择,而要自觉主动地在两种或多种文化间求大同、存小异,为求"和"而协调彼此的行为并共同分享其行为成果。中华传统文化中有"和而不同"的思想,就是倡导不同文化间的对话,主张在尊重差异的前提下追求和谐统一。"和"就是求同存异,其主要精神就是要协调不同,达到新的和谐统一,使各个不同事物在和谐相处中相互学习、相互借鉴,共同发展。这种追求新的和谐发展的"和"的精神,就是文化认同的精神,为多元文化和谐共处提供了有益的思想依据。

(二) 文化认同是边疆多民族地区和谐文化建设的关键

中国是一个统一的多民族国家,在文化构成上存在着复杂性、多层次性等特点。边疆多民族地区地域辽阔、民族众多、文化多元,各民族历史境遇、风俗习惯及其社会发育程度都不尽相同,不同民族的宗教信仰、价值取向、行为模式等文化表现有明显差异。一些跨境分布的民族,其在国境两边居住的居民虽然在历史文化背景、族源语言、宗教信仰、文化习俗、经济社会等方面有着极为密切的联系,却生活在不同国家的政治经济制度之下。就新疆而言,境内有13个世居民族,现有民族成分已达55个,少数民族人口占60%以上。新疆周边同蒙古国、俄罗斯、哈萨克斯坦、吉尔吉斯斯坦、塔吉克斯坦、阿富汗、巴基斯坦、印度等8个国家接壤,是一个地缘格局复杂、文化多元的边疆省份。由于历史、地理等原因,许多边疆民族地区自然生存条件较差,经济社会发展较为落后。边疆多民族地区的和谐建设面临着来自境外敌对势力的严峻挑战。通过广播、电视、网络、出版物等多种形式对我国进行文化渗透,是境内外敌对势力的分裂破坏活动的基本途径之一,直接威胁着我国的文化安全。面对着意识形态领域反分裂斗争的复杂形势,文化认同建设的重要性不容忽视、不容置疑。

文化认同作为国家软实力的重要组成部分,具有标识民族特性,塑造共同心理的特殊功能,是协调多元文化关系、整合民族文化资源的必经之路,是和谐文化建设的关键所在。文化认同历来是政治认同的基础。"政治认同和文化认同都是国家认同的重要层面,它们共同创造了公民对国家忠诚的感情。"[①] 国家的统一取决于国民的凝聚力、向心力,取决于国民对国家的高度认同。我国各族人民对社会主义祖国的认同,从根本上体现在中华民族文化的认同上。边疆各族人民在漫长的历史进程中形成的对中华民族共同的情感根植于心灵深处。这种强大的文化向心力,是多民族地区和谐社会建设不可忽视的力量。对于边疆多民族地区,文化交流、文化融合、文化的向心力和凝聚力都是维护民族团结、促进国家认同、增进综合国力的重要手段。珍视认同、维护认同、发展认同,对于实现民族团结,保持边疆稳定,维护祖国统一具有特别重要的意义。

历史的经验教训告诉我们,在边疆多民族地区,面对多种多样的文化现象,必须尊重差异、包容多样,在尊重差异的前提下扩大认同,在包容多样中增进共识,才能实现多元文化的和谐。各民族实现了文化上的认同,才会有感情上的认同,才会形成建立在巩固的民族团结基础上的共同文化心理基础,才会有边疆地区真正的长治久安。因此,在边疆多民族地区建设和谐社会的过程中,我们必须加强文化交流,增进相互理解,培育和促进文化认同,用共同的信念、共同的理想、共同的感情团结凝聚各族人民,增强中华民族的凝聚力,不断巩固和发展边疆民族地区安定团结的政治局面。

党的十七大提出建设社会主义先进文化,建设社会主义核心价值体系,构建中华民族共有精神家园,这些都蕴涵有中华民族文化认同之义。必须指出,文化认同并不等于文化同化。文化的同化,不仅有损于民族感情,而且有违于党和国家的民族政策,对繁荣祖国多民族文化事业有百害而无一利。主旋律并不排斥多样化,相反,只有体现在多样化中的主旋律,才有说服力和感召力。新中国成立以来,我们坚持实行民族区域自治制度和宗教信仰自由政策,实现了各民族在"多元一体"的文化基础上共同发展,共同进步。在弘扬主旋律、倡导文化认同的同时,保持了民族文化的多样性。在中华民族文化大家庭中,新疆各少数民族的文化教育事业也得到了长足的发展,少数民族语言文字在教育、科研、新闻、

---

① 江宜桦:《自由主义、民族主义与国家认同》,扬智文化事业股份有限公司1998年印行,第90页。

出版、广播、影视中广泛使用；少数民族的风俗习惯受到尊重；维吾尔族的"十二木卡姆"、柯尔克孜族的史诗《玛纳斯》、蒙古族史诗《江格尔》、哈萨克族的《阿依特斯》等一批优秀的民族传统文化项目被列入首批国家非物质文化遗产名录；截至 2007 年，新疆共有 108 个少数民族的传统文化项目被列为自治区非物质文化遗产名录。新疆与内地在地理上连成一片，从古至今，经济文化交流密切，相互融合吸收，共同抵御外来侵略，维护祖国统一。各族人民在长期的共同生产生活中，互相学习，不断融合，在饮食爱好、生活方式、衣着服饰等方面，都体现了多元文化的彼此相通。各族人民加强团结，增进感情，开创了多民族文化异彩纷呈、汇聚一堂，各民族和睦相处、团结进步的和谐局面。由此可见，边疆民族文化的认同，是使认知转化为认同的过程，是对不同民族文化认知的选择与升华，这是边疆民族文化繁荣发展的重要途径。

作为边疆多民族地区的新疆，能在各种文化激荡的复杂环境中保持长期稳定，并取得了经济社会各项事业的快速发展，得益于新疆各族群众对中华文化的广泛认同，得益于新疆各民族间对非己文化的一种包容和接纳，得益于新疆和谐社会建设所创造的良好文化环境。可以说，各族人民的文化认同是形成和谐的民族关系的关键所在，是新疆民族团结、边疆社会稳定取得瞩目成就的制胜法宝。

（三）以社会主义先进文化引领各民族传统文化实现繁荣进步

绝不能把文化认同狭隘地理解为仅仅是对本群体、本民族文化的单向的认同。文化认同是超越本己文化的视野，从多元文化间的相互尊重、相互理解和相互学习中，寻求各种文化在共同繁荣发展进程中实现更高层次的更新与整合。文化整合是文化建设的重要表现形式，它包括传统文化与现代文化、外来文化与本土文化、本己文化与异己文化之间的动态整合。当前，我国正面临着全球化背景下的社会转型，经济、思想文化和生活方式等方面的多元化开放格局日益明显。建设社会主义和谐社会不是搞消除文化差异的"大一统"，而是在整合差异文化基础上达成文化和谐的状态，在动态发展中不断舍弃糟粕，继承精华，实现社会的稳定和谐。在边疆多民族地区，顺应时代潮流的文化整合必将带来文化的繁荣、社会的和谐，而违背社会进步规律的文化保守、文化排斥，只能导致文化的落后、社会的停滞。

我们党一贯重视边疆多民族地区的文化建设。党的民族文化政策的核心内容，是巩固发展平等、团结、互助、进步的社会主义民族关系，巩固发展民族区域自治制度，是尊重、保护并积极发展各民族文化。新中国成立以来，党的民族文化政策得到了各族人民的衷心拥护，各民族文化百花争艳，为新时期民族文化的繁荣提供了丰富的文化资源。当然，任何一种民族传统文化都有深厚的历史积淀，既有人民性、科学性的精华，也不乏封建性、愚昧性的糟粕。从总体上看，传统文化不是尽善尽美，而是良莠并存。因此，对于民族传统文化整合，要本着古为今用，推陈出新，取其精华，去其糟粕的精神，一方面要认真调查研究，分辨良莠，继承弘扬其精华部分，使其成为服务边疆和谐建设中的积极因素；另一方面，要以积极的态度和务实的方法对待历史遗留的一些陈规陋习，要通过长期耐心的宣传教育，移风易俗，促进各民族同胞学习运用科学、先进、文明的生活和生产方式。

核心价值体系是建设和谐文化的根本。要使社会和谐，社会成员就要自觉地遵从社会规范，就要在核心理念上达成共识，就必须在文化价值观上保持基本的一致性。如果没有对一些核心价值观的起码认同，整个社会就不可能和谐。在走向现代化的进程中，促进多元文化的和谐相处、繁荣进步，就需要有一种先进的文化作为多元文化的统领和终极融合目标。

当前，我国要建设的先进文化，是以马克思主义为指导，以具有五千年历史的中华优秀传统文化为基础，充分吸收世界各种文明的优秀成果，富有先进性，体现时代性，有中国特色的社会主义文化。其核心价值体系，包括马克思主义的思想指导、中国特色社会主义的共同理想、以爱国主义为核心的民族精神和以改革创新为核心的时代精神、以"八荣八耻"为主要内容的社会主义道德观念。社会主义先进文化是形成全民族奋发向上的精神力量和团结和睦的精神纽带。民族精神是其重要组成部分，包含着对实现民族振兴和共同理想动力之源的价值认同。这是我国社会思想凝聚力之源泉，是促进和谐社会全民价值认同的根本，是实现国家富强的坚强的思想保障，也是实现边疆多民族地区长期稳定和边疆民族文化繁荣进步的有力支撑。坚持文化发展的正确方向，努力发展面向现代化、面向世界、面向未来、民族的科学的大众的社会主义先进文化，是和谐文化建设的核心。

弘扬社会主义先进文化，就是要在多元文化中，实现对社会思想领域多样化的引领整合。在边疆多民族地区的文化思想工作中，我们一方面要尊重民族文化的多样性；另一方面，要牢牢抓住文化工作的领导权，努力传播以爱国主义为核心的社会主义先进文化。大力宣传社会主义中国取得的伟大成就，弘扬伟大的中华民族精神，以社会主义先进文化引领各民族传统文化，促进边疆多民族地区的文化繁荣进步。

（四）强化中华文化认同，推动边疆多民族地区和谐发展

中华民族是由 56 个民族构成的和谐大家庭，这是各民族在五千年的历史进程中团结融合的结果。中华文化是中华民族身份认同的基本依据。"多元一体"

是中华文化最突出的特点，是中华民族引以为自豪的文化特征。"一体"指的是中华各民族文化在长期的历史发展中，形成了你中有我、我中有你、血脉相连、水乳交融、联系紧密的文化整体；"多元"指的是在整体的中华文化中保留和发展着各民族文化形态的多样性和丰富性。

"多元一体"的中华文化是我国社会主义先进文化的基本载体，它为边疆多民族地区构建社会主义和谐社会提供了有力的思想保证和坚实的道德文化基础。实现对中华文化的认同，是边疆多民族地区文化认同的重要标志。当代中华文化建立在中华民族传统文化的基础上，同根同源，血脉统一，有着丰富的内容和多样的形式，又不断融入现代文化元素，形成了文化多样性的统一。"和谐理念"是中华文化的核心理念之一，"社会大同"是中华民族几千年的梦想，"社会和谐"是中国特色社会主义的时代要求。"和谐文化的最高理念就是和谐。和谐，既是一种基本的价值追求，又是一种基本的思维方式。"[①] 中华文化所蕴涵的思维方式、价值取向、道德观念及行为准则，具有独特的魅力和强大的感召力，这种认同感和亲和力体现为文化心理的自我认同感和超越地域、国界的文化群体归属感。它使海内外华人能够产生"血浓于水"、"亲不亲故乡人"的共同情感，成为和谐中国、和谐边疆的灵魂。我国各民族的文化认同是中华民族多元一体的文化基础，是中华民族团结和谐的文化内核。边疆多民族地区建设社会主义和谐文化，要始终坚持、强化对"多元一体"的中华文化的认同，这是边疆多民族地区建立和巩固和谐民族关系在文化价值方面的必然选择，是边疆多民族地区坚持先进文化前进方向的具体体现。

新疆作为我国多民族聚居的民族自治地方，维护祖国统一、加强民族团结始终受到党和政府高度重视和大力倡导。多年来，自治区党委、政府在强化中华民族文化认同方面做了大量工作。新疆各级党组织和政府着眼于提高各族干部群众的思想觉悟，不断加强正面教育，旗帜鲜明地开展反对民族分裂主义和非法宗教活动的斗争，有针对性地进行了以"三个离不开"（汉族离不开少数民族，少数民族离不开汉族，各少数民族也相互离不开）思想、"五观"（马克思主义的祖国观、民族观、宗教观、历史观、文化观）和"四个高度认同"（对祖国、中华民族、中华文化、中国特色社会主义道路的高度认同）为内容的宣传教育思想工程建设，加强了新疆各民族对中华文化的认同，推进了民族团结进步事业。

语言是文化的有机组成部分，又是文化的载体。学校教育是我们实现民族文化认同的基础工程。多年来，新疆维吾尔自治区党委和政府在学校教育中，注意

---

① 李新、周和风、汪志强：《中国特色社会主义理论与实践》，西南交通大学出版社2008年版，第249页。

弘扬中华文化，培养青少年学生的民族文化认同感，从1998年起，广泛开展"双语"教育（即汉族学习少数民族语言，少数民族学习汉语）活动，在中、小学大力推进"双语"教学，在少数民族学校加强汉语教学。这是一项促进文化认同，促进边疆民族文化整合的重要举措。对促进各民族相互学习、博采众长、兼容并包，推进少数民族教育事业的发展，对加强民族团结，巩固边疆地区稳定，促进各民族的共同繁荣、和谐发展具有深远意义。

"五观"和"四个认同"教育的本质就是文化认同，就是对新形势下新疆民族团结教育内容的准确定位。"双语教育"是加强文化认同工作的基础措施，是新疆结合边疆多民族地区实际，创造性贯彻中央精神，开展文化认同的重要举措，是新疆民族团结进步事业的创举，是边疆多民族地区建设社会主义先进文化的重要途径，也是维护祖国统一，反对民族分裂，保持新疆社会政治稳定的治本之策。通过一系列有效的举措，新疆的社会主义民族关系得到进一步巩固和发展，各族人民和谐相处，彼此尊重，相互认可，不断涌现民族团结的生动事迹。新疆各族人民在彼此的文化认同中，在对中华文化的认同中形成了一个稳定和谐的团结共同体。

实践证明，文化认同工作进一步增强了多元一体的中华民族的自我意识和对中华文明的认同感、归属感，增强了新疆各族人民的向心力和凝聚力，为推动新疆社会的和谐发展创造了良好的文化氛围。

20世纪80年代，邓小平同志提出：一手抓物质文明，一手抓精神文明，做到两手都要抓，两手都要硬。时代在发展，认识也在不断深化。2002年中共十六大将原来的"两个文明"扩充为"三个文明"，社会主义的政治文明建设与物质文化和精神文明一道正式成为中国共产党及中国政府的基本目标。2005年，胡锦涛同志在省部级重要领导干部"提高构建社会主义和谐社会能力"专题研讨班上的讲话中又明确提出：随着我国经济建设的不断发展，中国特色社会主义事业的总体布局更加明确地由社会主义经济建设、政治建设、文化建设三位一体发展为社会主义经济建设、政治建设、文化建设、社会建设四位一体。在改革开放的实践和探索中，中国特色社会主义事业的总体布局呈现于世人面前。在每幅布局图中，我们可以很明显地看到：精神文明建设作为中国特色社会主义建设的重要组成部分，始终被放在及其显著的位置。

党的十六届四中全会上，胡锦涛主席从全面建设小康社会，开创中国特色社会主义事业新局面的全局出发，提出了构建和谐社会的战略任务和奋斗目标，为我们中国特色社会主义事业的发展指明了正确的方向。"和谐社会"理念既吸收了我国传统文化的精髓，又是对马克思主义理论的一次新的创新。它是对社会主义本质认识的深化和发展，是落实科学发展观、全面建设小康社会奋斗目标的必然要求，是满足人民日益增长的物质文化需要的必然要求。而随着文化与经济和政治相互交融，在综合国力竞争中的地位和作用越来越突出，文化的力量日益被人们所重视。社会主义文化建设作为和谐社会建设的重要组成部分，其成败与否，直接关系到社会主义和谐社会的构建。

中国特色的社会主义文化，是具有先进性、开放性、包容性的文化。它是构建社会主义和谐社会的强大精神支撑，更是构建社会主义和谐社会的重要组成部分。社会主义先进文化是对我国各少数民族优秀文化的整合和发展，是我国各民族优秀文化的大融合。社会主义先进文化建设，应该包括中华各少数民族文化的建设。新疆作为我国边疆的重要省份，独特的区情孕育了其独特的新疆文化。从历史上四大文明相碰撞，到如今众多少数民族文化共同交融和发展，具有新疆特色的新疆多民族文化的整合，对新疆和谐社会的构建乃至我国社会主义和谐社会的构建，都有着极其重要的意义。

新疆自古以来就是多民族聚居地区，独特的地理位置使新疆的文化既受中国文化的影响，又受国外文化的影响。新中国成立后，在新疆经济快速发展的带动下，新疆的文化事业也生机勃勃，迅速发展。经济的发展促进了文化繁荣和文化消费，文化产业也因之发展起来，各民族文化的交流和互动明显增多。在党中央的正确引导下，民族政策得到有效贯彻和落实，为各民族文化的沟通和融合提供了制度保障。

适应时代发展要求，促进新疆多民族文化交流和整合，是社会发展的需要，也是历史发展的必然。在历史的长河中，新疆各民族共同创造了灿烂的新疆文化，犹如祖国文化大家庭中的一朵朵奇葩。不但从精神上丰富各族人民的文化生活，激励各族人民向和谐社会迈进，还转化为有形的物质形态、丰富的旅游资源吸引全国乃至世界的游客了解新疆，关注新疆，成为促进经济发展和提高各族群众生活水平的重要途径。虽然在各民族交往过程中，由于一些民族利益、宗教信仰等因素的存在，各种文化之间的碰撞也在所难免，但总的来说，还是和谐、融合占主导地位。突出表现为在反对外族侵略和维护国家统一中，新疆各民族团结一致、共同抗击外族侵略和打击少数分裂分子的分裂活动，并结成了深厚的情谊。使以民族团结、民族和谐为核心内容的新疆文化成为文化发展的主流。

当然，一些不利的因素也仍然存在着：社会生活中长期存在的陈规陋习影响了新疆的整体面貌，使得一些人常把新疆同贫穷、落后对等起来；"双泛"思想及"东突"分裂势力的危害使新疆在维持社会治安、保障人民生命财产上需更多的人力和财力；经济的落后、交通的欠发达、教育水平的低下、意识形态的隔阂和语言不通等多方面的原因，严重制约着各民族的交流和沟通，不利于新疆各民族文化的整合和新疆和谐社会的构建。

新疆在21世纪中国的发展中占据着极其重要的地位，其丰富的战略资源，特殊而重要的地理位置，决定了新疆在构建社会主义和谐社会的过程中必将发挥重要作用，和谐社会的发展程度以及各民族团结，对本地区的稳定、整个国家安全乃至整个中亚地区的安全都有着非常重要的意义，关系着我国的祖国统一、边疆稳定、民族团结；关系着我国各项民族政策的顺利实施，民族文化素质的提高和生活水平的提高。也正因如此，探索具体的措施促进各民族文化交流、促进和谐社会的建设的任务也更加紧迫，需要政府、社会、个人同心协力，从经济、政治、文化、社会、法律多角度出发，多管齐下，实现民族整合和社会和谐。

俄罗斯文学大师车尔尼雪夫斯基说过："历史的道路不是涅瓦大街上的人行道。它完全是在田野中行进的，有时穿过尘埃，有时穿过泥泞，有时横渡沼泽，有时行径丛林。"新疆各民族的文化整合以及新疆和谐社会的过程亦是这样，必然有着众多的困难和曲折，需要几代人的奉献和奋斗。但我们坚信，新疆各民族大团结和新疆社会和谐发展，在中国特色的社会主义道路上，在科学发展观理论的指引下，结合新疆实际和时代特征，必将取得巨大成就。新疆是多民族聚居地区，各民族共同创造了新疆的灿烂文化。适应时代发展要求，促进新疆多民族文化交流和整合，对构建新疆社会主义和谐社会意义重大。

第五章

构建新疆社会主义和谐社会与新疆公共安全的关系

自古以来,边疆的安全与稳定就是事关一个国家安全、发展和人民安康幸福的重要体现和保证。新疆地处亚欧大陆腹地,与8个国家接壤,作为中国陆地边境线最长、相邻国家最多的内陆省区,处于中国地缘政治和石油地缘战略的枢纽地位上,在政治、经济、文化等各个方面都显示了在中国整体战略布局中的重要战略地位,是中国"西部大开发战略"的重点地区,是21世纪中国经济增长的重要战略支点。新疆又是中国参与中亚区域经济合作的前沿阵地,是中亚通向中国的大门,是中国通往中西南亚和欧洲的西大门,新疆在中国对中西南亚的战略中起着至关重要的作用。随着新亚欧大陆桥的开通,新疆已成为扼守大陆桥的咽喉地带,新疆的安全与稳定对中国战略目标的实现具有重大意义。在新疆这样一个民族宗教特别复杂的边疆地区,维护祖国统一、社会稳定和发展,对于中国构建"和谐社会"、"和谐世界"意义重大。[1]

---

[1] 潘志平、石岚:《新疆和中亚地缘政治文化的考察》,载《新疆大学学报》(哲学人文社会科学版) 2006年第6期。

第一节　新疆在中国安全稳定和社会发展中的战略地位

一、地缘政治视角下新疆在中国安全稳定中的重要地位

（一）地缘政治理论中的新疆

国际关系中的地缘政治学是对影响国家战略潜力的地理、历史、政治及其他相互作用因素进行统一研究和分析的学科，[①] 形成于19世纪末，经历了"生存空间论"、"海权论"、"心脏地带论"、"边缘地带论"和"空权论"等理论的演变与修正。[②] 第二次世界大战后，地缘政治学呈现出多元化的发展态势，形成了"地缘战略和地缘政治区域模型"、"遏制理论"、"中心—外围论"、"大棋局论"、"文明冲突论"等地缘政治学研究成果。[③] 特别是随着第二次世界大战后世界经济发展重要性的突显，地缘政治与能源和交通枢纽等因素产生交叉，形成了"能源地缘政治学"（geopolitics of energy），在这一理论中，某一国家或地区的重要性不仅是以政治地位和安全为前提和目标，而且是以资源贮藏丰富和开发条件良好为前提和目标。地缘政治学已经从原先单纯重视对海陆空地理空间的重视转变为地理空间与资源、能源并重，这为我们在新的历史时期考察中国新疆的地缘政治地位提供了更为宽广的视角。

从地缘政治视角研究国家安全问题，是民族国家永恒的主题，地缘政治能够

[①] 国玉奇、丘德诺夫：《地缘政治学与世界秩序》，重庆出版社2007年版，第5页。

[②] 有关地缘政治学的主要文献参见以下著作：[美]马汉：《海权论》，范利鸿译，陕西师范大学出版社2007年版；[美]马汉：《海权对历史的影响》，安常容译，解放军出版社1998年版；[英]哈·麦金德：《历史的地理枢纽》，林尔蔚、陈江译，商务印书馆2007年版；[美]斯皮克曼：《和平地理学》，刘愈之译，商务印书馆1965年版；[意]朱里奥·杜黑：《制空权》，曹毅风等译，解放军出版社2005年版；[英]杰弗里·帕克：《地缘政治学：过去、现在和未来》，刘从德译，新华出版社2003年版；王恩涌、王正毅：《政治地理学——时空中的政治格局》，高等教育出版社1999年版；王正毅：《边缘地带发展论》，上海人民出版社1997年版。

[③] 有关第二次世界大战后地缘政治学的主要文献参见以下著作：Saul Bernard Cohen. *Geopolitics of the World System.* Lanham：Rowman & Littlefield, 2003；[美]布热津斯基：《大棋局——美国的首要地位及其地缘战略》，中国国际问题研究所译，上海人民出版社1998年版；[英]帕克：《二十世纪的西方地理政治思想》，李少鸣等译，解放军出版社1992年版；[美]亨廷顿：《文明的冲突与世界秩序的重建》，周琪等译，新华出版社2010年版；王正毅：《世界体系论与中国》，商务印书馆2000年版。

更深刻地分析一个国家或地区的安全与危机、稳定与动荡等重大问题。自地缘政治学创始以来，一些重要的地缘政治学家在关注欧亚大陆的同时，在他们的著作中都或多或少地对中国新疆的地缘政治地位作过不同角度的论述。英国地缘政治学家麦金德提出了"大陆枢纽"学说，他认为欧亚大陆是世界政治中的一个枢纽地区，而他所指的欧亚大陆是包括今天中亚和中国新疆在内的广大地区，其中，中国的新疆为群山环绕，为戈壁所限，实际上就处于欧亚大陆的心脏。[1] 麦金德在关于"历史地理规律"三次论证中，还论述了中国新疆等地在欧亚大陆权力结构中的意义。美国地缘政治学家斯皮克曼提出了与麦金德观点不同的"边缘地带论"，认为无论是从政治、经济、文化还是人口历史来看，边缘地区的作用和意义都大于陆心地带，虽然说法不同，但在斯皮克曼这里，"边缘地区"仍然指的是欧亚大陆，更进一步强调了欧亚大陆包括中国新疆重要的战略地位。20世纪40~50年代研究中国中亚关系最具影响力的人物美国哥伦比亚大学教授欧文·拉铁摩尔（Owen Lattimore）提出了"中亚中心论"[2]，认为，中亚，特别是中国的新疆及其相邻地区，是世界权力政治的轴心。[3] 拉铁摩尔还断言，第二次世界大战后，中国的中亚省份新疆将成为"被政治、权力以及人类命运所环绕"的"新的世界重心"[4]。美国当代地缘政治学家布热津斯基曾在《大棋局——美国的首要地位及其地缘战略》一书中，进一步强调了欧亚大陆的地缘政治轴心作用，在本课题中还提到一种可能：未来中国将有可能与美国争夺世界领导地位，到那时，中亚可能成为美国从新疆着手瓦解中国的一个基地，这个观点反证了新疆对中国安全和稳定的重要性。通过这些地缘政治学家的论述，充分说明中国新疆在世界地缘政治结构中占有重要地位。

（二）新疆是中国西部最重要的地缘政治板块

自古以来，陆权是中国国家安全的基础，就巩固中国的陆地边界安全来看，新疆是我国西北部乃至整个西部地区的地缘政治重心，是中国西北边疆的战略屏

---

[1] Andrew Forbes. *Warlords and Muslims in Chinese Central Asia: A Political History of Republican Sinkiang 1911–1949.* Cambridge & London: Cambridge University Press, 1986, p. 3.

[2] Geoffrey Parker. *Western Geopolitical Thought in the Twentieth Century.* New York: St. Martin's Press, 1985, pp. 102–103.

[3] Owen Lattimore. *Pivot of Asia: Sinkiang and Inner Asian Frontiers of China and Russia.* Boston: Little, Brown and Company, 1950, pp. 214–222.

[4] Owen Lattimore. *Pivot of Asia: Sinkiang and Inner Asian Frontiers of China and Russia.* Boston: Little, Brown and Company, 1950, pp. 219–222.

障，新疆的地缘安全直接决定着中国西部乃至中国整体地缘的安全。[1] 在这里，我们运用地缘政治结构"板块"理论来分析新疆在世界地缘政治、地缘经济和地缘文化上所处的地位，便会发现新疆正好处在若干重要地缘政治结构"板块"相互挤压和相互碰撞带上。从地缘政治方面看，北面有"中亚—俄罗斯板块"，这些国家所发生的政治、经济变化，都会对新疆产生直接或间接的影响；西部有"北约—阿富汗板块"，北约的政治军事势力以及塔利班势力都已推进到了中国新疆的边界线上；南面有"印巴板块"，两国之间长期较量的冲击波也直接从西南面对新疆产生影响。从地缘经济方面看，新疆作为中国向西开放的桥头堡，必然越来越受到上述各板块的重视，并通过商贸往来、投资开发和经济技术合作，竞相推进与中国新疆的经济联系。新疆作为亚欧大陆的地理中心，在与周边国家的经济合作中发挥着独特的地缘优势。从地缘文明角度看，新疆是多种文明的交汇之地，古希腊罗马文明、阿拉伯—伊斯兰文明、印度文明和中华文明等世界四大文明在这里交流融汇，萨满教、佛教、祆教、摩尼教、景教、道教、儒教、伊斯兰教和东正教等在这里传承。丰富多彩的文化形态，为新疆和周边国家进行文化交流奠定了基础。

从所处的国际和地区空间位置看，新疆处于世界地缘政治结构体系的多元结合部。新疆所占的面积和所处的多方位、大广角的辐射扇面是中国任何一个省区都无法可比的。[2] 新疆地处欧亚大陆中心，历来是欧亚大陆陆上交通枢纽，从中国内地通过新疆可以便捷到达中西南亚许多国家，新疆的区位优势和所处的地理位置造就了新疆在中国与中西南亚国家关系中的特殊地位。从欧亚大陆的地缘政治板块整体来看，新疆由于位于欧洲、俄罗斯、印度、日本等世界核心战略力量的中心区位，因而是战略力量必须有效整合的地缘政治板块[3]，这也是中国任何一个省区不可替代的。

新疆不仅在中国地缘政治中占有重要地位，而且在中国资源能源地缘政治和通道安全方面也占有重要地位，是中国独特的地缘政治和能源政治二合一的地区。正如前国家发改委副主任、国务院西部开发办副主任王金祥所说，新疆具有很多优势矿产资源，作为重要的资源积蓄地，谁也替不了；新疆作为最大的民族自治区，关系到国家的长治久安，谁也替不了；新疆与周边8个国家接壤，是国家向西开放的桥头堡和通道，谁也替不了；新疆土地资源辽阔，是我国重要的棉

---

[1] 蒋新卫：《冷战后中亚地缘政治格局变迁与新疆安全和发展》，社会科学文献出版社2009年版，第127页。

[2] 文云朝：《中亚地缘政治与新疆开放开发》，地质出版社2002年版，第20页。

[3] 蒋新卫：《冷战后中亚地缘政治格局变迁与新疆安全和发展》，社会科学文献出版社2009年版，第128页。

花、粮食和特色农产品等的基地，谁也替不了；新疆有丰富的旅游文化资源，对繁荣我国灿烂的民族文化，谁也替不了。① 这"五个替不了"，全面概括了新疆在中国安全和社会发展中的重要地位。

在新的历史时期，新疆是中国建立和谐世界的枢纽地区，在多元文明融合与交流中建立和谐的周边环境，是新疆能够对中国外交做出的独特贡献。

二、新疆是维护中国政治安全的重要地区

新疆的区位优势与特定的地理条件决定了其在中国陆地安全中的战略地位，决定了新疆在中国与中西南亚地区国家关系中的枢纽地位。自汉代开始，新疆就作为沟通东西方"丝绸之路"的战略要冲而闻名于世，对周边甚至欧洲地区产生了重要影响，对中国古代文明的发展做出过重大贡献。数千年来，如果中原周边强大的民族控制了新疆，就可以逐鹿近东乃至欧洲。历史上，匈奴人、突厥人、蒙古人都曾通过新疆而在欧亚大陆建立过帝国，中国的中原地区能够免受戈壁和草原游牧民族的威胁，在很大程度上赖于对新疆的有效控制。② 在古代中国中原民族与中亚游牧民族的争斗中，昔日的西域，今天的新疆地区，从一开始就展示了其在中央王朝地缘战略上的重要性。

19 世纪，随着资本主义世界体系的扩张，中国遭到列强的全面入侵，新疆成为沙俄等列强争夺的战略地区之一，新疆的安危关系中国国家安全的核心利益，在面临保卫海疆还是保卫新疆的地缘战略两难困境中，富有远见的地缘政治谋略家左宗棠明确指出："新疆是西北边陲的第一道防线，防卫蒙古，而蒙古则防卫北京。若新疆失守，蒙古岌岌可危，北京也将受到威胁。"③ 左宗棠的论断充分揭示了新疆在中国国家战略全局中的重要地位。在现代国际环境下，新疆的战略地位更加重要。20 世纪末，随着苏联的解体，新疆便成为美国欧亚战略的前沿，如今在美国的欧亚战略中已经把中国看做潜在的"威胁"，中国新疆成为美国全球战略中阻止中国向中亚、南亚和西亚这一地缘政治中心和能源中心扩展的目标。从新疆周边情况来看，新疆又是我国陆上邻国最多的地区，可以预料，新疆是中国西北地缘政治的重心，中国新疆的安全问题是我国 21 世纪上半叶国家安全的重点和难点。中亚、南亚和西亚地区的安全秩序都与我国新疆的安全环

---

① 王金祥：《新疆在西部有"五个替不了"》，载《亚洲中心时报》2007 年 3 月 10 日。
② 武晓迪：《中国地缘政治的转型》，中国大百科全书出版社 2006 年版，第 44 页。
③ Immanuel C. Y. Hsu. *The Rise of Modern China*. New York and London：Oxford University Press，1990，p. 320.

境息息相关。① 就目前我国西北边疆地区内部各种问题和矛盾而言，唯有新疆问题最为严重；就影响力而言，唯有新疆问题影响最为深远；就危害程度而言，唯有新疆问题对国家战略全局危害最大。新疆稳定，则国家稳定；而国家稳定则对台军事斗争的主动权就掌握在我手中，经济发展的主动权就掌握在我手中，应对国际风云变幻的主动权就掌握在我手中。② 从现在和今后相当长的一段时间来看中国的国家安全环境，东部沿海地区经过30多年的改革开放，经济、社会等各个方面得到了很大的发展，但由于台湾问题、中日钓鱼岛和东海海域争端以及南海诸岛屿归属等问题，使中国东部安全局势更加复杂多变，如果因这些问题引发冲突乃至战争，势必使中国东部地区地处冲突与战争前沿，直接影响中国东部地区的经济建设和社会安全，甚至会从根本上动摇我国的国家安全基础。而作为中国面积最大的省区，新疆地域辽阔，资源能源富集，一旦国际局势突变对中国东部地区构成现实威胁，甚至爆发武装冲突，新疆及西部地区就能够担当起中国国家安全战略后方的任务，打破敌对势力对中国东部地区的围堵，使中国在战略上有更大的回旋空间，从而有效地维护中国的核心国家安全利益。所以，不管国际战略格局如何变化，新疆在中国国家安全战略中的特殊地位只会日益突显，在维护中国国家安全方面，具有不可替代的战略地位。

三、新疆是维护中国经济安全的重要地区

由于新疆独特的地缘优势，中国与中西南亚地区的政治、经贸合作无不把新疆作为重要的支点和通道，新疆已确定为中国战略资源重要储备区和21世纪经济社会发展的重要支点。江泽民在2000年10月殷切地指出，"加强新疆各民族的团结，保持社会政治稳定，不仅关系新疆社会的顺利发展，也关系着西北地区的稳定与发展，关系着全国的改革开放和现代化建设的大局。""如果国家不统一，民族不团结，就没有社会的稳定，就无法集中力量进行现代化建设，各民族也就不可能实现共同发展。"③ 江泽民的这些论述深刻地揭示了新疆稳定与经济社会发展在国家经济发展战略中的重要意义。新疆各种自然资源富集，地处欧亚大陆的中心地带，具有紧邻中亚地区的重要战略地位，这一点在全国也是得天独厚，使得新疆成为中国"西部大开发"战略的重中之重，新疆经济发展对未来中国经济腾飞具有重要的保障作用。中央已确定要把新疆建设成为我国最大的商

---

① 綦常清、费雅君、高旗：《中国现代化下西部开发与国家安全》，时事出版社2008年版，第212页。
② 丁建伟、赵波：《近代以来中国西北边疆安全问题研究》，民族出版社2009年版，第161页。
③ 江泽民：《江泽民论有中国特色社会主义》（专题摘编），中央文献出版社2002年版，第358页。

品棉基地和重要的畜产品、糖料和粮食基地以及西部重要的石油化工基地,新疆必将成为我国经济发展特别是本世纪经济增长的重要支点。在这种背景下,保持新疆社会政治稳定的意义就更加凸显出来。

新疆是第二亚欧大陆桥中心,是我国与中亚、欧洲连接的唯一陆路通道,是继北美经济圈、欧盟经济圈和东亚经济圈后的全球第四大经济圈——中西南亚经济圈的重心区,其经济地位不言而喻。中国新疆地区与中亚的塔吉克斯坦、吉尔吉斯斯坦和哈萨克斯坦等石油国家直接接壤,与里海周边乌兹别克斯坦、土库曼斯坦等石油富国亦相距不远,新疆沿边境线附近拥有17个一类口岸和12个二类口岸,是中国拥有对外开放口岸最多的省区之一,是连接中亚、西亚、南亚乃至东欧的陆上最便捷的通道,是中国向西开放的门户,成为我国利用周边国家资源和市场最为便捷的省区之一。

从对外获得能源的角度看,中亚地区油气资源极其丰富。据美国能源署估计,中亚里海地区已探明的石油储量是200亿桶,天然气储量约7.89万亿立方米,分别占世界石油和天然气总量的8%和4.3%。除此之外,中亚国家的铁矿、铜、铝、铅、锌等有色金属储量大,与我国有很大的互补性。中亚是中国的近邻,是我国能便捷地获得能源、资源的主要地区,新疆西邻中亚各国,具有得天独厚的资源条件和地缘优势,新疆能够在国家的指导下充分地利用自身的地缘优势、互补性技术优势,加大对中亚国家能源领域的投入力度,从而凸显新疆作为中国与中亚油气合作的前沿和核心的地位。随着中国周边地区的经济发展,新疆在中国与中亚及周边国家的油气及对外经济合作中具有不可替代的作用,新疆将成为中西南亚地区重要的经济中心。

资源和能源是经济发展的最重要条件,当前中国经济和社会发展越来越受到资源能源的瓶颈制约,资源供应形势非常严峻,供需矛盾日益突出,既需要进口能源资源,更需要以我国国内的能源资源储量为基础。根据勘探,新疆已发现各类矿产138种,已探明储量的矿种117种,总潜在价值超过6万亿元。全区已探明的616个矿区中,规模属大型75个,中型169个,小型372个。在探明储量中居全国首位的有5种,25种居全国前五位,居全国前十位的有43种。新疆已发现矿种约占全国已发现矿产的85%,是全国少数几个矿种比较齐全的省区之一。[①] 已探明的铍和锂储量各占全国已探明总储量的99%和100%。[②]

中国经济高速发展,对能源需求日益加大,新疆的石油、煤炭、天然气是当

[①] http://zhidao.baidu.com/question/25858472.html.
[②] 刘延春、何祖源:《三年来新疆经济与社会发展战略研究情况综述》,载《新疆社会科学》1986年第4期。

今最主要的能源资源,这三种资源在新疆分布广泛且储藏量大。据中国学者早在20世纪80年代的评估,新疆的石油储量约为300亿吨,相当于全国石油总储量的1/3。① 根据全国第二次油气资源评价,新疆石油资源量已达到227亿吨,占中国陆上石油资源量的30%以上;天然气资源量为13.8万亿立方米,占中国陆上天然气资源量的34%②,近年来油气勘探均获很大突破。新疆煤炭资源储量位居全国第一,全区煤炭预测资源量2.19万亿吨,约占中国煤炭预测总储量的40%③。由于中国东、中部的一批老能源基地呈现出资源枯竭趋势,全国能源需求却仍在不断增长,新疆油气、煤炭和可再生能源产业的战略地位日益凸显。中国国家发改委能源局在其官方网站上发表文章说,新疆"三大油田"、"九大煤田"和"九大风区"蕴藏着大量尚未开发的能源,加速开发将保障国家能源安全。按照《2004~2010年新疆石油化学工业发展规划》,新疆将建成独山子—克拉玛依、乌鲁木齐、吐哈、南疆四大石化基地,建设大型石油炼制等十大工程,最终形成年销售收入超千亿元的石油石化产业集群,新疆油气产业的发展已经逐步形成了以油田为依托、布局比较合理、初具规模的石油化工体系。2009年,塔里木油田油气产量突破1 000万吨油当量,成为继克拉玛依油田之后新疆第二个千万吨级大型油气田。近年来,由于新疆在中国石油布局中的地位逐步上升,拥有丰富资源储备及特殊战略地位的新疆正成为中国能源的储备基地。据相关部门估计,新疆预计原油产量将继续保持稳定的增长态势,新疆石油增长幅度在中国产油省区中连续16年保持第一,2008年,新疆原油产量达2 722万吨,成为国家第二大原油产区;天然气产量240亿立方米,居全国第一位。新疆维吾尔自治区政府的发展规划中表示,将最大限度延伸石油天然气产业链,推动新疆石油化学工业产业结构升级和跨越式发展。截至2010年,新疆油气当量已超过5 000万吨,相当于再造了一个大庆。据有关专家介绍,新疆将代替大庆成为国家最重要的能源供应基地。

新疆共有阿尔泰、准噶尔、天山、塔里木和昆仑5个含煤区、27个含煤盆地、57个煤田,其中预测资源量超过100亿吨的煤田有24个,约占预测总资源量的98%。预测资源量超过1 000亿吨的煤田有准东煤田、沙尔湖煤田、伊宁煤田、吐鲁番煤田、大南湖—梧桐窝子煤田等5个煤田,约占预测总资源量的60%。新疆目前已形成吐哈、准东、伊犁、库拜四大煤炭基地,有准东、准北、准南、三塘湖、吐哈、伊犁、尤鲁吐司、焉耆和塔北等"九大煤田",据有关资料显示,以上9个煤田预测储量达1.64万亿吨,新疆2010年已具备1 000万吨

---

① 吴传钧:《中国经济地理》,科学出版社1998年,第132、357页。
② 黄希:《新疆石油天然气产业的发展现状研究》,载《企业导报》2010年第3期。
③ http://www.sxcoal.com/sources/924368/articlenew.html。

生产能力。"十二五"期间,新疆将有更多1 000万吨级煤炭基地和数个5 000万吨级大型煤电化基地诞生,煤炭年产量将达1.2亿吨。新疆将建成国家重大煤炭基地和我国重大的煤电以及煤化工基地。

新疆的风能资源丰富,新疆风能资源品质好,风频分布较合理,破坏性飓风十分少见。新疆的"九大风区"包括达坂城、阿拉山口、吐鲁番、小草湖、布尔津、塔城老风口、罗布泊等总面积15万平方公里的地区,经中国国家气象局确定具备建设大型风电场的条件,可装机容量在8 000万千瓦以上,相当于4个三峡工程的装机容量。[①] 距离乌鲁木齐不远的达坂城风电场目前已成为亚洲的最大风力发电区。专家预测,随着新疆经济的快速增长,新疆电网与西北电网对接的实现,《可再生能源法》中规定的对新能源成本实施分摊,新疆的能源战略地位将更显重要。

在中国能源战略发展中,加大石油生产、传输、储备设施的投资,开辟多元化的进口来源和运输通道,提高石油供给的安全程度,是中国经济社会发展必须面对的一个战略问题。新疆与中亚油气国家直接相邻,对开通和保障中亚与中国的油气通道具有十分重要的意义。中国通过新疆地区与中亚的石油管道网络接通,把石油供应国(中东、中亚国家和俄罗斯)与亚洲的主要石油消费国(中国、日本和韩国)连接起来,不仅可以解决中亚普遍面临的石油出口瓶颈问题,而且能够实现我国油气资源供应的安全保障,新疆处于"泛亚全球能源桥梁"的战略枢纽位置。

现在中国进口石油的大部分都来自中东,中东局势和拥挤的马六甲海峡有可能对中国取得中东石油带来不利影响。开辟新的国际能源基地和构建中国向西开放的陆路大通道,具有重大的战略意义。把新疆建成中国重要的陆上能源大通道,这不仅关系新疆自身的发展,也直接关系到整个国家的能源安全。新疆喀什地区与巴基斯坦接壤,建立通往巴基斯坦的能源运输安全通道,相比于绕过非洲好望角的海运来说,里程缩短1万多公里,运费节省25%,运输周期缩短一个多月。

全长约2 900公里的中哈输油管道建成,标志着中国开启境外陆路管线供油时代的来临,截至2010年已累计输送原油2 000多万吨。[②] 中哈石油管线通过中亚国家内部的石油管网不断地延伸和拓展,其输油潜能可以成倍增长,将为中国提供长期、稳定的陆路能源供应。对中国未来能源安全具有重大的意义。中国—中亚天然气管道的开通标志着中国开启境外陆路管线供气时代的来临。这将使中

---

① http://news.sina.com.cn/c/2010-12-23/001321689531.shtml.
② http://news.sina.com.cn/c/2010-01-25/105819541044.shtml.

国摆脱困难重重的海上运输,直接从陆路进口石油。管道的建成是继中哈石油管道后中国与中亚的又一能源合作项目,它将进一步推动中国与中亚更深层次的能源合作。正处于商议中的中巴管线将进一步提升新疆作为能源通道的地位,建设中巴陆路能源运输安全通道,建立新疆—巴基斯坦"能源走廊",将极大地提高中国能源进口能力,确保能源安全,新疆的战略意义更加重大。随着全球能源重要性的凸显、经济全球化和区域经济一体化的发展,新疆的战略地位的重要性将会越来越明显,新疆已成为中国陆路能源进口的重要战略通道。我国应该充分利用新疆得天独厚的条件,通过新疆加强对中东、中亚地区的影响,从而在全球市场和资源的竞争中处于有利的位置,为中国的经济发展提供良好的保障。随着西部大开发战略的深入发展,新疆地缘优势和区位优势更加突出,新疆必将发展成为"东联西出"、"西进东出"重要的进出口商品集散地和中转站。

当今,在国家能源安全日趋严峻的形势下,把新疆石油、天然气、煤炭、有色金属等优势矿产资源和新生能源——风能等优势资源开发利用,大力发展能源工业,利用周边国家的优势资源,是中国优势资源转换战略的有机组成部分,新疆具备建成中国重要的石油、天然气化工基地、煤电煤化工基地和有色、富铁矿等重要战略资源基地接替的条件。到"十二五"末,新疆将成为中国主要能源基地和大型煤电煤化工基地,建成全国大型油气生产加工基地,成为国家重要的能源资源"主力"区。新疆将成为依托内地、面向中亚、南亚、西亚乃至欧洲国家的出口商品基地和区域性国际商贸中心,新疆将是中国新能源、节能技术和现代水利灌溉技术的重要示范地区,新疆将成为中国西部新的经济增长点和中国对外开放的前沿阵地与战略窗口。因此,无论是从新疆本身蕴藏的能源矿产储量来看,还是从中国加强与中西南亚区域经济合作以及输入油气资源的通道上来看,新疆都是保障中国经济安全和发展的重要地区。

四、新疆是维护我国社会稳定的关键地区

早在1981年邓小平视察新疆时,就明确指出,新疆稳定是大局,新疆一定要稳定,不稳定,一切事情都办不成。以江泽民为核心的第三代中央领导集体始终把新疆的团结、发展和稳定放在重要战略位置。江泽民指出:稳定是新疆最大的政治。没有稳定,就谈不上发展,没有发展,各民族的根本利益就得不到保障;没有民族的大团结,也谈不上新疆的稳定。1990年江泽民第一次视察新疆时进一步指出:"新疆作为祖国西北门户,是维护祖国统一和安全,保证我国经济建设和改革开放顺利进行的重要屏障,维护边疆地区的稳定与安宁,对于全国

的稳定有着举足轻重的影响。"1998年江泽民在第二次视察新疆时又明确指出："新疆是我国西北一个具有重要战略地位的省区,保持这一地区社会政治的稳定是一件关系全局的大事。"江泽民的重要指示,深刻揭示了新疆在国家整体政治稳定和发展战略中的地位和作用。2000年10月,江泽民在十五届五中全会闭幕后,就加强党的民族工作和宗教工作,主要是对维护新疆稳定和反对民族分裂斗争问题,向出席会议的全体中央委员发表重要讲话,又明确指出,从政治上讲:"如果新疆地区出现不稳定,甚至发生像车臣或科索沃那样的战乱,全国稳定和发展的大局就必然受到影响,因而确保新疆和整个边疆地区的稳定与安全极为重要。"十六届中共中央政治局常委罗干2004年在新疆考察工作时指出："确保新疆的发展与稳定对国家的最高利益和中华民族的根本利益有着极为重要的意义,中央历来非常关心和重视新疆的发展与稳定,在各个历史时期对新疆工作都做出了一系列重要决策。"

2006年胡锦涛视察新疆时指出："新疆是我国西北的战略屏障,是我国对外开放的重要门户,也是我国战略资源的重要基地;新疆的发展和稳定,关系全国改革发展稳定的大局,关系祖国统一、民族团结、国家安全,关系中华民族的伟大复兴。"2009年乌鲁木齐"7·5"事件发生后,胡锦涛考察新疆工作时又强调指出："做好新疆工作绝不仅仅是新疆的事情,而是整个国家的事情。"2010年4月23日,中共中央政治局召开会议,研究推进新疆维吾尔自治区跨越式发展和长治久安工作,会议指出,"新疆工作在党和国家事业发展全局中具有特殊重要的战略地位。进一步做好新形势下新疆工作,推进新疆跨越式发展和长治久安,对深入推进西部大开发、提高各族人民生活水平、实现全面建设小康社会奋斗目标,对加强民族团结、维护祖国统一、保障国家安全,具有极为重要的意义。"2011年3月29日,《乌鲁木齐市城市总体规划修编(2011~2020)》发布,总体规划指出,到2020年,乌鲁木齐将被打造成为中国西部地区的中心城市和中国面向中西亚地区的国际商贸中心。使乌鲁木齐成为中国面向中西亚的国际商贸中心、国际文化交流中心、跨国区域联络中心和中国面向中西亚的国际能源资源合作基地和出口加工基地,成为中国西部重要的商贸中心和新型工业基地、文化创意和科技研发中心。由此,以胡锦涛为总书记的新一代中央领导集体从战略的高度对新疆在全国发展大局中的重要性作了明确定位,是中国政府从治国安邦的战略全局需要出发,从战略层面扩大新疆内外开放,努力打造中国向西开放的桥头堡的新举措。把新疆的稳定和发展提到影响全国大局的政治高度来看待,把新疆的发展纳入全国发展中来布局,这充分说明了新疆在全国稳定和发展大局中的重要地位。

胡锦涛指出:"'三股势力'民族分裂主义的为首分子、暴力恐怖犯罪分子、极端宗教势力的骨干分子对中国新疆造成极大的威胁。"① "三股势力"是新疆安全稳定面临的最大威胁，新疆的安全稳定是中国实现其"确保一方平安"这一大战略的重要目标。没有一个稳定的新疆，整个亚洲内陆乃至海洋地带的稳定将会受到严重的威胁，"大规模疆独运动将在台湾、西藏和内蒙古产生连带效应"。② 在历史上，西北边疆的分裂问题主要出现在新疆，新疆的稳定决定着整个西北的稳定。早在19世纪末20世纪初境外的泛伊斯兰主义和泛突厥主义就从土耳其传入新疆，并与新疆民族分裂势力相结合，形成了"三股势力"，成为威胁新疆安全稳定的一个重要因素而长期存在。"9·11"事件后，中国边疆地缘安全问题显得更加突出。目前在我国边疆地区各种问题和矛盾中，新疆问题最为严重。在新疆境内外的"东突"恐怖势力作为危害中国国家安全的一股势力，他们到处进行暴力恐怖活动，胁迫群众聚众闹事，扰乱社会秩序，破坏新疆的安全与稳定。他们公然叫嚣"新疆独立"，一方面不断制造恐怖袭击等暴力事件，另一方面不断与国际恐怖组织相互勾结，寻求西方国家和伊斯兰世界的同情与支持。这些活动已经成为中国国家统一与安全的重大隐患。近年来，中亚"三股势力"与阿富汗塔利班以及克什米尔地区的恐怖分子在新疆周边地区活动和发展，已经形成了对新疆地缘政治上的包围圈，新疆的周边环境特别是南疆依然是长期处在恐怖组织的"双月"带包围之中。正如中国学者所说，这"三股势力"在中国西部已形成了"双月带"，外月牙为车臣—中亚—阿富汗，内月牙为乌兹别克斯坦—塔吉克斯坦—克什米尔，这两个月亮形的焦点在阿富汗和乌兹别克斯坦。③ 而中国新疆所面临的三个敏感地带恰好就在阿富汗、费尔干纳盆地和克什米尔。

"三股势力"的长期存在，必然给新疆带来诸多不稳定因素，国际政治斗争的风云变幻随时可能会对新疆的安全稳定造成现实的、直接的影响，在相当长的时间内，在新疆乃至内地，恐怖活动发生的可能和危险性仍然很大。民族分裂分子与我们争夺群众，严重干扰破坏了正常的社会秩序、生产秩序和生活秩序，破坏了社会治安和经济发展，不仅对新疆社会安全稳定产生着重大的威胁，而且对全国的安全稳定造成重大影响，"东突"恐怖分子流窜性很强，不仅在新疆进行暴力恐怖破坏活动，而且也可能渗透到内地进行暴力恐怖袭击。直接影响着我国国家核心利益的实现和政治社会稳定，新疆是中国西部边疆反对"三股势力"的前沿阵地，新疆的地缘安全形势影响中国国家统一和安全的权重

---

① 2003年5月29日胡锦涛总书记在上海合作组织成员国元首莫斯科会议上的讲话。
② Felix K. Chang. "China' Central Asian Power and Problems", *A Journal of World Affairs*, Vol. 41, No. 3, 1997, p. 405.
③ 潘志平：《中南亚的民族宗教冲突》，新疆人民出版社2003年版，第10页。

进一步增强。

五、安全稳定与构建新疆社会主义和谐社会的关系

(一) 安全稳定是构建新疆社会主义和谐社会的前提和根本保证

马克思曾在《论犹太人问题》中评论道,"安全是市民社会的最高社会概念,是警察的概念;按照这个概念,整个社会的存在都只为了保证它的每个成员人身、权利和财产不受侵犯。"① 安全稳定问题始终与人类社会共生,随着人类社会的发展,这一问题的重要性越发凸显。在改革开放的新时期,邓小平反复强调:"中国的问题,压倒一切的是需要稳定。没有稳定的环境,什么也搞不成,已经取得的成果也会失掉。"② 近年来,新疆安全稳定的形势更加严峻,公共卫生问题、社会治安问题、基础设施安全问题,以及各种突发性事件都影响着安全稳定,特别是"东突"恐怖势力不断制造的无数起暴力恐怖事件,严重威胁着新疆各族人民群众的生命财产、生活安全和社会稳定,安全稳定是新疆工作的重中之重。对中国来说,国家统一、领土完整、国内各民族的团结和谐是最根本的国家利益,是实现中国和平发展和中华民族伟大复兴的根本保证,也是建构社会主义和谐社会的根本保证。在新疆这样一个多民族、宗教情况复杂,而又面临"三股势力"威胁和境外敌对势力利用"疆独"问题分化、削弱和肢解中国图谋的边疆地区,安全稳定的重要性更为突出。自"三股势力"产生以来,在新疆制造的一次次叛乱、动乱和暴力恐怖事件,给新疆各族人民的生命、财产安全带来了巨大的损失,严重地威胁着新疆社会的安全稳定。特别是2009年发生的乌鲁木齐"7·5"事件,更是造成众多无辜百姓伤亡、人民财产和公共设施损毁,使新疆人民和新疆的经济、社会发展遭受了难以估量的损失。对此,胡锦涛总书记明确指出:"社会稳定是新疆发展的前提和保障。要坚持稳定压倒一切的思想,把维护新疆稳定作为当前新疆最重要最紧迫的任务。"③ 充分说明,新疆安全稳定具有压倒一切的重要性。

新疆安全稳定是构建和谐民族关系的重要前提,又是民族关系和谐的重要表

---

① 《马克思恩格斯全集》第1卷,人民出版社1956年版,第439页。
② 《邓小平文选》第3卷,人民出版社1993年版,第284页。
③ 孙承斌、邹声文:《胡锦涛在新疆维吾尔自治区干部大会上发表重要讲话强调:坚持一手抓改革发展一手抓团结稳定,加快建设繁荣富裕和谐社会主义新疆》,载《人民日报》2009年8月26日。

现。① 历史经验反复证明，新疆地区社会动乱，首先表现为各民族之间的纠纷和冲突。新疆有55个少数民族聚居，少数民族人口占全自治区总人口的60%，只有保持安全稳定，各民族之间才能友好往来、相互学习、互相交流、共同发展，最终在市场经济作用下，实现经济一体化和社会结构一体化，形成相互依赖、互相促进的关系，巩固多元一体的和谐民族关系格局，为构建和谐新疆提供根本保证。

（二）新疆安全稳定对全国建构社会主义和谐社会意义重大

江泽民指出，"无论从政治上还是经济上讲，新疆的稳定对全国而言，有着十分重大的战略意义。""没有民族地区的稳定，就没有全国的稳定；没有民族地区的小康，就没有全国的小康；没有民族地区的现代化，也就没有全国的现代化。"② 江泽民的论述深刻地揭示了新疆安全稳定对全国及新疆社会稳定的重要意义。新疆社会稳定对整个中国的政治稳定都具有重大意义。社会动乱有传染性和扩散性，目前我国改革开放和社会主义现代化建设事业进入关键阶段，利益群体快速分化，各个利益群体之间的利益矛盾和利益冲突十分尖锐，突发性群体性事件不断出现，如果新疆不稳定，必然引发其他地区的社会矛盾，酿成大规模的社会动乱，影响全面建设和谐社会的进程。

新疆的安全稳定关系到中国全面建设社会主义和谐社会的全局战略。新疆资源富集，市场潜力巨大，在我国现代化建设中占有独特的地位。只有保持新疆的安全稳定，才能为东部的发展提供广大的市场和大量资源，减轻大量就业人口对东部地区造成的就业、教育、社会保障和社会治安压力。只有新疆地区保持稳定，才能实现跨越式发展，做到全国经济社会发展相一致，促进全国社会主义和谐社会的早日建成。

近年来，新疆安全稳定问题日益突出，严重威胁着人民群众的生命财产和身体健康。切实保障人民生命财产的安全，是建设"和谐社会"的一项重要内容。维护社会稳定，必须立足于构建和谐社会的要求，立足于为经济建设、社会进步、人民群众安居乐业的高度营造良好的治安环境。当前，随着新疆社会的转型和社会利益格局的调整，社会矛盾和纠纷的数量增多、激烈程度加剧、处理难度加大，特别是人民内部矛盾引发的群体性事件时有发生，这已经成为影响新疆社会稳定的主要问题之一，必须予以高度重视和切实解决。随着新疆经济发展特别

---

① 谢俊春：《论西部民族地区社会稳定的指标体系及其实现途径》，载《重庆文理学院学报》2009年第1期。
② 江泽民：《江泽民论有中国特色社会主义》（专题摘编），中央文献出版社2002年版，第358页。

是新型工业化的发展，生产生活领域越来越多，安全问题和不稳定因素不断增多，同时，安全问题也不再简单局限于政治安全等传统安全领域，而是向生产生活领域不断渗透，如工业过程安全、化学危险品安全、石油生产安全、勘探安全、煤炭生产安全、食品卫生安全、交通安全、建筑安全等，这些非传统安全领域的问题在新疆都广泛地存在着，直接影响着人民群众的生命财产安全、影响着民族关系的和谐、影响着社会的稳定与发展，对新疆不利，对整个中国社会发展大局不利，必须加以重视和解决。

（三）安全稳定有利于新疆又好又快地构建社会主义和谐社会

安全稳定与新疆社会和谐发展密不可分，具有内在联系，历史证明：新疆安全稳定与社会和谐社会构建是一种双向互动的过程，只有安全状态良好，社会稳定，新疆经济才能够得到又好又快地发展，只有社会经济健康快速发展，才能为安全稳定创造更好的条件；只有社会安全稳定，才能为发展和谐的民族关系提供条件，而只有形成长期和谐的民族关系，才能为新疆安全稳定提供坚实可靠的保障。新疆地域辽阔，占全国总面积的1/6，有55个民族生活在这里。[①] 由于历史和现实的双重原因，新疆在经济社会发展方面落后于中国东部发达地区，改变新疆的落后面貌是新疆各族人民的共同心愿，也需要新疆各族人民共同奋斗。但是，如果没有一个安定的社会环境，暴力恐怖活动频发，人心不稳，投资环境不良，不但不能吸引国内外资金、技术、人才，而且就连现在已有的经济社会发展成果也会因为社会动荡不安而葬送，新疆跨越式发展的战略就会落空，构建新疆和谐社会就是一句空话。邓小平曾指出："要实现自己的发展目标，必不可少的条件是安定的国内环境与和平的国际环境。"[②] 国内外社会发展经验表明，动乱必然带来经济社会发展的停滞和倒退。新中国成立特别是改革开放以来，新疆之所以发生了翻天覆地的变化，保持总体的社会稳定是最重要的原因，国内外社会发展经验表明，动乱必然带来经济社会发展的停滞和倒退。只有新疆保持社会稳定，实现跨越式发展，不断提高经济实力，切实改善人民生活水平，才能为和谐民族关系、和谐社会关系提供良好的条件，为新疆社会主义和谐社会的构建奠定雄厚的物质基础，新疆的安全稳定就能够得到更加切实的保障。

---

① 中国社会科学院中国边疆史地研究中心的专家们，从2009年7月到2010年7月，历时一年，踏遍天山南北，对新疆各族人民的生活现状，进行了深入调查后得出的最新统计数据。
② 《邓小平文选》第3卷，人民出版社1993年版，第360页。

第二节 "三股势力"是新疆安全稳定的主要威胁

一、"三股势力"的内涵及其实质

(一)"三股势力"的界定

2001年6月15日,上海合作组织签署《打击恐怖主义、分裂主义和极端主义上海公约》,首次对"三股势力"作了明确界定,"三股势力"是民族分裂势力、宗教极端势力和暴力恐怖势力的简称。在国内学者研究中,常常也把"三股势力"指称为"民族分裂主义、宗教极端主义和暴力恐怖主义"等"三个主义",这种说法虽然也表达了"三股势力"的主要含义,但不够准确和全面。"三股势力"所包含的内涵要比"三个主义"更宽泛,"势力"本身既包含了组织和行为等含义,也包含了"势力"所宣扬的思想;而"三个主义"主要是指思想体系,是"三股势力"的思想理论基础。用"民族分裂势力、宗教极端势力和暴力恐怖势力"来指称"三股势力"更准确、更全面,更切合实际。

1. 民族分裂势力的含义

"民族分裂"这个概念,在我国最早是周恩来提出来的。1957年他在《关于我国民族政策的几个问题》一文中指出:"中国的民族宜合不宜分。我们应当强调民族合作,民族互助;反对民族分裂,民族'单干'。我们民族大家庭采取民族区域自治制度,有利于我们普遍地实行民族自治,有利于我们合作发展、民族互助。我们不要想民族分立,更不要想民族'单干'。"[1] 周恩来明确指出了"民族分裂"的实质就是分裂国家,是我们坚决反对的错误言行。中国学者认为,存在于现代主权国家内部的民族分裂主义势力,一般属于非主体民族中或少数民族的极端民族主义势力。他们往往自称代表民族的利益,要求实践民族自决权利,从而形成对主权独立国家领土完整的挑战。[2] 一般来讲,"民族分裂势力"就是指在一个主权独立、领土完整的多民族国家内部,打着"民族自决"的幌子,采取政治诉求、和平斗争、暴力恐怖、甚至武力对抗等方式,主张民族分

---

[1] 《周恩来选集》下卷,人民出版社1981年版,第261页。
[2] 王逸舟:《恐怖主义溯源》,社会科学文献出版社2002年版,第197页。

裂，要求建立独立国家的社会思潮、社会势力和社会行为。在中国，"民族分裂势力"是指以制造民族分裂、破坏中国国家统一为目的的反动政治主张、反动社会思潮和反动政治势力。企图把中国的某些部分从祖国中分裂出去，民族分裂主义是民族分裂势力的思想基础。

2. 宗教极端势力的含义

有关宗教极端势力的含义，国内学者往往把其与宗教极端主义等同起来，存在着不同的看法。如公安部教材编审委员会所编《国内安全保卫学》一书中将宗教极端势力定义为："以其极端的、激烈或畸形的崇拜和信仰为精神支柱和精神动力，利用其信仰的唯一性和排他性，控制和欺骗一些信仰虔诚、宗教狂热的信徒；主张以暴力恐怖等极端方式推翻世俗政权、建立宗教统治或消灭异己的宗教组织、团体和人员"。① 国内伊斯兰教学者金宜久提出："宗教极端主义，即宗教异化、蜕变而出的异己物和异己力量的典型表现。"② 中国社会科学院学者李兴华则认为："极少数徒有宗教信仰者之名的人，为窃取不该属于自己的利益，不惜背离、歪曲、利用宗教，从事破坏正常社会稳定、和平发展主流、不同族群共处活动的一种思想和行为体系。"③《打击恐怖主义、分裂主义和极端主义上海公约》中指出："宗教极端主义是指旨在使用暴力夺取政权或改变国家宪法体制，通过暴力手段侵犯公共安全，包括为达到上述目的组织或参加非法武装团伙，并且依各方国内法应追究刑事责任的任何行为。"④ 比较各家几种定义，可以看出，宗教极端主义有一个共同的特征，就是利用宗教、歪曲宗教，采取极端的方式危害社会。因此，所谓宗教极端势力，是指在复兴宗教的幌子下，强烈要求推翻一切现政权，建立按宗教教义或宗教教法统治的政教合一的政权，大肆歪曲宗教教义，伪造历史，主张采取包括暴力恐怖活动在内的一切手段，去实现其政治目的的社会思潮、社会势力和社会行为。在这里，宗教极端势力是泛指，指一切宗教极端势力，具体到中亚和中国新疆，是特指伊斯兰极端势力。

3. 暴力恐怖势力的含义

关于暴力恐怖势力或暴力恐怖主义的概念界定也是见仁见智，上海合作组织签署的《公约》这样定义恐怖主义：只是平民或武装冲突情况下未积极采纳与军事行动的任何其他人员死亡或对其造成重大人身伤害、对物质目标造成重大损失的任何其他行为，以及组织、策划、共谋、教唆上述活动的任何其他行为，而此类行为因其性质或背景可认定为恐吓居民、破坏公共安全或强制政权机关或国

---

① 公安部教材编审委员会：《国内安全保卫学》，中国人民公安大学出版社 2001 年版，第 57 页。
② 金宜久：《冷战后的宗教发展与国际政治》，时事出版社 2003 年版，第 22 页。
③ 李兴华：《宗教极端主义研究概要》，载《西北民族研究》2002 年第 4 期。
④《全国人民代表大会常务委员会公报》2001 年 7 月。

际组织实施或不实施某种行为,并且是依各方国内法应追究刑事责任的任何行为。① 国际恐怖主义问题专家 R. P. 霍夫曼认为:"恐怖主义是指人的一种有目的的政治活动,它旨在通过制造恐惧气氛,达到按照(事件)领导者的意愿对其他人施加影响,以及通过他们对事件的发展施加影响的目的。"② 中国《世界知识大辞典》对恐怖主义的界定是:"为了达到一定目的,特别是政治目的而对他人的生命、自由、财产等使用强迫手段,引起如暴力、胁迫等造成社会恐怖的犯罪行为的总称。"③ 综合这些观点,我们认为,暴力恐怖势力是指具有鲜明的政治目标,有组织、有计划地使用或威胁使用劫机、爆炸、绑架、投毒、暗杀等种种残暴手段,袭击无辜平民或民用目标,通过制造大规模的恐怖气氛,以实现其罪恶目的的社会思潮、社会势力和违法犯罪行为。

(二) 新疆"三股势力"之间的关系及其实质

1. 新疆"三股势力"是集"民族分裂主义、宗教极端主义、暴力恐怖主义"于一身的邪恶势力

1992 年 1 月 14 日江泽民在中央民族工作会议的讲话中指出:"我们要警惕和反对国际上某些政治势力支持逃往国外的分裂主义分子,利用'泛伊斯兰主义'、'泛突厥主义'或打着其他旗号在我国某些地区煽动分裂的图谋。"④ 充分说明新疆的"三股势力"是纠结在一起的,新疆民族分裂势力是以泛伊斯兰主义和泛突厥主义为理论基础,并和新疆极端民族主义相结合的产物。民族分裂主义思想则是国外泛伊斯兰主义和泛突厥主义在新疆的变种,也是国际敌对势力妄图把新疆从中国分裂出去这一政治图谋的产物,该思想体系的核心是"东突厥斯坦独立论"。在"三股势力"中,"分裂是目的,宗教是载体外衣,恐怖是手段"。⑤ 新疆的稳定问题从根本上来说是一个反对民族分裂的问题,暴力恐怖主义是"三股势力"借以破坏社会秩序稳定、扩大其在社会上和国际上的影响的手段;宗教极端主义则是其借以蛊惑信教群众,扩大其力量,进行夺权的工具。在新疆长期进行颠覆、破坏、暴力恐怖活动的"东突"势力正是民族分裂势力、宗教极端势力、暴力恐怖势力三位一体的产物,是新疆"三股势力"的集中体现。

---

① 《全国人民代表大会常务委员会公报》2001 年 7 月。
② Alex P. Schmid and Albert J. Jongman (eds.). *Political Terrorism*. Amsterdam: North-Holland Publishing Company, 1988, p. 4.
③ 《世界知识大辞典》,世界知识出版社 1998 年版,第 835 页。
④ 张骥:《中国文化安全与意识形态战略》,人民出版社 2010 年版,第 92 页。
⑤ 姚匡乙:《三股势力战略调整对我国周边地区的影响》, http://fanleo.bokee.com/1148223.html。

2. 新疆"三股势力"的实质

泛伊斯兰主义和泛突厥主义思想是新疆民族分裂势力的反动理论基础,"泛突厥主义"是新疆民族分裂势力鼓吹"东突厥斯坦独立"论的政治理论基础。"东突厥斯坦独立"政治纲领的基本内容主要包括:泛突厥共同体论、民族至上论、维吾尔斯坦独立论、反汉排汉论和"东突厥斯坦解放论"、"东突厥斯坦"革命论等,"东突厥斯坦"政治纲领以其反动的政治观、民族观、宗教观、历史观和文化观,构成民族分裂主义的思想理论体系,它有一个典型的口号,即由穆罕默德·伊敏这个老牌的民族分裂分子提出的:"我们的祖国是东突厥斯坦,我们的民族是突厥,我们的宗教是伊斯兰。"① 否认中国各民族共同缔造伟大祖国的历史,编造"东突厥斯坦"自古以来就是一个独立的国家、其民族有近万年的历史、中国是"东突厥斯坦民族3 000年敌国"等谎言。② 伊斯兰极端主义和泛突厥主义所主张的是建立一种超国家、超阶级的所谓伊斯兰大帝国和"突厥"大帝国主义的思想,历史上曾经为反动统治阶级和帝国主义侵略扩张势力所利用,今天又被国际反华敌对势力所利用,成为"西化"、"分化"、颠覆、遏制中国的重要工具。伊斯兰极端主义、泛突厥主义同新疆的分裂势力一拍即合,成为新疆民族分裂势力的反动理论基础。在《东突厥斯坦史》、《伊斯兰教历史基础和民族独立的呼声》、《维吾尔人》、《圣战手册》、《我们的独立是否有希望》等鼓吹分裂新疆的非法印刷品中,就集中体现了泛伊斯兰主义和泛突厥主义思想的实质。"三股势力"的反动本质就是推翻中国共产党在新疆的领导、颠覆社会主义制度、夺取新疆政权、把新疆从中国版图上分裂出去,妄图在新疆建立单一民族的所谓"维吾尔斯坦共和国"。民族分裂势力为了达到分裂中国、实现新疆独立、建立所谓的"东突厥斯坦"分裂政权,他们与境外敌对势力和民族分裂组织相互勾结,采取书写反动标语、张贴散发反动传单、进行秘密串联等手段,挑拨民族关系、煽动民族仇恨,攻击中国的民族区域自治制度,篡改和歪曲新疆历史,攻击否定中国共产党的领导和社会主义制度,大肆宣扬"殖民统治论"、"资源掠夺论"、"人口灭绝论"、"反汉排汉论"。③ 煽动"反汉排汉"情绪,甚至进行有组织的暴力恐怖活动。民族分裂主义是影响新疆社会稳定的主要危险和主要的不安定因素之一,泛突厥主义、泛伊斯兰主义是新疆地区发生分裂动乱的主要根源之一。④ 在境外势力的支持和参与下,民族分裂势力日益成为新疆的主

---

① 马大正、许建英:《"东突厥斯坦国"迷梦的幻烈灭》,新疆人民出版社2006年版,第47页。
② 高永久、李丹:《"东突"恐怖势力的"思想体系"研究》,载《西北师大学报》2006年第4期。
③ 新疆党委宣传部内部资料2005年8月。
④ 热合木江·沙吾提:《论近代新疆民族分裂主义的历史根源与国际背景》,载《民族研究》1997年第6期。

要危险，暴力恐怖活动日益成为民族分裂势力威胁新疆安全、破坏新疆稳定的主要形式。2009年所发生的乌鲁木齐"7·5"事件正是境内外民族分裂势力和西方敌对势力煽动策划的结果，在"7·5"事件中，少数民族分裂分子以"汉族剥削少数民族"、"汉族掠夺少数民族资源"等谬论蛊惑群众，助长其分裂活动。胡锦涛一针见血地指出："乌鲁木齐'7·5'事件是一起由境内外'三股势力'精心策划组织的打砸抢烧严重暴力犯罪事件，给社会稳定造成严重破坏。"① "三股势力"是新疆安全稳定最主要最现实的威胁。

二、"三股势力"在新疆滋生蔓延的原因

（一）历史思想根源

1. 历史根源

"三股势力"在新疆的滋生和蔓延有着深远的历史根源。突厥（Turk）原是我国古代历史上居住在新疆境内准噶尔盆地北缘阿尔泰山地区的一支游牧部落，曾在公元6世纪建立过突厥汗国，6世纪末分裂为东西两个汗国，630年，回纥（即维吾尔族的祖先）、薛延陀等铁勒部落同唐朝军队相配合，推翻了东突厥汗国。② 又经过大约50年的时间，东突厥汗国臣属于中国。657年，西突厥诸部纷纷归属于唐朝，西突厥汗国灭亡。③ 中国唐朝统一了东西突厥两汗国，统一了西域，突厥人失去了形成统一的现代民族的机会，突厥人的后裔随着历史的变迁逐渐融入了其他民族之中，由于古代突厥人并未形成一个民族，严格意义上的突厥民族根本就没有存在过。至于现在泛突厥主义所声称的"突厥人"也只不过是个历史概念，今天西起小亚细亚、东至中国新疆的哈萨克、柯尔克孜（吉尔吉斯）、维吾尔、撒拉等30多个民族，也只是属突厥语族的民族，并非原初意义上的突厥人。④ 至于"突厥斯坦"（Turkestan）一词源于波斯语"图兰"（Turan），意为"突厥人居住的地方"。由于古代突厥是个游牧部落，并没有固定的地域，故"突厥斯坦"是一个模糊的历史地理概念。中国历朝政府从来也没有使用"东突厥斯坦"称呼新疆。到了清朝，中亚近代各民族已相继确立，突厥斯坦地理概念更加模糊。1759年清朝乾隆时期，在平定了各种分裂中国新疆的

---

① 张骥：《中国文化安全与意识形态战略》，人民出版社2010年版，第92页。
② 郭平梁、王治来：《新疆简史》（第1册），新疆人民出版社1979年版，第148页。
③ 郭平梁、王治来：《新疆简史》（第1册），新疆人民出版社1979年版，第110~111页。
④ 蒲瑶：《泛突厥主义与中国西部安全》，载《理论导刊》2002年第5期。

叛乱后,完全统一西域,正式称西域为新疆。到了19世纪,随着西方资本主义体系在中亚地区的扩张,西方别有用心的殖民主义者再次提出了"突厥斯坦"这个地理名词,他们把原属俄罗斯的中亚地区称为"西突厥斯坦",把中国的新疆称为"东突厥斯坦"。[①] 这样,"东突厥斯坦"就由原来单纯的地理概念,变成殖民主义者肢解中国的一个政治概念。

20世纪初,带有宗教极端主义色彩的泛伊斯兰主义传入新疆,于中华民国初年形成一定规模。20世纪30~40年代,中国处在军阀混战时期,新疆也处于民族仇杀和外国势力干涉的战乱之中,政治动荡,兵荒马乱的社会背景为民族分裂分子分裂新疆提供了可乘之机。土耳其"泛突厥主义者"派大量使者、学者到中国新疆等地,大肆宣扬泛突厥主义,这一思潮在新疆广大地区开始蔓延,成为新疆民族分裂势力产生的源头。在以后20年左右的时间内,新疆形成了以沙拉比大毛拉、麦斯武德、穆罕默德·伊敏等为首的民族分裂势力,他们开始了民族分裂活动,逐步形成了以"东突厥斯坦"独立论为核心的新疆民族分裂主义的思想和政治纲领,并建立分裂组织,伺机分裂新疆。1933年11月,在英国的支持下,"东突"分裂分子沙拉比大毛拉等在喀什建立了所谓的"东突厥斯坦伊斯兰共和国",1934年2月,在新疆各族人民的反对下,这个反动政权彻底瓦解。但该"伊斯兰共和国"虽然只存在了3个月,却是民族分裂分子把其理论变为现实的第一次尝试,是民族分裂势力正式分裂新疆活动的开始。1944年,伊犁、塔城、阿勒泰三个地区在苏联的支持下成立了"东突厥斯坦共和国"临时政府,虽然临时政府的权力开始由民族分裂分子所把持,但随着国际国内形势的发展、苏联态度的改变、国民党进步人士张治中的努力和以阿合买提江等为首的反分裂派的斗争,1946年6月27日,该"东突厥斯坦共和国"被新疆省联合政府所取代,民族分裂势力企图借"三区革命"分裂新疆的图谋彻底破产。虽然这两个短命的"东突厥斯坦共和国"先后土崩瓦解,但却成为后来民族分裂主义分子妄想的目标,[②] 成为新疆民族分裂主义分子的旗号。新疆解放后,"东突"分裂势力的首恶分子被关押或叛逃,民族分裂活动多次受到沉重打击,但并没有绝迹,分裂主义思想并未彻底根除,其影响一直持续存在。

20世纪70年代由于我国封闭的政治环境,世界性的伊斯兰复兴运动并没有对新疆形成很大的影响。改革开放后,随着20世纪80年代当代伊斯兰复兴运动在世界各地的冲击波,伊斯兰极端主义思想在新疆活跃起来,成为"东突"理

---

① Ildiko Beller-Hann. *Situating the Uyghurs Between China and Central Asia*. Ashgate Publishing Limitedm 2007, p. 4.

② 高永久、胡尚哲:《"东突"势力的渊源及其活动特点》,载《青海民族学院学报》2006年第1期。

论的又一重要内容,"世界伊斯兰联盟"中的宗教极端势力和国际伊斯兰原教旨极端组织如"伊扎布特"、"台比力克"等,多次到新疆进行宣传煽动和发展力量,①"东突"势力与伊斯兰极端势力相勾结,利用宗教,煽动宗教狂热,在新疆营造浓厚的宗教氛围,以宗教氛围为掩护,加紧宣传伊斯兰极端主义和民族分裂主义思想,并把思想理论付诸实践,进行破坏活动,制造新疆动乱。进入 20 世纪 90 年代,随着东欧剧变、苏联解体,中亚 5 国独立,进一步刺激了新疆民族分裂势力,"东突"势力有组织、有计划地采用各种暴力恐怖手段,在中国新疆等地制造了无数起恐怖暴力事件,加紧进行破坏民族团结和分裂中国统一的活动。

历史和现实都充分证明,宗教极端主义、民族分裂主义和暴力恐怖主义总是在"东突"身上互相纠缠,与"东突"共生一体,"东突"分裂恐怖势力是"三个主义"三位一体的产物,是新疆"三股势力"最集中的体现。

2. 思想根源

"三股势力"在新疆的滋生和蔓延还有其深刻的思想根源,其中反动的"东突厥斯坦"思想是"三股势力"的思想基础。该思想是泛伊斯兰主义和泛突厥主义在新疆的反动表现形式,"东突厥斯坦"思想是国内外敌对分裂势力从事分裂新疆活动的一个具有煽动性的口号和具有号召力的一个工具。历史事实表明,以分裂新疆为目的的"东突厥斯坦"思想一直是影响新疆稳定和安全的主要思想意识因素。"东突厥斯坦"思想在新疆的传播造就了"三股势力",并成为"三股势力"不能绝种的一个思想根源,泛伊斯兰主义和泛突厥主义是"东突厥斯坦"思想的理论基础,正是"双泛主义"在新疆培植了像麦斯武德、伊敏、艾沙等狂热的民族分裂分子,他们全盘接受了"双泛主义"的政治思想观点,构筑了反动的分裂新疆的"东突厥斯坦"思想体系。其核心思想主要体现在逃亡国外的分裂分子伊敏所写的《东突厥斯坦历史》这一反动的印刷品之中。

伊敏在该书中肆意地夸大突厥族的历史,胡说突厥族的历史比埃及的历史还悠久,歪曲新疆的历史;杜撰"东突厥斯坦"自古就是一个独立的国家,从根本上否认新疆自古就是中国不可分割的一部分;否认新疆各民族之间的友好交流、共同缔造伟大祖国的历史;声称要用宗教消灭马列主义、消灭异教徒,鼓吹所谓的"突厥民族"、"突厥文化"、"突厥国家";污蔑汉族是"野蛮的侵略者",叫嚣生活在所谓"东突厥斯坦"的人民起来革命,进行"圣战",推翻汉族人的统治,脱离中国,建立以伊斯兰教法为基础的政教合一的所谓的"东突

---

① 施东颖:《浅析宗教极端主义对我国新疆地区的影响》,载《中国人民公安大学学报》2004 年第 2 期。

厥斯坦伊斯兰共和国"。"东突厥斯坦"思想的核心要害就是制造民族分裂，鼓吹新疆独立，破坏中国的统一，这样"东突"分裂思想很自然就成为"三股势力"在新疆反复猖獗的思想意识根源。

（二）中亚"三股势力"的泛滥是新疆"三股势力"滋生蔓延的重要原因

1. 中亚"三股势力"的形成和蔓延

中亚国家地处欧亚大陆腹地，英国地缘政治学家麦金德在20世纪初提出"心脏地带论"，曾把欧亚大陆比喻为"世界岛"，把东欧至中亚这一片地带比作"心脏地带"，将中亚看做世界上最重要的地区。由于中亚地处有利的战略地理位置，是连接亚洲、欧洲的陆上"丝绸之路"的枢纽，经常成为周边大国争夺的对象，波斯、阿拉伯、蒙古、土耳其、俄罗斯等帝国的势力都曾到达过该地区，帝国的控制和影响给中亚打上了突厥化、伊斯兰化和俄罗斯化的烙印，使中亚成为东西方文化的交汇处，是传播文明、宗教的十字路口，历史上有多种文化和宗教在这里碰撞融汇。公元6世纪中叶，突厥势力扩大到中亚，6世纪后中亚被称为"突厥斯坦"，公元13～15世纪，中亚实现了突厥化。[①] 与此同时，公元7世纪末8世纪初，阿拉伯军队侵入中亚，伊斯兰教随之在中亚传播，从此，开始了中亚伊斯兰化过程，最后，伊斯兰教就成为中亚人民最重要的宗教了。[②] 14世纪后，苏菲派思想传到中亚，经过苏菲神秘主义的活动，伊斯兰教真正在中亚扎下了根，中亚完成了伊斯兰化过程。

18世纪初沙俄入侵中亚，经过近两个世纪，于1882年完成了在中亚的军事扩张，中亚由此经过近两个世纪的俄罗斯化，打击和限制了中亚伊斯兰教，使中亚伊斯兰教的影响急剧减弱，但并未根除伊斯兰组织的地下活动，为中亚伊斯兰教极端主义日后的兴起埋下了种子。19世纪末泛突厥主义传入中亚，由于在9世纪就开始了中亚伊斯兰化的过程，操突厥语的中亚各民族极易把传入的泛突厥主义与伊斯兰教结合在一起。1917年，在英国的支持下，中亚兴起了"巴斯马奇"运动，可被视为是伊斯兰教极端势力与民间土匪的勾结，目的是恢复伊斯兰传统，脱离苏维埃政权。

20世纪70～80年代，随着世界范围内伊斯兰浪潮和苏联国内自由化，中亚作为一个传统的穆斯林地区，伊斯兰教开始复兴。在塔吉克斯坦和乌兹别克斯坦出现了"穆斯林青年"反对派，他们批判苏维埃政权是专制统治，声称要建立

---

① 杨恕：《转型的中亚和中国》，北京大学出版社2005年版，第9页。
② 王治来：《论中亚的突厥化与伊斯兰化》，载《西域研究》1997年第4期。

非官方的宗教政权，他们中的一些人随后成为伊斯兰复兴运动的骨干。20世纪80年代中亚伊斯兰复兴运动兴起，中亚各国清真寺大量增加，非正规的伊斯兰教育开始出现，越来越多的人参加宗教活动，正是在这个过程中，中亚出现了伊斯兰极端主义的思想和行为，如鼓吹建立哈里发国家取代苏联，支持伊朗伊斯兰革命，支持阿富汗"圣战"等言行。正是在这个时候，著名的伊斯兰极端组织伊扎布特从中东进入中亚，标志着伊斯兰极端组织正式在中亚出现。

20世纪80年代末和90年代是"三股势力"在中亚兴起、不断蔓延、活动日益猖獗的时期。苏联解体为中亚五个国家的独立提供了千年不遇的机会，与此同时，"突厥文化"、"突厥世界"、"突厥祖国"和其他文化的、种族的、政治的以及领土的泛民族主义思想升温并扩散遍及中亚大地。[①] 苏联解体，在中亚各国留下了意识形态的真空，由于中亚国家独立后，经济不景气，政局动荡不安，受世界伊斯兰复兴运动的影响，中亚各国掀起了伊斯兰复兴的浪潮，给"三股势力"的迅速发展和渗透提供了机会，加上受到美国打击的中东地区恐怖主义势力也向中亚转移并扩张的趋势，各种极端思想和极端主义泛滥，出现了一批具有强烈参政意识的伊斯兰政治组织。这些极端分子与国际恐怖分子、从事毒品和武器走私的跨国犯罪团伙紧密结合，从事各种分裂和暴力恐怖活动。土耳其、伊朗等国家出于扩大其伊斯兰势力的国际活动空间以及获取中亚资源的利益需要，积极与中亚国家发展关系，并进行各种形式的渗透。在这个过程中，这些国家的泛伊斯兰主义、泛突厥主义的"统一伊斯兰世界"和建立"大突厥国"的梦想再度唤醒，由此催生了中亚各国的伊斯兰极端势力、民族分裂势力的兴起，并且普遍利用暴力恐怖方式实施其政治目的。中亚地区的宗教极端势力、民族分裂势力和暴力恐怖势力相互呼应，建立了自己的组织和非法武装，它们在塔吉克斯坦、乌兹别克斯坦、吉尔吉斯斯坦和哈萨克斯坦制造了各种暴力恐怖事件。中亚恐怖势力跨境活动，与"基地"组织和车臣分裂分子相勾连。此后，中亚"三股势力"有了明显结合的趋势。中亚"三股势力"利用中亚民族宗教问题复杂、宗教氛围浓厚、经济水平落后、居民生活困难、国家管理不善、跨国活动便利等特点，与俄罗斯、阿富汗、西亚南亚等地的"三股势力"遥相呼应、狼狈为奸，在中亚形成了合流，给中亚地区的稳定和发展造成了极大的威胁。

2. 中亚"三股势力"与跨国民族对新疆"三股势力"蔓延的影响

（1）中亚"三股势力"与新疆"三股势力"相互勾连，"中亚各国对新疆地区有着较大的影响，中亚政局的发展成为影响新疆稳定的一个重要因素"[②]。

[①] Ding Jianwei. "Central Asia and the Problem of the Common Origin of the Transnational Minorities of China' Northwest Borderland Region", *Journal of the Second Northwest University for Nationalities*, 61, p. 10.

[②] 潘志平：《民族自决还是民族分裂》，新疆人民出版社1999年版，第228页。

从地缘政治角度看，新疆与中亚地区东部相连，中亚的安全与稳定对中国新疆的安全稳定起着直接的影响，中亚的民族分裂势力对新疆稳定的威胁更为直接和现实。新疆的"三股势力"与该地区活跃的民族分裂势力、宗教极端势力和暴力恐怖势力有着密不可分的"地缘联系"。中国新疆不仅与中亚各国地域领土接壤，特别是哈、吉、塔三国与中国新疆接壤的边界线长达3 300多公里，地形复杂，雪线以上占相当部分。哨所最近的10公里一个（阿拉山口两侧），公开通道多（陆、水、空），秘密通道多。① 而且新疆在政治、经济、民族、语言、文化、生活习俗和宗教信仰等方面与中亚各国存在着传统的渊源与密切的联系。从历史上看，中国新疆的安全稳定与中亚地区密切相关。自18世纪中叶清朝统一新疆到20世纪初清朝灭亡，新疆所发生的20多次大小动乱，绝大多数受到了中亚地区各种势力的影响。可以说，新疆"东突"势力的发展乃至猖獗，与苏联解体后中亚地区极端势力的滋生、发展、猖獗和蔓延有着密不可分的关系。② 这是中亚地缘政治格局转型对我国新疆地区稳定产生的直接影响。新疆"三股势力"与中亚"三股势力"有着思想上、组织上、行动上等多方面的瓜葛，是中亚"三股势力"的方面军，它们合力对新疆的安全稳定造成现实威胁。

1991年苏联解体以及新独立的突厥语国家刺激了维吾尔穆斯林，使他们加强了为实现独立的"维吾尔斯坦"或东突厥斯坦的运动。③ 冷战后，中亚地区的伊斯兰极端主义、恐怖主义一直加紧向中国新疆等地渗透，利用新疆的民族、宗教问题干涉中国内政，中国新疆的"东突"势力多次越过边界，打着宗教和民族旗号，在中亚寻找对民族分裂主义的支持，并与本·拉登的"基地"组织暗中勾结，成为国际恐怖主义势力的一部分。在中亚独立的语境中，新疆问题变得跨民族化和跨国家化，一些维吾尔民族分裂分子加入到巴基斯坦、阿富汗和中亚的战争中。④

中亚"三股势力"与中国境内恐怖分子遥相呼应，利用民族分离主义组织进行煽动、破坏、分裂、暗杀、爆炸等恐怖活动，破坏新疆地区的稳定和民族团结，对中国新疆安全稳定造成严重影响。

地处中亚乌兹别克斯坦、吉尔吉斯斯坦和塔吉克斯坦三国交界的费尔干纳盆地长期以来是中亚"三股势力"活动的核心地带，而费尔干纳盆地与我国塔里

---

① 马曼丽、张树青：《跨国民族理论问题综论》，民族出版社2009年版，第70页。
② 丁建伟：《地缘政治中的西北边疆安全》，民族出版社2004年版，第235页。
③ Lillian Craig Harris. "Xinjiang, Central Asia and the Implications for China's Policy in the Islamci World", *The China Quarterly*, No. 133, March 1993.
④ Bhavna Dave. *Politics of Modern Central Asia*. London and New York, 2010, p. 167.

木盆地只有一山之隔，这里山区地形异常复杂，为中亚恐怖极端势力与新疆"东突"分子流窜、互相联系创造了有利条件；印巴冲突尖锐的克什米尔地区也是"三股势力"肆虐的地区，新疆与克什米尔有着漫长的边境线，南疆的叶城、和田地区与该地区相连，这里是新疆"东突"势力猖獗的地区，这一地区也成了中亚"三股势力"和新疆"东突"分子勾连活动的有利地带。

此外，乌、塔、吉三国共有的"伊斯兰复兴党"、中亚五国中的"瓦哈比派"，与流亡在这些国家的维吾尔分裂主义组织，都以军事化的武装团伙形式四处活动。"9·11"事件后，在国际反恐力量的打击下，中亚"三股势力"受到一定遏制，据吉尔吉斯斯坦有关部门 2002 年 10 月透露，遭受重创的"乌伊运"分子与吉尔吉斯斯坦、塔吉克斯坦的宗教极端分子以及新疆分裂分子联合组织了一个新的宗教极端组织——"中亚伊斯兰运动"①。"东突"分子还参加了在吉尔吉斯南部山区的袭击当地政府军的恐怖活动。② 据中国媒体报道，"阿富汗是训练基地，中亚则是他们的活动基地"。③ 维吾尔解放组织（ULO）与阿富汗和乌兹别克斯坦的组织同时在营地接受训练，参加在中国、乌兹别克斯坦和哈萨克斯坦的恐怖主义行动。④。

中亚的"三股势力"还利用便利的地缘条件，向新疆的"三股势力"提供大量的武器弹药、交通工具、通信设备等。历史和现实充分说明，新疆"三股势力"的产生、发展及其在 20 世纪 90 年代的兴起、猖獗，都同中亚的"三股势力"有着密切的联系，中亚的"三股势力"自冷战后兴起，就寻求与外部势力合流，拓展其生存发展空间。中亚地区的"三股势力"利用中亚与新疆在地理、宗教、民族、文化相近性有利因素，长期以来从未割断过对新疆"三股势力"的支持和利用，而新疆"三股势力"也将中亚"三股势力"作为其存在、发展和开展活动可资依靠的强有力的境外支持，从而使"三股势力"在中亚地区的势力范围成了新疆"三股势力"深居和逃难的庇护所。

（2）中亚已成为新疆"三股势力"境外生存的主要依托地。据西方人观察，当 20 世纪 80 年代末 90 年代初苏联解体之时，滞留在境外的所谓维吾尔族流亡分子加紧了对新疆境内分离主义行动的支持。⑤ "当中亚、土耳其和高加索地区

---

① 苏畅：《"9.11"事件后中亚宗教极端势力的重组》，载《俄罗斯中亚东欧研究》2005 年第 2 期。
② 华夏经纬网，2002 年 3 月 2 日。
③ 参见李鸿谷等：《中国反恐》，载《生活周刊》2001 年第 44 期，第 27 页。
④ Dillon, Millward. *Xinjiang-China's Muslim Far Norhwest.* London：Routledge Curzon, 2004, p. 26.
⑤ Shireen T. Hunter. *Central Asia Since Independence.* CT：Praeger, 1996. 126. 另参见 Keith Martin. "China and Central Asia：Between Seduction and Suspicion", *RFE/Rl Research Report*, 3, No. 25, June 24, 1994, p. 29。

泛突厥主义再度兴起,创建维吾尔斯坦的言论也随之涌现。"① 新疆"三股势力"之所以能在中亚生根发芽,有着一定的社会基础和政治基础,主要表现为三大基础:第一,中亚有数量较多的维吾尔人和不少大小不等的分裂组织;第二,当地一些不明真相的维吾尔人对新疆民族分裂分子的同情心理;第三,中亚当地政府有时态度比较暧昧。②"在中亚,特别是在哈萨克斯坦、吉尔吉斯斯坦和乌兹别克斯坦有相当数量的维吾尔族人的聚居区(移民社群)。"③ 还有各种人道主义和文化组织,这些组织中有一些与新疆维吾尔人联系密切。④ 许多维吾尔组织在中亚地区进行活动,得到了吉尔吉斯民族主义党的支持,该组织要求与新疆的吉尔吉斯人重新联合。维吾尔解放委员会在哈萨克斯坦、吉尔吉斯斯坦和塔吉克斯坦成立,他们与国际维吾尔联盟相联系,内部维吾尔联盟团体经常在哈萨克斯坦参加各种活动,东突厥斯坦联合民族革命阵线也在哈萨克斯坦活动。⑤ 一些逃出中国新疆的人,经常在中亚维吾尔人社区得到同情和庇护。⑥ 据有关研究者调查,居住在中国以外的维吾尔人总计近 100 万,⑦ 主要集中在中西南亚。其中,中亚约 54 万,西亚约 21 万,南亚约 8 万。另有约 10 万人则聚居在西方发达国家。⑧ 在吉尔吉斯斯坦和哈萨克斯坦境内分别有 4 万和 20 万维吾尔族流亡者。⑨

据最新内部资料统计,在中亚有 70 多个针对中国的民族分裂组织,都是以"维吾尔族独立"或"东突厥斯坦独立"为目标的新疆分裂组织。中亚地区的维吾尔人除极少一部分加入了"东突"组织外,绝大多数已融入了当地社会。而加入的这部分人中,多是苏联时期老牌反华民族分子和 20 世纪 90 年代逃亡中亚的新分裂主义及文化层次较高并靠分裂吃饭的所谓"民族精英"⑩,早期移居中亚的维吾尔人有一定社会地位,收入比较稳定,还有商人和一般人多以利益为

---

① Shireen T. Hunter. *Central Asia Since Independence*. CT: Praeger, 1996. p. 126. 另参见 Keith Martin, "China and Central Asia: Between Seduction and Suspicion", *RFE/Rl Research Report*, 3, No. 25, June 24, 1994, p. 29。

② 马曼丽、张树青:《跨国民族理论问题综论》,民族出版社 2009 年版,第 70 页。

③ Graham E. Fuller and S. Frederick Starr. *The Xingjian Problem*, Central Asia-Caucasus Institute. Paul H. Nitze School of Advanced International Studies, The Johns Hopkins University, 2003, p. 46.

④ Pein Mullerson. *Central Asia: A Chessboard and Player in The New Great Game*. London And New York, 2009, p. 105.

⑤ Anita Sengupta. Russia, *China and Multilateralism in Central Asia*. Shipra Publications, 2005, pp. 60–61.

⑥ Pein Mullerson. *Central Asia: A Chessboard and Player in the New Great Game*. London and New York, 2009, p. 106.

⑦ 艾买提、冯瑞:《中国新疆维吾尔族群的跨国过程及其分布和动因》,载《新疆大学学报》2008 年第 4 期。

⑧ 潘光、赵国军:《析"世维会"的国际化图谋》,载《现代国际关系》2009 年第 9 期。

⑨ 武晓迪:《中国地缘政治的转型》,中国大百科全书出版社 2006 年出版,第 197 页。

⑩ 马曼丽、张树青:《跨国民族理论问题综论》,民族出版社 2009 年版,第 71 页。

准，对暴力活动并不感兴趣。还有相当多的境外维吾尔人未到过新疆，不了解新疆在新中国成立后尤其是改革开放以来发生的翻天覆地的变化，在盲目的民族认同感的影响下，轻信分裂组织的谎言，流亡中亚地区的新疆"三股势力"正是依附受蒙骗的同族、同源民族群众的庇护和支持，为其提供扩大队伍的土壤。

"冷战"结束后，中亚各国政府奉行实用主义的多边平衡外交，他们出于国内安全稳定和巩固政权的需要以及与中国加强政治、经济、文化等方面合作的需要，表示不支持新疆分裂势力，积极要求与中国加强地区安全合作，共同打击"三股势力"。但同时他们也不会轻易因为中国而开罪西方霸权势力，为了得到西方的经济援助，他们不会对已获得美国等西方国家暗中扶植的维吾尔民族分裂势力采取强硬措施，这种带有实用主义色彩的两面政策使得新疆"三股势力"在中亚得到了官方一定程度的包庇和纵容，是新疆"三股势力"不断滋生和蔓延的一个重要原因。

（3）国际反华势力包庇、纵容和支持是新疆"三股势力"蔓延的重要因素。一份北京大学专家的研究表明，"'疆独'组织不是单一的民族分离分子，背后有国际势力支持。"① 研究认为，"疆独"目前在世界上有三个活动中心：土耳其是其总部和"大本营"，欧美是其资金筹集地，而吉尔吉斯斯坦、塔吉克斯坦、哈萨克斯坦等中亚国家则是"疆独"分子活跃的"前沿阵地"。②

在国际反华势力中，美国首当其冲，对"三股势力"的分裂活动推波助澜，明里暗里进行纵容和支持。"苏联解体后，美国成为新疆问题的主要国外干涉者，而关注力度最大、兴趣最持久、参与最广泛的就是美国国会。"③ 苏联解体，高加索地区和中亚地区一时成为"权力真空"，美国迅速插手这两个地区的事务，与盘踞在中亚地区的"东突"组织频繁接触、相互勾结，暗地里给它们提供资金和政治支持，频繁对我国新疆境内进行宗教策反和分裂活动。"9·11"后，美国借口反恐，驻军中亚，更将中亚地区变成美国对中国实施"西化"、"分化"、"弱化"战略的前沿地区，从地缘政治上形成对中国的战略包围，挤压和遏制中国，将新疆作为颠覆中国的突破口，为此，美国插手中国新疆的事务，企图把新疆从中国分裂出去。为了将"东突"势力当做一支可资利用的力量，美国暗中扶植和怂恿"东突"势力在新疆进行民族分裂活动，流窜在中亚各国的"东突"组织更是得到了美国直接的政治经济和军事援助。美国前总统克林顿、布什等政要就多次秘密会见"东突"分子；美国国会曾经专门召开新疆问题听证会；美国中情局派出专门人员对"东突"分子进行情报技能培训；1999

---

①② 参见孙亚非《外交官的鲜血换来中国反恐奇迹?》，载《新闻周刊》2002年第18期，第19页。
③ 刘卫东：《美国国会对中国新疆问题的干涉》，载《国际资料信息》2010年第2期。

年，美国政府发表的《中国人权报告》首次指责中国在新疆的民族政策；克林顿在公开场合接见"东突厥斯坦民族代表大会"执委会主席艾尼瓦尔。美国国会一些议员借助参加"东突"组织在美国举办的各种活动，表达对"东突"组织的支持。2004年，在一个维吾尔人举办的晚宴上，美国民主党众议员巴尼·弗兰克（Baney Frank）表示："你们和我们在美国的奋斗目标一致，我很高兴能够来到这里表达我与穆斯林团体的团结。"① 2006年3月14日，众议员兰托斯（Tom Lantos）在参加国会众议院举办的首届维吾尔文化活动时，承诺将与维吾尔人一起共同推动他们的事业直到取得胜利。② 2007年6月5日，布什在布拉格会见热比娅时表示："像热比娅一样的男女的才能是其民族最伟大的资源，比他们的军队和地下的石油更有价值。"③ 2009年5月21日，世界维吾尔大会在华盛顿召开第三次代表大会，众议员林可恩·巴勒特（Lincoln Diaz-Balart）、史密斯（Chris Smith）、沃尔夫（Frank Wolf）、德拉亨特（William D. Delahunt）、麦戈文（Jim McGoverm），以及参议员布朗（Sherrod Brown）等人出席会议并发表讲话，攻击中国的新疆政策。④ 在新疆"7·5"事件发生后，美国众议院外交事务委员会国际组织与人权小组的两党领袖德拉亨特和罗拉巴克尔（Dana Rohrabacher）迅速站到了热比娅一边，声称，"中国民主运动在天安门广场遭到屠杀时我们无动于衷，现在绝不能允许它再次发生。如行政部门不愿作为，那么我们就说出来。"⑤

美国还借助非政府组织资助"东突"组织。与美国国会关系密切的美国国家民主捐助资金会于2004年首次向维吾尔美国协会提供了7.5万美元的资助。⑥ 2007年，这一资助额增加到了24万美元。民主基金会当年还向热比娅担任主席的世界维吾尔大会、国际维吾尔人权和民主基金会分别捐款13.6万美元和12.5万美元。⑦ 此外，民主基金会还为海外"东突"分子组织的重要活动提供一次性捐助。为他们进行干部民主和人权项目培训。2008年4月，民主基金会为世界维吾尔大会和"非联合国会员国家及民族组织"联合举办"未来领导培训班"

---

① Susan V. Lawrence. "Why China Fears This Uyghur Exile", *Far Eastern Economic Review*, July 2004.
② "Expressing Sense of Congress Concerning Release of Rabiya Kadeer, Her Secretary and Son by Government of The People's Republic of China", *Congressional Record*, Volume146（2000），Part11,［House］, p. 15880.
③ "Remarks by President Bush in Prague Czech Republic", While House Press Office, June 5, 2007.
④ "Third General Assembly of the World Uyghur Congress to Be Held in Washington", May 11, http：//www.uyghurcongress.Org.
⑤ "Lawmakers Urge Congress to Condemn China's Crackdown on Uyghurs", VOA News, July 11, 2009.
⑥ "Eurasia Program Highlights", http：//www.ned.org/grants/05programs/highlights-eurasia05.html.
⑦ "Ned Grant Support in 2008 for Uyghur Human Rights and Prodemocracy Organization", http：//www.ned.org/grants/08programs/grants-asia08.html#ChinaXijiang.

捐款。① 2009年5月，世维会召开三大时，民主基金会再次提供捐款。② 美国的这种态度和行为对新疆境内的"三股势力"起到了刺激和鼓舞作用。

其他一些西方国家如法、德等国也利用"东突"问题向中国施加压力；沙特、土耳其等中东国家或明或暗地支持"东突"分子的活动，土耳其自称与"东突""同文同种"，一直是"东突"分裂分子的大本营，允许"疆独"分裂势力在本国境内开展活动，建立基地，繁殖力量。在这些国家的支持下，境外的分裂组织创办刊物，发表文章，攻击中国的民族政策，为新疆的独立摇旗呐喊，寻求国际支持；派骨干分子入境，加强对境内的"三股势力"的扶持和领导；拉拢、收买、策反出国探亲、朝觐、留学人员；用金钱收买新疆上层人士，扩大分裂势力；利用宗教进行分裂宣传，煽动宗教狂热，进一步扩充"三股势力"的力量。新疆的分离主义团体的确从境外的支持者手中"获得武器和资金，例如前阿富汗穆斯林圣战组织和塔吉克反叛武装"。③

根据有关美国在阿富汗和伊拉克的反恐运动的报道，维吾尔分离主义者与国际伊斯兰恐怖主义组织联系紧密，例如本·拉登的基地组织（Al-Qaeda）。④据中外有关情报透露，20世纪末约有200名操突厥语的中国人接受基地组织训练。⑤ 确凿证据表明，新疆"东突"势力与本·拉登"基地"组织有着密切的关系，并一直接受着"基地组织"在经费、物资上的大力支持。有消息称，先后有来自10个"东突"组织的1 000人前往"基地"组织的恐怖主义训练营中进行训练，他们受过诸如爆炸、暗杀、投毒等系统训练，成为"基地"恐怖势力的重要力量。而其中的一些骨干已经伺机潜入境内，从事分裂和恐怖活动。⑥ 拉登领导的"基地组织"还对新疆的"三股势力"大力支持，不但提供经费和物质援助，还帮助其训练骨干成员，培养其实战技能，传授其实战经验。

新疆的"三股势力"还应车臣匪徒头目巴萨耶夫的请求曾派人到车臣参加过分裂活动的战争。2000年，两名"东突"分子在车臣战争中被俄军俘虏，遣返中国。另外，"据不完全统计，盘踞在土耳其的'东突'分裂组织有数十个之

---

① Engdahl. "Is Washington Playing a Deeper Game with China?", *China Daily*, July 16, 2009.
② "Third General Assembly of The World Uyghur Congress to Be Held in Washington", May 11, http://www.uyghurcongress.Org.
③ Felix K. Chang. "China's Central Asian Power and Problems", *A Journal of World Affairs*, Vol. 41, No. 3, Summer, 1997, p. 420.
④ 武晓迪：《中国地缘政治的转型》，中国大百科全书出版社2006年版，第201页。
⑤ 李鸿谷：《中国反恐》，载《生活周刊》2001年第44期，第26页。
⑥ 刘汉太、都幸福：《为了致高利益——中国打击"东突"报告》，新疆人民出版社2003年版，第33页。

多,其主要组织有:'东突厥斯坦难民福利互助会'、'东突厥斯坦、西藏、蒙古民族统一联盟'、'东突厥斯坦委员会'等。寄居在中亚的'东突'分裂组织,主要是在哈萨克斯坦、吉尔吉斯斯坦、乌兹别克斯坦等国。这些组织最早产生于20世纪60年代,在20世纪90年代后得到极速发展,现已有20多个。"①

这些国际反华势力不同程度的支持,给新疆"三股势力"以极大的刺激和鼓舞,使他们的分裂决心更加顽固,分裂情绪更加亢奋,2009年乌鲁木齐"7·5事件"就是国际反华势力与新疆"三股势力"长期勾结的结果;由于得到了反华势力在物质和精神上的支持,壮大了"三股势力"的力量,扩展了其活动空间,使他们具有了更大国际流窜性,增加了打击"三股势力"的难度。他们滋生蔓延的势头更加猖獗,只要它们存在一天,就会给新疆乃至全中国人民带来无穷的灾难。

(三) 国内因素的影响

1. 独特的地缘政治环境是新疆"三股势力"滋生和蔓延的重要因素

"如今,对国家安全和领土完整的威胁更多的是来自于内部,而不是外部。"② 内因是事物变化的根据,"三股势力"在新疆滋生蔓延的主要根源还是在国内,与新疆所处的地缘环境有直接的关系。新疆地处中国少数民族聚居的边疆地区,面积占中国的1/6,与8个国家接壤,生活着55个民族,具有重要的地缘战略地位,历史上就是各种强权国家企图争夺的枢纽地带。在新疆生活的少数民族中,维吾尔、哈萨克、柯尔克孜、乌孜别克、撒拉和塔塔尔等6个民族的语言都属于阿尔泰语系突厥语族,都是信仰伊斯兰教的民族。由于新疆处在欧亚大陆的核心地带,是中国通往中西南亚和欧洲的重要通道,再加上新疆具有丰富的油、气、煤和稀有金属等战略资源,在世界上也处于重要的战略地位,在今天越来越受到世界各种势力的重视和觊觎。从地缘政治视角看,新疆与中亚的哈萨克斯坦、吉尔吉斯斯坦、塔吉克斯坦有3 300多公里的边界线,相互之间有10个跨国民族,山区地形复杂、边境情况复杂,新疆周边又是伊斯兰极端势力和恐怖势力活跃的重灾区。上述这些特点既有利于新疆扩大和加强与周边各国的经贸往来和文化交流,也为新疆"三股势力"与境外"三股势力"相互勾结,向中国渗透提供了便利条件。这就是"三股势力"主要在中国新疆地区活动和泛滥而不是在其他地区泛滥的主要原因。

---

① 马大正、许建英:《"东突厥斯坦国"迷梦的幻灭》,新疆人民出版社2006年版,第142页。
② G. A. Craig and A. L. George. *Force and Statecraft*: *Diplomatic Problems of Our Time*. New York: Oxford University Press, 1995, p.146.

2. 经济发展不平衡是新疆"三股势力"滋生蔓延的社会基础

2003年10月胡锦涛在出席亚太经合组织曼谷会议时指出:"贫困和落后是恐怖主义产生的土壤。"① 2002年6月7日通过的《上海合作组织成员国元首宣言》明确指出:"消除滋生恐怖主义的社会基础,包括消除贫困、失业、愚昧和种族、民族,宗教歧视是全球反恐斗争的一个重要方向。"② 可以肯定,贫困、落后、愚昧和种族、民族、宗教歧视是新疆"三股势力"产生和存在的国内重要因素。新疆尤其是南疆地区,虽然经过半个多世纪的发展,但总体来说还很贫困,还有很多没有脱贫的少数民族群众,主要集中在交通不便、信息闭塞、自然条件恶劣的沙漠地区和偏僻的山区。③ 如果新疆与内地、汉族与边远地区少数民族之间的收入差距继续拉大,必然直接影响少数民族的心理状态,导致民族分裂,极易被"三股势力"和国外敌对势力所利用。长期的贫困是重要的不稳定因素,国外的泛伊斯兰主义和泛突厥主义等分裂势力,极力宣传新疆少数民族贫困问题进行分裂活动。④ "三股势力"正是利用边远地区少数民族聚居地区人民生活环境封闭、生活贫困、受教育程度低、文化水平不高、族际之间交往和沟通缺乏等条件,进行民族仇视和民族分裂宣传,煽动维吾尔族群众对中国共产党领导的人民政府和汉族群众的不满和仇恨,这是"三股势力"滋生蔓延的主要社会基础。

3. "台独"、"藏独"等分裂势力的支持是新疆"三股势力"蔓延的催化剂

"台独"、"藏独"以及民运分子的支持对新疆"三股势力"的蔓延和猖獗起了重要的激化作用。1998年2月25日,应"台独"组织之邀,各种分裂势力齐集台湾,举行所谓纪念"二二八"、"西藏抗暴"、支持"东突厥独立运动"等活动,甚至还签署了所谓"台湾、西藏、内蒙古、东突厥独立运动共同宣言"。⑤ 2008年拉萨"3·14"事件后,热比娅还和达赖一起参加美国华盛顿一家体育中心的活动,以示她对达赖"藏独"的支持;2009年5月,一些"藏独"分子参加了"世维会三大";乌鲁木齐"7·5"事件发生后,达赖发表声明,公开为热比娅辩护,还为热比娅的第二部自传撰写序言;2009年8月6日,达赖在接受路透社采访时坦承,单从西藏来看,"藏独"形势十分悲观,但如果与"疆独"等问题联系起来,从一个更广的视角来看形势,则有理由感到乐观。⑥ 2009年9月11日,达赖和热比娅与"亚洲和平、民主与人权"会议活动的策划者捷克前总统哈维尔一同亮相布拉格。"台独"、"藏独"等国内民族分裂

---

① 胡锦涛在APEC第11次领导人非正式会议上的讲话,新华社,2003年10月21日电。
② 上海合作组织签署"成员国元首宣言",新华社,2002年6月8日。
③④ 宋岭:《21世纪新疆贫困地区发展论》,新疆大学出版社2004年版,第294页。
⑤ 高永久、李丹:《"东突"恐怖势力的"思想体系"研究》,载《西北师大学报》2006年第4期。
⑥ "Uighur Unrest Shows China's Failures: Dalai Lama", http://www.reuters.com/article/worldNews.

势力的勾结和支持，对"三股势力"的活动起着推波助澜的作用。

除此之外，新疆民族宗教因素的影响、对"民族自决权"理论的误读和歪曲以及改革开放以来国内宽松的政治环境，使得国外"三股势力"向我国渗透等因素都是新疆"三股势力"滋生和蔓延的重要原因。

三、新疆"三股势力"的演变趋势

（一）联合化

由于各种历史因素的制约，长期以来，"三股势力"组织大多在境外活动，而且规模小、人员少、分散、影响不大。中国实行改革开放、苏联解体、中亚各国独立，尤其是中亚各国的伊斯兰复兴运动，给"三股势力"的发展壮大提供了可乘之机。与此同时，中国的社会主义建设也取得了举世瞩目的伟大成就，综合国力稳步上升，国际地位不断提高，国际影响力逐渐扩大，维护国家统一的能力大大加强。相对于愈来愈强大的中国来说，"三股势力"的分裂能力处于弱势，为了增强分裂力量，提高分裂能力，原来各自为政、一盘散沙的"三股势力"逐渐达成统一的共识，进行调整整合，提出"统一纲领，统一领袖，统一武装，统一行动"的目标，先后出现了联盟性的反动组织。20世纪90年代以来"东突"分裂势力的活动又进入了一个高峰期。海外的"东突"组织主要活跃于三个地区：一股在中亚各国，一股在欧美和西亚国家，另一股在南亚。90年代以来，他们有了合流的趋势。

1992年12月，"三股势力"在土耳其的伊斯坦布尔召开了所谓的"东突厥斯坦民族代表大会"，来自十几个国家的分裂组织头目参加了大会。在该会上成立了"东突厥斯坦国际民族联合委员会"，标志着境外的"三股势力"分裂组织向联合化方向演变。1993年4月5日，美国、德国、法国、巴基斯坦、沙特及中亚等17个国家和地区的"东突"分裂组织代表再次在土耳其举行了"东突厥斯坦"国际会议，宣布建立统一流亡政府，任命热扎彼肯为"政府首脑"，发表了独立宣言，并呼吁联合国、国际人权组织和伊斯兰组织向中国施加压力，还声称将与"民运"组织、达赖集团进行"联合行动"。

1996年10月在新疆和田，十几个州县的反动组织代表举行了会议，宣布成立"伊斯兰真主党"，标志着境内的"三股势力"开始走向联合。[①] 1998年12月，来自11个国家的"东突"分子在土耳其首都安卡拉举行第三届"东突民族

---

① 新疆党委宣传部内部资料2005年8月。

大会"宣布成立"全世界东突厥斯坦解放组织联盟",自命为境外疆独的"唯一合法代表","统一领导世界各地的东突'革命'组织","全力配合东突境内的'民族解放运动'"。2000年11月,境外一些"东突"组织在爱沙尼亚首都塔林召开"第三届世界维吾尔青年代表大会",鼓吹该组织是"全世界维吾尔青年的最高领导机构"。

2004年4月,由"东突民族大会"和"世界维吾尔青年代表大会"牵头,来自13个国家的"东突"分裂组织在德国慕尼黑召开秘密会议,组建了自命的"世界维吾尔代表大会",标志着"东突"分裂势力在组织上的整合和策略调整,由此将进一步确立"世维会"在境内外分裂势力中的主导地位。据"世维会"自称,它现在已经成为"从中亚、阿拉伯半岛、欧洲一直到美国、加拿大和澳洲的维吾尔人运动"的最高协调中心。[①] 近年来,"三股势力"联合化的一个新动向是,其与"藏独"、民运等反华敌对势力加紧合流。[②] 自热比娅成为"世维会"领导人以来,"疆独"寻求与"藏独"等势力合流的步伐明显加快,而"藏独"势力也越来越乐于与"世维会"进行合作。[③] 乌鲁木齐"7·5"事件后,达赖公开在国际上为热比娅辩护,民运分子也批评中国政府,为热比娅声援。"藏独"、"疆独"、"民运"等势力的合流,将会成为"三股势力"推行联合化战略的又一走向。

(二) 暴力恐怖化

"9·11"事件之后,在这种全球反恐的形势下,"三股势力"的生存环境日益不利,为了不上世界各国的恐怖主义黑名单,"三股势力"逐渐改变策略,开始转向以"民主人权"与"和平为主、暴力为辅"或两项齐头并进的二元策略。试图用温和的民主和人权的招牌与中国政府在国际上较量,来赢得国际社会特别是西方反华势力的支持,将所谓的民族宗教问题与人权问题挂钩,把他们的分裂活动提升为"宗教运动"或"民族解放运动",标榜非暴力化,期望获得国际社会的理解与支持。"世维会"把自己打扮成非暴力组织,标榜它是"一个非暴力、以和平民主方式推动维吾尔民族的民族自决权的团体,与恐怖主义毫无牵连"、"世界维吾尔大会主席倡导非暴力"[④]。他们以"民主、自由、人权"和"民族自决"为幌子,宣扬要"走和平的道路",以"促进维吾尔人民主、人权和宗教自由"来解决"东突"问题。但事实上,新疆各种"三股势力"分裂组

---

① 《维吾尔人:民族自决与独立》,http://www.uyghuramerican.org/forum/showthread.hpp? t = 5612。
② 潘光、赵国军:《析"世维会"的国际化图谋》,载《现代国际关系》2009年第9期。
③ "Alliance against Beijing", http://www.german-foreign-policy.com/en/fulltext/56367.
④ http://www.voanews.com/chinese/archive/2004 - 07 - a - 2004 - 07 - 01 - 19 - 1. cfm。

织都在进行着残酷的暴力恐怖活动,他们从20世纪70年代末就开始秘密制定所谓的"10年宣传发动,10年游击战争,10年正规战争"的"新疆独立三步走战略",2006年提出了:政治斗争武装化、队伍年轻化等政治主张,进一步提出了所谓新30年战略:10年舆论战、10年武装斗争、10年夺取政权。如"维吾尔斯坦解放组织",其宗旨是"解放维吾尔人民,实现维吾尔斯坦独立",自2000年以来,该组织越来越倾向于采取暴力手段解决"新疆问题";在警方查获的"东突伊斯兰党"、"东突反对党"等组织的纲领中都明确提出了"走武装斗争道路"、"在人口密集的地区制造各种恐怖活动"。他们编印的小册子《我们的独立是否有希望》中毫不掩饰地宣称要不惜代价在幼儿园、医院、学校等场所制造恐怖气氛。[1]

"世维会"一直与"东突"恐怖势力相互勾连,共同策划和实施暴力恐怖活动。"世维会"的一些组织和个人至今仍列入中国公安部的恐怖组织黑名单中,其下属组织"世界维吾尔青年代表大会"和"东突信息中心"仍是受监控的恐怖组织。"世维会"的多位头面人物都是臭名昭著的恐怖分子。"世维会"头目热比娅本身就是打着"人权活动家"幌子的民族分裂分子和恐怖分子,新疆维吾尔自治区人民政府认定她是发生在新疆境内多起暴力恐怖事件背后的"真正元凶"。[2]大量确凿的事实证明,2009年在新疆乌鲁木齐发生的骇人听闻的"7·5"事件,就是以热比娅为头目的"世维会"精心策划的一起严重的打砸抢烧暴力恐怖事件。"世维会"秘书长多里坤·艾沙就曾经是恐怖组织"世界维吾尔青年代表大会"前主席。"世维会"也多次对"东突"恐怖组织发动的恐怖暴力活动表明了支持的态度。"三股势力"不管其表面言辞多么动听,无论怎样掩盖其险恶用心,其通过暴力恐怖手段破坏新疆社会稳定、分裂中国的政治目的是明确的,暴力恐怖化是新疆"三股势力"发展的必然走向。

(三) 国际化

"分裂主义的国际化是一个由分裂势力推动、国际势力介入、影响层次逐步深化的多主体、多维度、动态演进的过程。"[3]

判断分裂主义国际化的标准具体有两个方面:其一是分裂主义组织在海外建立了复杂的活动网络;其二是分裂主义的独立诉求已经引起了国际社会的高度关注和介入。对照这两个标准可以看出,随着"三股势力"的整合组织、"世维

---

[1] 马曼丽、张树青:《跨国民族理论问题综论》,民族出版社2009年版,第69页。
[2] 努尔·白克力:《在自治区干部大会上的讲话》,载《新疆日报》2001年9月11日。
[3] 杨恕、李捷:《分裂主义国际化进程研究》,载《世界经济与政治》2009年第12期。

会"的成立及代表大会的召开，新疆"三股势力"在国际上的活动网络整合基本完成，而一些国家不仅为"三股势力"组织在本国提供活动场所，而且媒体、学术界乃至国家权力机构高度关注甚至介入，说明新疆"三股势力"正在走向国际化。

新疆"三股势力"的横向扩展是向周边国家的扩散和溢出；新疆"三股势力"的垂直升级是因其分裂问题所引发的国际干涉。"三股势力"国际化的进程就是寻求外部支持和国际承认的过程，企图利用外部势力合力干涉中国内政，实现其分裂新疆的图谋。

20世纪90年代以来，"三股势力"由地下走向公开，并向国际化趋势发展，走国际化的斗争路线和斗争方式。即以达赖分裂分子为样板，走"藏独"达赖集团的路子。"世维会"成立伊始，就将推行"东突"问题国际化作为主要使命，千方百计引起国际社会对"疆独"分裂势力的关注和支持。"三股势力"的头目曾公开表示：要实现独立，没有国际的支持不行，没有西方的支持不行，仅有少数国家的支持也不行。在德国慕尼黑举行的"世维会二大"上，"世维会"通过了《东突厥斯坦民族运动的战略规划》，明确提出，要实现"东突"建国目标，仅凭本组织自身的力量是不够的，必须团结全球的维吾尔人，并联合国际上各种支持、同情"东突"的力量。多里坤·艾沙公开宣称："我们的工作就是使维吾尔问题向国际化演变。"为了实现这个目标，就是要打国际牌，使新疆问题国际化。

近年来，"三股势力"更明确地推行新疆问题国际化策略，扩大在中亚、西亚等伊斯兰国家以及美国、欧洲的生存空间和政治影响力，以人权为幌子来获得西方大国的支持。"三股势力"在其公报中提到：我们愿意和一切承认东土耳其斯坦人民独立和人权的中国国内外的组织和人士合作，并尽可能多地争取各国人民的同情和支持，力争在较短的时间内将东突问题完全转入国际化，以便最终以和平、民主、自决的方式完成我们民族的独立。

"三股势力"把新疆问题国际化策略主要采取三种手段：第一，通过暴力恐怖活动造势，采取在中国境内煽动大规模暴力恐怖活动的手段来扩大其国际影响，2009年，"世维会"策划的新疆乌鲁木齐"7·5"事件在国际上产生了巨大反响，客观上也扩大了"世维会"和热比娅在国际上的影响。第二，争夺话语主导权，"三股势力"通过在全球层面上发动大规模的示威活动和宣传攻势，与中国政府争夺有关新疆问题的国际话语权。最近几年，热比娅等民族分裂分子频频窜访欧美国家，与这些国家的政府官员探讨所谓"维吾尔人权问题"，游说这些国家对"疆独"势力给予支持。2009年，乌鲁木齐"7·5"事件发生后，热比娅在美国组织游行示威，到土耳其、日本、澳大利亚和一些伊斯兰国家进行歪曲事件真相的蛊惑,"东突信息中心"和"世维会"网站也全力用维语、英语、汉语、德语、日语等多种语言大力进行歪曲事实的造谣,与我国政府在国际上展开对"7·5"事件话语权的争夺。第三,"疆独"分子加紧与"藏独"分子和"民运"分子等反华敌对势力的合流。2009年5月,一些"藏独"分子参加了"世维会三大"。"7·5"事件发生后,达赖发表声明,要求中国政府"保持克制"。"世维会"随后致信达赖,称新疆和西藏为"两个国家",寻求其支持。此后,达赖在华沙公开为热比娅辩护,称热比娅像他一样"相信和平与非暴力,不是在搞分裂"。1989年北京"6·4风波"中被中国政府通缉而流窜美国的"民运"分子吾尔开希也跳了出来,要求中国政府"查明事实真相",一些民运分子甚至造谣说,骚乱是起于维吾尔人对汉族的仇恨,新疆地区已经"巴勒斯坦化",各种分裂势力沆瀣一气,"疆独"、"藏独"、"民运"等分裂势力的合流,已成为"三股势力"推行新疆问题国际化的又一手段。

"三股势力"的国际化阴谋为西方反华势力干涉中国内政提供了机会,为西方反华势力推行"西化"、"分化"、"弱化"中国和分裂新疆的战略图谋提供了口实,而"三股势力"则成了西方反华势力战略图谋的工具。美国等西方反华势力之所以明里暗里支持"三股势力",就是企图削弱中国在西部战略要地的影响力,只要中国被民族分裂势力所牵制或严重削弱,美国就能长期维护自己在全球的霸权地位,就可以利用"东突"问题遏制中国的和平发展,"疆独"分子等是美国可资利用的牵制中国和平发展的工具。

四、"三股势力"对新疆安全稳定的威胁与破坏

(一)"三股势力"威胁中国新疆的政治安全与稳定

政治安全是国家安全的最根本象征,是国家的最高目标,其表现形式是国家主权独立,领土完整,民族尊严不受欺侮,国家制度和政治权力坚实稳固。我国政治安全的一个特殊性是必须保证中国共产党的绝对领导。[1]

"三股势力"鼓吹"民族自决权"和"新疆独立",搞"人权"攻势,威胁着中国对内的领土管辖权和对外的独立权;"三股势力"在国际上诋毁中国的民族区域自治政策和计划生育政策,污蔑中国侵犯维吾尔族人的人权,为以美国为代表的反华势力干涉中国内政提供了口实。2001年12月6日,来中国进行反恐合作协商的美国反恐特使泰勒在访华期间还坚称:"美国政府并不把疆独人士看

---

[1] 曹峻、杨慧、杨丽娟:《全球化与中国国家安全》,社会科学文献出版社2008年版,第9页。

做是恐怖分子。"2002年1月21日，我国国务院新闻办公室发表题为《"东突"恐怖势力难脱罪责》的文章，美国国务院发言人理查德·鲍彻第二天就做出反应，称"打击恐怖主义不能成为压制正当的政治表达的借口"。其他一些西方国家或国际组织也利用"东突"问题在国际上给我国制造麻烦。如德国等国允许"东突运动"在其境内建立民族分裂组织和训练基地，给予"东突"组织以合法地位；2001年10月19日，欧洲议会允许"东突"分子在议会大厦内举行有关新疆问题研讨会，为其提供宣传场所。2002年6月大赦国际发表的报告称：新疆继续存在严重践踏人权的情况，在当地受到草率处决、折磨、任意拘留和不公正政治审判的主要是维吾尔人。这些行径都是对中国主权的粗暴干涉，究其根本原因，"三股势力"民族分裂分子是威胁中国国家主权的元凶，他们和国际敌对势力沆瀣一气，共同威胁着中国新疆的政治安全。

"三股势力"挑动穆斯林群众不承认中国共产党领导下的新疆地方政府及其制定的法律法规，不服从政府的管理，不遵守政府的法律法规，并且在新疆建立非法组织，煽动叛乱、暴乱，严重影响着新疆社会的政治稳定。

（二）"三股势力"破坏新疆的社会稳定

"三股势力"长期在新疆从事暴力恐怖活动，严重破坏了新疆的社会稳定。恐怖犯罪活动的手段之一就是爆炸，爆炸的杀伤力强，波及面广，给人们的心理震撼较大，它最能引起人们的心理恐惧感，导致人们心理恐慌。它打破了人民平静的社会生活，使生活在新疆的人们普遍缺乏社会安全感。恐怖心理产生恐慌行为，在新疆，"三股势力"每一次制造的暴力恐怖都会产生这样的效应：城市居住的人们因担心爆炸，上班宁愿步行而不敢乘公交车；汉族出租车司机不载少数民族乘客，汉族乘客不搭乘少数民族司机的出租车。由此破坏了正常和谐的民族关系，降低了各族人民之间的信任感，使新疆社会稳定的形势增加了许多不确定的因素。"三股势力"竭力向穆斯林群众灌输"东突"分裂思想，利用穆斯林群众对宗教的虔诚，煽动宗教狂热情绪，挑动民族仇恨，严重扰乱了维吾尔族群众的思想，破坏了新疆各族人民稳定的心态，造成了社会不稳定的心理基础。

"三股势力"为获取分裂活动所需要的经费而进行毒品走私和贩卖活动同样破坏了社会的稳定。新疆和中南亚7个国家有着漫长的边境线，出入境的天然通道很多，这些地方都是海拔很高的高原和高山地带，地形复杂多变，气候恶劣难测，对中国和对面的国家来说设防都非常困难。和中南亚接壤的南疆的叶城、皮山、和田等几个边境县基本上都是贫困的落后地区，他们就利用边检的漏洞和边境线两侧熟悉的地理及人文环境大肆进行毒品走私活动。走私的毒品进入新疆后，流向新疆各地乃至中国内地，给新疆社会稳定带来了一系列负面效应。毒品走私和贩卖产生了次生犯罪活动,吸毒者吸食、注射毒品,需要大量的金钱,吸毒者面对这样高额的费用和强烈的诱惑,会铤而走险地进行抢劫、盗窃、诈骗、贪污、卖淫甚至杀人等违法犯罪活动。大量事实证明,吸毒已成为诱发犯罪、危害社会稳定的根源之一。"毒品走私通过削弱一个国家存在的物质基础,破坏一个国家的制度体系,甚至消灭一个国家的民族意识来危害一个国家的国家安全。"[1] "三股势力"为了达到其分裂新疆的目的,进行的毒品走私和贩卖,破坏着新疆社会稳定,危害着新疆的社会安全。

另外,"三股势力"为了从事暴力恐怖活动,不但自制武器、走私武器,而且还把这些非法的武器向社会出售,作为筹集活动的资金来源之一。这些武器因秘密贩卖而流向新疆各地,给社会的稳定和安全带来了不同程度的危害,给新疆乃至全国范围内其他违法犯罪分子开辟了获取武器的渠道,对新疆乃至全国的安全稳定都是极大的威胁。

(三)"三股势力"威胁和侵犯新疆各族人民的人权

人权包括生存权、发展权、公民政治权和社会权四个方面的内容[2],其中生存权是最基本的人权,是人们享受其他权利的前提和基础。"三股势力"民族分裂分子一方面在国际舞台上大搞"人权"攻势,污蔑中国政府侵犯维吾尔族人民的人权,以维护维吾尔族的人权和"民族自决权"为借口丧心病狂地大搞民族分裂活动。另一方面,他们通过爆炸、暗杀、投毒、纵火等惨无人道的行为直接剥夺新疆各族人民的生存权,据 2002 年 1 月 21 日国务院新闻办公室公布的数据,仅 1990~2001 年,"东突"恐怖势力在新疆境内制造了 200 多起暴力恐怖事件,造成各族群众、基层干部、宗教人士等 162 人丧生,440 多人受伤。[3] 特别是 2009 年发生在乌鲁木齐的"7·5"事件,造成了 197 人死亡、1 700 多人受伤的重大生命损失,这种草菅人命、滥杀无辜的行径是对新疆各族人民生存权最粗暴、最恶劣的践踏和侵害。"三股势力"长期在新疆进行暴力恐怖活动,制造恐怖气氛,严重威胁着新疆各族人民的生命安全不受非法侵害的权利,在"三股势力"恐怖活动最猖狂的时期,新疆各族人民连起码的生存安全感都没有,人身安全得不到保证,长期生活在对死亡的恐惧中,身心受到极度的摧残,根本谈不上生存和生活质量。无数不可辩驳的事实表明,"三股势力"民族分裂分子才是一伙穷凶极恶地侵害,甚至剥夺新疆各族人民生命权的暴徒。

---

[1] 许勤华:《新地缘政治:中亚能源与中国》,当代世界出版社 2007 年版,第 170 页。
[2] 阎学通:《中国国家利益分析》,天津人民出版社 1996 年版,第 202 页。
[3] 刘汉太、都幸福:《为了至高利益:中国打击"东突"报告》,新疆人民出版社 2003 年版,第 5 页。

(四)"三股势力"对新疆经济安全和利益的损害

经济安全是指国家经济在整体上基础稳固、健康运行、稳健增长、持续发展,在国际经济生活中具有一定的自主性、自卫性和竞争力。[①]"三股势力"的暴力恐怖活动造成人们生命财产重大损失,"东突"恐怖分子扬言"要将乌鲁木齐变成一片火海","要造成几百万、几千万、几亿元的损失"[②]。"三股势力"通过爆炸、纵火等手段损毁党政机关的办公设施、公共场所的公共设施以及油气管道等,给新疆造成了巨大的经济损失。分裂和恐怖活动造成的严重后果是,政府机构不能正常运转、人民群众无法安心生产生活、国家在新疆的重大投资和建设项目受到严重影响,新疆的经济发展受到严重干扰和破坏,迟滞新疆社会经济持续发展的进程。

"三股势力"的破坏活动恶化了新疆的投资环境。"三股势力"的暴力活动虽没有从根本上改变新疆稳定的大好局面,但产生了一定的消极影响,在一定程度上影响了新疆的投资环境,弱化了投资者的信心和积极性,也加大了新疆吸纳国际资本的风险,造成投资者撤资和欲投资者取消投资的不良状况。同时也影响了新疆同周边国家的经贸往来。改革开放以来,新疆充分利用地缘优势,与中亚等周边地区国家进行经贸往来,进出口贸易迅速发展,但由于"三股势力"破坏进出境交通工具和货物,残忍地杀害进出境人员,影响了中国新疆与周边国家的经贸商业往来。

由于"三股势力"的暴力恐怖和破坏活动,为了防范、遏制并最终消灭这股黑恶势力给中国政治、安全、经济、外交、文化生活以及新疆各族人民身心健康带来的威胁和严重损害,自新中国成立以来,为了维护新疆安全稳定,国家投入了巨大的人力、物力和财力,增加了维护稳定的社会成本,这完全是额外增加的负担,这是"三股势力"民族分裂分子强加给中国人民的沉重负担。

(五)"三股势力"对新疆文化安全的威胁与损害

文化安全就是保护本国优秀的传统文化和价值观免遭异国有害文化的渗透和侵犯。[③] 文化是民族和国家生存与发展的精神支柱和心理基础,是民族认同和国家认同的主要坐标。中国各族人民在长期共同奋斗的历史进程中创造了中华优秀

---

① 曹峻、杨慧、杨丽娟:《全球化与中国国家安全》,社会科学文献出版社2008年版,第9页。
② 高永久、胡尚哲:《论"东突"恐怖势力对国家利益的威胁与破坏》,载《新疆社会科学》2005年第5期。
③ 曹峻、杨慧、杨丽娟:《全球化与中国国家安全》,社会科学文献出版社2008年版,第11页。

的传统文化,其核心内容是具有广泛认同的"崇德重仁、道德至上"的价值观、"宽和共容、诸教并存"①的宗教观和反对分裂、维护中华民族团结统一的国家观。这是中国各族人民共同的精神财富,维护这种价值观、宗教观和国家观,就是维护中国最重要的文化利益和文化安全;中国各族人民只有认同这种价值观、宗教观和国家观,才能具有强大的凝聚力,才能有效地维护国家统一、民族团结,促进中国的繁荣发展。长期以来,"三股势力"宣扬"泛突厥共同体论"、"东突厥斯坦革命论"、"中国侵略论"、"殖民统治论"、"反汉排汉论"、"维吾尔斯坦独立论"等歪理邪说,对维吾尔族群众的国家认同造成了极其恶劣的影响,一些地方的个别维吾尔族群众中,反对民族分裂,维护国家统一的信念在淡化甚至消失,而支持民族分裂,坚持新疆独立的思想逐渐出现,"民族情绪趋向政治化,并开始向民族整体分离意识转向"。②

"三股势力"所鼓吹的"杀戮"、"仇恨"、"敌对"、"杀汉排汉"、"消灭异教徒"等观念与中华民族的"仁者爱人"、"以德修身"、"宽容待人"等观念有着天壤之别,事实上,"三股势力"民族分裂分子进行的所谓"圣战"、暴力恐怖活动不仅危害新疆民族团结、民族和睦与民族共同繁荣,危害新疆社会稳定,毒害少数民族群众的心灵,而且破坏少数民族与汉族在历史上形成的共创中华的优良文化传统;侵蚀着中华民族优秀传统文化在新疆民族社会的根基,威胁着以社会主义核心价值体系为主导的新疆文化安全。

五、建立打击和遏制"三股势力"的机制和措施

(一)充分认识打击"三股势力"的长期性和复杂性

1. 充分认识打击"三股势力"的长期性

"我们也要清醒地看到,境内民族分裂组织和团伙虽然遭到我不间断地打击和重创,其活动空间相对缩小,活动频率有所减弱,但从根本上来讲,由于其基础犹存,民族分裂分子的残余并未完全被消灭,特别是其随时得到国际反华势力和境外民族分裂势力的支持、指挥,他们绝不会停止分裂破坏活动,仍将继续寻找机会和突破口,与我进行殊死较量。"③我们同"三股势力"的斗争必将贯穿

---

① 伍雄武:《中华民族的形成与凝聚新论》,云南人民出版社2000年版,第295页,第376页。
② 马大正:《国家利益高于一切——新疆稳定问题的观察与思考》,新疆人民出版社2002年版,第109页。
③③ 努尔·白克力:《在自治区干部大会上的讲话》,载《新疆日报》2008年9月11日。

于社会主义现代化建设过程的始终。

(1)"三股势力"在组织上还没有被彻底摧毁,仍在积蓄力量、伺机而动、以图实现进一步整合。

第一,在组织结构上,"三股势力"企图把各个分散的组织联合起来,形成一个比较统一的大组织来共同从事暴力恐怖活动。①"9·11"后,我国加强了国际反恐合作,特别是在上海合作组织框架下的反恐合作取得了明显的成效,恐怖分子在国内难有立足之地,"三股势力"的策略开始有所改变,极力将自己与恐怖组织划开界限,力图在公开的主张上和恐怖主义保持距离,"东伊运"包括其他一些"东突"组织甚至表示愿意"有条件解散",但一些"东突"恐怖组织今天说解散,明天立即以另外一个名称出现,其组织仍然存在,其恐怖主义的本质并没有改变。有充分证据表明,"东突"组织正在加紧内部整合,企图形成统一组织。2004年4月,境外各主要"东突"组织在德国慕尼黑召开了"第四次东突民族代表大会"成立了"世界维吾尔联盟",推选艾尔肯·阿尔普提金为该组织的"主席",该组织的政治路线是"贴靠西方,倚美促独",该组织在土耳其、哈萨克斯坦、吉尔吉斯斯坦等国家和地区设立有"地区代表",基本形成了以中亚为活动区域的"东突"网络组织体系。2004年9月14日,澳大利亚"东突协会"和美国的"东突民主自由中心"(总部在土耳其)在华盛顿联合成立了"东突流亡政府","东突"恐怖势力企图通过大联合的方式,实现"五个统一"(即统一组织、统一纲领、统一领袖、统一武装、统一行动),壮大分裂活动的声势。2006年,"世界维吾尔人代表大会"(由"世界维吾尔青年代表大会"和"东突厥斯坦信息中心"发起组织)完成了换届选举,推选热比娅·卡德尔为新的主席,热比娅经过"东突"分子的包装打扮,现在被"东突"大部分分支组织冠之以"维吾尔民族的代言人"、"维吾尔民族的精神母亲"、"人权斗士"、"自由勇士"等称号,支持她骗取"诺贝尔和平奖",由此助长了热比娅在国际社会进行反华分裂活动的嚣张气焰,也使其反动言行在新疆维吾尔自治区内部分不明真相的群众中更具有欺骗性和煽动性。③

第二,积蓄力量,伺机而动。近些年来,在经历了中国与中亚各国的共同打击之后,"三股势力"及恐怖组织受到了沉重打击,但并没有被彻底摧毁,从组织上讲,买合苏木死后,热比娅承继其衣钵,继续进行分裂活动,流亡国外的所有"东突"势力加快了内部的整合,企图形成统一组织,积蓄力量,伺机而动,与我进行长期的对抗。热比娅为首的"世维会"炮制了所谓"50年战略计划",企图通过整合组织、与中国政府开展法律和文化斗争等,促使"东突"问题国

---

① 周益锋:《论"东突"恐怖威胁的长期性》,载《四川警察学院学报》2008年第1期。

际化，最终实现"新疆独立"。热比娅及"世维会"极力鼓动国际反华势力和境内外"三股势力"破坏2008年北京奥运会，组织人员专门制作了破坏奥运会的标志图案并四处散发，还反复策划针对北京奥运会的恐怖袭击计划。在"世维会"的号召下，2008年3月以来，境外民族分裂组织纷纷采取窜访游说、示威游行、散发传单、召开新闻发布会、开设网站等多种形式抵制奥运会。拉萨"3·14"打砸抢烧事件发生后，热比娅及"世维会"等"东突"组织立即发表声明，声援"藏独"势力，并要求"世维会"下属组织尽快派人潜入国内，效仿拉萨事件策划大规模游行示威活动，推动国际社会进一步关注所谓"东突"问题。

同时，在"东伊运"等境外暴力恐怖组织加紧渗透的情况下，境内"三股势力"的破坏活动升级，实施新的暴力恐怖犯罪的现实威胁加大。在境外各种复杂因素的作用和影响下，境内"三股势力"加紧勾结、相互策应，极力发展组织、制造和购买枪支弹药，伺机进行恐怖破坏活动。他们把破坏目标重点指向北京奥运会，与境外"三股势力"遥相呼应，密谋在新疆和内地制造一系列有重大影响的暴力恐怖事件。2008年以来，以"东伊运"为首的境外暴力恐怖组织向我境内派遣恐怖分子，还在境外多次发布命令，并4次在互联网上发布视频声明，极力煽动进行全面"圣战"，教唆抓紧实施破坏奥运的恐怖行动，对我国安全稳定构成直接威胁。与此同时，宗教极端组织"伊扎布特"以及聚合了新老恐怖分子、宗教极端分子的"伊吉拉特"、"加玛依提"、"君都拉"等各种团伙组织不断打着"圣战"旗号，加紧思想渗透，发展组织，网罗成员，积蓄力量。境内暴力恐怖团伙受境外指挥、煽动，加紧实施暴力恐怖犯罪活动。他们先后策划了2008年"3·7"民航客机炸机未遂案、2008年和田"3·23"煽动人员上街打砸抢未遂案、2008年"5·23"袭击霍城县三宫派出所案以及2008年"7·8"乌鲁木齐市晨光花园暴力抗拒公安机关执法案等一系列案件。特别是在2008年北京奥运会举行前夕，暴力恐怖分子在喀什制造了"8·4"事件，造成我公安边防支队30余名官兵重大伤亡；2008年8月奥运会召开后，又在库车制造了"8·10"系列爆炸袭击案，在疏勒制造了"8·12"袭击治安卡点案。2009年7月5日，在乌鲁木齐制造了骇人听闻的打砸抢烧严重暴力事件，造成众多无辜汉族和其他民族群众伤亡的严重恶果。这些事件，既是恐怖分子欠下的新的血债，又表明境内外"三股势力"在境外长期准备、境内长期潜伏之后，企图不惜一切代价"干几件大事"，制造所谓"轰动效应"。一些暴力恐怖团伙在被打掉前，正在秘密举办"圣战培训班"；有的公开叫嚣要杀害我党政干部和爱国宗教人士；有的准备在人迹罕至的山区建立训练营地，开展"游击战"；有的积极培训"人体炸弹"。严峻复杂的对敌斗争形势决定了新疆打击"三股势力"斗争的长期性、复杂性、尖锐性。

（2）"三股势力"的思想理论体系并没有得到彻底的清算，其赖以生存的现实土壤依然存在。

第一，20世纪90年代以来，中国在军事反恐方面取得了显著成绩，极大地消灭了"三股势力"的有生力量，但并没有根除"三股势力"的思想根基。军事打击只能消灭其有形肉体，不能消灭其灵魂。"三股势力"的灵魂就是民族分裂主义，包括"泛突厥主义"和"泛伊斯兰主义"，这是"东突"恐怖主义的政治基础和思想理论基础。在十几年的军事反恐中，"东突"恐怖势力的思想体系并没有得到彻底的清算，其赖以生存的土壤仍然存在，因此，不管其组织和人数变得多么稀少，一旦条件成熟，它总能自我复制与滋生。

实际上，中国共产党和人民政府非常重视从思想理论上清算"东突"的流毒。新中国成立后，中国共产党在新疆实行民族区域自治政策，提倡民族平等，党和政府采取各种形式宣传党的民族宗教政策，从历史事实和理论根据上揭露"东突"分裂主义的谬误，清除民族分裂主义思想，消除民族分裂主义的消极影响，取得了重要的成就，确保了新疆安宁稳定。但"东突"的思想体系没有因此而彻底退出历史舞台，反而在一定的时候不断出现。特别是20世纪90年代以来，随着苏联解体，世界宗教极端主义、分裂主义和恐怖主义泛滥，境内外"东突"势力死灰复燃，民族分裂主义理论再次肆虐，他们打出"我们的祖国是东突厥斯坦，我们的民族是突厥，我们的宗教是伊斯兰"的口号，披着"泛伊斯兰主义"外衣，蛊惑人们"如果我们不信仰伊斯兰教的话，就会被同化和消化掉"，并不惜通过暴力恐怖手段达到与国家和人民对抗、分裂社会主义中国的目的。

第二，"三股势力"的思想渗透手段多样，无孔不入，防不胜防。"9·11"事件后，"三股势力"分裂分子认识到，企图通过武力分裂新疆几无可能。在这种情况下，境内外的分裂势力从几年前就开始谋求其所谓的政治解决新疆问题的新手段。配合这一策略，"三股势力"对新疆境内的分裂舆论宣传持续升温，对群众的毒害越来越严重，其方法手段已经达到无孔不入的地步。

利用新闻媒体传播分裂思想；利用期刊、文学作品和文艺活动借题发挥，宣泄不满情绪，传播分裂思想；利用非法印刷出版反动书刊，投寄、张贴、散发反动传单、信件和标语，造谣惑众，制造分裂舆论；利用电子音像制品煽动宗教狂热，鼓吹"圣战"；与境外民族分裂势力和敌对势力相勾结，利用广播电台、互联网等手段，加紧舆论宣传和思想渗透活动；以民间文化活动为载体，引诱部分群众接受其反动宣传，然后通过"泰比力克"等活动，迅速扩展其渗透面，与我们争夺基本群众。

特别值得注意的是"三股势力"利用地下经文学校,以最底层、没有文化的贫穷群众为宣讲对象,传播分裂思想。"东突"势力通过开办大量的地下经文学校,招收那些因贫穷上不起学,或者中途辍学的青少年,向其传授极端宗教和"东突"分裂思想,鼓吹"圣战",煽动反汉排汉情绪,挑拨民族矛盾和党群关系,加强对信教群众控制,与党和政府争夺宗教活动领导权。2001~2005年,在新疆查获的地下讲经点几百处,涉案人员达几千人,但这些经文学校被取缔后,通过化整为零的方式,在清真寺或家里继续通过讲经活动传播分裂思想。

他们还精心组织具有很强的煽动性的宣传材料,如《我们的独立是否有希望》、《要么独立,要么死亡》、《伊斯兰之虎,艾山买合苏木》等,这些宣传品非常具有煽动性。宣传材料常常用"清澈的河流是因为外来的鱼进入才变得浑浊"、"住自己的房子和租别人的房子住,哪个更舒服?"这样的故事来传播分裂思想,这些宣传对一些涉世未深的青年人来说具有相当的吸引力。①

(3) 以美国为首的西方国家坚持反恐双重标准是对"东突"恐怖组织的极大纵容和支持,使国际层面打击"东突"势力的形势更加严峻

"随着东欧剧变和苏联解体,西方敌对势力把'和平演变'的矛头重点指向我国,加紧对我推行'西化'、'分化'和遏制战略,企图在周边少数民族地区寻找和打开突破口。他们把新疆作为主攻目标,公开支持和操纵针对新疆的分裂破坏活动。"② 为了实现把新疆从中国统一多民族国家大家庭中分裂出去的政治图谋,美国把新疆民族分裂势力作为他们"西化"、"分化"中国的重要工具和内应力量,在政治、经济、外交、舆论等方面给予支持。这种支持和操纵目前已经从幕后走向前台,由间接介入转入直接插手。正是在他们的积极拉拢、培植下,新疆境内外民族分裂势力的活动更加猖獗。同时国际泛伊斯兰主义、泛突厥主义活动猖獗,特别是中亚地区的宗教极端势力和国际恐怖主义十分活跃,他们四处建立训练基地,网罗、培训暴力恐怖分子,进行各种颠覆活动,甚至谋求建立跨国武装割据地区,在我周边形成一条动荡地带。③ 由此助长了新疆境内的"三股势力",他们采取隐蔽和公开的形式,进行反动宣传,培植反动骨干,极力挑起事端,煽动民族对立、民族仇视,制造动乱,进行打砸抢,甚至组织武装暴乱,使新疆的反分裂斗争进入到一个尖锐、激烈和复杂的时期。"9·11"后,美国出于自己反恐需要,与中国暂时加强了反恐合作,但以美国为首的西方国家为了本国的利益,在反恐问题上执行双重标准。在"三股势力"问题上,美国更是或明或暗的纵容和支持。长期以来,美国国会公开对新疆人权问题表示关

---

① 周益锋:《论"东突"恐怖威胁的长期性》,载《四川警察学院学报》2008年第1期。
②③ 努尔·白克力:《在自治区干部大会上的讲话》,载《新疆日报》2008年9月11日。

切，多次举行"东突"问题听证会，为分裂势力提供政治讲坛。美国中央情报局直接插手"疆独"分裂组织的整合活动，并以基金会的名义为世维会提供财政支持、技术支持和人才培训上的帮助。2009年5月21~25日，美国允许"第三次世界维吾尔大会"在美国华盛顿国会大厦召开，美国众议员林肯·迪亚斯-巴拉特、克里斯托弗·史密斯、弗兰克·沃尔夫、詹姆斯·麦高文和参议员希罗德·布朗等人参加"世维会三大"，并致辞表示祝贺和支持。[1] 乌鲁木齐"7·5"事件发生后，麦高文甚至发表声明，称"这是自天安门事件以来中国政府的又一次残酷镇压"，德拉亨特等人也致信国务卿希拉里，呼吁美国政府强烈谴责中国对维吾尔人的"镇压"。[2]

美国在"东突"问题上的双重标准，反映了美国对中国进行长期遏制的意图。从全球战略上看，美国担心迅速发展的中国会取代自己在现存国际体系中的主导地位，把新疆问题视为牵制中国的一枚棋子，使"东突"问题成为美国政府敲打中国政府的一张牌，其目的就是削弱中国在中西南亚地区的影响力，制约中国和上海合作组织的发展与合作，以拓展其在中西南亚的战略和能源利益。美国的这种态度，使"三股势力"分裂分子得到极大的鼓舞。"近期所发生的一系列暴力恐怖事件，正是西方敌对势力与境内外'三股势力'相互勾结，对我国进行渗透破坏分裂颠覆活动活生生的事实、赤裸裸的行动。"[3] 只要美国等西方国家还继续采取冷战思维，将中国作为遏制的对象，其对"三股势力"的纵容或支持就不会停止，"三股势力"问题今后将长期成为骚扰中美关系的一个刺激因素。由于西方反华势力对"三股势力"的纵容和保护，中国在国际上打击"三股势力"民族分裂分子的形势依然严峻。

2. 充分认识打击"三股势力"的复杂性

反对"三股势力"的斗争是一场复杂的政治斗争，既有复杂的国际背景，又有国内外民族宗教问题的特殊性，意识形态问题与民族问题、宗教问题相互交织；我们同"三股势力"的斗争，既有军事领域的你死我活较量，又有政治意识形态领域的渗透与反渗透；既有意识形态领域的斗争，又有经济基础方面的工作；既有国际上外交领域的斗争，又有完善依法治国方面的大量工作要做；在斗争形式上，既有公开的武力较量，又有隐蔽的破坏渗透；在斗争方式上，既要加强高压严打态势，又要区分两类不同性质的矛盾，对于"三股势力"的首恶分子、骨干分子、顽固分子要严厉打击、坚决镇压，而对于一些受蒙蔽的群众，要

---

[1] 潘光、赵国军：《析"世维会"的国际化图谋》，载《现代国际关系》2009年第9期。

[2] 《美国会议员呼吁谴责中国镇压维吾尔人》，http://www.rfa.org/mandarin/Xinwen/jianyaoxinwen-07072009121324.htm。

[3] 努尔·白克力：《在自治区干部大会上的讲话》，载《新疆日报》2008年9月11日。

耐心教育他们认清"三股势力"的本质和危害,认清"三股势力"的真实面目和反动本质,使广大群众看透他们冷酷自私、阴险毒辣的反动本性,增强政治免疫力,避免上当受骗;在斗争形势上,在西方反华势力的支持操纵下,境内外"三股势力"进一步加大了勾连聚合力度,逐步形成了"东伊运"、"东突解"等暴力恐怖组织在幕后"搞武斗",热比娅及"世维会"在前台"唱文戏",境内"三股势力"暗中策应,共同对我实施分裂破坏的斗争局面,这使得分裂与反分裂斗争形势更趋复杂。"三股势力"打着"民族主义"、"宗教自由"的旗号,歪曲国家的宗教信仰自由政策,妄图通过在意识形态领域制造民族矛盾和混乱,其目的是分裂祖国,实现所谓"新疆独立"的政治目的。特殊的地缘政治环境也决定了在新疆开展反对"三股势力"的斗争是一场复杂的任务。在意识形态领域开展反分裂斗争,不是针对某个民族、某种宗教,而是反对民族分裂活动和非法宗教活动的一场政治斗争,是维护国家统一和主权的政治斗争。为此,我们不仅要在思想方面牢固树立反对民族分裂主义斗争的长期性、复杂性和艰巨性的认识,而且要在反对民族分裂斗争的实践中提高统揽全局的驾驭能力、斗争水平,讲究斗争艺术、斗争策略和娴熟运用法律武器的超常能力,使我们在应对反分裂斗争复杂局面时始终处于主动地位,立于不败之地。

(二) 打击"三股势力"的对策

1. 加快新疆经济发展,是打击"三股势力"的最基本的措施

多民族国家的合法性与稳定性不是一个纯粹自律的、一经创造就可以自己独立运作的机制,而"是一个需要掌权者自觉地、持续地加以关注和审视的东西"。① 新疆的政治稳定和社会团结,不仅需要特别关注少数民族对政治参与、政治平等、政治权利的诉求,也需要特别关注少数民族的民生,关注他们的经济利益和社会保障,关注他们的社会和经济发展。2009 年,胡锦涛在新疆考察工作时指出:"新疆的问题归根到底要靠加快发展、科学发展来解决。只有坚持聚精会神搞建设、一心一意谋发展,使新疆经济社会发展取得长足进步、各族群众生活得到明显改善,才能更加坚定各族群众坚持和发展中国特色社会主义的信心和决心。要始终把走科学发展道路、加快发展作为解决新疆问题的根本途径。"2010 年 3 月 29 日,中央召开全国对口支援新疆工作会议,国务院副总理李克强明确指出,通过全国对口支援新疆工作,实现新疆经济社会跨越式发展,是促进新疆和谐稳定,实现新疆长治久安的必要保证。在这次

---

① [美]罗伯特·杰克曼:《不需要暴力的权力——民族国家的政治能力》,欧阳景根译,天津人民出版社 2005 年版,第 126 页。

会议上，确定19个省市对口支援新疆经济发展。2010年5月17～19日，中共中央召开新疆工作座谈会，胡锦涛发表重要讲话，对新时期新疆工作从全国发展战略全局的高度，做出了全方位的战略部署，其核心内容就是举全国之力，促进新疆跨越式发展，切实改善民生，实现新疆长治久安。这是国家在新的历史时期，对新疆在全国发展大局中具有特殊战略地位的高度重视，是为促进新疆经济跨越式发展、切实改善民生、实现新疆长治久安所做出的重大制度安排，这样就从国家政权系统层面为推动新疆经济社会发展提供了制度供给机制。

贫穷是"三股势力"得以存在、滋生和蔓延的温床，"以加快新疆偏远少数民族地区经济的发展，增强党和政府的凝聚力、少数民族群众的向心力。"① "只有不断加快经济社会发展步伐，大力改善人民生活，使各族人民共享改革发展的成果，对周边国家形成经济社会发展的优势和人民生活水平上的优势，才能从根本上增强新疆各族人民对党和政府的向心力、对社会主义祖国的认同感，才能压缩'三股势力'的活动空间，巩固党的群众基础，实现长治久安。"② 现阶段新疆最根本的问题就是要改变少数民族和民族地区的经济现状，从经济上使少数民族地区享受改革开放的成果。应把实现经济繁荣和共同富裕作为清除"三股势力"土壤的先决条件，始终坚持发展是第一要务的方针。大力发展经济是争取群众、加强民族团结和保持社会稳定的根本途径，也是孤立和打击少数民族分裂分子、根除其生存滋生社会基础的最根本手段。

2. 建立打击"三股势力"的法律机制

要尽快出台、完善中国的《反恐法》及相关法律文件，建立起有效打击"三股势力"的法律平台，依法打击恐怖分子。"三股势力"的分裂活动主要是违反了我国刑法规定的危害国家安全罪和暴力恐怖罪，给国家的安全和社会的稳定带来了巨大的威胁和破坏。"三股势力"的暴力恐怖行为是严重的犯罪行为。打击和惩罚犯罪在现代社会要依法而行。对我国来说，主要依靠《中华人民共和国刑法》来打击和惩罚"三股势力"的犯罪行为。根据《中华人民共和国立法法》和《中华人民共和国刑法》的法律条文，新疆维吾尔自治区的人民代表大会有权力根据本区的实际情况来对刑法的相关条文在不违背刑法的基本原则的前提下作变通补充规定。在变通补充规定中，对刑法中有关违反国家安全罪和暴力恐怖犯罪的罪名、处罚的规定应根据新疆地区的实际情况来细化。在新疆这个具有民族矛盾、宗教矛盾、跨国移民、越境犯罪等情况特殊的地区，有关犯罪人员的身份的认定标准，犯罪情节、危害程度的标准，加重、减轻和免除刑罚等方

①② 努尔·白克力：《在自治区干部大会上的讲话》，载《新疆日报》2008年9月11日。

面的规定都要进行细化，使变通后的自治条例在打击和惩罚"三股势力"的犯罪活动方面更具有可操作性、针对性、严密性、实效性。不让"三股势力"钻法律的空子，同时也使执法部门在实施法律的过程中更易于操作，提高执法效率和打击力度。

近年来，"三股势力"民族分裂分子犯罪手段的科技含量也越来越高，利用先进的武器、侦察手段、信息收集装备，情报运输方式是"三股势力"民族分裂分子犯罪的一个新特点，给打击"三股势力"的公安和安全部门带来了新的挑战。这就需要我们建立一套严密的情报信息收集和运输网络并配套严格的制度。在情报信息收集方面要广泛动员社会各阶层的力量，拓宽情报信息收集的范围和领域，激励他们自觉维护国家安全的正义感和担当意识，积极关注和收集相关的情报信息，并按照密级的规定进行运输上报。在情报的运输和上报过程中要进行严格的制度设计，防止"三股势力"的情报人员进行反侦探和渗透，对极为重要的情报信息一定要让政治上合格的人员来收集、运输和上报。这样让"三股势力"无机可乘，就能主动出击，对"三股势力"进行出其不意的致命打击。

3. 建立新疆地方公安安全部门和上海合作组织地区反恐机构的合作机制

上海合作组织的反恐合作是定位在国家层面上的，是以主权国家的身份来参与合作反恐的，同时该组织的反恐机构没有统一的反恐力量，只是一个机构在运作，而具体的反恐任务却落在了各个国家的地方防务部门身上。对于中国来说，新疆的反恐任务基本是由新疆的地方公安和安全部门来具体执行。近年来新疆地区的反恐具体实践明，新疆的地方反恐防务部门并没有和上海合作组织的反恐机构进行充分合作，基本上还是在独立进行反恐的；从机构层次上来讲，新疆的地方防务部门也没有资格同上海合作组织的反恐机构进行合作。这样就没有把上海合作组织潜在的反恐能量释放出来，使该组织建立的宗旨没有完全落实。俄罗斯科学院美国加拿大研究所副所长博加图罗夫认为，以反恐为主要目标的"上海合作组织"在"9·11"事件后中亚地区的反恐行动中无所作为，说明"上海合作组织"的成立操之过急，它的前途大有问题。[①] 上海合作组织地区反恐怖机构理事会主席、中国公安部副部长说："尽快把本组织的合作进一步引向深入，探索安全合作的新途径，朝着更加务实的方向发展，把本组织的合作潜力转化为现实成果。"[②]

因此，当务之急就是构建上海合作组织地区反恐机构和新疆地方防务部门的

---

① 博加图罗夫在 2001 年 11 月上海国际问题研究所举办的第二届中俄关系国际研讨会上的发言。
② 孟宏伟：《上海合作组织地区反恐斗争面临挑战》，http：//www.qianlong.com/2006 – 08 – 26。

合作机制，建立反恐情报信息交流机制，为反恐提供侦查线索、揭示恐怖主义活动规律及内在联系、为发现、控制、侦察、预测和预防恐怖主义活动提供决策依据。构建反恐情报信息交流机制也就是建立反恐情报信息共享机制，使新疆的地方防务部门直接和上海合作组织地区反恐机构执委会交流情报信息，形成一个具有反恐预警性功能的机制，以最快时间发出警告，这样可以使新疆的地方防务部门掌握最关键、最正确和最新的情报，使新疆的防务部门掌控该地区发展动态及各种不安定因素，对恐怖团伙活动特征、活动规模、行为种类、活动地点、基地、组织形式以及何时发动什么样的袭击等信息及时掌握。可以使新疆地区的防务部门掌握先发制人的主动权，主动出击，把"三股势力"的破坏活动降低到最低限度，减少不必要的财产损失，发挥反恐情报信息交流机制的预防功能。

4. 建立打击"东突"暴力恐怖活动的预警机制

面对"东突"暴力恐怖活动对新疆安全稳定的现实威胁，如何有针对性地对暴力恐怖活动进行防范和预控，是新疆维护安全稳定的重中之重。

（1）"东突"暴力恐怖活动指标体系的构成要素

"东突"暴力恐怖活动预警机制是国家安全和社会稳定预警系统的子系统，因此，"东突"暴力恐怖活动预警指标体系有以下要素构成：

第一，经济因素是构成"东突"暴力恐怖活动预警的首要因素。

第二，民族宗教因素是"东突"暴力恐怖活动预警指标体系的根本因素。

第三，民族文化心理是"东突"暴力恐怖活动预警指标体系中的关键因素。

第四，国际环境是影响"东突"暴力恐怖活动的重要因素。

第五，行为预兆因素是对"东突"暴力恐怖活动实施监测和预警的重要指标。

第六，防控因素是正向的、不可缺少的关键因素。

（2）"东突"暴力恐怖活动预警机制的基本框架

在科学确定"东突"暴力恐怖活动预警指标体系的基础上，可以把"东突"暴力恐怖活动预警机制的框架分为指标管理机制、信息采集机制、数据库、警情演示机制、防控机制等5个子系统。

第一，建立"东突"暴力恐怖活动预警指标机制。通过严密论证，选择出能够反映"东突"暴力恐怖活动状况的一些指标，通过这些指标，对"东突"暴力恐怖分子的活动情况进行监测和预测，判断其行动轨迹和发展趋势。

第二，建立"东突"暴力恐怖活动预警信息管理机制。充分利用公安、安全、武警、军队、民族、宗教、民政及社区等相关部门的资源和优势，广泛采集有关"东突"恐怖分子活动的信息，通过计算和识别，加以分析利用。

第三，建立"东突"暴力恐怖活动预警数据库。预警机制只有依靠可靠真实的数据才能发挥作用，由于"东突"暴力恐怖活动有着复杂的国内外背景和历史根源，并且是现实的活动，因此，"东突"暴力恐怖活动预警指标体系需要大量的数据量，通过利用计算机数据管理系统对各种类信息进行处理、分类、汇总、储存，形成数据真实有效的数据库。

第四，建立"东突"暴力恐怖活动预警警情机制。通过建立人机互动的警报信号输出系统，以绿、蓝、黄、橙、红等颜色作为预警信号，绿色代表无警。蓝色代表轻警、黄色代表中警、橙色代表重警、红色代表巨警，将数据管理系统的计算结果和专家分析结果，直观地演示出来，由此为各职能部门决策提供可靠精确的依据。

第五，建立"东突"暴力恐怖活动防控机制。防控机制主要为相关部门决策提供依据，为职能部门进行决策提供具有可操作性的常规案例，可以通过对案例的分析自动调出各种因应对策，同时，设置专家咨询机制，将咨询意见储存于预警对策案例库，以供随时用来指导对"东突"暴力恐怖活动的防范、打击和处置。

5. 加强基层党组织的执政能力建设

"三股势力"的根子在基层，没有可靠的基层政权阻止民族分裂主义的推动并且让国家权力对当地局面产生影响，政府就真正地与社会相分离了。[①] 由于新疆有效制度供给不足所导致的基层政权建设滞后、政权体系不完备、执政能力不足等缺失，使"三股势力"的思想和行为得以在基层得以滋生和蔓延。需要重构地方治理机制：清除有嫌疑的叛乱分子以及乡村、小城镇、村落、宗教的同情和支持。[②]

要不断加强基层党组织建设，发挥其带领广大的人民群众更有效地反对"三股势力"、维护农村稳定和秩序的创造力、凝聚力和战斗力作用。"要通过坚持不懈地抓基层、打基础，不断增强基层党组织和基层班子的创造力、凝聚力、战斗力，使之真正成为基层群众的主心骨和坚强靠山，使我们的政权基础更加坚实、稳固。"[③] 首要的是要加强基层党组织建设，"在新疆，加强基层组织建设，最关键的就是要在基层牢牢确立党的核心领导地位不动摇，使基层党组织真正成为坚强的战斗堡垒；加强基层班子建设，最关键的就是要把基层干部配齐配强，充分发挥党员干部的先锋模范作用。这是确保新疆长治久安的一条重要法宝。"[④]

[①②] Martin I. Wayne. *China's War on Terrorism—Counter-insurgency, Politics, and Internal Security*. London and New York, 2008, p. 8.

[③④] 努尔·白克力：《在自治区干部大会上的讲话》，载《新疆日报》2008年9月11日。

针对新疆南疆地区农村基层领导班子成员年龄老化、思想僵化、能力弱化等问题，要从退役军人、基干民兵和毕业大学生中选拔政治素质好的人员充实到基层党支部里；要对基层党员干部进行定期培训，提高其理论水平；要对少数民族基层干部进行汉语基础培训和对汉族干部进行民族语言基础培训，提高其口头表达能力，减少交流方面的障碍；要形成长期轮派工作组机制，从自治区各级机关、党校系统和高校轮流选派政治素质好、理论水平高的人员组成工作组，轮流到南疆基层指导工作。

6. 揭露"三股势力"的暴行、营造舆论强势

"我们要坚决及时地揭露那些藏在幕后的'三股势力'的首恶分子，将他们欺骗、愚弄和毒害群众，肆意践踏生命和人权的丑恶面目彻底暴露在光天化日之下。"① 通过各种宣传网络，利用图片展示、电视选播、演讲、受害人控诉等多种手段揭露"三股势力"长期以来对新疆社会发展和经济的巨大破坏和造成的严重损失，让各族人民群众了解"三股势力"给自己切身利益带来的重大损失。使广大少数民族干部群众不再受蒙蔽，从感性和理性方面都认识到："三股势力"所谋求的"新疆独立"，其实质就是企图依靠西方反华势力的支持，在新疆推翻中国共产党的领导，颠覆社会主义制度，否定民族区域自治制度，最终把新疆从祖国怀抱分裂出去，就是要在新疆制造流血和动乱，把各族人民拖入灾难的深渊。形成舆论强势，牢牢掌握对敌斗争的话语权，使少数民族群众明辨是非，增加国家认同感，培养和加强新疆自古以来就是祖国不可分割的组成部分的思想意识。

7. 通过文化软实力和外交途径加强与中亚等地海外少数民族华人沟通，增强其对中国的了解和认同

针对新疆民族分裂势力潜伏于中亚等地维吾尔族人中的状况，通过在这些国家开办的孔子学院机制和开展的"中国年"等活动为载体，加强与海外维吾尔族华人沟通，增加他们对新疆新中国成立后尤其是改革开放以来发生巨大变化的了解，吸引他们到新疆旅游，通过实地观光考察，认识新疆沧桑巨变的真正原因，把民族认同转化成中华民族认同和国家认同，积极争取境外大部分维吾尔族群众对我国打击"三股势力"的支持，销蚀"三股势力"在中亚等地蛰伏的群众基础，最大限度地孤立顽固坚持分裂中国的"东突"恐怖势力。同时要与中亚国家加强外交方面的联系和沟通，中国新疆与中亚国家有共同边界，中国主要利益是阻止中亚的不稳定溢出到在战略上具有重要地位的新疆。② 通过有理、有

---

① 努尔·白克力：《在自治区干部大会上的讲话》，载《新疆日报》2008年9月11日。
② Dr J. Mohan Malik. "China, Central Asia, India and Pakistan Now Come Face to Face with Vigorous Separatism," Defence and Foreign Affairs Strategic Policy, 1993.

利、有节的外交活动，削弱"三股势力"在中亚存身的群众基础。

第三节　意识形态领域反分裂斗争是维护新疆安全稳定的重要保证

一、现代意识形态理论及其主要功能

（一）现代意识形态理论的发展及内涵

意识形态学说的滥觞是从近代西方开始的，17世纪英国哲学家弗兰西斯·培根提出了"四假象说"，从认识论的角度，论证了虚假意识的存在，并用四种假象解释了虚假意识存在的根源，培根因此而成为意识形态学说的奠基人。到了18世纪，法国哲学家特拉西在其多卷本的《意识形态诸要素》著作中首次提出了意识形态这一概念，以此来指称观念性的内容，称为"观念的学说"，但并非是今天意义上的意识形态。

现代关于意识形态的讨论，则是源于马克思主义理论。马克思在继承和批判以往资产阶级意识形态学说的基础上，创立了新的意识形态理论。在早期，马克思主要是从负面角度批判资产阶级意识形态的虚伪性、欺骗性。在马克思看来，意识形态首先是指那些虚妄不实的"虚假意识"，是掩饰"人欲"的"天理"，"人们迄今总是为自己创造出关于自己本身、关于自己是何物或应该成为何物的种种虚假观念"[1]，但人们并没有认识到这种意识形态的虚伪性。马克思还从政治学、社会学角度揭示了虚伪意识形态的成因，并提出了考察意识形态奥秘的方法。在此基础上，马克思、恩格斯在《共产党宣言》、《路易·波拿巴的雾月十八日》等文献中，从唯物史观出发，论述了意识形态的阶级性、意识形态的运动和消失、资产阶级意识形态的虚伪性。[2] 在《政治经济学批判》一书的序言中，马克思明确指出：意识形态是一种特殊的意识，是一定阶级社会结构中与经济基础相适应的并"耸立"其上的"政治的上层建筑"。同时认为"社会存在决

---

[1] 《马克思恩格斯选集》第3卷，人民出版社1972年版，第30页。
[2] 石本惠：《党的先进性建设与执政党的意识形态建构》，上海人民出版社2010年版，第17页。

定人们的意识"。① 列宁在新的历史时期出于夺取和巩固政权的需要，主要强调了意识形态的阶级性，强调了资产阶级意识形态与无产阶级意识形态的对立，突出论证了意识形态对于维护政治统治的重要作用。

　　西方学者更重视意识形态研究，近代法国哲学家孔德开了用实证主义方法研究意识形态的先河，揭示了意识形态的价值信念和社会整合功能；法国社会学家迪尔凯姆把意识形态提升到了社会制度的高度，进一步强调了意识形态的社会整合功能；德国社会学大师马克斯·韦伯从分析工具理性导致的现代意识形态危机出发，论证了意识形态的维护政治统治合法性的功能，并探讨了工具理性时代核心价值体系的构建问题；英国社会学家吉登斯在全球化背景下强调了意识形态的核心作用，把意识形态的变迁作为全球化的首要动因，提出要在全球化语境下把握人们的意识形态问题。在现代西方意识形态理论中，西方马克思主义是从更广阔的视阈批判和发展经典马克思主义意识形态理论的一支，作为反映西方发达资本主义国家社会矛盾和阶级冲突的思想理论体系，西方马克思主义学者对意识形态问题给予了普遍重视和关注。西方马克思主义的代表人物、匈牙利哲学家卢卡奇从社会的动力角度看待意识形态，强调了明确的意识形态还是阶级斗争的工具，提出了"阶级意识"的概念，强调了无产阶级的阶级意识在无产阶级革命中的重要作用；意大利马克思主义理论家葛兰西从意识形态的表现形式入手，主张到个人心理结构和社会情感结构中寻找意识形态，坚持意识形态不可或缺的历史作用，并提出了"文化霸权理论"，把无产阶级的斗争推向了思想文化领域，高度重视意识形态领域无产阶级的领导权问题；法国结构主义马克思主义奠基人阿尔都塞认为，意识形态是资本主义社会的重要组成部分，是资本主义社会存在的重要条件。意识形态首先是资本主义生产条件再生产的重要前提，意识形态为资本主义社会提供其存在所需要的思想、制度，尤其重要的是，意识形态为资本主义生产提供其所需要的劳动力。在此意义上阿尔都塞提出了"意识形态国家机器论"，把意识形态看成是资本主义国家的黏合剂与润滑剂。

　　在简要梳理意识形态理论的发展脉络后，我们可以进一步深入把握意识形态的内涵。意识形态在本质上是一种思想理论和社会价值观念体系，即由人们的社会地位、主要是经济地位及利益所决定的、反映人们的社会价值取向和历史选择特征的思想体系。这种思想信念体系通过一系列理论概念符号的特定结合，来论证某种体制与秩序的合法性，以及实现特定的理想目标的途径的合理性。② 意识形态具有普遍性，在任何社会都是普遍存在的。在西方曾风靡一时的"意识形

---

① 《马克思恩格斯选集》第 2 卷，人民出版社 1972 年版，第 82 页。
② 孙代尧：《中国共产党执政意识形态的重建》，载《科学社会主义》2008 年第 4 期。

态终结论"不过是美国学者福山在苏联解体后提出"历史终结论",即社会主义终结的另一个命题:社会主义意识形态终结,实际上西方国家无论在国内还是在国际上都更重视和追求意识形态的霸权地位。

(二) 意识形态的主要功能

1. 意识形态为执政党执政合法性提供理论依据和心理支撑

论证执政党执政合法性,为维护国家政权和政治制度提供"合法性"的理论依据,是意识形态的首要功能,是巩固执政党政治地位的重要保障。政治是否具有合法性,是一种政治权力共同体和政治秩序能否得到社会上大多数人普遍认同、支持和拥护而具有的一种合法性权威。"合法性"是政治学的核心概念之一,最早是由法国思想家卢梭提出的,他认为"人们只是对合法的权力才有服从的义务"。① 马克斯·韦伯指出:"任何统治都企图唤起并维持对它的'合法性'的信仰。"② 按照西摩·李普赛特的解释,合法性是指"政治系统使人们产生和坚持现存政治制度是社会最适宜制度之信仰的能力"。③ 尤尔根·哈贝马斯认为,"不能随随便便地使用合法性的概念","只有在谈到政治制度时,我们才能说合法性","合法性就是承认一个政治制度的尊严"。④ 一个政治秩序失去合法性则意味着失去被统治者的忠诚,这便是合法性危机。合法性危机将带来国家和社会基本结构的变化。⑤ 马克思主义经典作家虽然没有明确论证合法性理论,但思想中已包含了合法性的基本含义,马克思、恩格斯在《德意志意识形态》中曾指出:"每一个企图代替旧统治阶级的地位的新阶级,为了达到自己的目的就不得不把自己的利益说成是社会全体成员的共同利益,抽象地讲,就是赋予自己的思想以普遍性的形式,把它们描绘成唯一合理的、有普遍意义的思想。"⑥ 列宁也指出,为了维护自己的统治,所有的压迫阶级都需要借助于两种社会职能:刽子手的职能和牧师的职能。"刽子手的任务是镇压被压迫者的反抗和暴乱。牧师的使命是安慰被压迫者,给他们描绘一幅在保存阶级统治的条件下减少苦难和牺牲的前景……从而使他们顺从这种统治,使他们放弃革命行动,打消他

---

① [法]卢梭:《社会契约论》,何兆武译,商务印书馆1980年版,第14页。
② [德]马克斯·韦伯:《经济与社会》(上卷),林荣远译,商务印书馆1997年版,第239页。
③ [美]西摩·马丁·李普赛特:《政治人:政治的社会基础》,张绍中译,上海人民出版社1997年版,第55页。
④ [德]尤根·哈贝马斯:《重建历史唯物主义》,郭官义译,社会科学文献出版社2000年版,第261~262页。
⑤ 潘小娟、张辰龙:《当代西方政治学新词典》,吉林人民出版社2001年版,第149页。
⑥ 《马克思恩格斯选集》第1卷,人民出版社1995年版,第53页。

们的革命热情,破坏他们的革命决心。"① 由此可以看出,合法性是一个国家有效统治的基础,政治合法性是指政治权力主体(统治者或政治管理者)凭借非权力因素和非暴力手段,依据一定的社会准则或社会价值进行政治统治或政治管理从而取得政治权力客体(被统治者或被管理者)的承认、支持或信仰。② 意识形态是论证执政党执政合法性的重要来源,为政治统治合法性提供思想基础。

中国共产党在新的历史时期提出构建社会主义和谐社会的宏伟构想,体现了中国共产党的自觉意识,构建社会主义和谐社会必须坚持以中国共产党的核心价值体系为指导,即在意识形态领域坚持以马克思主义、毛泽东思想、邓小平理论、"三个代表"重要思想为指导,只有发挥主流意识形态引导、宣传和动员的功能,全面落实科学发展观,才能促进我国经济社会协调发展、全面进步,为构建社会主义和谐社会提供精神支持和思想基础,同时进一步彰显了中国共产党执政的合法性。

2. 意识形态具有政治教化和促进社会整合的功能

"文化的认同感、整合能力是政治得以克服地理上的离心力并使其超越一般的政治组织成为一种可能。而文化的安全与否的一个重要表现就在于它能够在多大的程度上使人们在国家和民族问题上形成高度一致的认同。因为只有这种认同,才能形成有效的整合能力。这种整合能力是一个国家的兴盛所需要的凝聚力程度的表现,更是一个国家安全稳定的基石。"③ 这里所说的文化,实际上就是指社会主流意识形态。任何一个国家和政府,只有得到公民的广泛的认同,才能得到公民的广泛的政治支持,才具有充沛的生命力;一个人只有在产生认同感的基础上,才能对国家或政府的政策和行为表现出最大的热忱和忠诚。④ 政治认同的作用包括多方面,如在体制方面的认同,有助于政治组织及其制度获得合法性,提高组织制度化的程度,这是社会政治稳定的重要前提之一;在政治思想方面的认同,有助于政治组织的成员树立共同目标,激发为共同事业奋斗的热情和信心。⑤ 所以,当一个国家的民众对主权国家和执政党执政的合法性有较多一致的同意时,这个国家的国内政治生态就处于一种比较良性的状态;反过来,当一个国家的民众对于主权国家和执政党执政党合法性持高度的怀疑态度,甚至从内心里加以普遍拒绝时,这个国家的国内政治生态就开始恶化,并最终形成大规模的社会动乱,直接危及国家安全。⑥ 因此,政治合法性是一个政治体系存在、持

---

① 《列宁选集》第2卷,人民出版社1995年版,第478页。
② 石本惠:《党的先进性建设与执政党的意识形态建构》,上海人民出版社2010年版,第23页。
③ 胡惠林:《中国国家文化安全论》,上海人民出版社2005年版,第18页。
④ 张骥:《中国文化安全与意识形态战略》,人民出版社2010年版,第44页。
⑤ 薄贵利:《国家战略论》,中国经济出版社1994年版,第21页。
⑥ 石中英:《论国家文化安全》,载《北京师范大学学报》2004年第3期。

续、稳定和发展的基础和前提。如果某个政治体系在掌握政权之后能有效地取得和维系其合法性，则将大大有助于政府的运作和政局的稳定。① 意识形态是人类精神生活在特定经济基础制约下的制度化、规范化的结果，还能积极为其经济基础提供合法性证明，从而促使社会有机体的有效运转和各要素之间的和谐共存。意识形态在社会有机系统中的地位即表现为它既受制于该社会的经济基础和政治制度，又对该社会经济基础和政治制度起着巨大的反作用，与该社会相适应的意识形态对该社会的经济基础和政治制度起着重大的保护作用，反之，则起破坏作用。我国现阶段的主流意识形态是马克思主义、毛泽东思想、邓小平理论、"三个代表"重要思想和科学发展观，只有用社会主义的主流意识形态教育和武装广大人民群众，才能实现构建社会主义和谐社会中的思想整合与社会整合。

3. 意识形态具有统领社会成员政治意识、增强社会政治思想凝聚力的功能

意识形态具有强大的教化和凝聚功能，一种意识形态要占据社会主流地位，需要通过政治教化，才能被广大群众所接受，通过教化，形成全体社会成员的政治意识。执政党在执政过程中，政党的种种活动、宣传，都是政治教化的过程，也是执政党的意识形态与社会其他意识形态相容或相互交叉渗透的过程。② 从群体意识层面来讲，通过政治教化，使社会大多数人在潜移默化中受到执政党意识形态的影响，认同执政党执政的合法性，认同国家和法律的权威；从个体意识层面讲，个体可以把执政党的意识形态内化为自己的心理意识、信仰等。在这种背景下，特定意识形态就逐渐成为社会的主流意识形态。作为居于主导地位的社会主流意识形态，可以引导社会成员树立共同的理想和信念，对社会理想的认同与追求可以使人们形成一个共同的利益共同体，并在共同利益基础上团结起来为实现共同理想而奋斗。如果全社会成员都能够形成共同理想和信念，认同主流意识形态并为其指引的价值目标而共同追求，就会形成强大的凝聚力。

邓小平曾指出："最重要的是人的团结，要团结就要有共同的理想和坚定的信念。我们过去几十年艰苦奋斗，就是靠用坚定的信念把人民团结起来，为人民自己的利益而奋斗。没有这样的信念，就没有凝聚力。没有这样的信念，就没有一切。"③ 随着社会主义市场经济的发展，人们的利益高度分化、思想日益多元化，个体利益与国家利益之间的矛盾与冲突也会不断出现，就更加需要发挥主流意识形态的政治凝聚作用，在全社会形成共同的价值观，营造利益和精神共同体，更好地维护政治体系的稳定与发展。在构建社会主义和谐社会过程中，主流意识形态通过发挥其凝聚功能，为和谐社会建设创造良好的政治环境。

---

① 胡伟：《合法性问题研究：政治学研究的新视角》，载《政治学研究》1996年第1期。
② 石本惠：《党的先进性建设与执政党的意识形态建构》，上海人民出版社2010年版，第22页。
③ 《邓小平文选》第3卷，人民出版社1993年版，第190页。

4. 意识形态具有排除国内外异己意识形态的干扰、确保社会稳定的功能

在现代多元化社会中，由于社会结构的复杂性，在主流意识形态之外，还普遍存在着非主流意识形态。非主流意识形态既可以与主流意识形态相抗衡，也可以与主流意识形态互补。非主流意识形态的存在是不以人的愿望为前提的，是社会中存在的不同利益群体所产生的不同价值取向、不同文化的客观结果。为了达到与非主流意识形态的互补、减少冲突，一方面，执政党对于不危害国家与社会、不危害执政地位的非主流意识形态进行引导，使其与主流意识形态和谐共存；另一方面，对明显危害国家和公共利益、危害执政地位的非主流意识形态要加以限制和排除。意识形态的阶级性决定了不同社会阶级意识形态之间存在着尖锐激烈的斗争。在中国国内，社会主义主流意识形态的指导地位总是受到来自旧的封建意识形态以及形形色色的各种资产阶级意识形态的挑战。在国际上，自新中国成立以来，源自意识形态、社会制度方面的根本性差异，源自国家利益的战略性、本源性冲突，中国一直长期面临以美国为首的西方国家所实施的"西化"、"分化"、"弱化"的战略压力。特别是苏联解体东欧剧变之后，中国成为世界上最大的社会主义国家，在世界意识形态斗争中，西方国家由此将我国视为最后的社会主义堡垒，变本加厉地推行对华的西化、分化、弱化战略，试图与中国国内的"台独"、"疆独"、"藏独"分子里应外合，颠覆我国的社会主义制度，将我国纳入西方资本主义体系之中，成为西方发达国家的附庸。在这场没有硝烟的意识形态之战中，除了在策略上抵制和防范外部势力对我国进行渗透之外，其根本的途径是旗帜鲜明地巩固以马克思主义为指导的意识形态阵地，构建社会主义核心价值体系，来抵御和抗衡西方社会的以所谓"自由民主"为核心的价值体系，才能排除国内外各种异己意识形态的干扰，维持社会稳定。

二、开展意识形态领域的反分裂斗争是构建和谐新疆的必然要求

（一）开展意识形态领域反分裂斗争，事关新疆稳定发展大局

意识形态历来是不同阶级政治主张和不同思潮相互渗透、相互碰撞的重要领域。毛泽东曾指出："凡是要推翻一个政权，总要造成舆论，总要先做意识形态方面的工作。革命的阶级是这样，反革命的阶级也是这样。"胡锦涛指出："党管宣传、党管意识形态，是我们党在长期实践中形成的重要原则和制度，是坚持党的领导的一个重要方面，必须始终牢牢坚持，任何时候都不能动摇。各级党委

要始终高度重视宣传思想工作，坚持'两手抓、两手都要硬'的方针，切实加强和改善领导。""国内外经验表明，敌对势力要搞乱一个社会、颠覆一个政权，总是先从意识形态领域打开突破口，先从搞乱人们的思想下手。意识形态工作关系国家安全和社会稳定，关系党和人民事业的兴衰成败。"在新疆，反对民族分裂，维护祖国统一，与破坏民族团结分裂祖国势力的斗争也必然是一场意识形态领域的较量和斗争，开展意识形态领域反分裂斗争，是维护新疆安全稳定的重要举措。

（二）民族分裂势力加紧意识形态领域渗透，是影响新疆安全稳定的主要危险

当前，新疆意识形态领域总体形势是好的，但由于西方敌对势力凭借经济、科技等优势，加大对新疆境内进行思想文化渗透；境内外民族分裂势力通过各种途径，大肆进行反动舆论宣传，新疆意识形态领域的反分裂斗争依然复杂严峻。民族分裂分子杜撰和篡改新疆历史，否认新疆自古以来就是中华民族大家庭的一部分，否认各民族共同缔造伟大祖国的历史，在意识形态领域制造混乱；攻击新疆社会主义建设所取得的成果，否定新中国成立以来新疆发生的巨大变化，诋毁社会主义制度和共产党的领导；打着所谓"人权"、"民族"、"自治"的旗号，制造分裂舆论，破坏民族团结；攻击和歪曲我们的民族宗教政策，煽动宗教狂热，支持并策动非法宗教活动。"新疆地处反分裂、反恐怖斗争最前沿，面临的反分裂斗争形势依然严峻，维护祖国统一、国家安全和社会稳定的任务还很艰巨。"

"东突"恐怖分裂势力加紧在意识形态领域进行渗透和分裂，他们宣扬宗教至上和民族利益高于一切，煽动宗教狂热和民族仇恨，主张用暴力征服和奴役其他民族，以宗教的民族性和群众性做掩护，大搞非法宗教活动，使得新疆意识形态领域反分裂斗争具有长期性和复杂性，呈现出多层次、全方位的特点，主要表现在宣传舆论、文化艺术、科技教育、广播电视、语言文字、报刊图书、互联网、新闻出版等各个领域。近些年来，境内外敌对势力为达到分裂新疆的目的，在意识形态领域大肆宣扬民族分裂主义思想。它们借助于历史、民族、宗教的外衣，通过制造社会舆论，蛊惑人心，反对中国共产党的领导，反对社会主义制度，破坏社会稳定；它们打着"民族主义"、"宗教自由"的旗号，歪曲国家的宗教信仰自由政策，妄图在意识形态领域制造民族矛盾和混乱，以达到分裂祖国、实现所谓"新疆独立"的政治图谋。

(三) 开展意识形态领域反分裂斗争，是维护国家统一与新疆稳定的重大举措

《民族区域自治法》第三十一条指出："任何人不得利用宗教进行破坏社会秩序、损害公民身体健康、妨碍国家教育制度的活动。"民族分裂主义所进行的种种分裂活动，都是围绕政权这个中心问题展开的，他们进行意识形态领域的渗透和进行暴力恐怖活动的本质是一致的，就是反对中国共产党领导的社会主义制度，反对中华民族的团结与统一，分裂国家，破坏各族人民的大团结，目的就是要把新疆从祖国分裂出去。我们与民族分裂主义的斗争，实质上是一场反对西方敌对势力对我国实施"西化"、"分化"、"弱化"战略的斗争，是一百多年来中国人民同帝国主义侵略势力分裂中国的图谋进行斗争的继续。我们同民族分裂主义之间的斗争绝不是民族之间的斗争，更不是宗教问题，而是敌我性质的矛盾，是一场严肃的政治斗争，是一场捍卫祖国统一、维护民族团结的你死我活的政治斗争，根本没有任何调和的余地。在意识形态领域开展的反分裂反渗透斗争是意识形态领域出现的新情况和新问题，是维护国家统一和新疆稳定所采取的重大举措，是我们同境内外敌对势力进行全面较量的"没有硝烟"的战争。

三、新疆意识形态领域反分裂斗争的特点与新动向

(一) 新疆意识形态领域反分裂斗争的特点

1. 新疆意识形态领域反分裂斗争由来已久

民族分裂势力在新疆的存在与发展，是不以我们的意志为转移的。19 世纪末 20 世纪初，"泛伊斯兰主义"、"泛突厥主义"思想先后传入我国新疆；20 世纪初期，一小撮分裂分子编造出了所谓的"东突"理论，鼓吹"东突厥斯坦"自古以来就是一个独立的国家。"东突"理论鼓噪所有操突厥语和信奉伊斯兰教的民族联合起来，组成一个"政教合一"的国家，叫嚣要反对突厥族以外的一切民族，消灭异教徒。20 世纪 30 年代和 40 年代，他们开始把舆论宣传变为实际行动，先后在喀什和伊宁打出过分裂政权的旗号，遭到新疆各族人民的反对，分裂政权很快垮台。新中国的成立使民族分裂主义遭到致命打击，但是民族分裂势力不甘心自动退出历史舞台，只要一有机会他们就跳出来搞破坏，在意识形态领域内鼓吹分裂思想。冷战结束后，世界民族分离主义思潮涌起，民族分裂势力认为时机来临，再次打起"东突"的旗号进行活动，在公开制造暴力恐怖事件

的同时，利用各种手段在意识形态领域内花样翻新地大肆宣扬民族分裂主义思想，企图实现其建立"东突厥斯坦国"的妄想。

2. 新疆意识形态领域内的斗争关系到国家政权的稳固和主权的完整

意识形态是对一个政治系统的理想、目标和目的的表达，意识形态具有论证执政党执政合法性的功能，作为政治系统合法性的重要来源，能够为政治系统赢得广泛的支持。"东突"恐怖分裂势力在意识形态领域进行渗透和分裂，借助于历史、民族、宗教的外衣，通过制造社会舆论，蛊惑人心，反对中国共产党的领导，反对社会主义制度，破坏社会稳定，妄图达到分裂祖国的反动目的。因此，意识形态领域反分裂的斗争，是紧紧围绕着国家政权和主权展开的政治斗争，意识形态领域反分裂斗争的成败事关国家统一和政权稳定的大事。

3. 新疆意识形态领域的反分裂斗争具有长期性、复杂性

在新疆意识形态领域反分裂斗争中，意识形态问题与民族问题、宗教问题相互交织。"东突"恐怖分裂势力打着"民族主义"、"宗教自由"的旗号，歪曲国家的宗教信仰自由政策，妄图在意识形态领域制造民族矛盾和混乱，其目的是分裂祖国，实现所谓"新疆独立"的政治目的。特殊的地缘政治环境也决定了在新疆开展意识形态领域内的反分裂斗争是一场复杂的任务。在意识形态领域开展反分裂斗争，不是针对某个民族、某种宗教，而是反对民族分裂活动和非法宗教活动的一场政治斗争。特别是随着热比娅及境内外"三股势力"不断调整策略、拼命加大"文煽"力度，意识形态领域分裂与反分裂的斗争呈现出更加尖锐、激烈的态势，我们将与他们长期进行一场尖锐激烈的政治较量。

（二）新疆意识形态领域反分裂斗争的新动向

近些年来，"东突"恐怖分裂势力为达到分裂新疆的目的，在意识形态领域大肆宣扬分裂主义思想。"东突"恐怖分裂势力不断变换与人民政府的斗争策略，其宣传的反动论调越来越趋向于系统化、完整化。概括起来主要有：以"泛突厥主义"为代表的民族观；以"泛伊斯兰主义"为主要内容的宗教观；以"东突厥斯坦独立论"为核心的国家观；杜撰、歪曲、篡改历史的历史观；以共同突厥文化论为重要特征的文化观；以反对中国共产党的领导、反对社会主义和攻击我国民族区域自治制度为内容的政治观。

境内外"东突"恐怖分裂势力在意识形态领域渗透、破坏形式多样，表现有：非法印刷出版反动书刊，投寄、张贴、散发反动传单、信件和标语；打着宗教旗号，宣扬宗教极端思想，造谣惑众，制造分裂舆论；开办地下经文班点、学校，毒害青少年，培养"接班人"，与我争夺下一代；利用文艺演出，煽动民族歧视；利用文学创作和出版物歪曲历史，攻击党和政府；利用电子音像制品，如制作录音带、录像带、VCD 光盘等煽动宗教狂热，鼓吹"圣战"；境外"东突"恐怖分裂势力和敌对势力相勾结，利用广播电台、互联网等手段加紧进行反动舆论宣传和思想渗透活动等。

目前，"东突"恐怖分裂势力在意识形态领域的分裂活动的特点体现在以下几个方面：有组织地进行分裂舆论宣传活动；内外勾结，境内的恐怖分裂势力提供"材料"，境外的恐怖分裂势力制作成宣传品，再通过夹带、邮寄、偷运等方式渗入境内；向学校渗透，与我争夺青少年；利用社会热点问题，煽起反汉排汉、民族仇恨的思想情绪；打着民族、宗教的旗号，鼓吹分裂思想。"东突"恐怖分裂势力的根本政治目的是要建立所谓的"维吾尔斯坦独立国"，他们的一切舆论宣传都是围绕这一目的展开的。

四、新疆开展意识形态领域反分裂斗争的经验与对策

（一）新疆开展意识形态领域反分裂斗争的基本经验

1. 坚持中国特色的民族区域自治制度绝不动摇

2005 年，胡锦涛在中央民族工作会议上明确指出：民族区域自治，作为党解决我国民族问题的一项基本政治制度不容动摇，作为我国社会主义的一大政治优势不容削弱。这段论述为坚持民族区域自治制度指明了方向，也是新疆长期以来开展反分裂斗争的指导思想和基本经验。新疆解放之后，中国政府并没有在新疆建立所谓的"维吾尔斯坦共和国"[①]，而是从新疆多民族实际出发，运用马克思主义民族理论的基本原则，实行具有中国特色的民族区域自治。新疆的民族区域自治是一种着眼于"合"的制度，是维护国家统一和民族团结的制度。新疆维吾尔自治区不是哪一个单一民族的自治区，更不是哪一个单一民族的自治，而是新疆各族人民的联合自治地区，是新疆各族人民共同的家园，是中华人民共和国中央政府管辖下的地方行政区域，是中国领土不可分割的一部分。新疆的民族区域自治绝不是制造符合哪一种民族主义原则的单一民族聚居地，而是为了更好地打造新疆各民族共同团结奋斗、共同繁荣发展的政治基础。"三股势力"攻击

[①] 中国的民族区域自治本质上是一种着眼于各民族团结合作的制度，是维护国家统一和民族团结的制度。为了体现新疆各民族的团结合作，成立新疆维吾尔自治区时，党和政府没有赞成采用"维吾尔斯坦"这个名称，因为新疆不仅只有维吾尔一个民族，还有其他众多少数民族，不能把多个民族搞成多个斯坦。之所以称为新疆维吾尔自治区，是因为当时新疆维吾尔民族是新疆的主体民族，占人口的 70% 以上，但新疆维吾尔自治区重在国家统一和民族合作，是整个新疆各族人民的自治区，绝不是哪一个民族的单一自治。

新疆民族区域自治制度，正是因为这项制度是他们分裂国家的制度屏障。新疆反分裂斗争的实践反复证明，新疆民族区域自治制度是反对民族分裂、维护中国统一的最适合的制度安排，具有强大的生命力。

2. 坚持集中整治与意识形态斗争并举，牢牢掌握反分裂斗争的主动权

自新中国成立以来，"三股势力"从事了无数次分裂中国的活动。一方面，在社会现实层面上，"三股势力"在新疆进行叛乱和暴力恐怖活动；另一方面，在意识形态领域，宣传散布"中国侵略论"、"东突厥斯坦解放论"、"维吾尔斯坦独立论"等反动分裂思想，新疆反分裂斗争一直是在两条战线上进行。为此，党和政府一方面提出"主动出击、露头就打、先发制敌"的方针，始终保持严打高压态势，采取集中整治，严厉打击"三股势力"所制造的叛乱、暴力恐怖活动，平息了一次又一次的叛乱、暴乱和暴力恐怖活动；另一方面，深入开展意识形态领域的反分裂斗争，对"三股势力"的思想理论进行分析批判，揭露"三股势力"的种种暴行；开展民族团结教育月活动，进行"热爱伟大祖国，建设美好家园"主题教育活动，加强"三个离不开"和"五观"教育，四个"高度认同"思想工程建设。正是坚持集中整治与意识形态斗争并举两手抓，两手都硬的战略，牢牢掌握了反分裂斗争主动权，新疆的反分裂斗争才不断地取得了巨大的成效。

3. 最大限度地团结新疆各族干部群众，夯实反分裂斗争的群众基础

民族团结是新疆各族人民的生命线。不断巩固和发展各民族人民的大团结，是做好新疆一切工作的前提和保证。做好民族团结工作，维护国家的稳定和统一，实现新疆的长治久安，是新疆各族人民的最高利益。新中国成立以来，在中央政府的大力支持下，新疆一方面大力发展经济，不断改善和提高各族人民的生活水平；另一方面，实施民族区域自治制度建设，贯彻正确的民族宗教政策，坚持开展"三个离不开"、"五观"教育，加强四个"高度认同"思想工程建设，建立了和谐的民族关系，增强了新疆各族人民群众对"国家统一、中华民族、中华文化和社会主义道路"的认同。因此，在反分裂斗争中，新疆绝大多数少数民族群众和汉族群众一起不畏惧恐怖分子的恐吓威胁，坚决和民族分裂分子作斗争，坚决拥护和支持民族区域自治制度，坚决支持党和政府打击"三股势力"的叛乱、暴乱所采取的有力措施，坚决支持和参与党和政府在意识形态领域开展的反分裂活动，这是新疆反分裂斗争取得胜利的根本保证。长期以来，正是在反分裂斗争中，新疆在民族团结方面取得了一系列创造性的成就，积累了丰富的经验。广泛开展创建和表彰民族团结进步模范活动，充分发挥先进模范人物的典型示范作用，营造全社会浓厚的民族团结氛围，是新疆的一大创举。从1983年起，新疆已连续开展了29年的民族团结教育月活动；每年5月各地各部门充分利用

群众喜闻乐见的形式，普遍开展民族团结知识竞赛、演讲比赛、座谈、报告、民族团结放映周、征文比赛等，通过这些生动活泼、丰富多彩的活动既使广大干部群众学到了民族团结的知识，又加强了新疆各民族之间的沟通和交流，促进了民族团结，奠定了坚实的新疆社会稳定的基础。

4. 坚持国内治理与国际斗争、合作相结合

自"三股势力"产生以来，新疆的反分裂斗争都是在国内、国际两个层面上展开的。"三股势力"一方面在疆内从事民族分裂、暴力恐怖活动，另一方面又和国际上敌视和肢解中国的各种势力相勾结，新疆的反分裂斗争既是中国人民反对分裂、维护国家统一的斗争，也是中国人民反对境外分裂势力利用"疆独"问题削弱、肢解中国阴谋的斗争。[①] 因此，自新中国成立以来，中国新疆的反分裂斗争一直坚持国内治理与国际斗争、合作相结合的战略。在国内，坚决严厉打击"三股势力"的分裂破坏活动；在国际上，加强与中亚周边国家以及包括美国在内的西方国家合作，联合打击民族分裂分子和暴力恐怖分子，取得了重大的成效，缩小了"三股势力"在国际上的活动空间，同时，又采取各种有效措施打压境外"三股势力"的活动，与企图"分化"、"西化"、"弱化"中国的西方国家进行外交斗争，为新疆的反分裂斗争创造了良好的国际环境。

5. 增强情报信息的准确性和针对性、掌握对敌斗争的主动权

及时准确地获取了深层次、内幕性、预警性、行动性的情报信息，做到敌动我知、未动先知，切实掌握对敌斗争主动权，尽最大力量把"三股势力"的暴力恐怖破坏活动消灭在预谋阶段和行动之前，这是新疆反分裂斗争中所总结出来的又一条重要经验。新疆维吾尔自治区人民政府在领导反分裂斗争中，对形形色色的民族分裂组织和暴力恐怖团伙，一直采取重拳出击，置其于死地，绝不让敌人坐大成势，形成现实危害，不断压缩"三股势力"的生存空间，加大对重点地区的集中整治，并选派精兵强将进村入户，着力解决突出矛盾和问题，加强了社会治安工作力度，取得了反对分裂、维护稳定的重大成效。

（二）新疆开展意识形态领域反分裂斗争的对策

1. 深入批判"泛伊斯兰主义"和"泛突厥主义"、解构和瓦解民族分裂主义的理论基础

民族分裂主义分子利用伊斯兰教所特有的民族性和群众性作掩护，在"泛伊斯兰主义"为理论基础，煽动宗教狂热，散布的通过参加所谓"对异教徒的圣战"就可以进天堂，这本身是谎言，但由于得不到及时的揭露和批驳，致使

---

① 贾春阳：《新中国成立以来新疆的反分裂斗争及启示》，载《理论探索》2010年第3期。

一些愚昧无知的年轻人上当受骗，成了"三股势力"的工具和牺牲品。

"泛突厥主义"是新疆"三股势力"鼓吹"东突厥斯坦独立"论的政治理论基础，"东突厥斯坦独立"的政治纲领的基本内容主要是：泛突厥共同体论、民族至上论、新疆独立论、反汉排汉论和"东突厥斯坦"革命论等，"东突厥斯坦"政治纲领以其反动的政治观、民族观、宗教观、历史观和文化观，构成民族分裂主义的思想理论体系。民族分裂主义势力为了乞求西方某些政治势力的支持，特意披上西方资产阶级的所谓"自由"、"人权"、"民主"等外衣，以混淆视听。

历史和现实充分表明，"泛伊斯兰主义"和"泛突厥主义"是民族分裂主义势力同我们较量的思想工具，是新疆意识形态领域里阶级斗争的突出表现。民族分裂主义分子正是凭借这一反动的思想工具蛊惑少数民族群众、毒害青少年、不停地制造事端、制造动乱乃至武装暴乱。对此，要从理论高度揭露"三股势力"的本质和危害，要充分认识与"三股势力"在意识形态领域斗争的长期性、复杂性、群众性、民族性、国际性和艰巨性，拿出切实有效的具体措施，不断加强对干部、党团员和广大群众，特别是青少年的马克思主义政治观、民族观、宗教观、历史观教育，引导广大群众深入剖析"双泛"反动思潮的实质及其危害性，从根本上铲除民族分裂主义势力的政治思想土壤。

2. 加强社会主义主流意识形态的合法性建设

"如果一国能使它的权力在别人眼中是合法的，它的愿望就较少遇到抵抗；如果一个国家的文化和意识形态是有吸引力的，他人就会自动追随。"[①] 要防范民族分裂主义思想向新疆意识形态领域的渗透，最根本的办法就是增强社会主义主流意识形态的权威性、吸引力和感召力，使其合法性得到新疆各族人民的自觉认同并主动追随。社会主义主流意识形态在中国新疆的合法性就是指社会主义的主流意识形态为新疆各族人民所认同、所接受，成为各族群众内在稳定的价值取向和心理结构，并自觉转化为行为指南和动力的状态。[②] 新疆社会主义主流意识形态的合法性源泉主要来自新疆经济发展和领导干部执政状况两个方面。为此，尽快把新疆经济发展上去，不断改善新疆各族人民的生活水平是重中之重，这是做好意识形态工作的物质基础和根本保证。同时要发挥意识形态的批判功能，通过加大反腐败力度，确保新疆各族干部，特别是汉族领导干部，一定要廉洁执政、率先垂范，真正秉持并践行社会主义主流意识形态，真心成为新疆各族人民群众的公仆，使新疆少数民族群众从内心深处满意和佩服，才能真正增强社会主义主流意识形态在新疆各族人民心中的认同感、感召力和凝聚力，有效抵御

---

① 约瑟夫·奈：《软力量：世界政坛成功之道》，吴晓辉译，东方出版社2005年版，第10页。
② 张春霞、蒲晓刚：《境外宗教渗透与新疆意识形态安全》，载《新疆社会科学》2010年第1期。

"三股势力"的思想渗透。

3. 建构中华民族的文化认同、强化公民意识培养

"认同是一种建构,一个从未完成的过程——总是'在过程中'。"[①] 作为思想意识深层的文化认同,是在历史文化传统基础上的社会建构。当代中国文化认同的核心是认同中华人民共和国、认同中国共产党的领导和社会主义制度,认同中华民族的团结统一,其中中华民族的文化认同是以上认同的基础。为此,要通过不断挖掘中国各民族优秀的传统文化,使其纳入中国民族文化认同的整体系统中,成为新疆各族人民主流意识形态的内容,并积极引导宗教与主流意识形态相适应,使宗教中真、善、美的内容成为少数民族群众的心理基础和价值归属。

针对新疆一些少数民族群众因"三股势力"的煽动,民族意识不断强化的事态,在意识形态教育中,要着重加强"公民意识"教育和培育,加强法制宣传教育,使公民意识意识形态化,淡化和消除狭隘民族意识,实现从族群身份向公民身份的转化;逐步建构公民与国家的新型关系,提升公民对国家的认同感、归属感,强化公民的法律意识和责任义务意识;宣扬中国国家利益高于一切的理念,形成少数民族群众自觉地把个人的利益得失与中国的盛衰强弱紧密结合在一起的国家公民意识,有效消解"三股势力"鼓吹"泛突厥共同体论"、"民族至上论"在少数民族群众中激起的狭隘民族意识和极端民族主义思想。

4. 改变宣传教育方式、强化意识形态教育的实效性和针对性

长期以来,新疆意识形态教育主要采取的是一种单向灌输的方式,这种方式有助于强化意识形态的主导作用。但从实效性上来讲,这种灌输只能使其内容"停留在口头,难以进入心头",使一些少数民族群众"口服心不服",难以发挥社会主义主流意识形态的吸引力和感召力。要增强主流意识形态教育的实效性和针对性,适当改变已有的文化形象和叙述方式,采取多形式、多渠道渗透感化的方式,使严肃、空洞、枯燥、乏味的说教转化为轻松、有趣、富有生活气息的鲜活文化传播和感染,真实地、亲切地、有效地表达自己;通过利用互联网的论坛、博客等现代传媒工具,运用生动活泼的文化传播形式争取意识形态的主导权;通过文化建设的方式,以文化服务和惠民文化的形式体现意识形态教育的实效性;意识形态的教育要和少数民族群众日常生活结合起来,多些人文关怀,吸收民间话语和平民风格唱响主旋律,贴近少数民族群众的切身利益和生活实际,通过潜移默化一点一滴地渗入民族群众心灵深处,体现意识形态的针对性。通过这样生动活泼的多样化方式,实现社会主义主流意识形态的民族化、大众化和社会化,把意识形态的科学内涵变成各民族群众的自觉认同,内化为各民族群众的

---

① [英]齐格蒙特·鲍曼:《作为实践的文化》,郑莉译,北京大学出版社2009年版,第59页。

世界观、人生观和价值观，成为新疆各民族群众的价值规范和行为准则。

5. 加强高校思想政治教育阵地建设

长期以来，"三股势力"始终把新疆各高校作为其在意识形态领域进行渗透和影响的重点，把宗教意识比较严重、坚持做"乃玛孜"的青年学生作为重点渗透的对象，致使少数思想意志不坚定的学生上当受骗，有的加入了"伊扎布特"组织，参与了该组织的一系列非法活动；在境外敌对势力和民族分裂组织非法网站的不良影响下，极少数学生经不住诱惑，从计算机网络下载反动文章并登录境外民族分裂网站，利用计算机网络从事危害国家安全和社会稳定、破坏国家统一和民族团结的违法活动；还有极少数学生长期从事非法宗教活动，甚至参与民族分裂活动，有的学生一直在宿舍做乃玛孜，有的到清真寺做礼拜，有的还长期参与封斋活动。民族分裂势力和宗教极端势力正是利用各种手段与我们争夺下一代，其手段隐蔽、路径多样。2009年乌鲁木齐"7·5"事件中，就有一些大学生在校园里游行，并喊出了反动口号，甚至想冲出校园，参与恐怖暴力活动，虽然在学校领导及相关部门的坚决制止下，图谋没有得逞，却反映出这些学生严重的政治思想和政治倾向问题。

所以，新疆各高校要高度重视青少年的思想政治教育，始终坚持社会主义办学方向，加强高校领导班子和教师队伍建设，深入推进高校思想政治教育，学校要出台禁止任何形式宗教活动规章，并且由相关部门监督执行，教师不得参加宗教活动，不得向学生传播宗教思想，不得胁迫和带领学生参加宗教活动，努力为学生健康成长创造良好的学校环境。为了有效防范和抵御"东突"恐怖分裂势力在意识形态领域的渗透，必须构筑高校反分裂斗争的牢固防线，从高校领导干部和广大师生入手，加强政治素质的培养和思想政治工作，把高校建设成为反对"东突"恐怖分裂势力和非法宗教活动的坚强阵地。

6. 以社会主义核心价值体系为指导，进一步加强新疆意识形态建设

（1）巩固社会主义核心价值体系在意识形态领域的指导地位，要着力做好具有战略意义的工作：第一，要深刻总结新中国成立以来新疆意识形态工作的基本经验和教训，紧密结合当代实际，切实加强对马克思主义基本理论的学习和研究；第二，必须用社会主义核心价值体系统领哲学社会科学研究，坚持以社会主义核心价值体系引领和规制新疆社会中传播的各种社会思潮，形成全社会共同的理想信念和道德规范，巩固社会主义核心价值体系在意识形态领域的指导地位；第三，意识形态各部门的领导权和各种课堂、讲台、论坛和出版社、报纸、广播电视、互联网等媒体的领导权和主导权要掌握在真正的马克思主义者手里，巩固社会主义核心价值体系在意识形态领域的指导地位才能落到实处。

（2）坚持不懈地开展"爱党、爱祖国、爱社会主义"主题教育活动，开展

"三个离不开"、"四个认同"和马克思主义"五观"教育活动,激发各民族群众的国家认同感。引导新疆各族干部群众在一些大是大非问题上牢固树立正确的思想认识,正确理解和把握党的民族、宗教政策,以中国特色社会主义核心价值体系营造良好的文化氛围,用共同的先进文化土壤培育各族人民的社会认同感,让社会主义主流意识形态永远占领新疆文化高地。

第四节 创建和谐的周边关系是维护新疆安全稳定的重要保障

一、中国与周边国家建立睦邻友好关系的重要性

(一)处理好与周边国家关系,建立和谐的外部安全环境

为了营造一个对中国新疆有利的地缘政治环境,从地缘政治的角度分析,需要处理好中国与接壤邻国的关系,创建互利合作、睦邻友好的周边环境,建立平等互利、团结协作、共同发展的周边关系。继续发展与俄罗斯的战略协作伙伴关系,保持与印度、巴基斯坦、阿富汗、蒙古国等国的睦邻友好关系,联合中亚国家共同打击"三股势力",改善新疆周边国际环境。特别是随着"上海合作组织"的建立和不断完善,为营造有利于新疆稳定的周边环境创造了有利条件。如今,上海合作组织拥有近15亿人口和辽阔的地域,已经成为各成员国之间加强政治、经济、文化交流的良好平台,发展前景良好。

中国近年来在大国关系中大力提倡不针对第三方的战略合作伙伴关系,在与周边国家关系中则积极实施"以邻为伴、以邻为善"和"睦邻、富邻、安邻"的方针,在国际关系上强调"共同发展"的思想。这便在理念和实践上突破了传统国际关系中安全困境的局限,体现出在国际政治中传统的"零和博弈"的扬弃,对霸权主义、强权政治的批判。[1] 例如上海合作组织秘书处执行秘书长张德广在谈到该组织将深化经济合作时强调说,上海合作组织任何时候都不会成为军事联盟,也不打算回到冷战时期的对抗状态。[2]

---

[1] 祝政宏:《中亚地区安全与大国因素》,新疆大学出版社2006年版,第162页。
[2] 《中亚信息》2004年第9期。

（二）发挥中国新疆在上海合作组织中的独特作用

1. 充分发挥中国新疆在上海合作组织框架内打击"三股势力"的独特作用

由于境内外"三股势力"的分裂破坏活动，新疆面临的一项重要工作就是打击"三股势力"，加强民族团结，维护社会的安全稳定。民族分裂势力、宗教极端势力、恐怖势力这"三股势力"是影响新疆乃至全国社会政治稳定和国家安全的主要因素。"三股势力"不断合流，以中西南亚为基地对新疆进行恐怖分裂活动。在与新疆接壤的阿富汗、巴基斯坦、印度境内的伊斯兰极端分子也与分裂新疆的"三股势力"相互勾结，这三国与新疆有近900公里的边境线。新疆的周边环境日趋复杂，打击"三股势力"的任务日趋繁重。

中国新疆是上海合作组织成员国联合反恐军事演习的地点之一。2003年8月11日，中国、哈萨克斯坦、吉尔吉斯斯坦、俄罗斯、塔吉克斯坦五国联合反恐演习在中国新疆伊犁进行。"友谊——2006"中巴联合反恐军演于2006年12月11日开始，18日结束，这次联合军演的目的是进一步巩固和深化中巴两国、两军友好合作关系，加强军事互信，交流当地反恐怖作战经验，提高两军联合反恐作战能力，营造与国际社会共同打击恐怖主义的氛围。有关方面在发布这一消息时强调，演习不针对第三方，不损害他国利益。2006年8月，上海合作组织成员国中国和哈萨克斯坦联合举行"天山1号（2006）"反恐演习，这是上海合作组织框架内，中哈执法安全部门首次举行联合反恐演习；2007年，"和平使命—2007"上海合作组织成员国武装力量联合反恐军事演习在乌鲁木齐举行；2011年5月6日，在上海合作组织成立十周年之际，中国与吉尔吉斯斯坦、塔吉克斯坦在中国新疆喀什成功举行了代号为"天山2号（2011）"的联合反恐演习。这些联合反恐军事演习是上海合作组织成员国共同应对新威胁、新挑战，维护地区安全与稳定、促进共同发展，打击和震慑恐怖主义、分裂主义、极端主义"三股势力"的重要行动。

这些年来的实践证明，要确保新疆的安全稳定，就要坚定不移地贯彻执行中央政府关于维护新疆稳定的各项重大决策，坚决打击"三股势力"，坚决防范和打击境内外敌对势力的各种渗透破坏活动，继续深入地开展意识形态领域的反分裂斗争。牢牢掌握反分裂斗争的主动权，确保新疆社会、政治大局的稳定，构建和谐新疆的工作也才能在这个基础上迈出坚实有力的步伐，取得不断地进步。[①]

2. 利用上海合作组织，积极加强中国新疆与周边国家在各领域的合作

在上海合作组织不断发展的过程中，各成员国的合作领域从安全拓展到政

---

① 杨力：《谈新疆构建和谐社会的特色问题》，http://www.xjass.com，2008年6月6日。

治、经济、人文，打击国际恐怖主义、极端主义、分裂主义和贩毒等各个方面。在上海合作组织框架内的政治互信不断加深，上海合作组织是中国新疆与周边国家合作的主要平台。

(1) 安全合作

新疆日益成为中国 21 世纪经济增长的重要支点，成为中国西部大开发战略的重要地区，同时，由于新疆特殊的地理位置决定了新疆也是西方敌对势力对我实施"西化"和"分化"战略的主要攻击目标，是民族分裂主义势力活动猖獗的地区，新疆的稳定和发展事关全国稳定与发展的大局。

上海合作组织的功能从最初单纯打击"三股势力"逐步扩展到战略安全、防务安全、执法安全、信息安全、禁毒、打击贩运武器弹药和爆炸物品、反洗钱、打击跨国有组织犯罪活动等广泛领域。配合成员国定期举行双边和多边反恐演习，广泛开展联合执法、情报交换和人员培训合作，积极参与反恐国际合作，为维护本地区乃至世界安全与稳定做出了重要贡献。在"上海五国机制"和"上海合作组织"框架内，在公安部的大力指导和援助下，新疆公安机关已经与有关国家进行过多次成功的警务合作，并取得积极成效。新疆作为我国反分裂和打击恐怖主义的前沿阵地，多次举办国际反恐技术装备博览会，这是进一步加强与上海合作组织成员国合作的需要。这些博览会将向广大群众和市民展示上海合作组织成员国在安全领域的合作成果，对境内外的恐怖势力形成极大的震慑。①

(2) 政治合作

从政治方面看，自"9·11"事件之后，中亚地区就被推到了地缘政治博弈的前沿，中亚地区的稳定与我国边疆安全与稳定密切相连，事关我国和平崛起的大战略，是一个重大的政治问题。上海合作组织所有成员国均面临"三股势力"的威胁，俄罗斯有车臣问题，中国有"东突"问题。"经过境外恐怖组织训练营全面训练为'东突'分子有相当一部分留在中西亚从事恐怖活动，成了'基地'组织、塔利班组织的骨干力量，有的还参加了车臣恐怖组织。"② 以美国为首的西方奉行双重标准，暴露其霸权主义的本质，因此，中国新疆需要通过提高上海合作组织在政治和安全领域的作用，达到有效牵制中亚国家亲美倾向、抵制美国的战略扩张的目的。

对于中亚国家的"三股势力"，中国应该积极利用上海合作组织在维护地区安全与稳定方面的作用，和上海合作组织其他成员国积极合作、一道对其进行严厉打击。而且新疆对美国的出口增长速度很快，如果美国在新疆的投资和经济利

---

① 曹志恒：《乌鲁木齐警方将举办国际反恐技术装备委员会》，新华网新疆频道，2008 年 8 月 1 日。
② 钱峰：《跑到阿富汗"受训"，参加塔利班"圣战"——"东突"拉登是一伙》，载《环球时报》2002 年 1 月 28 日第 1 版。

益不断增大,美国也将不得不考虑新疆的稳定问题。因此可以说美国因素对新疆的稳定来说既有挑战又有机遇。从现阶段来看是机遇大于挑战。对此,中国应积极利用美国战略的这一变化和国际社会打击恐怖主义活动的有利时机,继续采取"主动进攻,露头就打,先发制敌"的方针,对"东突"采取有力、有效的打击,进一步加强与上合组织成员国在打击"三股势力"方面的密切合作。

二、建立中国新疆与周边国家的次区域合作机制

(一)构建中国新疆及周边地区次区域合作机制的有利条件

1. 地缘上的有利条件

从地理环境和地理位置来说,中国新疆和其周边的国家具有相似性和紧密的联系,地理上构成一个相对完整地理单元。新疆及其周边的地区相似的地理环境以及由此而带来的人文上的相似性及地缘上的密切联系有利于构建中国新疆及周边地区次区域合作机制。

2. 民族关系方面的有利条件

从民族方面来看,中国新疆及其周边地区形成了较多的跨国民族,但又彼此跨国而居,形成多元跨国民族的格局。今天中国新疆地区与中亚五国的跨国民族有8个,即哈萨克族、乌孜别克(乌兹别克)族、吉尔吉斯(柯尔克孜)族、塔吉克族、维吾尔族、回(东干)族、俄罗斯族、塔塔尔(鞑靼)族等(见表5-1)。

表5-1　　　　中国新疆地区与中亚五国主要民族构成　　　单位:万人

国家或地区	哈萨克族	乌孜别克族	土库曼族	塔吉克族	吉尔吉斯族	俄罗斯族
中国新疆	138.16	1.52		4.35	17.12	1.56
哈萨克斯坦	786.52	41.55				445.2
乌兹别克斯坦	100.48	1 979.45	12.09	123.08		125.6
吉尔吉斯斯坦		70.27		9.02	326.29	62.75
土库曼斯坦	14.11	64.41	538.91			46.91
塔吉克斯坦	2.03	185.51	1.37	440.62	8.12	20.21

资料来源:冯凯:《中国新疆与中亚五国民族宗教问题研究》,中国人民解放军信息工程大学硕士论文,2006年。

由于新疆和周边国家的各跨国民族在民族情感、宗教、文化、风俗习惯、生活方式、价值观念等方面的相似性,在各同源跨国民族和平跨居的条件下,经过努力可以消除跨国民族对中国与新疆周边各国关系的负面影响。各跨国民族一定会成为构建中国新疆及其周边地区次区域合作机制的纽带和桥梁。成为构建该机制的一个有利条件。

3. 经济合作方面的有利条件

从经济发展看,我国新疆及周边国家经济发展水平总体上相似,均为发展中国家,在世界经济格局中处于边缘和半边缘地位,都是资源和能源富集之地,在开发利用能源资源来发展经济方面具有共同利益。另外新疆及周边国家在基础设施建设、交通运输、外贸等方面也有很强的互补性。第一,我国新疆及周边国家地区地理上相邻,地域相连,这种得天独厚的优势有利于进行经济合作;第二,经济上在基础设施建设、交通运输、外贸等方面也有很强的互补性;第三,良好的政治关系是发展经济合作的保证;第四,在当今经济全球化和区域化浪潮下,中国新疆和周边各国都认识到进行经济合作,发展经济,提高人民生活水平的重要性,各国都有经贸合作的愿望和要求;第五,上海合作组织、亚洲开发银行等国际组织为加强经济合作提供了很好的平台,为双边和多边合作创造了条件。应充分挖掘该组织成员国地缘相近、资源丰富、优势互补等方面的潜力,进行经济合作。可以看出,构建中国新疆与周边国家次区域合作机制也有优越的经济基础。

4. 文化交流方面的有利条件

从文化宗教方面来看,新疆与周边国家具有同源性和相似性。中亚地区各国居民大多信仰伊斯兰教,伊斯兰文化是中亚的主流文化,我国新疆除汉族等居民外,维吾尔族、哈萨克族、乌孜别克族等居民也大多信仰伊斯兰教。中国新疆与周边国家的居民大都信奉逊尼派,信仰上具有很大的共性,这是中国新疆与中亚国家宗教文化上的相似性。

(二) 中国新疆与周边国家建立次区域合作机制的特点

1. 中国新疆及其周边地区次区域合作机制合作内容的广泛性

中国新疆及其周边地区次区域合作机制的内容特别广泛,包括政治、安全、经济以及人文等多方面。我国和新疆周边地区的各国在加强合作,解决共同面临的政治、军事、安全以及经济等问题方面具有共识,这是根于该地区各国在这些方面的合作符合各国的共同利益。

在安全方面,中国和新疆周边国家都受到严重的传统安全威胁和非传统安全威胁,一方面传统安全威胁并没有得到完全解决,特别是加强边境安全和军事互信问题，另一方面，非传统安全威胁越来越严重，主要有"三股势力"的威胁、跨国毒品犯罪等。以上这些安全威胁都不是凭一个国家之力就可完全解决的，必须加强国际合作才能很好地解决。中国新疆与周边国家在安全方面具有共同利益，中国政府安全合作方面的主张也容易为中亚各国接纳，这也是该机制具有可实践性的基础。新疆地处中国西北边陲，有着极为特殊的地缘安全环境，新疆的长治久安事关国家的安全和统一，构建中国新疆和周边地区次区域安全合作机制要求新疆地方政府积极配合中央政府的外交努力。

在人文领域的合作方面，将文化艺术、教育、体育、旅游、传媒等领域的合作机制化。鉴于该次区域内各国拥有独特、丰富的文化遗产，上海合作组织在促进文明对话、建立和谐世界方面，完全可以发挥促进和示范作用。可以看出，构建中国新疆和周边地区次区域安全合作机制具有重要的现实和理论意义。

2. 中国新疆及其周边次区域合作机制是主权国家间的多边合作机制

构建中国新疆和周边地区次区域合作机制要在中国政府积极倡导和主要参与下进行，同时充分发挥新疆地方政府在合作中的特殊作用。由于中国新疆和周边地区次区域合作机制本质上是一种国家间的多边合作机制，牵涉到中国和新疆周边国家的对外关系，所以离不开中国政府的外交支持，没有中国中央政府的外交支持，构建该次区域合作机制是不可能的。它需要中国中央政府为构建中国新疆和周边地区次区域合作机制创建制度平台。但是我们也应看到构建该机制必须发挥新疆地方政府在合作中的特殊作用。

首先，新疆是我国西部地区内引外连的主渠道与对外开放的重要窗口，加强西部地区与中、东部地区之间的联系，保证西部地区与中、东部地区的人员与物资交流，是适应世界经济全球化的发展趋势和对外经济开放不断扩大的需要。新疆综合交通运输正处在东联中、东部地区，西联中亚、欧洲各国运输通道最关键的部位，是亚欧大陆运输主通道的重要组成部分。

其次，新疆地区资源丰富，与其周边国家在经济上联系密切。不仅拥有丰富的煤炭、石油、天然气等能源矿产资源，而且是我国重要的粮食、棉花生产基地、纺织基地和石油及石油化工基地。同时，新疆也具有丰富独特的旅游资源，随着人民生活水平的不断提高，新疆的旅游业将以更快的速度发展。国家西部大开发战略的实施，为新疆的开发带来更大的发展机遇，各种资源的开发利用将使新疆与内地的客货运输量迅速增加。西部大开发将使新疆与周边国家间的经济互补性增强，人员及物资的交流将变得更加频繁，与周边国家间的客货运输量将会有比较大的增加。另外，随着亚欧大陆桥的开通，我国及第三国的货物在新疆的过境运输量将会增加。

再次，新疆地方政府享有广泛的自治权利，这更有利于它在合作中发挥地方政府的作用。新疆维吾尔自治区是以维吾尔族为主体的民族自治地方。在自治区境内，还有哈萨克、回、柯尔克孜、蒙古等4个民族的5个自治州，以及哈萨克、回、蒙古、塔吉克、锡伯等5个民族的6个自治县，还有43个民族乡。根据中国宪法和民族区域自治法的规定，民族自治地方享有广泛的自治权利，在行使地方国家机关职权的同时，还行使立法权、变通执行或者停止执行权、经济发展权、财政权、少数民族干部培养使用权、发展教育和民族文化权等。新疆维吾尔自治区人民代表大会及其常委会根据民族区域自治法赋予的权力和新疆的实际，制定适应新疆特点和需要的各种法规和决议，依法保障民族自治地方的自治权利。新疆地方政府可利用享有的广泛自治权利，发挥它在中国新疆和周边地区次区域合作机制中的应有作用，以解决其安全、经济等方面的各种社会问题。

3. 构建新疆及周边国家地区次区域合作机制离不开联合国、上海合作组织等相关国际组织的参与

与新疆及周边国家地区次区域合作机制相关的国际组织有全球性与区域性的两种，主要有联合国、上海合作组织、中亚合作组织、独联体、亚洲开发银行等，对于中国来说，其中最重要的是联合国与上海合作组织。联合国的宗旨是维护国际和平与安全；制止侵略行为，促进国际合作，发展国际以尊重各国人民平等权利及自决原则为基础的友好关系；进行国际合作以解决国际经济、社会、文化和人道主义性质的问题，并且促进对于全体人类的人权和基本自由的尊重；中国新疆及其周边地区在打击恐怖主义和跨国犯罪，进行经济合作等方面离不开联合国的支持与帮助。

上海合作组织在构建新疆及周边国家地区次区域合作机制中的重要作用可以通过上海合作组织的宗旨和任务体现出来，上海合作组织是中国多年来参与组织成立并加入的第一个区域性合作组织，为我国西部大开发战略创造了有利的周边环境。所以中国政府应在上海合作组织框架内，积极倡导构建有利于新疆安全、稳定的次区域合作机制，它有利于维护新疆的安全、稳定和国家的统一。一方面上海合作组织为构建新疆及周边国家地区次区域合作机制提供了很好的合作原则和精神，另一方面又为中国和新疆周边国家通过协商解决地区问题提供了机构和制度保障。

4. 中国新疆和周边地区次区域合作机制要体现新的安全观和新的地区合作模式

新安全观是指以"互信、互利、平等、协作"为核心的安全观。具体含义是指相关国家共同安全，一起发展和相互信任，不追求军事优势，国家间不使用武力或以武力相威胁，不谋求建立军事同盟和相同的政治制度，对相互间分歧，摒弃对抗，平等协商，妥善解决。新安全观以世界各国的共同利益为基础，以相

互信任为纽带，以合作、对话、开放为国家间交往的基本方式，并认为双方的关系不应针对第三方，新安全观之所以新就在于它区别于坚持冷战思维，以霸权主义和强权政治，以对抗结盟、干涉为表现形式的旧安全观。新的周边、地区合作模式在以上海合作组织为框架的中亚地区安全合作中得到充分的体现，在与周边国家的关系上中国政府提出"与邻为善，以邻为伴"以及"睦邻、安邻、富邻"的政策主张。在地区合作模式上倡导平等协商，互相包容，协作渐进的行为模式，互信、互利、平等、协作、尊重多样文明，谋求共同发展。中国新疆和周边地区次区域合作机制为建立互信、互利、平等、相互尊重的新型全球安全架构做出建设性贡献。它符合公认的国际法准则，摒弃"双重标准"，在互谅基础上通过谈判解决争端，尊重各国维护国家统一和保障民族利益的权力，尊重各国独立自主选择发展道路和制定内外政策的权力，尊重各国平等参与国际事务的权力。必须尊重和保持世界文明及发展道路的多样性。历史形成的文化传统、政治社会体制、价值观和发展道路的差异不应被用于干涉他国内政的借口。社会发展的具体模式不能成为"输出品"。应互相尊重文明差异，各种文明应平等交流，取长补短，和谐发展。

以新安全观和新的周边、地区合作模式为指导来构建新疆及周边国家地区次区域安全合作机制有许多原因，首先，新安全观和新的周边、地区合作模式是中国政府多年来外交智慧的结晶，这体现了中国政府一贯主张的和平共处五项原则以及不结盟、不对抗、不针对第三国和对外开放原则，它是对国际社会一些别有用心的人所鼓吹的"中国威胁论"最有力的反驳，有利于为中国的"和平崛起"创造有利的周边环境。新安全观和新的周边、地区合作模式体现了中华文化的精髓，"中华文化的人文精神、价值理想是'和'，儒家、墨家、道家都倡导'和'或'合'，作为化解天与人，国与国，人与人以及不同文明冲突的最佳方式。"①"和合"是中国传统文化的精髓。以新安全观和新的周边、地区合作模式为指导来构建新疆及周边国家地区次区域安全合作机制，有利于增强中国文化在中亚地区的影响力。以新安全观和新的周边、地区合作模式为指导来构建新疆及周边国家地区次区域安全合作机制会使该机制具有鲜明的特色，上海合作组织就是奉行新安全观和新的周边、地区合作模式的地区组织，新疆及周边国家地区次区域安全合作机制要以上海合作组织为主导来构建，以新安全观和新的周边、地区合作模式构建的新疆及周边国家地区次区域安全合作机制和以北约以及美日同盟为代表的结盟机制相比有鲜明的特色，"前者是新型安全模式，后者是冷战时期的安全模式；前者不针对第三国，后者以第三国为假想敌目标；前者以避免军事冲突

---

① 颜声毅：《当代中国外交》，复旦大学出版社2004年版，第100页。

为目标,后者以威慑敌人和赢得军事冲突胜利为目标;前者以建立信任措施为手段,后者以加强军事机器为手段;前者靠协商一致进行合作为保证,后者以军事同盟条约为保证;前者成员之间完全平等,后者几乎美国说了算。"①

(三) 建立中国新疆与中亚合作的次区域合作机制

中国新疆及其周边地区次区域合作机制合作的内容包括政治、安全、经济以及人文等多个方面。本课题主要重点放在安全与经济方面,安全方面包括传统安全方面的边境安全和军事互信的次区域安全合作机制,非传统安全方面的预防和打击跨国毒品犯罪的次区域安全合作机制和解决"三股势力"次区域安全合作机制。最后是新疆及其周边地区间次区域经济合作机制。

1. 加强边境安全和军事互信的次区域合作机制

中国新疆与中亚五国中的哈萨克斯坦、吉尔吉斯斯坦和塔吉克斯坦三国交界,苏联解体后,中苏边界问题"遗传"给了中国和中亚哈、塔、吉三国,中国政府以"互谅互让,平等协商"的精神通过谈判来解决边界问题,中哈、中吉的边界目前基本上解决,中国和塔吉克斯坦的边界大部分都已勘定,还有从乌兹别里山口向东南沿萨雷阔勒岭至克克拉到考勒峰的边界没有勘定,它是一段历史形成的未定国界,是俄国 1892 年的军事占领线,中国历届政府均未承认。在边境问题上要加强传统军事安全互信,彻底解决历史遗留的边界问题。另外还有一些别有用心的人在中亚鼓吹"中国威胁论",说什么一旦中国强大起来一定会用武力夺取历史上属于中国的领土。可见,加强中国和中亚各国沟通和交流,建立边境安全和军事互信是非常必要的。

2. 建立新疆周边国家打击"三股势力"的次区域安全合作机制

"三股势力"已对新疆及周边国家地区的安全和稳定构成了极大的威胁,建立打击"三股势力"的次区域安全合作机制符合次区域内各国的共同利益,在打击"三股势力"方面可在上海合作组织的框架下进行,上海合作组织把打击"三股势力"作为该组织维护中亚地区安全的重要任务之一。2006 年 6 月 15 日,上海合作组织成员国元首在上海签署《上海合作组织五周年宣言》,规定:"全面深化打击恐怖主义、分裂主义和极端主义及非法贩运毒品领域的合作,是本组织的优先方向。本组织将采取措施,以加强地区反恐怖机构并与相关国际机构开展合作。"

中国和新疆周边国家打击"三股势力"大致可分为以下几部分:

第一,建立中国新疆及其周边地区打击"三股势力"的应急机制。由于活

---

① 颜声毅:《当代中国外交》,复旦大学出版社 2004 年版,第 81 页。

跃于我国新疆及其周边国家的三股势力的恐怖活动具有跨国性和突发性，这就要求不但要建立打击三股势力的国内应急机制，而且要建立新疆和周边国家打击"三股势力"区域性国际应急机制。2002年1月，上海合作组织成员国外长非例行会议通过应急机制原则，主要包括两方面的内容："一是如遇重大事件，两国以上外长可以提出倡议，召开六国外长紧急会议，商讨对策，协调立场；二是可以以外长声明的方式，阐述本组织对突发事件的看法和主张。"① 应急机制的确立为上海合作组织对付三股势力突发性恐怖犯罪活动创造了有利条件。

第二，建立中国和新疆周边国家的情报信息共享机制。一般来说，恐怖分子为达到某种政治或社会目的，总是企图使恐怖活动实施成功，为此他们大都有一个较长时间的（比如几周或几个月）准备犯罪活动的策划、预谋过程，实施恐怖活动的有关器材准备、金钱准备、人员调配与接应、地点考察、方式选择等准备工作。如果我们能在恐怖分子的预谋犯罪过程中，获取有关的情报，将其破获，那就会大大减少其造成的社会危害，而且也有利于打击恐怖分子的气焰，威慑恐怖分子。因此加强对恐怖组织的情报信息搜集工作，力求能准确全面地掌握恐怖组织的人员情况、资金来源、活动动向等内部情报，对于有效预防与打击恐怖主义犯罪具有非常重要的作用。活跃于我国新疆及其周边国家的"三股势力"的恐怖活动具有跨国性，其组织往往分布在多个国家。乌兹别克伊斯兰运动（IMU）就具有这样的活动特征，"它的总部设在原塔利班政权的首都坎大哈，在阿富汗设有两处军事基地，在塔吉克斯坦中部设有前线指挥中心，其军事人员分布在塔吉克斯坦、费尔干纳山区、阿富汗，训练地点分布在塔吉克斯坦、阿富汗、巴基斯坦、车臣等多个地方，经常活动范围包括中亚各国及阿富汗、巴基斯坦、车臣等多个国家和地区。"② 在我国搞疆独的东突恐怖分子在中亚建立基地进行训练，指挥恐怖活动，还在西亚培养"精神领袖"和"干部队伍"，我国新疆是其恐怖活动的前线。针对"三股势力"组织活动的跨国性，必须建立我国和新疆周边国家情报信息共享机制，只有这样才能对"三股势力"的组织活动进行总体把握，对其进行全方位的打击。

第三，建立中国新疆及其周边地区打击"三股势力"的区域性预警机制。新疆和周边国家打击"三股势力"的情报信息共享是建立区域性预警机制的前提条件，注意，这种区域性预警机制不同于国内预警机制，在上海合作组织机构下专门成立打击"三股势力"的区域性预警机制对于预防和打击"三股势力"是极为重要的，首先通过区域性预警机制对恐怖威胁的风险进行评估，各国的恐

---

① http://news.sohu.com/2003/12/16/39/news216953998.shtml.
② 祝政宏：《中亚地区安全与大国因素》，新疆大学出版社2006年版，第164页。

怖威胁风险程度不一，可以绘制中国和新疆周边各国恐怖威胁风险表，这样就可以对我国新疆及其周边地区的"三股势力"恐怖威胁进行总体把握，大致可分为五个等级：低级、警戒级、威胁级、高级、最高级。然后针对不同的恐怖威胁等级，采取相应的预防和应对方案。

第四，中国和新疆周边国家联合行动的国际合作机制。在信息共享的基础上，采取联合行动对付"三股势力"的跨国流窜性活动，这是解决"三股势力"最有效的途径，即使是一个"三股势力"恐怖组织的一次恐怖活动也可能同时在多个国家进行，因东突组织的活动特点是境内指挥，境外作战。"1999年和2000年，乌兹别克伊斯兰运动（IMU）在费尔干纳盆地的各国边境地区持续作乱，就以流窜于国境线两侧山区的战术躲过军队和执法部门的围剿，而中亚各国囿于现行国界的限制和军队协调上的困难，不仅一再延误战机，而且几乎造成不应有的误伤。"[1] 针对这种情况，新疆和周边国家在上海合作组织地区反恐机构的制度平台下，建立协调行动的国际合作机制，这是中国和新疆周边国家最有效的打击三股势力的途径。

第五节 新疆社会安全稳定预警机制与指标体系建设

一、新疆社会安全预警机制的基本框架

（一）社会安全的内涵

社会安全是一个比较复杂的概念，有广义和狭义之分。广义的社会安全是指整个社会系统能够保持良性运行和协调发展，使其不安全因素和影响度最小化的社会运动状态。社会安全包括经济安全、政治安全、社会生活安全、思想文化安全等诸多方面。[2] 狭义的社会安全是指除经济和政治系统外的其他领域的安全。通过上述两个层面含义的分析可以看出，社会安全是指人们公共生活空间状态的安全，它是直接与人民群众密切相关的有关公民生命财产、社会生活秩序和生活

---

[1] 祝政宏：《中亚地区安全与大国因素》，新疆大学出版社2006年版，第165页。
[2] 魏永忠、吴绍忠：《论城市社会安全与稳定预警等级指标体系的建立》，载《中国人民公安大学学报》2005年第4期。

环境安全，包括社会治安问题、突发性事件、交通安全、生产和经营安全等方面，是针对社会事件的安全措施、对策、知识等。社会安全是社会稳定的基础，动荡不安的社会没有稳定可言。

（二）新疆社会安全的主要问题

1. 以犯罪为特征的新疆社会安全问题

（1）"东突"暴力恐怖活动是影响和威胁新疆社会安全的最重要因素

长期以来，"东突"恐怖分子在新疆策划、组织、实施了一系列爆炸、暗杀、纵火、投毒、袭击等暴力恐怖活动，不仅给人们生命财产造成了重大损失，而且扰乱社会秩序、破坏社会安全、造成人心恐慌、激化民族隔阂，引发了严重的社会危机。"东突"恐怖势力为了培训骨干、扩大恐怖组织，在新疆境内，尤其是在偏僻地区秘密建立训练基地，随时都有借机发动恐怖暴力活动的可能，是新疆社会安全的最大隐患。

（2）人口的流动性增加，导致社会治安问题

在新疆，随着城乡经济的发展和城乡户籍"二元结构"被打破，引起原有社会秩序和人口结构变化，大大超过了目前城市承受能力，原有的以管理常住人口为中心的户籍管理制度已经无法进行有效管理，其维护社会治安的基本社会控制功能大大削弱。另一方面，农民进入城市生活，对金钱的渴望和依赖性增加，在生活缺乏保障，外界缺乏有效管理引导的情况下，极易走上犯罪歧途，对公共安全构成巨大的威胁。截至 2007 年，新疆流动人口已增至 350 多万，约占全区总人口的 1/6。由于流动人口居住分散、来源复杂、流动去向不确定，加之"三股势力"和一些违法犯罪分子往往混迹其中，流动人口的存在和发展也加大了社会管理难度，已经成为当前新疆社会管理中的一个重点和难点问题。[①]

（3）贫富差距拉大，心理失衡，诱发犯罪

新疆随着改革的进一步深入，彻底打破"平均主义"和"大锅饭"之后，特别是近些年来，贫富差距不断拉大，下岗失业现象突出，"富者愈富、贫者愈贫"，在心理失衡的情况下，诱发多种类型犯罪，成为新疆社会安全的极大隐患。新疆城乡居民收入差距一直较大，从 1993 年开始城乡居民差距进入急速扩大时期，特别是 1995 年和 2001 年城乡居民收入的差距一度达到 3.66∶1 和 3.63∶1。城乡居民收入的绝对差距仍然从 1992 年的 1 212 元扩大到 2005 年的 5 508 元；相对差距也达到 3.22∶1。区域之间收入水平差距加大，新疆 2000 年南、北疆农

---

① 马伊宁：《新疆流动人口增至 350 万居住证代替暂住证》，http：//www.iyaxin.com/content/2008 - 10/31/content_472728.htm, 2008 - 10 - 31 21：38：21。

民人均纯收入分别为 1 217 元、2 370 元,南、北疆绝对收入差距为 1 153 元,到 2005 年南、北疆收入绝对差距扩大到 1 545 元,差距扩大了 392 元;2005 年,职工工资收入最低的塔城地区与最高的克拉玛依市收入绝对差距也由 1 766 元扩到 10 277 元。[①] 收入差距拉大的问题如果得不到切实解决,必然引发社会内部矛盾,进而危及新疆社会安全。

(4) 竞争加剧,暴力犯罪及不正当竞争的犯罪增多

在"优胜劣汰、适者生存"的市场游戏规则下,加剧了人与人之间的紧张关系,矛盾、冲突频繁发生,容易导致某些暴力犯罪增加。企业为了生存或牟取暴利,采取非法手段参与竞争,商家在竞争中实行犯罪手段,诸如权钱交易、垄断腐败、税收流失腐败、公共投资和公共支出腐败,黑社会横行、欺诈现象增多等,不仅造成了经济损失,而且也给社会安全带来了一系列连锁的消极反应。仅 2007 年,新疆各级检察院共立案侦查国家机关工作人员渎职侵权犯罪案件 100 件 117 人,同比上升 20.48% 和 21.88%,其中滥用职权 18 人,玩忽职守 51 人,徇私舞弊 26 人。

2. 以日常生活突发事件为特征的社会安全问题

(1) 食品安全是关系新疆人民生命的重大问题

今天的"食品安全"不只是干净不干净的问题,而且也存在着有没有污染,甚至是有没有毒的生死攸关的大问题,近几年来,新疆发生过多起食品中毒或死亡的突发事件。据中国食品科技网报道,仅在 2008 年,阿克苏、新源县、昌吉市连续发生 4 起中小学生食品中毒事件。[②] 食品安全问题涉及广大人民群众的生命安全和健康,是一个必须加以高度重视和解决的重大问题。

(2) 公共卫生事件是关系新疆人民群众生命安全和身体健康的重大问题

2003 年,"非典"疫情的突发,给新疆经济、政治、文教等方面带来了重大影响,敲响了公共卫生安全的警钟。突发卫生事件主要包括重大传染病疫情、群体性不明原因疾病、重大食物中毒和职业中毒等突发事件。随着环境污染的加剧,病毒变异、基因突变,物种异化等来源于自然界的灾难成为公共灾难事件是无法避免的,其发生往往带有不可预测的突发性,不仅造成公共领域的社会安全问题爆发,而且对社会和谐与稳定产生巨大冲击。据新疆维吾尔自治区卫生厅通告,2008 年 9 月全区共报告甲、乙类传染病病例 11 826 例,死亡 36 人,发病率、死亡率和病死率分别为 57.6878/10 万、0.1756/10 万和 0.3%。9 月,除鼠疫、霍乱、传染性非典型肺炎、脊髓灰质炎、人感染高致病性禽流感、流行性出血热、狂

---

① 阿班·毛力提:《新疆构建和谐社会面临的突出问题与化解对策》,http://www.xjass.com,2008 年 6 月 6 日。

② 中国食品科技网,http://www.tech-food.com,2008-11-8 12:08:25。

犬病、登革热、白喉、钩端螺旋体病、疟疾外，其余16种甲、乙类传染病均有报告。因此，应将传染疾病的防治纳入法制轨道，长期保持预警、临战状态。

（3）交通事故是新疆屡禁不绝的老大难问题

据新疆维吾尔自治区公安厅交警总队统计，仅2008年10月，全区共发生道路交通事故570起，死亡218人，受伤590人。其中，一次死亡3人以上事故2起，死亡8人，受伤6人。全月，因超速行驶、酒后驾驶、不按规定让行和违法占道四类违法行为，共造成209人发生交通事故丧命，占亡人总数的95.87%。据新华网报道，新疆仅2010年上半年就发生交通事故2 041起，造成685人死亡，2 441人受伤；2011年3月24日，乌鲁木齐发生一辆公交车与火车相撞，造成10人死亡、50多人受伤的重大交通事故。经调查，这些交通事故的发生，主要是人为因素造成的，也容易影响新疆社会安全。

（4）新疆的生产和经营事故也时有发生

2008年1月2日晚，新疆乌鲁木齐市德汇国际广场批发市场发生重大火灾，大火肆虐三天三夜，不仅造成了十多亿元以上的重大经济损失，而且造成3名消防战士在救火中牺牲。据新疆安全生产工作情况通报会通报，2008年上半年新疆共发生各类安全事故6 257起，死亡1 041人，受伤2 965人，直接经济损失2 218万元；截至2008年8月31日，全区共发生建筑施工安全事故12起，死亡13人。与2007年同期相比，事故起数增加2起，增幅20%，死亡人数增加3人，增幅30%。2008年1~10月份，仅塔城地区就发生安全生产事故322起，死亡73人，受伤339人，造成经济损失22万余元。"2008年，新疆维吾尔自治区共发生火灾5 497起，死亡47人，受伤37人，直接财产损失3.17亿元。与2007年相比，死亡人数上升20.5%，直接财产损失上升12倍。"① 2009年6月5日，新疆大黄山煤矿发生瓦斯事故，造成井下7人遇难。2009年6月30日，新疆鄯善县底湖煤矿发生井下事故，造成3人死亡、3人失踪和8人受伤。2011年4月2日，乌鲁木齐艾维尔沟矿区发生冒顶事故，造成10人遇难。据统计2008年以来，新疆煤矿共发生3起较大事故，造成16人死亡，9人受伤，直接经济损失558.86万元。据新疆煤矿安全监察局报道，2008年全年发生煤矿事故75起，死亡93人。这些造成生命和经济财产损失的重大事故，不可避免地引发了重大的社会安全问题。

新疆社会安全领域仍面临着严峻的形势，除了暴力恐怖事件外，就消防来说，"全区尚有33个县市未编制消防规划，34个县未设现役公安消防监督机构，

---

① 《晨报》2009年1月20日。

53 个县没有现役或政府专职消防队伍"①。因此，建立应对各类公共危机事件的长效预警机制，是维护新疆社会安全的根本保障。

（三）社会安全主要指标的确定与预警系统运行流程

1. 新疆社会安全的主要指标

影响新疆社会安全的因素众多，而且新疆各个地区其因素又有差异，但通过分析它们的共性，可以把这些因素归类。在此基础上，就可以形成相对比较适用的评价和预测新疆社会安全状况的指标体系。根据我们前面所分析的新疆社会安全所存在的主要问题以及以往研究所提出的社会预警系统指标，可将新疆社会安全预警系统指标分为以下6个方面：（1）暴力恐怖活动；（2）社会治安状况；（3）社会经济；（4）公共卫生；（5）重大事故；（6）周边环境。我们通常将上述这些指标称为警源性指标，它们构成指标体系中的类属指标，即一级指标。我们又将由警源性指标所引发的社会安全具体警情状态作为警兆指标，即二级指标，而将由警兆指标反映出来的可以量化的指标数作为警情观测点，即三级指标。由此构成了新疆社会安全的指标体系。

2. 新疆社会安全预警系统内部运行流程

关于新疆社会安全预警系统的组织领导体制，本课题认为，新疆社会安全管理机构平台的构建应由新疆公安部门为核心的安全管理机构来承担，在此基础上，实行由新疆维吾尔自治区公安厅、各市县公安局、基层派出所等公安部门相应形成宏观、中观、微观三级预警系统网络体系，自上而下实行监控。公安厅负责全自治区社会安全状况的监控，对公安局和派出所实行指导、管理和领导，并及时接受来自中观和微观预警系统的各种信息，对其处理后将指导意见、决策方案和措施及时传输到中观和微观预警系统（见图 5-1）。

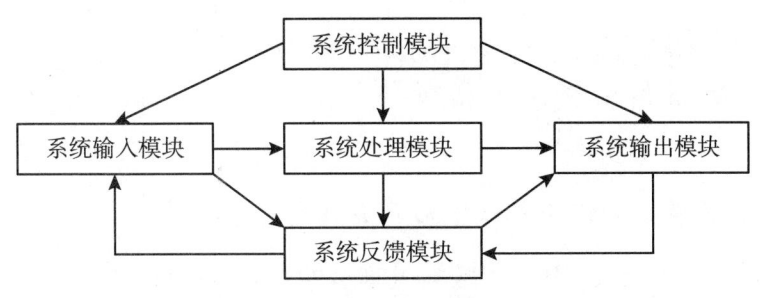

图 5-1 社会安全预警系统内部运行五大模块关系

---

① 杨刚：《坚决遏制重特大火灾事故发生》，载《新疆经济报》2009 年 1 月 14 日。

关于管理层和执行层的机构和人员设置，本课题认为系统的管理层和执行层应该包括六大机构中心，即信息采集中心、信息监测中心、信息处理中心、信息评估中心、调控指挥中心和执行运作中心。其中，调控指挥中心、处理中心、评估中心属于管理层，信息采集中心、监测中心、执行运作中心属于执行层。

系统内部运行包括五大模块，如图5-1所示，系统输入模块包括信息收集过程，处理模块包括筛选、分析、评估三个过程，系统输出模块包括状态结果预测和警报、决策和执行过程，反馈模块包括信息反馈过程，控制模块对整个系统运行过程独立作用。主要流程为：将输入模块形成的数据，运用多种方法，从初始指标体系中选取若干个最具代表性和敏感性的变量，从而形成指标选择子系统，然后运用综合系统预警模型对特征变量的数值进行预测、评估，形成指标分析子系统。然后运用主观—层次分析法和客观法——主成分分析法和熵值法，确定特征变量对整个系统的影响程度的大小，从而形成指标权重子系统。接着，采用各种预测方法进行指标预测，形成指标预测子系统。进而设定各特征变量对应的各灯区界限，即预警界限，并根据各预警界限中的值，确定各特征变量的评价等级标准，形成综合评价子系统。此系统是实现预警的关键和中心环节，其功能是利用模糊综合评判模型确定社会安全运行所处的警情状态，确定当前或未来预警信号的灯种。系统输出模块是对社会安全状态的变化发出警报，利用处理模块的结果，采用三种方法：即信号法、计分法和图解法，将结果划分等级。用计分法排序，用信号法将指标划分为五个区间即绿灯区、蓝灯区、黄灯区、橙灯区和红灯区。绿灯区为无警区间，蓝灯区为轻警区间，黄灯区为中警区间，橙灯区为重警区间，红灯区为巨警区间，最后给出社会安全预警指标信号图（见图5-2）。系统控制模块是指形成对策库，即根据指标反映情况，寻找警源，确定社会安全所存在的问题，进而采取针对性措施。此模块至关重要，是系统中直接参与社会安全管理的重要结构。系统反馈模块是指对实施政策、措施后对于社会安全运行和发展的反映、影响性信息进行反馈，形成系统的再循环运转。

二、新疆社会稳定的指标体系

（一）发展政治理论视域中的社会稳定思想

现代发展理论主要的学科领域是20世纪60年代勃兴的发展经济学、发展社会学和发展政治学，这些理论认为，稳定问题主要发生在发展中国家，特别是处于经济转型过程中的发展中国家，所以他们主要以发展中国家为研究对象。政治稳定是发展中国家政治发展所面临的最重要的问题之一，自然引起了西方发展理

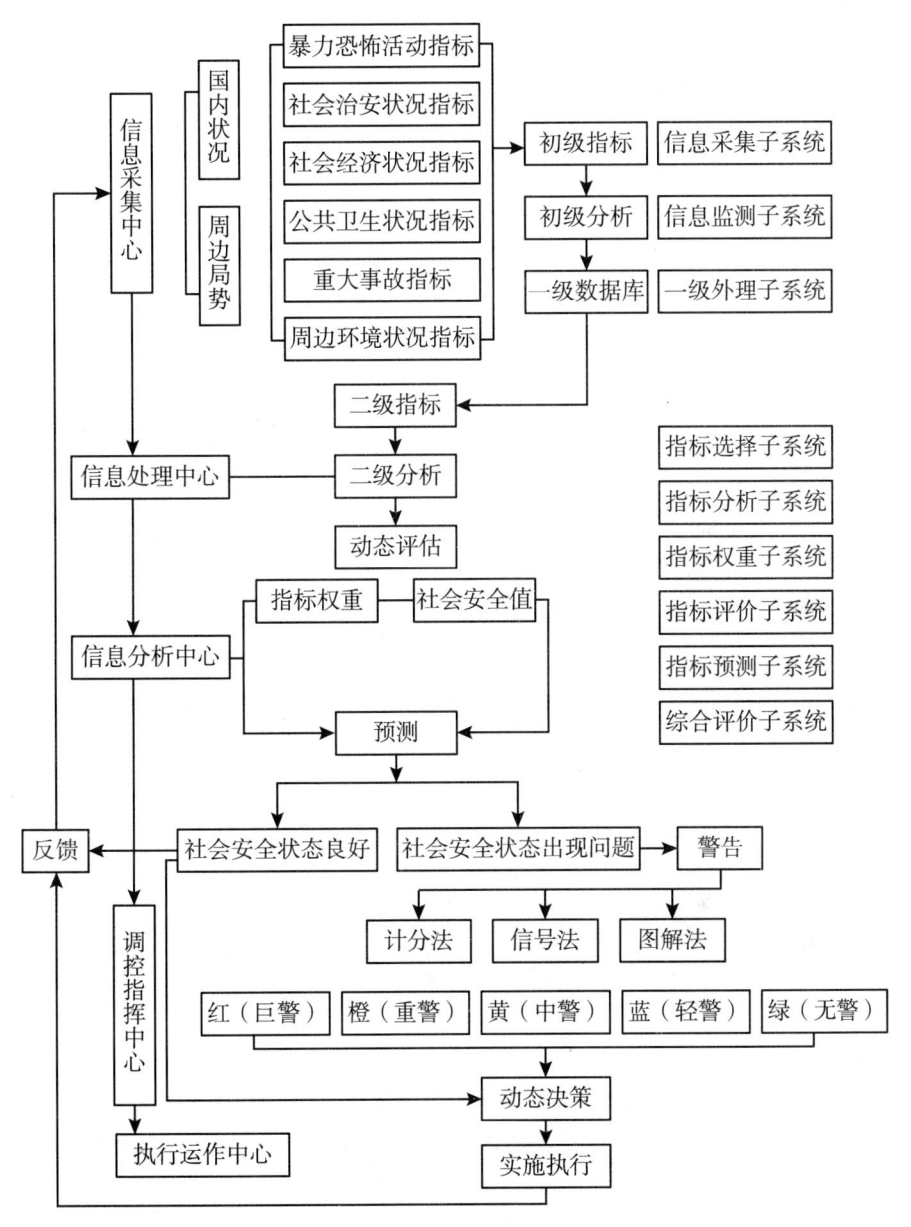

图 5-2 新疆社会安全预警系统内部运行流程

论家们的极大关注，许多学者都是以其对发展中的政治稳定问题的研究而著名的。

在发展理论家的学术谱系中，马克思、恩格斯被西方学者认为是最早与最系统的研究政治稳定与政治冲突关系的思想家。马克思曾经指出："社会——不管其形式如何——究竟是什么呢？是人们交互作用的产物。"① 马克思在其学说中虽然主要阐述阶级冲突及其整合的共产主义形态，但马克思的"许多著作都试图显示：意理、价值、与行为模式——在不同之阶级层次——如何维持社会秩序的稳定"②。马克思认为政治稳定是国家的正常形态，并以此为前提解读政治冲突和政治发展。在马克思和恩格斯之后，对于政治冲突与政治稳定关系问题进行深入研究的是美国学者李普塞特。他主要强调将政治稳定和协调平衡作为研究政治冲突问题的核心和目的③，他认为，稳定的民主政治是冲突和一致的平衡，在对现有体制保持基本认同的条件下，民众通过各种方式合法地表达自己的利益。这种有效的表达方式比那种专制独裁的、看起来统一的组织，拥有更多的来自其成员的忠诚和体制的活力，"分歧，在其合法的场合，有助于社会和组织的统一"④。他强调，政治稳定既取决于政治秩序的"合法性"，也取决于其"有效性"。由于他对稳定问题的深入研究，被认为是继马克思、恩格斯之后最杰出的政治稳定理论的研究学者。

美国政治学家戴维·伊斯顿从政治系统论角度分析了政治不稳定产生的原因，认为，政治稳定在于政治系统有能力承受外部环境对系统的压力。他指出，任何持续的政治系统必须具备两个基本功能：其一，能够为一个社会权威性地分配价值；其二，社会中的大多数成员必须将这种分配作为义务予以接受。"当一个权威性分配价值的系统受到极其沉重的压力，以至于再也不能承受时，该系统就会崩溃。"⑤ 西方结构功能学派的代表人物阿尔蒙德认为政治不稳定产生于"政治体系的能力和社会要求之间的脱节"，而这种脱节主要来自于两个方面的平衡关系的打破。一是构成政治体系的体系、过程和政策之间的动态平衡被打破，同步关系遭到破坏。二是该体系的政治文化和政治结构之间的失衡。⑥ 经验功能主义的代表人物罗伯特·默顿则强调了社会结构或制度对个人行为的影响。他认为在社会和文化结构的诸要素中，文化上明确规定的目标和社会结构所限定的达到这些目标的合法方式是两个最重要的方面。为达到这些目标，每个社会群体都把自己所期望的目标与道德容许的或传统的标准相联系。只有这两者之间的平衡使遵循它的人感到满意，这种平衡才能保持下去。⑦ 发展政治学家还"使用

---

① 《马克思恩格斯选集》第 4 卷，人民出版社 1972 年版，第 320 页。
② [美] 李普塞特：《社会结构与社会变迁》，黄瑞祺译，台北巨流图书公司 1989 年版，第 171 页。
③ 徐大同、吴春华：《当代西方政治思潮——20 世纪 70 年代以来》，天津人民出版社 2001 年版，第 477 页。
④ 李普赛特、张绍中：《政治人：政治的社会基础》，上海人民出版社 1997 年版，第 1 页。
⑤ 戴维·伊斯顿：《政治生活的系统分析》，王浦劬译，华夏出版社 1989 年版，第 39 页。
⑥ 燕继荣：《发展政治学：政治发展研究的概念与理论》，北京大学出版社 2006 年版，第 243 页。
⑦ 侯钧生：《西方社会学理论教程》，南开大学出版社 2001 年版，第 159 页。

各种范式，集中讨论产生不稳定的原因，阿尔蒙德认为政治不稳定产生于政治体系的能力与社会要求之间的脱节，发展中国家政治不稳定的原因包括：人们对政权合法性问题的争论、国家认同意识发生危机而产生分裂主义运动、各社会集团之间的疏远和敌视感、政治体系对政治参与迅速扩大反应迟钝、利益表达方面存在障碍、利益综合两极化、政府公共政策不顾失误等7个方面。费拉本德等学者还用社会心理学的术语来解释不稳定，认为不稳定是受挫和感觉被剥夺的结果，这为亨廷顿从社会心理角度考察不稳定产生的根源提供了启示。

在西方政治学、社会学中，对社会稳定理论认识和分析最有影响力和代表性的是亨廷顿的政治社会学以及社会行动理论、冲突理论和社会控制理论。[1] 亨廷顿立足于发展中国家的政治实践，分析了发展中国家政治不稳定的根源，并提出了实现政治稳定的解决之道。建立了政治稳定理论的经典分析框架。关于不稳定产生的根源，亨廷顿从制度的观点出发，认为发展中国家政治不稳定的原因就在于政治参与的不断扩大，超过了政治制度所能承受的限度，现有的政治制度不能将政治参与的要求和行动纳入制度化轨道，那么政治体系就会不稳定，导致动乱和暴力的出现。亨廷顿还采用了美国社会学家戴维斯的"相对剥夺"的概念，即认为政治不稳定产生于人们对社会现实的不满心理；当社会实际满足低于人们需求期望时，人们由此产生一种期望挫折感，亦即"相对剥夺感"，进而滋长起对社会现实的不满心理，这样，政治稳定与否以及稳定的程度就取决于人们需求期望与社会满足之间的差距度；当两者之间的差距扩大到人们普遍无法忍耐的极限时，危机和革命就爆发了。关于如何消除不稳定的制度措施方面，亨廷顿借助政治发展中的经验事实，对发展中国家如何达到政治稳定，提出了几方面的构想。其中有两点是最为重要的，首先是要有强大而有效的政府权威，这是政治稳定的制度前提。同时，还要有发达而完备的政党制度，这是谋求政治稳定的重要保障。亨廷顿的政治发展观具有极强的理论指导和借鉴意义（见图5-3）。

通过上述西方发展理论的分析表明，社会稳定是指一种社会良性运行与协调发展状态。即社会结构诸要素之间都要按照一定的顺序，构成相对稳定的网络体系，整个社会处于稳固、安定、和谐的状态。社会稳定是经济、政治、文化等多种人类活动因素综合作用的结果，它包括政治稳定、经济稳定、社会秩序正常以及人心安定等。社会稳定作为一种社会综合体系，由政治稳定、经济稳定、意识形态稳定和国际环境稳定等一系列相互联系、相互制约、相互依存和相互转化的子系统构成，是以结构方式紧密联系起来的一种有机统一体和有序状态。

---

[1] 沈瑞英：《矛盾与变量：西方中产阶级与社会稳定研究》，经济管理出版社2009年版，第39页。

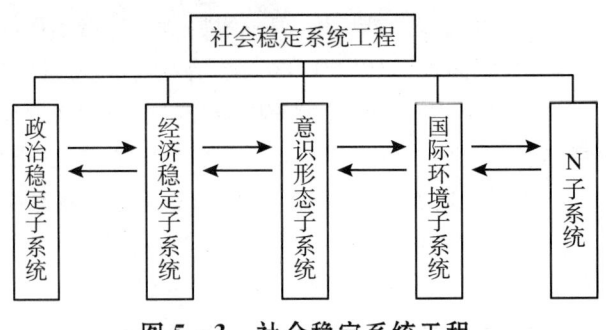

```
         ┌──────────────────────┐
         │   社会稳定系统工程    │
         └──────────────────────┘
    ┌────────┬────────┬────────┬────────┐
  政治     经济     意识     国际     N
  稳定     稳定     形态     环境     子
  子       子       子       子       系
  系       系       系       系       统
  统       统       统       统
```

图 5 - 3 社会稳定系统工程

资料来源：沈瑞英：《矛盾与变量：西方中产阶级与社会稳定研究》，经济管理出版社 2009 年版，第 39 页。

（二）新疆社会稳定的特征

1. 政治稳定

所谓政治稳定是指社会制度、国家政权、意识形态以及公众对政治共同体认同的稳定性质。[①] 在新疆这样一个多民族社会中，政治稳定居于社会稳定的核心地位，它是新疆其他几个稳定特征的基础和前提，也是新疆稳定的根本标志。要维护新疆社会稳定，就必须首先要保持政治稳定。从总体上讲，新疆虽然长期遭受"三股势力"的分裂和破坏，但新疆仍然保持了政治稳定，表现在以下四个方面：第一，新疆仍保持着国家政治制度和国家政治权力主体的相对稳定；第二，新疆的政治生活是稳定的，党和国家的路线、方针、政策得到有力地贯彻执行，各种政治活动有序地进行，政府各级机关运转畅通；第三，国家的政策、法律、法规和民族区域自治法是稳定的，政府和各族人民都在宪法和法律的范围内活动，法律的权威得到了捍卫；第四，新疆的社会秩序是稳定的，即使是在"东突"制造暴力恐怖事件的非常时期，在党和政府的领导下，新疆的社会秩序仍然保持了稳定。从总体上来讲，新疆各族人民拥护中国共产党的领导，坚持社会主义制度，自觉维护国家主权和领土完整，各族人民的绝大多数形成了"四个认同"，坚持不懈与民族分裂势力作斗争，这些方面都是新疆政治稳定的集中体现。

2. 经济稳定

任何社会发展都是以经济发展为前提的，经济稳定是社会稳定的基础。经济稳定包括经济结构中各个基本组成部分之间形成的比例稳定的排列、组合关系。经济稳定指经济结构稳定、资源配置稳定和经济体制稳定等，包括所有制结构稳

---

① 张雷、程胜林：《转型与稳定》，学林出版社 1999 年版，第 239 页。

定、产业结构稳定、分配结构稳定、总需求、消费和价格稳定等。① 从新疆的经济发展来看,新疆大力实施优势资源转换战略,大力调整产业结构,把优势产业发展作为关键,全面推进新型工业化进程,实现了国民经济健康发展,新疆特色优势产业呈现强劲发展势头,经过近些年经济结构的调整,新疆所有制结构、产业结构、分配结构稳定,消费和价格保持平稳,新疆经济正在呈快速发展的势头。

3. 意识形态稳定

意识形态是一定经济基础上形成的并为一定经济基础服务的系统的思想观念,集中反映了一定社会阶级、集团的意志和愿望,代表了某一阶级或社会集团的根本利益,意识形态是社会稳定的精神支柱。"历史和现实都表明,一个社会,没有共同的精神支柱及以此为基础的思想上的稳定,是很难保持社会政治稳定的。"② 因此,一个国家和社会要保持社会稳定,就必须使大多数社会成员遵循共同的理想信念和意识形态。

在新疆意识形态领域,虽然有境内外"三股势力"的侵蚀和影响,有西方敌对势力对新疆进行的意识形态宣传与渗透,但经过多年的"三个离不开"和"五观"教育,四个"高度认同"思想教育工程,新疆绝大多数少数民族群众已经形成了"四个认同",社会主义主流意识形态获得了各民族群众的高度认同,马克思主义意识形态的理论权威与主导地位得到了巩固,社会主义核心价值体系在新疆占据主导地位,从而根本上保证了新疆社会主义主流意识形态的安全与稳定。

4. 国际环境稳定

国际环境稳定是社会稳定的外部条件,一个国家和民族要稳定发展、社会富强,就必须有能力、有实力积极维护、保持和创造外部稳定的环境,没有周边稳定的国际环境,社会稳定必然受到干扰和影响。由于新疆地处欧亚大陆的中心和中南亚的交汇处,特殊的地理位置和人文氛围决定了新疆的社会稳定必定受到国际大环境和周边小环境的强烈影响,直接受到中亚"三股势力"、阿富汗塔利班及"基地"组织分裂恐怖活动的影响,还会受到与"疆独"势力相勾连的西方敌对势力"分化"新疆的影响。周边环境的复杂因素中,存在着许多变量,且存在着一些不以人的意志为转移的偶发因素和不可控因素,都会对新疆的社会稳定产生直接的影响。尽管新疆所处的国际环境中存在众多不稳定的因素,但在总体上,新疆社会稳定所需要的国际环境是相对稳定的。

---

① 高永久:《对民族地区社会稳定的思考》,载《兰州大学学报》2003年第3期。
② 江泽民:《论"三个代表"》,中央文献出版社2001年版,第125页。

综上所述，新疆社会稳定所包含的政治、经济、意识形态和国际环境是稳定的，新疆社会虽然有"三股势力"暴力恐怖破坏活动，有西方敌对势力的分化瓦解，但新疆总体上保持着社会稳定。

（三）影响新疆社会稳定的潜在因素

1. 社会转型时期多元利益主体的利益诉求与预期难以满足是引发冲突的经济根源

新疆正处在社会转型加速期，利益主体增多，矛盾主体多元，多元的利益主体必然导致多元的利益诉求。新疆由于经济社会还处于欠发达阶段，没有雄厚的物质财富满足多元利益主体日益增长的利益诉求和预期，在社会救助、社会优抚、社会保障、社会福利方面的制度还很不健全，现有的社会保障体系还不能起到"社会减震器"的作用，虽然从总体上讲各民族的根本利益是一致的，但在具体的资源开发、土地征用、拆迁补偿、移民安置、利益分配等具体利益方面存在的矛盾、纠纷和冲突还比较多，从而影响着新疆的社会稳定。

2. 历史上产生的民族隔阂是产生冲突的深刻历史根源

旧中国历代统治者为了维护统治，在民族问题上制造民族隔阂、煽动民族仇恨，在民族关系上留下了很深的烙印。新中国成立以来，各民族实现了政治上的平等，但经济文化发展上的差距依然存在。而在现实中，一些地方汉族群众也会因具体的利益关系而和维吾尔族群众产生矛盾和冲突，这些矛盾和冲突因民族关系的敏感性，极易和历史上的民族纠葛混为一谈，久而久之，容易积淀成一些维吾尔族群众的民族隔阂情绪，甚至助长狭隘民族意识，特别是"三股势力"恐怖分子伤害无辜汉族群众，制造民族仇恨，在汉维民族心理上留下了很深的伤痕，积怨很深，一遇风吹草动，就会引发新的矛盾和冲突，影响新疆社会稳定。如果不能消除一些维吾尔族群众的这种民族隔阂情绪和狭隘民族意识，就容易被"三股势力"和国际敌对势力所利用，就不能从根本上保证新疆的社会稳定。

3. 相对剥夺感是诱发冲突的心理基础

在新疆一些少数民族群众中突出地存在着"相对剥夺感"等社会政治心理。相对剥夺感是指，"当个人把他的处境与某种标准或参照物相比较时产生的消极情绪，表现为生气、怨恨和不满。"[①] 由于新疆地处边远，与中国发达省市相比经济社会发展相对滞后，而在现代传媒作用下，偏远落后地区的民众很容易接触到外界信息，感受外界经济的迅速发展和自己生活地区的落差，使这种差异显性

---

① 亚当·库柏、杰西卡·库柏：《社会科学百科全书》，上海译文出版社1989年版，第642页。

化，极易引起少数民族群众不良内心体验和由此产生的不满情绪，这种不满情绪很容易演变为对抗性行为。"三股势力"宣扬"中国侵略论"、"民族压迫论"、"掠夺资源论"等谬论，之所以能得到一些盲目无知的青年人的盲从和响应，这种相对剥夺感是其深刻的心理基础，相对剥夺感强烈的时期，就容易发生社会动乱。

4. 多元文化整合不足是引发冲突的重要因素

亨廷顿的文化冲突理论指出："在这个新的世界里，最普遍的、最重要的和危险的冲突不是社会阶级之间、富人和穷人之间，或其他以经济来划分的集团之间的冲突，而是属于不同文化实体的人民之间的冲突。"① 虽然亨廷顿的理论有夸大文明对立之嫌，但确也揭示了不同文化之间必然发生碰撞的事实。新疆内外都处于多元文化交汇之中，内部民族众多，文化异质性强，文化交融和整合有待于加强，特别是少数民族中，存在着不同的文化与宗教，在同一宗教中又有不同的派别，民族问题在一些地方往往和宗教问题纠缠在一起，如果对宗教问题处理不当，也会引发冲突和社会动荡。

5. "三股势力"是新疆社会稳定的最主要威胁

"三股势力"在新疆有活动据点，在国外拥有训练恐怖分子的基地，他们与中西南亚恐怖组织相勾连，得到了西方国家及其敌对势力的同情与支持，他们与国内极少数民族分裂分子里应外合，为了把新疆分裂出去，他们妄想在新疆时时刻刻制造暴力恐怖活动，造成社会混乱，实现他们乱中夺权的臆想。他们从古到今所制造的无数起暴力恐怖活动，都给新疆社会稳定造成了极大的损害，"三股势力"及其恐怖暴力和破坏活动是新疆社会稳定最主要的威胁。

6. 中亚"三股势力"渗透及其国际敌对势力的干涉是新疆社会稳定的主要外部威胁

中国新疆与中亚地区山水相连，中亚地区兴起和演变中的"三股势力"一直向新疆境内渗透，与新疆"三股势力"相互勾连，共同策划制造了新疆境内的多起暴力恐怖事件，同时为逃逸的新疆"三股势力"暴力恐怖分子提供藏身之处，为中国打击"三股势力"制造障碍，使我们难以彻底根除"三股势力"的危害，使新疆社会稳定长期面临着威胁。而国际敌对势力为了达到遏制和"分化"、"西化"、"弱化"中国的图谋，以"保护人权"、"高度自治"、"民族自决"为幌子，明目张胆地支持新疆的"三股势力"，加紧对新疆进行渗透、破坏、颠覆活动，使维护新疆社会稳定的任务更加艰巨。

上述这些因素对新疆社会稳定起着重要的影响，在短期内很难得到彻底根

---

① 塞缪尔·亨廷顿：《文明的冲突与世界秩序的重建》，周琪等译，新华出版社2002年版，第6页。

除,成为影响新疆社会稳定的重要变量。

(四) 新疆社会稳定的指标体系[①]

根据帕森斯的社会行动理论,社会稳定是指社会系统中各子系统之间的相互协调或耦合。社会系统主要由经济、政体、社区共同体和价值系统所组成,社会系统各个子系统分别承担它们的功能——适应、目标获取、整合、模式维护和紧张处理,社会的稳定就在于社会子系统的功能得到有效的发挥。因此,从社会系统理论视角来看,社会稳定包括政治稳定、经济稳定、社会秩序以及社会价值观念的整合。

社会稳定指标主要承担预测、监测和防范功能。一个系统、全面的社会稳定指标体系将是非常复杂的,但是从政府管理的角度来看,可以从中筛选若干较敏感的指标,用以监测社会稳定状态。因此,社会稳定指标体系主要以社会稳定指标为主,兼顾政治稳定指标、经济稳定指标和价值观念整合指标。

目前新疆社会正实现从农业社会向新型工业化社会的跨越式发展,在影响新疆社会稳定的因素中,既有与全国共同的一些因素,又具有新疆独特区情的因素,因此,必须从新疆社会政治、经济发展变化的特点,以及由此可能引发的经济问题和社会问题,建构新疆社会稳定指标体系。

2003年,中国科学院牛文元先生主持设计出"中国社会稳定预警指标体系";2004年,天津社科院阎耀军提出了"社会稳定综合指数"[②]等。本课题通过参照这些学者的研究成果,结合新疆社会稳定的实际状况,可以形成新疆社会稳定的指标体系。

上述指标体系的框架由4级指标构成,第一级指标是"新疆社会稳定指标体系",反映该指标体系监测预警的目标——影响新疆社会稳定的因素。这些因素的负面影响和社会稳定的程度是负相关关系,社会稳定的程度越高,这些因素的负面影响就越小,反之则相反。在社会稳定监测预警系统中,社会稳定程度将被划分为无警、轻警、中警、重警、巨警等若干区间,我们可以根据这些指标负面影响所落定的区间进行社会预警。

第二级指标由"生存保障指数"、"经济支撑指数"、"社会分配指数"、"社会秩序指数"、"社会冲突指数"和"外部环境指数"构成。它们是测量造成社会不稳定可能发生的7大要素。这7大要素是反映新疆社会不稳定可能性

---

① 本指标体系的变量吸收了阎耀军先生所提出的有关社会稳定的部分指标。
② 阎耀军:《社会稳定的测量与群体性突发事件的预警预控系统》,载《社会学研究》2004年第3期。

的一个重要方面，在监测预警时可以划分出若干警报区间。

第三级指标是把上述7大要素分解为更具体的指标。由14个模块构成要素的子系统，每两个模块为一组，分别隶属于相应的要素，这样便于从测评中寻求致使社会不稳定现象发生因素所在的具体部位，在这14个模块构成的第三级指标中，监测预警时可划分出若干警报区间。

第四级指标是具体指标，这些指标也叫元指标或原始指标，需要通过专家按照特定的方法和程序进行确定，由于本课题主要是探讨新疆社会稳定指标体系的基本框架，因篇幅所限，具体指标不再列出。

下面主要对第二、第三级指标的含义及所可能包含的第四级指标进行简要阐释。

1. 生存保障指数

生存保障指数主要考察和反映社会不稳定产生的群众生存状况的原因，这是社会稳定的核心问题，只有在广大群众生活有保障的情况下，社会才能维持稳定。生存保障系统又划分为"个体保障指数"和"社会保障指数"两个子系统模块，其中，社会保障是维护社会稳定的调节机制。

个体保障指数可参选下列指标构成：（1）城乡居民收入增长率；（2）恩格尔系统；（3）居民生活费上升超过收入增长比率；（4）最低生活保障线下人口比重；（5）失业率。

社会保障指数可参选下列指标构成：（1）社会保障支出占GDP的比重；（2）社会保障综合给付率；（3）最低工资资金到位率；（4）离退休职工平均养老金增长率；（5）养老保险覆盖率；（6）失业保障覆盖率；（7）医疗保险覆盖率。

2. 经济支撑指数

经济支撑指数主要考察和反映社会稳定在经济基础方面的原因，是社会稳定最基础的指标，直接影响着其他社会稳定指标，只有经济发展了，社会稳定才能真正实现。经济支撑系统包括"经济增长指数"和"协调发展指数"两个子系统模块。

经济增长指数可参选下列指标构成：（1）经济发展速度；（2）社会劳动生产率；（3）国内生产总值增长率；（4）人均国内生产总值增长率；（5）财政收入增长率；（6）人均财政收入增长率；（7）全社会固定资产投资额增长率。

协调发展指数可参选下列指标构成：（1）GDP增长与人口增长的比率；（2）科技进步对经济增长的贡献率；（3）农业GDP增长率与工业GDP增长率比值；（4）第三产业增加值占GDP比重。

3. 社会分配指数

主要考察和反映社会稳定在社会分配方面的原因。分配问题是影响社会稳定最为敏感和最为突出的问题，分配不均最容易引起社会震荡。在全国，分配不公问题主要表现在城乡之间、地区之间、部门之间和城镇内部收入差距、农村内部收入差距五个方面。前三者表现为分配在空间上的不平衡，后两者表现为社会分配在特定空间中不同层次的群体中的不平衡。具体到新疆，社会分配系统包括"空间差距指数"和"阶层差距指数"两个子系统模块。

空间差距指数可参选下列指标构成：（1）南疆、北疆地区人均收入差距变动比值；（2）城乡人均收入差距比；（3）农村贫困人口比率；（4）农村基尼系数和城镇基尼系数的比值；（5）最高收入行业与最低收入行业人均收入差距比值；（6）民族之间人均收入差距比。

阶层差距指数可选择能体现下列内容的指标构成：（1）中等收入阶层所占的比重；（2）最低生活保障线下人口所占的比重；（3）最低工资群体与平均工资比值；（4）最高收入者与最低收入者的收入差距；（5）最富有者收入与最贫困者收入比值。

4. 社会秩序指数

也可称为社会秩序指数，主要考察和反映对影响社会不稳定因素的控制能力方面的情况。社会控制能力强，社会秩序就会正常，社会就会稳定，反之，社会运行失控，社会就混乱无序。社会控制一般有依靠国家机器强制控制和依靠精神文化进行非强制控制两种方式。具体到新疆，社会秩序系统可分为"硬性控制指数"和"软性控制指数"两个子系统模块。

硬性控制指数可参选下列指标构成：（1）维稳经费所占 GDP 的比重；（2）每万人警力配备人数；（3）每万人刑事立案率；（4）每十万人口国家公务员职务犯罪率；（5）刑事案件增长率；（6）每万人重大事故发生率；（7）信访事件增长率；（8）劳动合同纠纷受理件及增长率；（9）重大贪污腐败案件立案率与破案率。

软性控制指数可选择能体现下列内容的指标构成：（1）对核心价值体系的认同程度；（2）对社会公共道德的评价值；（3）宗教活动的活跃程度；（4）离婚率。

5. 社会冲突指数

社会冲突指数是考察和反映社会不稳定在社会主体之间矛盾发展程度方面的情况。社会冲突的发展和激化，不仅直接影响社会稳定，而且影响政权的合法性，降低政府治理的效率。社会冲突按其对社会影响的程度可分为一般性冲突和严重性冲突两类。具体到新疆，社会冲突系统可分为"一般性冲突"和"严重性冲突"两种子系统模块。

一般性冲突指数可参选下列指标构成：（1）每年农地冲突的发生率；（2）每年劳资纠纷的发生率；（3）每万人群体性事件发生率。

严重性冲突指数可参选下列指标构成：（1）每万人民族纠纷的发生率；（2）每万人宗教纠纷和教派纠纷的发生率；（3）每年暴力恐怖事件发生率。

6. 社会心理指数

社会心理指数主要考察和反映社会稳定的社会心理因素。社会稳定实际上是人心的稳定，社会心理指数是社会稳定的心理基础。由于我国是区域发展不平衡的多民族国家，不同区域和不同群体的社会心理有很大差别，所以需要从正反两个向度考察群众的社会心理。具体到新疆，社会心理系统可分为"民众满意指数"和"民众容忍指数"两个子系统模块。

民众满意指数可参选下列指标构成：（1）对国家的认同度；（2）对中华民族的认同度；（3）对中国共产党的认同度；（4）对社会主义制度的认同度；（5）对政治领袖和党政干部的满意度；（6）对政府政策的认同度；（7）对社会秩序和社会治安的满意度；（8）对生活水平的满意度；（9）对社会发展的信心度；（10）对干群关系的满意度；（11）对民族关系的满意度；（12）对政府行政效率的评价值。

民众容忍指数可参选下列指标构成：（1）对收入差距的可容忍程度；（2）对腐败现象的可容忍程度；（3）对物价上涨的可容忍程度；（4）对生存环境的可容忍程度。

7. 外部环境指数

外部环境指数主要考察和反映外部环境系统的整个因素体系对社会内部稳定的扰动作用。任何一个国家或地区的社会稳定都必然受到自然界和外部社会的影响。具体到新疆，外部环境系统可分为"灾害干扰指数"和"国外扰动指数"两个子系统模块。

灾害干扰指数可参选下列指标构成：（1）严重灾害面积占全区土地面积比重；（2）灾害造成的生命损失和资产损失数量；（3）饮用水资源短缺量。

国外扰动指数可选择下列指标构成：（1）国外非法宗教的渗透；（2）国外"三股势力"的渗透；（3）周边国家和地区的局势；（4）西方敌对势力的影响和干涉。

在新疆社会稳定的指标体系中，各指标是动态的，根据新疆社会发展的状况进行增减，各指标之间相互关联、相互影响，其中大部分是正向指标，指标值越高，表明社会稳定的基础越牢固，社会将处于持续稳定的状态。指标体系中也有一部分反向指标，指标值越高，则表明社会稳定状态已经受到了威胁，社会存在着动荡的危机。调查表明，新疆社会总体上是稳定的，但也存在着诸多影响社会稳定的因素，有些因素甚至很突出。必须进一步建立、健全完整的、动态的指标体系，设立专门机构，对社会稳定进行全方位的监测和预警，提出对策，增加正向指标的权重，减少反向指标对新疆社会稳定的影响。

结　语

从我们国家的版图来看，边疆地区大多是多民族地区，新中国成立以前由于自然环境、生产方式等各类因素的影响，其社会发展程度相对比较落后。新中国成立以后党和国家一直致力于边疆地区的经济文化政治建设，首先确保了各民族人民当家做主，从政治上、法律上确保了各民族一律平等。在构建统一国家政治体系的同时，各级政府也注意到了地区间的差距，社会个体之间的差距，制定了少数民族优惠政策等一系列有助于民族地区发展的政策法规，这在今天的边疆地区的建设发展来看是取得了重大的成就的。虽然从目前边疆地区的总体社会发展现状来看，这些地区在经济文化建设方面与沿海地区和内地地区相比还有一定距离，现代化程度无论是从人口资源来讲还是从社会发展来讲还有待发展。但我们必须要注意到这种地区间的差距是由长期的历史发展过程中的不均衡性所决定的，其转变过程也不可能在短期内完成，还需要各民族长期的共同努力、共同奋斗。

改革开放以来，在党和国家的关注下，在全疆人民的共同努力下，新疆的各项经济文化事业快速发展，人民生活水平稳步提高。但与此同时，在市场经济体制下，在现代化和城市化的推动下，前所未有的社会变化与社会发展也产生了一系列的新的社会问题。在这方面新疆既有同内地地区所具备的共性，又有多民族地区和边疆地区的特殊性，这些社会问题和现象的产生既有着其深刻的历史文化原因也有着其特殊的国际政治原因。各民族深受其历史文化的影响对新生事物及市场经济的适应性不一及其所衍生出的各类经济、文化问题是最主要的内部问题；新疆周边的国际环境较为复杂，改革开放以来虽然新疆与周边国家的联系日益增多，但不可否认的是西方分化势力也利用"三股势力"不断进行渗透和分化，其是最主要的影响新疆社会稳定的外部毒瘤。而这一切问题的产生，往往带来整体社会的稳定性减弱。这不仅影响到新疆社会的稳定与发展，更是影响到国家的边疆安全和长治久安。

教育部哲学社会科学研究
重大课题攻关项目

胡锦涛同志指出，新疆是我国西北的战略屏障，是我国实施西部大开发战略的重点地区，是我国对外开放的重要门户，也是我国战略资源的重要基地。新疆的发展和稳定，关系全国改革发展稳定大局，关系祖国统一、民族团结、国家安全，关系中华民族伟大复兴，在党和国家事业发展全局中具有特殊重要的战略地位。稳定与发展是新疆社会建设的两个重要内容，如何推进新疆社会又快又稳的发展建设，在发展过程中兼顾各民族利益，做到地方发展与民族发展的齐头并进，构建社会主义和谐新疆受到学术界的普遍关注。而本项目的研究源起正是于此。5年来课题组成员结合各自学科的研究特点在南北疆各地开展了丰富的田野调查工作，搜集和整理了大量的文献资料，经过大家的共同努力最终提交了这份较为系统、全面的研究成果。研究从政治体制、民族关系、宗教和谐、文化建设、公共关系安全五个方面展开论述，从多个视角对构建社会主义和谐新疆过程中存在的问题及原因进行了深入的解读，并就今后新疆社会各类事业的建设与发展提出了相关的建议和对策，旨在通过我们的研究进一步丰富"和谐新疆"的内容，为"和谐新疆"的具体建设提供一些决策意见。

一、影响社会主义和谐新疆建设的主要因素

新中国成立以来，新疆社会快速发展，各民族经济文化事业得到了空前发展，但从现有资料来看，正如发展本身必然产生新的问题一样，新疆社会在发展过程中也遭遇了各类社会问题，这些社会问题杂糅在一起对新疆社会的稳定与发展产生了极大的影响。2009年7月5日在新疆首府乌鲁木齐发生了"7·5"事件，在愤怒、悲痛之后人们更多的开始反思这一突发事件背后的原因，是什么造成了新疆社会发展的不稳定因素，是什么对"和谐新疆"的建设产生着影响。

（一）民族分裂势力及其活动是影响新疆社会稳定的主要危险

在新疆，民族分裂势力及其活动由来已久。多年来，境内外"东突"势力鼓吹民族分裂主义，在新疆策划组织了一系列暴力恐怖活动，危害国家安全、社会稳定和民族团结，严重干扰和破坏了新疆的发展与进步。

"东突"为"东突厥斯坦"简称，最早出现于19世纪末。20世纪初，新疆民族分裂分子与宗教极端势力，将"东突"进一步政治化，编造了一套所谓"东突厥斯坦独立"的思想理论体系。新疆形形色色的分裂分子打着"东突"的旗号，形成"东突"势力，企图建立所谓"东突厥斯坦国"分裂政权。20世纪30年代初，"东突厥斯坦伊斯兰共和国"分裂政权在喀什成立；40年代中期，"东突厥斯坦人民共和国临时政府"在伊宁成立。他们公然打出"杀汉灭回"和

"反汉排汉"等口号,制造动乱,滥杀无辜,企图分裂祖国,遭到各族人民的坚决反对,可耻失败。

新中国成立后,"东突"势力依旧存在,潜流涌动,一再制造骚乱和暴乱,企图分裂国家。20世纪50年代,他们的口号是"维吾尔人应该在星月旗下团结起来","建立伊斯兰共和国"。20世纪60年代,屡屡作案的"东突厥斯坦人民革命党"被破获。70年代,在我国政府严厉打击下,民族主义分裂势力活动处于低谷。80年代,民族分裂主义势力活动加剧,制造了一系列暴乱、骚乱事件。90年代以来,新疆境内民族分裂主义组织和团伙急剧增多,分裂破坏活动急剧上升。他们提出要实现"统一组织、统一纲领、统一领袖、统一武装、统一行动"。叫嚣要使所谓"新疆问题"国际化,挑起民族冲突使之扩大化,实现民族单一化,斗争武装化,妄图在新疆推翻中国共产党的领导,颠覆社会主义制度,肢解我们统一的多民族国家。受恐怖主义、分裂主义、极端主义的影响,境内外"东突势力"转向以实施暴力恐怖为主要手段进行分裂破坏活动。2002年,"东突厥斯坦伊斯兰运动"被联合国安理会列入恐怖主义制裁名单。之后,"东突"势力为逃避打击,变换手法,打着"民主"、"人权"、"自由"等幌子,极力洗刷恐怖罪名,实际上,继续从事反华分裂活动。

"东突"势力,分境内和境外两股势力,十分猖狂。仅境内"东突"势力被我打掉的就有数百个分裂组织和团伙。境外"东突"势力,据不完全统计,目前在美国、欧洲活动的有39个,在中亚、南亚地区活动的有71个,两股势力内外勾连、沆瀣一气,境外"东突"分裂组织在西方敌对势力的扶持下已基本完成了整合。2006年,"世维会二大"期间,"东突"分裂组织抛出所谓"新疆独立的行动计划",提出了推进民族分裂活动的整体纲领和行动纲领,确立了把民族分裂活动重心转向境内的行动方针,公开叫嚣"外部以谈判对话为主,内部以强烈打击为主"。2009年,"世维会三大"期间,"东突"分裂组织重点研究如何指导"境内维吾尔人开展民族运动"问题,提出在未来30年内要通过暴力和"非暴力"的手段实现"新疆独立"。一方面,他们把暴力恐怖犯罪作为民族分裂活动的主要手段,提出要以暴力恐怖活动加速所谓"新疆独立"进程,武装化程度越升越高。"东伊运"、"东突厥"等境外恐怖组织派遣受过训练的恐怖分子入境实施恐怖破坏活动,并给在境内潜伏的恐怖分裂组织下达不惜一切代价搞破坏的指令。另一方面,他们又加紧向意识形态领域渗透,鼓吹分裂思想,宣扬"圣战"。他们依托自由亚洲电台维语部建立信息网络,制订"维吾尔秘密中心计划",形成内外勾连和策划、组织、指挥的组织体系,加紧在具有宗教和科学文化知识的青年人中发展力量,在境内发展情报员等,实施所谓"文煽武扰"。

2008年以来,"东突"势力针对北京奥运会先后制造了多起暴力恐怖事件,特别是2009年7月5日,乌鲁木齐市发生了打砸抢烧严重暴力犯罪事件,就是由境内外恐怖主义势力、分裂势力、极端主义势力精心策划组织的。

新中国成立以来,在同类事件中,乌鲁木齐"7·5"事件造成的人员伤亡最多、财产损失最大、影响最恶劣。这起事件,充分暴露了"东突"分裂势力掩藏在所谓"人权"、"民主"、"民族"、"宗教"等外衣下的假人权、假民主、真暴力、真恐怖的丑恶面目;充分暴露了暴力恐怖分子肆意践踏生命和人权的凶残本性;充分暴露了"东突"分裂势力挑动民族仇恨,制造社会动乱、分裂伟大祖国的罪恶目的。

"东突"势力有其深刻的思想根源,就是"泛伊斯兰主义"、"泛突厥主义"。"泛伊斯兰主义"是19世纪中叶产生于一些伊斯兰教国家的一种社会思潮。这种思潮主张将所有信仰伊斯兰教的国家和民族联合起来,建立政教合一的"大伊斯兰帝国"。"泛突厥主义",产生于19世纪末20世纪初,始作俑者是鞑靼人伊斯玛依尔·伽思普林斯基。这一思潮宣称"突厥人是同一个民族",鼓吹亚洲西部和中部地区所有突厥语民族联合起来,试图建立一个以奥斯曼土耳其为核心的"大突厥帝国"。

19世纪20年代,"泛伊斯兰主义"、"泛突厥主义"传入新疆,20世纪30年代至40年代逐步形成了以"东突厥斯坦独立论"为核心的独特的新疆民族分裂主义思想体系——"东突厥斯坦独立思想"。"双泛"思潮对东突厥分裂势力有直接影响,是新疆民族分裂主义的重要思想根源。

"东突"势力又有其复杂的国际背景。新中国成立以来,特别是改革开放以来,我国社会主义建设取得了巨大成就,发生了翻天覆地的变化。西方敌对势力一直不愿意一个强大的社会主义中国屹立在世界东方,总是千方百计地企图"分化"、"西化"中国,新疆就是他们企图"西化"、"分化"的重要突破口。如2004年,美国推出了所谓"新疆工程",其核心就是鼓吹"新疆地位未定论",企图把"新疆问题"国际化。境外的"东突"势力大多得到了西方敌对势力明里暗里的支持。中亚地区盘踞和活动的宗教极端势力鼓吹要建立从黑海到中国新疆的政教合一的所谓"伊斯兰国家",同"东突"分裂势力狼狈为奸,为他们提供资金、武器和人员培训,在新疆境内发展组织,策划暴力恐怖活动。

事实证明,"东突"分裂势力及其活动是影响新疆稳定和谐的主要危险和现实威胁。我们同他们之间的斗争是长期的、复杂的、尖锐的,有时甚至是十分激烈的。我们同境内外分裂势力、敌对势力的斗争实质上是近代以来中国人民同帝国主义侵略势力分裂中国图谋斗争的继续,是维护祖国统一和国家安全的重大政治较量,是反对西方敌对势力对我国实施"西化"、"分化"战略的现实的具体的斗争，是坚持中国共产党的领导、坚持中国特色社会主义道路、坚持全国各族人民大团结的严肃的政治斗争。

（二）人民内部矛盾问题突出是影响新疆和谐的重要因素

由于历史、自然、社会等方面因素影响，新疆经济社会发展相对滞后，发展基础薄弱，市场开发条件差，自身发展能力弱，同我国东部地区的发展差距仍然较大。新疆同全国一样，社会主要矛盾仍然是人民日益增长的物质文化需要同落后的社会生产之间的矛盾。新疆实现全面建设小康社会的奋斗目标需要付出更艰巨的努力。2009年，新疆人均地区生产总产值19 926元，是全国平均水平的79.1%，城镇居民人均可支配收入12 258元，是全国平均水平的71.14%；农牧民人均纯收入3 882元，是全国平均水平的75.3%。特别是南疆三地州经济社会发展水平同全疆经济社会发展水平存在较大差距，2009年南疆三地州人均地区生产总值只有全疆的35.3%。新疆经济社会发展滞后，使新疆各族人民不满情绪加大。

民族关系受到严重影响。民族关系是我国最重要的社会关系，民族和谐是我国最重要的和谐。由于受乌鲁木齐"7·5"事件的影响，新疆的民族关系，特别是汉族与维吾尔族之间的关系受到严重创伤，产生了很深的裂痕，突出的表现是不信任、不交心、不交往、狭隘民族意识增强，容易受民族分裂势力的挑拨离间，容易酿成大的事端。

宗教问题比较突出。宗教问题十分复杂，宗教问题往往与经济、政治、文化、民族等方面的因素交织在一起。在新疆，信教群众多，地下讲经点屡禁不止，民族分裂势力往往利用宗教问题进行分裂破坏活动。宗教特别是伊斯兰教对广大青少年的影响不可低估，宗教向学校渗透情况严重。

二、建设和谐新疆的主要经验

新中国成立以来，特别是改革开放以来，在党中央的正确领导下，在全国各地区各部门的大力支持下，新疆历届党委和政府团结带领各族干部群众发扬爱国爱疆，团结奋斗，锐意进取精神，使新疆经济社会发展取得举世瞩目的成就，新疆一穷二白的面貌得到明显的改变，天山南北发生翻天覆地的变化，新疆正处于经济社会快速发展，综合实力明显增强，各族人民群众得到实惠最多的时期，各族人民共同团结奋斗的物质基础、政治基础、思想基础不断巩固，为治疆理政积累了丰富的经验。

（一）发展是解决新疆一切问题的总钥匙

求发展、谋富裕、思稳定、盼和谐始终是新疆各族干部群众的共同愿望和追求，也是历届新疆党委和政府工作的出发点和落脚点。新疆和平解放以来，坚持聚精会神搞建设，一心一意谋发展，各项事业已经取得了巨大成就，各族人民的生活水平已经达到了小康水平。在党中央的支持下，以科学发展观统领全局，牢牢把握各民族共同团结奋斗，共同繁荣发展这个主题，新疆正在加快建设国家大型油气生产和储备基地，大型煤炭煤电化工基地、大型风电基地和国家能源资源陆上大通道；国家粮食安全后备基地，国家优质商品棉基地、优质畜产品基地、特色林果基地，有新疆地域特色的农牧产品生产和转深加工出口基地；把新疆建设成为我国重要旅游目的地；着力推进社会建设，加快提高公共服务水平；着力保障和改善民生，加快提高城乡居民生活水平；加快推进公共文化基础设施建设和文化阵地建设，着力推进生态文明建设，加快构建生态安全屏障。胡锦涛同志指出，我们要加大支持新疆发展力度，确保到2020年实现全面建设小康社会的奋斗目标。

（二）坚持和完善民族区域自治制度，是构建和谐新疆的根本制度保障

根据中国的国情，我们党决定在我国实行民族区域自治制度。民族区域自治制度，是我国的一项基本政治制度，是发展社会主义民主，建设社会主义政治文明的重要内容，是党团结带领各族人民建设中国特色社会主义，实现中华民族伟大复兴的重要保证。在国家统一领导下实行民族区域自治，体现了国家尊重和保障少数民族自主管理本民族内部事务的权利，体现了民族平等、民族团结，各民族共同繁荣发展的原则，体现了民族因素与区域因素、政治因素与经济因素、历史因素与现实因素的统一。实践证明，这一制度符合我国国情和各族人民的根本利益，具有强大的生命力。民族区域自治，作为我们党解决我国民族问题的一条基本经验不容置疑，作为我国的一项基本政治制度不容动摇，作为我国社会主义的一大政治优势不容削弱。

坚持和完善民族区域自治制度，必须全面贯彻落实民族区域自治法。民族区域自治法是国家保障少数民族和民族地区各项基本权利的基本法律，是我国民族工作走上法制化、规范化轨道的重要保障。民族自治地方既要保证党和国家大政方针在本地区的贯彻执行，又要从本地实际出发，充分行使好宪法和民族区域自治法的各项自治权利。

(三) 民族关系是构建和谐新疆在最重要的关系

民族关系，过去、现在、将来都是涉及党和国家工作全局的一个重大关系。能不能正确处理民族关系，在很大程度上决定着能不能实现民族团结，促进社会和谐、维护祖国统一、保卫领土完整，必须始终全面把握并正确加以处理。

在新疆，尽管境内外民族分裂势力蓄意挑拨民族关系，制造民族隔阂，煽动民族仇视，但是，从总体上看新疆各民族的关系是好的，已经形成了平等、团结、互助、和谐的社会主义民族关系。这种民族关系，体现了中华民族多元一体的基本格局，体现了中华民族大家庭的根本利益。平等是社会主义民族关系的基石，各民族只有一律平等，才能共同行使当家做主的权力，更好地参与国家事务和地方事务的管理。团结是社会主义民族关系的主线，各民族只有同心同德、携手共进，才能巩固和发展民主团结、生动活泼、安定和谐的政治局面，形成中华民族的强大凝聚力和牢固向心力。互助是社会主义民族关系的保障，各民族只有相互支持，相互帮助，优势互补，才能实现共同发展，共同富裕。和谐是社会主义民族关系的本质，各民族只有和睦相处，亲如一家，才能充分发挥中华民族的整体优势和创造活力，更好地实现中华民族伟大复兴。正确认识和处理我国民族关系，最根本的就是始终不渝地坚持民族平等，加强民族团结，推动民族互助，促进民族和谐。

(四) 正确处理好宗教问题是构建和谐新疆的一项十分重要的工作

新疆是多民族地区，也是多宗教信仰的地区。宗教问题十分敏感复杂，宗教问题无小事。在新疆，民族分裂势力往往利用宗教问题进行分裂破坏活动。对待宗教问题，既不能用行政手段压制宗教，也不能放弃对宗教事务的管理，而是要更加扎实地做好宗教工作，坚决打击民族分裂势力利用宗教问题进行的分裂破坏活动，把广大信教群众紧紧地团结在党和政府周围，共同为全面建设小康社会而奋斗。做好宗教工作，一是要全面正确地贯彻党的宗教信仰自由政策。既尊重群众信仰宗教的自由，又尊重群众不信仰宗教的自由，是我们党的一项长期的基本政策，是宪法赋予人民的一项基本权利。要坚持政治上团结合作，信仰上相互尊重，努力使广大信教群众在拥护中国共产党的领导和社会主义制度，热爱祖国，维护祖国统一，促进社会和谐等重大问题上的共识，增强党在信教群众中的吸引力和凝聚力，更好地为建设中国特色社会主义事业奉献力量。二是要坚持依法管理宗教事务。宗教活动是在社会中进行的，必然会涉及该社会的共同利益和国家利益，必须依法予以管理。坚持保护合法，制止非法，打击犯罪，确保宗教活动规范有序进行的原则。宗教必须在宪法和法律的范围内活动，宗教活动不得干预行政、司法、教育等国家职能的实施，不得妨碍正常的社会秩序、工作秩序、生活秩序。三是要坚持独立自主自办的原则。这是我国信教群众的自主选择，是我国宗教团体和宗教事务不受外国势力支配和控制的重要保障，必须坚持。同时，要加强爱国宗教人士的培养力度，努力形成一支政治上靠得住，学识上有造诣，品德上能服众的宗教教职人员队伍，保证宗教组织的领导权牢牢掌握在爱国爱教的人士手中。四是要积极引导宗教与社会主义相适应。在社会主义时期，宗教仍然存在着二重性。必须积极引导宗教与社会主义相适应，调动广大信教群众的积极性，鼓励和支持宗教界爱国爱教，团结进步，服务社会的优良传统，支持他们为民族团结，经济发展，社会进步，社会和谐，祖国统一多做贡献，支持他们对宗教教义做出符合社会进步的阐释，支持他们增进信教群众对党和政府的理解，支持他们反对和抵制利用宗教进行危害社会主义祖国和人民利益的非法活动，使广大信教群众最大限度地团结往来。五是要坚持开放，抵御渗透。坚持独立自主自办的原则，不是自我封闭，正常的宗教对外交往是需要的。但是，国外反动势力往往打着"宗教自由"的旗号对我国进行渗透，同我们争夺人心，从根本上动摇我们党的执政基础。对此，我们必须高度警惕，坚决抵御渗透，做好防范工作。同时又要把反对势力的渗透和宗教界的正常对外交往区别开来，鼓励和支持我宗教界在独立自主，平等友好，互相尊重的基础上开展对外交往和对外宣传，使我国的宗教政策和宗教工作得到国际社会的理解和支持。

（五）加强各民族大团结是构建和谐新疆的生命线

新中国成立以来，我们党和国家十分重视各民族的大团结。毛泽东同志曾指出，国家的统一，人民的团结，国内各民族的团结，这是我们的事业必定要取得胜利的基本保证。改革开放以来，邓小平同志、江泽民同志、胡锦涛同志更是强调要加强各民族的团结。没有各民族的共同团结奋斗，就没有各民族的共同繁荣发展。新疆始终高举各民族大团结的旗帜，创造性地开展了民族团结教育的活动，形成了各民族同呼吸、共命运、心连心的生动局面。从1982年起，新疆每年5月份集中开展民族团结教育月活动，已连续开展了近30年，取得了良好的效果，积累了丰富的经验。以"热爱伟大祖国、建设美好家园"为主题，深入开展对伟大祖国的认同，对中华民族的认同，对中华文化的认同，对中国特色社会主义道路的认同教育；深入开展了马克思主义的国家观、民族观、宗教观、历史观、文化观的教育；深入开展了汉族离不开少数民族，少数民族离不开汉族，各少数民族之间也相互离不开的教育；深入开展了团结稳定是福，分裂动乱是祸的教育；深入开展了意识形态领域反对民族分裂主义的教育；深入开展了社会主义法制教育和公民普法的教育等活动。与此同时，对蓄意破坏民族团结，煽动民族仇视者，依法进行处理。

（六）培养高素质的少数民族干部队伍是构建和谐新疆的关键

新中国成立以来，我们党历来高度重视培养少数民族干部，这是做好民族地区工作的关键。没有大批的具有共产主义觉悟的少数民族干部，民族地区的工作是做不好的。少数民族干部同少数民族之间是血肉相连的关系，要实现少数民族地区的发展、稳定和长治久安，少数民族干部具有不可替代的作用。党和国家通过各种形式加快培养少数民族干部，从 20 世纪 50 年代起，党中央就在中央党校专门设立新疆少数民族干部培训班，培养了一批又一批的新疆少数民族干部。新疆和平解放时，少数民族干部仅有 3 000 多人，现在已有 35 万多人，占新疆干部总数的 52%。它们为新疆的发展和稳定做出了历史性的贡献。要按照德才兼备的标准选拔使用少数民族干部，这种德在新疆主要是看政治上的表现，在事关维护祖国统一、维护民族团结、反对民族分裂等大是大非问题上，必须做到认识不含混，态度不暧昧，行动不动摇，立场十分坚定，旗帜十分鲜明，在关键时刻，靠得住、用得上、有本事。

（七）文化认同是构建和谐新疆的灵魂

中华文化是多元一体的文化，是我国 56 个民族共同创造的文化。当代中国的文化是马克思主义指导下的社会主义先进文化，是民族的、科学的、大众的社会主义文化。中国共产党代表了社会主义先进文化的前进方向。社会主义先进文化是中华民族的精神支柱、民族之魂。社会主义先进文化是在传承中华优秀文化和吸纳世界先进文化的基础上凝练出来的，是建设中国特色社会主义的重要组成部分。强调中华文化的认同，在当代中国就是对社会主义先进文化的认同。

文化认同作为国家软实力的重要组成部分，具有标识民族特性，塑造共同心理的特殊功能，是协调多元文化关系，整合民族文化资源的必经之路，是和谐文化建设的关键所在。文化认同历来是政治认同的基础，政治认同和文化认同都是国家认同的重要层面，它们共同创造了公民对国家忠诚的感情。国家的统一取决于公民的凝聚力、向心力，取决于公民对国家的高度认同。我国各族人民对社会主义祖国的认同，从根本上体现在中华民族的认同、中华文化的认同、中国特色社会主义道路的认同，这是统一的，不可分割的。各民族之间的文化交流，文化融合，文化的向心力和凝聚力都是维护民族团结，促进国家认同，增强综合国力的重要手段。珍视认同，维护认同，发展认同，对于巩固民族团结，保持边疆稳定,实现长治久安,维护祖国统一具有特别重要的意义。

党的十七大提出建设社会主义先进文化,建设社会主义核心价值体系,构建中华民族共有的精神家园,这些都蕴涵着中华民族文化认同之义,是我国各民族优秀文化的大融合。我们就是要用社会主义的先进文化,社会主义的核心价值体系和中华民族共有精神家园,引领整合各民族的文化,共同创造我们共有的美好精神家园,同时又要保护各少数民族的优秀文化。比如,在中华民族文化大家庭中,新疆各少数民族的文化都得到了发展和保护。

胡锦涛同志指出,当今时代,文化越来越成为民族凝聚力和创造力的重要源泉,越来越成为综合国力竞争的重要因素,丰富精神文化生活越来越成为我国人民的热切愿望。中国特色的社会主义文化,是具有先进性、开放性、包容性的文化,是构建和谐社会的强大精神支柱和民族之魂。

(八) 维护社会稳定大局是构建和谐新疆的前提

没有稳定的社会环境,什么事情也办不成。正是从这个意义上,邓小平同志指出稳定压倒一切。在新疆,要实现跨越式发展和长治久安,必须创造稳定的社会环境。稳定工作始终是新疆的大局。反对民族分裂,维护国家统一和安全,始终是维护新疆社会稳定的主要任务。必须旗帜鲜明反对和打击民族分裂势力,宗教极端势力,暴力恐怖势力,坚持标本兼治,重在治本,全面做好防范和打击工作,坚持"露头就打"的方针。必须加强维护社会稳定力量建设,重点充实一线,加强快速反应能力建设,加强维护社会稳定保障工作,形成依法打击违法犯罪活动的强大合力和维护社会稳定的综合平台。必须健全维护社会稳定工作的体制机制,完善联合指挥机制,完善处置突发事件的规范,提高指挥处置突发事件的能力,形成应急处置合力。必须加强边防建设,加强边防基础设施建设,提高边境管控物防、技防水平。必须营造有利的外部环境,以最大限度地挤压"东突"民族分裂势力的国际活动空间,有效应对国际反对势力对"东突"民族分裂势力的支持、纵容、利用活动。必须加强国际反恐合作,推动国际社会支持我们打击恐怖势力。必须坚决全面严格执行宪法和法律,绝对不允许以任何借口反对党的领导和社会主义制度,绝不允许以任何形式破坏国家统一、民族团结、社会稳定。必须健全社会管理体制,形成党委领导、政府负责、社会协同、公众参与的社会管理格局。严格落实维护社会稳定责任制,加强基层工作和群众工作,夯实维护社会稳定的基础。必须健全党和政府主导的维护群众权益机制,完善信访工作责任制,完善大调解工作体系,加强思想政治工作,加强法制教育,及时掌握社情民意,有效排查化解矛盾纠纷,认真解决损害群众利益的突出问题,正确引导舆情,有效化解意识隐患。必须加强社会治安综合治理,深入推进平安建设，坚持打防结合、预防为主、专群结合、依靠群众的方针，构建多层次、全方位的社会治安防控体系，加强社会治安重点区治理，加强流动人口服务管理。

美丽而富饶的新疆，是祖国不可分割的一片热土，在全国人民心中的地位是神圣的。开发这片热土、建设这片热土、维护好这片热土，是新疆各族人民神圣而光荣的责任。新疆的明天一定会更加美好。

参 考 文 献

一、史料及重要文献

[1] 安国政、郭崇立、杨振武主编：《世界知识大辞典》，世界知识出版社1998年版。

[2] [俄]《巴托尔德文集》，东方文献出版社1968年版。

[3] 班固：《汉书》，中华书局1962年版。

[4] [英]包罗杰：《阿古柏伯克传》，商务印书馆1976年版。

[5] 陈纪滢：《新疆鸟瞰》，商务印书馆1941年版。

[6] 陈寿：《三国志》，中华书局1959年版。

[7] 陈垣：《励耘书屋丛刻》上册，北京师范大学出版社1982年版。

[8] 《筹办夷务始末（同治朝）》，中华书局2008年版。

[9] 椿园七十一：《西域闻见录》，全国图书馆文献缩微复制中心2001年印行。

[10] 《邓小平文选》，人民出版社1993年版。

[11] 范晔：《后汉书》，中华书局1973年版。

[12] 房玄龄：《晋书》，中华书局1974年版。

[13] 傅恒、刘统勋等撰：《钦定皇舆西域图志》，文海出版社1970年版。

[14] 公安部教材编审委员会：《国内安全保卫学》，中国人民公安大学出版社2001年版。

[15] 郭璞注：《穆天子传》，上海古籍出版社1990年版。

[16] 国家民委政研室：《中国民族关系史论文集》，民族出版社1982年版。

[17] 纪昀：《乌鲁木齐杂诗·民俗》，中华书局1985年版。

[18] 《建国以来毛泽东文稿》第一册，中央文献出版社1987年版。

[19] 江泽民：《江泽民论有中国特色社会主义（专题摘编）》，中央文献出版社2002年版。

[20] 江泽民：《论"三个代表"》，中央文献出版社2001年版。

[21] 蒋孔阳：《西方美学通史》，上海文艺出版社1999年版。

[22] [俄] A. H. 库罗巴特金：《喀什噶尔》，商务印书馆1982年版。

[23] 李铁映：《国家民委文件选编》下，中国民航出版社1996年版。

[24] 李延寿：《北史》，中华书局1974年版。

[25] 令狐德棻：《周书》，中华书局1971年版。

[26] 刘昫：《旧唐书》，中华书局1975年版。

[27] [法] 卢梭：《社会契约论》，何兆武译，商务印书馆1980年版。

[28] 马合木德·楚拉斯：《编年史》阿基穆什津俄译本，莫斯科科学出版社1976年版。

[29] 欧阳修：《新唐书》，中华书局1975年版。

[30] 《清高宗实录》，中华书局1986年版。

[31] [美] 塞缪尔·亨廷顿：《文明的冲突与世界秩序的重建》，周琪等译，新华出版社2002年版。

[32] 《沙俄侵略中国西北边疆史》，人民出版社1979年版。

[33] 司马光：《资治通鉴》，中华书局1956年版。

[34] 司马迁：《史记》，中华书局1959年版。

[35] 宋濂：《元史》，中华书局1976年版。

[36] 脱脱：《宋史》，中华书局1977年版。

[37] 王建平：《当代中亚伊斯兰教及其与外界的联系》，中国社会科学院世界宗教研究所2000年印行。

[38] 王树楠：《新疆图志》，东方学会1923年印行。

[39] 王云五：《丛书集成初编》，商务印书馆1935年版。

[40] 魏收：《魏书》，中华书局1974年版。

[41] 魏征：《隋书》，中华书局1973年版。

[42] 乌鲁木齐市党史地方志编委会办公室编：《乌鲁木齐市年鉴（2007）》，新疆人民出版社2007年版。

[43] 西藏社会科学院西藏学汉文文献编辑室：《西藏学汉文文献汇刻》，全国图书馆文献缩微复制中心1990年印行。

[44] 新疆社会科学院历史研究所：《新疆地方历史资料选辑》，人民出版社1987年版。

[45] 《新疆史志》，全国图书馆文献缩微复制中心2003年印行。

[46] 新疆维吾尔自治区精神文明建设指导委员会办公室、新疆维吾尔自治区档案局（馆）编：《不能忘却的记忆——档案中的故事》，新疆人民出版社2007年版。

［47］新疆维吾尔自治区民族事务委员会编：《新疆民族辞典》，新疆人民出版社1995年版。

［48］新疆维吾尔自治区民族研究所编：《乔汗·瓦里汗诺夫著作选集》，新疆维吾尔自治区民族研究所1957年印行。

［49］新疆维吾尔自治区统计局编：《新疆统计年鉴（2010）》，中国统计出版社2010年版。

［50］徐弋吾：《新疆印象记》，西京日报社1934年印行。

［51］［英］亚当·库柏、杰西卡·库柏：《社会科学百科全书》，上海译文出版社1989年版。

［52］［俄］伊·温科夫斯基：《十八世纪俄国炮兵大尉新疆见闻录》，宋嗣喜译，黑龙江教育出版社1999年版。

［53］尤素甫·哈斯·哈吉甫：《福乐智慧》，民族出版社2003年版。

［54］张世荣、杨金祥：《黎·穆塔里甫诗文选》，新疆人民出版社1981年版。

［55］中共北京市海淀区党史研究室：《中共中央在香山》，中共党史出版社1993年版。

［56］中共新疆维吾尔自治区委员会党史研究室：《中国共产党新疆历史大事记》，新疆人民出版社1993年版。

［57］中共新疆维吾尔自治区委员会宣传部编：《新疆"三史"教育简明读本》，新疆青少年出版社2010年版。

［58］中共中央马克思恩格斯列宁斯大林著作编译局：《列宁选集》，人民出版社1995年版。

［59］中共中央马克思恩格斯列宁斯大林著作编译局：《马克思恩格斯选集》，人民出版社1999年版。

［60］中共中央文献编辑委员会：《周恩来选集》，人民出版社1981年版。

［61］中共中央文献研究室：《毛泽东文集》，人民出版社1996年版。

［62］中共中央文献研究室：《十一届三中全会以来重要文献选读》下册，人民出版社1987年版。

［63］中共中央文献研究室、中共新疆维吾尔自治区党委编：《新疆工作文献选编（1949～2010年）》，中央文献出版社2010年版。

［64］中国社会科学院：《1949～1952年中华人民共和国经济档案资料选编·农村经济体制卷》，社会科学文献出版社1992年版。

［65］中国社会科学院中国边疆史地研究中心：《清代新疆稀见史料汇编》，全国图书馆文献缩微复制中心1989年印行。

[66] 中国社科院近代史研究所：《孙中山全集》，中华书局1982年版。

[67] 钟兴麒、王有德：《历代西域散文选注》，新疆人民出版社1995年版。

[68] 《周恩来年谱（1919~1976）》，中央文献出版社1997年版。

[69] ［俄］兹拉特金：《准噶尔汗国史》，马曼丽译，商务印书馆1980年版。

[70] ［英］P. T. 伯里：《新编剑桥世界近代史》（第10卷），中国社会科学出版社1999年版。

二、研究专著

[1] ［英］阿克顿：《法国大革命讲稿》，秋风译，贵州人民出版社2004年版。

[2] ［美］埃里克·方纳：《新美国历史》，齐文颖等译，北京师范大学出版社1998年版。

[3] ［美］艾博特：《大都市的边疆——当代美国西部城市》，王旭、郭立明、姜立杰译，商务印书馆1998年版。

[4] 薄贵利：《国家战略论》，中国经济出版社1994年版。

[5] ［美］布热津斯基：《大棋局——美国的首要地位及其地缘战略》，中国国际问题研究所译，上海人民出版社1998年版。

[6] ［美］蔡爱眉：《起火的世界：输出自由市场民主酿成种族仇恨和全球动荡》，刘怀昭译，中国大百科全书出版社2005年版。

[7] 曹峻、杨慧、杨丽娟：《全球化与中国国家安全》，社会科学文献出版社2008年版。

[8] ［加拿大］查尔斯·泰勒：《承认的斗争》，董之琳、陈燕谷译，见汪晖、陈燕谷主编：《文化与公共性》，三联书店1998年版。

[9] ［加拿大］查尔斯·泰勒：《承认的政治》，董之琳、陈燕谷译，见汪晖、陈燕谷主编：《文化与公共性》，三联书店1998年版。

[10] 陈统渭：《情系天山——党和国家领导人在新疆》，中共党史出版社1995年版。

[11] 陈效简、华桂金、郝浚：《乌鲁木齐杂诗注》，新疆人民出版社1991年版。

[12] ［英］达伦多夫：《现代社会冲突》，林荣远译，中国社会科学出版社2000年版。

[13] 戴维·伊斯顿：《政治生活的系统分析》，王浦劬译，华夏出版社1989年版。

[14] 邓正来、［美］亚历山大编：《国家与市民社会——一种社会理论的研

究路径》，中央编译出版社1999年版。

[15] 邓正来、[美]亚历山大编：《国家与市民社会》（增订版），上海人民出版社2006年版。

[16] 丁建伟：《地缘政治中的西北边疆安全》，民族出版社2004年版。

[17] 丁建伟、赵波：《近代以来中国西北边疆安全问题研究》，民族出版社2009年版。

[18] [美]菲利克斯·格罗斯：《公民与国家》，王建娥、魏强译，新华出版社2003年版。

[19] 费孝通：《边区民族社会经济发展思考》，见《从实求知路》，北京大学出版社1998年版。

[20] 费孝通：《行行重行行》，宁夏人民出版社1992年版。

[21] 费孝通：《行行重行行》续集，群言出版社1997年版。

[22] 费孝通：《学术自述与反思：费孝通学术文集》，三联书店1996年版。

[23] 费孝通主编：《中华民族多元一体格局》修订本，中央民族大学出版社1999年版。

[24] 冯友兰：《中国哲学史新编回顾及其他》，见《文化：世界与中国》，三联书店1987年版。

[25] 冯大真主编：《新疆百科全书》，中国大百科全书出版社2002年版。

[26] 盖世金主编：《当代中国民族宗教问题与国家军事安全》，中国社会科学出版社2007年版。

[27] 龚学增：《社会主义与宗教》，宗教文化出版社2003年版。

[28] 龚学增主编：《当代中国民族宗教问题研究》，中共中央党校出版社1998年版。

[29] [意]圭多·拉吉罗：《欧洲自由主义》，杨军等译，吉林人民出版社2001年版。

[30] 郭平梁、王治来：《新疆简史》，新疆人民出版社1979年版。

[31] 郭正礼主编：《市场经济条件下新疆民族关系的对策研究》，新疆大学出版社1981年版。

[32] 国玉奇、丘德诺夫：《地缘政治学与世界秩序》，重庆出版社2007年版。

[33] [德]哈贝马斯：《包容他者》，曹卫东译，上海人民出版社2002年版。

[34] [德]哈贝马斯：《后民族结构》，曹卫东译，上海人民出版社2002年版。

[35]［德］哈贝马斯：《重建历史唯物主义》，郭官义译，社会科学文献出版社2000年版。

[36]［英］哈·麦金德：《历史的地理枢纽》，林尔蔚、陈江译，商务印书馆2007年版。

[37]［哈萨克斯坦］努·纳扎尔巴耶夫：《欧亚中心的阿斯塔纳》，徐葵、张达楠、冯育民等译，民族出版社2006年版。

[38]何光沪主编：《宗教与当代中国社会》，中国人民大学出版社2006年版。

[39]何星亮：《边界与民族——清代勘分中俄西北边界大臣的察合台、满、汉五件文书研究》，中国社会科学院出版社1998年版。

[40]［美］亨廷顿：《文明的冲突与世界秩序的重建》，周琪等译，新华出版社2010年版。

[41]侯钧生：《西方社会学理论教程》，南开大学出版社2001年版。

[42]胡惠林：《中国国家文化安全论》，上海人民出版社2005年版。

[43]黄兆群：《纷然杂陈的美国社会——美国的民族与民族文化》，内蒙古大学出版社1994年版。

[44]吉平、高丙中：《新疆维汉民族交融诸因素的量化分析》，北京大学出版社1993年版。

[45]江宜桦：《自由主义、民族主义与国家认同》，扬智文化事业股份有限公司1998年印行。

[46]蒋新卫：《冷战后中亚地缘政治格局变迁与新疆安全和发展》，社会科学文献出版社2009年版。

[47]［英］杰弗里·帕克：《地缘政治学：过去、现在和未来》，刘从德译，新华出版社2003年版。

[48]金炳镐：《民族理论通论》，中央民族大学出版社1994年版。

[49]金炳镐：《民族理论与民族政策概论》，中央民族大学出版社2006年版。

[50]金宜久：《冷战后的宗教发展与国际政治》，时事出版社2003年版。

[51]［英］尼克·史蒂文森：《文化与公民身份》，陈志杰译，吉林出版集团有限公司2007年版。

[52]［斯洛文尼亚］斯拉沃热·齐泽克：《易碎的绝对：基督教遗产为何值得奋斗?》，蒋桂琴、胡大平译，江苏人民出版社2004年版。

[53]李景治、林甦主编：《当代世界经济与政治》，中国人民大学出版社2003年版。

[54] [美] 李普塞特：《社会结构与社会变迁》，黄瑞祺译，台北巨流图书公司 1989 年版。

[55] 李普塞特、张绍中：《政治人：政治的社会基础》，上海人民出版社 1997 年版。

[56] 李新、周和风、汪志强：《中国特色社会主义理论与实践》，西南交通大学出版社 2008 年版。

[57] 李泽、刘仲康：《正确认识和处理新形势下新疆民族宗教问题》，新疆社会科学院民族所、宗教所 2000 年印行。

[58] 梁茂信：《美国移民政策研究》，东北师范大学出版社 1996 年版。

[59] 刘汉太、都幸福：《为了至高利益——中国打击"东突"报告》，新疆人民出版社 2003 年版。

[60] 刘振强主编：《新疆通志·民族志》，新疆人民出版社 2009 年版。

[61] [美] 罗伯特·达尔：《论民主》，商务印书馆 1999 年版。

[62] [美] 罗伯特·杰克曼：《不需要暴力的权力——民族国家的政治能力》，欧阳景根译，天津人民出版社 2005 年版。

[63] [美] 马丁·N·麦格：《族群社会学》，祖力亚提·司马义译，华夏出版社 2007 年版。

[64] [美] 马汉：《海权对历史的影响》，安常容译，解放军出版社 1998 年版。

[65] [美] 马汉：《海权论》，范利鸿译，陕西师范大学出版社 2007 年版。

[66] [德] 马克斯·韦伯：《经济与社会》上卷，林荣远译，商务印书馆 1997 年版。

[67] 马曼丽、张树青：《跨国民族理论问题综论》，民族出版社 2009 年版。

[68] 马戎：《民族社会学——社会学的族群关系研究》，北京大学出版社 2004 年版。

[69] 马戎：《民族与社会发展》，民族出版社 2001 年版。

[70] 马戎、周星：《中华民族凝聚力的形成和发展》，北京大学出版社 1999 年版。

[71] 马雍：《西域史地文物丛考》，文物出版社 1990 年版。

[72] 马大正：《国家利益高于一切——新疆稳定问题的观察与思考》，新疆人民出版社 2002 年版。

[73]《马大正文集》，上海辞书出版社 2005 年版。

[74] 马大正、许建英：《"东突厥斯坦国"迷梦的幻灭》，新疆人民出版社 2006 年版。

[75][法]米歇尔·福柯:《必须保卫社会》,钱翰译,上海人民出版社1999年版。

[76]宁骚:《民族与国家》,北京大学出版社1995年版。

[77][英]帕克:《二十世纪的西方地理政治思想》,李少鸣等译,解放军出版社1992年版。

[78]潘小娟、张辰龙:《当代西方政治学新词典》,吉林人民出版社2001年版。

[79]潘志平:《民族自决还是民族分裂》,新疆人民出版社1999年版。

[80]潘志平:《中南亚的民族宗教冲突》,新疆人民出版社2003年版。

[81][美]斯皮克曼:《和平地理学》,刘愈之译,商务印书馆1965年版。

[82][英]齐格蒙特·鲍曼:《作为实践的文化》,郑莉译,北京大学出版社2009年版。

[83]綦常清、费雅君、高旗:《中国现代化下西部开发与国家安全》,时事出版社2008年版。

[84]肉孜·司马义主编:《维护祖国统一,加强民族团结,反对民族分裂》,新疆科技卫生出版社2001年版。

[85][美]塞缪尔·亨廷顿:《我们是谁——美国国家特性面临的挑战》,程克雄译,新华出版社2005年版。

[86]沈瑞英:《矛盾与变量:西方中产阶级与社会稳定研究》,经济管理出版社2009年版。

[87]施正锋:《台湾人的民族认同》,台北前卫出版社2000年版。

[88]石本惠:《党的先进性建设与执政党的意识形态建构》,上海人民出版社2010年版。

[89]宋岭:《21世纪新疆贫困地区发展论》,新疆大学出版社2004年版。

[90]田昌五:《中国历史体系新论》,山东大学出版社1995年版。

[91][法]托克维尔:《论美国的民主》上卷,董果良译,商务印书馆1988年版。

[92][瑞士]托马斯·弗莱纳:《人权是什么?》,中国社会科学出版社2000年版。

[93]王恩涌、王正毅等:《政治地理学——时空中的政治格局》,高等教育出版社1999年版。

[94]王逸舟:《恐怖主义溯源》,社会科学文献出版社2002年版。

[95]王永生:《新疆历史货币——东西方文化交融的历史考察》,中华书局2007年版。

[96] 王正毅：《边缘地带发展论》，上海人民出版社1997年版。

[97] 王正毅：《世界体系论与中国》，商务印书馆2000年版。

[98] [加拿大] 威尔·金利卡：《少数的权利：民族主义、多元文化主义和公民》，邓风红译，上海译文出版社2005年版。

[99] [加拿大] 威尔·金利卡、威尼·诺曼：《公民的回归》，毛兴贵译，见许纪霖主编：《共和、社群与公民》，江苏人民出版社2004年版。

[100] [美] 薇思瓦纳珊：《权力、政治与文化：萨义德访谈录》，单德兴译，三联书店2006年版。

[101] 吴传钧：《中国经济地理》，科学出版社1998年版。

[102] 吴仕民主编：《民族问题概论》，四川人民出版社1997年版。

[103] 吴云贵：《历史与现实中的伊斯兰》，中国社会科学院世界宗教研究所2002年印行。

[104] 伍雄武：《中华民族的形成与凝聚新论》，云南人民出版社2000年版。

[105] 武晓迪：《中国地缘政治的转型》，中国大百科全书出版社2006年版。

[106] [美] 西摩·马丁·李普赛特：《政治人：政治的社会基础》，张绍中译，上海人民出版社1997年版。

[107] 徐贲：《从三种公民观看两种全球化：自由市场时代的公民政治》，见《知识分子论丛》第5辑，江苏人民出版社2006年版。

[108] 徐大同、吴春华：《当代西方政治思潮——20世纪70年代以来》，天津人民出版社2001年版。

[109] 许勤华：《新地缘政治：中亚能源与中国》，当代世界出版社2007年版。

[110] 阎学通：《中国国家利益分析》，天津人民出版社1996年版。

[111] 颜声毅：《当代中国外交》，复旦大学出版社2004年版。

[112] 燕继荣：《发展政治学：政治发展研究的概念与理论》，北京大学出版社2006年版。

[113] 杨建新：《古西行记选注》，宁夏人民出版社1987年版。

[114] 杨恕：《转型的中亚和中国》，北京大学出版社2005年版。

[115] 姚大力：《变化中的国家认同——读〈中国寻求民族国家的认同〉札记》，见复旦大学历史系、复旦大学中外现代化进程研究中心编：《近代中国的国家形象与国家认同》，上海古籍出版社2003年版。

[116] 姚维：《新疆少数民族社会心态与民族地区发展研究》，新疆人民出版社2005年版。

[117] [美] 伊曼努尔·沃勒斯坦：《自由主义的终结》，郝名玮、张凡译，

社会科学文献出版社2002年版。

[118] [美]约翰·罗尔斯:《政治自由主义》,万俊人译,译林出版社2000年版。

[119] 约瑟夫·奈:《软力量:世界政坛成功之道》,吴晓辉译,东方出版社2005年版。

[120] 文云朝:《中亚地缘政治与新疆开放开发》,地质出版社2002年版。

[121] 张骥:《中国文化安全与意识形态战略》,人民出版社2010年版。

[122] 张践:《宗教在民族形成和发展过程中的重要作用》,见《宗教与民族》(第一辑),宗教文化出版社2002年版。

[123] 张雷、程胜林:《转型与稳定》,学林出版社1999年版。

[124] 张培刚:《新发展经济学》,河南人民出版社1993年版。

[125] 张涛:《美国民族意识的开端》,民族出版社2008年版。

[126] 赵华胜:《中国的中亚外交》,时事出版社2008年版。

[127] 郑杭生主编:《民族社会学概论》,中国人民大学出版社2005年版。

[128] [意]朱里奥·杜黑:《制空权》,曹毅风等译,解放军出版社2005年版。

[129] 祝政宏:《中亚地区安全与大国因素》,新疆大学出版社2006年版。

三、论文

[1] 阿不力克木·阿不都热依木:《新疆民族分裂主义在意识形态领域的渗透及其防范对策研究》,载《中国人民公安大学学报(社会科学版)》2006年第4期。

[2] 艾买提、冯瑞:《中国新疆维吾尔族群的跨国过程及其分布和动因》,载《新疆大学学报》2008年第4期。

[3] 艾尼瓦尔·聂吉木:《边疆少数民族人口生育及生育意愿研究》,载《边疆经济与文化》2006年第1期。

[4] 鲍宗豪、李振:《社会预警与社会稳定关系的深化——对国内外社会预警理论的讨论》,载《浙江社会科学》2001年第4期。

[5] 北京国际城市发展研究院:《自由珠三角——自由贸易区特色的粤港澳城市一体化模式》,载《领导决策信息》2003年第17期。

[6] 崔成男、尹金山、方昌国:《西部大开发——解决民族关系深层问题的途径》,载《满族研究》2000年第4期。

[7] 方立天:《走文化宗教之路》,载《中国民族报》2005年第9期。

[8] 房若愚:《新疆族际通婚圈的文化成因》,载《西北人口》2007年第

3期。

［9］高永久：《对民族地区社会稳定的思考》，载《兰州大学学报》2003年第3期。

［10］高永久、胡尚哲：《"东突"势力的渊源及其活动特点》，载《青海民族学院学报》2006年第1期。

［11］高永久、胡尚哲：《论"东突"恐怖势力对国家利益的威胁与破坏》，载《新疆社会科学》2005年第5期。

［12］高永久、李丹：《"东突"恐怖势力的"思想体系"研究》，载《西北师大学报》2006年第4期。

［13］顾聂良：《对加强我国政策咨询机构建设的思考》，载《行政论坛》2002年第2期。

［14］郭薇：《关于二十一世纪新疆民族工作的思考》，载《新疆石油教育学院学报》1999年第4期。

［15］贺萍：《新疆少数民族文化变迁现状的实证分析》，载《实事求是》2007年第3期。

［16］胡伟：《合法性问题研究：政治学研究的新视角》，载《政治学研究》1996年第1期。

［17］虎有泽、冯瑞：《兰州市区民族关系研究》，载《西北民族学院学报》2001年第3期。

［18］黄希：《新疆石油天然气产业的发展现状研究》，载《企业导报》2010年第3期。

［19］贾春阳：《新中国成立以来新疆的反分裂斗争及启示》，载《理论探索》2010年第3期。

［20］靳薇：《新疆维汉民族关系的社会学研究》，载《西北民族研究》2001年第4期。

［21］赖品超：《论宗教间的和谐与宗教宽容》，载《中国宗教》2007年第2期。

［22］李晨光、郭宁：《汉族流动人口与少数民族农村地区民族关系：以新疆石河子乡东桥村为例》，载《黑龙江民族丛刊（双月刊）》2008年第1期。

［23］李鸿谷：《中国反恐》，载《生活周刊》2001年第44期。

［24］李建生：《新疆民族发展报告（2000～2005年）》，载《新疆师范大学学报（哲学社会科学版）》2006年第3期。

［25］李晓霞：《民族混合家庭内的文化冲突与协调》，载《新疆大学学报（哲学人文社会科学版）》2006年第7期。

[26] 李晓霞：《新疆两乡民族混合家庭调查》，载《新疆社会科学》2005年第3期。

[27] 李兴华：《宗教极端主义研究概要》，载《西北民族研究》2002年第4期。

[28] 刘卫东：《美国国会对中国新疆问题的干涉》，载《国际资料信息》2010年第2期。

[29] 刘延春、何祖源：《三年来新疆经济与社会发展战略研究情况综述》，载《新疆社会科学》1986年第4期。

[30] 刘仲康：《近年来南疆宗教狂热的种种表现》，载《新疆社会科学研究》1991年第2期。

[31] 马品彦：《新疆反对非法宗教活动研究》，载《社会科学》2003年第4期。

[32] 马平：《西部大开发对民族关系的影响和对策》，载《宁夏社会科学》2001年第2期。

[33] 马戎：《族群关系变迁影响因素的分析》，载《西北民族研究》2003年第4期。

[34] 闵文义：《关于西部大开发中民族关系新问题的几点思考》，载《西北民族学院学报（哲社版）》2001年第4期。

[35] 牟钟鉴：《民族宗教与社会和谐》，载《中国宗教》2005年第4期。

[36] 潘光、赵国军：《析"世维会"的国际化图谋》，载《现代国际关系》2009年第9期。

[37] 潘志平、石岚：《新疆和中亚地缘政治文化的考察》，载《新疆大学学报（哲学人文社会科学版）》2006年第6期。

[38] 蒲瑶：《泛突厥主义与中国西部安全》，载《理论导刊》2002年第5期。

[39] 齐清顺：《当代国际伊斯兰复兴运动对新疆的影响及表现》，载《中共伊犁州委党校学报》2002年第3期。

[40] 齐清顺：《玉米在新疆的种植和推广》，载《新疆社会科学》1988年第1期。

[41] 热合木江·沙吾提：《论近代新疆民族分裂主义的历史根源与国际背景》，载《民族研究》1997年第6期。

[42] 萨尔瓦多·卡杜斯、霍安·埃斯特鲁奇：《政治上正确的反民族主义》，载《国际社会科学杂志》1996年第13期。

[43] 施东颖：《浅析宗教极端主义对我国新疆地区的影响》，载《中国人民

公安大学学报》2004年第2期。

[44] 石岚：《影响新疆地区稳定的外部因素》，载《新疆社会科学》2003年第1期。

[45] 石中英：《论国家文化安全》，载《北京师范大学学报》2004年第3期。

[46] [美] 斯蒂芬·卡斯尔斯：《全球化与移民：若干紧迫的矛盾》，载《国际社会科学杂志》1999年第2期。

[47] 宋林飞：《社会风险指标体系与社会波动机制》，载《社会学研究》1995年第6期。

[48] 宋业龙：《义乌小商品市场发展的启示》，载《世界经济情况》2008年第10期。

[49] 苏畅：《"九一一"事件后中亚宗教极端势力的重组》，载《俄罗斯中亚东欧研究》2005年第2期。

[50] 苏来曼·斯拉木、居来提·色依提：《人力资本、文化融入度和乡村劳动力转移：以新疆乡村劳动力转移为例》，载《西部大开发》2007年第5期。

[51] 孙代尧：《中国共产党执政意识形态的重建》，载《科学社会主义》2008年第4期。

[52] 孙亚非：《外交官的鲜血换来中国反恐奇迹?》，载《新闻周刊》2002年第18期。

[53] 童玉芬、李建新：《新疆各民族人口分布及变动》，载《新疆大学学报（哲学人文社会科学版）》2001年第3期。

[54] 王建基：《市场经济背景下的新疆民族社会关系及其调适》，载《兰州大学学报》2003年第4期。

[55] 王颖：《人口流动与新疆民族关系初探》，载《新疆社科论坛》2002年第1期。

[56] 王远新：《发展中的中国少数民族教育》，载《民族教育研究》2007年第2期。

[57] 王治来：《论中亚的突厥化与伊斯兰化》，载《西域研究》1997年第4期。

[58] 王作安：《我国宗教状况的新变化》，载《中央社会主义学院学报》2008年第3期。

[59] 魏永忠、吴绍忠：《论城市社会安全与稳定预警等级指标体系的建立》，载《中国人民公安大学学报》2005年第4期。

[60] 谢俊春：《论西部民族地区社会稳定的指标体系及其实现途径》，载

《重庆文理学院学报》2009年第1期。

[61] 谢守红：《全球经济化与世界城市的形成》，载《国外社会科学》2003年第3期。

[62] 邢福有：《我国各宗教及教派之间长期和谐相处的文化背景和历史原因》，载《中央社会主义学院学报》2002年第5期。

[63] 邢海龙：《学术界关于"构建社会主义和谐社会"问题研究综述》，载《中共桂林市委党校学报》2005年第4期。

[64] 熊辉银：《影响当前新疆稳定的主要危险是民族分裂主义和非法宗教活动》，载《新疆社会经济》1996年第3期。

[65] 阎耀军：《社会稳定的测量与群体性突发事件的预警预控系统》，载《社会学研究》2004年第3期。

[66] 杨荆楚：《社会主义市场经济与民族关系的几个问题》，载《民族研究》1994年第5期。

[67] 杨恕、李捷：《分裂主义国际化进程研究》，载《世界经济与政治》2009年第12期。

[68] 叶小文：《努力构建和谐社会　呼吁共建和谐世界》，载《中国宗教》2006年第4期。

[69] 伊丽莎白·杰琳：《对话、理解和误解：南方共同市场中的社会运动》，载《国际社会科学杂志》2000年第1期。

[70] 曾和平：《新疆基督教问题调查》，载《新疆社会科学》2005年第6期。

[71] 张春霞、蒲晓刚：《境外宗教渗透与新疆意识形态安全》，载《新疆社会科学》2010年第1期。

[72] 中国人民银行乌鲁木齐中心支行课题组：《"十五"期间新疆民族贸易和民族用品生产贷款政策实施绩效的实证分析》，载《新疆金融》2007年第8期。

[73] 周益锋：《论"东突"恐怖威胁的长期性》，载《四川警察学院学报》2008年第1期。

[74] 祝政宏：《中亚地区安全与大国因素》，载《中亚信息》2004年第9期。

四、外文文献

[1] Alex P. Schmid Albert J. Jongman (eds.). *Political Terrorism*. Amsterdam, North-Holl and Publishing Company, 1988.

[2] Andrew Forbes. *Warlords and Muslims in Chinese Central Asia: A Political*

History of Republican Sinkiang 1911 – 1949. Cambridge & London: Cambridge University Press, 1986.

［3］ Anita Sengupta. *Russia: China and Multilateralism in Central Asia*. Shipra Publications, 2005.

［4］ Aure Istein. *Innermost Asia*. Cosmopublication, New Delhi, Vol. Ⅱ.

［5］ Bhavna Dave. *Politics of Modern Central Asia*. London and New York, 2010.

［6］ "Expressing Sense of Congress Concerning Release of Rabiya Kadeer, Her Secretary and Son by Government of The People's Republic of China", *Congressional, Record*, Volume146 (2000), Part11, ［House］, p. 15880.

［7］ Dillon Millward. *Xinjiang—China's Muslim far Northwest*. Routledge Curzon, 2004.

［8］ Ding Jianwei. "Central Asia and the Problem of the Common Origin of the Transnational Minorities of China' Northwest Borderland Region", *Journal of the Second Northwest University for Nationalities*, 61.

［9］ Doris Y. Wilkinson. *Integration Dilemmas in a Racist Culture, Race and Ethnicity in the United States*. issues and debates, edited by Stephen Steinber, Oxford: Blackwell Publishers Ltd., 2000.

［10］ Dr J. Mohan Malik. "China, Central Asia, India and Pakistan Now Come Face to Face with Vigorous Separatism", *Defence and Foreign Affairs Strategic Policy*, 1993.

［11］ Feagin Joe R.. *Racial and Ethnic Relations*. Englewood Cliffs, Prentice Hall, 1984.

［12］ Felix K. Chang. "China, Central Asian Power and Problems", *A Journal of World Affairs*, Vol. 41, No. 3, 1997.

［13］ G. A. Craig and A. L. George. *Force and Statecraft: Diplomatic Problems of Our Time*. New York: Oxford University Press, 1995.

［14］ Geoffrey Parker. *Western Geopolitical Thought in the Twentieth Century*. New York: St. Martin's Press, 1985.

［15］ Graham E. Fuller and S. Frederick Starr. *The Xingjiang Problem, Central Asia-Caucasus Institute*. Paul H. Nitze School of Advanced International Studies, The Johns Hopkins University 2003.

［16］ Howard M. Bahr, Bruce A. Chadwick, and Joseph H. Strauss. *American Ethnicity*. Lexington, Mass, Heath, 1979.

［17］ Ildiko Beller-Hann. *Situating the Uyghurs Between China and Central Asia*. Ashgate Publishing Limitedm, 2007.

[18] Immanuel C. Y. Hsu. *The Rise of Modern China*. New York and London: Oxford University Press, 1990.

[19] Vinecnt N. Parrillo. *Strangers to These Shores—Race and Ethnic Relations in the United State*. Needham Heights, Massachusetts, 1997, 24.

[20] James S. Taylor. "Constitutional Law Fourteenth Amendment Equal Protection: Segregation in Recreational Facilities Furnished by a Municipality", *Michigan Law Review*. Nov. 1952.

[21] John E. Farley. *Franklin From Slavery to Freedom: A History of Negro Americans*. New York: Vintage Books. 1969.

[22] "Lawmakers Urge Congress to Condemn China's Crackdown on Uyghurs", VOA News, 2009.

[23] Lillian Craig Harris. "Xinjiang, Central Asia and the Implications for China's Policy in the Islamic World", *The China Quarterly*, No. 133, March 1993.

[24] Martin I. Wayne. *China's War on Terrorism—Counter-insurgency, Politics, and Internal Security*. London and New York, 2008.

[25] Milton M. Gordon. *Assimilation in American Life the Role of Race, Religion, and National Origins*. New York Oxford University Press, 1978.

[26] Myrdal, Gunnar. *American Dilemma: The Negro Problem and Modern Democracy*. Harper & Raw, 1944.

[27] Owen Lattimore. *Pivot of Asia: Sinkiang and Inner Asian Frontiers of China and Russia*. Boston: Little, Brown and Company, 1950.

[28] Pein Mullerson. *Central Asia: A Chessboard and Player in the New Great Game*. London and New York, 2009.

[29] R. A. Schermerhorn. *Comparative Ethnic Relations—A Framework for Theory and Research*. Random House, Inc. 1970.

[30] "Remarks by President Bush in Prague Czech Republic", While House Press Office, 2007.

[31] Robert B. McKay. "Segregation and Public Recreation", *Virginia Law Review*. Oct. 1954.

[32] Saul Bernard Cohen. *Geopolitics of the World System*. Lanham: Rowman & Littlefield, 2003.

[33] Shireen T. Hunter. *Central Asia Since Independence*. CT: Praeger, 1996.

[34] Susan V. Lawrence. "Why China Fears This Uyghur Exile", *Far Eastern Economic Review*, July 2004.

后 记

"和谐社会"是当代中国快速发展过程中提出的重要概念。自改革开放以来，随着改革开放的深入、社会主义市场经济的推进以及国际全球化的发展，中国的社会发生了巨大变化，中国各族人民在享受改革开放成果的同时，也遇到了新的问题。在经济快速发展的同时，如何有效地化解各种矛盾，保证社会良性、和谐的发展，是摆在我们面前的重大课题。对于中国这一多民族国家来说，这一点尤为重要。和谐社会问题引起了当今中国社会各界的重视，为此教育部专门设立了"边疆多民族地区构建社会主义和谐社会研究"作为"教育部哲学社会科学重大课题攻关项目"在全国高校进行招标。新疆地处边疆多民族地区，研究这一地区的和谐社会的构建对新疆实现跨越式发展和长治久安具有重大的理论和现实意义。为此，新疆大学经过精心准备，组织了力量申报该项课题。2005年12月，《边疆多民族地区构建社会主义和谐社会研究——以新疆为例》课题获得教育部批准立项，随后，课题的研究工作正式开展。

2010年，经过课题组各位同志的团结协作和不懈努力，课题终于结项完成，形成了最终成果《边疆多民族地区构建社会主义和谐社会研究——以新疆为例》一书。

本课题撰写的具体分工如下：项目主持人张先亮负责全书的架构和通稿；第一章由德全英撰写，同时承担"序言"的撰写、修改以及全书的通稿；第二章由孟楠、殷琼、杨巍、杨磊、单昕、蒲燕妮、张小强、田自耕、李元斌等撰写；第三章由姜勇、杨敏撰写；第四章由张先亮、沈君立、戚广南、姜勇撰写；第五章由冯怀信撰写。李超、哈米提·阿哈甫、刘洋、黄伟华、包宾、何道洪、姜龙、马婷、王春燕等同志参与了全书的资料搜集、文字校对和部分修改工作。

本课题完成之际，正值中央新疆工作座谈会召开，提出了新疆实现跨越式发展、长治久安的一系列重大举措。全国19个省市开始了空前的支援新疆、建设边疆的工作。我们衷心希望，本课题的研究成果能够为新疆经济社会的发展、为新疆这一多民族地区和谐社会的构建贡献绵薄之力。

编者

2012年8月

教育部哲学社会科学研究重大课题攻关项目成果出版列表

书 名	首席专家
《马克思主义基础理论若干重大问题研究》	陈先达
《马克思主义理论学科体系建构与建设研究》	张雷声
《马克思主义整体性研究》	逄锦聚
《改革开放以来马克思主义在中国的发展》	顾钰民
《当代中国人精神生活研究》	童世骏
《弘扬与培育民族精神研究》	杨叔子
《当代科学哲学的发展趋势》	郭贵春
《服务型政府建设规律研究》	朱光磊
《地方政府改革与深化行政管理体制改革研究》	沈荣华
《面向知识表示与推理的自然语言逻辑》	鞠实儿
《当代宗教冲突与对话研究》	张志刚
《马克思主义文艺理论中国化研究》	朱立元
《历史题材文学创作重大问题研究》	童庆炳
《现代中西高校公共艺术教育比较研究》	曾繁仁
《西方文论中国化与中国文论建设》	王一川
《楚地出土戰國簡册［十四種］》	陳偉
《近代中国的知识与制度转型》	桑兵
《京津冀都市圈的崛起与中国经济发展》	周立群
《金融市场全球化下的中国监管体系研究》	曹凤岐
《中国市场经济发展研究》	刘伟
《全球经济调整中的中国经济增长与宏观调控体系研究》	黄达
《中国特大都市圈与世界制造业中心研究》	李廉水
《中国产业竞争力研究》	赵彦云
《东北老工业基地资源型城市发展可持续产业问题研究》	宋冬林
《转型时期消费需求升级与产业发展研究》	臧旭恒
《中国金融国际化中的风险防范与金融安全研究》	刘锡良
《中国民营经济制度创新与发展》	李维安
《中国现代服务经济理论与发展战略研究》	陈宪
《中国转型期的社会风险及公共危机管理研究》	丁烈云
《人文社会科学研究成果评价体系研究》	刘大椿

书　名	首席专家
《中国工业化、城镇化进程中的农村土地问题研究》	曲福田
《东北老工业基地改造与振兴研究》	程　伟
《全面建设小康社会进程中的我国就业发展战略研究》	曾湘泉
《自主创新战略与国际竞争力研究》	吴贵生
《转轨经济中的反行政性垄断与促进竞争政策研究》	于良春
《面向公共服务的电子政务管理体系研究》	孙宝文
《产权理论比较与中国产权制度变革》	黄少安
《中国加入区域经济一体化研究》	黄卫平
《金融体制改革和货币问题研究》	王广谦
《人民币均衡汇率问题研究》	姜波克
《我国土地制度与社会经济协调发展研究》	黄祖辉
《南水北调工程与中部地区经济社会可持续发展研究》	杨云彦
《产业集聚与区域经济协调发展研究》	王　珺
《我国民法典体系问题研究》	王利明
《中国司法制度的基础理论问题研究》	陈光中
《多元化纠纷解决机制与和谐社会的构建》	范　愉
《中国和平发展的重大前沿国际法律问题研究》	曾令良
《中国法制现代化的理论与实践》	徐显明
《农村土地问题立法研究》	陈小君
《知识产权制度变革与发展研究》	吴汉东
《生活质量的指标构建与现状评价》	周长城
《中国公民人文素质研究》	石亚军
《城市化进程中的重大社会问题及其对策研究》	李　强
《中国农村与农民问题前沿研究》	徐　勇
《西部开发中的人口流动与族际交往研究》	马　戎
《现代农业发展战略研究》	周应恒
《综合交通运输体系研究——认知与建构》	荣朝和
《中国独生子女问题研究》	风笑天
《中国边疆治理研究》	周　平
《边疆多民族地区构建社会主义和谐社会研究》	张先亮
《中国大众媒介的传播效果与公信力研究》	喻国明
《媒介素养：理念、认知、参与》	陆　晔

书　名	首席专家
《创新型国家的知识信息服务体系研究》	胡昌平
《数字信息资源规划、管理与利用研究》	马费成
《新闻传媒发展与建构和谐社会关系研究》	罗以澄
《数字传播技术与媒体产业发展研究》	黄升民
《教育投入、资源配置与人力资本收益》	闵维方
《创新人才与教育创新研究》	林崇德
《中国农村教育发展指标体系研究》	袁桂林
《高校思想政治理论课程建设研究》	顾海良
《网络思想政治教育研究》	张再兴
《高校招生考试制度改革研究》	刘海峰
《基础教育改革与中国教育学理论重建研究》	叶　澜
《公共财政框架下公共教育财政制度研究》	王善迈
《农民工子女问题研究》	袁振国
《当代大学生诚信制度建设及加强大学生思想政治工作研究》	黄蓉生
《处境不利儿童的心理发展现状与教育对策研究》	申继亮
《学习过程与机制研究》	莫　雷
《青少年心理健康素质调查研究》	沈德立
《WTO 主要成员贸易政策体系与对策研究》	张汉林
《中国和平发展的国际环境分析》	叶自成
*《中国抗战在世界反法西斯战争中的历史地位》	胡德坤
*《中部崛起过程中的新型工业化研究》	陈晓红
*《中国政治文明与宪法建设》	谢庆奎
*《中国能源安全若干法律与政府问题研究》	黄　进
*《我国地方法制建设理论与实践研究》	葛洪义
*《我国资源、环境、人口与经济承载能力研究》	邱　东
*《非传统安全合作与中俄关系》	冯绍雷
*《中国的中亚区域经济与能源合作战略研究》	安尼瓦尔·阿木提
*《冷战时期美国重大外交政策研究》	沈志华

……

*为即将出版图书